Claude Cueni

# Script
# AVENUE

Roman

WILHELM HEYNE VERLAG
MÜNCHEN

Verlagsgruppe Random House FSC® N001967
Das für dieses Buch verwendete FSC®-zertifizierte Papier
*Salzer Alpin* liefert Salzer Papier, St. Pölten, Austria

Vollständige deutsche Taschenbuchausgabe 12/2015
Copyright © 2014 by Wörterseh Verlag, Gockhausen
Copyright © 2015 dieser Ausgabe by Wilhelm Heyne Verlag in
der Verlagsgruppe Random House GmbH
Lektorat: René Staubli, Zollikon
Umschlaggestaltung und Motiv: © Hauptmann & Kompanie
Werbeagentur, Zürich, Dominic Wilhelm
Druck: GGP Media GmbH, Pößneck
ISBN: 978-3-453-41902-5

www.heyne.de

*Für Clovis
und alle Bewohner der Script Avenue*

*Selten machen wir uns klar, dass wir selbst es sind,*
*die sterben werden. Während die Welt ungerührt weiterexistiert.*
*Literatur öffnet uns manchmal für Momente die Augen*
*für diese Wahrheit, vor der wir sie sonst zumeist schließen.*

Marcel Reich-Ranicki (1920–2013)

# Inhalt

# 1

# In My Secret Life

»Das sind Metastasen«, sagte der Arzt leise.

»All die winzig kleinen schwarzen Punkte?«, fragte Andrea entsetzt.

»Nein«, sagte der Onkologe und umkreiste mit einem Bleistift große weiße Flächen auf dem Thorax-Bild, »*das* ist der Krebs.«

»Dann ist ja alles … Wie viele Jahre noch?«, keuchte Andrea.

»Höchstens ein paar Wochen. Jetzt geht alles sehr schnell.«

»Aber ich habe einen Sohn«, flüsterte Andrea verzweifelt. Der Onkologe schwieg, er drängte uns nicht zu gehen. Andrea gab mir zu verstehen, dass sie aufstehen wolle. Ich nahm vorsichtig ihren Arm und führte sie hinaus zum Parkplatz. Sie sagte, ich solle schneller gehen, sie würde sich noch erkälten, dann sagte sie, ich solle nicht rennen, ob ich denn keine Rücksicht auf ihre Lunge nehmen könne. Wir begriffen beide, dass sie nun angefangen hatte zu sterben.

*Als ich die Augen öffnete, sah ich eine verschwommene Gestalt in einem weißen Gewand. Das Licht blendete mich. Es war eine Frau. Sie trug einen breiten Mundschutz, das Haar hatte sie mit einer Plastikhaube abgedeckt. Sie hängte eine neue Flasche an den Infusionsständer und stöpselte den Schlauch um.*

»Hat meine Frau angefangen zu sterben?«, murmelte ich.

»Sie lagen im Koma, Monsieur Bretelle. Sie hatten Hirnblutungen. Wir mussten eine Bohrlochtrepanation vornehmen, um das Blut abzusaugen.«

Ich fasste mir an den Kopf, ich trug einen dicken Verband.

»Sie haben mir den Schädel aufgebohrt?«

»Frontal, beidseitig. Falls der Druck wieder ansteigt, müssen Sie mich rufen.«

»Hat meine Frau angefangen zu sterben?«, fragte ich erneut.

»Sie sind Witwer, Monsieur Bretelle. So steht es in Ihrer Krankenakte.«

»Dann ist sie tatsächlich gestorben«, murmelte ich.

»Ja. Das tut uns allen sehr leid, aber Sie müssen jetzt an sich denken. Ihr Sohn wartet draußen auf dem Flur, er wird gerade eingekleidet. Sie erinnern sich doch, dass Sie einen Sohn haben?«

»An meinen Sohn werde ich mich immer erinnern, er muss um die 26 Jahre alt sein. Oder lag ich sehr lange im Koma?«

»Nein, nur eine Weile. Einige können sich später an nichts mehr erinnern.«

»Ich versuchte mich eben an meine Frau zu erinnern, aber ich weiß nicht mehr, wie sie ausgesehen hat. Es ist nur ein Gefühl zurückgeblieben, ein sehr merkwürdiges Gefühl, voller Widersprüche. Ich hatte einst Angst, die Erinnerung zu verlieren, und jetzt habe ich sie doch verloren. Ist es möglich, dass man gleichzeitig Liebe und Hass empfindet?«

»Ich werde jetzt Ihren Sohn ins Zimmer bringen.«

»Beeilen Sie sich. Mir ist plötzlich so kalt.«

Andrea döste auf dem Bett und vergewisserte sich immer wieder, dass ich noch da war. Das Morphium zeigte keine Wirkung mehr. Andrea berührte meine Hände, sanft, fast zärtlich.

»Ich habe dich so geliebt«, flüsterte sie. »Du warst immer die große und einzige Liebe meines Lebens. Halt mich fest.«

Ich nahm sie in meine Arme, ich brachte kein Wort über die Lippen. Sie sah, dass ich stumm weinte. Dann sagte sie noch ein einziges Wort. Es war kaum zu fassen, dass sie es aussprach, aber das war ihr letztes Wort: »Danke.« Es klang so traurig, als hätte sie verloren, ausgerechnet sie, die nie verlieren konnte. Es kostete sie viel Überwindung, aber sie sagte: »Danke.« Es klang auch etwas versöhnlich. Sie hätte es mir nicht zu sagen brauchen, es wäre auch ohne in Ordnung gewesen. Aber als sie es ausgesprochen hatte, fühlte ich wieder die Seele meiner Jugendliebe, den Atem meines besten Kumpels, ich hatte sie so sehr geliebt.

*»Andrea ist schon lange tot«, sagte der junge Mann an meinem Bett. Tim. Er hielt meine Hand fest. Er getraute sich nicht richtig, weil er die gesteckten Infusionsnadeln nicht berühren wollte.*

*»Die Operation ist gut verlaufen«, sagte Tim, »du lagst wieder im Koma.« Wir schwiegen eine ganze Weile, dann sagte er plötzlich: «Du hast mir zuletzt von der Script Avenue erzählt, erinnerst du dich? Von einem kleinen Jungen, der seine ersten Lebensjahre in einem düsteren Winkel der zivilisierten Welt verbringt.«*

*»Ich habe dir tatsächlich von diesem Jungen erzählt?«*

*»Ja, dass er die ersten Jahre in einer Schraubenkiste verbrachte. Er sah kaum Menschen, er hörte nur das Blöken der Schafe draußen auf der Weide.«*

*»Und er erlernt das Blöken der Schafe.«*

*»Ja, so hast du es mir erzählt. Er versuchte, dieser skurrilen Welt zu entfliehen, und erschuf sich ein eigenes Paradies:*

eine Fantasiewelt aus erfundenen Geschichten und Heldenfiguren, ein Boulevard voller realer und fiktiver Figuren. Du hast diesen Ort Script Avenue genannt.«

»Ja, jetzt erinnere ich mich. Aber ich kann nicht mehr schreiben. Jedes Wort wiegt wie ein Stein, jeder Satz wie ein Berg. Ich habe mein ganzes Leben geschrieben, wer kann schon ewig schreiben?«

»Niemand kann ewig schreiben«, sagte Tim, »weil niemand ewig leben kann. Aber wenn man die Hoffnung aufgibt, stirbt man. Deshalb musst du das Buch der Script Avenue schreiben, vielleicht ist es dein letztes Buch.«

»Du hast mit den Ärzten gesprochen.«

»Du sagtest, es würde ein ehrliches Buch werden. Authentisch. Erinnerst du dich? Aber nicht alle werden es mögen, hast du gesagt.«

»Ja, ich erinnere mich. Wenn ich schreibe, denke ich nicht an den Tod. Wir tun alle irgendetwas, um zu vergessen, dass mit unserer Geburt unser Schicksal bereits besiegelt ist: Wir müssen sterben. Ich werde schreiben, dass man bei der Geburt unverständliches Zeug brabbelt und dass man auch im Sterben unverständliches Zeug brabbelt. Und eigentlich auch dazwischen. Ich werde über ängstliche Kinder schreiben, über onanierende Kids, über Diebe und Lügner, Sieger und Verlierer, Krebskranke und Sterbende, denn eines Tages werden wir all das gewesen sein.«

Tim zog mir die Bettdecke weg.

»Ich werde dir jetzt helfen aufzustehen. Wir werden zusammen zum Fenster rübergehen.«

»Mit all diesen Infusionsständern?«

»Ja, mit all diesen Infusionsständern. Und dann werde ich deinen Laptop anschalten und dir ein neues Dokument laden. Du hast dich nie vor einem weißen Blatt gefürchtet. Du hast immer gleich drauflosgeschrieben. Hemingway sagte: ›Schreib als ersten Satz einen wahren Satz‹, aber du solltest gleich einen Roman schreiben. 10 000 wahre Sätze.«

Ich setzte mich mühsam auf die Bettkante und versuchte, den Schwindel zu ertragen. Gleich würde ich erbrechen, all das Gift, das man mir seit Monaten in die Venen spritzte.

»Lass mir noch ein bisschen Zeit, ich bin schon lange nicht mehr aufgesessen.«

Tim half mir in den Rollstuhl. Ich hatte Mühe, die Augen offen zu halten. Ich konnte nicht mehr akkommodieren.

»Ich sehe alles wie durch ein Kaleidoskop.«

»Wir werden ein Auge abdecken«, sagte Tim und zog ein Pflaster aus seiner Tasche, »wenn sie dir den Kopf aufbohren und Blut entnehmen, stimmt der Flüssigkeitspegel nicht mehr. Das wird schon wieder.«

Tim deckte mein linkes Auge ab und stellte den Laptop an.

»Ich sollte im Jahr 1956 beginnen, aber mir fehlt die Erinnerung.«

»Ich habe dir alle Songs der Sechzigerjahre kopiert. Wenn du die Songs hörst, wirst du dich erinnern.«

Tim schob die Vorhänge beiseite. Unten im Park waren Menschen, die kamen, andere gingen nach Hause. Sie waren schon lange nicht mehr Teil meiner Welt. Ich saß seit Monaten hier oben im fünften Stock der hämatologischen Abteilung der Universitätsklinik und wartete auf den Tod.

»Alle Chemotherapien sind fehlgeschlagen«, sagte ich Tim, »wenn sie die Leukämie besiegen wollen, müssen sie mich töten.«

»*Schreib einfach drauflos*«, insistierte Tim, »*dann wirst du überleben.*«

»*Ja*«, lächelte ich, »*das ist sehr clever von dir, ich werde mich in der Script Avenue verstecken. Kein Mensch hat die Script Avenue jemals gesehen. Nur du.*«

*Tim drückte die Play-Taste. Elvis!*

## Love Me Tender

»Ich hasse dieses Kind!«, schrie meine Mutter, als ein beinahe fünf Kilo schweres Ungeheuer ihren Unterleib zerriss. Ich hatte mich lange geweigert, geboren zu werden. Aus gutem Grund, würde ich heute sagen. Während Carl Perkins *Blue Suede Shoes* sang, wurde ich einem Krebsgeschwür entbunden. Meine Mutter hatte die letzte Ölung schon erhalten und blieb nach der Geburt gleich im Spital. Sie verschenkte mich an ihre Schwester Puce, die aussah wie die Frau von Popeye und in Vilaincourt wohnte. Das ist ein sehr kleines Dorf im französischsprachigen Schweizer Jura, das heute wahrscheinlich ausgestorben und von der Landkarte verschwunden ist.

In Vilaincourt lebten Bauern, die gekrümmt wie Rebstöcke mit grimmigen Gesichtern ihre Felder bewirtschafteten. Es gab auch einen Priester, der dafür sorgte, dass alles, was in Vilaincourt geschah, in Vilaincourt blieb. Und es geschah einiges, wenn die Kühe in den Ställen waren und die Nacht anbrach. Außerhalb von Vilaincourt war Feindesland. Kaum ein Fremder hat sich jemals nach Vilaincourt getraut, denn die Dorfbewohner hätten ihn mit ihren Blicken erstarren lassen wie die Basilisken, die in grauer Vorzeit die ersten Städte bewachten. Auf der Anhöhe hinter dem Tal stand ein schlossähnliches Gebäude. Hier thronte die Familie Tinville, die angeblich seit Jahrhunderten dieses Gebiet beherrschte. Die Bauern kamen auf den Berg, um die Ernte ihrer Tabakfelder zu verkaufen, denn hinter dem Schloss verbarg sich nichts anderes als eine Zigarettenfabrik. In Vilaincourt hat keiner jemals einen aus der Familie der Tinvilles gesehen.

In diesem düsteren Tal wehte noch der Rauch der letzten Hexenverbrennungen über die Höfe und Ställe. Die Kühe in Vilaincourt waren so schmutzig, als hätten die Bauern in einem geheimen Abkommen beschlossen, ihre Ställe nie auszumisten. Der Kot von Wochen war großflächig am Fell der Kühe eingetrocknet und ließ sie wie gepanzerte Tiere aussehen, wie schwarzweiß gefleckte Rhinozerosse.

Ein paar Wochen nach meiner Geburt wartete mein Onkel Maurice mit seinem schwarzen Motorrad mit Seitenwagen am Bahnhof von Porrentruy auf meine Ankunft. Das Gefährt hatte er zuvor auf dem Waffenplatz in Bulle gestohlen, aber daraus machten die tiefgläubigen Menschen von Vilaincourt keine große Geschichte. Das taten sie nur, wenn sie selber bestohlen wurden.

Onkel Maurice legte mich in den Seitenwagen. Er war so grob. Ich stieß mir den Kopf an und begann aus voller Kehle zu schreien. »Halt die Klappe, du kleiner Scheißer!«, schrie er mit rauchiger Stimme und holperte über die trockenen Feldwege nach Vilaincourt. Ich bin in der Staubwolke beinahe erstickt, aber Onkel Maurice saß ungerührt mit zusammengekniffenen Augen über sein Motorrad gebeugt und fluchte.

Onkel Maurice war kein Bauer, sondern ein Patron. So sah er sich jedenfalls. Nachdem alle seine Kühe an einer mysteriösen Infektion verendet waren, hatte er den Stall in eine kleine Fabrik umgebaut. Hier setzten wortkarge Arbeiter mit Tunnelblick Uhrwerke für eine Fabrik am Neuenburgersee zusammen. Es waren griesgrämige Leute, die sich stolz Bauern nannten, obwohl in ihren Ställen höchstens noch eine halbe Sau von der Decke hing und in der Scheune ein paar Äpfel lagen, die aussahen wie Robert Redford in seinem letzten Film.

Auch Tante Puce arbeitete in dieser »Fabrik«. Da Onkel Maurice ihr verbat, sich tagsüber um mich zu kümmern, legten sie mich in eine Holzkiste, die auf einer Werkbank neben dem Plumpsklo lag. So verbrachte ich meine ersten Lebensjahre in einer Schraubenkiste. Das klingt hart, aber die Kiste war mit einer grauen Militärdecke ausgepolstert und angenehm weich. Ich war auch nie allein. Ich meine jetzt nicht in der Kiste, sondern allgemein. Wenn einer aufs Klo musste, kam er unweigerlich an mir vorbei und strich mir mit ölverschmierten Fingern übers Gesicht. Hatte er sich erleichtert, passierte er erneut meine Kiste und strich mir einige Kolibakterien über die andere Wange. Diese Leute hatten noch nie etwas von Robert Koch oder Louis Pasteur gelesen. Auf jeden Fall war dies der Grundstein für eine solide Immunabwehr.

Mein einziger Lichtblick war ein verschmutztes Fenster, das teilweise die Sicht auf eine kleine Schafweide freigab, eigentlich ein idealer Ort, um günstig einen Film über das finsterste Mittelalter zu drehen. Aber wie sollte die Crew jemals Vilaincourt finden?

Die Schafe haben mich geprägt. Selbst ein halbes Jahrhundert später, als ich im Koma lag, erinnerte ich mich an sie. Wenn ich heute Schafe sehe, fühle ich einen Kloß im Hals und versuche, ein Mann zu sein. Mein Onkel Maurice hatte es auch mit den Schafen. Wenn alle Arbeiter den Stall, oder von mir aus die Fabrik, verlassen hatten, ging Onkel Maurice zu seinen Schafen. Die Tiere mochten ihn nicht, Schafe spüren, wenn sich ein Dreckskerl nähert. Onkel Maurice stellte sich hinter ein Schaf und hielt es an den Lenden fest. Wenn das Schaf ruhig war, ließ er zu meiner großen Verblüffung seine Hose fallen und ich sah seinen nackten, affenmäßig behaarten Hintern. Er vollführte dann rhythmische Bewegungen, ich dachte, dass er das Schaf molk, denn abends, wenn er in die Küche kam, brachte er stets Milch mit. So entsteht Intelligenz. Man beobachtet etwas, bringt es in Zusammenhang mit einer anderen Beobachtung und lernt. Heureka! Das ist der Grundstein der Evolution. Aber richtig verwirrend war, wenn mein Onkel Maurice abends meine zerbrechliche Tante Puce molk. Er packte sie am Nacken wie seine Schafe und drückte sie über den Küchentisch. Dann ließ er seine Hose runter und führte wieder seine rhythmischen Bewegungen aus. Er war zu dumm, um auch nur zu ahnen, dass ich es nicht vergessen würde. Irgendwie hielt er mich immer noch für einen seelenlosen Embryo. Aber ich vergaß nichts. Ich hatte von klein auf ein Gedächtnis wie ein Elefant. Beneiden Sie mich nicht darum, und lesen Sie weiter.

»Frau! Suppe!«, schrie Onkel Maurice, wenn er Tante Puce gemolken hatte, und zündete sich eine filterlose Gitane Bleue an, die mit dem gelben Maispapier. Im Nachhinein würde ich gern erfahren, wieso die nette Tante Puce diesen Typen geheiratet hat. Wahrscheinlich das mangelnde Angebot. Alle meine zwölf Tanten und Onkel wohnten in Vilaincourt. Außer mein Onkel Arthur. Er war die Nummer dreizehn. Er war nie da. Wo er war? Keine Ahnung. Man durfte seinen Namen nicht erwähnen, geschweige denn nach ihm fragen, aber ich hörte, er würde eines Tages zurückkommen, dann würde ich ihn kennen lernen. Wohl oder übel, fügten einige bekümmert hinzu.

Onkel Maurice ärgerte sich jede Nacht über meine Husten- und Erstickungsanfälle, und Tante Puce versuchte ihm zu erklären, dass es möglicherweise einen Zusammenhang zwischen Gitanes Bleues und meinem hochroten Kopf gäbe. Doch Onkel Maurice war das egal. Er brüllte sie in Grund und Boden, zündete sich die nächste Kippe an. Wenigstens musste auch er husten. Jahre später machte ich mir Sorgen, dass ich wegen der schlechten Luft in meiner frühen Kindheit an Lungenkrebs sterben könnte. Heute weiß ich, dass ich an etwas anderem sterben werde. Ich machte mir später auch Sorgen, ich könnte an Krebs erkranken, weil ich einem Krebsgeschwür entsprungen war. Aber wie das so ist mit den Sorgen: Die meisten Szenarien treten nie ein. Ich glaube, das ist von Dale Carnegie. *Sorge dich nicht, lebe!* heißt sein Bestseller. Er ist damit Multimillionär geworden. Ich hatte das später auch im Sinn, aber von der Schraubenkiste zum Millionär war es natürlich ein weiter Weg. Deshalb hat dieses Buch so viele Seiten.

Es grenzt an ein Wunder, dass ich die Sprache der Menschen erlernte, denn in Vilaincourt sprach niemand mit mir. Irgendwann übernahm ich das Blöken der Schafe. Anfangs fanden die Leute in der Fabrik das lustig, doch mit der Zeit nervte dieses repetitive Blöken, und sie bedeckten mich mit alten Zeitungen. Mütterliche Zuwendung soll sich ja auf die Chemie des limbischen Systems auswirken. Babys, die Mutterliebe erfahren, sollen später weniger ängstlich sein. Das hat man in Mäuseexperimenten festgestellt. Ich war zwar keine Maus, aber nach zwei Jahren Schraubenkiste und Mutterentzug in permanenter Panik. Alle Ampeln auf Rot. Bereit zum letzten Gefecht. Fluchtwege prüfen. Mayday, Mayday.

Eine einsame Kassiererin, die mich während ihrer Mittagspause im Getränkelager verführt hatte, sagte mir später, dass die ersten Lebensjahre prägend seien für die spätere Stabilität der Psyche, für das Urvertrauen, für ein angstfreies Leben. Eine plausible Erklärung, aber nicht wirklich hilfreich. Ich beharrte darauf: Wasser ist sehr gefährlich, darin kann man ertrinken. Später erfuhr ich von der Wasserfolter der Amerikaner. Mein Mitgefühl für die Opfer kannte keine Grenzen. Natürlich wurde ich ausgelacht. Das simulierte Ertrinken, die weiße Folter, ist so alt wie die Menschheit und wie die meisten grausamen Foltermethoden von der katholischen Kirche erfunden worden. Die Spanier wendeten sie bereits im 16. Jahrhundert auf den Philippinen an. Auch im Algerienkrieg war diese Folter Standard. Ich erwähne diese beiden Länder nur deshalb, weil sie in diesem Buch noch eine gewaltige Rolle spielen werden. Das ist wichtig in der Dramaturgie. Wenn Sie später etwas ernten wollen, müssen Sie es vorher gesät haben. Wenn jemand am Ende eines Films auf der Flucht ist und nur der schwarze Citroën am Ende der Straße könnte ihn retten, dann müssen Sie am Anfang der Story beiläufig platziert haben, dass er nicht Auto fahren kann. Ich sagte beiläufig!

Wir waren beim Waterboarding. Ich erlebte das später am eigenen Leib. Aber unter Narkose. Lungenwaschung. Lachen Sie ruhig. Furchtlosigkeit ist eine Form der Fantasielosigkeit. Später hatte ich auch große Angst vor Riesenrädern, Monsterschaukeln und all diesen masochistischen Jahrmarktsattraktionen. Bei diesen Geschwindigkeiten kann sich leicht eine Kabine oder ein Sitz lösen, und man landet abseits des Messerummels in einer Dönerbude. Man muss sich nur mal die Schrauben anschauen, die Kabinen und Sitze zusammenhalten. Ich habe ja Erfahrung mit Schrauben. Auch Fräsmaschinen halte ich für Folterwerkzeuge. Die wurden in der Fabrik von Onkel Maurice zehn Stunden am Tag benutzt. Ich hörte das Geräusch zwei Jahre lang.

Ich erinnerte mich daran, als ich zum ersten Mal beim Zahnarzt war. Ich will nicht auf die Details eingehen, aber nach einer Stunde schrie er, er würde alle Patienten verlieren, wenn ich nicht sofort verschwände. Aber ich hatte aus gutem Grund um Hilfe geschrien und ihn in den Unterleib getreten. Zähne sind Trojaner! Da gibt es überhaupt nichts zu lachen. Magellan, der große Seefahrer, hat 1521 wegen Zahnwurzelentzündungen und Skorbut viele Matrosen verloren. Aber für einen promovierten Hypochonder besteht der menschliche Körper nicht nur aus Zähnen. Es gibt auch Darmverschlüsse, Schrumpfpenisse, Herzattacken, frühzeitige Ejakulation, Magenkrebs, nicht enden wollender Schluckauf (der Rekord liegt bei vierzehn Jahren), Blutvergiftungen und plötzlicher Herztod. In Tokio gestand mir Jahrzehnte später ein Sushi-Koch, dass sich sein Penis über Nacht in den Unterbauch zurückgezogen habe und seitdem spurlos verschwunden sei. All diese Ängste kann man nur mit einem prophylaktischen Selbstmord ausmerzen. Aber selbst vor dem Selbstmord hatte ich Angst. Ich denke, wenn einem alles misslingt im Leben, sollte wenigstens der Selbstmord gelingen. Aber so einfach ist es nicht. Das Leben kennt keine Gerechtigkeit, keine Logik. Man kann nachträglich eine Logik konstruieren; das wäre so, als würde man rückblickend einen Börsencrash erklären.

Hätte mir der Glaube an irgendetwas Göttliches geholfen? Wer zwei Jahre im Qualm der Gitanes Bleues in einer Schraubenkiste verbringt, hält Gott eh für einen Trottel. Wie kann man sich so bescheuerte Lebensbedingungen ausdenken? Als Drehbuchautor hätte Gott keine Chance in Hollywood, und als Brettspiel wäre das menschliche Dasein ein Flop. Kein Mensch würde so etwas spielen. Ich denke, wenn es einen Gott gibt, dann hasst er uns alle. Und wir hassen ihn auch.

Neurotische und ängstliche Menschen haben es schwer im Leben. Nur ein Leben als Schriftsteller gibt ihnen die Möglichkeit, den ganzen Müll zu verarbeiten und artgerecht zu entsorgen. Im Grunde genommen ist jedes Lebenswerk eine Therapie, und wenn es zur Literatur erklärt wird, kann man damit seine Stromrechnung bezahlen. So weit sind wir aber noch lange nicht. Ich verliere mich in Details, das ist ein Problem seit der Schädelperforation. Dann wird ein Subplot zum Hauptplot. Aber noch sind wir im Jahr 1956. *Don't Be Cruel.* In den Kinos taucht Jules Vernes *20 000 Meilen unter dem Meer,* und Gregory Peck spielt *Moby Dick.* Hat mir Tim gemalt. 1956 war übrigens der Startschuss für die Frauenemanzipation, kaum zu glauben, oder?

Nicht Charlotte Corday war die erste Emanzipierte, nein, die wurde ja während der Französischen Revolution guillotiniert, weil sie irrtümlicherweise angenommen hatte, die Menschenrechte gelten auch für Frauen. Nein, die ersten Frauenrechtler waren Hoover und Volta. Hoover war eine elektrische Waschmaschine mit eingebautem Pulsator in der Seitenwand oder ein Staubsauger, und Volta war ein Dreischeibenblocher, der die Böden sogar reinigen, wachsen und polieren konnte.

Ohne Hoover und Volta hätten die Frauen nie die Zeit gehabt, sich weiterzubilden und ihre Männer in den folgenden Jahrzehnten so abzurichten, dass sie später zu verachtenswerten Pantoffelhelden wurden. Aber in Vilaincourt hielt man wenig von Hoover und Volta. Man wusste hier nichts von den Aufständen in Ungarn, den Phosphorbomben auf Budapest und den französisch-britischen Truppen am Suezkanal. In den Städten trugen Frauen Deux-Pièces, hummerrot, nepalgelb und azurblau. Aber in Vilaincourt hüllten sich die Leute immer noch in die Lumpen, die den Zweiten Weltkrieg überstanden hatten. Im Radio sangen Tino Rossi, Charles Aznavour, Edith Piaf und Gilbert Bécaud. Doch die einzige Musik, die man in Vilaincourt kannte, waren die Psalme in der Sonntagsmesse und das Furzen der Kühe. Hier bin ich aufgewachsen.

## Steine fressen

1958 sang Chuck Berry *Johnny B. Goode,* die Everly Brothers *Bye Bye Love,* aber ich gab immer noch blökende Geräusche von mir. Doch meine sprachliche Entwicklung schritt voran. Einige Laute erinnerten nun an grunzende Schweine, gebärende Kühe, brünstige Katzen oder seufzende Appenzeller Hunde. »Dieser Junge wird eine Menge Steine fressen in seinem Leben«, prophezeite eine Kartenlegerin meiner Mutter. Sie haben scharf kombiniert: Meine Mutter ist nach meiner Geburt doch nicht gestorben. Sie konnte das Krankenhaus nach zwei Jahren wieder verlassen und ärgerte sich sehr, dass sie dem Pfarrer dreimal das Honorar für die letzte Ölung bezahlen musste. Aber der Pfarrer meinte, es sei nicht seine Schuld, dass sie dreimal nicht gestorben sei. Sie hätte halt weniger beten sollen.

Mit Elvis Presley, Jerry Lee Lewis und Gene Vincent setzte der Rock'n'Roll seinen Siegeszug fort und begeisterte die jungen Menschen in aller Welt. Die iranische Regierung bezeichnete diesen Musikstil als Bedrohung für die muslimische Seele. Namhafte Wissenschaftler warnten vor den Folgeschäden von exzessivem Hüftschwung. Wollte man als Pubertierender seine Eltern schockieren, musste man nicht kiffen, saufen oder Tankstellen überfallen; es genügte, wenn man grinsend Elvis Presleys erotischen Hüftschwung nachahmte. So viel Bewegungsfreiheit hatte ich in der Schraubenkiste natürlich nicht. Ich atmete Tag für Tag den Qualm der Gitanes Bleues ein und wartete auf den Tod, der irgendwann in siebzig Jahren endlich eintreten würde. Ich konnte es kaum erwarten, diesem erbärmlichen Dasein zu entkommen.

Meine Mutter wollte oder konnte mich nicht zurückholen: Sie war am Leben, aber todkrank. Im Kino lief *Die den Tod nicht fürchten* mit Charlton Heston und – ist mir entfallen. So was wäre mir vor dem Jahr 2009 nie passiert. Ich war eine organische Version von Wikipedia. Und schneller als ein Intel-Core-17-Prozessor.

Ich wurde zu meiner Großmutter Germaine transferiert, die in Vilaincourt auf dem Bauernhof ihres früh verstorbenen Ehemannes wohnte. Das war wie ein Aufstieg von der dritten Liga in die erste Liga. Hier wurde nicht geraucht, hier wurden weder Schafe noch Tanten gemolken. Hier lernte ich auch das Wiehern der Pferde und die Sprache meiner geliebten Großmutter.

Französisch. Es gab nichts Schöneres, als sich an ihre Brust zu kuscheln und in ihrem Bett einzuschlafen. Ich dachte lange, dass meine Großmutter Germaine mit Charlie Chaplin verheiratet gewesen war, denn das Foto auf dem schwarzen Klavier erinnerte verblüffend an den kleinen Mann. Aber im Gegensatz zu Chaplin hatte mein Großvater, den ich nie gekannt habe, ein kurzes Leben. Er wurde von der einzigen Kuh, die er im Stall hatte, in den Unterleib getreten. Aua. So was schreibt man nicht gern. Sie haben ja keine Ahnung, wie stark sich ein Autor mit seinen Geschichten identifiziert. Es gibt Autoren, die beim Schreiben in Tränen ausbrechen oder onanieren. Je nach Abschnitt. Charlie Chaplin onanierte nicht, er verblutete während des Ersten Weltkrieges in seinem Stall.

Großmutter Germaine hatte nun zwölf Kinder zu ernähren. Nein, dreizehn. Onkel Arthur hätte ich beinahe wieder vergessen. Eigentlich erstaunlich, dieser zahlreiche Nachwuchs, denn mein Großvater hat ja nicht so lange gelebt. Aber mathematisch-biologisch geht das in Ordnung. Als ich unter die Fittiche von Großmutter Germaine kam, lebte sie zusammen mit ihrer jüngsten Tochter Fleur und ihren 24 Katzen im ersten Stock. Neben der Küche war die schwere Tür zur Treppe, die in den gigantischen Dachboden führte. Dort oben sah es aus wie in einem riesigen Trödlerschuppen. Es war alles da, was man auf Flohmärkten und in Antiquitätenläden finden konnte: Tausende von Büchern, Schachteln mit uralten Briefen und Postkarten, Möbel aus vergangenen Zeiten, alte, schwere Schallplatten, stapelweise Kleider aus dem letzten Jahrhundert, auf denen Katzen dösten. Meine Großmutter stellte ihnen jeden Morgen Milchschalen vor die massive Holztür. Damit die Katzen den Dachboden bei Bedarf verlassen konnten, hatte jemand mit einer Axt ein Loch in die Tür geschlagen. Ja, im Schweizer Jura nimmt man selten eine Säge und versucht sich kaum an sauberen, quadratischen Schnitten – im Jura nimmt man eine Axt. Während des Essens sah ich von meinem Schemel aus jeden Mittag, wie eine Katze nach der andern durch die Öffnung schlich, trank und blitzschnell wieder in den Dachboden verschwand. Ab und zu kam ein Weibchen mit seinen Neugeborenen, um sie Großmutter Germaine zu zeigen.

Im Erdgeschoss lebte mein Onkel Louis (der mit der Axt) mit Tante Paulette und ihren acht Kindern. Tja, Sie vermuten richtig, dass es in Vilaincourt weder Versicherungen noch Kondome gab. Acht Kinder waren ungefähr gleichwertig mit einer Vollkasko-Hausrat-Haftpflicht-Lebensversicherung. Ich mochte Onkel Louis nie. Er sah aus wie diese Waldmonster, die zum Frühstück Kinder verspeisen. Ich musste unwillkürlich an ihn denken, als ich Jahrzehnte später im Britischen Museum in London das naturalistische Modell eines Neandertalers sah.

Oder haben Sie kürzlich *The Walking Dead* gesehen? Onkel Louis' Schritt hatte etwas Bedrohliches. Er machte immer den Eindruck, als würde er gleich die Beherrschung verlieren und Amok laufen. In ihm tobte das keltische Blut unserer Vorfahren, er verwechselte das Hinterteil eines jeden Tieres mit einem Fußball. Jurassier und ihre Hunde, das ist kein schönes Kapitel. Ich gehe jetzt nicht ins Detail, sonst kriegt das Buch noch einen Kleber: *Ab 18 Jahren.* Man muss ja Tiere nicht wie heute antiautoritär erziehen, aber man ersäuft auch nicht gleich einen Hund, wenn er das Französisch eines stockbesoffenen Jurassiers nicht versteht. Die Pädagogik wurde also nicht von einem Jurassier erfunden. Vielleicht aber die Axt.

Die Kinder meines Onkels Louis waren sehr nett. Mit seinen sechs Jungs spielte ich Fußball, vor allem mit Guy, dem ältesten, der ein Jahr jünger war als ich. Wie alle seine Brüder war Guy einem permanenten Druck ausgesetzt. Man erkannte meine Cousins von weitem an der optimalen Durchblutung der roten Backen: Onkel Louis ohrfeigte seine Kinder, wie andere Guten Tag sagten.

Da er die fixe Idee hatte, von einem General Napoleons abzu-stammen, erwartete Onkel Louis, dass seine Kinder mindestens ein Viertel des *Guinness-Buch der Rekorde* füllen. Er sprach von sich oft in der dritten Person und prahlte jeden Tag lautstark mit irgendwelchen überragenden Leistungen, die jemand aus seiner Sippe vollbracht hatte. »Wir, die XXX…« Hier hatte ich einen Nachnamen, aber Tim hat mir die Streichung emp-fohlen. Übrigens, jetzt fällt es mir ein: Es war Gary Cooper, der zusammen mit Charlton Heston *den Tod nicht fürchtete.* Im gleichen Jahr wurde auch die *Brücke am Kwai* gebaut. Ich habe später alle Filme gesehen, die jemals gedreht wurden, einfach alles, vom anspruchsvollen japanischen Experimentalfilm bis hin zum Spaghetti-Western. Die japanischen Experimentalfilme waren natürlich Sexfilme für europäische Intellektuelle. Kennen Sie Kaneto Shindo? Sehen Sie, ich habs nicht vergessen. Der drehte 1964 *Onibaba.* Sexfilme habe ich mir nie angeschaut. Die hatten keine Story. Vielleicht lag es auch daran, dass ich mich nicht ins Kino getraute. Kommt der Sache wahrscheinlich etwas näher. Manchmal stehe ich am Morgen auf und nehme mir vor, den ganzen Tag über ehrlich zu sein. Heute ist so ein Tag. Erwarten Sie also keine Political Correctness, weiterlesen auf eigene Gefahr. Und schreiben Sie keine bösen Mails.

Aber wir waren bei Großmutter Germaine. Obwohl sie nie Rock'n'Roll getanzt hatte, war ihre linke Hüfte schief und ka-putt, als hätte ihr Onkel Louis einen Axthieb verpasst. Sie be-klagte sich nie. Sie spielte mit mir Karten, mogelte ohne Talent und lehrte mich, dass Mogeln auch für tiefgläubige Katholiken rechtens sei. In Vilaincourt war Mogeln Bestandteil der dörf-lichen Kultur. Man mogelte beim Kartenspiel, im Gespräch, in der Erinnerung, bei der Steuererklärung und wenn man wert-lose Antiquitäten im Heuwagen über die Grenze fuhr. Kurz: Das ganze Leben in Mogelei war Vilaincourt. Ich meine: Das ganze Leben in Vilaincourt war Mogelei. Das ist eine der zahlreichen Nebenwirkungen meiner Zehnuhrfünfzehn-Pillen. Habs auf dem Beipackzettel gelesen.

Meine Großmutter kochte wunderbare Frikadellen mit knusprig-krustigen Bratkartoffeln in einer gewaltigen gusseisernen Pfanne, machte geniale Aprikosenkonfitüre, und ich leerte im Gegenzug zweimal täglich ihren punkigen Nachttopf, der farblich an Lady Gagas *Blue Dress* erinnerte. Wenn Großmutter vergaß, ihre Pillenkollektion einzuwerfen, erkannte ich es an der Farbe ihres Urins. Nur marineblau war der echte.

Großmutter Germaine war die Einzige in Vilaincourt, die einen Fernseher hatte. Wenn der Papst auf der Mattscheibe ihres klobigen Schwarz-Weiß-Philips' erschien, kniete sie nieder. Damals vertrat Johannes XXIII. den lieben Gott. Im Gegensatz zu seinem Vorgänger Pius XII. liebte er nicht die Nazis, sondern Schweinebraten an einer kräftigen Bordeaux-Sauce. Er war durchaus beliebt, weil ihm seine Körperfülle etwas Gutmütiges, ja Väterliches verlieh. Sobald der Papst den Segen sprach, kamen auch Guy und seine Geschwister in den oberen Stock. Wir knieten alle zusammen auf dem abgewetzten Teppich nieder, der nach abgestandener Katzenpisse stank, und machten uns lustig über den dicken Papst in Frauenkleidern. Wir warteten sehnsüchtig auf den Segen, weil anschließend *Rin Tin Tin* ausgestrahlt wurde. Das war die allererste amerikanische TV-Serie, die zu uns kam. *The Adventures of Rin Tin Tin.* Vor dem Hintergrund der Indianerkriege des 19. Jahrhunderts erleben der kleine Waisenjunge Rusty und sein Schäferhund Rin Tin Tin, die in Fort Apache in Arizona bei der 101. Kavallerie leben, ein Abenteuer nach dem andern. Lieutenant »Rip« Masters ist Rustys Held, der trottelige Sergeant Biff O'Hara sein Freund. Die Figur O'Hara finden Sie in Tausenden von TV-Serien und Spielfilmen: Sie ist immer dick, etwas dümmlich, aber treu bis in den Tod. Ich war auch so, aber holzmager. Ohne den Erfolg der 164 *Rin-Tin-Tin*-Episoden wäre Warner Brothers damals bankrottgegangen.

Mein Cousin Guy und seine Geschwister warteten also sehnsüchtig, dass der Gourmet-Papst erste Ermüdungserscheinungen zeigte und die Trompeten der 101. Kavallerie erklangen. Damals liebte man die Amerikaner noch. Sie hatten uns von Hitler befreit, und jetzt hingen wir zitternd am Rockzipfel Amerikas und blinzelten ängstlich nach Osten. Wir wollten alle Amerikaner sein. Nur John F. Kennedy wollte ein Berliner sein. Die Syphilis kennt viele Frühformen.

Großmutter Germaine erlaubte uns also *Rin Tin Tin*. Dass die hübschen blauen Armeehosen mit den gelben Streifen nur in Schwarz-Weiß zu sehen waren, fiel uns gar nicht auf. Sehen Sie? Ohne Vergleichsmöglichkeiten können Sie weder glücklich noch unglücklich werden. Deshalb sind historische Romane nicht nutzlos! Sie ermöglichen uns, die Epochen miteinander zu vergleichen, die Gegenwart einzuordnen und zu verstehen. Und sie zu schätzen! Historische Romane machen glücklich.

Nach *Rin Tin Tin* folgte die Mittagsbörse, die mit einem Jingle eröffnet wurde. Die Melodie riss Großmutter aus dem Halbschlaf. Wie von der Tarantel gestochen, humpelte sie trotz schwerer Hüftarthrose zum Fernseher und stellte ihn ab. Hat Sie das jetzt irritiert? Fernbedienung gab es noch nicht, das Wort »zappen« war noch nicht erfunden – dafür gab es schlicht zu wenige Programme. Noch keine Vielfalt der Einfalt. Meine Großmutter behauptete stets, die Menschen würden in dieser Börsensendung ihr Geld verlieren und sich umbringen. Ich muss gestehen, ich hätte das ganz gern gesehen, wie die Leute Harakiri machen oder sich in der Badewanne ersäufen. Selbstmord war ja in den Fünfzigerjahren noch nicht sehr populär. Er wurde praktiziert, aber nicht so wie heute. Und schon gar nicht live. Heute wird der Suizid auf Facebook angekündigt, die Ausführung kann man sich auf Youtube anschauen, Todesanzeige auf Twitter: Löffel abgegeben. Aber damals wartete man noch allein am Gleis 1 auf den Schnellzug aus Porrentruy. Wenigstens waren die Züge noch pünktlich.

Ich dachte später regelmäßig an Selbstmord. Siehe frühkindliche Prägung. Auch jetzt, wo ich diese Zeilen schreibe, denke ich immer wieder an Suizid. Aber dann nehme ich mir vor, noch ein paar Seiten zu schreiben. Ich bin der Sklave der Script Avenue. Das ist keine Koketterie. Das ist mein Schicksal.

Ich sah heute früh um drei die DVDs, die mir Tim letzte Woche mitgebracht hat. Sorgfältig desinfiziert. *Asterix & Obelix* mit dem französischen Topmodel Laetitia Casta. Ich dachte, besser Laetitias Busen gucken als mit dem Tod feilschen. Laetitia Casta erinnerte mich an Tante Fleur. Sie war nicht nur schön, sie war die schönste von allen meinen Tanten. Sie war die Marilyn Monroe von Vilaincourt. An Weihnachten machte sie für die Kinder eine Bûche de Noël. Als die Knochenschmerzen unerträglich wurden, klingelte ich und verlangte nach mehr Morphium. Doch als die Pflegefachfrau ins Zimmer kam und nach meinem Wunsch fragte, sagte ich: »Die Bûche de Noël von Laetitia Casta.« Die Schwester legte mir eine Infusion für einen weiteren Cocktail. Das ist ein Mix aus Schmerzmitteln, der verhindert, dass man die 23-Uhr-Infusion herauskotzt. Ich liebe diese Cocktails!

## Der hagere Blonde im hellblauen Hemd

Ich landete sanft wie eine Daunenfeder auf dem Boden der Script Avenue. Tante Fleur kniete zu mir nieder und reichte mir eine dicke Scheibe ihrer Bûche de Noël. Egal wo Sie diese Patisserie essen, Sie schmeckt immer hervorragend. Auch in der Script Avenue. Tante Fleur war für uns die große Welt, wie heute New York, Hongkong oder Schanghai. Sie hatte Vilaincourt in ihrem Leben zwar nur einmal verlassen, um die Ostermesse in Rom zu besuchen, aber sie hörte französische Schlager und sang dabei fröhlich mit. Ich höre jetzt noch *Poupée de cire, poupée de son* von France Gall. Damit gewann diese übrigens 1965 den Eurovision Song Contest. Stopp. Sorry, das ist gar nicht möglich. Vielleicht war es doch ein Song von Sœur Sourire, dieser singenden Nonne, die angeblich nie Sex hatte. *Ne me quitte pas* von Jacques Brel kam auch viel später. Vielleicht Edith Piaf? Oh, jetzt fällt es mir ein: Es muss Edith Piaf gewesen sein. Ja, meine Tante Fleur sang *Non, je ne regrette rien. Non, rien de rien, non, je ne regrette rien* ... Ich erinnere mich noch an jede Textzeile. Ich könnte gleich lossingen. Aber die Luft meiner Lunge reicht nicht mehr für einen Song. Und inhaltlich betrachtet, gibt es da schon das eine oder andere, das ich bereue. Ich denke, Frank Sinatra macht sich was vor, wenn er *My Way* singt und meint, es gebe nichts Bedeutendes, das er bereue. Die Jugend kennt keine Reue, denn sie hat noch Zeit zum Umsteigen. Die Reue kommt, wenn es definitiv zu spät ist. Ich denke, das ist die wahre Hölle und nicht die Geisterbahn der katholischen Kirche.

Zurück nach Vilaincourt. Als man mir sagte, dass ein hagerer Blonder käme, um mich abzuholen, hätte ich fliehen sollen. Aber ich wusste nicht, dass es ein Mann war, der von mir verlangte, dass ich ihn Vater nenne. Tim meint, es sei jetzt Zeit, etwas über meinen Vater zu schreiben.

Muss das sein? Darf denn Schreiben nicht auch Spaß machen? Was wollen Sie wissen? Ich weiß eigentlich nichts über meinen Vater. Für mich war er stets der hagere Blonde im hellblauen Hemd mit dem abwesenden Blick. Wenn er sprach, meinte er es nicht so. Sein Lächeln hatte etwas Heuchlerisches, vielleicht sogar Teuflisches. Ich hatte stets Angst vor seinen Händen. Seine Geschwister habe ich nur einmal gesehen. Als deren Vater starb. Der hagere Blonde stellte mich den Geschwistern als seinen Sohn vor. Daraus schloss ich, dass er wahrscheinlich mein Vater und der Tote mein Großvater war. Ich starrte in den Sarg und sah ein kleines Wurzelmännchen, das etwas verloren in diesem großen Sarg lag und an eine nicht vollendete Waldskulptur erinnerte.

Ein Mann, der behauptete, mein Onkel Moritz zu sein, erzählte mir leise die Geschichte ihrer Sippe. Sie stammten aus dem hohen Norden. Sie seien marodierende Waldarbeiter gewesen, die das schwedische Heer begleitet hatten und schließlich irgendwo zwischen Elsass und Süddeutschland desertiert waren. Im 17. Jahrhundert, erzählte er, hätten in der Gegend von Baden-Baden an einem einzigen Tag 1440 schwedische Waldarbeiter um Brot gebettelt. Eine riesige Hungersnot habe die Menschen dahingerafft, viele Dörfer seien verödet, Wolfsrudel drangen in die abgefackelten Bauernhöfe ein, die Deserteure mordeten und vergewaltigten, was überlebt hatte. Die Not war so groß, dass die Überlebenden Pferde, Hunde, Katzen, Mäuse und Ratten verspeisten. Aus Eichenrinde buken sie Brot, fraßen wie Vieh das Gras von den Feldern und aßen sogar Leichen und stinkendes Aas. Mein Agent hat das alles gestrichen. *Das ist kein historischer Roman,* hat er an den Rand geschrieben. Ausrufezeichen. Und Tim hat am anderen Rand kommentiert: *Hör nicht auf deinen Agenten!* Für die Kreativität sind demokratische Meinungsfindungen aktive Sterbehilfe. Aber zurück zu den Zuständen im 17. Jahrhundert. Die Schilderung veranschaulicht, wie gut wir es heute haben, trotz allen Unkenrufen, wonach alles schlechter wird und der Weltuntergang kurz bevorsteht. Nein, nein, alles wird besser. Nur bei mir wird alles schlechter. *Collateral Damage.*

Der hagere Blonde im hellblauen Hemd stammte also von marodierenden schwedischen Waldarbeitern ab. Seine Vorfahren blieben in einem kleinen Dorf hängen und schwängerten einander, bis sie auf Schweizer Boden eine neue Sippe ausgebrütet hatten. Genauer gesagt im kleinen bernischen Dorf Ederswiler, das heute kaum noch hundert Einwohner hat und an das französischsprachige Schweizer Dorf Movelier angrenzt. Beide Dörfer gehörten zwar zum gleichen Kanton Bern, damals, aber beide pflegten ihre eigene Sprache und ihre eigenen Vorurteile und

Feindschaften. Hier hätte man durchaus eine nette *Romeo-und-Julia*-Geschichte ansiedeln können, aber mein Agent, ja der redet jetzt auch noch drein, also mein Agent sagt, für einen Schweizer Roman sei der Markt viel zu klein. Sind Sie der Meinung, *Romeo und Julia* wäre dann ein Schweizer Roman? Das ist doch eine herzzerreißende Liebesgeschichte zwischen zwei verfeindeten Sippen. Könnte auch in Afrika spielen zwischen den Stämmen der Samburu und Turkana oder in der Türkei oder in der arabischen Welt. Aber es ist wohl einfacher, einen Weihnachtsbaum durch ein Nadelöhr zu fädeln, als einem Agenten zu widersprechen. Er hat übrigens auch schon angedeutet, dass *Script Avenue* ein Schweizer Roman sei. Ich werde das jetzt nicht kommentieren, denn vielleicht liest er auch noch diese letzte Fassung. Es ist kein Schweizer Roman. Es geht um Themen, die seit über 10 000 Jahren die Menschen beschäftigen. Liebe, Leidenschaft, Freundschaft, Verlust … *Du verlierst den Plot,* schreibt mein Agent hier an den Rand. Hört denn diese Nörgelei nicht mehr auf? *Stop it,* schreibt mein Agent jetzt mit roter Farbe, oder such dir einen neuen Agenten. Dafür reicht meine Zeit nicht mehr. Notfalls muss ich es mit Selfpublishing versuchen.

Tim besteht darauf, dass ich kurz erläuterte, wie meine Mutter auf den hageren Blonden im hellblauen Hemd hereinfiel. Am Anfang war eine Zigarette. Eine Zigarette, die fehlte. Mein nikotinsüchtiger Vater musste wohl oder übel die Sprachgrenze überschreiten und zum kleinen Laden im Nachbardorf laufen. Dort arbeitete meine Mutter aushilfsweise im Verkauf. Das war für ein Mädchen aus Vilaincourt bereits das große Ausland. Damals gabs tatsächlich noch Verkäuferinnen, heute sind es ja Kassiererinnen, und bald gibts nur noch das Selbstscanning. Aber damals war der Kunde noch König. Mein Vater bat in gebrochenem Französisch um Zigaretten, meine Mutter sah seine schönen blauen Augen und das flächendeckende blonde Moos an seinen Wangen und suchte vergebens nach deutschen

Worten. Die beiden lächelten sich verlegen an. Draußen spielten Kinder auf der Straße. Mein Vater kaufte spontan 25 Cailler-Branches und verteilte sie draußen an die Kinder. Meine Mutter beobachte ihn hinter dem Schaufenster und fand Gefallen an diesem netten Blonden, der zwar eine schreckliche französische Aussprache hatte, aber ein Herz für Kinder. Er kam in den Laden zurück, um Ovationen entgegenzunehmen. Eigentlich wäre die Sprachbarriere die Chance gewesen, diese Beziehung mit sofortiger Wirkung abzubrechen. Aber meine Mutter schenkte ihm diskret eine weitere Zigarettenpackung. Sie stahl für diesen hageren Blonden, den sie gar nicht kannte.

Ich weiß nicht, ob das der Grund war, weshalb ihr mein Vater wenig später einen Heiratsantrag machte. Aber auf jeden Fall waren Mary-Long-Zigaretten der Auslöser. Die in der gelben Packung, die roten kamen erst Ende der Siebzigerjahre. Entgegen anderslautenden Gerüchten wusste also meine Frau von Anfang an, dass er ein süchtiger Raucher war. Nicht meine Frau, meine Mutter natürlich. Das sind keine freudschen Versprecher, das war jetzt die Viertelnachneun-Pille. *Sind wir jetzt fertig?*, schreibt mein Agent an den Rand. *Beende endlich dieses Jahr! Dieses »forward shadowing« macht die Leute irre.* Ist das so?

Okay, bin gleich so weit. Im deutschen Fernsehen wurde der allererste Werbespot ausgestrahlt, Persil. Dann wurden die Sauberkeitsneurotiker Clementine und Meister Proper zu Werbe-Ikonen. Nach dem Krieg entwickelten die Leute in den zerbombten Städten einen Putzfimmel. Da Vilaincourt während des Zweiten Weltkrieges von Bomben verschont geblieben war, pissten hier die Katzen immer noch auf den Teppich, und die Bauernhöfe verlotterten auch ohne Bombeneinschlag. Der Trend zur Hygiene verfehlte also Vilaincourt.

Auch in der Politik waren Säuberungen im Trend. Nikita Chruschtschow kam endlich zum Schluss, dass Stalin infolge einer Leseschwäche Marx falsch interpretiert und deshalb sechs Millionen Landsleute getötet hatte. Mit dem Parteitag der KPdSU – das ist nicht die Bezeichnung für das neue iPad, sondern die damalige Abkürzung der Kommunistischen Partei der Sowjetunion – wurde die Entstalinisierung eingeleitet. Ein Ereignis hätte ich beinahe vergessen. Die erste Ausgabe der *Bild am Sonntag* ging in Druck. Sie war ein Riesenerfolg. Dank der großen Buchstaben. Im Alter nimmt die Sehkraft ab. Unter anderem. Endlich konnten die Menschen dank *Bild am Sonntag* erfahren, wie ein Rasenmäher einen Baron in seinem Schloss-park kastriert hatte oder wie man in naher Zukunft aus einem verfaulten Zahn John Lennon klonen konnte.

Ein Geheimnis blieb: wieso Jugendliche immer zahlreicher das Streben ihrer kriegsmüden Eltern nach Wohlstand ablehn-ten. Sie begeisterten sich für Musik, Tanz und Kino und ver-ehrten James Dean und Bill Haley, *Rock Around the Clock* und so. Tja, und Elvis schwang seine Hüften und fauchte *Hound Dog*. Und ich schwöre, er hatte, im Gegensatz zu meiner Groß-mutter Germaine, immer noch keine Hüftarthrose.

## Kurze Unterbrechung

*Ich musste einige Wochen mit dem Schreiben aufhören, aber ich denke, ich kann jetzt weitermachen. Ich mag Ihnen die Gründe an dieser Stelle auch nicht lang und breit erklären. Ich muss mich auf den Hauptplot kon-zentrieren! Außerdem würde meine Erklärung wenig glaubhaft klingen.*
*In einem Film könnte man die Story der Script Avenue unmöglich so erzählen. Ich kenne mich aus mit Filmen. Ich habe später damit mein Geld verdient. Und ich erwähnte ja schon. Meine Geschichte ist wahr, aber nicht glaubwürdig.*

## Only the Lonely

1960 nahmen mich meine Eltern wieder zurück. Ich war gerade mal vier Jahre alt, im Radio sang Wanda Jackson *Let's Have a Party*, und Elvis Presley fragte *Are You Lonesome Tonight?* In den Kinos gab es *Frühstück bei Tiffany* und die *Meuterei auf der Bounty*. Das Auto wurde zum Statussymbol. Albert Camus starb im Auto. Der Ford Taunus 17M, ein Straßenkreuzer nach amerikanischem Designvorbild, »die Badewanne« genannt, eroberte die Welt. Mein Vater hatte nicht mal ein Fahrrad. Wir wohnten in einer merkwürdig kleinen und düsteren Wohnung, die an das Hinterzimmer einer Sakristei erinnerte. Überall hingen Kreuze, Jesus- und Marienbilder. Auf einem Bild durchbohrte ein geflügelter Ritter mit seiner Lanze ein feuerrotes, gehörntes Viech, halb Mensch, halb Bock. Der Ort machte mir von Anfang an Angst, weil er stets finster und bedrohlich war. Meine Mutter lag Tag und Nacht regungslos im Bett und kündigte ihren baldigen Tod an. Ich trug damals Mädchenkleider, die mein Vater auf dem Weihnachtsmarkt der Zeugen Jehovas erstanden hatte. Ich kauerte als vierjähriger Transvestit im Flur und lauerte auf irgendeine Bewegung unter der Bettdecke meiner Mutter. Ab und zu schielte ich ängstlich zu den Heiligen, die mich von den Wänden herab beobachteten, bedrohten. Ich wusste nie so genau, ob meine Mutter schon tot war oder bald sterben würde. Sie nannte mich »Sammy«. Daraus schloss ich messerscharf, dass »Sammy« mein Name war. Samuel war ein lächerlicher Name. Er erinnerte an säuerlich riechende Methusalems mit langen Bärten und erhobenem Warnfinger.

»Ich wollte dich eigentlich Petrus nennen«, murmelte meine Mutter einmal im Fieber, »wie der Apostel Petrus. Petrus bedeutet der Stein. Und Gott sprach zu Petrus: ›Auf diesem Stein werde ich meine Kirche bauen.‹ Aber dein Vater war dagegen. Wir haben uns schließlich auf Samuel geeinigt. Der heilige Samuel wurde von seiner Mutter dem lieben Gott geweiht, der Priester Eli erzog ihn, und Gott ernannte ihn zum Propheten.«

Solche Dinge erzählte sie, wenn sie halb wach war. Bis ihr die Luft ausging. Dann machte sie komische Faxen, und ich holte ihr rasch einen Apfel aus der Küche. Wenn ich zurückkam, war sie wieder eingeschlafen. Ich setzte mich ans Bettende und aß den Apfel. Ich hatte kein Wort verstanden. Sie hätte mir auch die Zutaten von Ovomaltine vorlesen können. Es wäre ohne Zweifel auch beruhigend gewesen, aber genauso unverständlich. Vielleicht war das Fieber gestiegen. Vielleicht war sie lautlos gestorben. Ich wusste es nie. Ich wusste nicht, wie tot man war, wenn man tot war.

Ich fühlte mich so verloren und einsam auf dieser Bettkante mit meinem halben Apfel und all den Heiligen, die mich beobachteten. Manchmal weinte ich, aber sehr leise, weil ich meine Mutter nicht aufwecken wollte. Falls sie noch nicht tot war. Manchmal trank ich die Weihwasserschale neben der Tür leer, denn meine Mutter sagte, dieses Wasser würde heilen. Ich starrte den massiven Kleiderkasten an und dachte, dass ich diesen Kasten und das Bett und alles andere hier zurücklassen würde, falls sie starb. Ich würde nach draußen gehen und eine Landstraße entlanglaufen, bis ich tot umfiel. Ich legte mich neben meine Mutter und knabberte an meinem Apfel. Seit sie diese Medikamente nahm, war sie sehr lichtempfindlich, schwitzte stark, und ihr Körper roch wie eine verrostete Dachrinne. Ich döste so vor mich hin, vermied es, die teilnahmslosen Heiligen an den Wänden anzuschauen und dachte an die Landstraße. Ein Lächeln huschte über meine Lippen. Ich sah meine Mutter auf der Landstraße. Sie kam mir entgegen. Sie lachte, breitete ihre Arme aus und küsste mich. Ich liebte meine Mutter über alles. Gemeinsam liefen wir Hand in Hand die Landstraße hinunter.

Jetzt wuchsen links und rechts Pappeln. »Gib mir deine Hand«, lachte meine Mutter, »lass uns die Avenue hinuntergehen.« Dann weckte mich etwas auf.

»Sammy«, stöhnte meine Mutter, »bist du noch da?«

»Ja«, sagte ich und kuschelte mich an sie heran. Ich legte meinen Arm um ihre Taille, aber es reichte nicht ganz.

»Ich brauche Weihwasser«, keuchte sie, »nur ein paar Tropfen auf die Stirn.« Da die Schale neben der Tür leer war, nahm ich heimlich Hahnenwasser.

»Ja, das ist gut so«, stöhnte sie, »tu immer, was man dir sagt, sonst wird dich Gott fürchterlich bestrafen. Gott sieht alles.« Dann schlief sie wieder ein, und ich wünschte mir, in diese Avenue zurückzukehren. Die Heiligen an den Wänden warnten mich, es zu versuchen. Ich begriff, dass es verboten war, in diese Avenue zurückzukehren. Nach einer Stunde verlangte meine Mutter nach ihrem Rosenkranz. Es dauerte eine Weile, bis ich realisierte, dass sie eine Perlenkette meinte. Doch sie hängte sie nicht um den Hals, sondern zählte die Perlen. Nach zehn kleinen Perlen kam eine größere. Und das fünf Mal. Vielleicht übte sie sich in Mathematik. Auf jeden Fall musste es sehr langweilig sein, immer die gleichen Perlen zu zählen. Hatte was Zwanghaftes. Irgendwann musste ja klar sein, dass es immer zehn Perlen waren. Sie schlief beim Erbsenzählen immer ein. Dann nahm ich einen von Vaters illustrierten Sprachkursen aus dem Nachttisch und blätterte ihn durch. Meine Mutter wollte, dass er Englisch lernte und einen besseren Beruf wählte. Er war Grenzwächter. Er liebte wie alle seine schwedischen Vorfahren die Natur, die frische Luft. Trotzdem kaufte er den Sprachkurs in einem Antiquariat, doch dann verließ ihn die Energie. Sie kam zeitlebens nie mehr zurück. Er war leider kein Vorbild.

Ich benutzte jedoch die Sprachkurse täglich. Ich suchte Illustrationen und besang sie. Ich dachte mir immer neue Geschichten und Melodien aus. Wäre die Oper nicht schon erfunden worden, ich wäre ihr Entdecker. Meine Mutter fand das manchmal nicht so lustig und murmelte, ich würde sie ins Grab singen, ich meine: bringen, wenn ich nicht aufhörte.

Die Sterbedrohung wurde zur wichtigsten Erziehungsmaßnahme. Siehe auch Pädagogik in Vilaincourt. Mit der Zeit nützte sich die Drohung ab, und meine Mutter inszenierte mit viel Herzblut Herzinfarkte, Erstickungsanfälle und Selbstmorde. Später drohte sie mit dem gefallenen Engel Luzifer, mit dem Fluch Gottes und den göttlichen Schlägertrupps und erzählte mir täglich furchterregende Geschichten von Menschen, die von Gott grausam bestraft worden, und von abtrünnigen Christen, die nachts von verstorbenen Heiligen heimgesucht und vor Schreck gestorben waren. Und dann gab es noch die Abenteuer der Märtyrer, die ihren abgeschlagenen Kopf am Schopf packten und das Schafott verließen.

Die Angst wurde mein Zuhause. Jeder Schritt, jedes Wort, jeder Gedanke musste sorgfältig überlegt sein. Ich stand unter der permanenten Beobachtung Gottes und seiner Racheengel. Manchmal geriet ich in Panik und blökte wie ein Schaf. In meiner Verzweiflung verriet ich ihr, dass ich geträumt hätte, sie sei wieder gesund, aber ich erzählte nichts von meiner geheimen Avenue. Meine Mutter stieg eines Tages tatsächlich wieder aus dem Bett und befragte mich nun jeden Morgen nach meinen Träumen, als sei ich das Orakel von Delphi. Nun kümmerte sie sich rührend um mich. Ich liebte sie wie Großmutter Germaine. Sie war nun alles, was ich hatte. Je mehr ich sie liebte, desto größer wurde die Angst, sie eines Tages wieder zu verlieren und wieder allein zu sein. Ich hätte am liebsten den Rest meines Lebens unter ihrem Rock verbracht. Oder auf dieser Landstraße, die meine geheime Avenue geworden war.

Den hageren Blonden im hellblauen Hemd sah ich kaum. Es gab diesen Mann in der Grenzwächteruniform, der ständig nach Zigaretten und Bier roch und hartnäckig behauptete, mein Vater zu sein. Meistens stritt er mit meiner Mutter. Es ging, wie in achtzig Prozent aller Ehen, um Geld. Genauer gesagt: Meine Mutter wollte etwas aus ihm machen, aber da hatte sie sich den Falschen ausgesucht. Er wollte kein Englisch lernen und schon gar nicht am Abend den Ausbildungskurs der städtischen Steuerverwaltung besuchen.

»Beamter beim Staat, das ist der ideale Beruf für dich. Die leben vom Nichtstun und erhalten später eine hohe Pension.«

Mein Vater machte jeweils ein mitleiderregendes Gesicht. Er liebe die Freiheit. Er wollte aber mehr als frei sein: Er wollte frei sein von jeglichen Verpflichtungen. Bloß keine Verantwortung übernehmen. Ein Egoist aus purer Faulheit. Eigentlich war er der 68er-Bewegung weit voraus. Wissen Sie, wann ich an meinen Vater denke? Wenn der Metzger mich fragt, ob ich noch ein Stück Gallert will, diese zitternde, transparente Masse, die aus dem eingekochten Saft von Knorpel hergestellt wird.

Wenn sie das gewusst hätte, sagte meine Mutter manchmal. Er sagte das auch. Nun wussten es beide. Meine Mutter beklagte sich darüber bei ihren jurassischen Freundinnen. Einige wohnten in Basel. Keine einzige sprach Deutsch. Auch wenn es meine grün-roten Freunde nicht wahrhaben wollen: Jurassier kann man nicht integrieren. Sie wollen nicht. Sie hassen unsere Sprache und unsere Sitten. Sie wollen mit uns nichts zu tun haben. Punkt. Und wenn Sie keinen Jurassier integrieren können, wie wollen Sie erst Menschen aus Kulturkreisen integrieren, in denen noch Blutrache, Steinigungen, Massenvergewaltigungen und die Scharia praktiziert werden? *Und in schwarzen Tüten rumlaufen* hat mein Agent gestrichen.

Wenn meine Mutter sich mit ihren Freundinnen unterhielt, erfuhr ich mehr über ihr Leben. Einmal erzählte sie, dass sie die

Scheidung einreichen wollte, als mein Vater ihr erklärte, wie man Kinder zeugt. Sie sei schockiert gewesen und habe sofort ihre Mutter angerufen. Wieso sie ihr das vor der Hochzeit nicht gesagt habe. Ich erwähne das nur, damit Sie sich das Bildungsniveau meiner Verwandtschaft in Vilaincourt besser vorstellen können. Die Freundinnen meiner Mutter hatten alle erfolgreichere Männer, die am Ende des Monats mehr nach Hause brachten als der ihre. Das nagte an ihr. Aber sie hatte es auch lustig mit ihren Freundinnen. Es gab da einen Running Gag: Zum Spaß erzählte sie ihren Freundinnen, dass sie ihnen mal zeigen wolle, wie sehr ich sie liebe, und sagte dann mit tieftrauriger Stimme, dass sie wohl nächste Woche sterben würde. Ich schrie sofort verzweifelt auf und stürzte mich heulend in ihre Arme. Ich verlor schier den Verstand. Meine Mutter lachte herzhaft und sagte: »Seht ihr, wie sehr der kleine Sammy mich liebt?« Ich kriegte dann keine Luft mehr und konnte nachts kaum schlafen. Ich war so nervös, dass alle Muskeln in meinem Gesicht zuckten und ich leise blökte wie ein Schaf.

## Taubenkot

Und dann musste meine Mutter schon wieder ins Spital. Es war meine Schuld. Ich hatte das Weihwasser getrunken und ihr stattdessen Hahnenwasser gegeben. Es tat mir so unendlich leid. Ich war am Boden zerstört und nässte jede Nacht mein Bett. Ich flüchtete auf die imaginäre Landstraße, um meine Mutter zu treffen. Doch sie kam nicht mehr. Und die Pappeln waren verdorrt. Wenn ich morgens von einer Ohrfeige geweckt wurde, wusste ich, es war mir wieder passiert. Ja, meinem Vater war die Natur vertrauter als die menschliche Seele. Einmal packte er mich und schleppte mich auf den kleinen Balkon. Er hängte mich über die Brüstung und hielt mich an den Fußgelenken fest. Das Blut stieg mir in den Kopf, und ich sah die mit weißlichem Taubenkot verschmutzen Garagendächer. Ich weiß nicht, ob man noch mehr Angst empfinden kann. Er ließ mich einfach baumeln. Heute sagt man, man wolle die Seele ein bisschen baumeln lassen. Aber ich denke, mein Vater hasste mich, und ich war ihm hilflos ausgeliefert.

Eine der Freundinnen meiner Mutter wohnte im Quartier und nahm mich immer bei sich auf, wenn meine Mutter im Spital war. Das waren üble Momente, denn ich dachte immer, ich würde sie nie mehr lebend wiedersehen. Es war wie ein Fluch. Sobald ich etwas liebte, begann ich es zu verlieren. So versetzte mich bald jeder glückliche Augenblick in Panik. Die Angst wurde mein ständiger Begleiter. In meiner Landstraße begann das Leben wieder zu sprießen, aber es waren gigantische, furchterregende Bäume, die da wild in den Himmel wuchsen und mit ihren dichten Kronen die Sonne fernhielten. Ich irrte nun durch stockfinstere Wälder auf der Suche nach meiner geliebten Mutter. Ich hätte brüllen können vor Angst. Ich fand mich in der Finsternis der Wälder nicht zurecht. Manchmal streifte ein Ast mein Gesicht, manchmal stolperte ich über eine Wurzel, manchmal hörte ich Stimmen.

Rief meine Mutter um Hilfe? Wieso hatte ich bloß diese Weihwasserschale ausgetrunken? Ich verkroch mich in einer Höhle. Von hier aus konnte ich die Schneise sehen, die ein Sturm gerissen hatte. Es sah aus wie ein verwilderter Trampelpfad. Es war ein Weg durch die Finsternis. Manchmal sah ich Gestalten den Pfad hinunterkommen. Sie sahen aus wie später Gandalf in *Der Herr der Ringe*. Manchmal sah ich auch meinen Onkel Louis, der nach frischem Menschenfleisch Ausschau hielt und die Axt schwang.

Dieser Ort war nun mein Zuhause. Später standen hier Zelte, Baracken, Häuser, und es gab sogar eine Straßenbeleuchtung.

Und viele Jahre später gab ich dieser Straße einen Namen: Script Avenue. Hier ersuchte ich um lebenslängliches Asyl.

## Die Oper

Eine Freundin meiner Mutter hieß Agathe. Sie hatte eine Tochter ungefähr in meinem Alter, Odile. Anfangs verstanden wir uns recht gut. Ich lehrte sie, den englischen Sprachführer meines Vaters zu besingen. Mein Auftritt war auf Seite 54. Da war ein Mann mit Schirm und Melone abgebildet, der ein Londoner Taxi bestellt. Den besang ich am liebsten und erfand täglich neue Geschichten für ihn. Sozusagen eine serielle Oper. Die kleine Odile blätterte zur Seite 78, wo ein Zeitungsladen abgebildet war. Sie besang die Schließung des Zeitungsladens, damit der Kerl, der immer ein Taxi bestellt, keine Zeitung mehr kaufen konnte.

Ja, manchmal war sie etwas boshaft. Dann setzte sie sich rittlings auf meinen Rücken, während ich ihr auf allen vieren entwischen wollte. Sie hatte immer eine blaue Dose Nivea in Griffnähe und cremte mich damit ein. Sie nahm diesen Job sehr ernst. Sie cremte alles ein, die Augen, die Nasenlöcher, die Mundhöhle, bis ich halb erstickt unter ihr zusammenbrach. Manchmal schlug sie mir auch eine Lampe oder einen Teller über den Kopf. Ich habe mal gehört, dass Kinder nicht immer enthusiastisch auf Nachwuchs und gleichaltrige Gäste reagieren. Ich denke, das trifft es in etwa.

Ich machte dann das, was in den späten Sechzigerjahren sehr populär wurde: einen Hungerstreik. Damals war es noch keine öffentlich zur Schau gestellte Diät von übergewichtigen Intellektuellen zum Schutz von bedrohten Himalaja-Würmern. Aber Agathe, die ich nun Tante Agathe nennen musste, ließ nicht mit sich reden. Damals setzte man den Kindern noch

Grenzen. Tante Agathe nahm mich in den Schwitzkasten, öffnete mir mit einer Holzkelle den Mund und schob mir den
Spinat rein. Es gibt Leute, die behaupten, man könne über alles
reden. Mit Tante Agathe konnte man nicht reden. Ich versuchte
es deshalb mit erbrechen. Doch sie zwang mich jedes Mal – zur
Freude von Odile –, den erbrochenen Spinat wieder aufzulöf-
feln. Fünfzig Gramm fanden jeweils den Weg in die Luftröhre.
Ich konnte kaum noch singen. Ich beschloss deshalb, das Opern-
haus zu schließen, und verbrachte meine Tage fortan blökend am
Fenster. Mit großen Augen starrte ich auf die Straße hinunter
und sehnte mich nach meiner Mutter. Nie wieder würde ich
die Weihwasserschale leer trinken. Das Schicksal hatte mich zu-
tiefst getroffen. Ein Gefühl von lauerndem Unglück übermannte
mich, und allmählich begriff ich, dass Leid und Schmerz der
wesentliche Bestandteil der menschlichen Existenz sind.


## Dinner for One

Dann kam meine Mutter doch wieder aus dem Spital zurück,
und ich hielt wieder die leicht verfrühte Totenwache an ihrem
Bett. Den hageren Blonden sah ich selten. Einmal telefonierte er
mit irgendjemandem und sagte, dass seine Frau und sein Sohn
ihm alles bedeuteten. Nach dem langen Telefonat schmierte er
mir Brotscheiben mit Kochbutter. Genau genommen drückte
er nur ein Stück Kochbutter in die Mitte der Brote und durchbohrte sie dabei. Er strich die Butter nie nach außen. Er sagte,
so schmecke es besser. Aber ich wusste schon damals, dass er log
und einfach zu faul war, die Butter gleichmäßig zu verstreichen.
Ich hasste seine Brote. Sie stanken nach Nikotin, hatten seine
Fingerabdrücke, und die Druckstellen waren so tief, dass man
seine unterdrückte Aggression mitessen musste. Nachdem er in
väterlicher Aufopferung das Brot verunstaltet hatte, zog er sein

hellblaues Hemd an und verließ die Wohnung. Er kam meistens erst gegen Mitternacht zurück. Ich hörte ihn, weil er stets über etwas stolperte und fluchte. Ich muss immer an ihn denken, wenn ich am Silvesterabend *Dinner for One* sehe.

In dieser Zeit boten verzweifelte Eltern in Inseraten ihre Kinder zur Adoption an, und dubiose Gesellen offerierten auf der gleichen Inseratenseite ihre Dienste, unerwünschte Kinder unterzubringen. Leider wurde ich nicht zur Adoption freigegeben. Wäre vielleicht eine Chance gewesen. Heute gibts ja Babyklappen, wo man die unerwünschte Ausscheidung entsorgen kann zwischen Braunglas, Weißglas, Grünglas, Altbatterien und Aluminiumdosen. Wäre mir eigentlich egal gewesen, in welchen Container sie mich geschmissen hätten.

Es gab natürlich auch erfreuliche Inserate, Rice Krispies von Kellogg's, Ravioli von Roco in der Büchse, die Amandes flambées von Camille Bloch und eine revolutionäre Handzahnbürste mit zwei Borsten. Ich besang alles in Gedanken und wartete einmal mehr sehnsüchtig auf die Rückkehr meiner Mutter. Ich erinnere mich an jenen Tag, weil Walter Ulbricht damals öffentlich beteuerte, die DDR wolle keine Mauer bauen, während seine Soldaten schon fleißig die Maurerkellen schwangen. Das war schon unfreiwillig komisch, dass man die eigenen Landsleute im Paradies einmauern musste, damit sie nicht abhauten. Die Amerikaner marschierten im Libanon ein. Unsere Nachbarin hörte gerade *Hello Mary Lou,* als meine Mutter mit dem Krankenwagen zurückgebracht wurde. Es war ein trostloser Karfreitag. Es blitzte und donnerte und regnete in Strömen. Es waren sintflutartige Regenfälle, die mir Angst machten. Meine Mutter lag zusammengekrümmt in ihrem Bett und flüsterte, das sei der Augenblick, in dem Jesus Christus für unsere Sünden stirbt. Das machte mich richtig sauer, denn ich wusste verdammt nochmal nicht, was ich verbrochen haben sollte. Die

Schokolade, die ich Großmutter Germaine stahl? Hm, oder wieder diese Weihwasserschale? Und dafür lässt er sich ans Kreuz hämmern? Man kann auch überreagieren!

»Jetzt ist er tot«, sagte meine Mutter plötzlich und begann leise zu weinen. Doch am Ostermontag war er schon wieder putzmunter, und meine Mutter erbrach Blut. Nach einigen Versuchen gelang es mir, die richtige Notfallnummer zu wählen. Zwei bullige Männer stampften in die Wohnung und luden meine Mutter, die nur noch aus Haut und Knochen bestand, auf eine Bahre, als handle es sich dabei um 45 Kilo Fischfutter.

Ich kniete in Tränen aufgelöst vor dem Kreuz im Wohnzimmer und bat Gott um Verzeihung, ich flehte um Gnade, ich bot Gott mein Leben an, doch er durchschaute meinen Plan. Ich wollte bloß dieser furchterregenden Welt entwischen. Meine Kehle war derart zugeschnürt, dass ich nicht weinen konnte. Ich holte die Uhr meiner Mutter auf dem Nachttisch und zog sie über mein schmales Handgelenk. Dann berührte ich die Stelle in ihrem Bett, wo sie eben noch gelegen hatte. Wenn ich später Trost suchte, ging ich wieder zu Mutters Bett und streckte meine Finger nach der Stelle aus. Sogar mitten in der Nacht ging ich in ihr verlassenes Schlafzimmer. Schließlich legte ich mich in ihr Bett. Gegen Mitternacht trank ich in der Küche abgestandene Milch. Wir hatten keinen Kühlschrank. Ich hasste diesen Gestank. Da kam mir wieder die warme Stelle in Mutters Bett in den Sinn. Ich ging in ihr Schlafzimmer, aber die Stelle war jetzt kalt. Ich machte überall Licht. Manchmal ließ ich sogar Hoover laufen. Ich meine den Staubsauger. Dann fühlte ich mich nicht so einsam.

Es war ein Sonntag. Mein Vater nahm mich mit in die Kirche, um zu beten. Ich weiß nicht, was er von Gott erflehte. Anschließend ging er mit mir in seine Kneipe. Dort bestellte er eine Stange Bier und ein Glas Sirup. Er sagte, dass eine Stange Bier nun bereits fünfzig Rappen koste, und zog dabei die Schultern hoch, als laste die gesamte Weltwirtschaft auf ihm. Nachdem er noch eine zweite Stange bestellt und den Preis von vier Stangen bezahlt hatte, brachte er mich nach Vilaincourt zurück. Ich habe ihn selten so zufrieden gesehen. Er war richtig erleichtert und konnte es kaum erwarten, Vilaincourt ohne mich zu verlassen. Mir machte es nichts aus. Er war bloß der Blonde im hellblauen Hemd.

## Der römische Legionär

Großmutter Germaine verwöhnte mich mit ihren legendären Bratkartoffeln und selbst gemachten Bouletten. In Vilaincourt lernte ich die Langeweile einer katholischen Messe kennen. Eine absolut erbärmliche Dramaturgie. Das einzig Interessante in der Kirche waren die zwölf großen Gemäldetafeln, die den Kreuzweg Christi zeigten. Manchmal gab es vor diesen großen Gemälden Prozessionen. Um Ostern herum zog der Priester mit seinen minderjährigen Ministranten von Bild zu Bild und brabbelte irgendetwas Lateinisches. Mich interessierten nur die letzten Bilder: Römische Legionäre zwingen Jesus, ein Kreuz zu schultern, peitschen ihn einen Hügel hinauf, kreuzigen ihn, halten Wache, reichen ihm einen Drink in Form eines essiggetränkten Schwammes, den sie auf eine Speerspitze gebunden haben.

Die Lorica Segmentata der Legionäre faszinierte mich. Erst später erfuhr ich, dass Legionäre zu jener Zeit Kettenhemden und keine Schienenpanzer trugen. Aber was solls? Auch bei *Asterix & Obelix* werden Schienenpanzer statt Kettenhemden gezeigt. So werden Irrtümer weitergegeben und zementiert. Unwahres wird wahr. Und Obelix besiegt die Historie. Übrigens eine gute letzte Frage für eine Quizshow: Schienenpanzer oder Kettenpanzer? Das weiß keiner. Sie wissen es jetzt.

Das einzig Sympathische an der katholischen Kirche war zweifelsfrei mein Onkel Pierre. Er war Priester. Er kannte alle Sagen der griechischen und römischen Mythologie. Mir gefiel die Göttervielfalt der Antike. Hier gabs für jedes Bedürfnis einen spezialisierten Gott. Man konnte sogar mit ihm streiten oder sich mit ihm gegen andere Götter verbünden. Einige betrogen, hurten herum oder trieben fiese Spiele, sie hatten menschliche Schwächen. Onkel Pierre hatte als Einziger frühzeitig Vilaincourt verlassen und war in ein Genfer Priesterseminar eingetreten. Er war frei von diesem düsteren Mief, der wie Honig an den Bewohnern von Vilaincourt klebte. Er war ein kleiner, schmächtiger Mann in einem viel zu großen Anzug, kultiviert, belesen und hatte stets ein gutmütiges und warmherziges Lächeln auf den Lippen. Das pechschwarze, dichte Haar war pomadisiert und nach hinten gekämmt. Jeden zweiten Sonntag besuchte er Großmutter Germaine, um in ihrem Wohnzimmer die heilige Messe zu lesen. Dafür raste er jedes Mal in seinem kleinen Fiat von Genf in den Jura. Erstaunlich, dass er dabei nie einen Unfall hatte, denn im Jura rasen alle im *Mad-Max*-Stil wie bekiffte Taliban über ihre verlotterten Kantonsstraßen. Onkel Pierre war ein wunderbarer Erzähler, der als Missionar in der Dritten Welt einiges erlebt hatte. Nun gut, auch das Kind Nummer dreizehn von Großmutter Germaine hatte Vilaincourt verlassen, aber da es seitdem nie zurückgekehrt war, wusste niemand, wie es sich da draußen in der Fremde entwickelt hatte.

Eines Tages schenkte mir mein Onkel Pierre zwei Elastolin-Figuren der Firma Hausser. Er strahlte dabei wie ein Weihnachtskind. Es war kaum zu fassen, dass mir jemand etwas schenkte, und erst noch zwei Elastolin-Figuren. Es gab billigere von der französischen Firma Starlux oder von der britischen Timpo, aber nein, mein Onkel Pierre kaufte mir zwei römische Elastolin-Figuren von Hausser. Die eine Figur trug eine Trommel und zwei Schlägel, die andere eine römische Standarte mit Adler. Ich liebte es, diese beiden Figuren über den verpissten Teppich meiner Großmutter zu schieben und immer neue Geschichten für sie zu erfinden. Das war nicht ganz einfach, wenn man nur zwei Charaktere hatte und erst noch solche wie die meinen. Wären es Gladiatoren gewesen, wäre mir einiges mehr eingefallen, aber Standarte gegen Trommel… Das wäre eine gute Schule für zukünftige Drehbuchautoren. Ich lernte also mit zwei Elastolin-Figuren Geschichten erfinden und nahm sie in die Script Avenue auf. Diese Figuren waren mir bald vertrauter als die Menschen in meinem hässlichen Umfeld. Mein Onkel Pierre war eines Tages der Meinung, dass ich mehr Figuren brauchte. Die Römer seien schließlich kein folkloristischer Verein gewesen.

Endlich! Er war der Einzige in meiner gesamten jurassischen Verwandtschaft, der sich in die Seele eines Kindes einfühlen konnte. Er sagte, die Römer hätten Kriege in ganz Europa geführt. Also fuhren wir nach Frankreich in den Spielzeugladen Le Crocodile. Der Laden war ein Paradies. Überall Vitrinen mit Hunderten von Figuren, Cowboys, Indianern, Rittern und natürlich Römern und Kelten. Ich rüstete richtig auf. Ein römischer Fußsoldat mit Schwert, einer mit Pilum, ein Centurio und als Krönung ein berittener Römer mit Schwert. »Achte drauf, dass dein Pferd noch einen Kumpel im Stall hat«, schmunzelte mein Onkel. Ich griff mir also einen zweiten Reiter. Mein Onkel griff kurz entschlossen in die Vitrine und nahm zusätzlich zwei Prätorianer, Bogenschützen in verschiedenen Stellungen und eine ganze Horde Kelten heraus. Damit ließen sich schon größere Geschichten erzählen.

Als wir den Figurenladen verlassen wollten, blieb Onkel Pierre vor einer Vitrine mit Starlux-Figuren stehen: »Deine Kelten brauchen einen Priester«, sagte er und griff nach dem weißen Druiden. Dann sah er noch die Senatoren in ihren ehrfürchtigen Togen und lächelte: »Du brauchst auch Politiker. Ohne Senatoren gibts keinen Krieg und keinen Staatsbankrott.« Er bezahlte die Verstärkung und raste mit mir nach Vilaincourt zurück.

Auf der Rückfahrt fragte ich Onkel Pierre, ob er Onkel Arthur kenne. Das erste Mal sah ich das Lächeln auf seinem Gesicht einfrieren.

»Natürlich«, sagte er, »er war mein Bruder.«

»Ist er gestorben?«

Onkel Pierre überlegte eine Weile, dann schüttelte er den Kopf: »Nein, wieso soll er gestorben sein?«

»Dann ist er immer noch dein Bruder. Du sagtest, er *war* dein Bruder.«

»Oh«, machte er, »habe ich das tatsächlich so gesagt?«

»Warum spricht niemand über ihn?«

»Jetzt müssen wir links abbiegen, nicht wahr?«

Ich wartete auf eine Antwort.

»Weißt du, Samuel, du bist noch zu jung, um all diese Dinge zu verstehen. Ich denke, es ist vorläufig besser, wenn du ihn nicht mehr erwähnst. Deiner Großmutter wird schlecht davon. Er hat ihr sehr großen Kummer bereitet, deshalb ist niemand gut auf ihn zu sprechen. Aber Gott hat gesagt, wir müssten verzeihen. Ich versuche es immer noch.«


## Andrea?

Als ich aufwachte, fiel mir die Kälte auf. Mir schien, als sei irgendetwas Monumentales in diesem Raum geschehen. Als sei irgendetwas verschwunden. Andrea lehnte immer noch seitlich an mir. Ich nahm ihren Arm. Er war eiskalt. Der untere Teil hatte sich bläulich verfärbt. Ich legte Andrea behutsam auf die Seite. Ihre Augen schauten ins Leere.

Ich fühlte einen merkwürdigen Schauer, der meinen Körper erfasste und durchschüttelte. Fassungslos starrte ich in ihre leeren Augen und auf ihren halb offenen Mund, der ein gewisses Erstaunen ausdrückte. Der Augenblick des Todes hatte sich in ihrem Gesicht festgesetzt, und es schien so, als würde sie jede Sekunde erneut sterben und sterben und nochmals sterben. Ich warf mich über ihren Körper und flehte sie an zurückzukommen. Doch nichts unter mir bewegte sich. Es war unheimlich. Fast ehrfürchtig wich ich zurück.

»Du musst nun den Plan erfüllen«, sagte Tim. Er war leise ins Zimmer getreten und setzte sich auf die Bettkante neben seine tote Mutter. Er vermied es, sie anzusehen. Stattdessen nahm er meine Hand und hielt sie fest.

*Irgendetwas irritierte mich. Dann sah ich die beiden Infusionsständer neben dem Bett.*

*»Du hast geträumt«, sagte Tim, »du bist hier auf der Isolierstation. Andrea ist tot. Egal, was du geträumt hast, es war nur ein Traum.«*

*Ich versuchte, mich zu orientieren. Welchen Tag hatten wir heute? War der Winter schon vorbei?*

*»Ich habe dir neue Songs mitgebracht, damit du weiter-schreiben kannst. Ich habe alles gelesen, während du schliefst. Komm, ich schiebe dich zum Fenster. Erinnerst du dich an* Peppermint Twist? *Wir schauen uns das auf Youtube an, dann wirst du dich erinnern und weiter-schreiben.«*

*»Das sind die frühen Sechzigerjahre, oder?«*

*»1962, da warst du sechs Jahre alt.«*

# Wer hat das Christkind gestohlen?

»Meine letzte Weihnacht in Vilaincourt. Alle meine Cousinen und Cousins besuchten über die Feiertage mit ihren Eltern Großmutter Germaine. Tante Fleur kochte acht Leberpasteten und ihre legendären Bûches de Noël. Jede Tante und jeder Onkel war Pate oder Patin irgendeines Cousins oder einer Cousine. Sie erhielten meist kleine Geschenke: Socken, Schuhe, Wintermützen oder Regenjacken. Etwas Nützliches eben. Ich glaube, Weihnachten 1962 lernte ich meinen Cousin Francis näher kennen. Er war ein fröhliches Kind und fiel dadurch auf, dass er als Einziger Großmutter Germaine duzte. Alle anderen mussten sie siezen, auch ihre Kinder. Ein Hauch von Versailles im verdreckten Vilaincourt.

Francis erhielt ein großes Paket. Es sah aus wie ein eingepacktes Krokodil, und Francis schrie vergnügt, man habe ihm ein Krokodil geschenkt. Er setzte sich rittlings auf das Paket und sang ein improvisiertes Lied von einem Krokodil, das im Amazonas schwimmt. Schließlich öffnete er das Paket. Ich hatte bis dahin noch nie ein so trauriges Gesicht gesehen. Es war kein Krokodil, sondern eine Regenjacke. Sein Vater, Onkel Maurice, forderte Francis ultimativ auf, sich bei seiner Patentante Fleur zu bedanken. Francis weigerte sich. Das hat mir imponiert. Onkel Maurice klemmte sich eine Gitane Bleue zwischen die Lippen und verpasste dem kleinen Francis eine schallende Ohrfeige.

»Wer hat das Christkind gestohlen?«, kreischte Tante Fleur.

Wir schauten alle auf das alte Klavier in der Ecke. Hier stellte Tante Fleur zu Weihnachten die Krippe auf, eine Pionierleistung des Modellbaus, alles selber gezimmert von diesem Onkel, der an Weihnachten nie dabei war. Mit großer Detailliebe war der

Stall gestaltet worden, vielleicht etwas dunkel, mit viel Moos und Gestrüpp. Nur die Figuren hatten sie vor langer Zeit irgendwo eingekauft: Das kleine Jesuskind war auf echtes Stroh gebettet, umringt von Schafen. Und Josef und Maria standen zwischen Ochs und Esel. Im Hintergrund nahten die drei Könige. Natürlich fiel der Verdacht sofort auf Francis. Wieso eigentlich? Fragen Sie nicht. Vermutlich reichte die Intelligenz meiner Tanten und Onkel einfach nicht aus, um andere Verdächtige in Erwägung zu ziehen. Sie hatten den Täter überführt und nickten vorwurfsvoll mit dem Kopf. Francis musste seine Hosentaschen leeren, während ich nervös die kleine Christusfigur in meiner Hosentasche malträtierte. Ich wollte das Christkind eigentlich nicht stehlen, aber es tat mir so weh in der Seele, dieses kleine Ding allein in der Krippe liegen zu sehen. Vorsichtig hatte ich das Stroh entfernt, um herauszufinden, ob darunter Schrauben waren. Ich hatte das Christkind an mich genommen, um es zu retten. Ich hatte getan, was niemand für mich getan hatte.

Schließlich ergriff Onkel Pierre das Wort: »Friede sei mit uns. Wir sollten am Heiligen Abend liebevoll miteinander umgehen und Gott preisen.« Er fixierte abwechselnd Tante Fleur und Onkel Maurice: »Wieso glaubt ihr, dass Francis gestohlen hat?« Er breitete lächelnd seine Arme aus: »Vielleicht ist das Christkind von sich aus geflohen, weil hier so viel gestritten wird.«

Die meisten lachten, und Großmutter Germaine öffnete ihre Arme, um den kleinen Francis mit seinem blutverschmierten Gesicht an ihre Brust zu drücken. »Wir sehen uns noch, Bastard«, zischte Onkel Maurice und trank seinen Weißwein in einem Zug leer. Ich schäme mich heute noch, dass ich mich nicht stellte, um Francis zu entlasten. Aber wir hatten alle Angst vor unseren Vätern und Onkeln. Ich hatte keine Freude mehr an diesem Christuskind. Ich zermalmte es drüben in der großen Scheune, bis es vollständig pulverisiert war. Dann mischte ich es unter das Hühnerfutter, und die Hühner beseitigten die letzten

Spuren. Mea culpa. Leider kann ich mich bei Francis nicht mehr entschuldigen.

Ich kehrte mit meinen Römerfiguren zu meinen Eltern in die Stadt am Rheinknie zurück. Tagsüber erfand ich Geschichten für meine Elastolin-Römer, und in der Nacht traf ich sie in meiner Script Avenue und spann die Geschichten weiter. Die Geschichten wurden komplexer. Die Figuren wollten leben, Tag für Tag, und ich war ihr Gott, der ihr Schicksal bestimmte. Wenn ich morgens aufwachte, wusste ich genau, was ich heute spielen würde. Meine Mutter mochte das gar nicht. Sie kritisierte, dass ausgerechnet ihr Bruder Pierre mir Kriegsspielzeug gekauft hatte, doch mein Vater war reflexartig anderer Meinung. Ich hatte jetzt Spielzeug, das er nicht bezahlen musste. Bei meinen Eltern in der Stadt lernte ich Vilaincourt noch mehr schätzen. Hier aber war Feindesland. In Vilaincourt hatte mich die Autorität von Großmutter Germaine geschützt.

Nach dem Weihnachtsfest waren die Straßen der Stadt drei Wochen lang wie leer gefegt. Im Fernsehen lief der Krimi-Mehrteiler *Das Halstuch* von Francis Durbridge. Alle Menschen sprachen davon. Wer ist der Mörder?

»Schwer zu sagen«, sagte meine Mutter einer Nachbarin. Es war für sie besonders schwierig, weil wir keinen Fernseher hatten und niemand es wissen durfte. Kinos und Restaurants blieben geschlossen, Nachtschichten in Fabriken wurden gestrichen, selbst im Rotlichtmilieu saßen die Damen nicht auf den Freiern, sondern vor dem Fernseher. Leider wurden meine Drehbücher später nie zu Straßenfegern, was bei einer Auswahl von mittlerweile 1574 TV-Sendern auch nicht mehr so einfach ist, aber dafür verdiente ich später mehr als Francis Durbridge. Wir sind aber noch mitten im Kalten Krieg. Die Sowjetunion will 40 000 Soldaten auf Kuba stationieren und ihre dort in Stellung gebrachten Mittelstreckenraketen mit Atomsprengköpfen bestücken. Die Beatles machen ihre ersten Probeaufnahmen bei Decca, werden aber abgelehnt, weil Gitarrengruppen keine Zukunft mehr haben. Prognosen sind natürlich immer heikel. Erinnern Sie sich an Pablo Picasso, der behauptete, Computer seien absolut nutzlos? Oder an den großen Thomas Watson, der als IBM-Chef posaunte, dass es einen Weltmarkt für höchstens fünf Computer gebe. Sogar Bill Gates behauptete einmal, dass man nie einen Speicherplatz über 640 MB brauchen würde, und ein anderer meinte, dass es möglich sein sollte, einen Computer mit weniger als 1,5 Tonnen Gewicht herzustellen. Meine Lieblingsprognose bleibt aber: *Wozu brauchen wir Telefone? Wir haben genügend Meldeboten.* Auch beim Fernsehen wurde am Anfang behauptet, dass kein vernünftiger Mensch den Abend damit verbringen würde, in eine Holzkiste zu starren. Und auch über den Roman *Script Avenue* waren sich alle Experten einig, dass er unverkäuflich sei, weil er keinem eindeutigen Genre entspreche. Und was halten Sie gerade in den Händen? Ein Buch, das Sie bezahlt haben. Oder ist es etwa eine Raubkopie, die Sie auf Ihren iPad runtergeladen haben?

Marilyn Monroe wurde zum Sexsymbol, und meine Mutter rechnete mit einer großen Sintflut, der ultimativen Bestrafung durch die Hand Gottes. Ich stellte mir vor, dass Gott einfach auf die Erde hinunterpinkelt, bis alle ersoffen sind. Doch die Flut kam nur bis Hamburg, und ein Onkologe teilte meiner Mutter mit, dass ihre Überlebenschancen zwar gering wären, es aber durchaus schon vorgekommen sei, dass jemand so was noch ein paar Jahre überlebt habe. Sie entwickelte nun einen eisernen Überlebenswillen. Sie betete und erflehte Tag und Nacht Gottes Hilfe. Gottes Schweigen interpretierte sie als Zustimmung. Verfärbungen am Himmel waren Botschaften. Sie schmunzelte dann, weil nur sie diese Farbenspiele genau verstand. Sie würde überleben. Kein Zweifel. Manchmal hatte sie aber doch Zweifel und heulte stundenlang in ihrem Bett. Ich kuschelte mich unter ihre Decke und versuchte, ihr Mut zu machen. Wenn ich den Druck nicht mehr aushielt, blökte ich. »Hör doch auf, du bist doch kein Schaf«, sagte sie manchmal genervt. Oder: »Du hast doch gar keine Ahnung vom Leben.« Da täuschte sie sich. Ich hatte durchaus bemerkt, dass die Welt ein Ort des Grauens ist. Man hätte mir bei der Geburt unmittelbar nach dem Apgar-Test ein Schild hinhalten sollen: *You're entering a world of pain.* Der Satz stammt von John Goodman *(The Big Lebowski)*. Tim meint, ich müsse das erwähnen. Urheberrecht und so.

Wider Erwarten entwickelte meine Mutter nach einigen Monaten wieder Energie. Sie kochte wieder öfter. Leider, muss ich hinzufügen. Es gab täglich ölige Bratkartoffeln. Wir hatten im Keller einen Hundert-Kilo-Sack von Großmutter Germaine. Fleisch war etwas für reiche Leute. An Weihnachten gabs eine Büchse Ravioli, aber leider hatte meine Mutter die Angewohnheit, diese mit den Teigwaren des Vortages und mit den Reisresten der letzten Woche zu vermischen. Also für die Aufnahme in die Chaîne des Rôtisseurs hätte es bestimmt nicht gereicht.

Was ich jetzt sage, sage ich sehr ungern. Aber ich bin auch heute Morgen aufgestanden … Hatten wir schon. Also: Meine Mutter war eine grauenhafte Köchin. Dem Blonden im hellblauen Hemd war das egal, er aß eh nicht zu Hause. War er zu Hause, stritt er mit meiner Mutter und hatte keinen Appetit. Er trank Bier, und sie predigte ihre Umerziehungspläne. Sie wollte den Naturburschen, der die Schweizer Grenzen bewachte und mit seinem Pferd durch die jurassischen Wälder ritt, in einen Anzug zwängen und ihn in einem Großraumbüro der städtischen Steuerverwaltung zwischenlagern. In vielen Ehen wird gestritten, aber die Paare kleben aneinander wie Efeu an den Hauswänden. Ich erwähnte schon: Nichts ängstigt uns mehr als bevorstehende Veränderungen. Man bleibt lieber zusammen in der Gruft und hänselt sich gegenseitig. Aber auch Staatsmänner streiten. In jenen Tagen stritten John F. Kennedy und Fidel Castro, und ich stritt mit meiner Kindergärtnerin, die Unmögliches verlangte. Ich verstand kein Wort Deutsch. Für mich klang das alles Arabisch, auch wenn ich keine Ahnung hatte, wie Arabisch klingt.

Meine Mutter fing in dieser Zeit trotz ihres schlechten Zustandes an, am Wochenende in der Lotteriegesellschaft zu arbeiten. Weil mein Vater eben zu wenig verdiente, wie sie ihm gern vorhielt. Bei dieser Gelegenheit machte sie ihm auch regelmäßig Vorwürfe, dass er immer noch rauchte. Das würde sein Gehör schädigen, und mit kranken Ohren würde ihn keine Pensionskasse mehr aufnehmen. Jeden Abend beschnupperte sie wie eine Drogenhündin seine Uniform und stellte entrüstet fest: »Du hast wieder geraucht.« Das machte ihn so wütend, dass er aus Trotz noch mehr rauchte. Manchmal nahm er all seinen Mut zusammen und rauchte sogar in der Küche, während er dazu ein Bier trank. Ich sagte ja schon: In ihm schlummerte ein kleiner 68er, ein Revoluzzer. An einem Ersten Mai setzte er sich sogar rauchend ins Wohnzimmer.

## Der letzte Ritt

Doch eines Tages kam er ohne Uniform nach Hause. Er wirkte so nackt. Er sagte, er wolle nun sofort mit dem Rauchen aufhören und den Job bei der Steuerverwaltung annehmen. Den Grund für seinen Sinneswandel verschwieg er uns lange. Ich empfand zum ersten Mal so was wie Mitgefühl für den hageren Blonden. Er musste eine schwere Niederlage erlitten haben. Vielleicht haben Sie jetzt auch ein bisschen Mitleid mit ihm. Das gehört zur Dramaturgie der Charakterentwicklung. Figuren sind nicht weiß oder schwarz, sie haben Brüche wie im richtigen Leben.

Aber wo hatte mein Vater sein Waterloo erlebt? Hatte Wellington ihn erniedrigt? Nein, der Blonde hatte sich entlang der grünen Grenze im Dickicht versteckt und beobachtet, wie ein Mann illegal in die Schweiz gelangen wollte. Dummerweise kam der Schmuggler genau auf ihn zu. Und mehr noch: Vor dem Gebüsch, hinter dem sich der Blonde versteckt hielt, begann der Fremde zu urinieren. Da mein Vater in der Hocke saß, pisste ihm der Schmuggler direkt auf den Kopf. Das hielt mein Vater natürlich nicht aus, und er sprang hoch. Der Schmuggler erschrak und rannte davon. Mein Vater feuerte in die Luft, mehrmals. Der Schmuggler blieb stehen und hob die Arme hoch. Zu Fuß marschierten sie zum nächsten Grenzposten. Doch plötzlich blieb der Schmuggler stehen und sagte, er müsse eine rauchen. Der hagere Blonde wollte das nicht zulassen, obwohl er jetzt selber eine vertragen hätte. Der Schmuggler grinste frech und griff trotz erneuter Warnung in seine Jackentasche. Mein Vater untersagte es erneut und fluchte dabei wie ein Rohrspatz. Aber wer dreimal droht, hat schon verloren. Als der Fremde im Begriff war, etwas aus seiner Innentasche herauszuziehen, schoss ihm der Blonde die rechte Kniescheibe weg. Pech nur, dass der Schmuggler tatsächlich eine Schachtel Mary Long in der Hand hielt. Mein Vater wurde nach diesem Vorfall vom Dienst suspendiert und arbeitete von da an bei der städtischen Steuerverwaltung, wo er täglich zur Kenntnis nehmen musste, dass alle seine Bekannten mehr verdienten als er. Er verschwieg bis ans Ende seines Lebens, dass er einmal Grenzwächter gewesen war.

Meine Mutter wurde aber nicht müde, den Vorfall mit der rechten Kniescheibe zu thematisieren, denn in diesem Zusammenhang beharrte sie darauf, dass der saure Urin des Schmugglers den Haarwuchs des Blonden versengt hätte. Trotzdem war meine Mutter fürs Erste einigermaßen zufrieden, auch wenn sie ihm nach wie vor heftige Vorwürfe machte, wenn sein Anzug nach Rauch stank. »Die Kollegen im Büro rauchen alle«, nuschelte mein Vater und zog sich für den verhassten Abendkurs um.

Als Nächstes nötigte meine Mutter ihn, der Christlichdemokratischen Volkspartei beizutreten. Sie hatte einen richtigen Business-Plan entwickelt. Also trat der hagere Blonde dieser No-Name-Partei bei, die bis heute kein Programm hat. Außer der Wiederwahl ihrer Kandidaten. Von da an entwickelte mein Vater selber Ideen für sein Fortkommen. Es schien so, als hätte er bloß ein bisschen Starthilfe gebraucht, jemanden, der ihn anstieß oder ihm, genauer gesagt, einen Tritt in den Hintern gab. Aus freiem Willen trat er der Männerkongregation der Pfarrei bei. Das war so ein komischer Verein, der nach den Gottesdiensten auftrat, um die milliardenschwere Kirche der Armen zu unterstützen. Meist standen die Freiwilligen wie Säulenheilige links und rechts des Kirchenportals und hielten einen Korb in der Hand. Bei jeder Spende nickte der Blonde wie ein mechanischer Diener mit dem Kopf. Sie kennen diese Geräte: Wirft man eine Münze in den Schlitz, löst man einen Mechanismus aus, der einen knienden schwarzen Sklaven nicken lässt. Seit der Verabschiedung des Anti-Rassismus-Gesetzes nicken jetzt Bambis, Kobolde und Pudel.

Meiner Mutter stieg der Erfolg ihres Gatten zu Kopf. Jetzt kannte ihr Ehrgeiz keine Grenzen mehr. Ich musste Ministrant werden. Sie war dabei, ein christliches Gesamtkunstwerk zu erschaffen. Also wurde ich Ministrant. Ich hätte lieber Schnee geschaufelt, als dieses andächtige, aufopfernd schleimige Gehabe des Pfarrers mit anhören zu müssen. Diese einschläfernde Sprechweise! Ich verlangte ja nicht, dass er wie ein Hürdenläufer über die Kirchenbänke sprang und auf dem Altar Twist tanzte. Aber ein normales und anständiges Benehmen. Der Pfarrer war kein Unmensch, er gab mir manchmal sogar ein paar ungeweihte Hostien mit auf den Heimweg. Die schmeckten nicht schlecht. Übel war nur, dass er mich ständig befummeln wollte. Ich hatte es irgendwie geahnt, dass diese Kerle, die wie Ladyboys in Röcken rumlaufen, sexuell desorientiert sein mussten. Heute gibts in den Schalterhallen gelbe Diskretionslinien. So was hätte ich mir auch in der Sakristei gewünscht. Auf jeden Fall mochte ich katholische Priester von da an nicht mehr. Mit Ausnahme meines Onkels Pierre waren alle irgendwie abartig und aufdringlich, und die ganze Heuchelei widerte mich an. Dass die Mehrheit der katholischen Priester latente Pädophile sind, ist natürlich ein Klischee. Aber manchmal entsprechen Klischees der Erfahrung von Tausenden und somit der Realität. Die katholische Kirche ist wohl die größte geschützte Werkstatt für Pädophile mit Abitur.

Nach dem Sonntagsgottesdienst trafen sich all die netten Männer der Kongregation mit ihren Familien auf dem Kirchenhof. Jeder zeigte stolz, was aus seinem Sperma geworden war. Der Blonde im hellblauen Hemd lauschte angeblich interessiert den Lobeshymnen der anderen Väter und schaute dann immer zu mir hinunter: »Siehst du, was sein Sohn alles kann?« Zum Entsetzen meiner Mutter ließ ich meine linke Schulter auf und ab schnellen und blinzelte wie üblich mit den Augen. Aber ich stieß keine Tierlaute aus. Ich hatte eine wirkungsvollere Methode gefunden, den Blonden zu blamieren: Ich hob reflexartig meine Arme vor mein Gesicht, wenn er seine bewegte. Das erweckte den Eindruck, als würde er mich regelmäßig ohrfeigen. Ich hatte damit etwas Wesentliches gelernt: Ich konnte Einfluss nehmen auf das Betragen meiner erwachsenen Feinde. Ich konnte mir eine Geschichte ausdenken, die mir in der realen Welt nützte.

Auf dem Nachhauseweg gabs die erste Ohrfeige des Tages. Die Blamage noch in den Knochen, nahm mich meine Mutter ausnahmsweise in Schutz und sagte, er würde mich einfach zu oft schlagen und nie etwas mit mir unternehmen. Die anderen Väter würden in ihrer Freizeit mit ihren Söhnen Fußball spielen oder Drachen steigen lassen! Das traf den Blonden sehr. Ich sah es ihm an, denn er wollte durchaus der Vater sein, den er vorgab zu sein. Aber er war, ich wiederhole es, schlicht zu faul, ein militanter Egoist. Meine Eltern wechselten das Thema und fielen über die anderen Gemeindemitglieder her. Den Herrn Huber, den mein Vater gerade noch unterwürfig angegrinst hatte, nannte er einen arroganten Kerl. Immer von oben herab. Blöder Bonze und so. Meine Mutter erhöhte gleich auf »trou d'cul«. Meine Eltern waren für kurze Zeit vereint.

»Hast du den Meier gesehen, wieso schneidet er nicht seine Nasenhaare?« Jetzt war auch meine Mutter in ihrem Element.

»Frag ihn doch! Und seine Frau, die sieht so blöd aus wie die in der Waschmittelwerbung.«

»Ich kann diese Deutschschweizer nicht ertragen«, entrüstete sich meine Mutter, »alle verdienen mehr als wir, und die Kinder geraten auch besser.« Sie rempelte mich an und sagte, ich solle mit meinen Tics aufhören.

»Ja«, pflichtete mein Vater ihr bei und tat so, als wolle er mir eine weitere Ohrfeige geben. Ich duckte mich sofort. Er grinste still und genoss seine Überlegenheit. Was für ein Kerl, dieser hagere Blonde! Eines Tages würde ich es ihm heimzahlen.

Auf dem weiteren Nachhauseweg leuchtete der Heilige Geist, und mein Vater folgte wie üblich Gottes Ruf und eilte in die Pfarrei zurück. Er müsse noch das Opfergeld zählen und mit dem Pfarrer den nächsten Versammlungstermin festlegen. Meine Mutter winkte desillusioniert ab und schubste mich schlecht gelaunt nach Hause, sie musste ihren Ärger an irgendjemandem auslassen. Ich versuchte, wieder gute Stimmung zu machen, und schwärmte, dass ich die zwölf großen Gemälde in der Kirche großartig fände. Aber die in der Kirche von Vilaincourt seien natürlich besser, heuchelte ich. Sie pflichtete mir bei und sagte, dass sie beim letzten Gemälde immer weinen müsse. Weil Jesus am Kreuz stirbt, für alle unsere Sünden: »Kein Mensch hat jemals so stark gelitten wie Jesus.«

»Ich weiß nicht«, sagte ich vorsichtig, »es gibt doch bestimmt viel schlimmere und langsamere Todesarten.«

»Mag sein«, sagte sie streng und stieß mir die Faust in den Rücken. »Lauf endlich aufrecht und nicht wie ein Bauer.«

Ich streckte den Rücken, obwohl ich die Anspielung nicht verstand. Sie stammte ja selbst aus einer Bauernfamilie. Mein Vater übrigens auch.

»Kein Mensch hat jemals so gelitten wie Jesus, denn er war ein König.«

»Du meinst, wenn jemand einen Doktortitel hat, leidet er mehr als ein Bauer, auch wenn beide genau gleich gefoltert werden?«

»Natürlich«, zischte sie leise und lächelte die uns kreuzenden Nachbarn freundlich an, »Jesus wurde gequält. Man tränkte einen Schwamm in Essig, band den Schwamm auf einer Lanze fest und stopfte ihn Jesus in den Mund.«

Ich zögerte, dann sagte ich es doch: »Ich denke, die wollten ihm was Gutes tun. Essigwasser war der beliebteste Durstlöscher der römischen Legionäre.«

»Woher hast du diesen Blödsinn?«

»Onkel Pierre hat mir ein Buch über die römische Legion geschenkt. Da steht alles drin.«

»Du musst nicht Bücher von Ungläubigen lesen, sondern mich fragen«, sagte sie und reckte stolz den Kopf.

»Wie ist es möglich?«, fragte ich später in der Küche, als sie eine zähe Schuhsohle briet, die nach einem tierischen Körperteil benannt war. »Wie ist es möglich, dass eine Hostie in das Fleisch Christi verwandelt wird und ein Schluck Magdalener, den man im Coop kaufen kann, in das Blut Christi?«

Meine Mutter hob vielsagend die Brauen und kratzte die Bratkartoffeln vom Pfannenboden. »Das ist eben das Wunder des Abendmahls.«

Ich nickte. Sie schimpfte, dass mein Vater immer noch in der Kirche war, und servierte das Essen. Ich wollte nur ein bisschen mit ihr reden und erzählte ihr, dass Francis mir erzählt hatte, dass in den Wäldern von Borneo Eingeborene ihre Feinde verspeisten.

»Wenn das so ist«, sagte ich schüchtern, »dann sind die Katholiken auch Kannibalen. Sie fressen Jesus. Und erst noch ungewürzt.«

Sie gab mir eine Ohrfeige. Ich verschluckte mich derart, dass mir eine pürierte Kartoffel aus dem linken Nasenloch schoss. Schweigend kaute ich dann auf der Schuhsohle herum, bis ich sie in kleinen Stücken mit Wasser hinunterspülen konnte. Ich hätte die Schuhsohle lieber gleich das Klo runtergespült, aber sie musste den Umweg über meinen Magendarmtrakt nehmen. Meine Mutter kannte keine Gnade, wenn es ums Essen ging. Manchmal stank das zähe Fleisch wie Aas, und ich weigerte mich schlicht, es in mich hineinzustopfen. Dann packte sie mich an den Haaren und trieb mich schimpfend ins Treppenhaus hinaus. Dort gab es eine kleine Kammer unter der Treppe, die zum oberen Stock führte. In dieser kleinen Kammer konnte man nicht aufrecht stehen. Altpapier, Werkzeug, Reisekoffer, alte Kleider und böse Jungs, die nicht essen wollten, wurden hier verstaut.

Ich hatte schreckliche Panik in dieser finsteren Enge. Doch eines Tages schaute ich mir die Kammer bei Tageslicht an und versteckte eine Taschenlampe, Comics und kleine Plastiksäcke, in die man das stinkende Fleisch stecken konnte. Die Säcke versteckte ich in den Wanderschuhen meines Vaters. Wenn ich einen Comic zu Ende gelesen hatte, klopfte ich gegen die Tür, und meine Mutter erlöste mich mit strenger Miene. Ich musste dann den reuigen kleinen Jungen spielen. Das gefiel ihr. Sie erzählte in Vilaincourt stolz von ihren pädagogischen Erfolgen, denn auch sie brachte die Fakten in einen Zusammenhang und war zum Schluss gekommen, dass ihre Kerkerstrafe den gewünschten Erfolg erzielte. Ich bin natürlich froh, dass meine Mutter nie ein Restaurant eröffnet hat. Man kann kritische Gäste nicht einfach an den Haaren in eine Besenkammer ziehen und einsperren. Stellen Sie sich mal die Bewertungen auf Tripadvisor vor!

## Old Shatterhand

Mein Vater kam am Nachmittag nach Hause. Er hatte in der Pfarrei gegessen. Mit dem Pfarrer. Er hielt die Arme auseinander und senkte demütig den Kopf: »Ich konnte ihm die Bitte nicht abschlagen. Er hat ja keine Familie.« Von weitem roch man schon, dass der Pfarrer ein Bier saufender Kettenraucher sein musste. Meine Mutter schnupperte wie üblich an Vaters Sonntagsanzug und sprach das Urteil: »Du hast geraucht.« Was sollte der Blonde antworten? Er war überführt. Also gab er meiner Mutter eine schallende Ohrfeige und die Empfehlung, den Mund zu halten. Amen. Kurz nach der heiligen Messe war so eine Ohrfeige natürlich ein Schock. Aber mein Vater meinte, sie sei ja nicht mehr todkrank, und an einer Ohrfeige sei noch niemand gestorben. Für mich war diese Ohrfeige ein entsetzliches Verbrechen. Wie konnte man bloß dieses sanfte Gesicht, das mich stets liebkoste (oder gelegentlich liebkoste) mit der nackten Hand schlagen? Es war das Brutalste und Erbärmlichste, was ich bis anhin gesehen hatte. Ich sprang auf und rannte auf ihn zu. Ich versuchte, ihn zu schlagen, doch er schubste mich lachend weg. »Bei mir kannst du lernen, wie man eine Frau zähmt«, sagte er. Ich habe es nie gelernt. Ich liebe Frauen. Nein, ich vergöttere sie. Ich kann keiner Frau einen Wunsch abschlagen.

Ich lernte den hageren Blonden im hellblauen Hemd als Verwandlungskünstler kennen. In der Kirche war er der Heilige, der selbstlos sein Amt verrichtete, in der Politik der gute Mensch, der sich für Arme und Schwache einsetzte, am liebsten für gefallene Mädchen, und zu Hause war er ein Barbar im Anzug. Der perfekte Charakter für einen Spielfilm, eine Figur mit Brüchen und Überraschungen. Das mögen die Zuschauer, denn keiner von uns ist lupenrein gut oder böse. Mein Vater war überhaupt ein großartiger Schauspieler. Er diente mir später als Vorlage für eine meiner Filmfiguren. Am Ende des Films habe ich ihn erschossen. Einmal habe ich ihn sogar von einem russischen Plutonium-Schmuggler foltern lassen. Doch die Fernsehredaktion fand die neunzehnminütige Folterszene nicht stringent.

In der Script Avenue erschieße ich den Blonden immer wieder. Dort gibt es nicht nur Römer, sondern auch pädophile Priester, die es hinter dem Saloon treiben. Ja, in der Script Avenue gab es jetzt einen richtigen Saloon, einen Pferdestall, eine Bank, ein Gefängnis, alles schön aneinandergereiht. Zwei Häuserzeilen getrennt von einer breiten sandigen Mainstreet. Die Gebäude hatte ich in einem Spielwarengeschäft gesehen. Ich wusste, dass ich mir so was nie würde leisten können. Doch ich fand einen Weg, diese Kleinstadt an mich zu reißen! Ich integrierte sie in meine geheime Welt. *In my secret life,* wie Leonard Cohen einmal sang. Vielleicht trägt jeder Mensch so eine verborgene Script Avenue in sich. Für mich war es die einzige Möglichkeit, die verhasste Realität zu verlassen. Niemand wusste von dieser Avenue. Also konnte mir niemand folgen. In sehr jungen Jahren war sie noch ein finsterer Trampelpfad gewesen, nie hatte die Sonne geschienen. Manchmal hatte ein seltsamer Geruch in der Luft gelegen. Dann wusste ich, dass die menschenähnlichen Kreaturen mit der vorstehenden Schnauze und den furchterregenden Überaugenwülsten in der Nähe waren. Ich lernte zu fliegen und Monster zu töten. Dann holzte ich den Wald ab und schaffte immer mehr Raum für noch mehr Holzhütten. Ich erschuf eine ganze Western-Stadt und knipste die Sonne an. Immer mehr Menschen zogen ein und wurden meine Freunde. Reale Menschen, fiktive Menschen, Menschen aus vergangenen Epochen, Menschen aus der Zukunft. Wenn ich morgens aufwachte, vermisste ich sie alle und wollte am

liebsten wieder die Augen schließen und die Mainstreet aufsuchen. Die Script Avenue wurde mein Zuhause. Sie ist es bis
heute geblieben.

Eigentlich verständlich, dass mich der Kindergarten schrecklich
langweilte. Ich mochte diese stupiden Märchen nicht. Konnte
daran liegen, dass ich kein Wort Deutsch verstand. Ein Schlecht-
assimilierter im eigenen Land. Also gab ich vor, pinkeln zu müssen, und rannte nach Hause. Meine Kindergärtnerin verstand
das nicht. Sie gehörte intelligenzmäßig nicht zu den Glanztaten
Gottes. War wohl eher ein Versuch für ein neues Murmeltier. Sie
begann, meine Schuhe zu verstecken, damit ich nicht mehr nach
Hause entwischen konnte. Also lief ich den Heimweg in meinen
Pantoffeln. Als sie auch diese versteckte, lief ich in den Socken
nach Hause. Schließlich musste ich den Kindergarten wiederholen. Ich bin noch nie jemandem begegnet, der den Kindergarten wiederholen musste. Zum Glück erinnerten mich meine
Eltern täglich daran. Ich war die dümmste Kreatur auf Erden.
Vielleicht genetisch?

Ich lernte trotz meiner bescheidenen intellektuellen Fähigkeiten etwas Deutsch, und die anderen Kinder begannen, sich für
mich zu interessieren. Integration geht tatsächlich nur über die
Straße. Ich meine über die Sprache. Das war wieder die Vier-
telnachsieben-Pille. Während wir im Vorraum unsere Pantoffeln anzogen, erzählte ich in gebrochenem Deutsch von den
Menschen in der Script Avenue. Sehr zum Ärger meiner Kindergärtnerin, die kaum die gleiche Aufmerksamkeit erwarten
durfte. Schließlich platzte der Frau nach einigen Wochen der
Kragen und sie sagte, ich solle nun in den Kreis sitzen und die
Geschichte zu Ende erzählen, und dann sei Schluss damit. Ich
erzählte die Geschichte, doch sie nahm kein Ende, ein Cliffhanger jagte den nächsten. Schließlich eroberte ich die ganze

Doppelstunde. Und am nächsten Tag wollten alle die Fortsetzung hören.

Ich wollte eigentlich enden mit der Geschichte, aber die Geschichte wollte nicht. Das ist jetzt gar nicht komisch, das ist ein sehr tragischer Aspekt meines Lebens. Man konnte mich aufdrehen wie einen Wasserhahn, und ich begann zu erzählen. Das Problem war, dass man den Wasserhahn nicht mehr schließen konnte. Deshalb wurde ich bestraft und musste die Stunde allein bei den Schuhen verbringen. Also erfand ich die Charaktere, die in diese Schuhe passten, und floh wieder nach Hause. Die Kindergärtnerin sei krank geworden, sagte ich. Das war sie ja auch in gewisser Weise. Es schien eine lange Krankheit zu werden, denn sie dauerte fast zwei Monate. Meine Mutter fragte sich bereits, ob meine Kindergärtnerin Krebs habe. Dann rief diese bei uns an, und der hagere Blonde im hellblauen Hemd knallte mir eine derartige Ohrfeige, dass ich durch die Küche flog. Damals hatte man noch größere Küchen, und wenn man auf dem Steinboden aufschlug, fühlte sich dieser sehr kalt an, weil es noch keine Fußbodenheizung gab. Ich hätte eigentlich aus medizinischer Sicht zu Hause einen Gummihelm tragen sollen. Wie die jungen Boxer bei den Olympischen Spielen.

Ich kann die Brutalität des Blonden verstehen. Die tägliche Arbeit in diesem Großraumbüro der städtischen Steuerverwaltung stresste ihn enorm. Die Arbeitskollegen machten sich über den schwitzenden Bauernsohn lustig. Außerdem begann er schon in jungen Jahren, sein Gehör zu verlieren. Damals war eine Behinderung für einfach gestrickte Menschen noch lustig. Wenn jemand stotterte, hinkte, schielte oder eine körperliche Anomalie aufwies, imitierte man ihn und lachte sich kaputt. Vielleicht war es sogar hilfreich, wenn er mich ab und zu prügeln konnte. Sonst hätte er womöglich eines Tages die ganze Abteilung Grundstückgewinnsteuer niedergemäht.

So brach er mir an diesem Tag lediglich die Nase. Meine Mutter brachte mich zum Arzt und schärfte mir ein, zu sagen, ich hätte mir die Nase beim Niesen gebrochen. Der Arzt wackelte an meiner Nase herum und strafte meine Mutter mit einem bösen Blick. Die nächsten Wochen stand ich unter dem Schutz von imaginären UNO-Blauhelmen. Aber es war mehr gebrochen als meine Nase. Von diesem Tag an verließ ich das Haus mit gesenktem Kopf, versuchte, niemandem im Weg zu stehen und irgendwie unsichtbar zu werden. Ich lebte in ständiger Angst und Unsicherheit. Das Schlimmste, was mir passieren konnte, war, dass mich jemand ansprach. Ich hätte keinen Ton herausgebracht. Höchstens ein Blöken. Ich musste irgendwie unentdeckt durchs Leben kommen und dann endlich sterben. Ich wuchs im Bewusstsein auf, dass ich ein Nichts war. Ein Stück Scheiße. Ich benutze ungern diesen Kraftausdruck. Sie kennen ja mittlerweile meinen gepflegten Schreibstil. Aber es ist der einzige Ausdruck, der den Kern der Sache trifft.

## Hundstage, Hundsjahre

Ich gab jeglichen Widerstand auf und trottete am Sonntag als Aufpasser für Nikotin-Fragen dem hageren Blonden nach. Er musste am Sonntag stets »Post einwerfen«. Die Poststelle hieß *Zum Goldenen Fass*. Drei Bier, ein Sirup.

»Wenn du deiner Mutter etwas erzählst, gibt es Streit, und ich muss sie schlagen«, drohte mein Vater. »Und dich auch.« Ich nickte resigniert und schlürfte meinen Sirup. Wir saßen in der Kneipe und schwiegen. Ich war nicht Teil seiner Welt. Wenn die Kellnerin kam, lernte ich ein bisschen mehr über diesen merkwürdigen Blonden im hellblauen Hemd. Da ich stark im Kopfrechnen war, wusste ich, dass er jede Rechnung automatisch verdoppelte und aufrundete. Die Kellnerinnen liebten meinen Vater. Ich meine, seine Trinkgelder. Mich haben seine Wirtshausspenden immer wieder erstaunt, weil er im Grunde genommen ein egoistischer und geiziger Mensch war. Nie hätte er mir auch nur ein paar Rappen für einen Kaugummi gegeben. Wenn die Kellnerinnen an unserem Tisch standen, erzählte er mir Lobendes über die jungen Frauen. Er sprach eigentlich zu ihnen, aber er schaute nur mich an. Ich wiederum schaute die Kellnerinnen an und stellte verdutzt fest, dass sie sich über den hageren Blonden lustig machten. Das war mir äußerst peinlich, ich hatte sogar ein bisschen Mitleid mit ihm.

Zu Hause begrüßte uns meine Mutter stets mit den Worten: »Hat er geraucht?« Mein Vater fixierte mich dann mit strengem Blick. Zögerte ich länger als zwei Sekunden, ging der eheliche Gladiatorenkampf in die nächste Runde. Es war ein Albtraum, ich kam einfach nicht zur Ruhe.

Wenn in einer Ehe beide Partner keinen Humor haben, wird aus den täglichen Missgeschicken eine Naturkatastrophe. Und wenn jeder jedem genügend Boshaftigkeiten und Respektlosigkeiten zugefügt hat, ist die Ehe irreparabel geschädigt. Dann werden die restlichen fünfzig Ehejahre zum reinsten Rachefeldzug. *Pay back*. Die Zeit der Abrechnung begann bei meinen Eltern, als mein Vater eine Beförderung ausschlug. Meine Mutter war fassungslos vor Wut.

»Wie konntest du bloß diese Beförderung ablehnen?«

»Ich habe ihnen gesagt, dass es vermutlich Arbeitskollegen gibt, die besser qualifiziert sind als ich.«

»Mein Mann! Wie kann man nur so wenig Ehrgeiz haben?«

Meine Mutter erzählte, wie es sich für reinblütige Jurassier gehört, bis an ihr Lebensende von dieser verpassten Chance und fügte jeweils noch die Geschichte mit der zerschossenen rechten Kniescheibe hinzu. Obwohl sie keine Primarschule abgeschlossen, außer Beten keine Hobbys hatte und sich ein Leben lang jeglicher Weiterbildung verweigerte, war sie dem Wahn verfallen, eines Tages zur besseren Gesellschaft zu gehören. Sie begriff nie, dass man nicht einfach hineinmarschieren konnte, sondern hineingeboren wurde und das Bankkonto nicht 235 Franken, sondern 235 Millionen aufweisen musste. Wer die falschen Träume hat, leidet ein Leben lang und vergeudet einen Haufen Geld für Statussymbole, die dennoch nie genügen.

## Der Fremde im Hof

Großmutter Germaine erhielt während der Sommerferien einen neuen Kostgänger. Ich hörte ihn frühmorgens draußen auf dem Hof Holz hacken. Er hackte nicht, er zerstörte das Holz, er zertrümmerte es mit brachialer Gewalt. Er arbeitete wie ein Stier, als gelte es, einen Feind zu zerschmettern. Er war nicht sehr groß, ein quadratisches Muskelpaket, aber er wirkte wie ein furchterregender Gladiator. Der Mann war eine Naturgewalt. Ich stand vor dem Bett im Haus meiner Großmutter und schaute durchs Fenster auf den Fremden hinunter. Die Art und Weise, wie er das Holz malträtierte, erinnerte mich an Ferdinand Hodlers *Holzfäller*. Ich meine umgekehrt: Wenn ich später Hodlers Gemälde sah, erinnerte es mich an diesen Menschen.

Manchmal lief er über den Hof und urinierte in den leeren Kuhstall. Beim Gehen schwankte er wie ein Schiff auf hoher See, die Arme wie ein Revolverheld weit weg vom Körper. Sein Blick war gefährlich, lauernd, als begebe er sich zu einem folgenschweren Duell. Kantige, kräftig hervorstehende Wangenknochen und ein spitzes Kinn prägten sein Gesicht, es wirkte wie aus Stahl gegossen. Großmutter Germaine zog mich vom Fenster weg und gab mir Schokolade. Die Lindt-Schokolade mit Füllung. Sie schaute auch in den Hof hinunter, ich sah Tränen in ihren Augen. Beinahe hätte ich auch noch geweint. Ich fühlte ständig so viel Leid in meiner Brust; ich schämte mich, auf der Welt zu sein.

Der Fremde schlief weder in den Schlafräumen im ersten Stock noch bei der Familie des Waldmonsters Louis im Erdgeschoss. Sein Bett stand in einer Kammer hinter der Treppe. Sie nannten in Arthur. Das war also das dreizehnte Kind meiner Großmutter, mein Onkel Arthur! Das Mittagessen nahm er mit Großmutter Germaine, Tante Fleur und mir ein. Er sprach kaum und hielt den Kopf immer tief über dem Teller. Ich starrte ab und zu verstohlen auf seine linke Hand. Drei Finger fehlten. Tante Fleur hatte nur eine kurze Mittagspause, und in dieser wollte sie eine Quizsendung im Radio hören. Alle hatten zu schweigen, auch meine Großmutter sprach nicht, es war die reinste Begräbnisatmosphäre. Ab und zu schaute Onkel Arthur zu mir rüber und versuchte, freundlich zu lächeln: »Gut, die Bouletten, hm?«

Ich nickte. Dann sagte er: »Sie kocht gut, deine Großmutter. Sie war schon immer eine gute Köchin.« Dann schaute er wie ein geschundener Hund zu seiner Mutter, um zu prüfen, ob das indirekte Lob angekommen war. Doch Großmutter nahm die blauen Pillen, die Tante Fleur ihr aus der Zellophan-Packung presste, und schluckte sie.

»Manchmal braucht man Pillen«, murmelte Onkel Arthur vielsagend.

Dann schaute er zu seiner Schwester Fleur, die ihn ignorierte, und wandte sich wieder an mich: »Aber es gibt nicht gegen alles eine Pille.«

»Wie wärs, wenn du mal den Schnabel hältst?«, sagte Tante Fleur, »jetzt habe ich die Frage nicht verstanden.«

»Wer hat den Panettone erfunden?«, wiederholte ich die Quizfrage.

»Wer hat den Panettone erfunden?«, wiederholte Onkel Arthur mit ernster Miene. Alle machten lange Gesichter. Der Gong erklang, und der Moderator löste das Rätsel. Es war der italienische Bäckerlehrling Toni gewesen, dem 1820 in Mailand bei der Brotherstellung diverse Missgeschicke passierten. Sein Lehrmeister verkaufte die Ware dennoch. Die Leute nannten die verhunzten Brote von Toni *pane di Tonio,* Panettone eben. Was lernen wir daraus?

Nach dem Mittagsquiz folgten die Nachrichten. Ich erinnere mich an eine Meldung, nach der in Algerien ein Waffenstillstand ausgerufen worden war. Nachdem die Franzosen siebzig Milliarden Neue Francs ausgegeben und über 350 000 Algerier im eigenen Land abgeschlachtet hatten. Bei 17 250 eigenen Verlusten.

»Aber jetzt machen sie Frieden«, murmelte Onkel Arthur und schaute erneut meine Großmutter mit großen Hundeaugen an: »Irgendwann muss man sich wieder versöhnen und Frieden schließen, hm, ist das nicht so, Sammy?«

»Wolltest du nicht noch Holz hacken?«, fragte Tante Fleur mit schneidender Stimme.

Als im gleichen Jahr die Unabhängigkeit Algeriens verkündet wurde, schwieg Onkel Arthur. Tante Fleur nahm es mit strenger Miene zur Kenntnis. Auch die Briten entließen zahlreiche Kolonien in die Unabhängigkeit. Chinesische Streitkräfte drängten im Himalaja die indischen Truppen zurück, und die USA begannen mit der Blockade Kubas. *Sich den dritten Weltkrieg nochmals überlegen* stand auf dem Aushang der Zeitungskioske. Es ging fast unter, dass ein Wunder der Technik die Gesellschaft eroberte: der Billetautomat. Aber auch die Hausfrauen wurden weiter aufgerüstet: Toaster, Saftpresse, Pürierstab, Mixer, Bügeleisen, Geschirrspüler und Kühlschrank eroberten die Küche. In der Zeitung wurde diskutiert, was die Frauen mit der neu gewonnenen Freizeit wohl anfangen würden. Denn es gab jetzt sogar Fertiggerichte in der Dose, Fertigsaucen und Kartoffelflocken. Einige Autoren prophezeiten, Frauen würden zu Männern werden. Das machte mir ernsthaft Sorgen, denn ich liebte Mädchen. Wie man als Junge eben so lieben kann. Ich las jede Zeitung, die ich kriegen konnte. Es war mir egal, ob es die Zeitung von letzter Woche war, ich wollte alles wissen. Ich las sogar jeden Werbetext. *Kent. Vernunft wie Kennertum raten Ihnen zu Kent.* Das ist mir geblieben. Auch die Maggi-Suppenwürfel, der Nescafé von Nestlé, Gordon's Gin, Gillette, Kellogg's, Camille Bloch, Swissair, Kodak, Omega … Ich erinnere mich an jedes Detail, denn die blechernen Werbeschilder zierten bald einmal meine Script Avenue. Und dann gab es noch meine geliebten *Wrigley's Spearmint Chewing Gum.* Die konnte ich mir natürlich nicht leisten, aber die Firma versprach, eine Packung gratis abzugeben, wenn man hundert leere Packungen davon einschickte. Es ging um Kundenbindung, nicht um Recycling. Ich sammelte also wie besessen die silbernen Papierchen von der Straße, auch wenn ich selber keine Kaugummis mochte: Zu groß war die Angst, dass ich einen verschlucken würde und er mir die Speiseröhre zuklebte. Ich sammelte die Packungen für meinen Cousin Guy, weil er mir das Dribbeln beibrachte. Der hagere Blonde im hellblauen Hemd fand meine Beschäftigung ekelerregend, widerwärtig, erbärmlich, minderwertig. Er riss mir die Verpackungen aus der Hand und warf sie in den Müll. Dort holte ich sie später wieder heraus, säuberte sie von den Küchenabfällen, glättete sie und bewahrte sie für Guy auf. Ich war es ihm schuldig. Ich war sicher, dass er eines Tages ein großer Fußballstar werden würde, ein Schweizer Pelé.

## Robinson

1963 spielten die Ronetts in der Script Avenue *Be My Baby.* Ich konnte den Songtext sofort auswendig, wir hatten jetzt einen Radioapparat. Er hatte die Maße einer Kommode. Gerry & The Pacemakers sangen *You'll Never Walk Alone* und Skeeter Davis *The End of the World.*

Sogar meinem Grundschullehrer fiel mein außergewöhnliches Gedächtnis auf. Aber wenn niemand mit mir Deutsch spräche, sagte er, habe das keinen großem Nutzen. Mein Primarlehrer rief deshalb eines Abends meine Mutter an und teilte ihr mit, dass ich eine Spezialschule besuchen müsse. Wie sollte man sonst jemanden wie mich jemals integrieren? Meine Mutter versuchte, ihm in gebrochenem Deutsch zu erklären, dass wir alle um Integration bemüht wären. Sie jammerte, dass ich bereits den Kindergarten habe wiederholen müssen, und: »Bitte«, sagte sie, »bitte jetzt nicht noch die erste Klasse!« Aber wahrscheinlich verstand mein Primarlehrer kein Wort, und meine Mutter lernte auch in den nächsten dreißig Jahren kein Deutsch, aber sie hielt von da an alle Deutschschweizer für Rassisten, für *boches* und nach den Wechseljahren sogar für Nazis.

Mein Grundschullehrer fragte mich am nächsten Tag, aus welchem Land meine Mutter stamme. Ich sagte, aus der Schweiz, aus dem Jura, aus Vilaincourt. Er atmete tief durch und drückte mir ein Buch in die Hand, *Robinson Crusoe*. Ich kannte diesen Schiffsbrüchigen, er war immer auf den hauchdünnen Verpackungen der Orangen abgebildet. Man konnte die Verpackung ablösen und glatt streichen, dann hatte man vier Bilder mit Text. Auf diese Weise ließ sich sein trostloses Inseldasein dokumentieren. So hatte ich mir mit Orangenverpackungen mein erstes Buch gebastelt.

Aber das Buch, das mir mein Lehrer mitgab, war ein Schock. Es hatte keine Bilder. Ich hätte schreien können vor Wut. Keine Bilder und über 300 Seiten! Meine Eltern waren erfreut, dass ich jetzt ein Buch las. Meine Mutter las ja Fotoromane, der hagere Blonde die *Micky-Maus*-Hefte aus der Wohnung von Tante Agathe. Er erklärte ihr jedes Mal mit der Miene des Leidenden und still Erduldenden, er müsse ja schließlich wissen, was die Kinder im Alter seines Sohnes lesen würden, das sei die Pflicht eines verantwortungsvollen Vaters. Ich bekam die Hefte niemals zu Gesicht. Kaum hatte er sie gelesen, warf er sie Tante Agathe in den Briefkasten. Und ich saß da mit einem dicken Buch ohne Illustrationen, deprimiert wie Robinson auf seiner Insel im Pazifik.

Einige Wochen später klingelte das Telefon, und mein Primarlehrer teilte meinen verdutzten Eltern mit, dass ich das Buch innerhalb von zwei Monaten gelesen haben müsse. Sonst brauchte ich nicht mehr an seinem Unterricht teilzunehmen. So was wäre heute natürlich undenkbar. Eltern könnten Beschwerde einlegen, die Schulleitung würde einen Psychologen, einen Psychiater, einen Lerntherapeuten, einen Neurologen und einen arbeitslosen Anthropologen hinzuziehen, die unterschiedliche Gutachten mit unterschiedlichen Prognosen erstellen würden. Ein Kinderarzt würde das Problem als Krankheit bezeichnen und diese nach seiner Schwiegermutter benennen. Damals waren Lehrer noch Autoritätspersonen wie Polizisten und Briefträger.


Ich musste gehorchen und das Buch lesen. Als ich abends die Script Avenue hinuntertrottete, kam mir ein Hippie mit Lendenschurz entgegen. Er trug einen dümmlichen Strohhut und verkaufte Orangen. Er schilderte mir, wie das Schiff versank und er als einziger Überlebender diese tropische Insel erreichte. Als ich am nächsten Tag in die Schule ging, spürte ich eine raue Meeresbrise und schmeckte das Salz in der Luft. Ich rannte in einen Park und nahm das Buch hervor. Ich musste weiterlesen!

In der Nacht dachte ich mir neue Abenteuer aus, die Robinson auf der Insel noch erleben sollte. Nach einigen Tagen stellte ich verblüfft fest, dass die Bilder in meiner Fantasie viel aufregender waren als die Bilder auf den Orangenverpackungen. Ich lernte Robinson lieben, ich sorgte mich um ihn und nahm ihn in die Script Avenue auf. Um ihn zu beschützen.

Ich gab das Buch zurück. Mein Lehrer verlangte eine Zusammenfassung. Ich erzählte ihm, was ich erlebt hatte. »Und das steht alles in diesem Buch?«, fragte er misstrauisch. »Ich habe den *Robinson* als Kind auch gelesen. Vielleicht ist das eine erweiterte Neuausgabe.«

Ich verlangte ein neues Buch. Er lieh mir *Die Schatzinsel,* anschließend *Der letzte Mohikaner.* Doch nach der Geschichte war vor der Geschichte. Denn William »Bill« Bones, Captain Flint, Long John Silver und Chingachgook enterten die Script Avenue und forderten neue Abenteuer. Sie saßen unter dem Sonnenschirm, den Robinson aus Palmblättern geflochten hatte. Doch Robinson klagte über Burn-out, er wollte keine Orangen mehr verkaufen, er wollte frei sein. Ich erklärte ihm schonend, dass kein Mensch jemals der Script Avenue entwischen könne. Nicht mal sein Schöpfer. Er versöhnte sich mit seinem Schicksal und fand Gefallen an seinem kleinen Früchtestand. Die Matrosen von der *Bounty* gehörten zu seiner Stammkundschaft, ich hatte sie über Skorbut aufgeklärt. Aber sie wollten mehr. »Lass uns wieder in See stechen!«, riefen sie.

Immer mehr Menschen strandeten in meiner Script Avenue, es war ein Riesengedränge in meinem Schädel, die Menschen wurden übermütig und versklavten ihren eigenen Schöpfer! Daran hat sich bis heute nichts geändert. Auch ein halbes Jahrhundert später verkauft Robinson in der Script Avenue seine Orangen. Im Gegensatz zu mir ist Robinson kein bisschen gealtert. Kürzlich gestand ich ihm: »Robi, es geht zu Ende mit mir. Der eine Arzt hat mir letzte Nacht geraten, meine Dinge in Ordnung zu bringen. Alle Behandlungen sind fehlgeschlagen. Willst du die Script Avenue übernehmen? Traust du dir das zu?«

»Tu das nicht«, drohte Robinson, »sonst verkaufen wir dich den Eingeborenen als Satai-Spießchen. Du trägst jetzt Verantwortung! In der Script Avenue haben wir die besseren Ärzte. Sie werden dich heilen. Iss mehr Kiwis! Ist besser als Sandimmun, Prograf und Cellcept.«

Das ist gar nicht so lustig, wie Sie jetzt vielleicht denken. Da überbringt dir der Arzt eine verdammt schlechte Nachricht, und du stellst ihm keine einzige Frage, sondern stürzt dich in die Script Avenue, wo dir Robinson eine Kiwi zuwirft. »Sammy, was ist mit dir passiert? Du siehst aus wie ein geplatzter Wasserbeutel!« Wir sind sehr ehrlich in der Script Avenue.

Seit damals war ich fest entschlossen, später mit Geschichtenerzählen mein Geld zu verdienen. Meine Umgebung nahm meinen Entschluss mit einem gönnerhaften Lächeln zur Kenntnis. Auch meine Eltern. Die fanden das niedlich, bis zu dem Tag, als sie realisierten, dass ich tatsächlich Schriftsteller werden wollte. Meine Mutter war außer sich, verdoppelte ihre heruntergeleierten abendlichen Rosenkränze. »Ich warne dich!«, drohte sie, »Schriftsteller saufen, huren und nagen am Hungertuch.«

Robinson weckte mein Interesse für die großen Seefahrer der Geschichte, er entfachte in mir die Sehnsucht nach fernen Kontinenten. Ich kenne mich heute aus mit Seefahrern. Ich erinnere mich an ein Bild in einem Buch von einem asiatischen Mädchen, das zwischen Palmen sitzend auf den Ozean hinausblickt und die Ankunft eines großen spanischen Dreimastsegelschiffes beobachtet. Sie war eine exotische Schönheit aus Negros auf den philippinischen Visayas. Ein Kapitel erzählte von der Expedition des Magellan, der in der Nähe von Cebu von Einheimischen am Strand abgewehrt worden war. Der Anführer der Filipinos, Lapu-Lapu, schleuderte seinen Speer gegen Magellan, er stieg gerade aus dem Wasser und wollte an Land. Der Speer durchbohrte Magellans Brust, wie man auf der Illustration deutlich sehen konnte. Andere Bilder zeigten wunderschöne philippinische Mädchen, die im Urwald Mangos aßen. Ich wusste, dass dies nur Zeichnungen waren, die der Script Avenue eines Illustrators entsprungen waren. Trotzdem schwor ich mir, eines Tages diese ehemalige spanische

Kolonie zu besuchen, die den Namen des damaligen Königs Philipp trug. Ich schrieb der philippinischen Botschaft und bat um Unterlagen. Ich wollte alles über diese Kultur erfahren. Dort würde ich vor Vilaincourt sicher sein.

Die Idee, Botschaften anzuschreiben, hatte ich von meinem Cousin Francis. Er war wie ich süchtig nach Wissen, er wuchs wie alle meine Cousins in einem bücherlosen Haushalt auf. Im Laufe des Jahres hatten wir einem Dutzend Botschaften Briefe geschrieben und Prospekte, Broschüren und selbstklebende Flaggen erhalten. Vilaincourt, das konnte nicht die Welt sein. Aber wir hatten ein Problem: Wie beschaffte man sich Briefmarken? Der hagere Blonde wollte mir keine geben, er hielt das für Verschwendung.

Er konnte nicht verhindern, dass ich eines Tages Post von der philippinischen Botschaft erhielt. Ein unbeschreibliches Gefühl! Ich hatte Bücher, die mir allein gehörten! Mein Vater machte ein Gesicht, als hätte eine Taube auf den Tisch geschissen.

»Zuckerrohr, Kokosnüsse, was sollen diese Broschüren? Schokoladen-Hügel! Wie kann man Berge nur Schokoladen-Hügel nennen? Was machst du mit dem Kram?«

»Ich lese diesen Kram«, sagte ich meinem Vater stolz, »wenn ich Ende des Jahres in der Schule einen kleinen Vortrag halten muss, werde ich etwas über die Philippinen erzählen! Das kann keiner meiner Schulkameraden!«

»Weißt du eigentlich, wo die Philippinen sind?«, fragte er provokativ.

»So ungefähr«, grinste ich. »Und du, weißt du es?«

Der Blonde überlegte, ob er mir eine Ohrfeige geben sollte, doch wahrscheinlich schmerzte sein Handgelenk noch von der letzten. Ich bin ganz sicher, er wusste nicht, wo die Philippinen sind.

# Ribanna

1963 suchten Winnetou und Old Shatterhand immer noch den Schatz im Silbersee. Die ersten Karl-May-Verfilmungen kamen in die Kinos. Es gab eine zensierte Version (ohne Auspeitschung der Gangster) und eine unzensierte Version. Ich war begeistert und dachte monatelang darüber nach, wie ich die Rollen für Pierre Brice und Lex Barker ausgestaltet hätte. In den Bäckereien gab es mit Rosinen und Nüssen gespickte Pausenbrote und Winnetou-Punkte, die man sammeln und später gegen Plastikfiguren eintauschen konnte. An den Kiosken konnte man für zwanzig Rappen Tüten mit Filmfotos kaufen. Ich entwendete meiner Mutter bei jedem Einkauf ein oder zwei Rappen und kaufte mir dann Ende Woche eine Tüte. Tja, damals wurde noch geduldig gespart, bevor man Geld ausgab! Meine allererste Tüte barg eine Riesenüberraschung: das Foto von Winnetou, das begehrteste Bild der ganzen Filmserie! Ich tauschte es ein gegen ein Bild der Häuptlingstochter Ribanna, die Pierre Brice im gleichnamigen Song besang. Ich hatte also unwahrscheinliches Glück und kam nicht auf den Gedanken, dass auch das Gegenteil möglich sein musste: unwahrscheinliches Pech. Doch mit Wahrscheinlichkeitsrechnungen befasste ich mich erst viel später. Den Rest brachte mir das Schicksal bei.

Ich sammelte alles, was ich über Mescalero-Apachen und Assiniboin-Indianer finden konnte. Die alten Damen in den Leihbibliotheken wurden meine ersten Freundinnen. Fast dreißig Jahre später schrieb ich die Drehbücher für *Winnetou 3, 4* und *5*. Pierre Brice war begeistert, obwohl ihn sein Pferd bei der ersten Probe abwarf. Winnetou musste ins Spital. Die Hüfte! Die Produktion wurde gestoppt. Ich wurde fürstlich bezahlt, aber die Filme wurden nie produziert. Es gibt Drehbuchautoren, die Millionäre werden, obwohl keins ihrer Drehbücher jemals verfilmt wurde. Ich glaube, nur gerade eins von tausend drehfertigen Büchern wird verfilmt. Das sagte mir William Goldman, der Drehbuchautor von *Butch Cassidy and the Sundance Kid*. Eigentlich erstaunlich, dass trotzdem so viel Schrott in die Kinos kommt.

Beharrlich arbeitete ich daran, meine Welt zu vergrößern. Ich bestellte mir Unterlagen von den Botschaften von Mexiko, Argentinien, Peru und den meisten anderen Ländern. Mein Cousin Francis schrieb mir, bei welchen Botschaften er erfolgreich gewesen war. Wenn ich im Sommer in Vilaincourt war, betrachtete ich seine Schätze, und wir sprachen über all die faszinierenden Dinge, die wir aus diesen Broschüren lernten. Ich gewann dadurch immer neue Anregungen für meine Freunde in der Script Avenue.

Auch auf dem Fußboden wurde meine Welt immer komplexer. Neben den neuen Karl-May-Figuren hatte ich nun einundzwanzig römische Elastolin-Figuren, dazu acht Wikinger, die aber als Kelten verpflichtet wurden. Vier Normannen hatte mir mein Onkel Pierre in Unkenntnis der historischen Begebenheiten gekauft. Mit dieser Crew ließen sich nun sehr umfangreiche Geschichten inszenieren. Serien. Nachts lagerte ich meine kleine Truppe in einer Schuhschachtel unter dem Bett. Zusammen mit den Botschaftsprospekten, Fußball- und Winnetou-Bildern. Ich fand sogar einen Freund. Marcel war ein gleichaltriger Bub aus der Nachbarschaft, den ich sehr mochte. Sein älterer Bruder Bruno besaß stapelweise Comics: *Tibor, Sigurd, Falk, Bessy* und wie sie alle hießen. Ich sog diese Geschichten in mich ein und entwickelte sie in meiner Fantasie weiter. In der Script Avenue. Geschichten erfinden wurde endgültig meine Leidenschaft, meine Obsession. Wahrscheinlich ist es bis heute das Einzige, was ich einigermaßen beherrsche. Abgesehen vom Zehnfingersystem. Ich mache aber mittlerweile zahlreiche Tippfehler. Es ist nicht einfach, mit diesen hauchdünnen Chirurgenhandschuhen zu tippen.

Mein Freund Marcel besaß einen Fußball. Er lieh ihn mir für einen Abend aus. Es war wie Weihnachten. Prompt kickte ich im Wohnzimmer das Kreuz Christi bei einer herrlichen Direktabnahme von der Wand. Meine Mutter, die gerade mit dem Hoover unsere Bonsai-Wohnung reinigte, sah es, riss das Staubsaugerrohr aus der Halterung – damals hatte Hoover noch richtige Stahlrohre – und drosch damit auf mich ein wie der weibliche Terminatrix-T-X-Roboter in *Terminator 3*. Sie war entsetzt, nein, hysterisch. Ich hatte Jesus vom Kreuz geholt. Das hätte nicht mal Luzifer geschafft. Ich rollte mich zusammen und schwor, dass ich sie später auf der Notfallstation bloßstellen würde. Leider brach sie mir keine Rippen, stattdessen zwang sie mich in die Knie, und ich musste meine Arme nach vorn ausstrecken. Jedes Mal, wenn meine Arme ermüdeten, krachte Hoovers Arm auf meine Schulter. Als ich laut um Hilfe schrie, verlor sie die Beherrschung ganz.

Fünfzig Jahre später las ich in der *International Herald Tribune*, dass ein Gericht im walisischen Cardiff eine Mutter wegen der Tötung ihres Sohnes zu siebzehn Jahren Haft verurteilt hatte. Die Frau hatte ihren Sohn mit einem Stock totgeschlagen, weil er Texte aus dem Koran nicht auswendig gelernt hatte. Sehen Sie, ich hatte in meinem Leben auch ein bisschen Glück.

## You'll Never Walk Alone

Mein Freund zu werden, war viel schwieriger, als Mitglied der Rotarier oder Lions zu werden. Marcel war mein einziger Freund. Seine Eltern ließen sich scheiden, meine stritten – wir wussten nicht, was besser war. Marcel war viel allein, weil seine

Mutter nun arbeiten musste. Wir streiften durch die Straßen des Quartiers und durchsuchten jedes Abrisshaus. Manchmal fanden wir alte Schlüssel, die wir in eine Kiste legten. In der Kiste waren auch die Pornohefte, die sein Vater vergessen hatte. Es war für mich sonderbar, nackte Frauen zu sehen. Ich staunte nicht schlecht, als ich feststellte, dass die in der Schamgegend behaart waren. Wir spielten auf einem Plattenspieler Vinyl-Schallplatten ab. *Ring of Fire* von Johnny Cash, *Act Naturally* von Buck Owens und natürlich *You'll Never Walk Alone* von Gerry & the Pacemakers. Wir saßen nebeneinander auf dem abgewetzten Sofa, und jeder schien dem andern zu sagen: *You'll never walk alone.*

In der Primarschule war ich äußerst beliebt. Nach Unterrichtsschluss wartete immer ein halbes Dutzend Mitschüler beim Eingangstor auf mich. Um mich zu verprügeln. Ich zog die Schläger magisch an, ich war wie ein netter Boxsack, der nie zurückschlug. Mit der Zeit hatte ich Angst, in die Schule zu gehen. Zu Hause wartete der Rachegott, *Pearl Harbour,* in der Schule *Rocky 1* bis *4.* Ich war mit den Nerven ziemlich am Ende und blökte jämmerlich. Meinem Grundschullehrer fiel das auch auf. Er riss immer die eine Schulter hoch, wenn er mit mir sprach. Es dauerte einige Monate, bis ich bemerkte, dass er mich imitierte, verspottete. Offenbar war das ein Tic von mir. Ich nahm ihm das nicht wirklich übel.

Sehr bedenklich hingegen war, dass ich zunehmend das Bedürfnis hatte, heftige Schimpfwörter auszusprechen. Es wurde geradezu eine Besessenheit. Ich konnte dem Unterricht nicht mehr richtig folgen, denn ich musste in Gedanken ständig diese vulgären Worte wiederholen. Nach Schulschluss rannte ich hinter die Holzbaracke und ließ den Worten freien Lauf. Ich sehe noch das Gesicht meiner heimlichen Grundschulliebe. Sie sah ein bisschen aus wie Ribanna und hatte wunderschöne

Augen. »Mit wem sprichst du da, Sammy?«, fragte sie ängstlich. Ich zwinkerte ihr zu, zog abwechselnd die rechte und die linke Schulter hoch und ging nach Hause. *You'll always walk alone?*

Als ich eines Tages nach Hause kam, empfing mich meine Mutter wieder mal mit einer Ohrfeige. Zum Glück hatte Hoover Urlaub. Meine Nase blutete und verschmierte zum Entsetzen meiner Mutter mein weißes Shirt. Man hätte meinen können, der Arzt habe mir einen Aderlass verschrieben, um die Ferritin-Werte zu senken.

»Dein Lehrer hat angerufen!«, schrie meine Mutter und wollte gleich nochmals zuschlagen, doch wahrscheinlich schmerzte das Handgelenk noch.

Wenn mein Lehrer anrief, begann er stets mit etwas Positivem, denn er hatte ein Semester Psychologie studiert. Er sagte, ich sei stets pünktlich. Vorbildlich. Manchmal habe meine Pünktlichkeit etwas… Tja, da stieß er an seine Grenzen. Er hatte eben wirklich nur ein Semester studiert. Weiter lobte der gute Mann mein Kopfrechnen, erwähnte, dass mein Deutsch besser wurde. Aber dann sagte er plötzlich, dass ich nur Blödsinn im Kopf habe. Wenn ich eines Tages im Rotlichtmilieu Stand-up-Comedian werden wolle, solle ich nur so weitermachen. Meine Mutter hatte natürlich keine Ahnung, was ein Stand-up-Comedian war. Ich übrigens auch nicht.

»Das hat er gesagt?«, fragte mein Vater am Abend ungläubig.

Ich hob gleich schützend meine Hände vors Gesicht: »Sie hat es bereits getan«, sagte ich.

»Er musste einen Aufsatz schreiben, und weißt du, was er geschrieben hat? Die Abenteuer eines Regentropfens, der im Boden versickert. *Seulement de la merde, ce gamin.*« Was so viel heißt wie: »Der Junge hat nur Scheiße im Kopf.« Wobei das Wort *merde* im Französischen weniger vulgär klingt als im Deutschen.

Als ich nach dem Abendessen den letzten Teller abgetrocknet hatte, fragte sie mich, ob ich tatsächlich Schriftsteller werden wolle. Ich fühlte mich geschmeichelt, dass sie meine Aussage ernst nahm. Sie sagte, dann werde mich Gott bestrafen, denn Schriftsteller würden nur schmutziges Zeug fantasieren und die Menschen verderben.

»Was wird er denn tun?«, fragte ich irritiert.

»Er wird dein Ding zwischen den Beinen verfaulen lassen.«

»Was?«, stieß ich entsetzt hervor.

»Ja«, flüsterte meine Mutter leise, »du bist jetzt sieben Jahre alt, es ist an der Zeit, dass ich dir das sage, denn eines Tages wirst du dich für Mädchen interessieren.«

»Wieso denn?«, fragte ich, »die spielen weder Fußball noch mit Plastikfiguren.«

Meine Mutter lächelte vielsagend. Kurz bevor sie mit dem Abwasch fertig war, fragte sie erneut: »Willst du immer noch Schriftsteller werden?«

»Natürlich«, sagte ich, »ich werde Geschichten über die Römer schreiben. Was soll daran falsch sein?«

»Wer soll das lesen, Sammy? Ich würde das nicht lesen wollen.«

»Ich weiß, du liest Fotoromane.«

»Und wovon willst du leben?«, fragte sie müde und räumte die trockenen Teller in den Schrank. Sie wirkte plötzlich niedergeschlagen.

»Von meiner Arbeit. Von meinen Büchern. Bücher kosten Geld. Deshalb haben wir nur gerade ein Telefonbuch in der Wohnung.«

»Schriftsteller können sich nicht selbst ernähren. Die müssen betteln und sterben doch an Hunger.«

»Ist Dostojewski an Hunger gestorben?«, fragte ich skeptisch.

»Du willst mir doch nicht weismachen, dass du ein zweiter Dostojewski bist.«

»Natürlich nicht, ich spreche ja kein Russisch.«

»Wenn du was Intelligentes lesen willst, lies die Memoiren von Pater Pio.«

»Bloß nicht Pater Pio, Onkel Pierre hat mir gesagt, er sei ein Scharlatan, der sich die angeblich blutigen Male Jesu mit Karbonsäure zugefügt habe. Und Johannes XXIII. soll ihn gar als Pädophilen bezeichnet haben.«

»Was weiß schon dein Onkel Pierre? Die in Vilaincourt haben ja kaum Bildung.«

»Dann liest du auch andere Bücher als die Autobiografie von Pater Pio?«

»Er hat nur eins geschrieben«, sagte meine Mutter und inszenierte erneut die Sterbeszene. Nur wenn ich widerrufe, könne sie überleben. Meine Mutter war eine hervorragende Schauspielerin. Wie mein Vater. Im Grunde genommen bin ich in einer Künstlerfamilie aufgewachsen.

Ein Theaterintendant erzählte mir später einmal, dass am Broadway in New York *The Phantom of the Opera* 9571 Mal gespielt worden sei. Agatha Christies *Mausefalle* ist sogar das angeblich am längsten ununterbrochen aufgeführte Theaterstück der Welt. Über die Zeit hat man das Ensemble mehrmals komplett ausgetauscht. Und das gibt Ihnen jetzt eine Vorstellung davon, wie groß die Leistung meiner Mutter war: Sie spielte die Sterbeszene ganz allein über Jahrzehnte hinweg. Nun gut, der Ticketverkauf war nicht atemberaubend. Ich war der Einzige auf dem Logenplatz. Man hätte sie erschießen müssen, damit sie endlich abtritt.

Aber 1963 wurde John F. Kennedy erschossen. Ich erinnere mich nicht mehr so genau, ob er mit Marilyn Monroe verheiratet war oder ob sie ihm nur einen geblasen hat, während er einen Joint rauchte, aber dabei nicht inhalierte. Vielleicht ist das jetzt auch eine ganz andere Geschichte.

Auf jeden Fall respektierte ich die Darbietungen meiner Mutter, die ich trotz aller Ohrfeigen immer noch liebte. Im

Übrigen ist es bei Todkranken so: Wer sie zuletzt berührt, ist schuld. Ich wollte keine Schuld auf mich laden. Als ich Wochen später wieder das Geschirr trocknete und mit ihr *L'eau vive* sang, fragte sie mich, ob ich immer noch Schriftsteller werden wolle. Ich schüttelte den Kopf und beichtete ihr, dass ich nun Missionar auf den Philippinen werden wolle.

»Wieso nicht im Kongo?«, fragte meine Mutter besorgt. Sie hatte in Vilaincourt *Tim im Kongo* gelesen. Ich fragte mich, wieso sie nicht gleich mein ganzes Leben lebte. Ich schwieg, denn ich hatte genug Sterbeszenen erlebt und wollte mir den Tag nicht verderben. Dieser Tag war ein Donnerstag, am Kiosk gab es einen neuen Comicband mit den Abenteuern des Ritters *Sigurd*, verfasst vom legendären Zeichner Hansrudi Wäscher. Es war die Nummer 190, *Die Jagd beginnt*, der große Kampf gegen Ritter Laban. Damals nannte man diese Hefte Schundliteratur, sie wurden genauso verteufelt wie heute die Computergames. Vierzig Jahre später sollte ich ein Kinodrehbuch zu Sigurds Abenteuern verfassen. Leider kam dann die Sache mit Hongkong dazwischen beziehungsweise die Sache nach Hongkong. In diesem Zustand schreibt man keine Drehbücher mehr. Höchstens noch ein Testament. Ich könnte kotzen, wenn ich daran denke. Aber das wird mir auf den letzten 200 Seiten nicht erspart bleiben.

In unserer Wohnung gab es neuerdings eine sauteure, überdimensionierte Bibel, die so kostbar war, dass niemand darin blättern durfte. Zusätzlich die bereits erwähnte Biografie von Pater Pio und einen einzigen *Tim-und-Struppi*-Band: *Der Arumbaya-Fetisch* von Onkel Pierre. Auch der Spengler-Modekatalog und das Basler Telefonbuch hatten Seiten, waren also Bücher. Ich lebte also nicht in einem bücherlosen Haushalt. Muss hier auch mal gesagt werden. Ich bin nicht nur in einer Künstlerfamilie aufgewachsen, sondern in einer Künstler- und Schauspielerfamilie mit eigener Bibliothek.

Wir hatten aber auch vieles nicht, was andere Leute hatten. Es gab keinen Fernseher, keinen Plattenspieler, keinen Kühlschrank, kein Auto. Für Computer, Internet, Google und Wikipedia ist es noch zu früh. Theoretisch hätten Gespräche oder Diskussionen zur Bildung beitragen können. Aber mein Vater wusste nicht so viel zu erzählen, ich sah ihn kaum. Meine Mutter wiederholte mit Vorliebe hirnverbrannte Storys von Märtyrern, die mit abgeschlagenen Köpfen auf Wanderschaft gingen oder kleine Jungs im Bett beim Onanieren überraschten und kastrierten. Mit diesen Geschichten hatte sie ein neues verbales Arsenal der Abschreckung entwickelt, da die Sterbeszene sich langsam abnutzte. Das ist auch bei Fernsehwiederholungen so, irgendwann sinkt die Quote.

## A Hard Day's Night

1964 sangen vier britische Jungs mit Pilzkopffrisuren *A Hard Day's Night*. Mein Freund Marcel hatte die Single von seinem Vater geschenkt bekommen, sein Vater hatte ihm gesagt, es gehe in diesem Song um schwierige Nächte. Das gefiel mir. Auch meine Nächte waren schwierig: Für gewöhnlich fand ich nur wenig Schlaf, denn meine Eltern stritten meist bis spät in die Nacht. Ihre bevorzugten Themen waren weiterhin Geld, Zigaretten, die Dominanz von Großmutter Germaine, Pater Pio und die ewige Jurafrage.

Anfang der Sechziger wurde das Zweite Vatikanische Konzil die *bella causa*. Der wohlbeleibte Johannes XXIII. hatte beschlossen, die Dogmen der katholischen Kirche zwar beizubehalten, aber die Ausdrucksweise dem Zeitgeist anzupassen. Ein klassisches Remake, wie wir es regelmäßig im Kino erleben. *Planet der Affen, Die drei Musketiere, Robin Hood,* sie alle behalten ihre Storys, aber werden dem Zeitgeist entsprechend neu verfilmt: härtere

Schnitte, mehr Action, mehr Sex, mehr Gewalt. Der Papst eröffnete die Veranstaltung mit *Gaudet Mater Ecclesia* (Es freut sich die Mutter Kirche) und verkündete in lateinischer Sprache, dass die jeweilige Landessprache in Zukunft das Lateinische ersetzt und dass die Gläubigen der Gemeinde von nun an in die liturgische Darbietung einbezogen werden. Mein Vater fand das großartig, meine Mutter schrecklich, denn nach den neuen Spielregeln konnte ihr jetzt beispielsweise der Metzger von der Hammerstraße am Sonntag eine Hostie in den Mund schieben. Obwohl meine Mutter kein Wort Lateinisch sprach, beharrte sie auf dem lateinisch gesprochenen Gottesdienst und nahm lange Wegstrecken in Kauf, um am Sonntag die Gottesdienste der Abtrünnigen in der Provinz zu besuchen.

Marcel François Marie Joseph Lefebvre wurde ihr Idol, der Che Guevara der katholischen Kirche. Mein Vater schwor bei einem Glas Bier, er werde dem Papst treu bleiben und ihm folgen. Wie ein Schweizergardist! So erreichten die Religionskriege auch unsere Bonsai-Wohnung. Ich hatte jede Nacht Belfast live und gab knurrende Drohgeräusche von mir. Je nach Intensität der Auseinandersetzung hörte man von mir auch klägliches Miauen oder aufgeregtes Blöken. Zum Ende des Streits stürmte der selbst ernannte Schweizergardist ins Schlafzimmer, das wir uns alle drei teilten, machte das Licht an und suchte fluchend nach seinem Mantel. Lefebvres Groupie folgte ihm und versuchte, ihn daran zu hindern, die Wohnung zu verlassen. Doch der Blonde schubste sie gegen die Wand, entriss ihr die Schlüssel und flüchtete. Meine Mutter schrie ihm nach, er wolle ja bloß heimlich rauchen, aber vor Gott könne er sich nicht verstecken. Wenig später stürmte sie erneut ins Schlafzimmer und nahm ihren Mantel aus dem Schrank. Meistens konnte ich nach zwei Stunden wieder einschlafen. Gerade dann, wenn meine Eltern zurückkamen. Irgendjemand hatte auf der Straße aus dem offenen Fenster gebrüllt, sie sollten endlich mal die Schnauze halten, sonst rufe er die Polizei. Also setzten sie ihren Streit drinnen fort, und irgendwann schliefen sie erschöpft ein. Wenn mein Vater seine Biere getrunken hatte, schnarchte er wie ein Sägewerk. Dann stieg meine Mutter wieder aus dem Bett und schlich auf Zehenspitzen zur Tür. Neben jeder Tür in unserer Wohnung hing eine Weihwasserschale. Sie nahm das Ding von der Wand, ging zu meinem Vater und bespritzte ihn im Schlaf mit Weihwasser. Kam sie an meinem Bett vorbei, erwischte auch mich ein kurzer Platzregen. Eine religiöse Variante des Wasserwerfers zur Beilegung eines Konfliktes. Es war ein Gefühl, als würde mich Gott persönlich anpinkeln. Sie begann, mir Angst zu machen. Sie war nun angsteinflößender, als Gott es je hätte sein können. *A Hard Day's Night,* wie gesagt. Und das jede Nacht, über Wochen, Monate, Jahre.

Erschöpft quälten wir uns am Morgen aus dem Bett, keiner sprach ein Wort. Der hagere Blonde ging zur Arbeit, ich schleppte mich zur Schule und hörte mir von meinem Lehrer an, dass ich von Woche zu Woche schlechter würde. Ich nickte ihm zu und gähnte. Ich überlegte, wie ich diesem Leben entwischen konnte, aber mir fiel nichts Gescheites ein, ich kannte die Welt außerhalb unserer Wohnung nicht. Da war nur noch die Schule, aber auch mein Lehrer jagte mir Angst ein. Er schimpfte am liebsten über die Beatles, die plötzlich weltweite Erfolge feierten. Die vier Jungs seien Schulabbrecher, Versager und könnten nicht mal Noten lesen, war seine Lieblingsbehauptung. Er sagte auch, dass lange Haare ein Zeichen der Verwahrlosung seien, da sei es nur noch ein ganz kleiner Schritt zu Zigaretten und Bier. Wäre man so weit, würde man als Nächstes die Schule hinschmeißen und nur noch rumlungern. Einige würden sogar kriminell und im Zuchthaus landen, ganz zu schweigen von all den Geschlechtskrankheiten, die sich Langhaarige zuzögen. Ich fragte mich ernsthaft, wieso diese Beatles ihre Schule abschließen sollten, wenn sie mit ihren Platten bereits Millionen verdienten. Und irgendwie war das ja ihre Leidenschaft. Sehnten wir uns nicht alle nach einem Job, der eine Menge Spaß macht und Millionen einbringt?

## The Sun Ain't Gonna Shine Anymore

*»Erinnerst du dich an den Song?«, fragte Tim. Er schien bekümmert.*
*»Percy Sledge?«*
*»Nein, der sang* Warm and Tender Love. *Es waren* The Walker Brothers. *1966, ich habe dir die Songs aufgenommen. Setz dich auf. Ich werde dich zum Fenster schieben.«*
*»1966? In Arizona erschoss ein Achtzehnjähriger fünf Frauen. Als Grund gab er an, er habe berühmt werden wollen. Sein Name ist mir allerdings entfallen. Mao Tse-tung leitete die Große Proletarische Kulturrevolution ein und formierte die Roten Garden, die den Kampf führen sollten. Er hinterließ Millionen Leichen und Millionen verkaufter Mao-Bibeln. Wer damals etwas auf sich hielt, hatte stets das kleine Rote Buch in der Tasche. Das war ein Hype wie heute Tattoos und Nike-Boots, weißt du, Tim, ich habe die Mao-Bibel nie gelesen. Auch nicht Hitlers* Mein Kampf. *Ich erinnere mich aber, dass Mao wie alle Machtmenschen und Revolutionäre einen enormen Verschleiß an jungen Frauen hatte, aber auch die Angewohnheit, sich nie die Zähne zu putzen. Würdest du etwas lesen wollen von einem Massenmörder, der sich vor dem Sex nicht einmal die Zähne putzt?«*

Der hagere Blonde im hellblauen Hemd legte Wert auf Körperpflege. Er benutzte ein Deo, das bei mir Brechreiz auslöste. Noch heute weigere ich mich, einen Fahrstuhl zu betreten, in

dem vorher jemand stand, der dieses Zeug benutzt hat. Einge-
hüllt in diesen Deo-Duft verfaulter Rosen, arbeitete mein Vater
immer noch bei der Steuerverwaltung, mittlerweile in der Abteilung Verrechnungssteuer, aber ich weiß offen gestanden nicht,
worin seine Arbeit wirklich bestand.

Meine Mutter war zu dieser Zeit bei einer Finanzgesellschaft
tätig. Ihr Job war mir klar: Sie blätterte täglich drei Dutzend
Zeitungen durch und schnitt Firmenberichte aus, die sie dann
archivieren musste. Heute genügt ein Mausklick, um alle not-
wendigen kursrelevanten Informationen zu erhalten. Der Chef
meiner Mutter war Anlageberater, er hieß nicht Adam Monk.
Der Affe Adam gehörte der *Chicago Sun-Times* und stellte jahrelang ein Portfolio mit fünf ausgewählten Aktien zusammen. Mit
einem Bleistift kreuzte er im aufgeschlagenen *Wall Street Journal*
Aktien an. Die meisten Jahre hat Adam Monk den Dow-Jones-
Index geschlagen. Damit lag er weit über dem Durchschnitt aller
hoch bezahlten Anlageberater. Meine Mutter kannte Adam Monk
nicht. Sie ging davon aus, dass der Erfolg an der Börse vom In-
formationsstand abhing. Da zu dieser Zeit Insidergeschäfte in
der Schweiz noch nicht strafbar waren, versuchte sie es trotz ihrer
fehlenden Sachkenntnis. Wie Adam Monk.

Sie saß also mit ihrem Chef, der nicht Adam Monk war,
in einem total verpafften Büro und hörte die Gespräche mit:
»Coca-Cola kaufen, das geht ab wie eine Rakete. Sandoz verkaufen und reinvestieren in BP. Streng geheim: IBM fusioniert
mit McDonald's.« Mit McDonald's? Oder meinte er McDonnell
Douglas? Den ganzen Morgen über ging das so. Meine Mutter,
clever, wie sie nun mal war, schnappte die Börsentipps auf und
gab sie an meinen Vater weiter, der jeweils um zwölf Uhr an
der Ecke auf sie wartete. Er kaufte am Nachmittag gemäß den
Tipps, verlor bei der kleinsten Schwankung die Nerven und
verkaufte mit Verlust. Er verlor fast immer. Die beiden hätten
ihre Lohntüten auch gleich am Roulettetisch abgeben können,

aber so ist es nun mal, wenn jemand ohne Leistung reich werden will. Auch Wissen ist eine Leistung, aber meine Eltern wussten rein gar nichts. Und was noch schlimmer war: Sie hatten auch keinen Ehrgeiz, etwas zu lernen. Nach einem Jahr erfuhr meine Mutter von ihrem Chef, dass er die ganze Zeit über fiktive Gespräche geführt hatte, um ihr das Nachahmen seiner Strategie zu versauen. »Wo liegen die Synergien, wenn IBM McDonald's kauft?«, lachte er. Das sei doch ganz offensichtlich ein Scherz gewesen! Meine Mutter wurde daraufhin richtig wütend und konzentrierte sich fortan auf den Kauf von Antiquitäten, obwohl sie auch auf diesem Gebiet keine Ahnung hatte und nie ein Sachbuch über Antiquitäten gelesen hatte. Mein Vater stieg auf Lottoscheine um und behielt lediglich einige Swissair-Aktien in seinem blutroten Portfolio. Mit einer Swissair-Aktie, dozierte er schmunzelnd, könne man nichts falsch machen.

Meine Eltern beschlossen, ihr erstes Auto zu kaufen; es war damals nicht populär, kein Auto zu haben. Heute können sich Leute, die kein Auto vermögen, als Autohasser profilieren und den Respekt ihrer Umgebung genießen. Es war ein kleines Auto, das nach den abgestandenen Menthol-Zigaretten seines früheren Halters stank. Meine Mutter wollte nun jedes Wochenende nach Vilaincourt fahren, denn Großmutter Germaine war schon über neunzig, und die Geschwister stritten schon heftig um das Erbe. Wer hatte Anrecht auf das hölzerne Butterfass? Aber Großmutter Germaine wollte nicht sterben. Zum Entsetzen ihrer Kinder hatte sie sich angewöhnt, das Frühstück mit einem Glas Pommery zu eröffnen. Gestorben ist aber ihre Cousine hinter der Kirche. Die Erben waren derart zerstritten, dass das Haus zur Versteigerung gelangte. »Haus« ist vielleicht übertrieben. Dass die Ruine zu einem Spottpreis verhökert wurde und meine Eltern die einzigen Bieter waren, verunsicherte sie in keiner Weise. Dass der Quadratmeterpreis bei achtzehn Franken lag, werteten sie als Schnäppchen, und meine Mutter zündete in der Kirche eine Aktionspackung Kerzen an und dankte Gott, dass er als Immobilienmakler in Erscheinung getreten war. Gott war eben nicht entgangen, dass es ein kleines unscheinbares Dorf mit Namen Vilaincourt gab.

Mein Vater fühlte sich als stolzer Besitzer eines Zweifamilienhauses, meine Mutter konnte endlich dem Dorf zeigen, dass sie es geschafft hatte. Der Business-Plan des hageren Blonden, allseits berühmt für seine Energie, sah vor, die Ruine zu renovieren und anschließend zu vermieten. Kennen Sie jemanden, der in Vilaincourt wohnen möchte? Das auseinanderbrechende Haus brachte meine Eltern wieder zusammen. Bei jeder Gelegenheit streuten die frisch verliebten Turteltauben beiläufig, dass sie noch ein Haus im Jura besäßen und dieses bis zu ihrer Pensionierung vermieten würden. Mit großem Erstaunen erfuhr ich, dass die beiden ihren Lebensabend gemeinsam in Vilaincourt verbringen wollten. Mein Onkel Maurice brauste jeden Abend auf seinem gestohlenen Motorrad zur Baustelle und gab meinem Vater die Befehle für den nächsten Tag. Dem Blonden gefiel das gar nicht. *Er* war der Patron, das Haus gehörte *ihm*. Aber wie heißt es in *The Godfather? – Real power must be taken.*

»Ich kaufe dir das Haus zum doppelten Preis ab. Inklusive allem, was du bisher reingesteckt hast.« Das Angebot von Onkel Maurice hätte mein Vater nicht ablehnen sollen, denn er hatte vom Bauen so viel Ahnung wie ein Kanarienvogel von den Menstruationszyklen. Mein Vater verbrachte in den nächsten zwanzig Jahren jedes Wochenende in dieser Ruine. Mit der Hilfe von italienischen Schwarzarbeitern, die ihm Onkel Maurice vermittelt hatte, höhlte er das Haus aus, verlegte neue Leitungen, deckte das Dach neu und isolierte es auf der falschen Seite. Aber bevor all das geschah, bestellte er einen Schreiner und einen Schlosser, die ihm für einen der Kellerräume eine abschließbare Eichentür einbauten. Das war sein Reich. Hier flossen nicht Milch und

Honig, hier stapelten sich Bierpackungen, Weinharasse und Zigarettenstangen. Ich habe lange gebraucht, um zu verstehen, warum er diese Bruchbude wirklich gekauft hatte.

## Like a Rolling Stone

Ich verbrachte fortan alle meine Schulferien auf der Baustelle. Ich durfte Fliesen abschlagen, Parkettböden rausreißen und Putz von den Wänden kratzen. Ich liebte schwere körperliche Arbeit. Und was gab es Schöneres, als weit entfernt von meinen Eltern zu sein?

Eines Tages hielt ein imposanter hellblauer Amischlitten vor dem Haus, ein Cadillac Fleetwood 60 Special. Das Heck hatte zwei schwungvoll aufstrebende Flügel und das Design eines Musikautomaten. Ich hatte noch nie so ein Auto gesehen und erwartete insgeheim, dass sich Bob Dylan lässig aus dem Auto schwingen würde. Aber der Kerl, der sich aus dem Cadillac quälte, sah eher aus wie später John Goodman in *The Big Lebowski*. Tatsächlich, es war Onkel Arthur, der offensichtlich einige Kilo zugelegt hatte. Er betrat die ausgehöhlte Liegenschaft und schrie mir zu: »Ich soll dir etwas zur Hand gehen, wo ist mein Werkzeug?« Ich wollte es ihm erklären, aber er hatte es bereits erspäht. Der Kerl machte mir Angst, er strahlte so viel Kraft aus, dass mir die Beine schlotterten. Er setzte beim bröckligen Putz am anderen Ende der ausgehöhlten Wohnung an und arbeitete wie im Akkord. Mit enormer Kraft und Gewalt, Putz und Kacheln flogen nur so herum. Er schaute ein paarmal zu mir rüber und grinste. Schließlich kam er näher und sagte: »Schau mal, ich zeige dir, wie das schneller geht. Du musst seitlich rein, dann platzen ganze Stücke weg.« Er forderte mich auf, es ihm gleichzutun. Ich tat es. In der Tat ging es jetzt schneller. »Siehst du, Kumpel, Onkel Arthur fragen!«, lachte er laut heraus. Dann schwankte er wieder an seinen Platz zurück und ließ die Wände erzittern. »Auf dem Hof gibts für mich nichts zu tun«, sagte er, »deshalb hat mich deine Großmutter gebeten, dir ein wenig zur Hand zu gehen und nach dem Rechten zu schauen.«

»Bei Onkel Louis gibts doch immer was zu tun«, antwortete ich und bereute es gleich, denn es erweckte den Eindruck, dass ich ihn hier nicht haben wollte, was eigentlich der Wahrheit schon ziemlich nahe kam.

»Louis? Wir können nicht miteinander. Das hat seine Gründe. Ich meine, das ist eine andere Geschichte.« Diesmal lachte er nicht.

»Warum habe ich früher nie etwas von dir gehört?«, fragte ich.

»Ach«, brummte er, »das ist auch eine andere Geschichte. Hier spricht man nicht gern davon.«

»Du warst weg?«, fragte ich.

»Fünf Jahre«, sagte er und machte nun ein todernstes Gesicht. Meine Frage schien unangenehme Erinnerungen aufzufrischen. Wie ein Irrer arbeitete er sich nun von Kachel zu Kachel. Ich überlegte, wo er wohl die letzten fünf Jahre verbracht haben könnte. Spontan dachte ich ans Zuchthaus. Aber ich getraute mich nicht zu fragen.

Gegen Mittag gab er mir einen Fünfzigfrankenschein. »Hol uns was zu fressen! Vier Cervelats, vier Landjäger, ein halbes Kilo Emmentaler Käse und ein paar Dosen Bier, am besten ein Sixpack. Und für dich ein Orangina oder Coke, was du willst. Kannst dir auch ein Eis kaufen, Schokolade. Du kannst alles ausgeben.«

Das war neu für mich. Jemand gab mir Geld, und ich konnte damit einkaufen, was ich wollte. Schokolade, Cola, das war besser als Weihnachten. Als ich losrannte, rief er mir nach, ich solle ihm gescheiter eine Flasche Rotwein kaufen. »Gamay!«, brüllte er.

Als ich zurück war, aßen wir schweigend vor dem zugeschütteten Hauseingang. Onkel Arthur zog ein rotes Sackmesser mit

Schweizerkreuz aus der Tasche und entkorkte den Wein. »Jeder Schweizer Soldat hat so ein Messer.«

Und? Es gab keine Pointe. Das war schon alles? Er trank die halbe Flasche in einem Zug und reichte sie mir. Er bemerkte, dass ich immer wieder einen verstohlenen Blick auf seine linke Hand warf. Er hielt sie in die Höhe und lachte: »Weißt du, wenn ich mir einen runterhole, benütze ich eh die rechte Hand.«

Ich war schockiert. Er lachte noch lauter: »Holst du dir nie einen runter?«

Ich schüttelte energisch den Kopf: »Meine Mutter sagte, wenn ich das eines Tages tun würde, würde mich Gott fürchterlich bestrafen. Mein Ding würde über Nacht verfaulen.«

Nun konnte sich Onkel Arthur kaum noch halten vor lachen: »Weißt du, unsere nette Familie in Vilaincourt, die leben alle noch im tiefsten Mittelalter. Glaub nicht jeden Scheiß, den sie dir erzählen, denn sie wissen gar nichts von der Welt da draußen.«

Er sah, dass ich ihm nicht wirklich glaubte.

»Wenn du das nächste Mal allein zu Hause bist, lass die Hose runter, knie vor das Kreuz und hol dir einen runter. Dann wirst du sehen, was passiert. Nämlich rein gar nichts! Ich spreche aus Erfahrung, mein Freund.«

Wir aßen eine Weile schweigend. Schließlich fragte ich ihn: »Ist das der Grund, wieso dich deine Geschwister nicht mögen?«

Onkel Arthur hob langsam den Kopf und schaute mich nachdenklich an. Der Schalk in seinen Augen war erneut erloschen.

»Weißt du«, begann er zögernd, »ich habe einen großen Fehler gemacht und fünf Jahre dafür gebüßt.«

»Du warst im Gefängnis«, sagte ich. »Ich habs vermutet.«

»Nein, schlimmer, viel schlimmer. Ich habe es zu Hause nicht mehr ausgehalten. Da war so eine Sache, aber über die kann ich jetzt nicht sprechen. Wirklich nicht. Aber egal, ich bin abgehauen, immer weiter nach Süden. Ich hätte in Marseille das Schiff nehmen sollen. Aber ich wählte den Weg ins Verderben.«

## High Noon

Eines Tages warf mir Onkel Arthur seine Autoschlüssel zu und lachte: »Jetzt fährst du mich nach Belfort. Ich brauche einen Chauffeur.« Also setzte ich mich an das Steuer seines hellblauen Cadillac Fleetwood. Die Sitze waren aus rotem Leder, das Armaturenbrett wie aus einem Science-Fiction-Film. Onkel Arthur drehte an den Knöpfen und Frank Sinatra begann, *Strangers in the Night* zu singen. Ich steuerte den mächtigen Amischlitten Richtung Belfort. Vor der Grenze nach Frankreich beschloss Onkel Arthur, sich lieber selber ans Steuer zu setzen.

In Belfort besuchten wir das Kino Roxy. Die zeigten gerade *High Noon* mit Gary Cooper, einen Schwarz-Weiß-Film aus den Fünfzigerjahren, der am meisten ausgezeichnete Western der Filmgeschichte. Das Drehbuch schrieb Carl Foreman, ein früherer Kommunist, der in der McCarthy-Ära arg unter die Räder kam und vor dem Komitee für unamerikanische Umtriebe heldenhaft wie Gary Cooper die Aussage verweigerte. Ausgerechnet John Wayne führte die öffentliche Hetzkampagne gegen ihn. Ich mag deshalb John Wayne und alle seine Filme nicht, denn ich halte es mit Voltaire: »Ich bin zwar anderer Meinung als Sie, aber ich würde mein Leben dafür geben, dass Sie Ihre Meinung frei aussprechen dürfen.«

Offiziell war ich viel zu jung, um das Kino zu betreten, aber Onkel Arthur schlug seine Faust gegen das Kassenhäuschen: »Komm mir bloß nicht blöd, Oma! Das ist mein Junge, und wir werden uns jetzt beide diesen Western anschauen.«

Er schob ein paar Münzen unter der gläsernen Absperrung hindurch und zog mich in den Saal. Drinnen war es ziemlich dunkel. Fast unheimlich. Wir waren die einzigen Besucher. Ich hatte noch nie ein Kino betreten. Ich setzte mich auf einen der hölzernen Klappstühle und starrte wie hypnotisiert auf die riesige Leinwand. Gary Cooper trug den Stern des Gesetzes und trat allein auf die staubige Straße hinaus. Er stellte sich drei Banditen furchtlos entgegen, während sich die feigen Bewohner des Städtchens hinter ihren Gardinen verkrochen.

»Jedem Menschen schlägt eines Tages die Stunde der Wahrheit«, flüsterte Onkel Arthur, »und dann bist du ganz allein auf dieser Welt.«

Die Kamera war hoch über der Stadt und zeigte den einsamen Sheriff, wie er die menschenleere Mainstreet hinunterging. Sie sah genau wie meine Script Avenue aus. Ich war sprachlos: Hier hatte jemand in meiner Script Avenue gedreht! Der junge Lee Van Cleef spielte den Bösewicht, und die schöne Grace Kelly glänzte als prinzipientreue Quäkerin, die am Ende den letzten Banditen erschießt. Anschließend heiratete sie den Fürsten von Monaco und kam in ihrem kleinen Sportflitzer ums Leben. Letzteres war dann wieder Realität.

*High Moon* hat mich nachhaltig beeindruckt. Ich meinte *High Noon*. Aus heutiger Sicht wirkt er etwas langatmig. Aber damals hatte die Beschleunigung unseres Lebens noch nicht begonnen. Oder doch, eigentlich begann die Beschleunigung des Lebens mit der Erfindung von Eisenbahn und Telegrafie Mitte des 19. Jahrhunderts. Aber das ist jetzt ein anderer Stoff. Wir hatten *High Noon*. Würde heute ein Regisseur den Film schneiden, käme wohl ein Sechs-Minuten-Spot dabei heraus.

Nachdem also alle Banditen tot waren, führte mich Onkel Arthur ins Spielwarengeschäft Au Renard. Ich sah mir die neuen Römerfiguren der Firma Timpo an, aber die grünen Plattformen waren etwas schmal, deshalb würden die Figuren auf dem Teppich keinen guten Stand haben. Ich staune immer wieder, dass Produkte in Produktion gehen, die in der Praxis völlig unbrauchbar sind. Onkel Arthur rief mich zu einem anderen Regal. Dort waren Cowboys der Firma Britains aufgestellt und eine ganze Menge kleiner Holzbaracken: Saloon, Pferdestall, Bank, Post.

Onkel Arthur verlangte nach der Verkäuferin. Nein, er bestellte sie zum Rapport. »Packen Sie uns diese ganze Stadt ein, Mademoiselle, und ein paar Cowboys.« Er kaufte mir die ganze Script Avenue zusammen. Er legte mir die Hand auf die Schulter und forderte mich auf, mir ein paar Cowboys auszusuchen. Die Verkäuferin stand neben uns mit einem blauen Plastikkorb. Ich legte drei Cowboys hinein.

»So geht das nicht, Sammy«, lachte Onkel Arthur, ergriff mit beiden Händen wahllos ein Dutzend Cowboys und schmiss sie in den Korb.

»Gibts hier keine Cowboy-Frauen?«, fragte Onkel Arthur die Verkäuferin.

Sie schüttelte verlegen den Kopf.

»Glauben Sie, die haben im Wilden Westen nicht rumgebumst?«, lachte Onkel Arthur und zwinkerte. Die Verkäuferin atmete tief durch: »Sonst noch etwas, Monsieur?«

»Haben Sie auch Schafe? Dann können die Cowboys Schafe bumsen.«

Ich warf Onkel Arthur einen irritierten Blick zu. Wusste er um die Praktiken von Onkel Maurice?

»Indianer!«, rief er durch den Laden. »Haben Sie Indianer? Sonst wird es langweilig in dieser Stadt. Und Pferde und Bisons, dann haben beide etwas zu fressen. Wenn sie schon nicht vögeln können. Fressen ist die Sexualität des Alters, wussten Sie das, Mademoiselle?«

Onkel Arthur schaufelte alle Komantschen und Apachen zusammen und legte sie in den blauen Plastikkorb.

»Und diese Holzfässer da, zehn Stück.«

Onkel Arthur war in bester Laune, eine durch und durch unterhaltsame Frohnatur, die da an meiner Seite aufblühte. Er hatte einen Narren an mir gefressen. Er zeigte mir den Lö-

wen von Belfort, ein gigantisches, in Stein gehauenes Tier, geschaffen vom elsässischen Künstler Bartholdi, der später als
Ebenbild seiner vergötterten Mutter die Freiheitsstatue entwarf. Wir bewunderten diesen monumentalen Löwen und
aßen dazu vergnügt ein Eis. Ab und zu schaute er mich an und
grinste entspannt. Onkel Arthur bedeutete Freiheit, Shopping,
Lachen und eine Menge interessanter Dinge über Frauen und
Sex. Er war ein richtig lustiger Kerl. Insgeheim malte ich mir
aus, dass Onkel Arthur meine Rettung sein könnte. Das Tor
zur Freiheit.

Als wir in die Schweiz zurückfuhren, fragte ihn der Zöllner, ob
er etwas zu verzollen habe.

»Nein«, antwortete Onkel Arthur »wir haben nichts zu verzollen.« Es klang trotzig.

»Das Spielzeug«, sagte der Zöllner höflich und zeigte auf meine Timpo-Schaupackung und die Westerngebäude.

»Ich sagte, ich habe nichts zu verzollen!« Er machte jetzt ein
Gesicht wie diese Revolverhelden in den Spaghetti-Western,
kurz bevor sie ihre Smith & Wesson ziehen.

»Steigen Sie bitte aus, Monsieur«, sagte der Zöllner ruhig und
öffnete die Fahrertür.

Mein Onkel lief rot an und schrie: »Weißt du kleiner Scheißer,
was wir in Algerien mit Typen wie dir gemacht haben?«

Mein Gott, dachte ich, wie kommt er jetzt auf Algerien?

»Wir sind hier an der französisch-schweizerischen Grenze,
Monsieur, und wenn Sie sich nicht beruhigen, lasse ich Sie einsperren«, entgegnete der Zöllner unbeeindruckt.

»Einsperren?«, brüllte Onkel Arthur. »Ich war 57 unter dem
Kommando von General Massu in der Schlacht von Algier. Ich
war einer der Fallschirmjäger der 10. Division. Wir waren die
Brutalsten. Und du willst mich einsperren?« Er stieg aus und
schritt drohend auf den Zöllner zu. Dieser streckte meinem On-

kel abwehrend die Hand entgegen, doch Onkel Arthur schlug sie weg, donnerte ihm die Faust ans Ohr. Die folgende Schlagstafette war furchtbar, nur Mike Tyson hat später noch so geboxt. Der Zöllner sackte bereits in der ersten Runde zu Boden und blieb liegen.

»Hör auf!«, schrie ich meinem Onkel zu, doch er hörte nicht auf und trat dem benommen am Boden liegenden Beamten die Rippen kaputt.

»Siehst du«, schrie Onkel Arthur, »das ist Algerien! Jetzt weißt du, wieso ich überlebt habe. Zweitausend meiner Kameraden sind im Wüstensand verreckt und ich …«

Dann hörte man ein Klicken, und nun sah auch Onkel Arthur den anderen Zöllner, der seine Dienstwaffe entsichert und auf ihn gerichtet hatte. Onkel Arthur ging drohend auf ihn zu.

»Bleiben Sie stehen, Monsieur! Das ist ein Befehl!«

»Steck deine Knarre ein, Junge, bevor du in die Hosen pisst.«

»Onkel Arthur …«, flüsterte ich.

Doch nun baute sich Onkel Arthur vor dem zunehmend verunsicherten zweiten Zollbeamten auf, der einen Kopf größer war als er, und nahm ihm langsam die Waffe aus der Hand. »So ist es gut«, sagte Onkel Arthur mit sanfter Stimme, »ein Mann muss wissen, wann er besiegt ist. Geh jetzt nach Hause zu Maman. Sie wird sich freuen, dass du noch am Leben bist, und dir eine warme Suppe kochen. Du magst doch Suppe, oder?«

Er schmiss die Waffe in hohem Bogen über das Zollhäuschen und setzte sich grinsend in den Wagen. Mit einem Kickstart entfernten wir uns von der Grenze und fuhren nach Vilaincourt zurück. Unterwegs warf er mir immer wieder einen konspirativen Blick zu und grinste unverschämt, manchmal lachte er leise vor sich hin.

»In Marseille«, sagte er plötzlich, »habe ich diese Holzbaracke am Hafen betreten. Es war das Rekrutierungsbüro der französischen Armee. Ich habe mich für die Fremdenlegion verpflichtet.

Fünf Jahre Algerien. Die Legion war eine richtige Familie. Nationalität, Religion, Rasse, das spielte alles keine Rolle. Wir waren Waffenbrüder. Ehre, Treue, Stärke, Mut, bedingungsloser Gehorsam, das waren unsere Tugenden. Wir waren Elitesoldaten, würdevoll, immer makellos gekleidet, sauber, und der Befehl unseres Vorgesetzten war heilig. Wir führten ihn aus. Wir waren Männer der Ehre. Wir waren Legionäre!«

Er schaute kurz zu mir rüber und nickte, er wollte noch irgendetwas loswerden und zeigte mit dem Zeigefinger seiner rechten Hand auf sein Augenlid: »Diese Augen haben verdammt viel gesehen, das kann ich dir sagen.«

Dann lachte er plötzlich laut los: »Am Samstagabend hatten wir Nutten im Lager. Ich sage dir, ich habe sogar die verdorbensten Huren zum Orgasmus gebracht. Hattest du schon mal etwas mit einer Frau?«

Ich schüttelte den Kopf.

»Solltest du aber. Wir gehen mal zusammen in ein Bordell. Sag mir, wann du so weit bist. Aber erzähl es nicht deinen Eltern«, lachte er.

Ich nickte. Dann fiel mir ein, dass ich noch das Wechselgeld in der Tasche hatte. Ich kramte es hervor und legte es in den leeren Aschenbecher zwischen den Sitzen. Doch Onkel Arthur winkte ab: »Behalte es für dich und kauf dir was Nettes. Unsere Sippe ist ja so was von geizig. Weißt du, Sammy, seit Algerien weiß ich: Das Totenhemd hat keine Taschen.«

Kurz vor Vilaincourt begannt er voller Inbrunst zu singen:

*Tiens, voilà du boudin, voilà du boudin, voilà*
*du boudin,*
*pour les Alsaciens, les Suisses et les Lorrains,*
*pour les Belges y en a plus, pour les Belges, y en a plus,*
*ce sont des tireurs au cul.*

*Nous sommes des dégourdis,*
*nous sommes des lascars,*
*des types pas ordinaires.*
*Nous avons souvent notre cafard,*
*nous sommes des légionnaires.*

Den Clip dazu finden Sie auf Youtube. Onkel Arthur würde heute locker *America's Got Talent* gewinnen. Seine Stimme dröhnte so gewaltig, als hätte er den Resonanzkasten eines Gorillas. Ich bin sicher, man hörte ihn bis nach Porrentruy. So erfuhr jeder, was seine Familie zu verbergen suchte: Dass er fünf Jahre in Algerien Menschen getötet hatte, die für ihre Freiheit und Unabhängigkeit kämpften. »Ich war der Einzige, der darauf verzichtet hat, unter einem falschen Namen in die Legion einzutreten. Alle anderen machten von ihrem Recht Gebrauch, einen neuen Namen und nach fünf Jahren die französische Staatsbürgerschaft anzunehmen. Aber ich sagte ihnen gleich: Mein Name ist Arthur, ich bin Schweizer, und leckt mich am Arsch.«

Nach dem Abendessen führte mich Onkel Arthur in seine Schlafkammer. Geheuer war mir das nicht, aber meine Neugierde überwog. Onkel Arthur öffnete einen alten Reisekoffer. Darin lagen wohl über hundert Schwarz-Weiß-Fotos aus dem Algerienkrieg. Auf einem sah man ihn mit anderen *képis blancs* auf einem Panzer posieren, am Panzerrohr hingen Köpfe von Menschen.

»Na ja«, kommentierte er fast verlegen, »die Welt ist schlecht, weißt du? Wir haben Dinge getan … und im Nachhinein denke ich, ich habe auf der falschen Seite gestanden. Diese armen Teufel kämpften ja für ihre Freiheit, und wir haben sie einfach abgeschlachtet. Weißt du, alle Welt spricht vom Holocaust, von Vietnam, aber wer spricht vom Algerienkrieg, von den Indianerkriegen, hm? Die Welt ist schlecht, Sammy.«

Der nächste Tag verging wie im Flug. Es war der 30. April 1966. Onkel Arthur erzählte ohne Unterlass von der Fremdenlegion in Algerien. Und wie er die drei Finger seiner linken Hand verloren hatte. Mir schien, als hätte er jahrelang darauf gewartet. Wir arbeiteten eine knappe Stunde, dann drückte er mir wieder eine Fünfzigfrankennote in die Hand und schickte mich in den Dorfladen, um Wurst, Käse, Brot und Rotwein zu kaufen. Das Wechselgeld könne ich behalten. Ich wollte etwas entgegnen, aber er sagte »je m'en fou« und »ah, mon cul«. Diese Unbekümmertheit war mir neu. Ich setzte große Hoffnung in ihn. Seine Familie hatte ihn verstoßen, er würde mir nie in den Rücken fallen, er würde meine Ketten sprengen und mir die Welt eröffnen. Als ich zurückkam, saß er im ausgehöhlten Erdgeschoss und hatte ein Brett über zwei Gipssäcke gelegt. Darauf lag ein seltsamer Glaskasten, wie ich ihn schon in Kirchen gesehen hatte.

»Was ist das?«, fragte ich Onkel Arthur, »Reliquien eines Heiligen?«

»Nein«, sagte er mit großem Ernst. Er erhob sich und nahm eine würdevolle Haltung an. »Es ist die hölzerne Handprothese von Capitaine Danjou. Ein Replikat. Ich habe es im Legionärslager von Französisch-Guyana gekauft. Die Handprothese erinnert an die heldenhafte Schlacht von Camerone, als 62 französische Fremdenlegionäre 2000 mexikanischen Soldaten Paroli boten. Das war an einem 30. April, 1863. Ein Legionär feiert dieses Fest wie die Franzosen den 14. Juli. Der Höhepunkt des Festes ist die Präsentation der hölzernen Handprothese von Capitaine Danjou. Lass uns gemeinsam Camerone ehren.«

Ich versuchte, ein Grinsen zu unterdrücken. Da ich doch sehr neugierig war, wie die Geschichte weiterging, streckte ich den Rücken durch und hielt den Atem an. Onkel Arthur setzte lautstark an und sang *Legio Patria Nostra* (Die Legion ist unsere Heimat). Das Lied war nicht sehr melodiös. Er entkorkte zwei

Flaschen Beaujolais und reichte mir eine. Ich sah ihm gleich an, dass er keine Widerrede dulden würde. Wir standen also stramm in diesem Bauschutt, zwischen uns die Handprothese von Capitaine Danjou, stießen mit den beiden Flaschen an und tranken. Ich war zwar nicht Mitglied in diesem Verein, aber das war wohl der Preis für die Fahrt in seinem hellblauen Cadillac Fleetwood.

Als Onkel Arthur seine Flasche leer getrunken hatte, rülpste er zweimal und murmelte: »Weißt du, bei unseren Veteranentreffen reden wir über Indochina, aber keiner verliert ein Wort über Algerien. Es ist wohl das Grausamste, was Menschen jemals getan haben.«

Dann kniete er tatsächlich vor der Prothese nieder und lallte unverständliches Zeug. Mir war auch schon recht schwindlig, und ich sah die beiden Männer, die sich nun links und rechts von Onkel Arthur aufstellten, gar nicht reinkommen. Es waren zwei Schweizer Polizisten. Sie fragten Onkel Arthur, ob er Onkel Arthur sei. Ich muss das so schreiben, weil mir Tim empfohlen hat, keine echten Namen zu nennen.

»Sie sind der schweren Körperverletzung angeklagt, Gewalt gegen Beamte, Eintritt in fremden Kriegsdienst ohne Erlaubnis des Bundesrates, Artikel 94 Militärstrafgesetz.«

»Ich hätte den Bundesrat fragen sollen?«, lallte Onkel Arthur. Die beiden Polizisten legten ihn blitzschnell in Handschellen und halfen ihm hoch, dann schauten sie fragend zu mir herüber.

»Nein, nein«, wehrte ich ab, »ich war nic in Algerien.«

»Ist das ihr Vater?«

»Das war mein Onkel Arthur.«


Es folgt jetzt keine Unterbrecherwerbung, aber mir ist kotzübel, ich muss eine Pause einlegen, während Onkel Arthur im Knast schmort. Auf dem Klo kann ich leider nicht schreiben, aber dort werde ich wohl weitere Tage und Nächte verbringen.

Falls Sie jemals die Skulptur des *Sterbenden Galliers* in den Kapitolinischen Museen Roms gesehen haben, können Sie sich vorstellen, wie ich mich fühle. Ich muss seit Tagen erbrechen – inzwischen tropft nur noch gelbe Galle in die Kloschüssel. Mein Magen rebelliert gegen die 27 Pillen, die ich täglich einnehmen muss. In drei Jahren werden es über 20 000 gewesen sein, falls ich dann noch da bin. Und wenn ich das Gift rauskotze, muss ich es erneut schlucken. Kommen Sie mir jetzt bloß nicht mit gut gemeinten Tipps, Motilium, Primperan und solchem Kram. Oder Rosmarin. Mein Körper geht an einer Vergiftung zugrunde. In Notwehr speit er die sauteuren Medikamente wieder aus. Auch mein Darm hat den Schlauch gestrichen voll. Er lässt aber meistens dem Magen den Vortritt, bevor er sich martialisch entleert. Klingt wie *Die Kanonen von Navarone.* 1961 verfilmt mit Gregory Peck, David Niven und Anthony Quinn.

## God Only Knows

Wir waren im Jahr 1966. Die Beach Boys sangen *Barbara Ann,* Steve McQueen spielte *Cincinnati Kid,* der Porsche Targa verließ die Fabrik, begleitet von hübschen Mädchen in sehr kurzen Röcken, die man Mini nannte. Der Minirock brachte nicht nur den Strumpfhosen-Produzenten höheren Absatz, sondern auch den Männern eine höhere Pulsfrequenz und bessere Durchblutung der Extremitäten. Dass Mädchen so aufreizend herumliefen, war eine echte Revolution. Aber ich hatte keine Ahnung, wie sich diese Wesen verhielten, und ich hatte nach wie vor von nichts eine Ahnung, außer von den Römern und all den Krankheiten, die jederzeit in meinem Körper ausbrechen konnten.

Ich war in meinem Leben nie gereist, kannte nur Vilaincourt und die Stadt, und kein Mensch hatte mir je erklärt, wie ein Telefon funktioniert, wie die Alpen entstanden sind und was ein

Binnenmarkt ist. Ich fühlte mich nach wie vor wie ein Schimpanse unter Menschen. Ich musste mehr lernen. Ich brauchte mehr Wissen. Aber nicht diesen verfluchten Lateinunterricht, der nun begonnen hatte. Die lateinischen Texte hätten mich schon interessiert, aber wir hatten einen Lehrer, den ich jede Nacht in der Script Avenue mit dem Gladius, dem römischen Kurzschwert, enthaupten musste. Ja, in der Script Avenue war ich der Experte für alle Lebensfragen. Ich fand für alles eine Lösung. Meine Mutter hatte für mich die Lateinklasse gewählt, weil sie immer noch hoffte, dass ich eines Tages Priester werden würde. Am Sonntag könnte ich dann in ihrer Küche die lateinische Messe lesen und sie in der Pfarrei als Haushälterin anstellen, nachdem sie meinen Vater im Schlaf erdrosselt hätte. »Priester verdienen ein Heidengeld«, sagte sie immer. Sie wisse das von ihrem Bruder, und die Haushälterin bezahle die Pfarrei ebenso wie die Miete. Manchmal erhalte man sogar Erbschaften von alten Witwen, die man mit ein paar Kalendersprüchen getröstet hatte.

Den hageren Blonden sah ich jetzt noch weniger. Ich fragte mich manchmal, ob die Kollegen auf der Steuerverwaltung ihn im Kleiderschrank, im Fahrstuhl oder auf der Toilette eingeschlossen hatten. Sie waren ja so boshaft zu ihm.

Meine Mutter wartete abends auf der Couch stundenlang auf ihn. Sie betete dabei den Rosenkranz, ich musste ihr Gesellschaft leisten beziehungsweise auch einen Rosenkranz beten. Schlau wie sie war, hoffte sie, mit der Verdoppelung der abgenudelten Erbsen mehr Gewicht im Himmel zu erzielen. Das war quasi eine Form der spirituellen Industrialisierung. Ich verstehe, wenn Menschen Panini-Fußballbildchen sammeln oder draußen den Sturm beobachten, aber Rosenkranz beten ist wohl das Sinnentleerteste, das ich mir vorstellen kann. Und Gott fand an dieser hirnlosen Beschäftigung Gefallen? Meine Mutter schob mit dem Daumen eine Rosenkranzkugel nach der anderen vorwärts, wartete aber immer mit ihrem nächsten Gebet, bis ich so weit war. Sie verlangte Synchronbeten. Ich betete nicht wirklich, sondern flanierte in Gedanken durch die Script Avenue. Seit ich die Westernstadt von Onkel Arthur bekommen hatte, war meine Script Avenue ins 19. Jahrhundert vorgestoßen.

»Wir sollten vielleicht in Kirchen beten«, sagte meine Mutter eines Tages.

»Ist doch gemütlicher hier.«

Meine Mutter druckste ein bisschen herum, schließlich sagte sie: »Wenn du zum ersten Mal in deinem Leben eine neue Kirche betrittst, hast du drei Wünsche frei. Und einen wird dir Gott erfüllen.«

Ich schaute meine Mutter nachdenklich an und nickte.

»Wir werden deshalb an deinen freien Nachmittagen Kirchen besuchen, die du noch nie besucht hast. Weißt du schon, was du dir wünschen wirst?«

»Ja«, sagte ich, »eine Million und mit dem zweiten Wunsch nochmals drei Wünsche.«

Meine Mutter war nur kurz irritiert: »So einfach lässt sich Gott nicht über den Tisch ziehen!«

»Nun gut«, sagte ich meiner Mutter, »dann wünsche ich mir zehn Millionen, hundert Millionen und eine Milliarde. Zehn Millionen sind mir dann sicher, oder?«


Meine Mutter mutierte zu einem militanten Talib des Katholizismus und dekorierte die Wohnung mit einem großen Jesusbild, das angeblich das Gesicht des wahren Jesus zeigte. Jetzt mussten wir uns jedes Mal demütig bekreuzigen, wenn wir an diesem Jesusbild vorbeigingen. Der Gesslerhut der Katholiken. Manchmal standen säuerlich riechende Kapuziner in der Wohnung herum und benässten die Wände. Meistens richtete es meine Mutter so ein, dass mein Vater zu Hause war und auf dem Sofa lag und döste. Dann bekam auch er ein paar Spritzer gesegnetes Weihwasser ab, wachte auf und lächelte den Kapuziner demütig und gottergeben an.

»Das ist aber schön, dass Sie die Zeit finden, uns ein bisschen zu helfen«, säuselte er. Kaum war der Kapuziner draußen, nannte er ihn einen bemitleidenswerten Trottel und fragte meine Mutter, was dieser Schmarotzer gekostet habe.

»Nicht in diesem Ton vor unserem Sohn«, schrie meine Mutter, »du Heuchler! Ich werde es dem Pfarrer erzählen«, drohte sie.

»Ich warne dich«, blaffte mein Vater zurück. »Ist es nicht schon genug, dass du mein Leben zerstört hast?«

»Ich? Ohne mich wärst du immer noch ein erbärmlicher Grenzwächter und würdest dich vollpinkeln lassen und unschuldigen Wanderern die rechte Kniescheibe wegschießen!«

»Aber ich wäre täglich an der frischen Luft, in der Natur …«

»Bist du geboren worden, um an der frischen Luft zu sein? Ich sag dir was. Dir fehlt jeglicher Ehrgeiz.«

»Du hingegen hast Ehrgeiz, aber da du dumm wie eine Alpenziege bist, nützt dir dein Ehrgeiz nichts. Deshalb brauchst du mich.«

Nicht sehr ergiebig, oder? Ein bisschen Elizabeth Taylor und Richard Burton.

Die wuchernde Religiosität hinderte meine Mutter nicht daran, ganz rational zu handeln, wenn es sein musste. Als mein Vater für seine CVP kandidierte, riet sie ihm, keine Religionszugehörigkeit anzugeben, weil das seine Wahlchancen mindern würde. Sie meinte, nur noch in armen Ländern würde man an die Kirche glauben, nur dort, wo die Menschen ungebildet und arm sind. Aber in den modernen westlichen Industriegesellschaften sei Religion leider zur Nebensache verkommen. Sie bearbeitete ihn Tag und Nacht, aber der Blonde wollte davon nichts hören. Erwartungsgemäß wurde er nicht gewählt. Er landete weit abgeschlagen auf einem der letzten Plätze, was meine Mutter unverzüglich in den weihnächtlichen Jahresrückblick aufnahm. Tief im Inneren war sie davon überzeugt, dass man nur auf sie hören musste, um ein Großer zu werden. Warum sie ihre Ratschläge nicht selbst beherzigte, bleibt auf ewig ihr Geheimnis.

Ich fasste den Plan, dieses Irrenhaus zu verlassen. Dafür brauchte ich Geld. Mit meinem Freund Marcel klapperte ich jede freie Minute mit einem quietschenden Holzkarren die Häuser ab und fragte nach Altpapier. Besonders Omis waren begeistert, dass wir zwei Jungs Initiative zeigten und ihr Altpapier aus dem Keller holten. Manchmal winkten sie uns vom Fenster aus zu, wenn wir in die Schule gingen, und schrien, sie hätten wieder vier Zeitungen für uns. Ich unterhielt mich mit Marcel während unserer langen Touren über den Sinn des Lebens, über das, was war, bevor etwas war. Das bereitete uns beiden Kopfschmerzen. Auch der Gedanke, dass wir unmittelbar nach der Geburt unwiderruflich dem Tod geweiht waren, erschreckte uns. Das war ein echter Skandal. Wir fühlten uns wie auf einem Fließband, das erbarmungslos rollt und uns unter die Guillotine führt. Vorn fielen die Köpfe unserer Omis und Opis in den Weidenkorb, dann folgten unsere Eltern und wir dahinter. Nach einem Jahr hatten wir all diese Fragen nicht gelöst, aber eine Menge Altpapier gesammelt. Stolz wie die Unternehmer in der Gründerzeit des 19. Jahrhunderts bestellten wir einen Papierhändler. Ein großer Lastwagen kam angerollt, um unsere Arbeit von einem Jahr abzuholen. Ein Lastwagen nur für uns. Ein tolles Gefühl, für jeden gab es zehn Franken. Ja, die Papierpreise waren damals noch tief.

Ich hatte mir noch nicht überlegt, wo ich das Geld verstecken wollte, da war es schon weg. Der hagere Blonde hatte es an sich genommen, weil ich ihm diesen Job verschwiegen hatte. Wahrscheinlich wollte er die Trinkgelder für seine Kellnerinnen aufstocken. Egal, ob ich fortan im Schwimmbad leere Flaschen sammelte oder in der Sperrgutwoche im Müll nach Spielsachen suchte, die ich reparierte und wieder verkaufte – das Geld wurde sofort beschlagnahmt. Es brachte mich schier um den Verstand. Und es warf Fragen auf. Lohnte sich Leistung überhaupt? Ich tröstete mich später mit dem armen Sisyphus und fand Gefallen an den griechischen Sagen.

Während der Staat immer neue Begriffe für versteckte Steuern und heimliche Enteignungen erfindet und konsequent Eigeninitiative und Eigenverantwortung bestraft, verkaufte mein Vater seine seriellen Enteignungen stolz als erzieherische Maßnahme. Es ging nicht spurlos an mir vorbei. Das Sein bestimmt das Bewusstsein, schrieb Karl Marx, er hatte verdammt recht. Wer den Mief von Vilaincourt erleiden musste, sehnt sich ein Leben lang nach Freiheit, Freiheit im Geiste, Freiheit im Handeln, Freiheit im Lebensstil. Und weniger Staat. Weniger Vater. Aber vorläufig gabs mehr Sisyphus.

## Che Guevara

1967 besuchte der Schah von Persien Berlin. Benno Ohnesorg wurde von einem Polizisten erschossen. In den USA entzündeten sich Rassenkonflikte und Muhammad Ali, der größte Boxer aller Zeiten, verweigerte den Kriegsdienst in Vietnam. Der kubanische Revolutionär Che Guevara wurde in Bolivien erschossen, von nun an sah man die Leichen nicht mehr in Schwarz-Weiß, sondern in Farbe. Wir hörten *Death of a Clown* von den Kinks und *A Whiter Shade of Pale* von Procol Harum, auf dem Flohmarkt gabs nun günstige Schwarz-Weiß-Fernseher. Ich tauschte einen von ihnen gegen meine geliebten Puma-Fußballschuhe, die ich aus dem Müll gefischt hatte, ein. Ich wollte meinen Eltern ein Geschenk machen, um das Recht zu erhalten, Geld zu verdienen. Doch mein Vater schaute gebannt in die Röhre und murmelte, dass es sein Sohn nicht nötig habe zu arbeiten. Was würden wohl die anderen Leute denken? Ich argumentierte, dass es ganz offensichtlich notwendig war, weil ich ja nie Geld hatte. Es war zwecklos. Mein Vater war von der jungen Blondine, die gerade für Margarine warb, fasziniert, hypnotisiert. Als ich beharrlich blieb, gab er mir eine Ohrfeige.

Sie denken jetzt vielleicht, dass es langsam repetitiv wird mit all diesen Ohrfeigen. Ich kann Sie verstehen, ich empfand es damals genauso. Aber diese Ohrfeige war eine besondere, sozusagen eine Jubiläumsohrfeige. Sie verursachte einen fürchterlichen Knall in meinem Kopf, so, als sei eine Lautsprecherbox im Innenohr geplatzt. Ich fasste mir ans Ohr. Mein Vater sagte etwas, aber ich verstand ihn nicht. Ich hörte ihn nicht mehr. Zwischen uns war eine schallisolierte unsichtbare Wand getreten. Mein Ohr fühlte sich nass an. Am Gesichtsausdruck des Blonden konnte ich erkennen, dass es Blut war. Ich gab ihm zu verstehen, dass ich nichts mehr hören konnte.

Meine Mutter kam ins Wohnzimmer und schaute den hageren Blonden vorwurfsvoll an. Aus seinen Gesten entnahm ich, dass er sich umfassend verteidigte. Dann stritten sie um irgendetwas. Schließlich nahm meine Mutter eins der wenigen Bücher in die Hand, die wir besaßen: das Telefonbuch. Sie wählte eine Nummer und redete mit jemandem, während die Blondine ihr Margarinenbrot geräuschlos verschlang und dabei kein Gramm zunahm. Meine Mutter wies meinen Vater zur Tür, sie wirkte sehr energisch und kompromisslos. Im Fernsehen jagte Graf Yoster eine gefälschte Violine.

Beim Ohrenarzt nahmen wir im Wartezimmer Platz, mein Vater kritzelte etwas auf die Rückseite einer Kircheneinladung, die er bei sich hatte: *Ein Schulkamerad hat dich geschlagen.*

Ich sah ihn verwundert an, der Blonde nickte eifrig. *Du bist nicht mein Kamerad,* schrieb ich darunter. Instinktiv wollte mein

Vater mich wieder strafen, aber die Praxishilfe betrat das Wartezimmer. *Wir sitzen im gleichen Boot,* schrieb er unter meine
Zeile. Ich schüttelte den Kopf und zeigte auf meine Zeile: *Ich
schwimme allein im Meer.*

Das Trommelfell war geplatzt. Mein Vater versuchte, dem
Doktor souverän und entspannt den Hergang zu schildern, er
lächelte dabei verständnisvoll, als wolle er andeuten, dass Jungs
halt so sind. Das Dröhnen in meinem Kopf hörte nach einigen
Tagen auf. Mit dem rechten Ohr konnte ich noch hören. Ich
hörte, wie meine Mutter dem Blonden Vorwürfe machte und
aufzählte, was andere Väter mit ihren Kindern alles unternehmen.

»Was wird Sammy eines Tages seinen Kindern erzählen?
Dass ihr Opi Ohrfeigen verteilte und einem frommen Pilger
die rechte Kniescheibe wegschoss?«

Der hagere Blonde war stets um seinen guten Ruf besorgt. Er
fasste deshalb den Plan, mit seinem Sohn Fußball zu spielen. Am
Wochenende besuchten wir einen Park, der im 19. Jahrhundert
noch als Friedhof gedient hatte. Ich improvisierte ein Tor, setzte
den Ball auf den Penaltypunkt, mein Vater nahm Anlauf für
den ersten Schuss. Dabei zerrte er sich einen Gesäßmuskel und
fiel für die restliche Partie verletzt aus. Meine Mutter wurde
eingewechselt. Zum Glück mussten wir den Blonden nicht mit
der Ambulanz in die Notaufnahme fahren, ganz im Gegenteil:
Bereits auf dem Nachhauseweg leuchtete der Heilige Geist, und
mein Vater fühlte sich wieder pudelwohl und nahm mich mit in
die nächste Kneipe. Ein Bier, ein Sirup.

Der hagere Blonde im hellblauen Hemd ließ es aber nicht bei
diesem einen Versuch bewenden. Er bastelte einen Drachen und
suchte an einem windigen Tag mit mir erneut den Kannenfeld-
park auf. Gelangweilt schaute ich meinem eher ungeschickten
Vater zu, wie er mit dem Drachen spielte. Der Drachen flog, flog
hoch in einen Baum und blieb hängen. Der Blonde zerrte am
Seil und spießte dabei den Drachen an den Ästen und Zweigen

auf. Er riss an der Schnur, obwohl der Drachen festsaß. Ein Lächeln huschte über sein Gesicht. Wild entschlossen riss er an der Schnur. Er war nicht traurig, als der Drachen wie eine tote Fledermaus ins Gras fiel. Zwei Bier, ein Sirup.

Der dritte und wirklich letzte Versuch seiner Ich-bin-der-beste-Papa-der-Welt-Aktion war die hundertfach angekündigte Absicht, für meine kleinen Elastolin-Legionäre eine Burg zu bauen. Das freute mich echt, obwohl Römer in Kastellen und nicht in Burgen stationiert waren. Doch ich war gerührt, dass er für mich schreinern wollte. Nachdem die zweijährige Planung abgeschlossen war, kaufte er Holz und dachte nach. Dann kam meine Mutter und schüttelte mitleidig den Kopf.

»Wieso willst du jetzt eine Burg bauen? Fang doch erst gar nicht damit an! Du hast in deinem Leben noch nie etwas zu Ende gebracht!«

Und schon saßen wir wieder zu zweit in der Eckkneipe. Drei Bier. Ein Sirup.


## With a Little Help from My Friends

1968 marschierten sowjetische Truppen in Prag ein, um den dortigen Frühling zu beenden. In Frankreich erlebte General de Gaulle seinen Niedergang, während Studenten in den Straßen revoltierten. In den USA wurde mit Robert Kennedy bereits der zweite Kennedy erschossen. Am Broadway wurde das Musical *Hair* aufgeführt und setzte der Hippie-Ära ein Denkmal. Die Roten Brigaden und die Baader-Meinhof-Gruppe versuchten, den Staat mit Bomben zu destabilisieren, um einen Aufstand des Volkes zu erreichen. So weit der Business-Plan. Doch das Volk war zufrieden, genoss die Blüten des Kapitalismus und interessierte sich mehr für den neuen Opel GT 1100 und die Bundesliga als für die Ideologien der untergetauchten Stadtguerilla.

Viele Menschen verloren in der RAF-Ära ihr Leben, obwohl sie an ihrem Sterbetag Joe Cocker hören wollten. Mein Freund Marcel schenkte mit die Single zum Abschied. Seine Eltern waren geschieden worden, die Mutter zog mit den Kindern aufs Land. Uns war beiden zum Weinen zumute, wir grinsten verlegen und umarmten uns heftig. Wir schworen uns ewige Freundschaft und dass wir uns nie aus den Augen verlieren würden, doch die Zeit blieb nicht stehen, und wir vergaßen einander. Und es kam die Zeit, in der ich seinen Namen vergaß. Aber ich traf ihn noch ein einziges Mal. Da hatte auch er keine Haare mehr. Wir sprachen kaum ein Wort. Denn dort, wo wir uns zum letzten Mal begegneten, muss man einander nichts mehr erklären.

Im Gymnasium fand ich einen neuen Freund, Jeannot, der ebenfalls Elastolin-Figuren besaß, aber ganze Kohorten und Legionen. Jeannots Vater, der nach der Scheidung seinen Sohn zu sich genommen hatte, war ein deutscher Maquettenbauer. Er baute für Museen und Ausstellungen römische und mittelalterliche Siedlungen, die er nach den Ausstellungen seinem Sohn schenkte. Was für ein Paradies! Jeannot übertraf seinen Vater an deutscher Gründlichkeit: Er war sehr nett, aber etwas pingelig. Mit meinen 23 Figuren besuchte ich ihn, sooft ich konnte. Wenn ich ankam, hatte er bereits seine 345 Legionäre in Schildkrötenformation aufgestellt. Unbeirrt griff ich an. Doch jeder Pfeil, den ich abschoss, zog eine akademische Diskussion nach sich. Jeannot rief jeweils seinen Vater an und fragte, ob ein Pfeil ein römisches Kettenhemd durchbohren könne und ob der Verteidiger eher verletzt oder ganz tot sei. Und wie groß der Blutverlust sei. Wie lange könne er noch rumlaufen, bis er wegen des Blutverlustes das Bewusstsein verliere? So konnte man natürlich keine Elastolin-Schlachten gewinnen. Unsere Armeen schlossen deshalb Frieden, gemeinsam besuchten wir historische Museen, Ausstellungen und stöberten in Bibliotheken herum.

Jeannot war ein Fleisch gewordenes Lexikon. Riesige Bücherregale bedeckten die Wände seines Zimmers – alle voll mit Sachbüchern über die griechische und römische Antike. Die Klassenkameraden mochten ihn nicht, weil er immer beige gekleidet war und hochdeutsch sprach. Als Jeannot einmal auf dem Pausenhof sagte, der Mensch stamme vom Affen ab, grölten alle und hänselten ihn. Jeannot verstand die Welt nicht mehr. »Ihr müsst euch nicht die heutigen Affen im Zoo vorstellen«, versuchte er die Evolution zu erklären, »Evolution ist komplexer.« Wieder grölten sie. Keiner hatte je das Wort »komplex« gehört. Dann ging unser Grundschullehrer auf Jeannot zu und schickte ihn nach Hause. Ich nahm Jeannot in Schutz und rannte ihm nach. Jeannot war den Tränen nahe: »Wieso sind die so?«, fragte er mich verzweifelt. »Charles Darwin hat es doch vor über hundert Jahren bewiesen.« So wurden wir endgültig beste Freunde. Ich war sein einziger Freund, und er war mein einziger Freund.

## Give Peace a Chance

»Sammy«, bat Onkel Arthur, »lass uns darüber reden. Wer weiß, wie viele Fehler du in deinem Leben machen wirst? Junge Menschen urteilen oft vorschnell. Weil ihnen das Leben noch nichts beigebracht hat. Weil sie das Leben noch nicht schockiert hat. Ich habe im Gefängnis viel nachgedacht, und weißt du, worauf ich mich am meisten gefreut habe?«

Onkel Arthur stand verlegen im Hauseingang der Ruine. Vor dem Haus parkte sein neuer knallroter Ford Mustang.

»Bumsen?«

»Auf das Wiedersehen mit dir, Sammy. Ich wusste, dass du während der Schulferien wieder hier sein würdest. Ich fragte den Anstaltsleiter: ›Was muss ich tun, damit ich rechtzeitig draußen bin und meinen Neffen sehen kann?‹«

Ich zuckte die Schultern und ging ins Haus zurück.

»Habt ihr keine Tür mehr?«, lachte Onkel Arthur und folgte mir ins Innere, »wo ist die alte Tür? Ich krieg das hin!«

Ich setzte mich auf einen Farbeimer und schwieg.

Onkel Arthur schaute sich im Erdgeschoss um: »Immer noch kein Klo? Müssen wir wie Straßenköter draußen Gassi gehen?«

Ich reagierte nicht. Onkel Arthur kam zu mir herüber und schaute mich von der Seite an: »Ich habe dich enttäuscht«, sagte er leise, »ich habe in meinem Leben Fehler begangen. Gott wird mich bestrafen, aber du solltest mir verzeihen, ich bin dein Onkel. Die Familie ist alles, Sammy, und ich habe nur dich und deine Großmutter Germaine.«

Ich schaute zu ihm hoch und nickte schließlich.

»Hast du den Flitzer da draußen gesehen?«, lachte er, »komm, lass uns eine Spritztour machen!«

Wir fuhren ins Kino nach Belfort und schauten uns den neuen Film von Franco Zeffirelli an, *Romeo und Julia*. Olivia Hussey spielte die Julia. Ich war hingerissen von ihrer Schönheit. Und natürlich auch von ihrem Busen. Ich stopfte mir einen Kübel Popcorn ins Maul und sehnte mich nach einer Freundin. Ich würde sie lieben bis in den Tod.

Als wir die Grenzkontrolle passierten, parlierte Onkel Arthur mit ausgewählter Höflichkeit. Kaum hatte ihn der Zollbeamte durchgewinkt, startete er mit einem Kickstart durch und sang aus voller Kehle: *Tiens, voilà du boudin...* Ich schaute demonstrativ aus dem Fenster.

»Ist ja schon gut«, sagte Onkel Arthur und nahm den Fuß vom Gas, »und jetzt sorgen wir dafür, dass diese Bruchbude eine anständige Tür kriegt.«

Er kommandierte die Schwarzarbeiter wie ein Instruktor der französischen Fremdenlegion. Es waren meist Italiener, die neben ihrem normalen Job noch am Abend und an den Wochenenden schufteten, um später ein Haus in der alten Heimat bauen zu können. Ich bewunderte ihren Familiensinn, ihren Leistungswillen, ihre lockere Lebensart und ihren Vorsatz, der Armut zu entkommen und den Kindern einen besseren Start zu ermöglichen. Doch die wenigsten kehrten später zurück.

Der hagere Blonde im hellblauen Hemd kehrte immer öfter in die Script Avenue zurück. Ich weiß nicht, wie er das schaffte. Er kam in den Saloon und nahm mir mein ganzes Hab und Gut weg. Ich sagte ihm, dass ich mich eines Tages an ihm rächen würde, er lachte nur.

»Ich werde dir das Trommelfell zertrümmern«, drohte ich ihm.

»Du bist ein kleiner Angeber. Wie alt bist du?«

»Er ist nicht stark«, hörte ich eine Stimme aus dem Dunkeln. Ich schaute mich um, ich konnte niemanden sehen. Dann sah ich, dass sich etwas auf dem Tisch bewegte, es war eine kleine Timpo-Figur, sie stand in einer Bierpfütze. »Kannst du sprechen?«, fragte ich die kleine Figur. Sie trug die hellbeige Uniform und das *képi blanc* eines französischen Fremdenlegionärs. »Ich bin in meinem Schicksal gefangen«, seufzte sie, »es gibt für mich keinen Platz in der realen Welt. Ich habe Schlimmes getan, aber ich bereue es.«

»Falls ich dich befreie und dir Leben einhauche, versprichst du mir, dass du dem Kerl im hellblauen Hemd eine reinhaust?«

»Das kann ich nicht tun, Sammy. Sie haben gedroht, dass sie mir dann den Unterleib wegstöpseln und mir den Unterleib eines Timpo-Eskimos einstöpseln. Ich wäre für immer eine zerrissene Persönlichkeit. Aber ich kann dir noch ein paar Tricks verraten. Morgen auf der Baustelle.«

Onkel Arthur hatte ein ambivalentes Verhältnis zu den italienischen Schwarzarbeitern. Manchmal spielte er *képi blanc,* manchmal den Kumpel von der Baustelle. Wenn alle fleißig am

Arbeiten waren, raste er mit mir auf den Col des Rangiers, einen Schweizer Pass in 850 Metern Höhe zwischen Courgenay und Saint-Ursanne. Über dem Pass thronte ein monumentales Soldatenbild, das einen Grenzwächter darstellte, der während des Ersten Weltkrieges hier oben Wache gehalten hatte. Die Jurassier nannten die Statue »Fritz«, ein Synonym für die verhassten Deutschschweizer. So wurde Fritz das beliebteste Sabotageziel der jurassischen Separatisten. Einmal schwärzte man Fritz mit brennenden Autoreifen die Füße, ein anderes Mal zerbrach man ihm das Bajonett und versuchte, ihn vom Sockel zu sprengen. Onkel Arthur war auch einer dieser militanten Separatisten, doch weniger aus politischen Gründen als aus purer Freude am Prügeln. Im Anschluss zählte er die verprügelten Deutschschweizer Polizisten wie Obelix die Legionärshelme.

Manchmal verschwand Onkel Arthur für einen Tag in den Bordellen von Belfort, dann spielte ich mit meinem Cousin Guy und seinen Brüdern Fußball. Ich war ein unermüdlicher Arbeiter auf dem Feld, doch mir fehlte das Talent, die Technik, das Dribbeln, eigentlich alles, was zum Fußball gehört. Als Linienrichter hätte mir das Auge gefehlt. Und das linke Ohr! Aber wir hatten Spaß miteinander. Mein Cousin Francis spielte nie mit. Er hatte zwei linke Beine, er konnte keinen Ball treffen, aber er hatte mittlerweile Unterlagen von 74 Botschaften gesammelt. Sie umfassten Landkarten, Rohstoff-Atlanten und viele illustrierte Texte über Geschichte, Kultur, Brauchtum und Wirtschaft der betreffenden Länder. Vom touristischen Prospekt bis zum richtigen Buch war alles dabei. Manchmal sogar ein Aufkleber in den Nationalfarben.

Francis träumte im finsteren Vilaincourt von der weiten Welt. Er wollte eines Tages bis ans Ende der Welt reisen und alles sehen, was es zu sehen gab. Ich mochte Francis. Er wirkte immer so traurig, zerbrechlich, aber wenn er über fremde Länder sprach, blühte er auf und redete, lachte und gestikulierte fröhlich mit den Händen. Doch sobald Onkel Maurice erschien, verstummte er und senkte ängstlich den Kopf.

Onkel Maurice hatte mittlerweile acht Kinder. Keines war zu jung, um nicht aus nichtigem Grund verprügelt zu werden. Er war wirklich ein Grobian, ein richtiger Dreckskerl. Heute würde man ihm alle Kinder wegnehmen und ihn einsperren. Aber wir wussten nicht, dass es auch andere Väter gab. Wir kannten nichts anderes. Francis schwärmte besonders für Brasilien, während ich nach wie vor die Filipina aus Kurt Honolkas *Magellan: Das größte Abenteuer der Seefahrt* finden wollte. Wir überlegten, eines Tages zusammen zu reisen, und studierten die Seeverbindungen zwischen Brasilien und den Philippinen. Es brach mir stets das Herz, Francis in Vilaincourt aufwachsen zu sehen. Ich besuchte ihn, so oft ich konnte, dann zogen wir uns auf die Schafweide zurück und ließen uns von unseren Fantasien treiben. Wenn wir »Frau! Essen!« hörten, gingen wir schnell ins Haus zurück und versuchten, Onkel Maurice nicht zu reizen. Der Kerl hatte sich nie unter Kontrolle. Tante Puce war mittlerweile völlig eingeschüchtert und wurde immer dünner und kleiner. Es ist immer wieder erstaunlich, wie viele Menschen ein Leben lang die Hölle in den eigenen vier Wänden aushalten. Größer ist wohl nur die Angst vor Veränderung. Ja, richtig, das habe ich schon mal erwähnt.

Francis hatte ein Problem. Er war Schlafwandler. Ich wurde eines Abends Zeuge eines seltsamen Vorfalls. Meine Mutter hatte meinen Vater und mich trotz später Stunde zu Onkel Maurice geschleppt. Sie behauptete, er verstünde mehr vom Bauen, er sei eben ein richtiger Patron. Mein Vater spielte den Beleidigten, in Wirklichkeit freute er sich, zusammen mit Onkel Maurice Gitanes Bleues zu rauchen und reichlich Bier zu trinken. Plötzlich erschien der schlafwandelnde Francis in der großen Wohnküche. Er bewegte sich aufrecht, und dennoch schlief er. Er zog seine Pyjamahose etwas hinunter, holte sein Glied hervor und urinierte gegen den Kühlschrank. Onkel Maurice sprang hoch und gab ihm eine unvorstellbar brutale Ohrfeige. Francis knallte gegen den Kühlschrank und fiel wie ein Stein zu Boden, er rappelte sich wieder hoch und schaute hilflos um sich. Er hatte keine Ahnung von dem, was geschehen war. Er weinte nicht, er stand unter Schock. Onkel Maurice trat ihn in den Hintern und jagte ihn wie einen Hund aus der Küche. Tante Puce eilte herbei und stellte sich schützend vor Francis, während mein Vater sich völlig unbeeindruckt abwendete und an seiner Gitane Bleue zog. Tante Puce brachte Francis ins Bett, Onkel Maurice brüllte: »Frau! Aufwischen!«

Am nächsten Tag machte Onkel Maurice auf der Schafweide ein Feuer. Er verbrannte die Botschaftsbroschüren, die Francis in jahrelanger Arbeit gesammelt hatte. 74 Länder. Als Onkel Arthur sah, wie sehr ich mit Francis litt, klopfte er mir auf die Schulter: »Wollen wir ihm neue kaufen?«

»Die kann man nicht kaufen«, sagte ich wütend.

»Ach wo. Kein Problem, wo ist die nächste Buchhandlung? Ich habe noch nie ein Buch gekauft, aber jetzt holen wir gleich einen ganzen Wagen voll.« Dann lachte er vergnügt.

Onkel Arthurs Versprechen konnte Francis nicht mehr retten. Seit der Bücherverbrennung war er nicht mehr der Gleiche, er war gebrochen. Ich konnte noch blöken, Francis war verstummt. Ich versprach, ihm meine eigene Sammlung zu schenken, bis auf die Unterlagen der philippinischen Botschaft. Er wollte nicht mehr. Wenn er weinte, nahm ich ihn in den Arm und flüsterte ihm zu: »Eines Tages sind wir groß und werden dieses verwunschene Tal für immer verlassen.«

»Ja«, flüsterte Francis, »und dann werden wir diesen Sauhund töten.«

## Sechs Stahlfedern

Tatsächlich fuhr Onkel Arthur mit mir und Francis in eine Buchhandlung nach Porrentruy. Manchmal schaute Onkel Arthur fragend zu mir, wenn Francis mit leuchtend großen Augen in einem Bildband oder Reiseführer blätterte. Ich nickte und Onkel Arthur sagte: »Einpacken, Francis. Nehmen wir mit.«

Als wir die Buchhandlung verließen, hatte Onkel Arthur für einige hundert Franken Fotobände über brasilianische Tropenwälder, exotische Inselgruppen und kubanische Zuckerrohrplantagen gekauft.

»Wieso ist das so teuer? Ist doch nur Papier«, lachte er. Draußen auf der Straße reichte mir Francis die beiden Plastiktüten, starrte Onkel Arthur mit offenem Mund an und sprang ihn um den Hals. »Danke, Onkel Arthur, danke, danke«, wiederholte er immerzu. Er war es nicht gewohnt, Geschenke zu erhalten. Onkel Arthur freute sich über Francis' Gefühlsausbruch. »Und jetzt essen wir zur Krönung alle noch ein Eis.«

Es war ein schöner Nachmittag. Wir fühlten uns wie eine Familie. Wir leckten unser Eis und waren zufrieden.

»Wie kann man so stark werden wie du?«, fragte ich Onkel Arthur.

Er fühlte sich geschmeichelt und spannte seinen rechten Oberarm: »In der Legion musst du Muskeln zulegen. Ein Offizier ist mir einmal blöd gekommen, ich habe ihn zum Zweikampf aufgefordert, er war fast zwei Meter groß. Die Kameraden bildeten einen Halbkreis, und wir begannen uns zu schlagen. Er hat mich beinahe umgebracht, doch ich habe nicht aufgegeben. Am Ende ging ihm die Luft aus, mit einem einzigen Schlag beendete ich den Kampf. Er lag zwei Wochen im Lazarett und hat nie wieder eine Frau gebumst. Ich bekam scharfen Arrest, zwei Wochen in einem Abflussrohr. Aber ich krieg meinen immer noch hoch.« Er lachte laut heraus.

»Wie kann ich so stark werden wie du?«, wiederholte ich.

Onkel Arthur beobachtete mich skeptisch: »Hast du Probleme? Ich meine, wirst du in der Schule geschlagen?«

Ich zuckte die Schultern.

»Wir wollen eines Tages meinen Vater verhauen und seinen auch«, lachte Francis. Onkel Arthur nickte zustimmend: »Jaja, sie sind etwas grob, eure Väter, aber es sind eure Väter, vergesst das nie.«

»Sag uns, was wir tun sollen, um stark zu werden.«

»Ich kaufe euch je einen Expander mit sechs Stahlfedern, du fängst mit einer Feder an. Nach einigen Jahren wirst du sechs Federn schaffen. Und ich schwöre dir, keiner wird dir noch etwas antun. Dann solltest du jeden Morgen und Abend Liegestützen machen, kostet nichts. Ich mache täglich hundert Stück, und wenn du willst, bringe ich dir auch ein paar Kampftechniken bei. Du suchst dir den stärksten deiner Gegner aus und machst ihn öffentlich platt. Dann hast du Ruhe und Respekt, und alle Mädchen laufen dir nach.« Er brüllte vor Lachen und bestellte noch einen Eiskaffee.

Onkel Arthur war ein entschlossener Mensch, ich mochte seine Energie und seine Heiterkeit. Wenn er etwas vorhatte, führte er es sofort aus. »Wer nie beginnt, wird nie fertig«, scherzte er. Wir kauften im Sportgeschäft beim Bahnhof zwei Expander und fuhren zu Tante Puce zurück. Onkel Maurice saß rauchend hinter der Suppe. Er wollte losbrüllen, weil sich Francis verspätet hatte, aber Onkel Arthur zeigte drohend mit dem Finger auf ihn: »Kein Wort, Maurice, und wenn du diese Bücher verbrennst, schlage ich dir die Fresse ein und schlitze alle deine Schafe auf.« Dann brüllte er mit gewaltiger Stimme: »Ich habe dich gewarnt, Schwager! Du bist ein ziemliches Arschloch!«

Onkel Maurice war irritiert und wollte dagegenhalten, aber Onkel Arthur hinderte ihn daran. »Erzähl jetzt bloß keinen Scheiß«, herrschte er ihn an, »und halt die Fresse! Ich habe diese Bücher mit meinem Geld bezahlt, also rühr sie nicht an, du kannst eh nicht lesen.« Francis und ich warfen uns einen vielsagenden Blick zu, das hätte uns beiden gefallen: Einen Vater zu haben, der Kante zeigt und sich vor uns stellt. Die Luft knisterte zwischen den Männern, schließlich zeigte Onkel Maurice auf den leeren Stuhl: »Komm schon, Arthur, die Suppe wird kalt.« In diesem Augenblick habe ich Onkel Arthur verziehen.

Nach zwei Wochen fuhr ich mit Onkel Arthur wieder in die Stadt zurück. Er hatte einen Job als Chauffeur bei einer Heizölfirma gefunden. Ich half ihm beim Umzug, sein Hab und Gut bestand aus gerade mal vier Bananenschachteln. In einer Schachtel lag die kleine Vitrine mit der hölzernen Handprothese von Capitaine Danjou. Onkel Arthur hatte bei einer 82-jährigen Witwe ein Zimmer gemietet, und es sah so aus, als würden hier Mutter und Sohn zusammenleben. Wenn er abends nach Hause kam, machte sie ihm einen Tee, er revanchierte sich, indem er ihr die Beine eincremte und am Morgen half, die Stützstrümpfe anzuziehen. Immer am 29. April bügelte sie seine Legionärsuniform und entstaubte sein *képi blanc.* Sie überließ ihm dann für den nächsten Tag die Küche. Mein Besuch am Ehrentag der Legion war Onkel Arthur sehr wichtig, wir lauschten gemeinsam den Gesängen der Fremdenlegion, vor uns auf dem kleinen wackligen Küchentisch lag die Handprothese hinter Glas. Solange Onkel Arthur nicht das Legionärslied anstimmte, störte sich die alte Frau nicht an »Camerone«. Gegen Abend sang er dann doch *Legio Patria Nostra,* und die Wände fingen an zu wackeln. Der alte Gewerkschafter unter uns klopfte wie wild mit seiner Erster-Mai-Fahne gegen seine Küchendecke. Ich bin mir sicher, dass ihm spätestens im fünften Jahr der Putz auf den Kopf gefallen ist.

Nach Arbeitsschluss kam Onkel Arthur jeweils mit zwei prall gefüllten Einkaufstüten zu meinen Eltern. Mein Vater ärgerte sich über seine abendlichen Besuche, aber meiner Mutter war er willkommen, immerhin kaufte Onkel Arthur vorher großzügig ein. Er kaufte sich sozusagen das Recht, die Abende in einem familiären Umfeld zu verbringen, er hatte ja keine Familie, abgesehen von der Erinnerung an die Legion. Ich glaube, der hagere Blonde im hellblauen Hemd war neidisch, wenn er mich mit Onkel Arthur in der Küche lachen hörte. Onkel Arthur hatte ohne Zweifel eine Schraube locker, aber er war definitiv ein lustiger Kerl. Manchmal versuchte er sich als Familienoberhaupt, was meinen Vater vollends zur Weißglut brachte. Wenn er sich nicht mehr anders zu helfen wusste, sagte er: »Nein, Capitaine, ich bin hier der Chef.« Dann kugelte sich Onkel Arthur vor Lachen und verabschiedete sich irgendwann mit einem »Jawohl, Chef!«. Mein Vater konnte ihm nicht Paroli bieten, und so zog er sich abends öfter wieder in seine Kneipen zurück. Er blieb für mich unsichtbar. Auch meine Mutter wurde unsichtbar, sie verbrachte die meiste Zeit in der Kirche und intensivierte ihre Beziehung zum lieben Gott. An den Wochenenden war ich oft allein mit Onkel Arthur, er kam mit den obligaten Einkaufstaschen und lud mich dann fröhlich zu einer kleinen Spritzfahrt ein, er fuhr jetzt einen rot-weißen Chevrolet Chevelle Malibu. Den roten Ford Mustang hatte er zu Schrott gefahren, angeblich war ihm einer blöd gekommen. Und erst noch von links.

Meistens fuhren wir nach Mariastein und aßen ein Eis. Es war ein Erlebnis, in diesem weich gefederten Schlitten zu fahren. Man schwebte regelrecht über die Landstraßen. Wenn Onkel Arthur mich abends wieder in die Wohnung zurückbrachte, hätte ich kotzen mögen. Weihrauch, Kerzen und das Parfum des Mannes im hellblauen Hemd... Mir wurde richtig übel, und ich spürte förmlich, wie sich meine Muskulatur verspannte und mein Körper zu einem eisernen Korsett wurde.

Oft klemmte ich mir während des Essens mit meinen Eltern den Ischiasnerv ein, ich weiß nicht, warum. Der Nervenschmerz im Po strahlte aus bis in die Ferse, ich hasste diesen Schmerz. Um ihn zu ertragen, begann ich, mit den Augen zu blinzeln, mit der Schulter zu rollen und die Oberlippe unter die Nasenspitze zu schieben.

»Jetzt ist Schluss mit deinen Grimassen!«, herrschte meine Mutter mich an und verpasste mir eine Ohrfeige. Sie versuchte, meine Zuckungen zu imitieren und mich lächerlich zu machen, aber sie war in dieser Disziplin nicht sonderlich talentiert. »Wenn du mit deinen Grimassen nicht aufhörst, bringe ich dich zum Psychiater«, drohte sie.

»Das ist eine gute Idee«, sagte ich, »vielleicht macht er auch Eheberatung…«

»Er soll dir etwas verschreiben.«

»Ich hoffe, er verschreibt mir andere Eltern, Ruhe, Frieden, Freiheit.«

Meine Mutter wollte nochmals zuschlagen, doch ich wehrte sie reflexartig ab. »Nimm doch bitte das rechte Ohr, das linke ist schon geplatzt.«


## Ich piss dir ins Auge

Ich ahnte natürlich, dass mit mir etwas nicht mehr stimmte. Jemand raunte mir das zu, wenn ich morgens zur Schule ging. Jemand war aus Eisen. Jemand war ein Parkverbotsschild. Es war gar nicht so einfach für mich, dieses Parkverbotsschild zu passieren, obwohl ich zu Fuß war. Ich berührte die Stange jedes Mal auf dem Nachhauseweg, dann versuchte ich, sie zu vergessen. Aber die Stange vergaß mich nicht, sie war wie verhext. Ich musste zurück und sie nochmals berühren. Manchmal schlug ich sie und rannte weg. Doch dann stoppte ich abrupt und lief hastig wieder zurück. Und berührte sie erneut. Blitzschnell. Bald hasste ich alle Verkehrsschilder – es gab einfach zu viele davon. Da half nur noch miauen.

Eines Tages später schleppte mich meine Mutter ausnahmsweise nicht zu einem Wunderheiler, sondern tatsächlich zu einem richtigen Arzt. Wir stritten bereits im Fahrstuhl, weil ich der Meinung war, wir seien zu früh.

»Besser zu früh als zu spät«, belehrte mich meine Mutter. Ich musste widersprechen. Ich wollte nicht zu früh sein, aber auch nicht zu spät, ich wollte pünktlich sein. Pünktlichkeit bedeutet Genauigkeit, Respekt, es bedeutet auch, dass man das Spiel gewonnen hat.

»Welches Spiel?«, fragte meine Mutter irritiert. »Wovon sprichst du eigentlich?«

Professor Goldblum machte einen recht coolen Eindruck. Er saß in einem muschelförmigen Sessel aus schwarzem Leder inmitten einer einschüchternden Bibliothek. Er trug den weißen Bart kurz geschnitten, sehr kunstvoll, und erinnerte ein bisschen an Richard Dreyfuss in *What about Bob?*. An der Wand hingen zwei Dutzend Diplome. Ich erfasste mit einem Blick, dass der Mann Doktor, Professor und Privatdozent war. Zufällig lag ein Buch auf dem Tisch. *Neurologische Ursachen der Kreativität bei Balzac* oder so ähnlich hieß es. Der Autorenname stimmte mit seinem Namen überein, und meine Mutter würdigte seine Autorenschaft mit einer Schweigeminute und bestaunte sein Sprechzimmer, die alten Möbel, die depressiven Ölgemälde und den Stapel Papiertaschentücher.

»Ich weiß nicht, was mit dem Jungen los ist«, klagte meine Mutter, »er hebt ständig die linke Schulter, verzieht den Mund

und blinzelt ohne Unterlass, wie ein geistig Behinderter. Ich kann diese Grimassen nicht mehr ertragen. Was sollen bloß die Leute denken?«

»Denken Sie, dass geistig behinderte Menschen Grimassen schneiden?«, fragte der Professor leise.

Er beobachte mich aufmerksam, wie das die Forscher tun, die im Urwald das Leben der Orang-Utans studieren. Dann lächelte er mir zu: »Hast du Angst?«, fragte er mich.

»Angst?«, fragte ich verblüfft.

»Das war die Frage«, lächelte er. Er wirkte so souverän, erhaben, überlegen.

»Er hat keine Angst. Wovor soll er denn Angst haben?«, blaffte meine Mutter gekränkt.

Der Arzt schaute sie vorwurfsvoll an und zeigte auf mich.

»Plagt dich etwas?«

»Ich kann abends nicht schlafen. Ich bin tagsüber immer erschöpft und schlafe während des Unterrichts ein.«

»Vielleicht gibt es Schlaftabletten«, schlug meine Mutter vor.

Der Arzt warf ihr erneut einen vorwurfsvollen Blick zu. Die Situation begann, mich zu stressen, mein Körper reagierte wie ein wild gewordener Flipperautomat, überall zuckten und zerrten meine Muskeln.

»Machst du manchmal unbeabsichtigt irgendwelche Geräusche? Rutscht dir irgendein halbes Wort raus?«

»Ja«, antwortete meine Mutter, »man hört ihn bis in die Küche. Manchmal blökt er wie ein Schaf. Ist das normal?«

Der Arzt atmete tief durch und wandte sich nun an meine Mutter: »Erzählen Sie mir etwas über Ihre Familie. Wie ist Ihr Einvernehmen mit Ihrem Ehemann? Gibt es oft Streit? Gibt es Meinungsverschiedenheiten bezüglich Erziehung, Religion, Finanzen?«

»Wir sind eine ganz normale Familie«, antwortete meine Mutter genervt.

Der Professor beobachtete mich erneut. Er schwieg sehr lange. Je länger er mich anstarrte, desto heftiger blinzelte ich mit den Augen und ließ die rechte Schulter auf und ab schnellen.

»Legst du großen Wert auf Pünktlichkeit?«

»Ha!«, machte meine Mutter und schaute auf mich hinunter.

»Hast du manchmal Gedanken, Fantasien, die du dauernd weiterspinnst und nicht mehr stoppen kannst? Verlierst du die Kontrolle über deine Gedanken?«

»Kann es sein, dass er deswegen Schriftsteller werden will?«, mischte sich meine Mutter erneut ein.

Es war offensichtlich, dass meine Mutter den Professor nervte. Ich glaube, er hatte längst begriffen, wo mein Problem lag, obwohl er nicht wusste, dass ich die ersten zwei Lebensjahre in einer Schraubenkiste verbracht hatte.

»Und manchmal murmelt er unanständige Worte und wiederholt sie wie ein Irrer.«

Der Professor kraulte seine kurzen Barthaare.

»In der Medizin nennen wir, was du hast, das Tourette-Syndrom«, sagte der Professor schließlich. »Das ist eine neurologisch-psychiatrisch bedingte Anhäufung von Tics und zwanghaften Bewegungen. Manchmal kommen seltsame Laute oder Ausrufe hinzu …«

»Ich sagte ja, manchmal blökt er wie ein Schaf oder miaut wie eine Katze.«

»Einige Betroffene«, fuhr der Professor mit betont ruhiger Stimme fort, »haben das Bedürfnis, vulgäre Worte auszustoßen.«

»Hast du das manchmal?«, fragte meine Mutter. Ich schwieg und dachte mir *Schlampe, Schlampe.*

»Die Symptome treten meist um das zehnte Lebensjahr herum auf und klingen nach der Pubertät langsam wieder ab.«

Meine Mutter schien erleichtert, doch gleich fuhr ihr der Schreck in die Knochen, denn der Professor hatte noch mehr zu sagen: »In einzelnen Fällen nehmen die Tics jedoch ungeahnte Ausmaße an. Es entstehen multiple Tics. In einem höheren Stadium wird das dauernde Grimassieren durch ständige Wiederholung obszöner Worte ergänzt.«

*Fotze, Fotze,* dachte ich. War ich jetzt schon im dritten Stadium?

»Er muss lernen, sich zu entspannen, abzuschalten, zu relaxen. Sport und autogenes Training wären hilfreich.«

»Gibt es nicht eine Pille, damit er endlich mit diesem Blödsinn aufhört?«

»Die Symptome«, sagte der Professor und sprach nun eindringlich auf meine Mutter ein, »können sich bei Schlafmangel, Stress, Ärger, Anspannung, Verzweiflung, Angst und Panik verstärken.«

Meine Mutter verzog nun ihrerseits den Mund, als habe sie erste Anzeichen einer Zwangserkrankung.

*Fick dich,* dachte ich. Bin ich etwa krank?

»Leider werden die Tourette-Symptome von den Eltern als schlechte Manieren missdeutet. Die Symptome sind impulsiv, aber auch produktiv. Viele Tourette-Kranke verfügen über eine überschäumende und kaum zu bändigende Kreativität.«

Der Professor wandte sich wieder an mich: »Hast du ein gutes Gedächtnis?«

»Er ist ein wandelndes Lexikon. Was er einmal liest, vergisst er nicht mehr.«

»Mathematik?«

»Blitzschnell, aber von Physik und Chemie versteht er gar nichts. Er ...«

»Ich versuche, mich mit ihrem Sohn zu unterhalten«, wies der Professor meine Mutter zurecht. Er lächelte mir nun demonstrativ freundlich zu: »Mach dir keine Sorgen, junger Mann, deine Lebenserwartung wird dadurch nicht kürzer. Tourette wird mit deiner Persönlichkeit verschmelzen.«

»Ich will Schriftsteller werden.«

Meine Mutter verdrehte die Augen, aber sie wagte nicht, mir eine Ohrfeige zu geben.

Der Professor nickte: »Man wird dir die Hände abhacken müssen, damit du aufhörst zu schreiben. Du wirst nie das weiße Blatt sehen, vor dem sich die meisten Schriftsteller am Morgen fürchten.«

Ich nickte eifrig: »Ich träume nie von weißen Blättern, ich träume von der Script Avenue, dort sind meine Figuren zu Hause, sie warten darauf, dass sie weiterleben können …«

Meine Mutter verdrehte die Augen: »Hör doch auf mit diesem lächerlichen Gerede.«

Der Professor ignorierte sie: »Du wirst in einem verwirrenden Chaos leben müssen, und der Druck wird groß sein. Nach der Pubertät kann das in sexuelle Maßlosigkeit ausarten, Tourette ist auch ein neurologisch bedingter Zwang zur Maßlosigkeit. Meide Drogen und Alkohol, und ernähre dich vernünftig.«

»Gut«, grinste ich, »dann werde ich mich wohl auf Sex beschränken.«

»Oh, mon Dieu!«, seufzte meine Mutter, »auch das noch. Weibergeschichten!«

Leider hatte sie kein Weihwasser in der Nähe.

»Mach dir nichts draus«, versuchte ich sie zu beschwichtigen, »ich werde dann erwachsen sein, meine eigene Wohnung haben und nachts die Vorhänge ziehen.«

Meine Mutter machte ein Gesicht, als wolle sie sich gleich übergeben, wenigstens keine Sterbeszene.

Der Professor fragte mich, ob ich noch etwas sagen möchte.

»Ich piss dir ins Auge«, sagte ich.

Meine Mutter starrte mit offenen Augen an die Wand. Sie war kreidebleich und hechelte wie ein Chihuahua im Todeskampf. Der Professor schien in keiner Weise irritiert, im Gegenteil, er empfand es als kleinen Triumph, dass er meiner Mutter soeben bewiesen hatte, dass seine Diagnose richtig war.

Als wir in den Fahrstuhl stiegen, gab mir meine Mutter eine wenig talentierte Ohrfeige.

»So wird bei uns in Vilaincourt Tourette therapiert. Ich brauche kein Medizinstudium.«

»Ich piss dir ins Auge«, murmelte ich.

# 2

# Woodstock

1969 war das Jahr der Erleuchtung. The Melodians sangen *Rivers of Babylon*. Da weder Ohrfeigen noch Professoren meine Tourette-Syndrome lindern konnten, entschloss sich meine Mutter zur Großoffensive, vergleichbar mit der Landung der Alliierten in der Normandie.

Zuerst nahmen wir den Wallfahrtsort San Damiano in der Nähe von Assisi ein. In diesem italienischen Kaff endete die Pilgerfahrt der religiösen Groupies aus den umliegenden Ländern. Hier fanden die Erscheinungen Unserer Lieben Frau der Rosen statt. Es war furchtbar heiß, und die Sonne brannte erbarmungslos auf uns nieder, alle schwitzten und trieften vor Schweiß, sie benutzten Parfums, die an biologische Kriegsführung erinnerten. Die alten und kranken Pilger nahmen die Mühen mit großer Opferbereitschaft an. Auch Durst und aufgeplatzte Füße sahen sie als Teil der Buße, die sie zu verrichten hatten, bis sie vor der Heiligen Jungfrau knien und ihre Wünsche anbringen durften.

Es wimmelte in diesem kleinen Dorf nur so von Menschen, als gebe es an diesem Tag schwarze Socken zum halben Preis. Hohe Gitter schützten das einfache Landhaus mit dem großen Rosengarten, hier thronte eine bemalte Marienstatue in einer kleinen Felsgrotte. Meine Mutter zerrte mich nach vorn, Rempeleien gegen Krücken und Rollstühle waren legitim, wenn es darum ging, der Jungfrau näher zu kommen. Schließlich schlugen wir uns zum Gitter durch, hielten uns trotzig daran fest und starrten auf die Heilige Maria. Würde sie heute weinen?

Eine alte, wohlgenährte Frau verließ das Landhaus durch einen Seitenausgang und betrat humpelnd den Rosengarten, wahrscheinlich hatte sie in jungen Jahren Rock 'n' Roll getanzt. Ein Raunen der Entzückung legte sich über den Platz. Die Pilger knieten nieder und senkten beschämt die Köpfe, als fürchteten sie, von der Erscheinung der Mutter Gottes geblendet zu werden. Die alte Frau war offenbar die Dolmetscherin und PR-Agentin der Heiligen Jungfrau. Bei der Mariengrotte angekommen, begann sie, die Botschaften der Mutter Gottes zu verlesen, die zu allem Überfluss in diverse Sprachen übersetzt wurden, obwohl sie im Original schon ziemlich lausig waren.

»Tag und Nacht werde ich an dieser heiligen Stelle bei euch sein, in diesem kleinen Paradiesgarten, in dem ich euch erwarte, um euch zu erretten, zu lieben und um euch eines Tages in das himmlische Reich zu führen.«

Plötzlich begannen die Groupies zu kreischen, die Statue der Heiligen Jungfrau Maria weinte. Ja, sie weinte. Eine rote Träne tropfte aus ihrem linken Auge. Als promovierter Hypochonder tippte ich gleich auf Leukämie. Aber ich hätte mir das gern näher angesehen, ich bin sicher, unter der Grotte war irgendein Kellergewölbe, und dort saß der beschwipste Ehemann der wohlgenährten Dame und pumpte Ketchup in die Statue hinauf. Meine Mutter war auf die Knie gefallen und betete im Akkord. Sie weinte vor Rührung, während die wohlgenährte Dame die nächste Botschaft verlas: »Ich bin unter euch, lebendig. Ich sehe euch alle. Mein Blick ruht auf einem jeden von euch, um euch mit Gnade und Verzeihung zu überhäufen.« Ich überlegte kurz, ob die Jungfrau mir auch beim Onanieren zusah. Das hätte ihr bestimmt nicht gefallen, denn sie wollte, dass wir beten und nicht onanieren. Schließlich siegte meine Vernunft, und ich kam zum Schluss, dass diese Behauptung, die Jungfrau sehe uns alle, bei einer Bevölkerung von damals über sechs Milliarden Erdenbürgern leicht übertrieben war. Allein am UBS-Hauptsitz in Zürich gibt es fünf Securitas, die sich 23 Überwachungsmonitore teilen.

Nach der Vorstellung, die genauso langweilig war wie die heutigen Inszenierungen von Theaterklassikern, suchte meine Mutter die Souvenir-Tische auf, die auf dem Rückweg aneinandergereiht waren. Der Trick war visionär, denn heute werden an allen Kassen von Supermärkten Smarties, Mars und Bounty gestapelt, und zwar auf einer Höhe, die Kleinkinder vom Einkaufswagen aus mühelos greifen können. Hier hatte man die Tischhöhe den Bedürfnissen der Rollstuhlfahrer angepasst. Der Plunder war nicht ganz billig, aber es war eine Ehrensache für die Pilger, diesen ganzen Plastik- und Papierkitsch zu kaufen. Meine Mutter erstand ein weiteres Bild von Jesus, A4, gerahmt, ziemlich teuer, im Warenhaus hätte man dafür gleich ein Dutzend Rahmen kaufen können, und für passende Filmposter hätte das Restgeld auch noch gereicht. Auf jeden Fall sammelte meine Mutter ab jetzt Jesusbilder, leider gabs dazu kein Panini-Album.

Meine Mutter kaufte gesegnetes Wasser. Es wurde in verschiedenen Flaschengrößen angeboten, es waren transparente Flaschen aus geripptem Plastik und einer Marienetikette darauf. Aber ohne Jahrgangsbezeichnung. So wie der Verkauf von Marihuana zu jedem Rockfestival gehört, gehört auch der Wasserverkauf zu jedem Wallfahrtsort. Im Grunde genommen ein cleveres Business-Modell, denn jeden Morgen stehen Millionen von leichtgläubigen und abergläubischen Menschen auf, um ihr Geld irgendwohin zu bringen. Für das viele Geld, das die Leute in San Damiano ablieferten, hätte sich die wohlgenährte Dame im Paradiesgarten allerdings eine bessere Texterin leisten können.

Ihre Marienbotschaften waren doch etwas handgestrickt, da sind sogar die Dialoge bei Dagobert Duck um einiges besser.

»Betet Tag und Nacht zu meinen Füßen. Versprecht, meine Kinder, versprecht, dass ihr täglich die Krone des Rosenkranzes in den Händen haltet. Er ist die einzige Waffe, um euch zu retten«, schallte es wieder aus allen Lautsprechern. O je, jetzt gabs noch eine Zugabe, die das ganze Dorf beschallte. Schweißgebadet zwängten wir uns zu den Reisebussen. Mein T-Shirt klebte am Rücken, ich war zunehmend sauer. Und dann nannte sie all die alten, gebrechlichen Pilger »meine Kinder«. Abgesehen davon, dass sie jünger war als ihre angeblichen Kinder, konnte ich mir nicht vorstellen, dass eine Jungfrau Kinder hat. Ja, in der Religion steckt eine Menge Science-Fiction. Erich von Däniken hat es als Erster erkannt.

Als wir wieder im Zug saßen und die schier endlose Heimfahrt antraten, dachte ich viel über meine Mutter nach. Ich liebte meine Mutter, und ich schämte mich für den Gedanken, dass sie womöglich nicht so gescheit war. Glauben Sie mir, es hat mich einige Überwindung gekostet, diesen Satz zu schreiben. Niemand schreibt so was gern. Aber ich denke, das war die Erleuchtung, die ich in San Damiano hatte.

Wir schwiegen bis nach Mailand. Dann und wann warf Mutter mir einen Blick zu. Sie schien manchmal etwas deprimiert, manchmal auch etwas gereizt. »Du glaubst nicht an die Mutter Gottes?«, fragte sie plötzlich. Ich zuckte die Schultern: »Soll doch jeder glauben, woran er will«, sagte ich leise. »Nein«, schrie meine Mutter so laut, dass sich die anderen Fahrgäste nach uns umdrehten, »es gibt nur einen Gott!« Dann nahm sie eine der kleinen Wasserflaschen aus ihrer Tasche, klappte den Verschluss auf und drückte kräftig auf den Flaschenbauch. Das Weihwasser spritzte mir direkt zwischen die Beine. Ich schaute schweigend zum Fenster hinaus. Ich spürte den lauernden Blick meiner Mutter. Ich war nicht böse auf sie, eher traurig, dass ich in dieser Umgebung aufwachsen musste. Ich schwieg deshalb und schloss die Augen, endlich war ich wieder in meiner geliebten Script Avenue.

Lourdes war ein ganzes Stück professioneller als San Damiano, Nachbildungen der Lourdes-Grotte wurden in der ganzen Welt lizenziert. Eine Urform des Franchise-Systems, das später von Starbucks weiterentwickelt wurde. Meine Mutter beschaffte sich erneut Unmengen des gesegneten Wassers, und ich musste den ganzen Kram für sie schleppen. Das Wasser hätte ausgereicht, um die Wüste Gobi zu durchqueren. Zu Hause angekommen, spritzte mir meine Mutter das Wasser, das ich die ganze Zeit geschleppt hatte, ins Gesicht, an die Brust, an Arme und Beine. Als müsse sie die diabolischen Flammen löschen, die aus meinem verfluchten Körper züngelten. Ja, sie war der Meinung, dass der Teufel erneut von mir Besitz ergriffen hatte. Anfangs fand ich das lustig, tanzte und sang *Je t'aime … moi non plus* von Jane Birkin, wenn sie mich durch unsere Bonsai-Wohnung verfolgte und vollspritzte. Ich spielte den Besessenen. *Comme j'ai toujours envie d'aimer.* Das machte sie derart wütend, dass sie Hoovers Eisenarm wie eine Turnierlanze unter ihren rechten Arm klemmte und auf mich zustürmte. Sie stürzte über den Wäschekorb und landete im Altpapier.

Die Landung der Apollo 11 auf dem Mond war wesentlich sanfter. 1969 setzte Neil Armstrong seinen Fuß auf den Mond. *Ein kleiner Schritt für einen Menschen, aber ein riesiger Sprung für die Menschheit.* Ich weiß nicht, ob er das gesagt hat. Einige Verschwörungsjunkies behaupten heute noch, dass die Mondlandung in einem kalifornischen Studio gefakt worden sei. Ausgerechnet mein späteres Idol Stanley Kubrick soll heimlich Regie geführt haben.

Nun, die Amerikaner waren zu dritt auf dem Mond, aber nur der Name Neil Armstrong ist in Erinnerung geblieben. Von den anderen Astronauten weiß man nur, dass sie darob so verbitterten, dass sie nur noch soffen. Das ist doppelt tragisch, denn ihren Alkoholismus hat man nicht vergessen, aber ihre Namen. Und was ist davon in der breiten Öffentlichkeit übrig geblieben? Die Frage, was Neil Armstrong tatsächlich gesagt hat. Armstrong bestand darauf, dass er gesagt habe, die Mondlandung sei ein kleiner Schritt für *einen* Menschen gewesen und nicht ein kleiner Schritt für *die* Menschen und schon gar nicht ein *riesiger Sprung für die Menschheit.* Nun gut, damals war die Funkübertragung noch nicht ausgereift, erst der australische IT-Nerd Peter Shann Ford untersuchte die Schallwellen der Stimme und machte im Jahr 2012 die bahnbrechende Entdeckung, dass das englische »a« in Armstrongs Aussage, das 35 Millisekunden dauerte, verschluckt worden war. Am Sterbebett fragte einer seiner Enkel den Astronauten, was er denn wirklich gesagt habe. Armstrong meinte, seine Aussage sei nicht geplant oder überlegt, ja nicht einmal sonderlich komplex gewesen. »Es war, was es war.«

»Aber was war es denn?«, fragte sein Enkel aufgeregt.

Ich erinnere mich nicht mehr detailliert an diese akademischen Debatten, die sich diverse Universitäten lieferten, da der Staat Forschungsgelder gesprochen hatte. Aber ich erinnere mich noch daran, dass im gleichen Jahr eine mexikanische Prostituierte in ihrem Taco das Gesicht von Jesus Christus erkannte. Leider weiß ich nicht mehr, ob sie den Taco trotzdem gegessen hat. Wäre kein Frevel, denn sie wissen ja, dass Katholiken während der heiligen Messe den Leib Jesu verspeisen. Ich mag offen gestanden Tacos lieber als Hostien. Aber die Vorstellung, dass ein mit Hackfleisch gefüllter Taco der Leib Christi ist, kann einem schon den Appetit verderben.

Ich glaube, das war das Jahr, in dem ich Gott zum Duell aufforderte. Ich war dreizehn Jahre alt und bereit zum ultimativen

Showdown, zur Mutter aller Schlachten. Ich würde für drei Stunden allein in der Wohnung sein. Todesmutig zog ich meine Kleider aus, während all die Heiligen stumm auf mich niederschauten. Als ich nackt war, begann ich zu onanieren und rief: »Steig von deinem Kreuz runter, wenn du ein Gott bist!«

Doch niemand löste sich von der Wand oder stieg vom Holzkreuz herunter. Wütend schritt ich zur Wand, nahm das Kreuz vom Haken und stülpte die Vorhaut meines Penis über den kleinen Bronzekopf der Jesusfigur.

In der darauffolgenden Nacht passierte – rein gar nichts, und am Morgen stand mein Penis aufrecht wie die Trajanssäule in Rom. Ich weiß nicht, ob auch Friedrich Nietzsche ein solches Experiment zur Einsicht verhalf, die er im Aphorismus 125 in seiner *Fröhlichen Wissenschaft* niederschrieb: »Gott ist tot.«

## Me and Bobby McGee

1969 fand auch das legendäre Woodstock-Festival statt. Erwartet wurden ungefähr 60 000 Zuschauer. Eine Million machte sich auf den Weg, aber nur 400 000 schafften es auf den verregneten Acker, auf dem ihre Helden sangen: Joe Cocker, Jimi Hendrix, Joan Baez und wie sie alle hießen. Wollte man aufs Klo, musste man stundenlang vor einer der wenigen mobilen Klokabinen Schlange stehen, die bald derart verschissen waren, dass die Leute sich auf dem freien Feld erleichterten. Die chaotischen Verhältnisse trübten die Freude in keiner Weise, die jungen Menschen zelebrierten das andere Amerika und nahmen den neuen Slogan *Make love not war* ziemlich wörtlich. Während Musik und Drogen die Religion ersetzten, pulverisierte die freie Liebe die konservativen Ansichten von Eltern, Kirche und Staat. Was die Nachkriegsgeneration damals aber vollends zur Verzweiflung brachte, war der Trend unter den Heranwachsenden, nicht mehr arbeiten zu wollen. Man hing herum, dröhnte sich zu und wollte Musiker, Kunstmaler, Schriftsteller oder ein Wochenend-Che-Guevara werden. *Death of God* schmierten sie an die Hauswände.

Nur Onkel Arthur wollte Lastwagenfahrer werden. Er hatte es mit Taxi versucht, aber dann war ihm einer blöd gekommen, und er hatte ihn aus dem Wagen geschmissen. Zuvor hatte er einen Vollstopp gerissen und eine Auffahrkollision verursacht. Vor Gericht sagte Onkel Arthur, er habe keine Ahnung, wieso der Gast aus dem Wagen gefallen sei und sich dabei den Arm und den Kiefer gebrochen habe. Er habe doch nur diesen verfluchten Taxameter anwerfen wollen. Ich überredete ihn, einen Sprachkurs zu besuchen, damit er in der Stadt soziale Kontakte aufbauen könne, aber er lachte mich aus: Zum Vögeln brauche er keine Sprachkenntnisse, sein Schwanz sei multilingual.

Als im Winter die billigen Wasserleitungen in der Ruine meiner Eltern platzten, war ich täglich mit Onkel Arthur in der Bruchbude, die wir nun Immobilie nennen mussten. Sie war mittlerweile halbwegs bewohnbar und sollte nun vermietet werden. Da sich wegen der verkehrt montierten Isolationsmatten Schimmel gebildet hatte, mussten wir mit schöner Regelmäßigkeit die Pilzkulturen wegkratzen.

Im ersten Stock hatte sich ein amerikanischer Kunstmaler eingenistet, ein fetter, eingebildeter Kerl mit zerzaustem Haar und Dreißigtagebart. Ich schätze ihn damals auf fünfzig. Er hieß Joe Sheppard, und seine Malerei war gar nicht so schlecht. Ich mochte sie, obwohl ich den Kerl nicht mochte. Wesentlich besser gefiel mir seine Freundin, eine äußerst erotische Frau um die dreißig, die stets ein Lächeln auf den vollen Lippen hatte und den Schalk in den Augen. Sie besaß ein schönes, klassisches Gesicht und sehr weibliche Formen. Sie hieß Lou und meinte, Eier mit Chili würden jeden Mann scharf machen.

Wenn ihr Freund auf Reisen war, und das war er dauernd, bekochte sie mich und zeigte mir anschließend pornografische Bücher aus den Zwanzigerjahren. Dabei ging es natürlich nicht um Pornografie, sondern um Kunst. Aber diese Kunst erregte mich ungemein. Lou präparierte mich regelrecht für ihr Vorhaben und brachte mir all das bei, was man an keiner Universität der Welt lernen kann. Meine Eltern freuten sich, dass ich nun so gern nach Vilaincourt fuhr und ohne Widerrede meine Ferien für die Pilzsuche opferte. Lou wurde ein bisschen zur Mutter und Freundin, aber vor allem zu meiner Geliebten.

Im Erdgeschoss des Hauses wohnte mittlerweile Gérôme, der Briefträger des Dorfes, mit seiner thailändischen Frau. Die saß immer wie eine Götterstatue auf dem Sofa, hörte Thai-Musik im Nebel Dutzender Räucherstäbchen und vermied es, die Wohnung zu lüften. Die Schimmelpilze schossen wie kleine schlabbrige Aliens aus den Wänden. Eine Unterhaltung mit Gérômes Frau war nicht möglich, sie sprach nur Thai. Ihr Mann hielt sie wie ein exotisches Tier gefangen und beteuerte ungefragt, dass sie sich hier wie im Paradies fühle. Ich weiß nicht, ob das Paradies ein Isolations- und Schimmelproblem hat.

Aber für eines war die Thailänderin in ihrer buddhistischen Höhlenwohnung hilfreich: Sie aktivierte in mir wieder die Magellan-Seefahrer-Endlosschleife, und ich begann, die Geschichte eines jungen Mannes zu schreiben, der sein Glück auf den Philippinen suchte. Ich war besessen von dieser Geschichte, und ich war felsenfest überzeugt, dass ich eines Tages Teil dieser Geschichte werden würde. Ich würde auf den Philippinen leben und Bücher schreiben. Und dann würde die Frau mit der Kokosnuss kommen und sich neben mich setzen.

An freien Tagen fuhr ich mit Onkel Arthur durch den Jura oder nach Belfort, die Stimmung war immer heiter. Selbst wenn er von düsteren Momenten seines Lebens erzählte, konnte er anschließend herzhaft lachen. Am liebsten erzählte er seine Frauengeschichten. Ich ahnte durchaus, dass sie nicht unbedingt der Realität entsprachen, aber sie erzählten die Träume eines Mannes, dessen Script Avenue ein Riesenbordell war. Als er einmal meine französischen Gedichte auf Großmutters schwarzem Klavier sah, flüsterte er, die Liebe, die kenne er nur vom Hörensagen, aber was Sehnsucht sei, das wisse er schon ganz genau. Es war das einzige Mal, dass er nachdenklich und bedrückt schien.

Wenn mein Cousin Guy und seine Brüder nicht da waren, spielte mein Onkel Arthur mit mir Fußball. Wir gingen in den Obstgarten und verscheuchten die Hühner, die im Tor standen beziehungsweise zwischen zwei Zwetschgenbäumen. Er tat es mir zuliebe, obwohl seine Hüfte schmerzte. Doch er ließ sich nichts anmerken. Er sei eben ein Legionär, wie er einmal sagte. Ich war froh, wenn jeweils mein Cousin Guy und seine Brüder von der Schule zurückkamen. Dann konnten wir richtig spielen, und Onkel Arthur legte sich mit zwei Flaschen Bier ins Gras und spielte Schiedsrichter, Linienrichter und Live-Reporter in einem. Abwechselnd grölte er »Penalty!« oder »Foul!«, und bei groben Regelverstößen bewarf er uns mit einem Ei.

Ich habe den Fußball immer geliebt. Ich habe in meinen Wohnräumen immer Fußbälle gehabt. Ich schoss Freistöße durchs Wohnzimmer und lupfte den Ball über den gedeckten Tisch, ich hatte ja später keine Holzkreuze mehr an den Wänden. Sogar im Spital hatte ich einen Ball unter meinem Bett. Leider traf ich die ceylonesische Pflegefachfrau am Hinterkopf, was mir prompt als Rassismus ausgelegt wurde, und der Arzt verbannte das Leder aus meinem Zimmer. War nicht steril. Sie mussten mir etwas spritzen, um an den Ball heranzukommen, zwei Ampullen Morphium. Normalerweise hätte das Rot gegeben. Als ich wieder aufwachte, konnte ich mich nicht mehr erinnern, ob ich je einen Ball gehabt hatte.

Doch das Ereignis, das mich 1969 am meisten erschüttert hat, war nicht die Jugendrevolte. Ich war ja damals gerade dreizehn Jahre alt und wurde erneut mit der Härte des menschlichen Daseins konfrontiert. Ich stand mit offenem Mund vor dem Kiosk am Spalenring und starrte die elsässische Kioskfrau entsetzt an. Tu mir das jetzt bloß nicht an, dachte ich, das ertrag ich jetzt nicht auch noch; ich werde gleich deinen ganzen Zeitungsstand abfackeln. Doch sie wiederholte beiläufig, dass es keine *Sigurd*-Bände mehr gebe. Sigurd war offenbar gestorben. Sein Schöpfer Hansrudi Wäscher, ein Schweizer Plakatmaler, hatte ihn sterben lassen. Wenn Hansrudi Wäscher gestorben wäre, okay, das hätte ich noch einigermaßen gelten lassen. Aber dass der beste Comiczeichner im deutschsprachigen Raum die Pferde im Stall ließ, Laban auf seiner Burg und die Werwölfe im Moor, schockierte mich. Für Sigurd wäre ich auf die Barrikaden gestiegen und hätte gemeinsam mit Daniel Cohn-Bendit ein paar Scheiben in die Brüche gehen lassen. Die Kioskfrau meinte, es gebe auch noch *Fix & Foxi*. Sie verstand rein gar nichts. Ich war fix und fertig.

Wie ein geprügelter Hund zog ich mich in meine Script Avenue zurück. Sigurd sattelte gerade sein Pferd, er ahnte bereits, dass es *bad news* waren. »Ritter Sigurd von Eckbertstein«, sagte ich, »meine Recherchen haben ergeben, dass Sie im Jahre 1191 geboren sind, also kurz nach Barbarossas Tod.« Sigurd nickte. Jetzt eilten Bodo und Cassim herbei, sie mussten ihn stützen. »Das ist die Zeit des dritten Kreuzzuges!«, schrie ich. »Ich schicke euch nach Palästina! Und wenn ihr eines Tages zurückkommt, werdet ihr neue Geschichten haben. In meiner Script Avenue seid ihr unsterblich!«

# Andrea? Die Erinnerung verlieren

Hatte Andrea den Kühlschrank offen gelassen? Nein, Andrea unterliefen nie Fehler. Ich dachte nach, doch ich wusste nicht mehr, wieso der Kühlschrank offen stand. Ich entdeckte meine Autoschlüssel im Milchfach und dachte an den Plan. Ich hatte geglaubt, man könne im Voraus trauern, ich hatte alles genau aufgeschrieben. Was würde ich am Tag ihres Todes tun? Ich brauchte ein volles Programm. Ohne Pausen! Ich klammerte mich eisern an den Plan, doch an diesem Morgen hatte ich den Plan vergessen, oder der Plan hatte mich vergessen. Ich schlurfte ins leere Schlafzimmer zurück. Andrea war tatsächlich nicht im Bett. Hätte sein können, dass sie heute ausschläft. Ich setzte mich auf die Bettkante und starrte auf die offenen, leeren Kleiderschränke. Ja, das war Teil des Plans, ich musste realisieren, dass sie nicht mehr da war, dass sie nicht zurückkam, dass dieser Teil meines Lebens zu Ende war. Alles entsorgen, alles neu einrichten, das stand im Plan.

Aber es geschahen auch Dinge, die nicht im Plan standen. Ich rasierte mich nicht mehr. Keine Duschen mehr. Ich verlor mein Interesse am Tagesgeschehen. Ich las keine E-Mails mehr. Meine Gedanken kreisten nur noch um Andrea, ich konnte mich auf nichts anderes mehr konzentrieren. Meine Mitmenschen nervten mich. Wie konnten die in meiner Gegenwart nur so lapidare Themen anschneiden? Was interessierten mich die Olympischen Spiele oder dass in China 70 000 Menschen bei einem Erdbeben umgekommen waren? Ich hatte alles verloren. Oder dieser smarte Obama, oder dass Malta den Euro einführte? Es war mir alles egal – scheißegal. Ich überlegte, ob ich in den Secondhandshop fahren und alle Kleider zurückholen sollte, um sie wieder in die Schränke zu hängen. Ich dachte, ich müsste diesen Schmerz konservieren, weil ich sonst die Erinnerung verlieren würde. Das war meine größte Angst: die Erinnerung an Andrea zu verlieren.

»Wach auf! Es gibt jetzt einen anderen Plan«, sagte Tim und las die Etiketten auf den Infusionsbeuteln, »sie versuchen es mit einer neuen Giftladung. Ich habe letzte Nacht auch von Andrea geträumt. Aber es war kein schöner Traum.« Tim schob mich zum Fenster und platzierte mich vor den Computer. Er erzählte, dass er die Bachelor-Prüfungen bestanden habe.
»Bring mir die Urkunde ins Spital«, sagte ich, »ich muss das sehen, das ist ein großer Tag für uns. Und bring eine kleine Flasche Pommery, Cocktails kriege ich ja genug.«
»Alkohol ist verboten, Sammy.«
»Nein, nein, steht nicht auf den Beipackzetteln, ich hätts gesehen, wenn dort Pommery stünde.«
Tim schmunzelte und steckte mir den Kopfhörer ins Ohr: »Jetzt kommen die goldenen Siebzigerjahre. Nie habe es so viele gute Songs gegeben, hast du einmal gesagt.«

## Is This the Way to Amarillo?

Die Siebzigerjahre gelten gemeinhin als das große Kulturjahrzehnt des 20. Jahrhunderts. Es gibt kaum ein Jahr ohne Ereignisse, die ewig haften geblieben sind. Fast jeder Song ein Ohrwurm, eine Erinnerung, ein Geruch: The Rolling Stones – *Brown Sugar*, Ricky Shayne – *Mamy Blue*, Janis Joplin – *Me and Bobby McGee*, Rod Stewart – *Maggie May*, und Ozzy Osbourne sang mit Black Sabbath *Paranoid* und tut es noch heute, besser denn je. Mein Agent hat mir die Hälfte der Songs gestrichen. Aber verdammt nochmal, ist es sein Buch oder meins? Ich füge jetzt aus

Trotz noch einen Titel hinzu: Melanie – *Ruby Tuesday*. Und noch einen: *Hey Tonight* von Creedence Clearwater Revival.

Ja, die goldenen Siebziger – dieses Jahrzehnt war eine einzige große Party. Nie zuvor hatte es so viele Freiheiten gegeben. Nie danach gab er sie wieder. Alle Grenzen waren gefallen, bis schließlich Aids die Dekade der Illusionen und Irrtümer beendete. Während meine Klassenkameraden zunehmend bekifft auf dem Sofa lagen und *El Condor Pasa* und *Tubular Bells* hörten, kämpfte ich mich mit meinem Expander auf Level vier. Bei den Liegestützen hatte ich bereits die Fünfzigermarke überschritten. Im Sommer begann ich um acht Uhr morgens, im öffentlichen Schwimmbad meine Längen zu kraulen. Über den Hallenlautsprecher hörte man *Mendocino*. Meine T-Shirts wurden eng. Alles wurde mir zu eng. Ich sehnte mich danach, zu reisen und andere Menschen kennen zu lernen. Ich musste diesen Albtraum beenden. Aber wo sollte ich hin? Nach Vilaincourt? Mich unter der Wettsteinbrücke verstecken? Ich erfand die Geschichte eines Jungen, der wie der Graf von Monte Christo auf einer Gefängnisinsel interniert war und seine Flucht plante. Zusammen mit dem Grafen von Monte Christo trainierte ich meinen Körper in der Script Avenue. Wir würden gemeinsam fliehen.

Meine Hirnrinde erlebte einen Wachstumsschub, und mein Hypothalamus veranlasste einen Testosteron-Tsunami, der meine Hoden anschwellen ließ und mit dichtem Haar überwucherte. Morgens musste ich masturbieren, um das Abschwellen der Früherektion zu beschleunigen, denn ich legte weiterhin großen Wert auf Pünktlichkeit. Sah ich eine halb nackte Frau in einer Zeitung, bekam ich eine Erektion. Schaute ich während einer Lateinprüfung gedankenversunken auf eine Mitschülerin, passierte das Gleiche. Es ging all meinen Schulkameraden ähnlich. Wir hatten ständig einen Steifen. Wir zeigten uns gegenseitig im Geografie-Unterricht unsere geschwollenen Penisse und versuchten, das Ding mit dem Schweizer Atlas hinunterzudrücken. Es war alles neu und faszinierend, und das Klassenzimmer stank nach Garum, der Fischsauce der alten Römer. Die Mädchen hielten das kaum aus. Schließlich sandten sie uns eine Friedensdelegation, die uns schonend beibrachte, dass man sich nach beginnender Geschlechtsreifung täglich duschen sollte. Schwerpunkt Penis.

Sie mögen jetzt diese Schilderung als übertrieben detailliert oder etwas eklig empfinden, kann ich verstehen, geht mir heute genauso. Aber wenn Sie das nächste Mal einem grau melierten Herrn mit guten Manieren begegnen, denken Sie daran: Bei ihm war es nicht anders. Ich hatte Sie ja gewarnt, es soll ein ehrliches Buch werden.

Meine sexuellen Erfahrungen beschränkten sich bis anhin auf Lou und das Durchblättern von Modekatalogen mit Schwerpunkt weibliche Unterwäsche. Doch bei meinen Klassenkameradinnen wölbten sich die Brüste und stimulierten unsere Hormone. Wir waren zunehmend verwirrt und fragten uns eines Morgens: Wer bin ich? Unsere Eltern wussten es auch nicht. Ist das noch unser Kind? Es sind noch keine zehn Jahre her, da saß es auf unserem Schoß, und jetzt läuft er jedem Rock hinterher.

Der Wandel wurde die einzige Kontinuität in unserem jungen Leben. Am Montag waren meine Schulkollegen Marxist-Leninisten, am Mittwoch Trotzkisten und am Wochenende Buddhisten, sie trugen abwechselnd Klamotten aus dem US-Army-Shop, dann wieder orange Hare-Krishna-Nachthemden oder schwarze Outfits mit Totenköpfen, die ihre Mütter erschreckten. Wir benutzten keine Türfallen mehr, sondern knallten die Türen zu, wir soffen auf öffentlichen Plätzen, benutzten die Zebrastreifen nicht und gingen provozierend langsam über die Straße. Die Hupkonzerte gaben uns die Gewissheit, dass wir endlich als Individuen ernst genommen wurden. Wer bin ich? Wir rasten auf unseren Velos zwischen den Passanten hindurch und pöbelten lautstark, wenn uns einer blöd kam.

Der hormonelle Stoffwechsel ließ uns die Liebe zum Risiko entdecken. Wir stahlen Autos und fuhren damit in der Landschaft herum, wir bastelten Molotow-Cocktails und schleuderten sie in eine abgelegene Kiesgrube in Hüningen. *Mama Weer All Crazee Now* sang Johnny Howells von den Slade, und wir brüllten mit ihm, wurden Komasäufer und Schulverweigerer und suchten ständig nach neuen Feindbildern, die uns halfen, uns abzugrenzen und eine eigene Identität zu entwickeln. Aber obwohl wir nachts wie bunte Vogelscheuchen rumtorkelten und *My Oh My* grölten, nahm uns kaum jemand zur Kenntnis. Wir wurden nicht verhaftet, kamen nicht in die Zeitung, und niemand fragte uns nach unserer politischen Message. *My oh my, I believe in women, my oh my, I believe in lovin'*, ja, wir waren *all crazy now*.

So verhalten sich heute Dreißigjährige, weil im Hotel Mama die Pubertät zum Dauerzustand geworden ist und weil sich Eltern und Kinder kaum noch voneinander unterscheiden. Sie hören die gleiche Musik und erzählen den gleichen unausgegorenen Mist, sie klauen sich gegenseitig die frische Unterwäsche und teilen sich Joints und Präservative. Nein, Letzteres ist wohl übertrieben. Die Väter tollen wie kleine Jungs auf dem Sofa herum und streiten mit ihren Söhnen um die Playstation, die Jungs haben keinen Respekt mehr. Sie schnauzen ihre Eltern an, im Badezimmer keine Joints zu rauchen und den Kühlschrank nicht immer offen zu lassen. Eltern sind heute zerknitterte Kinder mit ergrautem Haar und partiellem Zahnersatz, und seit Viagra können die Väter sogar wie ihre Jungs mit ihrer Potenz prahlen. Und wenn sie mal ganz hart durchgreifen wollen, verbieten sie ihrem Nachwuchs gnadenlos den Konsum von iPod, iPad, PC und TV. Für mindestens eine halbe Stunde. Das hat auf die Gesellschaft abgefärbt. Pädophile werden heute gnadenlos verurteilt, weiterhin mit Kleinkindern zusammenzuarbeiten, und Kriminelle mit einem Strafregister, länger als jeder Borussia-Dortmund-Schal, werden zu Karate-, Reit- und Tanzunterricht verknurrt in Anwesenheit von 28 Therapeuten, die sich aufopfernd um ihre Existenzgrundlage kümmern.

Aber als ich aufbrach, die Höhlen von Vilaincourt zu verlassen, konnte man Eltern und Kinder noch klar auseinanderhalten. Ich versuchte es mit langen Haaren. Mein Vater riss mich daran, und meine Mutter schnitt sie ab. Ich erwog sogar, mir einen neuen Vornamen zuzulegen, irgendetwas Amerikanisches. Hans nannte sich jetzt John, und Michael nannte sich Micky. Doch so einfach war es eben nicht mit der Mannwerdung.

Als meine Eltern mein Schulzeugnis erhielten, waren sie bitter enttäuscht. Enttäuscht über mich, aber auch enttäuscht über die bescheidenen Fähigkeiten des lieben Gottes. Meine Mutter drohte mit plötzlichem Atemstillstand, während der hagere Blonde mich ins Wohnzimmer zum Verhör bestellte, er bestand darauf, dass ich mich vor ihn hinstellte, wie im Zeugenstand. Doch ich fand es gemütlicher, mich im neuen Sofa zu lümmeln.

»Hör mir gut zu, Sämmeli«, begann er. Ich unterbrach Hochwürden gleich. »Ich bin nicht mehr dein Sämmeli«, sagte ich. »Ich heiße Samuel.«

Meine Mutter stürmte erschreckt ins Wohnzimmer und fragte, was das bedeute, »nicht mehr Sämmeli«?

Der Blonde wurde wütend, denn er wollte über mein Zeugnis reden. »Wieso tust du uns das an?«, schrie er. »Ist das der Dank?«

»Es ist mein Zeugnis, nicht deins. Ihr hättet bestimmt schon dreimal wiederholen müssen.«

Wütend sprang mein Vater hoch und baute sich vor mir auf. Vergebens. Ich war mittlerweile noch etwas gewachsen. Er setzte sich wieder hin und inspizierte verlegen seine Fingernägel.

»Ich weiß, wieso er durchgefallen ist«, weinte meine Mutter. »Er hat es absichtlich getan, denn alle seine Freunde sind durchgefallen, er will wieder mit ihnen in der gleichen Klasse sein.«

»Wieso verkehrt er ständig mit diesem Abschaum?«

»Ich mag diesen Abschaum. Wir gehen zusammen durch dick und dünn, niemand verpetzt den andern, das ist eine richtige Familie.«

Meine Mutter packte meinen Arm: »Was ist das? Wisch es weg!«

»Das ist eine Tätowierung. Der Adler der römischen Legion. Wir geben uns auf diese Weise als Abschaum zu erkennen.«

Meine Mutter ließ sich auf das neue Sofa fallen, das dem Stil des »Sonnenkönigs« Louis XIV. nachempfunden war: »Ich erkenne dich kaum wieder.« Sie schaute hilfesuchend zu meinem Vater hinüber.

»Ich verbiete dir ab jetzt alle Aktivitäten außerhalb der Schule, Sammy.« Man sah dem Blonden an, dass ihn der neue Fernseher zu dieser staatsmännischen Rede inspiriert hatte.

»Ich brauche meine Freunde«, sagte ich meinen Eltern, »ohne sie werde ich diesen Albtraum hier nicht mehr lange aushalten.«

»Aber diese Freunde passen doch gar nicht zu dir, Sammy!«

»Mag sein. Aber sie sind interessant, sie sind anders als ihr!«

»Das ist wohl die Pubertät«, murmelte mein Vater und starrte konsterniert auf seine Socken.

»Diese Familie ist ein Horror«, sagte ich. »Wie soll man da vernünftig lernen können. Hier herrscht immer Krieg. Lasst mich nachts in Ruhe schlafen, lasst euch endlich scheiden!«

»Das kommt davon, dass du immer rauchst«, analysierte meine Mutter messerscharf.

»Jetzt hast du endlich deinen Schuldigen.« Routiniert tauschten sie die gesammelten Vorwürfe der letzten fünfzehn Jahre aus, während ich mich so unauffällig wie möglich aus dem Sofa befreite. Blitzschnell griff der hagere Blonde nach meinem Arm. Er wollte mir wehtun. Seine Finger krallten sich fest. Es gab ein kurzes Gerangel, er wollte auf seine Kernkompetenz zurückgreifen und mir ins Gesicht schlagen. Ich stieß ihn mit aller Wucht zurück. Er fiel rückwärts auf den neuen gläsernen Klubtisch, der sofort zusammenkrachte. Mein Vater blieb, benommen wie ein angezählter Boxer, im Messingrahmen hängen, es sah aus, als sei er in ein Riesenklo geplumpst.

»Den wirst du bezahlen!«, schrie meine Mutter.

»Hilft mir denn keiner hier raus?«, maulte der Blonde gequält.

Ich flüchtete in meine Script Avenue. Es war mittlerweile eine endlose Allee, die nirgends anfing und nirgends aufhörte. Ich kenne heute noch jedes Haus, jedes Fenster, jeden Bewohner. Ich erinnere mich noch an jeden Geruch, an jede Melodie und an jeden Windstoß. Es gab in der Script Avenue eine Bar. Sie hieß *Phillies*. Edward Hopper hat sie 1942 gemalt und dem Ölgemälde den Namen *Nighthawks* gegeben. Die Phillies Bar kann man nicht betreten. Man bleibt außen vor und kann nur das Geschehen beobachten. Man ist ausgeschlossen. Viele Künstler haben sie nachgemalt und mit eigenen Charakteren besetzt, mit Hollywood-Stars wie Bogart oder Monroe, mit *Tim-und-Struppi*-Figuren. Oder den Simpsons.

Ich hatte meine eigenen Figuren in der Phillies Bar, und ich stand draußen und beobachtete sie. Manchmal marschierte eine von Cäsars Legionen die Avenue hinunter. 5000 Kettenhemden, das machte einen Höllenlärm. Sie führten meist unterworfene Kelten mit sich, wilde, unbeugsame und halbnackte Männer mit Kalk in den Haaren, der ihnen den Anschein von wilden Punks verlieh. Manchmal hörte man aus einem Hinterhof Hannibals Elefanten posaunen, doch ich bekam sie nie zu Gesicht. Es gab auch einen Zauberer, der stets auf der Suche nach seiner suizidgefährdeten Schwester war, einen psychisch kranken Gerichtsschreiber und einen Buchhalter, der ein Doppelleben führte.

Merkwürdigerweise gab es in der Script Avenue auch ein Jollibee. Jollibee und nicht McDonald's, da bin ich mir ganz sicher, obwohl die beiden das gleiche Business-Konzept haben und zum Verwechseln ähnlich sind. Aber Jollibee gibts nur in Asien, Hongkong, Vietnam, auf den Philippinen und in arabischen Staaten. Neuerdings auch in de USA. Im Jollibee saßen Kardinäle, um den nächsten Papst zu wählen. Sie tunkten *French fries* in Ketchup und saugten die Tomatensauce von den frittierten Kartoffelstäbchen, bis diese aufgeweicht waren und brachen. »Der Leib Christi«, murmelten sie. Sie wollten das jahrtausendalte Abendmahl der Zeit anpassen.

In der Script Avenue gibt es sehr viele Frauen. Weil ich das weibliche Geschlecht schätze. Aus jeder Bewohnerin konnte eine Geschichte werden – jede war einmalig, widersprüchlich und stand für ein anderes Leben. Es gab auch einen Uhrmacher in der Script Avenue. Der Laden war meist leer, weil der Besitzer Schafe melken musste. Ich konnte den Laden betreten und durch eine Hintertür wieder verlassen, das machte ich oft. Sobald ich die Hintertür geöffnet hatte, sah ich einen weißen Strand und das Meer. Ich sah ein Mädchen am Wasser, es öffnete mit einem Stein eine Kokosnuss. Ich schaffte es nicht, zu diesem Mädchen vorzustoßen, die Hitze bildete eine undurchdringliche Feuerwand, ich kämpfte, schrie, aber sie hörte mich nicht. Sie hatte langes schwarzes Haar, ihre Haut war von der Sonne stark gebräunt. Ich hörte ein fürchterliches Grollen, riesige Wassermassen türmten sich vor mir auf, rollten auf mich zu und walzten mich nieder. Ich war sofort hellwach.

Ich torkelte schlaftrunken in die Küche, um ein Glas Wasser zu trinken. Meine Mutter kniete im abgedunkelten Wohnzimmer im flackernden Licht zweier monumentaler Kerzen und betete das Jesusbild an. Unser Wohnzimmer wurde mehr und mehr zum gespenstischen Wallfahrtsort.

»Fürchtest du dich vor dem Kreuz Christi?«, flüsterte meine Mutter mit seltsamer Stimme.

»Wieso hast du größere Kerzen gekauft? Die sehen aus wie Cruise Missiles.«

Dann sah ich die große Weihwasserschale an der Wand.

»Die ist antik«, flüsterte meine Mutter und versuchte sich auf ihre Erbsenzählerei zu konzentrieren.

Ich trank in der Küche Hahnenwasser und wollte wieder ins Bett. Ich blieb in der Tür zu unserer Wohnzimmerkapelle stehen und beobachtete meine Mutter lange. Sie schien wie in Trance.

»Knie nieder«, flüsterte sie beschwörend, »Gott sieht dich.«

»Du bist die erste weibliche Hohe Priesterin der katholischen Kirche«, sagte ich verblüfft, »der Papst wird dich exkommunizieren. Die dulden keine Frauen in der Kirche. Höchstens in ihren Betten.«

»Sammy, du bist vom Teufel besessen«, sagte sie mit trauriger Stimme und betete ihr Ave-Maria.

»Ein Pastor im US-Bundesstaat Maine sagte das kürzlich zu seinem Sohn. Dann holte er die Kettensäge aus der Garage und köpfte seinen eigenen Sohn.«

Meine Mutter ging in die Küche und nahm zwei Messer aus der Schublade. Sie ging damit ins Schlafzimmer und kniete vor meinem Bett nieder, sie kreuzte die Messer unter dem Bettrost.

»Damit werden wir Satan vertreiben«, sagte sie in konspirativem Ton.

»Vielleicht wirst du auch mich vertreiben.«

Meine Mutter erhob sich: »Das ist gut möglich, falls Satan in dir wohnt.«

Ich begann, meine Mutter zu fürchten. Sie kaufte einen neuen Rosenkranz, der fast so groß war wie eine Absperrkette auf einem Wirtshausparkplatz. Im Wohnzimmer stellte sie ihre Rosenkranz-Kollektion aus. Wie eine Golfspielerin: je nach Situation ein anderes Werkzeug. Neuerdings trug meine Mutter beim Beten Knieschoner, die sie sich im Fan-Shop des FC Basel gekauft hatte. In meine Kleider waren plötzlich kleine Marienmedaillons aus Blech eingenäht. Ich bemerkte es erst, als sich meine Klassenkameraden im Umkleideraum der Turnhalle kaputtlachten. Das war einerseits peinlich, anderseits aber auch ein sicheres Indiz dafür, dass meine Mutter wirklich komische Sachen machte. Meine Mutter verlor sich allmählich in ihrem religiösen Wahn, eines Tages kreuzte sie sogar Fonduegabeln unter meinem Bett. Ich weiß nicht, ob man damit den Teufel austreiben kann. Aber ist es nicht so, dass auch Afrikaner vor dem Penaltyschießen Schimpansenknochen unter der gegnerischen Trainerbank kreuzen? Vernunftmäßig bewegt sich ein Großteil der Erdenbürger halt immer noch in der Bronzezeit, und Religion bleibt eine infantile Abart des Aberglaubens.

Meine Mutter betete nun mit ausgestreckten Armen stehend auf dem Balkon. Aber irgendwie funktionierte das nicht. Meine Schulnoten wurden immer schlechter. Vielleicht lag es daran, dass Gott in Mathe nicht so stark war.


In der Script Avenue verlor der Graf von Monte Christo schier den Verstand. Eine irre Sekte hatte ihn interniert. Auch ich war zunehmend erschöpft. Aber nicht so wie in den letzten Wochen. Es ist nicht Müdigkeit, es ist so, als sei man schon ein bisschen tot. Man liegt erschlagen auf der Couch und mag sich nicht mehr bewegen. Ich hoffe, ich schaffe die letzten 500 Seiten noch. Ich habe gestern Nacht einen Brief an die Sterbehilfeorganisation Exit geschrieben, ihn aber noch nicht zur Post gebracht. Die hundert Meter zur Post sind nicht mehr zu schaffen. Und wozu die Eile, solange ich noch ab und zu schreiben kann? Man lebt nur einmal. In diesem banalen Satz steckt viel Weisheit. Er ist die Grundlage für zahlreiche fundamentale philosophische Überlegungen. Wer diesen Satz in seiner gesamten Tiefe und Vielfalt versteht, lebt ein besseres Leben.

# Nixon und die Cartwrights

Es war ein Sonntag. Der 15. August 1971. Johnny Cash sang *Man in Black*. Ich saß mit meinen Kollegen Cédric und Sandro in Robertos Elternhaus. Seine Eltern saßen in Untersuchungshaft, sie hatten in ihrem Garten Hanf angebaut und damit Handel getrieben. Wir wollten uns *Bonanza* anschauen. Bonanza bedeutet so viel wie »ergiebige Goldgrube«. Das war der Straßenfeger der Siebzigerjahre. Die vier Cartwrights reiten uns also entgegen und werden einzeln vorgestellt: Lorne Green, Dan Blocker, Pernell Roberts, Michael Landon und Richard Nixon. Was zum Teufel hatte Richard Nixon auf der Ranch zu suchen? Das gibts nur in der Script Avenue. Aber in der Tat hatte Nixon an diesem Tag etwas zu verkünden: Er war sichtlich nervös. Oh my God, dachte ich, der teilt uns bestimmt mit, dass Lorne Green erschossen worden ist. Oder noch schlimmer, Dan Blocker hat sich zu Tode gefressen, wie damals Michel Piccoli in *La grande bouffe*. Aber Nixon erklärte der Nation, dass es einen geheimen Krieg gegen den amerikanischen Dollar gebe. Er habe den Cartwrights den Auftrag gegeben, den Dollar zu verteidigen, ich meine den Finanzminister John Connally. Er sollte die Konvertierbarkeit des Dollars in Gold vorübergehend aufheben, aber vorübergehend bedeutet in der Politik immer *for ever*. Und wenn ihr Deppen das realisiert, schreibe ich bereits am dritten Band meiner fiktiven Memoiren.

Der 15. August 1971 war somit das Ende des altbewährten Währungssystems, das seit 1944 funktioniert hatte. Man hatte Vertrauen in den Dollar, weil für jeden gedruckten Dollar ein paar Gramm Gold gebunkert waren. Ohne Gold basierte der Dollar nur noch auf der Wirtschaftsleistung. Oder genauer: auf Vertrauen. Auf dem Blabla von Politikern, deren einziges Ziel die eigene Wiederwahl war. Von da an warfen rechte und linke Regierungen abwechselnd die Notenpresse an, um die nicht finanzierbaren Wünsche einer verwöhnten Wählerschaft zu befriedigen. Der Geldsegen flutete die Märkte und verursachte eine Spekulationsblase nach der andern, denn jede Blase nährt die nächste.

Seit diesem Sonntag interessiere ich mich für Gold. Ich hatte natürlich keins und konnte mir auch keins leisten, aber ich las alles, was ich fortan über Gold lesen konnte. Die Geschichte des Goldes, die Funktion des Goldes, die Goldmärkte, alles interessierte mich, und ich entwarf die Geschichte eines Goldklumpens, der vor 4000 Jahren gegen eine halbe Kuh eingetauscht wird. Die Geschichte umfasst 6000 Jahre... *Sind wir jetzt fertig?,* schreibt mein Agent an den Rand, er verliert allmählich den Respekt.


Der hagere Blonde im hellblauen Hemd setzte sich eines Abends in unsere Hauskapelle und zündete sich an der Monsterkerze eine Zigarette an, meine Mutter war entsetzt. »Man raucht nicht in der Kirche!«, schrie sie, »bist du denn ganz von Sinnen?«

»Du hast recht«, sagte der hagere Blonde im hellblauen Hemd, »aber das hier ist keine Kirche, und du musst jetzt mit diesem Theater aufhören. Du machst den Jungen noch ganz verrückt. Ich glaube nicht, dass Gott daran seine Freude hat.«

»Du sollst nicht rauchen!«, schrie meine Mutter und wackelte mit dem Zeigefinger.

»Das elfte Gebot?«, grinste mein Vater.

»Rauchen schädigt dein Gehör, hat dir der Arzt gesagt, deshalb nimmt dich keine Pensionskasse auf! Weil du nichts hörst!«

»Das kommt von deinem ewigen Geschrei!«, schrie der hagere Blonde und zog gierig an seiner Zigarette.

»Satan!«, schrie meine Mutter und machte ein paar Schritte auf ihn zu, »sobald sie dich in die Pensionskasse aufgenommen haben, kannst du so viel rauchen, wie du willst!«

»Aha«, machte mein Vater beleidigt, »dann ist es dir egal, wenn ich krepiere. Was sagt der Herr, unser Gott und Vater, dazu?«

Nun starteten sie einen neuen Religionskrieg. Allahu Akbar. Kaum kam der Blonde abends nach Hause, flogen die Fetzen, und jeder zitierte abwechselnd die Propheten, die ihm gerade passten. Manchmal musste meine Mutter sogar Nostradamus zu Hilfe holen, mein Vater konterte geschickt mit dem Mayakalender. Schließlich hielten sie sich gegenseitig für vom Teufel besessen. Meine Mutter schlug ihr Camp in der Wohnzimmerkapelle auf, der Blonde schlief weiterhin im Schlafzimmer. Ich saß im Flur auf dem Teppichboden mit dem Rücken zur Wand und wartete auf den nächsten Feldzug, ich war wieder der einsame UNO-Blauhelm.

Eines Abends versuchte ich angestrengt, eine Logarithmentafel zu verstehen, als mein Vater plötzlich mit entsichertem Revolver meine Mutter jagte. Sie flüchtete schreiend auf die Terrasse, setzte sich auf das Geländer und drohte, sich hinunterzustürzen, obwohl mein Vater sie eh gleich erschießen wollte. Ich ließ die Logarithmentafel fallen und rannte zum Balkon, meine Mutter stimmte ein Ave-Maria an. Als der Blonde mich sah, senkte er verlegen seine Waffe und verschwand, nicht ohne vorher meine Mutter auf Französisch übel beschimpft zu haben. Da sein französischer Wortschatz bescheiden war, dauerte dies nicht allzu lange. Ich folgte ihm, entriss ihm von hinten den Revolver, rannte auf den Balkon und schmiss ihn in hohem Bogen Richtung Elsass, zum Glück löste dies keinen französisch-schweizerischen Grenzkonflikt aus. Es kamen lediglich zwei Polizisten zu uns, weil der Rentner aus dem vierten Stock behauptet hatte, von einem fliegenden Revolver am Kopf getroffen worden zu sein. Mein Vater hatte einen großartigen Auftritt. Wäre es ein Vorsprechtermin für ein Casting gewesen, er hätte die Rolle gekriegt.

»Ach wissen Sie, die heutige Jugend. Die Pubertät muss man ertragen«, sagte er und verdrehte die Augen gottergeben nach oben.

Einer der beiden Polizisten erkannte den Blonden. »Sind Sie nicht der, der immer in der Kirche am Sonntag das Opfergeld einzieht?«

»Ja«, strahlte mein Vater. Dann wandten sich die beiden Polizisten an mich: »Was hast du dir eigentlich dabei gedacht, Junge?«

»Nicht viel«, lächelte der hagere Blonde im hellblauen Hemd, »und es wird nie wieder vorkommen.«

»Das höre ich doch gern«, grinste ich. Die Polizisten schauten sich ratlos an wie Schulze und Schultze in *Tim und Struppi*.

»Vielleicht wird der alte Herr, den du am Kopf getroffen hast, Anzeige erstatten«, sagte der eine Polizist mit ernster Miene. »Als der arme Mann am Kopf getroffen wurde, ist ihm die Brille zu Boden gefallen, und als er sie aufheben wollte, hat er sie mit dem Fuß zertreten.«

»Mein Sohn wird das bezahlen«, beschwichtigte mein Vater.

»Womit?«, fragte ich scheinheilig. »Ihr klaut mir ja jeden Rappen.«

»Wir werden das bezahlen«, unterbrach mich der hagere Blonde. Die Polizisten reagierten nicht.

»Wir bezahlen alles, keine Frage!«, wiederholte mein Vater gereizt.

»Nun gut«, sagte der Polizist, »aber Strafanzeige kann er trotzdem erstatten.«

»Natürlich«, sagte der Blonde und senkte betroffen den Kopf.

Als die beiden Beamten die Wohnung verlassen hatte, starrte mich mein Vater wütend an.

»Nicht schlagen«, grinste ich, »die Polizei ist noch im Haus. Wenn das nochmals passiert, gehe ich zur Polizei und erzähl denen, dass du heute deine Frau erschießen wolltest.«

»Siehst du, was du angerichtet hast?«, schrie meine Mutter mich an und kam aus ihrer abgedunkelten Wohnzimmerkapelle heraus, »niemand wollte mich erschießen!«

»Es ist jetzt amtlich, was hier passiert ist. Wenn das nochmals passiert, gehe ich zur Polizei und packe aus.«

»Ich warne dich!«, schrie mein Vater und zielte mit seinem steifen Zeigefinger auf mich. Ich hätte ihm den am liebsten abgeschnitten. Wenn ich heute in besonders brutalen Mafiafilmen sehe, wie Ganoven ihren Konkurrenten mit einem Zigarrenschneider den Zeigefinger abschneiden, denke ich immer an den Finger des hageren Blonden im hellblauen Hemd. Ich imitierte seinen steifen Zeigefinger: »Willst du mich damit erschießen?«

Der Blonde holte seinen Veston und verließ die Wohnung.

»Eines Tages werde ich deinen Ehemann verprügeln!«

Meine Mutter lachte kurz auf: »Du kleiner Angeber, erst gestern habe ich dir noch die Windeln gewechselt, und jetzt willst du deinen Vater verprügeln?«

Ich nahm es gelassen. Ich fühlte mich ermuntert, die letzte Stahlfeder in meinen Expander einzuspannen. Level sechs. Fertig Sirup.

In der Nacht lag ich auf meinem Bett und horchte, ob die wilden Horden draußen im Flur wieder unterwegs waren. Ich versuchte mich auf Cäsars Rechenschaftsbericht an den römischen Senat zu konzentrieren und nahm die Kelten, Helvetier und Germanen aus Cäsars Amtszeit in meine Script Avenue auf. Ich setzte mich in Cäsars Feldherrenzelt und schrieb ihnen Dialoge in den Mund, ich ritt an der Seite von Vercingetorix und verlor mich in einem Gemälde furchterregender Wälder, gespenstiger Moore und dem klirrenden Geräusch von nahenden römischen

Legionen. Ein furchtbarer Schrei riss mich aus der antiken Script Avenue heraus. Ich horchte und wusste nicht mehr so genau, ob ich gelesen, geträumt oder einen Schrei aus der mir verhassten Realität gehört hatte. Ein erneuter Schrei. Es war meine Mutter. Ich sprang aus dem Bett und rannte auf das Forum hinaus. In den Flur, wollte ich sagen. Ich sah einen hageren Blonden in der offenen Küche, er hatte mir den Rücken zugewandt, vor ihm am Boden kauerte meine Mutter. Er zog sie an den Haaren hoch und schlug ihr die flache Hand ins Gesicht. Ohne zu überlegen, rannte ich auf ihn zu und schrie, er solle aufhören. Er drehte sich um, schaute mich verächtlich an, als frage er sich gerade, was dieser kleine Pinscher von ihm wolle.

»Verschwinde!«, befahl er barsch. Er stand breitbeinig vor mir und zeigte mit seinem verhassten Zeigefinger auf mich. Da traf ihn meine Faust voll ins Gesicht. Ich erschrak wahrscheinlich mehr als er. Er taumelte. War er derart verdutzt, oder hatte ihn die Wucht meines Schlages für kurze Zeit benommen gemacht? Er machte ein Gesicht, das mir klar signalisierte, dass er mich nun grässlich bestrafen wollte. Deshalb schlug ich nochmals zu, aus Angst. Und nochmals, aus purer Verzweiflung. Ich hörte auch nicht auf, als er langsam in die Knie ging. Ich deckte ihn mit einer Salve von linken und rechten Haken ein und war entschlossen, nicht mehr aufzuhören, bis er regungslos am Boden lag. Schließlich rappelte er sich wieder hoch, seine Beine zitterten. Ich schlug erneut zu, als wolle ich ihn für jede einzelne Ohrfeige der letzten Jahre bestrafen. Jetzt wankte er wie ein angezählter Boxer in der Ringecke, seine Arme hingen schlaff hinunter, er versuchte den Kopf zu heben. Sein Gesicht war ungeschützt, er blutete. Das ist der Augenblick, in dem die Trainer jeweils das Handtuch in den Ring werfen. Doch mein Vater hatte keinen Trainer. Niemand konnte ihn retten. Ich schlug weiter auf ihn ein, sein Gebiss flog ihm aus dem Mund. Ich hatte keine Ahnung, dass er ein Gebiss hatte, ich wusste ja so wenig über diesen hageren Blonden im verschwitzten hellblauen Hemd.

»Hör auf«, schluchzte meine Mutter, »er ist dein Vater!«

Ich hörte nicht auf, ich schlug mir den ganzen Frust meiner Jugend aus dem Leib. Er sagte kein einziges Wort. Schließlich sackte er erneut auf die kalten Küchenfliesen hinunter und blieb auf seinem Hintern sitzen, Blut rann aus seinem Mund.

»Mein Sohn«, jammerte er leise und begann zu weinen, »mein eigener Sohn.«

»Du bist nicht mein Vater«, sagte ich leise. »Ich hasse dich! Ich werde dich bis an mein Lebensende hassen. Gott hasst dich. Wir alle hassen dich.«

Dann sagte er überraschend: »Ich verzeihe dir, mein Sohn. Gott möge dir verzeihen, dass du die Hand gegen deinen eigenen Vater erhoben hast.« Diese demütige, unterwürfige Art brachte mich so aus der Fassung, dass ich ihm noch einen kräftigen Tritt versetzte. Ich erspare Ihnen die Details. Auf jeden Fall hatte er am nächsten Tag einen Termin beim Urologen.


## Plan B

Ich fand kaum noch Schlaf. Ich erwartete, dass der hagere Blonde nach Mitternacht vor meinem Bett erscheinen und mir den Bericht des Urologen vorlesen würde. Der permanente Schlafentzug machte mein Leben zur Hölle, ich brauchte dringend ein neues Drehbuch für mein Leben. Ich spürte instinktiv, dass ich mich beeilen musste. Bald würde ich den Verstand verlieren und Dinge tun, die ich ein Leben lang bereuen würde. Aber ich musste mehr Geld verdienen. Wie die Gastarbeiter aus Italien, die hier schufteten, um sich nach zwanzig Jahren ein kleines Haus in Süditalien bauen zu können. Sie hatten eine Vision, einen Plan und den Willen, ihn durchzusetzen. Doch mir würde niemand beistehen, keine Behörde, kein Mensch, kein Buch, nur die Gewissheit, dass das, was mir in der Script Avenue gelang, auch in der Realität gelingen würde. In der Script Avenue versenkte ich jeden Penalty, eroberte ich jede Frau und publizierte jede Nacht einen neuen Bestseller.

Ich begann, um fünf Uhr morgens Zeitungen auszutragen. Meine Eltern hatten überraschend eingewilligt. Meine Mutter fand die Idee gut, weil ich mich dann abends nicht mehr mit diesem Abschaum herumtreiben würde. Ich würde zu müde sein.

»Du sollst deine Freiheiten haben«, sagte mein Vater, »aber lerne sie zu nutzen.«

Sie spürten, dass ich in Aufbruchstimmung war, und lockerten die Fesseln. Das ist der Weg der diktatorischen Regimes, sie geben ein bisschen nach und verlieren schließlich alles. Das gab mir Kraft. Nach dem Austragen der Zeitungen fuhr ich jedoch nicht in die Schule, sondern in eine Lebensmittelfiliale und füllte Regale auf. Über Mittag setzte ich mich ans Rheinufer und schrieb die Geschichten, die sich in der Script Avenue ereignet hatten, in ein kleines schwarzes Buch, das ich stets bei mir trug. Und um drei Uhr begannen die ersten Vorstellungen in den Kinos. Endlich hatte ich Geld. Geld für die Tempel der Illusionen. Es war ein unbeschreibliches Gefühl, mich durch die dunklen Reihen zu zwängen und auf einem mit rotem Plüsch bezogenen Klappstuhl Platz zu nehmen. Es gab die vornehmen großen Kinosäle wie Scala, wo sich die Leute benahmen wie in einem Fünfsternerestaurant, dann gab es auch die billigen, heruntergekommenen Kinos wie das Union, eher die Hafenkneipe der Szene, wo die Leute während der Vorstellung grölten, soffen und stets zwei Spaghetti-Western hintereinander schauten. Ich besuchte sie alle, jeden Tag. Andächtig wartete ich darauf, dass die roten Vorhänge aufgingen und farbige Bilder erschienen. *Zabriskie Point, M.A.S.H., Topaz, Patton,* ich habe sie alle gesehen. Meine aufkeimende Filmsucht kostete richtig Geld und erforderte immer mehr Kreativität. Ein gefälschtes Zeugnis machte die nächste Fälschung notwendig, für ein Doppelleben braucht es Improvisationsvermögen und einen klaren Verstand. Und ein Ziel, dem man alles unterordnet. Ich war felsenfest davon überzeugt, dass mir das gelingen würde, dass ich erfolgreich sein würde wie die Helden auf der Leinwand, die nach schwierigen neunzig Minuten triumphierend am Horizont verschwanden. Bald einmal begriff ich die Erzählstruktur von Filmen, die Dramaturgie, das Setzen von Cliffhangern, das Schleifen und Feilen an Dialogen. Mit der Zeit konnte ich erraten, wie die Filmgeschichte weiterverlaufen würde, es gelang mir sogar zusehends, den nächsten Dialog vorauszusagen. Das gab mir die Gewissheit, dass ich das Handwerk eines Tages beherrschen würde.

Leider fraßen meine Kinobesuche jede Woche einen wesentlichen Teil meines Einkommens auf, denn manchmal lud ich Mädchen ins Kino ein, und die wollten natürlich Popcorn, Cola und in der Pause ein Eis. Leider nicht mehr.

Wesentlich günstiger und lustiger waren die Kinobesuche mit meinen ehemaligen Schulkollegen Cédric, Sandro und Roberto. Wir entwickelten uns zu Filmexperten. Jean-Pierre Melville schickte uns den eiskalten Engel im Trenchcoat. Alain Delon spielte den eleganten Killer Jeff Costello, Lino Ventura starrte uns an, als würde er gleich explodieren, und Jean Gabin schien uns stets zu sagen, dass die Welt verdammt schlecht war. Wir liebten diese *films noirs*. Eins hatten sie gemeinsam: Die Gangster waren die Sympathieträger, die Gangster waren die Opfer der Gesellschaft.

Auch in den Medien verbreitete sich dieses Bild, weil die 68er langsam die Feuilletonstuben erreichten. Plötzlich setzten sich Intellektuelle, die bedächtig an ihren Pfeifen nuckelten und das Deutungsmonopol für moralische Fragen für sich beanspruchten, für Bankräuber, Erpresser, pädophile Cineasten und Geiselnehmer ein. Sie stilisierten sie zu Robin Hoods, obwohl fast alle das Leben wildfremder Menschen aufs Spiel setzten, um sich persönlich zu bereichern. Wir wollten nun auch Helden werden, richtige Gangster. Wir dachten über *den großen Coup* nach. Eigentlich interessierte uns der Nervenkitzel wesentlich mehr als der Profit. Doch mit zunehmender Planung erwachten gewisse Ansprüche. Wir begannen, das Geld, das wir erbeuten wollten, bereits in unserer Fantasie auszugeben. Roberto wollte Drogen kaufen, Sandro Alkohol, Cédric wollte den Kapitalismus stürzen, und ich wollte endlich fliehen. Weit weg. Asien. Philippinen.

Wir begannen mit einfachen Dingen. Ich hatte festgestellt, dass das Lebensmittelgeschäft, in dem ich arbeitete, Weinflaschen mit beschädigten Etiketten zum halben Preis verkaufte. Also beschädigten wir Etiketten, bezahlten an der Kasse den halben Preis und verkauften sie an Onkel Arthur, der dafür den Dreiviertelpreis bezahlte. Schließlich expandierten wir auf unbeschädigte Etiketten und nahmen den Warenlift, der auf die Straße hinaufführte, und nicht mehr den Weg über die Kasse. Das Angebot wurde erweitert, Onkel Arthur war begeistert und baute sich eine kleine eigene Kundschaft auf, er wurde quasi zu unserer Vertriebsabteilung. Ich lernte alles, was es über Weine zu lernen gab. Fragen Sie mich irgendetwas. Château Palmer? Jahrgang 61, Parker 100 Punkte. Historie? Charles Palmer, Generalmajor in Wellingtons Armee. Schürzenjäger und Bankrotteur. Nach Waterloo … *Will kein Schwein wissen,* schrieb mein Agent an den Rand. Er soll mir bloß nicht blöd kommen. Ich schlucke jetzt täglich Singulair. »Kann Aggressionen auslösen«, steht auf dem Beipackzettel.

Der Filialleiter war sehr zufrieden mit mir. Ich wollte immer arbeiten, sonntags, Weihnachten, über Mittag, ich sagte immer zu. Über Mittag war der Laden geschlossen, aber vor dem Laden gab es Gemüse- und Früchtestände, eine Kasse und mich. Es wäre zu teuer gewesen, über Mittag das ganze Zeug für neunzig Minuten hineinzutragen. Eine alte Witwe erregte mein Mitleid, ich gab ihr jeweils Rabatt. Ein alter Mann, der in einem Haus der Heilsarmee übernachtete, beobachtete mich jeweils. Als die alte Witwe den Stand verlassen hatte, kam er zu mir rüber.

»Fünf Bananen.«

Ich wog die Bananen. Er gab mir fünf Rappen.

»Das sind fünf Rappen«, sagte ich zu ihm.

»Ja, das sind fünf Rappen«, sagte er und starrte mich an.

»Nehmen Sie auch Zehnernoten?«

»Ja«, sagte er, »wenn Sie kein Wechselgeld haben, nehme ich auch große Scheine.«

Er kam nun jeden Tag mit seinen fünf Rappen. Ich fühlte mich ein bisschen wie Robin Hood, wobei es natürlich nicht schwierig ist, fremdes Eigentum zu verschenken. Gilt übrigens auch für Politiker! Die Unregelmäßigkeiten fielen nie auf, da man regelmäßig altes Gemüse und Früchte entsorgte. Wir versuchten wie alle Kleinkriminellen, unseren Taten einen moralischen Anstrich zu geben, Privatpersonen waren tabu, große Lebensmittelkonzerne hingegen nicht.

## L'enfant, c'est moi

Niemand durchschaute unser Tun, bis auf eine blonde Verkäuferin, die mich nach der Mittagspause ablöste. Susi war verheiratet und hatte bereits einen Sohn. Sie sprach mich nie direkt darauf an, aber ich las in ihren Augen, dass sie längst alles wusste. Die Frage war natürlich, wieso sie mich nicht beim Filialleiter anzeigte.

»Hättest du Lust, am Samstagabend meinen vierjährigen Sohn zu hüten? Dann könnte ich endlich wieder mal mit meinem Mann ausgehen. Wäre schon wichtig. Unsere Ehe ist ramponiert, vielleicht hat er auch schon eine Freundin.«

Als ich am Samstagabend bei ihr erschien, saß sie allein auf der Couch, ihr Mann war nirgends zu sehen. Wir saßen auf der Couch und warteten. Sie schaute mich an und sagte: »Stille Wasser gründen tief.« Als mir die Stille allmählich peinlich wurde, fragte ich sie, ob das Kind bereits schlafe. Sie sagte leise und mit völliger Hingabe in ihren großen Augen: »Das Baby bin ich.« Sie begann mich leidenschaftlich zu küssen. Von da an hatte ich am Samstagabend noch einen weiteren Job, den ich mit großer Leidenschaft erledigte.

Ich musste Jahre später wieder an sie denken, als ich *L'homme qui aimait les femmes* von Truffaut sah. Da bewirbt sich ein Mädchen als Babysitter, und Charles Denner windet sich verlegen und sagt: »L'enfant, c'est moi.« Das Kino war in jener Zeit längst zur Droge geworden, ich war absolut süchtig nach diesen Tempeln der Illusionen, und all die Charaktere, die sich mir einprägten, zogen weiterhin in die Script Avenue ein. An gewissen Tagen war meine imaginäre Allee bevölkert wie Lan Kwai Fong am Wochenende in Hongkong. An guten Tagen könnte ich achtzehn Stunden lang ohne Script über die Filme jener Zeit referieren. Auch heute noch schaue ich mir praktisch alle Filme an, die irgendeine Relevanz haben, aber leider nur auf DVD. Ich darf keine Kinos mehr betreten. Nein, nein, ich habe kein Hausverbot und habe auch nicht auf den roten Teppich uriniert. Es ist nur so, dass meine Krankheit mir solche Orte verbietet, wegen der Ansteckungsgefahr. Somit bleibt mir nur die Script Avenue. Ich habe jetzt ein anderes Leben, es findet ausschließlich in der Script Avenue statt.


»Sammy«, rief jemand, als ich einmal über Mittag am Früchtestand saß und Henry Miller las. Ich erschrak, es war Onkel Arthur.

»Wieso bist du nicht in der Schule?«, fragte er grinsend.

»Und du? Wieso bist du nicht an der Arbeit?«, konterte ich.

»Ich muss hier stempeln«, sagte er und wusste nicht so recht, ob er nun niedergeschlagen war oder darüber spotten wollte.

»Du arbeitest nicht mehr bei dieser Heizölfirma?«

Onkel Arthur machte eine verächtliche Handbewegung: »Sie haben mir den Führerschein abgenommen«, sagte er mit ungewöhnlich ernstem Gesicht.

»Ist dir wieder einer blöd gekommen?«

Er biss die Lippen fest aufeinander und druckste herum. Schließlich sagte er ganz leise: »Ich habe ein Kind totgefahren.« Er vergrub den Kopf in seinen Händen und flüsterte: »Es kam zwischen zwei parkierten Autos hervorgerannt. Ich hatte keine Chance, mein Gott, dass mir so eine Scheiße passieren musste. Aber sag deinen Eltern nichts, ich habe schon genug daran zu nagen.«

Die Mittagszeit war um. Mein Job zu Ende. Ich setzte mich mit Onkel Arthur ans Rheinufer.

»Sie haben mir vorhin einen Job angeboten, bei der Kehrichtabfuhr, vielleicht kriege ich meinen Ausweis vorzeitig zurück. Mein Pflichtverteidiger meint, das sei möglich, da ich den Ausweis für meinen Job brauche.«

Dann schaute er mich von der Seite an: »Habe ich dich vorhin nicht gefragt, wieso du nicht in der Schule bist?« Er grinste wieder. Er hatte mich längst durchschaut.

»Ich gehe nicht mehr in die Schule.«, sagte ich stolz.

Onkel Arthur lachte kurz auf: »Das solltest du aber, Sammy. Du musst in die Schule, lernen. Sonst endest du so wie ich, hm? Willst du das?«

»Du bist doch damals auch abgehauen«, entgegnete ich ihm.

»Ich hatte meine Gründe.«

»Ich habe auch meine Gründe.«

Mein Onkel schaute mich wieder lange an, er schien sehr nachdenklich, das war eher ungewöhnlich. Schließlich wandte er sich von mir ab und fuhr sich mit der Hand durchs Haar: »Ich bin vor Louis geflohen, vor deinem Onkel Louis. Du kannst dir denken, warum?«

Ich schüttelte den Kopf: »Hat er dich geschlagen?«

»Er hat mich vergewaltigt, immer und immer wieder, über Jahre, ich war sein kleiner Bruder, ich war ihm hilflos ausgeliefert. Niemand hat mir geholfen, ich musste fliehen, verstehst du, dein Onkel Louis hat mein Leben zerstört.«

Ich war sprachlos. Ich kannte Onkel Arthur seit Jahren, und jetzt, wo ich dabei war, meine Familie und Verwandtschaft hinter mir zu lassen, erzählte er mir so was.

»Wieso bist du nicht zur Polizei?«

Onkel Arthur lachte verbittert: »In Vilaincourt geht man nicht zur Polizei. Wir haben ja nicht mal einen Dorfpolizisten. Wir gehen auch nicht zum Pfarrer, im Ernstfall suchen wir den Veterinär auf.«

Er erhob sich und schaute nervös zum anderen Rheinufer hinüber: »Komm, wir müssen was essen.«

Schweigend überquerten wir die Brücke und setzten uns ins Café. Wir bestellten eine Aprikosentorte und zwei Tassen Kaffee.

»Ich war bei der Beerdigung des Jungen«, sagte er mit großer Überwindung. Dann schossen ihm Tränen in die Augen, ich hatte meinen Onkel noch nie weinen sehen. Er presste die Lippen zusammen und flüsterte: »Jemand von der Familie hat mich in den Arm genommen und gesagt, es sei nicht meine Schuld, die Polizei hätte gesagt, dass ich nicht zu schnell gefahren sei und weder Alkohol noch Drogen im Blut gehabt habe. Es war einfach großes Pech. Ich habe eine Familie zerstört, mein Leben geht weiter, aber das Leben dieser Familie bleibt stehen. Es wird nie mehr so sein wie vorher.«

Ich aß die Aprikosentorte allein auf, Onkel Arthur hatte keinen Appetit. Er bestellte einen zweiten Kaffee: »Was hast du jetzt vor, Samuel?«

»Ich werde nach Paris gehen und mich dort durchschlagen. Ich will Geschichten schreiben. Wie Henry Miller.«

»Hm, un homme de plume«, murmelte er, was so viel heißt wie »ein Mann der Feder«, aber es klingt im Französischen poetischer.

»Hast du denn eine Schreibmaschine?«, fragte er, während er gedankenversunken der Kellnerin nachschaute.

»Nein, aber Ideen.«

»Dann brauchst du Geld«, sagte er und griff in seine Hosentasche. Er öffnete sein Portemonnaie und gab mir vier Hundertfrankenscheine.

»Eigentlich ist das mein Nuttengeld, aber seit dem Unfall krieg ich keinen mehr hoch.« Er schob mir das Geld über den Tisch: »Sammy, nimm es. Du kannst damit ins Kino gehen, Mädchen einladen, aber bring die Schule zu Ende, es sind ja nur noch wenige Jahre. Es macht keinen Sinn, wenn du jetzt abhaust. Solange du nicht volljährig bist, lassen dich deine Eltern von der Polizei suchen, und du endest in einer Erziehungsanstalt. Bau keinen Scheiß, Sammy, du musst noch ein bisschen ausharren, wie ich, damals in Algerien. Du kannst immer noch Schriftsteller werden, und wenn du eines Tages reich und berühmt bist, denk an deinen alten Onkel Arthur. Wenn ich den Job bei der Müllabfuhr auch noch verliere, bleibt mir nur noch der Straßenwischer. Kannst du dir das vorstellen? Mit meiner Hüfte? Und ständig laufen dir irgendwelche Idioten in den Besen rein. Da ist die Gefahr groß, dass mir einer blöd kommt.« Jetzt lachte er wieder laut auf, sodass sich die Kellnerin nach uns umdrehte.

»Nicht schlecht, diese Titten«, grinste er. »Vielleicht ein andermal.«

Wir verbrachten den Nachmittag im Kino Union, drei Vorstellungen, sechs Filme. Onkel Arthur wollte anschließend »ein Eis fressen«, aber ich hatte noch einen dritten Job. Am Bahnhof. Tausende von Postpaketen rollten auf Fließbändern in die riesige Posthalle. Wir mussten sie rasch vom Band nehmen und je nach Postleitzahl auf das obere oder das untere Band werfen. Meine wesentlich älteren Kollegen hielten diese Arbeit für stupid. Ich zählte, wie viele Pakete nach Genf, nach Zürich oder ins Tessin mussten. Ich liebte solche Statistiken, sie machten die Arbeit durchaus kurzweilig. Doch die zahlreichen Fließbänder, die neuerdings durch die Script Avenue führten, nervten mich schon.

Hat man einmal kriminelle Energie entwickelt und erfolgreich eingesetzt, sieht man die Welt mit ganz anderen Augen, man entdeckt überall Gelegenheiten. Wir beschlossen, Postpakete zu entführen. Wir besorgten Adresskleber mit Sandros Anschrift und klebten sie über die alten Anschriften. Wir waren stolz auf unsere Ideen, so stolz, dass ich sie in einem kleinen schwarzen Büchlein festhielt, in das ich auch täglich meine Geschichten niederschrieb. Ich wurde ein jugendlicher Großverdiener. Ich versteckte das Geld in einem dicken Buch. Es hieß *Der Schatz der Geächteten*. Es war ein Westernroman von G. F. Unger, dem damals bekanntesten Westernautor. Unger schrieb in den Fünfzigerjahren ausschließlich für die damals populären kommerziellen Leihbibliotheken. In den Siebzigern erschienen alle seine Geschichten stark gekürzt als Heftromane. Deshalb liquidierte die Leihbibliothek neben der Sankt-Antonius-Kirche die dicken Hardcover-Originalausgaben für einen Franken das Stück.

G. F. Unger schrieb übrigens 742 Westernromane, die man heute noch an Zeitungskiosken als Heft kaufen kann. 742 Romane! Ich bin sicher, der Kerl litt am Tourette-Syndrom. 742 Romane, das ist eine echte Herausforderung für die Nackenmuskulatur, die Sehnen und Nervenbahnen in Armen und Händen. Damals hatte man noch keine federleichten Tastaturen, damals wurde noch richtig in die Tasten gehauen. G. F. Unger schrieb unter zahlreichen Pseudonymen, seine Vorbilder waren Jack London und

Mark Twain. Er gehört zu den ganz wenigen deutschsprachigen Autoren, die den amerikanischen Markt eroberten. Insgesamt verkaufte er über 300 Millionen Leihbücher und Romanhefte. Obwohl Unger 2005 im Alter von 85 Jahren starb, erscheinen weiterhin neue Abenteuer. Ich denke, die mussten ein Dutzend Ghostwriter verpflichten, um einen wie G. F. Unger am Leben zu erhalten. Sein Name ist eine Marke. Sorry, abgeschweift. War das jetzt überflüssig? Mein Agent meint: *Ja!* Mit Ausrufezeichen. *Kein Schwein will das so genau wissen.* Aber meine Leserinnen und Leser sind keine Schweine. Die Pflegefachfrau, die mir heute Morgen Sauerstoff brachte, fand das schon noch interessant. Hat sie jedenfalls behauptet. Sie tut alles, damit ich gesund werde.

Übrigens: In dieser Leihbibliothek gab es auch die ersten drei der fünf Bände des *Kleinen Pauly,* das ist eine Fachenzyklopädie der Altertumswissenschaft. Ich stöberte gerade im G.-F.-Unger-Regal, als ein uralter Mann den schlecht beleuchteten Laden betrat und die drei Bände auf den Tisch legte. Er sagte, er hätte gern noch die beiden letzten Bände gelesen, aber die seien noch nicht erschienen. Der Ladeninhaber meinte, er müsse sich gedulden, doch der alte Mann wehrte ab und sagte, der Arzt habe ihm gestern mitgeteilt, dass er nur noch ein paar Monate habe. Ich stand wie versteinert vor diesem Westernregal, und mir war, als hätte man mir mit einer Winchester eine Ladung Blei in den Rücken geschossen. Da hatte ein alter Mann noch kurz vor seinem Tod all dieses Wissen in sich aufgesogen und würde nun mit all diesem Wissen sterben.

»Das Alter ist fürchterlich, Rudolf«, sagte der alte Mann zum Ladeninhaber, es raubt einem nach und nach alles, was einem lieb und wichtig war, alles, worauf man glaubte, sich verlassen zu können. Das Alter ist ein Massaker, wir stehen einem übermächtigen Gegner gegenüber, wir sind allein und werden immer schwächer. Und niemand kann sich dagegen wehren. Jetzt ist der Tod ganz nah, noch näher kann er nicht kommen. Ich habe keine Angst vor ihm, ich habe Angst, dass ich plötzlich nicht mehr existiere, dass alles, was mich ausgemacht hat, nicht mehr existiert.«

»Das tut mir leid, August, aber wir müssen alle einmal sterben.«

»Du meinst, du wüsstest, dass du eines Tages sterben musst. Aber wenn der eigene Tod vor der Tür steht, ist es etwas ganz anderes. Es ist der persönliche Tod, es ist der Untergang der persönlichen Welt, während sich die übrige Welt unbeeindruckt weiterdreht, als hättest du nie existiert. Mit diesem Gedanken kann man nicht fertigwerden. Vielleicht hilft das eine oder andere Buch in deiner Leihbibliothek dabei, sich das unvermeidliche Ende des Lebens bewusst zu machen. Aber damit fertigwerden? Der Tod ist der Schlusspunkt!«

Der Ladeninhaber nickte gerührt.

»Ich werde Ihre Bücher kaufen«, sagte ich dem alten Mann. Er drehte sich zu mir um und musterte mich nachdenklich: »Wissen Sie, was ich am meisten vermissen werde, junger Mann? Die Morgenzeitung. Ich hätte gern gewusst, wie es weitergeht. Ich wäre gern noch eine Weile dabei gewesen und hätte jeden Morgen die nächste Zeitung gelesen.« Er drehte sich abrupt um und sagte mit großer Bitterkeit: »Aber das geht nicht, irgendwann ist Schluss.« *Ist das aus einem Interview mit Marcel Reich-Ranicki?*, kritzelt mein Agent an den Rand.

Meine Eltern hatten mittlerweile die Kündigung erhalten, weil sich der Rentner aus dem vierten Stock nach der Polizei auch bei der Verwaltung über den fliegenden Revolver beschwert hatte. Wir zogen in eine neue Wohnung, ich erhielt erstmals ein eigenes Zimmer. Der Plan meiner Eltern war, dass das eigene Zimmer mich dazu verleiten würde, länger bei ihnen wohnen zu bleiben. Offenbar hatten auch sie ein Drehbuch für die Zukunft entwickelt. Eltern spüren intuitiv, wenn Kinder aufbrechen wollen. Ich hörte *Let It Be,* denn auch die Beatles planten die Trennung. Alles um mich herum begann sich zu verändern, geriet in Bewegung. Die bevorstehende Veränderung elektrisierte mich, aber sie ängstigte mich auch. Ich wusste nicht, was mich da draußen in der Welt erwartete.

»Was ist das?«, fragte meine Mutter fassungslos. Sie hielt ein Buch in der Hand. Es war *Sexus* von Henry Miller. »Was ist das?«, wiederholte sie nun so laut, dass sich ihre Stimme überschlug.

»Es sieht wie ein Buch aus. Wahrscheinlich nennt man es deshalb *Buch.*«

»Was liest du da eigentlich?«, fragte der hagere Blonde. Er hielt zwei Bücher in der Hand. *Nexus* und *Plexus.*

»Da es *drei* Bücher sind, ist es möglicherweise eine Trilogie.«

»Wie kannst du dir das leisten?«

»Wenn ihr euch über diese Bücher unterhalten wollt, müsst ihr sie zuerst lesen.«

»Wir werden so was niemals lesen«, sagte meine Mutter entsetzt.

Der Blonde nahm ihr *Sexus* aus der Hand und überflog den Klappentext: »Das obszönste seiner Bücher. Sexus liest sich wie eine orgiastische Hymne auf die körperliche Liebe und ein Leben in Freiheit. Ein schamloses Plädoyer für den antigesellschaftlichen Individualismus.«

Er wollte mir das Buch an den Kopf werfen, doch ich wich blitzschnell aus und sagte ihm, ich hätte es doch schon gelesen.

»Wir werden diese Bücher dorthin schicken, wo sie hingehören.«

»Kann ich etwas dafür, dass Henry Miller diesen Titel gewählt hat? Vielleicht wars der Verlag, die Werbeabteilung.«

Der hagere Blonde pfefferte die anderen beiden Bücher auf den Boden, ging an mir vorbei und schloss die Tür des Wohnzimmers. Wie ein Türsteher postierte er sich. Meine Mutter nahm eine Weihwasserflasche aus ihrer Kollektion und begann, mich wie in Ekstase zu besprenkeln: »Satan«, brüllte sie, »weiche von mir!« Dann zog sie völlig überraschend ein Kreuz aus ihrer Küchenschürze und stieß es mir wie ein glühendes Brandeisen gegen die Stirn. Ich bin sicher, ich hatte einen Abdruck auf der Stirn, wie damals die Sklaven in der Antike. Dann ertönte die unheimliche Stimme des hageren Blonden im hellblauen Hemd: »Im Namen Jesu und Mariä befehlen wir dir, Satan, du höllischer Geist, aus unseres Sohnes Brust zu weichen und nie mehr wiederzukehren. Jesus! Maria! Jesus! Maria! Heiliger Michael, kämpfe für uns! Heilige Schutzengel, bewahret uns vor allen Versuchungen des Feindes!«

Ich erschrak. Offenbar hatte meine Mutter nun auch den hageren Blonden frisch imprägniert, nein, verhext! Immer hektischer und leidenschaftlicher spritzte sie mich voll. Ich wich zurück, stolperte, fiel auf den Rücken und schlug mit dem Hinterkopf auf. Als ich aufstehen wollte, trat mein Vater auf meine Schulter und schrie: »Weiche, Satan!« Meine Mutter setzte sich rittlings auf meinen Brustkorb und schüttete mir einen Schwall gesegneten Wassers übers Gesicht. Schließlich drückte sie mir das Kreuz zwischen die Zähne und goss den Rest direkt in meinen Mund. Ich kriegte kaum noch Luft und hustete wie verrückt, als das Wasser in meine Luftröhre drang. Waterboarding! Panik! Mayday, Mayday!

Der Blonde nahm endlich seinen Fuß von meiner Schulter und konstatierte etwas kleinlaut, dass Satan jetzt gewichen sei. Meine Mutter war noch nicht ganz überzeugt, sie stand da mit ihrer leeren Weihwasserflasche und fixierte mich eindringlich. Ich drehte mich auf den Bauch, stützte mich auf die Ellbogen ab und hustete, bis ich schließlich einen Schwall Weihwasser erbrach. Wir schauten uns alle drei an, fassungslos.

Wir sprachen einige Tage lang kein einziges Wort mehr miteinander. Was war da eben passiert? Die Eltern schienen selber peinlich berührt davon, dass sie zu so etwas fähig gewesen waren. Wir haben nie wieder darüber gesprochen. Aber sie sahen, dass in meinen Augen ein Feuer zu brennen begonnen hatte, und sie wussten, dass ich sie bestrafen würde. Fürchterlich bestrafen würde. Ich sprang hoch und rannte zur Wohnungstür, meine Eltern folgten mir. Kein Schlüssel. Tür verschlossen. Der Blonde hielt seinen Schlüsselbund in die Höhe und grinste. Dann verrutschte sein Gesicht, denn er hatte einen kräftigen Faustschlag erhalten. Bevor er begriff, was passiert war, nahm ich ihm den Schlüsselbund aus der Hand, schloss die Wohnungstür auf und rannte das Treppenhaus hinunter. Ich rannte und rannte. Ich rannte in die Freiheit. Leider ohne den *Schatz der Sierra Madre* von G. F. Unger.

Ich musste mein T-Shirt wechseln. Vielleicht hätte ich doch gescheiter einen Roman über General Sutters Goldfunde in Kalifornien geschrieben. Es gibt beim Schreiben immer wieder Szenen, bei denen man richtig schwitzt, weil man sich so in die Geschichte hineinkniet. Aber bei mir ist es leider nicht nur das Schreiben. Ich erwähnte ja schon, dass einige Autoren beim Schreiben von ihren eigenen Geschichten zu Tränen gerührt werden. Passiert mir oft. Wie das bei erotischen Szenen abläuft, können Sie sich ja vorstellen. Hatten wir schon? Nun also noch das Schwitzen, das hatte ich vergessen. Ich bin absolut überzeugt, dass auch Vielschreiber wie Simenon, Balzac und G. F. Unger tüchtig schwitzten. Karl May sowieso. Der Wilde Westen ist ziemlich heiß, auch wenn seine Gefängniszelle unterkühlt war.

Ich habe jetzt ein frisches T-Shirt, schwarz, mit dem aufgedruckten Plan der Hongkonger MTR. Das ist die Untergrundbahn. Kommt später, aber kommt. Jetzt habe ich doch echt den Faden verloren. Unterbrechungen beim Schreiben sind einfach schlecht. Ähnlich wie beim Sex.

# Dirty Harry

Ich war auf der Flucht. Ich saß unten am Rheinhafen und schaute mir die Schiffe genauer an. Amsterdam? Ich würde als Hilfsmatrose anheuern. Vielleicht gabs im Hafen von Amsterdam einen Frachter, der nach Asien fuhr. Aber ich brauchte Geld, ich brauchte den *Schatz der Sierra Madre*. Ich rief die französische Fremdenlegion zu Hilfe.

»Ich brauche dieses Geld, um dieses Irrenhaus zu verlassen.«

»Ja«, murmelte Onkel Arthur, »meine Schwester ist schon ein bisschen komisch. Vielleicht sollte sie mehr bumsen, aber so sind sie alle in Vilaincourt. Lass uns einkaufen gehen, dann statten wir denen mit zwei prallen Einkaufstüten einen Besuch ab!« Wir lachten beide vergnügt. Bald würde mein neues Leben beginnen, mit dem Schiff auf die Philippinen. Der Gedanke elektrisierte mich. Ich war dabei, meine geistige Schraubenkiste zu verlassen, die Höhle der Neandertaler, die Wüste des Nichtwissens, die Ayatollahs der Alpen und all diese bekifften Taliban.

Laut singend betrat Onkel Arthur die Höhle der Exorzisten. Meine Eltern saßen konsterniert auf dem Sofa und starrten uns mit halb offenem Mund an.

»Onkel Arthur hat was mitgebracht«, lachte Onkel Arthur.

Meine Eltern schwiegen, sie drucksten herum. Der hagere Blonde gab mir ein Zeichen, mich zu setzen. Ich blieb stehen.

»Wir fressen jetzt Glace«, lachte Onkel Arthur, »und dann starten wir die Friedensverhandlungen.«

»Es wird nicht wieder vorkommen«, sagte der Blonde knapp. Ich schaute zu meiner Mutter hinüber.

»Musst du solche Bücher lesen?«, fragte sie mit weinerlicher Stimme.

Onkel Arthur hob ein Buch vom Boden auf und las den Titel: »*Sexus,* worum gehts denn in diesem Buch?« Er lachte laut heraus. »Gibts das auch als Film?« Er lachte erneut und ließ sich vergnügt in den Sessel fallen: »Das ist doch normal, dass man sich in seinem Alter dafür interessiert; als ich ...«

»Wir wollen deine Geschichten nicht hören, Arthur, ich glaube nicht, dass du in deiner Jugend ein Vorbild warst.«

»Schwamm drüber«, sagte mein Vater und stand auf, »wir haben heute noch einen Anlass in der Pfarrei.« Er schaute zu meiner Mutter hinüber und forderte sie mit einem energischen Nicken auf, ihm zu folgen. Beide verließen das Wohnzimmer.

Ich setzte mich mit Onkel Arthur in die Küche. Er packte seine Einkaufstaschen aus: »Wollen wir nachher ins Kino? *Dirty Harry?* Ich mag Clint Eastwood.«

Wir aßen unser Standardmenü: Brot, Käse, Wurst, Rotwein, und er erzählte leise, dass er bereits alle Weine mit beschädigten Etiketten verkauft habe.

»Hast du noch mehr davon?« Er packte grinsend einen Zettel aus.

»Das ist meine Bestellung, und hier noch ein kleines Taschengeld. Er reichte mir zwei Geldscheine über den Tisch und sagte: »Die sollte wirklich mehr bumsen, deine Mutter. Kennst du den Kiosk beim Dreispitz? Ich kaufe dort ab und zu eine Kleinigkeit, kurz bevor die Verkäuferin den Laden zumacht. Die hat geschrien, sag ich dir, die hatte bestimmt seit zwanzig Jahren keinen Kerl mehr.«

Er ersparte mir kein Detail. Er trank noch ein bisschen und wollte dann Armdrücken. »Das haben wir damals mit den Gefangenen gemacht. Wenn sie uns besiegten, kriegten sie einen Schluck Bier. Wenn wir siegten, na ja, das sind jetzt alte Geschichten.«

Wir stellten unsere Ellbogen auf die Tischplatte, streckten die Unterarme nach oben und packten zu. Ich musste wissen, ob ich nun so stark war wie er. Onkel Arthur begann gleich zu drücken. Wir waren lange Zeit ebenbürtig, aber dann besiegte er mich doch.

»Du wirst besser«, sagte er anerkennend und stand auf, »zeig mir die Dachterrasse. Deine Mutter hat erzählt, man könne von da aus bis nach Frankreich gucken. Und dann schauen wir uns den Clint Eastwood an. *Dirty Harry*, klingt doch gut.«

Ich zeigte ihm die Dachterrasse im zwölften Stock. Die Aussicht war wirklich eindrücklich. Irgendwann hatte ich genug, aber Onkel Arthur noch nicht. Er wollte mir irgendetwas sagen, ich lehnte an der Eisenbrüstung und wartete.

»Weißt du, woran ich denken musste, als ich gestern die Kioskdame gebumst habe? Algerien! Die Frauen haben auch geschrien, das waren aber keine Nutten. Abends sind wir mit den braunen Armeelastwagen in die Dörfer gefahren und haben alle jungen Mädchen zusammengetrieben. Zuerst wurden sie von den Offizieren vergewaltigt, dann durften die Soldaten ran. Die Mädchen wurden geschlagen und übel zugerichtet. Wir waren richtige Schweine.«

»Du bist ein Kriegsverbrecher!«, sagte ich schockiert. »Wieso zum Teufel hat euch keiner vor ein Tribunal gebracht?« Ich war sehr wütend, dass er mir das erst jetzt erzählte. Der Gedanke, dass dieser Mann meine Bücher und Spielfiguren bezahlt hatte, machte mich rasend. Und all die Eiskaffees, die wir zusammen gegessen hatten!

Onkel Arthur wurde laut: »Ganz Frankreich forderte von uns Legionären unerbittliche Härte, um den Widerstand der Algerier zu brechen. Das hatte Methode, das war ein Plan, der in Paris ausgeheckt worden war, es war ein Befehl von oben, wir führten ihn aus. Jeder, der verhört wurde, erlitt unvorstellbare Folter. Und egal, ob schuldig oder nicht, wurde er anschließend liquidiert, die waren so übel zugerichtet. Wir verscharrten sie zu Tausenden in Massengräbern. Wenn wir gut drauf waren, steckten wir ihre Füße in Betonkübel, wie das die Mafia später tat, und warfen sie aus Hubschraubern ins Meer. Es gab über hundert Konzentrationslager mit sage und schreibe 1,5 Millionen Häftlingen. Das war ein Sechstel der gesamten algerischen Zivilbevölkerung!«

Er machte ein grimmiges Gesicht und ließ den Blick in die Ferne schweifen: »Weißt du, ich habe in der Legion viele Frauen gebumst, aber so ein kleiner Arsch von einem Jungen, das macht mich auch an.« Dann fasste er mir blitzschnell in den Schritt. Ich riss seine Hand weg. Er packte mich am Hals und drückte mich über die Brüstung. Ich hatte Angst, er breche mir das Rückgrat. Er stieß seinen Kopf gegen mein Kinn, begann zu schnaufen wie ein Ochse und fummelte an seiner Hose rum, nahm schließlich seinen Schwanz raus und begann zu masturbieren, ich hatte Todesangst. Mit seiner Eisenpranke würde er mich gleich erdrosseln. Er drückte meinen Kopf immer stärker über die Brüstung, das Eisengeländer drückte gegen meine Wirbelsäule, ich versuchte zu schreien, doch er krallte mit zunehmender Erregung seine Finger stärker in meinen Hals. *Er bringt dich um.* Der Gedanke traf mich wie ein Blitz, er würde nicht aufgeben, vielleicht würde er mich sogar runterschmeißen, um seine Tat zu vertuschen. Ein paar voreilige Lusttropfen aus seinem erigierten Glied spritzten auf meine Hose, er versuchte meinen Gurt zu lösen. Ich explodierte förmlich vor Wut und befreite mich mit einer wilden Bewegung aus seiner Umklammerung und stieß ihn weg. Er masturbierte weiter. Langsam wich ich zur Tür zurück, ich hatte Angst, dass er mir den Fluchtweg abschneiden würde, aber er rührte sich nicht von der Stelle, stöhnte und masturbierte. »Bleib noch eine Minute so stehen«, keuchte er, während er breitbeinig auf mich zukam. »Ich fass dich nicht an. Aber ich komme gleich.«

Ich rannte zur Tür, die zum Treppenhaus führte. Er rief mir nach: »War doch nur Spaß!« Im Treppenhaus riegelte ich die

Tür zur Dachterrasse ab. Ich hörte ihn draußen auf der Terrasse wie einen Hirsch röhren, er ließ das ganze Quartier wissen, dass er kam.

Ich wartete in der Küche auf die Rückkehr meiner Eltern, es dauerte eine Ewigkeit. Sie waren noch in der Kirche, um ehelichen Frieden zu erbitten, aber ich denke, sie langweilten den Ombudsmann Gottes längst. Als sie nach Hause kamen, entzündete meine Mutter wie immer die Weihrauchstäbchen in der Bronzeschale zwischen den beiden Cruise-Missile-Kerzen. Sie war längst süchtig nach diesem heiligen Gummiharz.

»Wo ist Arthur?«, fragte meine Mutter.

»Er ist oben auf der Dachterrasse und onaniert.«

»Muss du so reden?«, fragte meine Mutter.

»Muss er eigentlich jeden Abend kommen?«, schimpfte der hagere Blonde im hellblauen Hemd.

Meine Mutter zog ihren Mantel aus und schaute die ausgepackten Nahrungsmittel an, die auf dem Tisch ausgebreitet waren.

»Was treibt er denn da oben?«

»Ich sagte doch. Er wichst sich einen ab. Ich habe ihn ausgesperrt.«

»Geh rauf und mach ihm die Tür wieder auf«, befahl meine Mutter genervt.

»Nein«, sagte ich, »er wollte mich vergewaltigen.«

»Hör auf mit dem Blödsinn«, sagte der hagere Blonde und machte eine unwirsche Handbewegung.

»Er ist ein Pädophiler«, beharrte ich, »ich will ihn hier nicht mehr sehen.«

»Bezahlst du die Miete oder ich?«, fragte der Blonde.

»Was soll er denn getan haben? Schau doch, was er alles mitgebracht hat.« Meine Mutter nahm Spaghetti und Konserven aus den Tüten.

»Werde ich jetzt für 500 Gramm Spaghetti einem Pädophilen zum Fraß vorgeworfen?«

»Mach das mit deiner Mutter aus«, sagte mein Vater abwehrend und ging ins Wohnzimmer. »Er ist nicht mein Bruder.« Er ließ sich aufs Sofa plumpsen und zog seine Schuhe aus.

Ich nahm ein Glas mit Nudelsauce aus der Einkaufstasche und hob sie hoch: »Und wenn er mich vergewaltigen darf, gibts Spaghetti arrabiata.«

Der Blonde fragte plötzlich: »Hat er da oben was gemacht?« Dann schaute er vorwurfsvoll zu meiner Mutter: »Dein Bruder! Nicht meiner!«

»Hört auf mit diesen Schweinereien«, ereiferte sich meine Mutter und verstaute die Nahrungsmittel. Dann sah sie die Flecken auf meiner Hose.

»Achte besser darauf, wie du aussiehst! Man kann dir anziehen, was man will, am nächsten Tag siehst du aus wie ein Clochard.«

»Das hat er nicht von mir«, präzisierte der hagere Blonde, der das gemeinsame Gebet bereits wieder vergessen hatte.

»Das ist das Werk deines Bruders!«, schrie ich und öffnete das Fenster. »Er hat mich am Hals gepackt und dabei masturbiert. Seid ihr eigentlich taub? Onkel Arthur wollte mich vergewaltigen!«

»Hör auf!«, schrie meine Mutter und stürzte zum Fenster, um es zu schließen. »Was sollen die Leute denken!«

»Dass dein Bruder mich vergewaltigen wollte!« Ich nahm die beiden Banknoten von Onkel Arthur aus der Tasche und zerriss sie. Ich warf sie meiner Mutter ins Gesicht: »Friss es doch.«

»Wie sprichst du mit deiner Mutter?«, ereiferte sich mein Vater und wollte sich erheben, doch dann besann er sich eines Besseren und blieb sitzen. Er war müde und schaltete den Fernseher ein, Werbung. Sugus, das echte Fruchtkaramell. Orange. Ananas. Zitrone. Himbeere. Mir fiel auf, dass Erdbeer fehlte.

»War dein Vater Glaser?«, stänkerte der Blonde.

»Mein Vater interessierte sich mehr für das echte Fruchtkaramell.«

»Treib es nicht zu weit!«, drohte mein Vater.

Ich ging auf ihn zu und sah, dass er Angst hatte. Ich nahm seine Krawatte, die er abgenommen und auf die Couchlehne gelegt hatte.

»Das ist meine Krawatte!«

»Jaja«, sagte ich, »deine Krawatte, deine Wohnung, deine Comics …«

Ich strich mit seiner dunkelblauen Krawatte Onkel Arthurs Gabe von meiner Hose.

»Das ist doch ekelhaft!«, schrie der hagere Blonde im hellblauen Hemd und tat so, als würde er gleich aufspringen. Aber Sie wissen ja, seine Energie war begrenzt.

»Ja, es ist ekelhaft, wenn ein pädophiler Kriegsverbrecher den Sohn seiner Schwester vergewaltigen will. Wenn ihr jetzt nicht einschreitet, wird er eines Tages alle meine jüngeren Cousins vergewaltigen. Das sind eure Nichten und Neffen!«

»Wie soll ich diese Flecken bloß wieder rauskriegen«, ereiferte sich meine Mutter und nahm mit Pinzettengriff die Krawatte in die Hand.

Dann kam die Creme-21-Werbung, bei der aufmerksame Zuschauer Pärchenreisen nach Haiti gewinnen konnten.

»Versuchs mit Creme 21«, sagte ich und stellte den Fernseher ab.

»Hol den Arthur jetzt endlich runter, bevor er da oben rumbrüllt«, befahl mein Vater.

»Wieso bist du so gereizt, wolltest du noch die Lenor-Werbung sehen?«

»Mach das Ding wieder an!«

»Hast du keine Fernbedienung?«, stichelte ich. Er hatte sie bei der letzten »Ich-bring-dich-um-Inszenierung« zerstört. Ich ver-

mute, dass ihm die exzessive Berichterstattung über die Jugendrevolte den Kopf verdreht hatte.

Meine Mutter schüttelte genervt den Kopf: »Mach schon, am
Ende singt er da oben noch sein Legionärslied.«

»Wieso gehst du nicht rauf und haust ihm eine in die Fresse?
Oder schlägst du nur Frauen und Minderjährige?«

»Noch ein Wort ...«, drohte der hagere Blonde.

»Noch ein Wort, und du schlägst zu. Du hast doch die Hosen
voll. Geh endlich rauf und hau diesem pädophilen Kriegsverbrecher eins in die Fresse. Ich gehe jetzt zur Polizei«, sagte ich
dem Blonden, »und dich werde ich mein Leben lang hassen.«


Nun, ich ging nicht zur Polizei, es wäre ein Eigentor gewesen.
Die Polizei hätte mich wahrscheinlich befragt und dann wieder
in dieses Irrenhaus zurückgebracht, ich wäre der Rache der
Fremdenlegion schutzlos ausgeliefert gewesen. Mir fehlte einfach eine erwachsene Bezugsperson, die bereit war, mich zu
schützen. Heute trägt jedes Kind eine Hotline-Nummer in der
Hosentasche, und dank dem Fernsehen wissen sie genau, wie
das abläuft. Ich ging also nicht zur Polizei, wollte meine Eltern
aber zur Strafe den ganzen Abend zittern lassen. Geht er, geht
er nicht, ist er schon gegangen? Heute würde man eine SMS
schicken, damals musste man die ganze Nacht über warten und
bangen.

Ich übernachtete bei meinem Schulkameraden Cédric. Er
wohnte hinter der Villa seiner Eltern in einem modernen Studio, das mit einer gläsernen Passerelle mit Hotel Mama verbunden war. Stundenlang erduldete ich seine Monologe über die
marxistisch-leninistische Revolution, die Diktatur des Proleta-
riats und die Dritte Internationale. Er wollte auch Schriftsteller
werden, aber nicht ein Geschichtenerzähler wie ich, sondern
ein schreibender Arbeiter, der eine literarisch-künstlerische Auseinandersetzung mit der industriellen Arbeitswelt der Gegenwart

und ihren sozialen Problemen anstrebt. Den ganzen Abend lang hielt er Brandreden über die sozialen und psychischen Deformationen der Werktätigen.

»Die Revolution steht vor der Tür«, rief Cédric, »venceremos!«

Jemand klopfte an die Tür. Es war jedoch nicht die Revolution, sondern seine Mutter. Sie fragte, ob er noch eine heiße Ovo wolle.

»Nein, Mami«, sagte Cédric.

Seine Mutter befand, dass es jetzt Zeit zum Schlafen sei, und so wurde die Revolution auf morgen verschoben.

Am nächsten Morgen machte mir Cédric ein überraschendes Angebot: »Im Sommer besuchen wir mit den Genossen der Arbeiterwerkstatt Literatur eine Weiterbildung in der DDR. Willst du mitkommen? Ich lade dich ein. Mein alter Herr bezahlt alles. Er ist seit Geburt Privatier, ein Nachkomme der Basler Pharma. Aber das hört er nicht gern. Wer will schon nur als Millionenerbe wahrgenommen werden? Deshalb sammelt er Kunst, jettet das ganze Jahr zwischen New York und Hongkong hin und her, um an Auktionen und Ausstellungen teilzunehmen, prall gefüllte Agenda wie ein hoch bezahlter Manager. Und ab und zu spendet er Geld für die Arbeiterwerkstatt Literatur.«

»Dann wirst du eines Tages Millionen erben?«

»Ich werde alles der Partei verschenken! Also, kommst du mit?«

»Ich lebe schon lange in der DDR«, sagte ich zu Cédric, »keine Meinungsfreiheit, Knechtschaft, rückständiges Denken, Vernichtung von Ehrgeiz, Motivation und Leistungswillen.«

»Das siehst du falsch, Sammy, du musst noch eine Menge lernen!«

»Ich bin in Vilaincourt aufgewachsen, Cédric, deshalb liebe ich die Freiheit über alles.«

Der hagere Blonde im hellblauen Hemd rief am nächsten Tag Cédrics Mutter an und gab ihr eine Botschaft für mich mit. Er ließ ausrichten, Onkel Arthur würde nie mehr die Wohnung betreten, ich solle nach Hause kommen und Schwamm drüber. Ich ging also wieder nach Hause, denn der *Schatz der Sierra Madre* stand immer noch im Regal! Auf meinem Bett lagen dreißig Tafeln Schweizer Schokolade mit zarter Mandelfüllung. Von Onkel Arthur. Ich warf sie in den Müll, meine Mutter nahm sie wieder heraus und sagte, es tue ihm ja so leid.

»Die Legion hat ihn verdorben. Aber er ist immer noch mein Bruder. Ich habe ihn mir nicht ausgesucht.«

»Ja«, sagte ich, »ich konnte mir meine Familie leider auch nicht aussuchen.«

»Wir müssen alle unsere Opfer bringen«, sagte der Blonde, »besonders in den nächsten Wochen.« Er habe Großes vor. Und dafür brauche er die Unterstützung der ganzen Familie.

An den Litfasssäulen hingen im Herbst die dümmlich grinsenden Politiker, die sich zur Wahl stellten. Von weitem sahen die Plakate aus wie die Werbeseiten der Supermärkte. Eines der kleinen Fotos zeigte einen mitleiderregenden blonden Mann in einem hellblauen Hemd. Ich kaufte mir einen nicht ganz billigen dicken schwarzen Filzstift und gewöhnte mir an, beim Vorbeigehen eben jenes Bild durchzustreichen: Zuerst malte ich einen schwarzen Rahmen und zog dann vier waagrechte Linien. Es sah aus, als säße der hagere Blonde im hellblauen Hemd hinter Gittern. Mein Vater war während der ganzen Wahlkampfzeit ziemlich aufgeregt, obwohl er prophylaktisch und gebetsmühlenartig wiederholte, er habe keine Chance, gewählt zu werden. Meine Mutter wusste jedes Mal zu ergänzen, warum auch sie dieser Meinung war.

»Monsieur lässt sich auf den drittletzten Listenplatz setzen. Schreib wenigstens unter Hobbys, dass du gern liest und Museen besuchst.«

»Denkst du da an ein bestimmtes Museum?«, fragte er dann.

»Und das ist mein Mann«, seufzte meine Mutter und bügelte in der Küche sein hellblaues Hemd. »Er bringt mich noch um den Verstand. Was kann man bloß mit so einem Kerl machen? Nichts, null Ehrgeiz, will bloß seine Freiheit, ein bisschen frische Luft, Zigaretten und ein paar Biere!«

Der Blonde war trotzdem euphorisiert, als er sich jeden Morgen auf dem Weg zur Arbeit auf den Wahlplakaten sah. Er hätte jedes beliebige Versprechen abgegeben, um gewählt zu werden. Das ist der wahre Kern der Verschuldungs- und Finanzkrisen: Politiker verschulden sich bedenkenlos, um unbezahlbare Wahlversprechen einer infantilen Wohlstandsgesellschaft einzulösen, damit sie in vier Jahren wiedergewählt werden. Jede Abwahl ist eine finanziell existenzielle Krise und eine öffentliche Schmach für die ganze Familie. Schon gut, habe ich schon mal gesagt. Aber beim zweiten Mal prägt es sich besser ein. Es geht um die Intensität, Frequenz und Dauer einer Botschaft. Neurologisches Grundwissen. Kommt später noch. Leider!

Das Wahlplakat animierte meinen Vater, in unserer Wohnung Gemeindepräsident zu spielen. Er stellte neue Regeln auf, Gesetze, Verordnungen, Verfügungen, Erlasse und all den Kram, den Politiker heute initiieren, um gratis in die Medien zu kommen. Ich war für den Müll zuständig, zweimal wöchentlich. Dann sollte ich ihm die Schuhe putzen und in der Kirchgemeinde aushelfen, ich lehnte beides ab. Auch das obligatorische Familienfoto, denn ich fühlte mich wirklich nicht mehr als Teil dieser militanten Gottes-Gang. Meine Mutter lachte ihn aus, wenn er vor dem Spiegel gestenreich seine Reden murmelte. Sie konnte herzhaft darüber lachen. Aber so ein Wahlkampf ist anstrengend, und der Blonde rauchte nun Kette. Im Badezimmer. Vor dem Spiegel.

»Bist du jetzt schon Bundesrat?«

»Was? Wie war Ihre Frage?«, stotterte der hagere Blonde, den die kleinste Ablenkung restlos aus dem Konzept brachte.

»Du hast soeben der Bundesversammlung gedankt und die Hand zum Schwur erhoben.«

Das ließ sich der künftige Bundesrat nicht bieten, und erst noch vor der Wählerschaft. Zornig verließ er die Wohnung und kündigte an, er werde jetzt im Wohnzimmer rauchen. Diese Diskriminierung von Minderheiten müsse endlich aufhören, sonst würden wir eines Tages noch Raucherzimmer einführen oder gar Rauchverbote erlassen. Dann verschwand er zu einer wichtigen Parteisitzung und kam erst spät nachts wieder zurück. Seinem Atem nach zu schließen, waren es wohl fünf Stangen Bier gewesen. Berücksichtigte man noch den Zungenschlag, kam man eher auf sechs bis sieben.

Der hagere Blonde entkleidete sich im Wohnzimmer, in der Küche, im Flur, warf seine Socken einem imaginären Groupie zu und traf dann meine schläfrige Mutter zum mitternächtlichen High Noon, während ich mir meine neuen Kopfhörer überstülpte und *One Way Wind* und *Sacramento* hörte, Songs, die mich heute noch an kleine Prinzessinnen mit hochgereckter Stupsnase, Sangria und die Auspuffgase frisierter Motorräder erinnern. Ich las dabei ein Buch, das zum Bestseller der Siebzigerjahre wurde. *Die Grenzen des Wachstums.* Absolut erschütternd. Die Japaner würden mit ihren Billigautos die westliche Welt überrollen, und BMW, Audi, Opel und VW müssten Insolvenz anmelden. All diese Automarken werde man in vierzig Jahren wahrscheinlich nicht mehr kennen, der Club of Rome lehrte uns das Fürchten. Die Autoren waren ehrbare Wissenschaftler, die mich ein bisschen an den Propheten Philippulus aus dem *Tim-und-Struppi*-Band *Der geheimnisvolle Stern* erinnerten. Philippulus kündigt den nahen Weltuntergang an und sagt voraus, dass die Überlebenden an Scharlach erkranken würden. Dann kommen die Ratten aus ihren Löchern, und Tim und Struppi retten sich auf einen Laternenpfahl. Aber für uns, prophezeite der Club of Rome, komme jede Rettung zu spät: Dürren biblischen Ausmaßes würden uns heimsuchen, die große Sintflut, apokalyptische Stürme, Tsunamis und Erdbeben, die ganze Kontinente erschüttern. *Bad news are good news.* Oder können Sie sich einen *Jurassic Parc* vorstellen, in dem die Dinos handzahm sind und kleine Babys liebkosen? Nein, man muss das Publikum das Fürchten lehren, damit es schweißgebadet in die Buchhandlungen strömt. Und kauft. Ich kaufte auch eins. Wirklich? Vielleicht habe ich es auch einfach mitlaufen lassen. Aber ich habs gelesen.

Die Mitglieder des Club of Rome warnten also vor der Plünderung des Planeten, vor dem Verschwinden der Rohstoffe, der Wasserknappheit, dem ungezügelten Wirtschaftswachstum, der freien Marktwirtschaft und – wie alle verwöhnten Wohlstandsintellektuellen – auch vor dem Massenkonsum, nachdem sie im stillen Kämmerlein festgestellt hatten, dass sie alles Materielle besaßen, das sie sich gewünscht hatten – und doch nicht befriedigt waren. Nachdem der Club of Rome dreißig Millionen Bücher verkauft hatte, schob er noch eins nach und kündigte eine Milliarde Hungertote in Asien an. Ja, eine Milliarde Hungertote in Asien!

Der Termin war für das Jahr 2010 veranschlagt – ich lebte damals in Asien und sah boomende Volkswirtschaften und Millionen von Menschen, die sich aus der Armut befreit hatten und in den unteren Mittelstand aufgestiegen waren. Und nur der verteufelte Massenkonsum sorgte für eine florierende Wirtschaft, Arbeitsplätze und mehr Wohlstand. Das Erdöl sollte übrigens bereits im Jahr 2000 ausgehen. Wann haben Sie das letzte Mal getankt?

Die Weltpresse war begeistert, jeder Schriftsteller, der etwas auf sich hielt, kaufte das Buch, las es und diskutierte es mit schwergewichtiger Miene bis tief in die Nacht in den Bars. Das war das Positive an diesem Buch. Neue Themen wurden diskutiert. Trotz aller Falschprognosen, die heute nur noch Spott und Hohn ernten, leiteten diese Bücher eine Sensibilisierung für Umweltthemen ein, die bis heute andauert.

Bemerkenswert war aber, dass all die gescheiten Köpfe, denen alle mathematischen Modelle und Statistiken der Welt zur Verfügung standen, nicht in der Lage gewesen waren, einigermaßen treffsichere Prognosen zu erstellen. Und dass Computer, Internet und Mobiltelefonie den Informationsaustausch beschleunigen und das Weltwissen demokratisieren werden, haben sie gar nicht erst geahnt. Prognosen sind eben schwierig, besonders wenn sie die Zukunft betreffen. Um jeglichen Plagiatsverdacht zu vermeiden, erwähne ich hiermit, dass dieser Spruch von Franz Beckenbauer stammt. Ich muss das hier in den Text integrieren, da mein Agent keine Fußnoten mag.

Gerade in diesem Augenblick, in dem ich diese Zeilen schreibe, sehe ich auf meinem Finanzticker, dass der Wall-Street-Gigant JP Morgan zwei Milliarden Dollar bei Optionswetten verloren hat. *Keiner weiß mehr.* Das war übrigens mein Arbeitstitel für dieses Buch. Musste ihn fallen lassen, weil es den Titel schon gibt. Sagte mir Tim. Er macht jetzt auf Urheberrechtsexperte. Er macht mich auch darauf aufmerksam, dass ich den Spruch von Beckenbauer schon einmal gebracht habe. Wirklich?

In der Literatur begann der Siegeszug der Suche nach der eigenen Identität in einem sinnentleerten Leben. Es gehörte nun zum guten Ton, sich ein bisschen secondhandshopmäßig zu kleiden und *Tell-the-Audience*-Sticker an verschweißte T-Shirts zu heften. Die »neue Subjektivität« und die »neue Innerlichkeit« waren wohl die langweiligsten und unergiebigsten Trends der letzten 4000 Jahre in der Literaturgeschichte. Es dauerte jeweils fast vierzig Seiten, bis die schwermütigen Protagonisten ihren Hintern aus dem Bett kriegten, der sich im Kaffee auflösende Zucker sie an die Vergänglichkeit aller Dinge erinnerte und in dramatische Depressionen stürzte. Je langweiliger, trauriger und hoffnungsloser die Romane waren, desto größer war das

Lob, das sie von den ebenfalls latent depressiven Feuilleton-kardinälen erhielten. Wer echte Storys entwickelte, wurde als Unterhaltungsliterat diffamiert, und wenn die Story auch noch ein bisschen spannend war, galt sie nur noch als Kitsch. Am besten funktionierten Geschichten über zwei depressive Figuren, die sich gegenseitig das *Kommunistische Manifest* vortrugen. Bei den Frauenfiguren musste man höllisch aufpassen, damit man nicht in den Verdacht geriet, ein reaktionärer Macho zu sein; jede Frau musste spätestens auf Seite 345 zur neuen Jeanne d'Arc mutieren. Einen Migrationshintergrund mussten die Helden aber nicht haben, das kam später.

Ich schaute mir nach wie vor jeden Streifen an, manchmal bis zu vier Filme an einem Tag. *Das große Fressen, The Getaway* mit Steve McQueen und *Der Schakal,* ich habe sie alle gesehen. Ich begriff langsam, dass Geschichten nicht wahr sein mussten, sondern glaubwürdig. Dass jemand in das Schlafzimmer der Queen ein-brach, war zwar tatsächlich geschehen, aber unglaubwürdig, also unbrauchbar. Dass ich in meinem späteren Leben von so vielen Schicksalsschlägen heimgesucht wurde, ist auch wahr, aber in dieser Häufigkeit und Schwere ebenfalls unglaubwürdig.

Ich besuchte die Vorstellungen mittlerweile wieder allein. Roberto war an einer Überdosis Heroin gestorben, Sandro hatte in Alkoholismus promoviert, und Cédric zog am Wochenende mit seinen neuen Freunden aus der sozialistischen Zelle durch die Straßen und zertrümmerte Fensterscheiben von kleinen Geschäften, die eigentlich nichts mit der ganzen Sache zu tun hatten.

Auch Großmutter Germaine starb und leider auch Salome, ein Mädchen aus meiner alten Schulklasse, in das ich mich unsterb-lich verliebt hatte. Auch sie ging an einer Überdosis Heroin zu-grunde – ohne jemals erfahren zu haben, was ich für sie empfand. Auch Picasso, der Kinderhasser, starb in diesem Jahr, und in den USA wurden Nixons geheime Abhörprotokolle unter dem Namen Watergate berühmt. Die Mitarbeiter Gordon Liddy und James McCord kamen vor Gericht, nicht so meine Eltern, obwohl sie auch in meinem Kram herumgeschnüffelt hatten.

»Du bist ein Dieb, ein Krimineller!«, schrie der hagere Blonde im hellblauen Hemd voller Verachtung. Meine Mutter hatte zwei Langstreckenkerzen angezündet und starrte auf die kleinen schwarzen Notizbücher auf dem neuen Klubtisch. Nebelschwaden von Weihrauch verschleierten die Wohnzimmerkapelle. Im Hintergrund leise gregorianische Gesänge. *Ave Maria*.

»Ihr schnüffelt in meinen Sachen rum?«

»Glaub bloß nicht, wir seien unfähig, es zu lesen. Wir haben uns ein Englisch-Wörterbuch gekauft.«

»Ihr musstet ein Wörterbuch kaufen, um euren Sohn zu verstehen!«, grinste ich.

»Und einige Worte waren nicht mal im Wörterbuch«, stieß meine Mutter hervor.

»Was sollen diese Auflistungen von Geldbeträgen?«

»Hat dich meine Buchführung nicht beeindruckt?«

»Was hat das zu bedeuten«, schrie der hagere Blonde, »ist das Diebesgut?«

»Woher hat eigentlich Onkel Maurice sein schwarzes Motorrad?«, fragte ich.

»Er hat es auf dem Waffenplatz von Bulle ...«

»... geklaut«, schloss ich ihren Satz, »und alle finden das in Ordnung. Ich wurde von Kriminellen großgezogen. Und wenn ich mit ehrlicher Arbeit Geld verdient habe, wurde ich von euch beiden bestohlen. Ich bin in guter Gesellschaft.«

Mein Vater sprang hoch, als wären die Stahlfedern im Sofapolster explodiert. Ein unglaublicher Anflug von Energie und Entschlossenheit muss ihn in diesem Augenblick gepackt haben.

Er schnappte mich am Kragen und schlug zu. Ich duckte mich blitzschnell und verpasste ihm einen linken Haken aufwärts. Er taumelte benommen zurück und starrte mich an, als wundere er sich über die Härte meines Schlags. Er machte den Fehler, noch einmal nach meinem Kragen zu greifen. Ich wich aus und feuerte eine Stafette von Faustschlägen in seine Magengrube ab, der Schmerz brachte ihn beinahe um den Verstand. Blind vor Wut schlug er nach mir, aber ich tänzelte um ihn herum wie Muhammad Ali in seinen besten Zeiten. Meine Mutter schrie, ich solle aufhören. Aber ihr Schrei wirkte auf mich wie der Gong für die alles entscheidende letzte Runde. Wie von der Tarantel gestochen griff ich nun den hageren Blonden an und schlug unermüdlich zu. Erst als er ausgestreckt am Boden lag, ließ ich von ihm ab.

Meine Mutter versuchte sich in erster Hilfe, doch er schob sie unsanft weg. Als er wieder sprechen konnte, sagte er: »Du hast jetzt die Wahl: Entweder rufen wir die Polizei, oder du gehst in eine Erziehungsanstalt. Das Gesetz gibt uns die elterliche Befugnis, hier wollen wir dich nicht mehr sehen, bis du volljährig bist. Und auch danach nicht mehr. Danach kannst du mit deinen Freunden in der Gosse verrecken.«

»Gut, dass wir darüber gesprochen haben«, grinste ich und packte meine Tüte fürs Exil. Hatte nicht auch Silvester Stallones Karriere in der Gosse begonnen? Aber diesmal nahm ich den *Schatz der Sierra Madre* mit. Die Cats sangen *One Way Wind* und Neil Diamond *Song Sung Blue*.

# 3

# Ave Maria

Ich lebte von da an im Schatten einer monumentalen Bergpyra-
mide, die von den Einheimischen »die Mythen« genannt wurde.
Wenn ihre Schädel unter dem Druck des warmen Föhnwindes
zu explodieren drohten, sagten sie: »Das sind die Mythen.«

Am Fuß des Berges erstreckte sich auf einem grün bewachsenen Hügel ein langes Gebäude mit Kuppeln. Da das Gebäude
isoliert in der Landschaft stand, hielt man es nicht gleich für
eine Kirche. Das war nicht ganz falsch, denn in diesem Gebäude
geschahen Dinge, die man in einer Kirche nicht tut.

Ich fand mich also im katholischen Kollegium Maria Hilf
des Bistums Chur wieder, zugleich Internat und Gotteshaus.
Hier wurden die schwarzen Schafe aus den verdorbenen Großstädten gesammelt, gezüchtigt, erniedrigt, gebrochen und nach
einigen Jahren als zivilisierte Säugetiere in die Universitäten entlassen. Doch dieser religiöse Kerker war immer noch besser als
der bisherige Gulag, ganz zu schweigen von Vilaincourt. *Maria
Hilf* wurde ihrem Namen nicht gerecht. Die Internatsschule
wurde von vier Dutzend Geistlichen geleitet. Sie züchtigten die
gefallenen Engel aus Sodom und Gomorrha mit inquisitorischer
Strenge, als wollten sie Gott beweisen, dass er in ihnen gute
Feldweibel hatte. Vereinzelt kamen auch einige Bauernsöhne aus
dem Dorf in die Anstalt. Sie mieden jedoch den Kontakt mit

den Gescheiterten aus den Großstädten, denn sie verstanden sie nicht: Ihre forsche und flapsige Art war ihnen fremd. Sie kannten ihre Songs nicht und verstanden ihre Pointen nicht.

Als wollten meine Eltern mich zusätzlich bestrafen, veranlassten sie, dass ausgerechnet Onkel Arthur mich in dieses erzkatholische Zuchthaus brachte. Wir sprachen die ganze Fahrt über kein einziges Wort. Als wir schließlich ankamen, sagte er, dass er für die Internatskosten aufkommen werde, weil er noch was gutzumachen habe. Jetzt bezahlte ein pädophiler Kriegsverbrecher mein Wirtschaftsgymnasium. Ich tröstete mich damit, dass ich von nun an wenigstens meine Eltern nicht mehr sehen und hören würde. Ich hätte es aber vorgezogen, wenn man mir vor dem Eintritt den Schädel rasiert, die Füße in Ketten gelegt und einen quer gestreiften schwarz-weißen Pyjama angezogen hätte. Stattdessen wurde ich vor der Abfahrt zum ersten Mal in meinem Leben zu einem Friseur geschickt, der mich für teures Geld wie ein tuntiges Schulmädchen frisierte: gewellte Locken, über der Stirn war das Haar wie eine Perücke aus dem 18. Jahrhundert geföhnt, ein bisschen Chris Norman, als er noch bei Smokie sang und noch nicht den Cremeschnitten verfallen war.

So wie er sahen die meisten Pop-Idole der Siebzigerjahre aus. Tja, die Frauen wünschten sich damals feminine Männer, die ihre Joints teilten, einmal wöchentlich das Klo reinigten und beim Anblick von neugeborenen Meerschweinchen von Weinkrämpfen geschüttelt wurden. Die Männer wurden zu Softies dressiert, bis die Frauen zwanzig Jahre später ihre gezüchteten Pantoffelhelden nicht mehr ertrugen und sich wieder nach echten Machos mit maskulinem Kinn und mächtigem Brustkasten sehnten. Tja, als die Männer zu Frauen wurden, wurden die Frauen eben zu Männern.

Ich trug zu meiner peinlichen Frisur auch neue Kleider und sah aus wie ein Konfirmand aus Vilaincourt. Ich sollte damit einen guten Eindruck machen; der erste Eindruck sei eben wichtig, Kleider machen Leute und so. Ich kann dem ausnahmsweise zustimmen. Bei meinem Anblick war den anderen Schülern sofort klar, dass ich ein Großstadtspießer war, ein langweiliger Streber und möglicherweise sogar schwul, ich wurde denn auch gemieden. Bei der ersten Gelegenheit – also noch vor dem Frühgottesdienst – verkloppte ich den übelsten Spötter. Diese Taktik hatte ich von Onkel Arthur gelernt und aus unzähligen Knastfilmen. Gleich am Anfang richtig reinhauen. Ich kaufte einem Schüler ein Paar Jeans und ein Black-Sabbath-T-Shirt ab und machte allen klar, dass ich ein cooler Typ war und mit mir nicht zu spaßen war.

Der Tag begann mit der Frühmesse. Beten, Frühstück und anschließend eine halbe Stunde zur religiösen Besinnung, die wir zum Austausch von Pornoheften nutzten. Tagsüber Schulunterricht. Unsere Lehrer waren zum größten Teil Priester; Sie können sich vorstellen, wie aufregend die Evolutionsgeschichte dargestellt wurde … Wie konnte man die Erkenntnis, dass wir vom Affen abstammen, mit dem Glauben in Einklang bringen, dass wir nach Gottes Ebenbild designt worden sind? Es gab nur eine logische Erklärung. Dass Gott ein Affe war. Das hat mir später in Bangkok imponiert, als ich die Wandzeichnungen über die Entstehung der Welt sah. Ja, über Bangkok werde ich auch schreiben müssen. Leider.

Mein Vater war kein Affe, er konnte sogar Briefe schreiben. Als Abschiedsgruß sandte er mir einen netten Brief hinterher: Er stellte klar, dass ich meine Mutter krank gemacht hatte, und dass sie bereute, mich auf die Welt gebracht zu haben. Er hätte im Grunde auch nie Kinder haben wollen. Die brauche er nicht zum Glücklichsein, er brauche nur Gott und frische Luft. Die ehrenwerten Gottesmänner im Internat setzten noch einen drauf und erklärten uns, dass wir der Abschaum der Schweiz seien, den keine staatliche Schule mehr aufnehmen wolle. Mag sein, vielleicht hatten sie sogar recht. Aber wir wurden auch vom Abschaum der Schweiz unterrichtet. Von katholischen Priestern, die aus nur vage bekannten Gründen hierher abgeschoben worden waren. Der eine soff wie ein Berserker und schlief während des Unterrichts über seinem Pult ein, andere fassten den Zöglingen beim kollektiven Waschen an den Hintern. Sie bestätigten erneut alle Klischees. Glauben Sie den Erfahrungen von Tausenden belästigter Jugendlicher in katholischen Anstalten, Sakristeien und in den Garderoben der Schweizergardisten im Vatikan: Pädophile Geistliche sind kein Klischee, sondern eine weitverbreitete Landplage. Vertrauen Sie nie Ihre Kinder einem katholischen Priester an!

In unserem Internat schliefen siebzig Jungs in einem riesigen Schlafsaal, Bett an Bett, nur durch Vorhänge voneinander getrennt. An Schlaf war nicht zu denken, man musste immer mit Überfällen und Racheakten rechnen. Einige Jungs wurden ganz übel drangenommen: Einer aus Graubünden wurde eines Nachts von vier Schülern im Schlaf überrascht und festgehalten, während ein Fünfter ihm eine Tube Senf in den After drückte. Ich glaube, es war sogar der extrascharfe Dijon der Firma Thomy. Es war also ratsam, bis nach Mitternacht wach zu bleiben, um Überfälle rechtzeitig zu bemerken. Für mich war das ein ziemlicher Stress, weil ich ja auf einem Ohr nichts mehr hörte und man mit nur einem Ohr schlecht wahrnehmen kann, aus welcher Richtung ein Geräusch kommt. Die Nächte waren überhaupt sehr unheimlich, denn siebzig Jungs stöhnten, schnarchten, murmelten im Traum oder masturbierten in der Dunkelheit. Das war ein bisschen Script Avenue in den Anfangsjahren.

Schon am ersten Tag dachte ich über meine Flucht nach. Ich wollte nach Paris und wie Henry Miller leben. Er war wie ein Bruder im Geiste, der mich unterstützte, ermunterte und durch die Script Avenue begleitete. Wenn ich seine Bücher las, und ich las sie alle, hatte ich das Gefühl, mit einem Freund zusammen zu sein. In der Script Avenue saß er nächtelang im Saloon. Er schrieb bis frühmorgens, während über ihm auf der Galerie die Prostituierten von Georges Simenon an die Brüstung lehnten und auf den Klavierspieler hinunterschauten.

Im realen Leben freundete ich mich mit Christian an, der immer in Weiß herumlief. Er war groß und für sein Alter schon recht korpulent. Sein Haar war schulterlang, und das Smoking-Oberteil seines Großvaters spannte über seinem Bauch. Mit seinem vollen Gesicht, das ununterbrochen grinste, sah er aus wie eine Buddha-Statue. Christian schrieb auch, sehr gute Texte sogar. Er gab mir alles, und ich las jede Zeile, es waren fantastische Geschichten, üppig wie Gemälde von Breughel, absurd wie Kafkas beste Bücher. Sie strotzten nur so vor Kraft und ungeheuerlichen Fantasien. Ich erinnere mich an eine Monsterfrau, größer als der Eiffelturm, die in den Straßen Menschen wie Ameisen aufpickte und in ihre Scheide schob. Solche Sachen schrieb er.

Der Samstagabend stand im Internat zur freien Verfügung. Drei Stunden. Unser Refugium war ein leerer Stall oberhalb des Internats. Hier besoffen wir uns jede Woche, lasen uns gegenseitig unsere Geschichten vor und sprachen über den Sinn des Lebens, über Pläne und Träume, über Geschichten und Frauen. Wir soffen im Akkord – wir hatten nur drei Stunden Zeit, kotzen inklusive. Unsere Trinkerei war kein Protest, wir waren Komasäufer auf der Suche nach unserer Identität, aber damals wurde man nicht von Scharen von Psychologen mit nassem Pudelblick nach Gefühlen und Beweggründen gefragt. Es hatte nichts mit frühkindlicher Prägung, depressiven Stimmungen und mangelnder Liebe zu tun. Es war auch kein subtiler Protest gegen die Konsumgesellschaft, das Waldsterben und den Gletscherschwund. Wir soffen einfach aus Freude am Saufen. Ich denke, es war einfach die hormonell bedingte Risikobereitschaft der beginnenden Adoleszenz, aber die Medien werden das nie begreifen.

Am Sonntagmorgen erbrach ich mich jeweils auf der Toilette im zweiten Stock und bat in der Krankenstation um Asyl und zwei Aspirin. Eine ältere Nonne stand mir bei, ich kam mir vor wie ein gefallener Kreuzritter in Saladins Sanddünen. Sie hatte großes Verständnis für mich und freute sich jeden Sonntagmorgen, wenn ich sie wieder besuchte.

Präfekt Castafiori erschien jeweils gegen Mittag und starrte mich vorwurfsvoll an. Seine Lippen wurden dabei schmal wie ein Rasiermesser. Castafiori war das Morgenübel, das Nadelöhr vor den Waschtrögen, und jeder musste mit nacktem Oberkörper an ihm vorbei zu den langen Lavabos, die aussahen wie Kuhtränken. Hier putzte man sich die Zähne und wusch sich den Nachtschweiß vom Körper. Castafiori sprach nie, er war bloß ein weiterer schwarzer Sack mit kleinen, aufmerksamen Augen. Manchmal lächelte er verschmitzt, wenn seine Lieblinge an ihm vorbeigingen. Ich bin sicher, er atmete ihren Körpergeruch ein. Manchmal tätschelte er einem auf das Hinterteil und grinste schelmisch. Einige rächten sich an ihm und stülpten nachts mit Sperma gefüllte Präservative über die Türfalle seines Zimmers.

## Herr, wir haben gesündigt

Nur wenige Schüler durften abends sein Zimmer betreten. Dort gab es eine Menge Alkohol. In diesem Zimmer wurde nie über Gott gesprochen, in diesem Zimmer gab es gar keinen Gott.

Ich war einmal dabei, wir waren zu viert. Die einen wollten bessere Noten in Stenografie, die andern liebten seine Softsongs, und ich mochte einfach seine Bar. Castafiori saß etwas angespannt und verkrampft lächelnd auf der braunen Couch und starrte uns mit lüsternen Augen an. Er war sehr aufmerksam und schenkte uns sofort nach, wenn wir leer getrunken hatten. Dann bat er den Ersten, sich doch neben ihn zu setzen, dann den Nächsten.

Er strahlte wie das Jesuskind und tätschelte die Schenkel der beiden Jungs. Der eine war der Junge aus Graubünden, den alle Dijon nannten, der andere ein schlaksiger Kerl aus Nigeria. Ich saß mit meinem Ostschweizer Sportskollegen auf der anderen Couch und beobachtete das Treiben. Doch dieser Abend verlief nicht wie geplant. Ermuntert durch den Alkohol und die Passivität seiner beiden Jungs begann er die beiden abwechselnd zu streicheln, dann fragte er plötzlich den Nigerianer: »Hat der liebe Gott dir einen Großen geschenkt?« Der Nigerianer grinste und fragte, ob er ihn sehen wolle. Castafiori sagte, er sei immer interessiert, Gottes Werk zu sehen.

Da standen der Nigerianer und der Graubündner auf, lösten ihre Gurte und ließen ihre Hosen herunter. Castafiori wurde nun sehr erregt, sein Kopf würde gleich Feuer fangen. Er schluckte zweimal und berührte dann das Glied des Nigerianers. Dieser grinste zu uns rüber. »Zieh dich aus, Castafiori, sonst ziehe ich mich wieder an.« Nun hatte es Castafiori sehr eilig, seine Hose loszuwerden. Er verlor gänzlich die Beherrschung und stand nun nackt vor dem Nigerianer, hinter ihm stand der Junge aus Graubünden, er war ebenfalls nackt. Castafiori ergriff die Penisse der beiden und grinste zu uns hinüber. In diesem Augenblick zückte mein Freund aus der Ostschweiz seine Kamera und schoss ein Bild nach dem andern.

Castafiori fiel sofort auf die Knie und bedeckte sein Geschlecht. Der Nigerianer und der Kleine aus Graubünden zogen sich wieder an. Ich nahm Castafioris Kleider an mich, während mein Ostschweizer Sportsfreund weitere Fotos schoss. Castafiori stürzte sich auf ihn und wollte ihm die Kamera entreißen. In diesem Augenblick griff ich ihm kräftig zwischen die Beine, er stieß einen Schrei aus und sackte mit schmerzverzerrtem Gesicht auf die Knie. Seine Augen schienen Gottes Hilfe zu erflehen. Wir setzen uns alle wieder hin und schauten zu, wie Castafiori sich wimmernd anzog.

»Verschwindet!«, sagte er leise.

»Nein«, sagte ich, »der Abend hat erst angefangen.«

»Ich nehme noch einen Jack Daniels«, sagte der Ostschweizer, »geschüttelt und nicht gerührt.«

»Für mich einen Eiercognac«, grinste Dijon aus Graubünden. »Hast du eine Bloody Mary?«

»Für mich einen Black Russian«, befahl der Nigerianer streng, »vier Eiswürfel, viermal Wodka, zweimal Kaffeelikör, aber vom mexikanischen bitte.«

»Das kann ich nicht«, stöhnte Castafiori und hielt immer noch sein Geschlecht fest.

Mein Ostschweizer Kollege steckte seine Kamera ein und öffnete die Bar: »Wenn du am Sonntag Wein in das Blut Jesu verwandeln kannst, wirst du doch wohl einen Black Russian schaffen! Und dann haben wir noch einen Wunsch. Dein Stenografie-Unterricht ist so was von beschissen, und keiner von uns hat im Sinn, jemals Sekretär irgendeines Idioten zu werden. Also vergiss diesen Scheiß und gib uns in Zukunft immer eine genügende Note. Es muss keine gute Note sein, einfach etwas zwischen genügend und gut.«

Castafiori nickte.

»Und wenn du uns noch ein einziges Mal an die Wäsche gehst, werden wir diese Bilder dutzendfach kopieren und jedem Bewohner hier nachts unter der Tür hindurchschieben.«

»Ihr wollt mich erpressen«, stieß Castafiori hervor.

»Es ist sehr hilfreich, dass du das erkannt hast.«

»Wir wollen uns nur schützen«, ergänzte ich.

»Lasst uns darauf anstoßen«, sagte der Nigerianer und nahm eine würdevolle Haltung an. Wir standen nun alle aufrecht um den Tisch herum und zwangen Castafiori, mit jedem von uns anzustoßen. Er musste mit jedem ein ganzes Glas Cognac trinken. Und gemeinerweise hatte der Kleine aus Graubünden Castafiori ein besonders großes Glas hingestreckt. Jetzt nahm er eine

Osterkerze aus seiner Jackentasche und hob sie fragend in die Höhe: »Wir wollten ihm doch noch die Adventskerze in den Arsch stecken und anzünden.«

Im Kino ging das zwanzigstöckige Passagierschiff *Poseidon* in einer Monsterwelle unter, Roger Moore wurde leider als neuer James Bond inthronisiert, im gleichen Jahr erschien *Der Exorzist,* aber ich hatte keine Lust, meine Mutter in einer männlichen Hauptrolle zu sehen. Ich erinnere mich auch an *Angst essen Seele auf* von Fassbinder. Während der Vorstellung bekam ich eine Panikattacke und habe wie ein Schaf geblökt, bis mir mein Freund Christian eine Handvoll Popcorn in den Mund steckte.

Wenn Bruder Tuck den Unterricht leitete, lasen wir Henry Miller, Jack Kerouac, Charles Bukowski, denn Bruder Tuck war in der ersten Schulstunde immer verkatert und schnarchte über dem Schulstoff. Aber es ist nicht so, dass ich am Fuße der Mythen nichts gelernt hätte. Ich lernte das Zehnfingersystem. Perfekt. Einmal hatte ich die Idee, in einer TV-Show gegen zehn Sekretärinnen anzutreten. Ich denke, ich hätte gewonnen, aber die Frage, was ich denn von Beruf sei, wäre mir peinlich gewesen. Denn die Anschlussfrage wäre gewesen: Welches Buch haben Sie denn geschrieben? »Ich piss dir ins Auge«, hätte ich geantwortet.

Ich verbrachte jede freie Minute im kleinen Schreibmaschinenzimmer. Ich tippte all meine handgeschriebenen Geschichten in die Maschine und schickte die Texte an Zeitungen und Magazine. Endlich war ich frei, eine Briefmarke auf ein Couvert zu kleben und es in den hauseigenen Briefkasten zu werfen, aber kein Empfänger hatte Interesse. Das irritierte mich in keiner Weise, denn ich hatte Henry Miller gelesen, der hatte erst mit 42 Jahren sein erstes Buch publiziert. Ich weiß nicht, ob er wetterfühlig war; ich war es. Der Föhn am Fuße der Mythen brachte mich schier um den Verstand. Oft riss ich die Fenster des Schulzimmers auf und starrte mit schmerzverzerrtem Gesicht zu den beiden Felspyramiden hinauf, die wie die monumentalen Moai auf den Osterinseln ins Leere starrten. Möglich, dass jene Steinstatuen die Ankunft der Götter erwarteten, die beiden Felspyramiden hingegen warteten nur darauf, dass ich mich aus dem Fenster stürzte. Ich spürte die Hitze in meinem Körper, es war, als würde sich in meinem Innern Magma erhitzen und langsam eruptieren. Schließlich erbrach ich mich und suchte Asyl in der Krankenstation.

Mein einziger Lichtpunkt war der Samstagnachmittag im Schafstall. Christian meinte, Schriftsteller müssten leiden, und reichte mir die Zwei-Liter-Chianti-Flasche, wir hatten wieder drei Stunden Zeit. Er bettete mich ins feuchte Stroh und zündete sich eine Zigarette an. Als geübter Leser werden Sie jetzt vermuten, dass er den Stall niederbrannte. Nein, man darf als Geschichtenerfinder nicht nahe liegende Erwartungen erfüllen. Man muss überraschen. Jetzt denken Sie wohl an Jack Palance, *Hell in the Pacific,* der noch nicht weiß, dass der Zweite Weltkrieg vorbei ist. Nein, Christian erzählte mir, dass er mir folgen würde, falls ich eines Tages von hier abhauen würde. Wir schmiedeten Pläne und erzählten uns wahre und erfundene Abenteuer mit Frauen. Als es zu donnern begann, beschlossen wir, früher ins Internat zurückzugehen. Aber es war schon zu spät: Der Himmel öffnete sich mit einem heftigen Knall, der Regen prasselte auf das morsche Dach über uns, der Tag wurde innerhalb weniger Minuten zur Nacht.

Christian und ich versuchten, auf die Beine zu kommen. Wir hielten uns gegenseitig fest, wankten einen Schritt vorwärts und fielen dann Arm in Arm rückwärts ins Stroh, das stinkend vor sich hin gärte. Wir blieben liegen und tranken weiter. Plötzlich hörten wir Hufgetrappel, drei Schafe stürmten in den Stall und blieben verdutzt vor uns stehen.

»Sind das Schafe?«, fragte ich Christian.

Er setzte die Flasche ab, rülpste und schüttelte den Kopf: »Das sind die heiligen Drei Könige. Sie besuchen das Christkind.«

»Wo ist das Christkind?«

»Du«, lallte Christian, »du bist das Christkind.«

Die Schafe kamen näher, eins von ihnen legte sich neben mich ins Stroh, beschnupperte mich und drückte sein feuchtes Näslein an meine Stirn. Als ich den Geruch des nassen Fells einatmete, begann ich leise zu blöken.

»Weinst du?«, murmelte Christian.

»Es ist nur der Regen«, murmelte ich, und verlor das Bewusstsein. Hohe Mauern umzäunten die Script Avenue. Der Geruch von erkaltetem Weihrauch lag über der Straße. Ich wurde ständig von schwarzen Säcken verfolgt, beobachtet, aufgehalten, zurechtgewiesen. Ich versuchte zu fliehen, aber es war ausweglos, hoffnungslos.

Als ich am anderen Morgen aufwachte, konnte ich mich kaum noch bewegen. Ich war wie versteinert. Ich musste unwillkürlich an Kafkas Geschichte denken und begriff, wie er die Idee geboren hatte. Der Schmerz hatte sie hervorgebracht, die Angst, die Verzweiflung, der Druck. Mein Kopf dröhnte, die Ohren pfiffen, der Kiefer war so steif, als hätte Charles Henri Sanson, Scharfrichter der Französischen Revolution, die Gelenke mit Schrauben fixiert. Meine Nackenmuskulatur war so hart, dass die kleinste Kopfbewegung einen ungeheuerlichen Schmerz verursachte. »Das ist eine Halskehre«, sagte Castafiori, als er sich an mein Bett setzte und sanft über meinen Arm strich. Ich hätte ihn dafür gern verprügelt, aber von der Hüfte abwärts spürte ich einen glühenden, giftigen Schmerz, der bis in die Ferse reichte. Castafiori rief die Krankenschwester, sie brachten mich ins Dorf hinunter zu einem Arzt. Christian begleitete mich.

»Wir fliehen zusammen, dieses Wochenende!«

Christian nickte: »Ja, dieses Wochenende.«

Der Arzt war ein netter, kugelrunder Mann, der selber bestimmt keinen seiner wohlgemeinten Ratschläge beherzigte. Er beobachtete mich lange. Manchmal prüfte er die Empfindlichkeit von einzelnen Körperteilen und fuhr mit dem Fingernagel über die Haut. Dann nickte er wieder nachdenklich. Schließlich fragte er, ob ich Druck verspüre, ob ich unglücklich sei.

»Ich halte es hier nicht mehr aus«, flüsterte ich. »Wenn ich noch länger hierbleibe, verliere ich den Verstand.«

Er gab mir eine Spritze. Nach nicht einmal einer Minute hatte ich das Gefühl, eine Marionette zu sein, deren Fäden man alle auf einmal abgeschnitten hatte.

Wie in den Sechzigerjahren üblich, waren die Möbel in der Arztpraxis cremefarben. Wahrscheinlich hatte der Arzt das Pensionsalter längst überschritten, er schien aus purer Leidenschaft weiterzuarbeiten. Er stellte mir unzählige Fragen, ich fühlte mich wie in einer Quizshow.

»Kennen Sie die Ausdrücke ›die Angst im Nacken haben‹, ›mir liegt etwas auf dem Magen‹ oder ›starr vor Angst sein‹…?«

»Sie meinen, ich habe Angst?«

Der Arzt nickte. »Als Arzt würde ich sagen, Sie leiden an einer generalisierten starken Tendomyopathie, zu Deutsch Weichteilrheuma, und einer ausgeprägten vegetativen Dysregulation. Als Mensch würde ich hingegen sagen: Sie leiden seit langem unter einem enormen Druck.«

»Ich fühle mich wie in einem Käfig«, versuchte ich zu antworten, »mein Leben ist ein Minenfeld.«

»Er ist in einer Schraubenkiste aufgewachsen«, erklärte Christian mitfühlend.

Der Arzt schaute Christian entgeistert an. Dieser nickte heftig. Der Arzt wandte sich wieder an mich: »Sie müssen diesen Ort verlassen.«

Ich glaubte schon, er empfehle mir den Suizid, aber dann sprach er lediglich von Tapetenwechsel, Schulwechsel, Neuanfang und von Entspannung.

»In der Script Avenue«, sagte ich ihm, »kann niemand entspannen. Dort geschehen unglaubliche Dinge, und selbst wenn du die Allee verlässt, folgen dir alle Leute der Script Avenue, denn du bist ein Teil dieser Allee, eingebettet wie ein Pflasterstein.«

Der Arzt biss sich auf die Lippe und fuhr sich nachdenklich mit der Hand über den Kopf. »Eingebettet wie ein Pflasterstein?« Dann spannte er ein Blatt in seine uralte Lettera 22, die wohl hässlichste Schreibmaschine, die Olivetti jemals auf den Markt gebracht hat. Als er zu tippen begann, blökte ich im Takt. Er hielt inne, drehte den Kopf und schaute mich von der Seite an.

»Ich piss dir ins Auge«, murmelte ich.

An einem Samstagabend betrat ich zusammen mit Christian die Kapelle. Wir hatten zwei dicke Schraubenzieher mitgebracht. Damit wuchteten wir die Opferstöcke auf, nahmen die Metallschubladen heraus und leerten das Münzgeld in eine Plastiktasche. Wir stiegen die breiten Steintreppen zur Eingangshalle hinunter und öffneten die wuchtigen Flügeltüren. Ein kühler Wind blies uns entgegen, der Duft der Freiheit. Jetzt würde ich endlich in der Script Avenue leben können, meinen Wissensdurst würde ich draußen in der Welt stillen.

Wir rannten ins Dorf hinunter. Von dort wollten wir den Bus nach Lachen nehmen und mit dem Zug Richtung Süden fahren. Doch als wir in Lachen aus dem Bus ausstiegen, riss meine Plastiktasche, und die Münzen klimperten über den Boden. Christian bückte sich nach dem Geld. Er hatte den Kopf gesenkt. Ich hörte ihn sagen: »Ich kann nicht, es tut mir leid. Du kannst mich jetzt für einen Feigling halten, ja, ich bin wahrscheinlich ein Waschlappen.«

Ich starrte ihn fassungslos an, während er eilig die Münzen zusammenklaubte und in meine Hosentaschen stopfte.

»Ich will dieses Geld nicht, nimm du es, du wirst es brauchen. Du bist mein Held, Sammy, mein Freund. Aber ich kann nicht. Vielleicht wird doch nur ein Buchhändler aus mir. Einer, der die

Bücher anderer bewundert und seine kleine Buchhandlung nie verlässt. Es tut mir leid, Sammy, aber ich bin kein Held. Ich bin nicht Vercingetorix. Grüß Henry Miller von mir.«

Mit einer pathetischen Geste machte er ein paar Schritte rückwärts.

»Kannst du mir noch etwas Geld leihen? Im Internat wirst du es nicht brauchen.«

Christian zuckte verlegen mit den Schultern: »Du weißt doch, mein Freund, ich brauche das Geld für gute Bücher. Bücher sind für mich wichtiger als essen und trinken.« Dann drehte er sich abrupt um und rannte auf den Bus zu, der für die Rückfahrt nach Schwyz bereitstand.

»Ich werde immer dein Freund sein«, schrie er über den Platz. »Du bist auf ewig mein Held!«, brüllte er in die Nacht hinaus.

Ich änderte meinen Plan und fuhr nach Norden.


Cédric erwartete mich bereits am Hauptbahnhof in Basel.

»Die Polizei sucht dich«, sagte er in konspirativem Ton und beobachtete nervös die Umgebung. Dann reichte er mir einen Brief: »Von deinem Vater«, sagte er leise. Ich steckte den Brief ein und fragte ihn, ob er so weit sei. »Lass uns noch diese Nacht verschwinden. Wir werden die Welt erkunden.«

»Nein, nein«, sagte er entschlossen, »das hast du falsch verstanden. Ich mache zuerst die Schule fertig. Ich kann nicht alles fallen lassen und wie ein Penner durch die Welt tingeln. Was ist in zwanzig Jahren? Hast du dir das schon mal überlegt? Dann stehst du da und hast nichts.«

»Du sprichst ja wie meine Mutter, in zwanzig Jahren verkaufe ich vielleicht St. Galler Kalbsbratwürste auf den Philippinen, oder ich bin ein berühmter Autor und lebe in Malibu.«

»Hör mir zu, Sammy, in der Schule hat uns ein richtiger Schriftsteller besucht, er heißt Berthold Krenz, hast du sicher schon gehört.«

Ich schüttelte den Kopf.

»Er schrieb *Das Weinen der Meere* – ein weltweiter Bestseller! Ich bin in seiner sozialistischen Arbeiterschreibwerkstatt. Wenn du willst, kann ich ihm deine Manuskripte geben. Die sind alle noch bei mir deponiert.«

Ich nickte: »Dann werde ich jetzt wohl allein gehen.«

Cédric nickte verlegen und drückte mir einen Geldschein in die Hand: »Mehr habe ich nicht. Machs gut, Genosse.«

Wir wussten nicht so recht, wie wir uns voneinander verabschieden sollten. »Ich muss die Schule zu Ende machen, ich werde Politologie studieren, ich will etwas bewegen in der Welt.«

»Ich weiß«, sagte ich enttäuscht, »du musst die Welt retten.«

## Francis will reisen

Konsterniert saß ich im Schnellzug von Basel nach Delémont. Dort hatte ich den letzten Anschlusszug verpasst, weil es schon kurz vor Mitternacht war. Ich übernachtete im Wartesaal und fütterte ab und zu die Waren- und Getränkeautomaten mit dem Opfergeld aus Schwyz. Am Morgen nahm ich den ersten Bummelzug Richtung Vilaincourt, es war eine Fahrt ins Mittelalter. Die Spuren der Zivilisation lösten sich auf, aus Straßen wurden Schotterpisten, aus Häusern verlassene Gehöfte. Die schmutzigen Kühe auf den Weiden signalisierten mir, dass Vilaincourt nicht mehr weit war. Schließlich hielt der Zug an, ich war der Einzige, der ausstieg. Zu Fuß trottete ich in das verwunschene Tal hinunter, wo die gekrümmten Rebstöcke nachts ihre Schafe bumsten. Ich fand Francis auf der Weide hinter der kleinen Fabrik. Er fütterte die Tiere jeweils am frühen Morgen, bevor er nach Porrentruy ins Gymnasium fuhr. Als er mich sah, begann er vor Freude zu schreien und tanzte um mich herum. Er umarmte mich und fragte, ob heute unser Tag sei. Ich nickte.

»Ich bin hier, um dir Adieu zu sagen, Francis. Für mich ist es Zeit, zu gehen, für dich ist es noch etwas früh.«

»Nimm mich mit!«, schrie Francis. »Du bist mein großer Cousin, du musst mich mitnehmen. Reisen wir zu den Chocolate Hills auf die Philippinen?«

»Ich glaube nicht, dass dafür mein Geld reicht. Über Land kann man mit Trampen vorwärtskommen, aber wenn man eine Überfahrt auf einem Schiff braucht ... Das kostet Geld.«

»Ich komme mit!«, schrie Francis. »Komm, lass uns gehen. Jetzt. Sofort.«

Ich war überrascht und zögerte. Francis war drei Jahre jünger als ich, das war einfach ein bisschen jung.

»Hier kann ich nicht bleiben«, flehte Francis, »ich halte es nicht mehr aus. Ich werde verrückt. Ich werde dir unterwegs alles erzählen, aber nimm mich bitte mit! Bitte!«

Er ließ alles stehen. Im Stall hatte er eine alte Militärtasche versteckt, darin waren sein Pass und die wichtigsten Prospekte, die ihm die Botschaften erneut geschickt hatten. Dass er die Bücher von Onkel Arthur nicht mitnahm, fiel mir erst viel später auf.

»Wollen wir noch Guy mitnehmen?«, fragte ich ihn.

»Nein, nein«, sagte Francis hastig, »Guy will jetzt Veterinär werden, er interessiert sich nur noch für Fußball und Medizin. Und er mag seinen Vater, trotz allem.«

»Vielleicht fürchtet er ihn.«

Wir fuhren nach Bern und stellten uns vor der Autobahnauffahrt an den Straßenrand. Wir hatten Glück: Ein junges Pärchen, das nach Rom unterwegs war, nahm uns mit, doch im Gotthardtunnel begannen sie, die Schwiegermutter-Problematik zu diskutieren, und gerieten darüber derart in Streit, dass das Mädchen in Mendrisio die Weiterfahrt verweigerte. An einer Tankstelle lächelte sie einen jungen Schotten mit Riesenkoteletten und bunt bemalter Gitarre an, der in einem klapprigen Deux-Chevaux nach Zürich unterwegs war. Der zurückgelassene Verlobte aß eine ganze Tafel Schokolade und fuhr mit uns weiter nach Milano. Unterwegs erzählte er uns seine Leidensgeschichte, die nicht sehr spektakulär war, aber es war eben seine Leidensgeschichte, und das Schlimmste, was er in seinem bisherigen Leben erlitten hatte. Bereits in Modena war er damit fertig und bog in eine Autobahnraststätte ein. Dort begann er untröstlich zu weinen. In der Cafeteria aß er einen Schokoladenkuchen und thematisierte seine sexuellen Probleme, ohne uns dabei anzuschauen. Er war Italienischlehrer und wollte in die vertraute Heimat zurückfahren, einen Malkurs besuchen und über einem klecksenden Pinsel den Sinn der menschlichen Existenz entdecken.

Francis und ich hatten keine Probleme, eine neue Fahrgelegenheit zu finden. Die Autofahrer, meist Italiener im Alter zwischen dreißig und vierzig, mochten uns junge Tramper, und auf den gemeinsamen Fahrten genossen wir alle zusammen, dass wildfremde Menschen so unkompliziert und vertrauensvoll für ein paar hundert Kilometer zusammenfanden.

In wenigen Tagen kamen wir bis nach Sizilien, genauer gesagt nach Syrakus. Wir quartieren uns in einer verlotterten, aber billigen Pension ein; sie lag direkt am Meer. Vor dem Hotel erstreckte sich eine Promenade mit schattigen Bäumen. Dort, zwischen zwei Parkbänken, stand eine Jukebox. Für ein paar Lire konnte man *Tornero* von I Santo California hören. Die Musik schallte über die ganze Promenade. Ich saß mit Francis auf der Bank und blickte aufs Meer hinaus, es war drückend heiß. Die Jukebox hatte ein Problem und spielte ohne Unterlass *Tornero*. Der Song sollte uns ein Leben lang an dieses unbeschreibliche Gefühl von Freiheit erinnern. Doch als mir Tim fünfzig Jahre später den Song in mein Isolierzimmer brachte, spürte ich beim Abhören zwar noch das Salz in der Luft, war aber nicht mehr imstande, selbständig auf die Toilette zu gehen, und musste mir von einem vermummten Mann den Hintern abwischen lassen.

Aber die Erinnerung an die Freiheit blieb, und in der Script Avenue spielten sie in jenen Tagen mir zuliebe *Tornero*.

Ich verbrachte einen schönen Tag mit Francis. Zum ersten Mal in unserem Leben fühlten wir uns richtig entspannt und in Sicherheit. Übermorgen würden wir mit dem Schiff nach Malta übersetzen. Wir schwärmten von all den asiatischen Ländern, die wir bald bereisen würden. Es waren wunderbare Gespräche, Francis sprühte nur so vor Begeisterung und Lebensfreude.

»Suchst du immer noch das Mädchen von den Philippinen?«, fragte er mich. Ich nickte.

»Das Buch ist uralt, und das Mädchen dürfte jetzt schon über hundert Jahre alt sein. Jagst du eine Großmutter?«

»Was spielt das für eine Rolle? Weißt du, ich treffe sie manchmal in der Script Avenue. Wir alle brauchen Träume, wovon sollen wir sonst leben?«

Francis schwieg lange. Wir beobachteten drei übergewichtige Italiener mit dunklen Sonnenbrillen, die gestenreich die Uferpromenade entlangkamen und sich gegenseitig Dinge erklärten, die offenbar keiner verstand.

»Es gibt ein sizilianisches Sprichwort«, sagte ich zu Francis: »Wer taub, blind und stumm ist, lebt hundert Jahre in Frieden. Das hat mir einer der Schwarzarbeiter in Vilaincourt gesagt.«

»Was meinte er damit?«, fragte Francis.

»Er wollte sagen: Jede Familie pflegt ihre eigene Omertà, jede Familie erfindet ihre eigene Wahrheit, ihre eigene Geschichte, und in jeder Familie wächst ein Pentito heran. Und dieser Pentito findet hundert Jahre keinen Frieden.«

Wir schwiegen eine ganze Weile. Plötzlich sagte Francis: »Auch ich habe Träume, Sammy, ich träume davon, Onkel Arthur zu töten.«

Wie vom Blitz getroffen drehte ich mich um. Hatte er wirklich gesagt, dass er davon träume, Onkel Arthur zu töten?

»Er ist ein Schwein«, sagte Francis. »Das Zuchthaus wäre nicht Strafe genug.«

»Er wollte sich einmal an mir vergehen«, sagte ich, »auf einer Dachterrasse. Aber es ist ihm nicht gelungen. Das ist schon Jahre her.«

»Du bist älter und stärker als ich, aber bei mir ist es ihm gelungen, immer und immer wieder!« Die letzten Worte schrie er hinaus.

»Hast du es deinen Eltern gesagt?«, fragte ich vorsichtig.

»Weißt du, was meine Mutter gesagt hat? Ich solle aufhören, so schmutziges Zeug zu erzählen. Onkel Arthur unterstütze schließlich die Familie ...«

»Zwei Tragtaschen mit Spaghetti und Arrabiata-Sauce ...«, murmelte ich.

»Deshalb wollte ich, dass du mich mitnimmst. Er tut es auch mit unseren anderen Cousins, ich weiß es, ich erkenne es an der Art, wie er sie ansieht, wie sie seinen Blick erwidern, wie sie sich bewegen, wenn sie ihn sehen. Deshalb töte ich ihn in meinen Träumen. Du hattest großes Glück«, wiederholte Francis. »Du bist der Älteste von uns allen, du warst schon stärker, aber ich und die anderen Cousins hatten keine Chance. Du warst wohl nur ein Versuch, ein Anfang. Und weil alle weggesehen haben, hat er bei uns Jüngeren alle Hemmungen verloren. Es tut so weh, Sammy, der Kerl hat den Schwanz eines Monsters, es ist so erniedrigend, so entwürdigend, und du kannst dich nicht wehren, du kannst ihn nicht schlagen, niemand kommt dir zu Hilfe, du verlierst deinen ganzen Stolz, deine Selbstachtung, deinen Glauben, du verlierst alles, es gibt keine abscheulichere Art, einem Menschen mitzuteilen, dass er nichts wert ist. Dass er nur ein Loch ist. Als meine Mutter das Blut in meiner Unterwäsche sah, meinte sie, das seien Hämorrhoiden. Ich sagte ihr, das ist dein Bruder Arthur! Er vergewaltigt mich! Erzähl das bloß nicht rum, drohte sie. Verstehst du, Sammy, ich bin ganz allein auf dieser Welt. Onkel Arthur hat mehr Schutzengel als ich. Er hat Gott auf seiner Seite. Manchmal denke ich, wenn Gott mich nicht beschützen kann, dann soll er mich wieder zurücknehmen.«

Ich schüttelte energisch den Kopf: »Nein, nein, Francis, lass uns zur Polizei gehen.«

»Mein Vater würde mich umbringen. Was in Vilaincourt geschieht, muss in Vilaincourt bleiben, das sind die Gesetze dieser prähistorischen Sippe, in die wir hineingeboren wurden, die Gesetze von Vilaincourt. Ich schäme mich abgrundtief für das, was mir widerfahren ist. Es ist nicht Feigheit, es ist Scham, ich eigne mich nicht zum Pentito. Falls du eines Tages Schriftsteller wirst, könntest du der Pentito sein.«

»Ich weiß nicht, ob ich den Mut aufbringen würde, Francis, es ist doch ziemlich peinlich, das Ganze. Auch ich empfinde Scham.«

»Siehst du, Sammy, in Vilaincourt werden selbst die Opfer zu Komplizen der Täter. Das ist die Omertà.«

Ich dachte noch lange über Francis' Worte nach. Als die Nacht anbrach, wurde es allmählich kühler: »Wir lassen uns was einfallen, Francis, hm?«

Er nickte: »Ja, heute Nacht lasse ich mir was einfallen.«


Wir tranken noch ein bisschen Rotwein und legten uns in unserem Zimmer schlafen. Wir hatten zwei schmale Einzelbetten mit muffigen Matratzen. Aber der Nero d'Avola half uns beim Einschlafen.

Als ich gegen drei Uhr morgens verkatert aufwachte, war das Bett von Francis leer, im Badezimmer war er auch nicht. Also zog ich meine Shorts an, schlüpfte in meine Slipper und ging zur Promenade hinunter. Schon von weitem sah ich seine Silhouette auf der Parkbank. Ich setzte mich neben ihn.

»Hast du dir was einfallen lassen?«, fragte ich ihn.

Francis gab keine Antwort. Da bemerkte ich etwas Nasses an meiner linken Hand, klebrig und dickflüssiger als Wasser. Ich starrte meine Hand lange an und erwartete eigentlich, dass mir Francis dazu etwas sagen würde, doch er schwieg, er hatte sich die Pulsadern aufgeschnitten, ich saß in seinem Blut.

Als der Tag anbrach, hockte ich immer noch auf der Parkbank neben Francis. Eine ältere Frau kam. Sie lief gebückt und war ganz in Schwarz gekleidet. Zwei Carabinieri folgten ihr. Die Alte stützte sich an einem Alleebaum ab und zeigte auf mich. Die beiden Carabinieri bedankten sich bei ihr und kamen auf mich zu. Wir konnten nicht miteinander reden, da sie weder Deutsch noch Französisch sprachen. Schließlich kam ein Arzt, der Francis untersuchte. Mittlerweile trug ich Handschellen. Ein Maurer, der früher in der Schweiz gearbeitet hatte, übersetzte. Der Inhaber der Pension stieß zu uns, er sprach mit den Polizisten und zeigte dabei abwechselnd auf Francis und auf mich. Die Carabinieri nahmen mir schließlich die Handschellen wieder ab und führten mich in ihr Büro zur Aufnahme der Personalien, nach zwei Stunden war ich wieder frei. Frei?

Ich nahm den Bus nach Catania und dann die Fähre der Grimaldi Lines nach Malta. Die elf Stunden Überfahrt verbrachte ich am Heck des Schiffes und starrte in die Wellen. Ich fühlte mich wie ein Tropfen Wasser in einem tosenden Meer. Bedeutungslos und gefangen in diesem Gewässer. Es wäre schön gewesen, zusammen mit Francis auf diesem Schiff zu sein.

Das Festland verschwand allmählich am Horizont, als wolle sich die alte Welt langsam zurückziehen und Adieu sagen. Ich zog den Brief hervor, den Francis im Badezimmer zurückgelassen und den ich den Carabinieri vorenthalten hatte. Ich wollte ihn ganz allein für mich haben und Francis auf meine Art rächen. Ich war besessen von diesem Gedanken, ich würde mir eine Geschichte ausdenken, die Geschichte einer Rache.

In La Valletta zogen Menschen mit riesengroßen Marien- und Heiligenstatuen durch die Straßen, das wäre das perfekte Feriendomizil für meine Mutter gewesen. Der Fakt, dass in einigen alten Kirchen Imbissstuben eingerichtet waren, hätte ihr wiederum weniger gut gefallen.

Ich übernachtete vor einem Kirchenportal in St. Julian's und ließ mich die ganze Nacht über von irgendwelchen mutierten Moskitos stechen. Am nächsten Tag wanderte ich ins karge Landesinnere und stand schließlich vor einem verlotterten Friedhof, weit und breit keine Häuser, keine Menschen, keine Berge; hier hätte Sergio Leone günstig seinen nächsten Western drehen können. Ich ruhte mich im Schatten eines Grabsteins aus und dachte an Francis. Als mein Wasservorrat zur Neige ging, kehrte ich ratlos nach St. Julian's zurück und trank am Dorfbrunnen. Es war mir egal, ob das Wasser trinkbar war oder nicht. Ich hockte mich wieder auf die Kirchentreppe und versuchte, an nichts zu denken. Doch ich dachte an Francis. Irgendwo sangen The Rubettes *Sugar Baby Love*. Die Musik kam aus einer steilen Gasse. Dort war eine Diskothek, in die einige Jungs durch ein Toilettenfenster einstiegen. Ich kletterte hinterher. Die Disco war gerammelt voll. Es war einfach, ein gekühltes Glas Wasser oder Cola zu ergaunern, niemand achtete auf sein Getränk. Alle waren auf der Jagd, hielten Ausschau, versuchten, jemanden zu finden, der sie aus der Langeweile befreite.

»Entschuldigung, aber ich glaube, das war jetzt mein Glas.«

Ein Mädchen in meinem Alter stand kokett lächelnd vor mir. Sie war blond und machte einen äußerst sportlichen Eindruck. Die angebotene Zigarette lehnte ich ab, aber ich stürzte die Cola hinunter und verschlang die Sandwiches, die sie für mich bestellte. Bevor sie wieder auf die Tanzfläche verschwand, lud sie mich noch zum Frühstück am nächsten Tag ein, Comina Bar, unten am Strand.

Am nächsten Morgen saß ich schon um fünf Uhr morgens an der leeren Frühstücksbar. Mein linkes Auge war derart von Mücken zerstochen, dass es komplett zugeschwollen war. Meine Unterlippe sah aus, als hätte mich über Nacht die Pest erwischt. Und an der Stirn wie auch an beiden Wangen juckten Einstichstellen, die so groß waren, als hätte ich kleine Murmeln unter der Gesichtshaut.

Die edle Spenderin der leckeren Sandwiches hieß Sheila und wohnte in einem vornehmen Vorort von Basel. Jaja, die Welt ist klein. Sie war seit zwei Wochen hier und versuchte, einen Englischkurs durchzustehen. Ihrem Vater zuliebe. Er schien für sie sehr wichtig zu sein, denn sie erwähnte ihn immer wieder. Als Sheila mich fragte, was ich denn so treibe, war mir das peinlich. Ich sagte, ich reise ein bisschen herum. Ich hätte schöne Augen, sagte sie, als sie nach meiner Hand griff. Ihre Freundin Julietta erhob sich und grinste über beide Ohren. Als sie gehen wollte, um uns allein zu lassen, schlug Sheila vor, dass sie bleiben solle, und wir würden gehen – ins Schlafzimmer, das sie mit Julietta teilte.

Sheila führte mich in ihre Privatschule. Das Doppelzimmer hatte eine eigene Dusche, es roch nach salzigem Meerwasser. In den nächsten Tagen bezahlte Sheila ihrer Freundin Julietta ein separates Zimmer, sodass wir ungestört die Nächte zusammen verbringen konnten. Wir mochten uns auf Anhieb, mir schien, als könnte Sheila die Frau meines Lebens werden. Aber nach zwei Wochen war ihr Kurs zu Ende, und sie flog zu einer Freundin nach London. Zum Abschied gab sie mir die Firmenadresse ihres Vaters, er würde mir bestimmt einen Job verschaffen. Sheila war etwas ruhelos, unstet. Sie brauchte ständig Abwechslung und Action. Sie hatte es nicht so mit fiktiven Geschichten; meine Fantasie schien sie eher zu irritieren. Am Abend in der Disco sang Lobo *I'd Love You to Want Me*. Aber da war Sheila bereits am Flughafen. Für die Rückreise ließ sie mir ein bisschen Geld da, sie wollte mich in vier Wochen in der Schweiz wiedersehen, ich glaubte ihr kein Wort.

Ich kaufte ein Ticket für die Überfahrt nach Syrakus. Dort versuchte ich es erneut mit Autostopp, ich kam bis nach Pompeji. Dann hat mein Agent den ganzen Abschnitt gestrichen. Gopfertami! Er meint, es bringe die Geschichte nicht voran. Es bremse. Mir geht das langsam auf den Wecker. Er hat mir schon die Seiten über Syrakus gestrichen. Pompeji ist wichtiger als Syrakus. Nicht nur, weil die römische Antike in meinem Leben eine große Rolle spielt, sondern vor allem, weil eine Zeit kam, in der ich an die Kinderleichen erinnert wurde, die unter Gipshüllen konserviert waren. Das ist das *forward shadowing,* das Drehbuchautoren einsetzen, um die Spannung zu erhalten. Andeutungen auf spätere Ereignisse. Im Grunde ist auch Sheila *forward shadowing.* Sie erwarten jetzt eine erotische Geschichte?

## Monkey Business

Zurück in der Schweiz, ging ich auf direktem Weg zur Adresse, die mir Sheila gegeben hatte. Dort stand eine alte Patriziervilla mit Säulenportal inmitten einer riesigen Parkanlage im vornehmen Gellert-Quartier. Ein bisschen White House im kleineren Maßstab. Auf der goldenen Tafel am großen Eisentor war *Commodities Trading AG* eingraviert. Als ich klingelte, bewegte sich leise surrend ein Kameraauge, so was hatte ich bis dahin nur in Filmen gesehen.

»Man grüßt«, hörte ich aus der Gegensprechanlage, »wie darf ich Ihnen helfen?«

»Ich möchte Tony Brodbeck sprechen.«

»Sie meinen Herrn Brodbeck.«

»Ja, den meine ich.«

»Haben Sie einen Termin?«

»Nein, aber einen Brief seiner Tochter, ich komme aus Malta.«

»Einen Augenblick bitte.«

Lautes Hundegebell setzte ein, ein stämmiger Mann in schwarzem Anzug und dunkler Sonnenbrille schritt auf die Einfahrt zu, gefolgt von einem rabenschwarzen Dobermann und einem Mastino Napoletano. Sie waren alle drei zum Fürchten. Der Wachmann öffnete das Tor mit einem elektronischen Schlüssel und begleitete mich zum Haus, anschließend führte er mich durch eine große Halle mit schwarz-weißen Marmorböden und allerlei italienischem Stein an den Wänden. Er klopfte an eine hohe Eichentür und kündigte mich an: »Monsieur Brodbeck, ein Bekannter Ihrer Tochter.«

Tony Brodbeck saß hinter einem bulligen Schreibtisch, der völlig zugemüllt war mit Akten, Briefen, Dokumenten, Memos und Zeitschriften. Meine erste Begegnung mit einem Messie. Brodbeck war ein groß gewachsener, solariumgebräunter und attraktiver Mann, etwas bullig, durchtrainiert und eigentlich recht sympathisch. Sein blonder Pferdeschwanz sollte wohl Jugendlichkeit signalisieren und gleich klarmachen, dass er auf Konventionen pfiff.

»Sie staunen über die Unordnung? Seien Sie skeptisch, wenn Sie einen aufgeräumten Schreibtisch vorfinden. Das sind die Schreibtische von Menschen, die nichts arbeiten. Sie haben Post von meiner Tochter?«

»Ja.« Ich kramte etwas umständlich Sheilas Brief hervor. Zwischen den Papierbergen erkannte ich verschiedene metallhaltige Steine. Als Briefbeschwerer benutzte er einen Goldbarren. Ein Kilo. An den Wänden hingen riesige Farbfotografien von Gold- und Silberminen. Es gab auch Bilder, die bunte Gemüsemärkte in Asien zeigten.

»Ihr kennt euch schon lange?«, fragte er.

»Natürlich«, antwortete ich, »sie erwartet Drillinge, deshalb wollte ich ihren Vater sprechen. Wegen der Namensgebung. Wir würden die Kids gern nach Rohstoffen benennen.«

Tony Brodbeck machte komische Faxen, vielleicht ein bisschen Tourette. Er spielte mit seiner Zunge, als müsste er noch irgendwelche Essensreste aufspüren. »Nickel, Mais und Platin – kann man gut auseinanderhalten.« Er streckte die Hand nach dem Brief aus und las.

»Mmmhh«, machte er nur und kicherte leise, »Schriftsteller.« Dann schaute er hoch: »Ich weiß nicht, was meine Tochter an euch Pennern so attraktiv findet. Können Sie mir das verraten?«

»Ich weiß es offen gestanden auch nicht.«

Er nickte unbeeindruckt: »Ich hab kürzlich gelesen, dass Künstler bei Frauen am beliebtesten sind. Die rangieren noch vor den Ärzten, Architekten, Anwälten und Firmenbossen. Selbst wenn die Frauen steinreich sind, bevorzugen sie Künstler, auch so erfolglose Schnorrer, wie Sie wahrscheinlich einer sind.«

Er knüllte den Brief zusammen und warf ihn zielsicher in den Papierkorb.

»Dachten Sie, ich treffe nicht?«, grinste er.

Ich zögerte, schließlich sagte ich: »Ich habe nicht darüber nachgedacht. Ich überlegte gerade, ob ich ein mittelloser Penner bin.«

»Werfen Sie einen Blick auf Ihr Bankkonto! Falls Sie überhaupt eins haben. Wissen Sie, ich weiß nicht, was ich falsch gemacht habe. Ich habe ihr die beste Erziehung und die beste Ausbildung ermöglicht, aber kaum kommt irgend so ein bekiffter Schnorrer und pisst ein paar Zeilen, die sich reimen, schon liegt sie ihm zu Füßen. Ich betreibe Minen in Afrika, Kanada und Australien, wir besitzen riesige Plantagen in den USA und Schweinezuchten in Asien, glauben Sie im Ernst, das alles soll eines Tages einem Schnorrer gehören? Der Gedanke macht mich krank!«

»Das kann ich gut verstehen. Ihre Angst ist nicht ganz unbegründet, denn die dritte Generation verjubelt meistens das hart erarbeitete Geld der ersten beiden. Aber geben Sie die Hoffnung nicht auf. Sheilas Verhalten ist auf die hormonelle Umstellung während der Pubertät zurückzuführen, das ist nur vorübergehend.«

Tony Brodbeck musterte mich skeptisch: »Studieren Sie Medizin?«

Ich lächelte verlegen: »Sheila will Sie nur ärgern. Nicht überreagieren, das legt sich wieder.«

»Oh, jetzt machen Sie mir noch Hoffnung, dass Ihnen Sheila bald den Schuh gibt?«

»Nun gut«, sagte ich, »ich habe Ihnen den Brief gegeben, und Sie haben mir freundlicherweise einen Stuhl und einen Drink angeboten und mir den Titel Penner verliehen. Somit ist mein Job erledigt.«

»Schauen Sie doch Ihre Hose an! Wenn ich Ihnen einen Stuhl anbiete, kann ich gleich das ganze Büro neu streichen lassen.«

Ich nickte ernst und mimte Verständnis: »Ich verstehe, dass nur Sie in Frage kommen als Samenspender und biologischer Vater Ihres zukünftigen Enkels und Erben.«

»Hören Sie, meine Tochter nimmt seit ihrem zwölften Altersjahr die Pille, machen Sie sich also keine Hoffnung. Im Notfall kaufe ich ihr einen Ferrari.«

»Besten Dank, dass Sie sich Zeit genommen haben«, sagte ich und drehte mich zur Tür um.

»Stopp!«, rief er mir hinterher, »ich werde Ihnen trotzdem helfen. Dank Ihnen habe ich wieder einmal Nachrichten von meiner Tochter bekommen. Normalerweise werde ich nur über ihre Kreditkartenabrechnung über ihre Reiserouten und Eskapaden informiert. Ich habe ein altes Haus in der Stadt, vollgemüllt mit Antiquitäten, das ist sozusagen meine zweite Leidenschaft, Sie können eine Weile dort wohnen.«

»Wie viel?«

Tony Brodbeck grinste: »Null. Wenn das Haus bewohnt ist, wird weniger eingebrochen. Und wenn Sie dort kostenlos wohnen, ist das billiger, als irgendeinen Grünschnabel einzustellen, der in einer lächerlichen Uniform zweimal pro Nacht ums Haus herum läuft. Bilden Sie sich also bloß nicht ein, dass ich Sie mag. Woodstock war gestern. Jetzt wird wieder in die Hände gespuckt. Verpassen Sie nicht den Zug, Junge, es kommt kein zweiter! Geld ohne Leistung, das ist vorbei.«

Er öffnete eine Schublade und schob mir einen Schlüssel über den Tisch, ich las die Adresse vom Zettel ab, der daran hing.

»Eine Bedingung. Sie halten sich von meiner Sheila fern, hm?«

»Darf ich es ihr wenigstens erklären?«

Tony Brodbeck schüttelte den Kopf: »Nein, dürfen Sie nicht. Sie wird sich mit einem anderen trösten. Wenn Sie sich an unsere Abmachung halten, suche ich Ihnen sogar einen Job. Haben wir einen Deal?«

Er griff kurz zum Telefon. Einige Sekunden später betrat eine hübsche Brünette das Büro. Ihr Kleid spannte eng über ihrem Po, den sie beim Laufen aufreizend schwenkte. Ich hatte spontan den Eindruck, dass sie es nicht gewohnt war, Kleider zu tragen, und für eine Sekretärin waren ihre Fingernägel viel zu lang.

»Haben wir einen Job für den jungen Mann?«

»Was kann er denn?«, fragte sie und ging etwas in die Knie.

Brodbeck schaute kurz zu mir rüber: »Eigentlich nichts. Er bumst meine Tochter, schreibt Dinge, die kein Schwein lesen will, und verliert trotzdem nicht den Humor.«

»Ich werde darüber nachdenken«, sagte sie und verabschiedete sich mit einem leichten Knicks. Schon wieder eine Randbemerkung. Die Beschreibung der Sekretärin sei ein Klischee. Aber sie war nun mal so! Oder soll ich sie als alte Witwe mit Rollator beschreiben? Die kommt später.

»Der Job sollte weit weg sein«, rief Brodbeck dem Klischee nach, »damit er Sheila nicht mehr bumsen kann. Und er sollte gut verdienen, damit er sich eine andere anlachen kann.«

Das alte Stadthaus lag inmitten von Schrebergärten nahe der französischen Grenze. Es war von oben bis unten vollgestopft mit Gemälden, antiken Möbeln, Statuen und all dem Kram, den man in Antiquitätengeschäften und auf Flohmärkten finden kann. Das Anwesen erinnerte mich ein bisschen an *Tim und Struppi in*... Jetzt ist mir der Titel entfallen. Es waren die unterirdischen Gewölbe in Schloss Moulinsart, auf Deutsch Schloss Mühlehof, oder? Nun gut, das muss man nicht wissen. Im Dachgeschoss fanden wir noch die Requisitenabteilung eines bankrotten Theaters, das so schlecht spielte, dass es nicht einmal staatliche Subventionen erhielt, was in der Schweiz eigentlich fast nie vorkommt. Politiker sparen lieber bei Behindertenheimen als bei der Kultur.

Sheila war wenige Stunden später bei mir. Wir suchten uns passende Kostüme aus. Ich trug den Anzug eines Grafen am Hof von Versailles, und Sheila trug ein weites Kleid im Stil von Marie Antoinette und spielte die sexsüchtige Mätresse, wir übten tagelang. Wir bedienten uns im Weinkeller, den Tony Brodbeck von einem Schuldner übernommen hatte, und tranken uns bei dröhnender Musik in den Schlaf. Die Lichter blieben an, um allen zu signalisieren, dass dieses Haus nun bewohnt war. Also: Bitte nicht einbrechen, wir bumsen gerade.

»Was willst du denn später werden?«, fragte mich Sheila unter der Dusche.

»Schriftsteller, das hab ich dir doch schon gesagt.«

»Ja, aber ich meine was Richtiges.«

Ich seifte sie ein, weil sie das mochte und genoss, aber sie hörte nicht auf zu bohren: »Hast du keinen Plan B?«

»Nein, ich brauche keinen Plan B, weil ich einen Plan A habe. Wenn ich eines Tages einen Plan B habe, bedeutet das, dass ich nicht mehr an den Plan A glaube. Und dann ist alles im Eimer. Ich zwinge mich zum Erfolg, verstehst du? *No plan B*. Ich will ein erfolgreicher Schriftsteller werden. Siegen oder untergehen.«

Sheila trat aus der Dusche. Sie wollte sich nun selber abtrocknen.

»Aber wie stellst du dir das Leben vor? Ein Dasein als Schnorrer?«

Offenbar hatte sich Sheila mit ihrem Vater unterhalten.

»Mein Vater hat eine große Firma, ein Imperium, ein weltweites Imperium, du könntest dich hier emporarbeiten, zwei Jahre in Brasilien, zwei in Asien. Ich würde dich begleiten, wir würden die Welt sehen. Wer hat schon ein derart aufregendes Leben?«

»Ich sagte doch: Ich habe bereits einen Plan. Wird auch ziemlich aufregend.«

Sie warf das Handtuch zornig zu Boden und lief ins Schlafzimmer des Sonnenkönigs. Ich sah ihren neckischen Po noch jahrelang in der Script Avenue.

»Du kannst doch nicht immer so leben wie jetzt, hm? Sex, Rotwein, Musik ...«

»Ist dir nicht aufgefallen, dass ich jeden Tag zehn Seiten mehr habe?«

»Schon gut«, seufzte sie, »aber kein Schwein will dein Zeug lesen, geschweige denn kaufen. Was hast du Ende Monat?«

»300 Seiten mehr«, sagte ich verlegen, »damit bewege ich mich bereits in der Kategorie Georges Simenon oder Balzac. Das sind 3600 Seiten im Jahr. Die Hälfte kannst du von mir aus streichen. Wir haben ja auch ab und zu Sex.«

»Irgendwann«, stänkerte sie, »wird dir dein Lachen im Hals stecken bleiben. Mein Vater hat recht, du bist ein Penner.«

Sie raffte ihre Louis-Vuitton-Tasche und ihren maltesischen Seidenschal zusammen und stampfte die knarrenden Treppen hinunter. Draußen stieg sie in ihr Auto. Mir war gar nicht aufgefallen, dass sie jetzt einen roten Ferrari fuhr.

Ich fand einen Job in einem heruntergekommenen Lokal, wo verkrachte Existenzen Abend für Abend ihren Kummer ersäuften. Das Gastgewerbe ist der beste Job für erfolglose Schriftsteller. Damals musste man noch hart arbeiten, um sich das Schreiben finanzieren zu können. Mir gefiel die Arbeit im Restaurant, man lernt viele Charaktere kennen, die man später in Geschichten einbauen kann. Das Essen ist gratis, und man kriegt Ende Monat erst noch einen Lohn. Am Anfang taten die Beine noch weh, aber irgendwann hatte ich mich daran gewöhnt. Wer in einer Schraubenkiste aufwächst, kann später mit allem klarkommen. Gegen zwei Uhr morgens fiel ich todmüde ins Bett und schlief wie ein Stein in Brodbecks Antiquitätenlager.

Eines Morgens wurde ich unsanft aus dem Schlaf gerissen: Irgendein Knall hatte mich geweckt. Ich horchte, und tatsächlich hörte ich mit meinem rechten Ohr, dass jemand im Begriff war, in das Haus einzubrechen. Ich griff nach dem alten Sturmgewehr aus dem Ersten Weltkrieg, das neben meinem Bett lag, und setzte mich mit dem Rücken an die Wand. Von hier aus hatte ich die Zimmertür im Blick. Rechts von mir war eine rote Stehlampe mit einem Druckschalter im Fuß, ich horchte. Es rumorte bedrohlich im Erdgeschoss, meine Hoffnung war, dass die Einbrecher irgendwas schnappen und dann wieder verschwinden würden. Ich hatte Storys gehört von Einbrechern, die Wohnungsmieter geknebelt und gefesselt zurückließen. Die wurden dann erst von der nächsten Generation gefunden oder – schlimmer noch – von ihren Haustieren angefressen. Das war lange Zeit in der Kriminalistik ein Rätsel, die vielen verwesten Leichen ohne Kopf. Bis sie den Zusammenhang mit den überlebenden Haustieren entdeckten.

In meinem Fall wurde nach einer halben Ewigkeit die Zimmertür aufgestoßen. Ich klammerte mich an mein Gewehr und fragte mich plötzlich, ob überhaupt eine Patrone im Lauf war. Dann drückte ich entschlossen auf den Schalter der roten Lampe, zwei Menschen standen in meinem Schlafzimmer.

»Keine Bewegung!«, schrie ich und richtete meine Waffe auf sie. Erst jetzt sah ich, dass es zwei Kinder waren. Kinder! Zigeuner sagte man früher. Heute ist nur noch der Ausdruck »Fahrende« korrekt, aber ich persönlich finde »Zigeuner« weniger rassistisch und viel romantischer. Es verströmt einen Hauch von Lebensfreude, bunten Kleidern, tanzenden Frauen mit langem pechschwarzem Haar, Musik und Geselligkeit. Das Wort »Fahrende« assoziiert man heute mit Kriminaltouristen.

»Was wollt ihr?«, fragte ich.

»Einbrechen«, sagten sie achselzuckend und schauten sich in aller Ruhe um. Sie hatten überhaupt keine Angst, es war kaum zu fassen. Ich machte mir fast in die Hose, und die hatten keine Angst.

»Habt ihr denn keine Angst?«

»Nein, wieso?«

»Ich könnte die Polizei rufen?«

Der Junge und das Mädchen lachten.

»Ruf doch die Polizei, Arschloch«, sagte das Mädchen. »Die bringen uns ins nächste Revier, und dort wartet bereits unser Anwalt. Meine Tante sitzt draußen im Auto, wenn sie die Polizeisirene hört, wählt sie schon seine Nummer. Zehn Minuten später sind wir wieder frei und kommen morgen wieder.«

»Gut«, sagte ich, »dann werde ich die Polizei nicht rufen. Dann sollten wir jetzt zum gemütlichen Teil des Abends übergehen. Wollt ihr was essen? Ich habe noch ein bisschen Marmorkuchen.«

Sie kamen näher und nahmen ein Stück Kuchen. Der Junge schaute auf mein Gewehr.

»Ist das Gewehr geladen?«

»Klar«, sagte ich, »ein Original aus den Schützengräben von Verdun. Ich erschieße jede Woche zwei Einbrecher.«

»Können wir irgendetwas mitnehmen?«, fragte das Mädchen. »Unsere Tante wird sonst ziemlich grantig.«

»An was habt ihr denn so gedacht?«

»Schmuck, Bargeld ...«

»Wollt ihr einen Toaster?«, fragte ich.

»Nein«, sagte das Mädchen, »die lassen sich nur schlecht verkaufen.«

Ich stand auf und schaute mich im Zimmer um. »Hier gibts nur Gemälde und solches Zeug.«

»Wir wollen Bargeld«, hörte ich den Jungen. Seine Stimme klang so bestimmt. Als ich mich umdrehte, hatte er das Gewehr auf mich gerichtet.

»Sei vorsichtig!«, warnte ich mit erhobenen Händen. »Das Ding hat den Ersten Weltkrieg unserer Großväter mitgemacht.«

»Bleib stehen, oder ich drück ab.« Jetzt klang er gar nicht mehr wie ein Kind.

»Das ist aber nicht nett. Zuerst weckt ihr mich, dann fresst ihr meinen Marmorkuchen, und jetzt wollt ihr mich auch noch erschießen? Das Gewehr ist übrigens nicht geladen.«

»Aber wenigstens bringen wir etwas ins Camp zurück«, sagte der Junge und hielt das Gewehr stolz in den Händen.

»Komm, wir gehen«, sagte das Mädchen und nahm den restlichen Marmorkuchen mit.

»Was soll ich morgen frühstücken?«, rief ich ihr nach.

Die Geschwister stiegen flink die Treppe runter. Draußen wartete ein weißer Van, um sie nach Mulhouse zurückzubringen. Dort hatten die Fahrenden aus Rumänien ihre Wagenburg errichtet. Jedermann wusste, dass sie mehrheitlich von Raub und Diebstahl lebten, aber sie wiederum wussten, dass die Schweizer nette Menschen sind, verständnisvoll und tolerant bis zur Selbstaufgabe. Einige meinen, die Schweizer seien vom Wohlstand geschwächt wie alle untergehenden Nationen. Auf jeden Fall hatte ich am nächsten Morgen kein Frühstück, von da an gefiel mir das Haus nicht mehr.

Ich mietete eine Mansarde am Rheinufer und brachte Tony Brodbeck die Schlüssel zurück. Er paffte eine dicke Zigarre und nippte ab und zu an einem Glas Whisky.

»Das ist eine Cohiba«, sagte er stolz, »Fidel Castro hat sie mir persönlich geschenkt, als ich ihm ein Couvert mit 200 000 amerikanischen Dollar überreicht habe. Teure Zigarre, wirst du denken, aber dafür erhielten wir die exklusiven Schürfrechte für Nickel und Kupfer. Kommunisten sind genauso bestechlich wie Kapitalisten. So ist nun mal der Mensch. Übrigens, hast du meine Tochter wieder gebumst?«

Jetzt zog er andächtig an seiner Cohiba und blies den Rauch langsam über den Tisch.

»Manchmal, aber nur ganz kurz«, sagte ich verlegen, »höchstens dreißig Mal.«

Er ignorierte mein Geständnis.

»Es war Che Guevara persönlich, der für diese Zigarren die erlesensten Tabakblätter aus der Vuelta Abajo aufkaufte und die besten Zigarrendreher des Landes abkommandierte. Ein Kapitalist raucht die Zigarre von Che Guevara, das verschafft mir eine besondere Genugtuung. Das Besondere an seiner Cohiba ist, dass zwei der drei Einlageblätter in Holzfässern dreimal fermentiert werden. Hat mir Fidel erzählt. Er sagte auch: »Das Leben ist zu kurz, um schlechte Zigarren zu rauchen. Und jetzt wird uns der Kerl noch alle überleben.«

Ich legte die Schlüssel auf den Tisch.

»Danke, war nett, dass ich im Haus übernachten durfte, aber ich hab jetzt einen Job und ein Zimmer gefunden.«

»Ich schätze Initiative, und ich rechne es dir hoch an, dass du meine Tochter vergisst. Sie hat übrigens einen Neuen. Er fährt einen Mercedes-Benz und braucht Geld von seinem Papi für das Benzin. Der stolziert rum, als hätte er den Korkenzieher erfunden.« Er erhob sich hinter seinem Schreibtisch: »Also, Sammy, machs gut, und wenn du jemals ein Buch veröffentlichst, komm vorbei, zeig mir deine Honorarabrechnung, und ich werde sie verdoppeln. Leistung muss sich lohnen! Nenn mich Tony, okay?«

»Danke, Tony.«

Er klappte die Zigarrenkiste auf: »Nimm dir eine und genieße sie.«

Ich schüttelte lächelnd den Kopf: »Ich rauche nicht.«

»Nicht schlecht, siehst du, der Neue von Sheila würde aus schierem Opportunismus eine nehmen und rauchen, auch wenn er dabei ersticken würde. Der hat kein Stehvermögen, aber sein Vater importiert kanadischen Lachs und ist damit stinkreich geworden. Aber sag mal: Was fandest du an meiner Tochter so toll?«

»Dass sie es nicht auf mein Geld abgesehen hat.«

Tony lachte: »Hör mal, wir gehen im Herbst mit einer unserer Tochterfirmen an die Börse. Drei Werbeagenturen haben sich für den IPO-Prospekt beworben. Soll ich dich als Werbetexter für den emotionalen Teil unterbringen? Wär das was? Da kriegst du für jedes Wort bares Geld! Für einen guten Slogan mehr als für einen 500-seitigen Roman!«


## Bye Bye Baby

1975 sangen die Bay City Rollers *Bye Bye Baby,* und ich vergaß Sheila und ihren neckischen Po. Ich hatte weiterhin keinen Erfolg mit Texten in eigener Sache, und so schrieb ich vermehrt Texte in fremder Sache. Ich konnte allem etwas Positives abgewinnen und lernen. Ich arbeitete nun als Kellner in einer Bierhalle. Eines Tages besuchte mich Cédric während der Abendschicht. Mir fiel auf, dass er beim Kleiderstil ein kleines Upgrade vollzogen hatte. Weniger schmuddelig, mehr Design, gepflegter Bart.

»Onkel Arthur will dich sprechen. Er sagte, es sei wichtig. Sehr wichtig sogar.«

»Für ihn oder für mich?«

»Ich denke, für beide.«

»Morgen Abend, Rio Bar, um sechs Uhr. Danach habe ich Nachtschicht.«

Cédric war froh, von Onkel Arthur vorgeschickt worden zu sein, so hatte er einen Türöffner. Es war ihm nach wie vor peinlich, dass er mich damals im Stich gelassen und nicht begleitet hatte.

»Ich habe übrigens damals alle deine Texte Berthold Krenz gegeben. Er wollte sie alle lesen und sich dann bei dir melden. Aber du änderst ja ständig deine Adresse.«

»Sag ihm, dass ich mich freuen würde, wenn wir kurz zu-sammensitzen. Ist mir egal, wann und wo.«

Dann legte Cédric zwei Geldscheine auf den Tisch: »Von deinem Onkel. War eigentlich für mich gedacht, für meinen Botengang, aber ich denke, du brauchst es dringender. Und ich werde eh bald meinen alten Herrn beerben. Weißt du, was heute ein Anselm Kiefer kostet? Mein Vater hat vierzehn Gemälde von ihm, er will sie mir vorzeitig vererben, er hat Angst, dass wir Jungsozialisten ihm alles wegnehmen. Aber in Wirklichkeit will er mich korrumpieren! Er will mir den Kapitalismus schmack-haft machen.«

Die Rio Bar war wie ein Eisenbahnwagen eingerichtet: links die Abteile, rechts eine lang gezogene Bar. Ich war pünktlich. Er saß bereits im letzten Abteil – ein Tisch, zwei Sitzbänke, abge-grenzt durch halbhohe Trennwände. In der Jukebox lief *I Can Help* von Billy Swan. Ich war aufgeregt, aufgewühlt, und ich hatte eine nicht zu bändigende Wut in mir. Das Jagdmesser in der Innentasche meiner Jacke drückte gegen meinen Brustkorb.

Als Onkel Arthur mich sah, sprang er freudig hoch, wollte mich umarmen, doch dann setzte er sich wieder und rutschte auf dem Sitz hin und her, er traute sich kaum, mir in die Augen zu schauen. Vor ihm eine kleine Hermes-Baby-Schreibmaschine auf dem Tisch. Im Verhältnis zu seiner immer noch beeindruckenden Statur wirkte sie wie ein Spielzeug.

»Schön, dass du gekommen bist. Was trinkst du?«

»Pernod Ricard.«

»Ah, du magst Pastis«, sagte er.

Er hatte bereits eine Stange Bier getrunken und bestellte gleich noch eine.

»Francis hat mir damals alles erzählt, bevor er sich umgebracht hat.«

»Ach Gott«, seufzte Onkel Arthur, »ich habe schlimme Dinge getan mit ihm, ich weiß. Schlimm, brutal, mein Gott, wenn ich nur die Zeit zurückdrehen und alles ungeschehen machen könnte.«

»Francis wollte dich töten«, sagte ich ohne Emotionen.

»Das hätte er tun sollen!«, schrie er. »Wieso hat er es nicht getan?«

»Er war so tief verletzt, dass er nur noch sich selber umbringen konnte. Aber im Grunde genommen hast du ihn getötet für ein paar Minuten Spaß. Und jetzt ist er für immer tot.«

»Jaja, schon gut«, begann er sich zu winden und schaute verlegen zur Bar hinüber.

»Nichts ist gut, Onkel Arthur. Sag mir, bist du ein Tier?«

»Hat Francis die Geschichte noch anderen erzählt?«

»Das ist wohl das Einzige, was dich interessiert. Er hat alles aufgeschrieben.«

Ich nahm Francis' Abschiedsbrief und legte ihn auf den Tisch. Onkel Arthur nahm ihn sofort an sich und zerriss ihn: »Ich will ihn gar nicht lesen.«

»War nur eine Kopie, du wirst sie lesen müssen.«

»Willst du mich ins Zuchthaus bringen? Erinnerst du dich noch, wie wir zusammen *High Noon* gesehen und auf dem Col des Rangiers ein Mokka-Eis gegessen haben? Sammy, was verlangst du von mir?«

»Lass mich nachdenken«, sagte ich, um Zeit zu gewinnen.

»Okay, okay, denk nach, das ist gut so, denk nach. Komm, lass uns Armdrücken«, sagte er aufgeregt und platzierte seinen Ellbogen auf dem Tisch. Ich tat es ihm gleich. Arthur hielt es für ein Zeichen der Versöhnung, der Verbrüderung, doch ich wollte lediglich wissen, ob ich es nun mit ihm aufnehmen und ihn anschließend verprügeln konnte. Er nickte und begann zu drücken. Ich war an diesem Tag einfach stärker, vielleicht auch entschlossener.

»Du bist stark geworden, Sammy. Siehst du, ich habe dir doch ein paar gute Sachen beigebracht. Du bist mein Neffe, ich bin dein Onkel, in uns fließt das gleiche Blut, verstehst du? Die Familie muss zusammenhalten. Wenn es Probleme gibt, besprechen wir das innerhalb der Familie.«

»Ich habe dich vorhin gefragt, ob du ein Tier bist.«

Er lachte kurz auf: »Hör mal, Sammy, wenn es dir guttut, schlag mir in die Fresse.«

Ich schüttelte den Kopf und trank einen Schluck Pernod. Als ich das Glas absetzte, blickte ich direkt in seine Augen. Ich schlug mit ungeheurer Wucht zu und traf ihn voll ins linke Auge.

Onkel Arthur stöhnte und presste seine Hand gegen das Auge.

»Fühlst du dich jetzt besser?«, keuchte er. »Da kaufe ich dir einen Expander, und kaum erreichst du sechs Federn und besiegst mich im Armdrücken, donnerst du mir die Faust ins Gesicht. He, was sind das für Manieren unter Verwandten? Ich hoffe, du fühlst dich jetzt wenigstens besser!«

»Nicht wirklich«, antwortete ich und schlug ihm erneut die Faust ins Gesicht. Diesmal spritzte ihm das Blut aus Nase und Mund. Er wollte etwas sagen, ließ es dann aber bleiben.

»Ich habe mit dem Geld, das du Cédric gegeben hast, ein Messer gekauft.« Ich nahm das Jagdmesser aus der Innentasche und legte es auf den Tisch.

»Du meine Güte, das ist ja ein Jagdmesser. Damit schlitzt man das Wild auf, damit es ausblutet. Was willst du damit?«

»Ich will ein Tier töten.«

»Oh«, machte Onkel Arthur, »deshalb hast du mich vorhin gefragt, ob ich ein Tier sei. Ich bin wohl ein Schwein, stich zu.« Er streckte mir pathetisch seine Brust entgegen.

»Nicht die Brust«, sagte ich kühl, »ich habe eher an deine Eier gedacht.«

»Oh«, stieß er hervor und fasste sich in den Schritt. »So was haben wir in Algerien gemacht. Kein schöner Anblick, mein Freund. Hast du schon mal einen Wäschezuber mit fünfzig abgeschnittenen Schwänzen gesehen? Da kriegst du drei Tage lang keinen mehr hoch.«

»War das dein einziges Problem in Algerien? Soll ich dich jetzt in den Arm nehmen und trösten?«

Ich steckte mir das Messer wieder in die Jacke. »Es hat wohl keinen Sinn mit dir. Und wenn ich mir das so richtig überlege, will ich nicht wegen eines Schweins ins Zuchthaus. Kein Schwein ist das wert.«

»Ja, das ist jetzt vernünftig«, pflichtete mir Onkel Arthur bei und wippte mit dem Oberkörper. »Ich bin ein Schwein, das macht keinen Sinn, da hast du recht. Weißt du, Sammy, die Legion hat mich zu einem schlechten Menschen gemacht. Die Hälfte aller Legionäre waren ehemalige Wehrmachtsoldaten, Waffen-SS und solche Typen. Die waren schon ganz verroht, Nazis eben. Nach fünf Jahren Fremdenlegion erhielten sie einen neuen Namen und einen französischen Pass. Deshalb war jeder zweite französische Fremdenlegionär in Algerien ein Nazi.«

»Musst du eigentlich immer so laut reden?«, sagte ich entnervt. Es war mir peinlich, dass jetzt alle in der Bar mithörten.

»Das habe ich mir in der Legion angewöhnt. Da haben wir nur gebrüllt. Wenn wir auf unseren Panzern durch die Dörfer rollten, mussten wir brüllen. Panzerketten machen einen Heidenlärm. Wir hatten gebrauchte M24-Chaffee-Panzer aus Indochina, eigentlich waren es amerikanische Panzer aus dem Zweiten Weltkrieg. Es war nicht einfach, sich darauf zu halten, denn die Panzerung war abgeschrägt. Einmal fiel einer runter, ich sag dir, ich aß die ganze Woche kein Ketchup mehr. Später haben wir die AMX-13-Panzer mit dem Chaffee-Turm ausgerüstet, eine unglaubliche Feuerkraft.«

Plötzlich stand ein junger Mann vor unserem Tisch und starrte meinen Onkel entgeistert an. Der Mann sah aus wie der Jesus auf dem Bild meiner Mutter im Flur. Nur trug er eine Army-Jacke und mehr Bekenntnis-Buttons als jede Litfasssäule.

»Erzähl deinen Scheiß woanders!«, brüllte er meinen Onkel an. Arthur sprang sofort hoch, wobei unsere Gläser umkippten, packte den jungen Mann am Nacken und knallte seinen Kopf auf die Tischplatte.

»Sei froh, dass du mir nicht in Algerien begegnet bist!«, schrie er. Nun waren alle Gäste aufgescheucht, einige verließen eilig das Lokal, der Barmann kam zu uns rüber und schüttelte heftig den Kopf. Er wies uns zur Tür und wollte auch Onkel Arthurs Geld nicht, wir sollten einfach nur verschwinden.

»Ich habe bisher jede Rechnung bezahlt!«, schrie Arthur. »Ich bin ein Mann des Wortes, ein Mann der Ehre, ich war Legionär!« Er knallte eine Fünfzigernote auf den Tisch, drückte mir die Hermes Baby in die Hände und stampfte in bewährter Wildwest-Manier auf die Straße hinaus. »Vergiss dein Jagdmesser nicht!«, lachte er vergnügt.

Wir gingen in die Bierhalle rüber und setzten und an einen kleinen Ecktisch im zweiten Stock. Wir bestellten zwei Stangen.

»Jetzt hast du bestimmt Hunger«, lachte er und orderte vier Käsekuchen. »Nein«, rief er der Kellnerin nach, »bringen Sie uns sechs!«

»Hast du diese Titten gesehen?«, fragte er mich.

»Ich bin ja nicht blind«, antwortete ich leise.

»Samuel, es tut mir echt leid.«

Er stand auf und wollte mich umarmen, aber der Tisch stand zwischen uns. »Kommt nie mehr vor! Großes Soldatenehrenwort. Ich habe dir deshalb diese Schreibmaschine gekauft, du willst doch Schriftsteller werden. Du könntest meine Memoiren schreiben, das würde Wellen schlagen. Was die Franzosen in Algerien getrieben haben, das war Völkermord der übelsten Sorte. Ich habe über hundert Fotos! Ich würde die Wahrheit sagen. Wir haben nicht nur Frauen vergewaltigt, sondern auch Jungs, Zwölfjährige, stell dir das mal vor. Vor den Augen ihrer Väter. So haben wir sie gebrochen.«

»Du bist ein Kriegsverbrecher«, sagte ich mit belegter Stimme, »ein gottverdammter Pädophiler, Kriegsverbrecher und Mörder! Ich hasse dich.«

»Ja«, seufzte Onkel Arthur, »ich bin ein gottverdammter Kriegsverbrecher. Aber die Befehle kamen aus Paris.«

»Ich will es nicht mehr hören!«, sagte ich. »Du rechtfertigst dich wie ein verdammter Altnazi!«

»Egal, ob wir sie zum Sprechen brachten oder nicht, wir brachten sie anschließend alle um. Einigen betonierten wir die Füße ein und warfen sie aus dem Helikopter ins Meer, und die Frauen ...«

»Jaja, hab ich schon gehört, und den Rest will ich nicht wissen!«

»Wieso schreibst du nicht meine Biografie? Ein Zeitzeuge sitzt vor dir!«

»Ein Schwein sitzt vor mir! Steck dir deine Memoiren in den Arsch!«

Die Kellnerin brachte das Bier und die Käsekuchen. Mein Onkel schaute ihr lange nach: »Diese Titten! Einfach unglaublich.« Er lachte laut auf.

»Hör mal, ich hab es mir jetzt überlegt: Du wirst allen deinen Brüdern und Schwestern in Vilaincourt einen Brief schreiben und dich entschuldigen für das, was du Francis angetan hast.«

»Aber die wissen es doch gar nicht.«

»Eben, das ist der Grund dieses Briefes. Du wirst es Ihnen erklären. Und es wird alles in diesem Brief stehen, einfach alles! Es ist ein schriftliches Geständnis.«

»Das kannst du nicht von mir verlangen!«, schrie Onkel Arthur entsetzt. »Was hast du denn davon?«, ereiferte er sich.

»Sie werden dich alle hassen und ächten, du wirst nie mehr Weihnachten in Vilaincourt feiern. Du wirst als armer, alter Mann sterben, ohne Familie, ohne Freunde, ohne Heimat. Einsam. Im Zuchthaus besteht die Gefahr, dass du dich mit jemandem an-freundest, der genauso kaputt ist wie du, und ihr den ganzen Tag Karten spielt. Aber ausgestoßen und geächtet in Freiheit, das ist die Strafe, die du verdienst. Das ist die Strafe unserer Vor-fahren, wenn die Stämme einen verstießen, wenn sie ihn dazu verdammten, allein in der Wildnis überleben zu müssen. Du hast ab jetzt keine Familie mehr, und am Tag der Ehrenlegion wirst du allein mit deiner beschissenen Handprothese von Capitaine Danjou in deinem Zimmer sitzen. Und an Francis denken.«

Onkel Arthur fuhr sich mehrmals über das Kinn, raufte sich die Haare und seufzte. Dann schaute er mich böse an.

»Du hast nur diese beiden Optionen. Das ist nicht verhandel-bar, Onkel Arthur.«

»Sammy, ich habe letzte Woche meinen Job verloren … und jetzt das …«

»Zeig mir den Brief, bevor du ihn abschickst. Gib ihn einfach Cédric. Du brauchst nicht zu wissen, wo ich wohne.«

Onkel Arthur nickte: »Okay. Aber das mit dem Job ist sehr übel, Sammy. Der Chef ist mir blöd gekommen, da habe ich … Na ja, wäre nicht nötig gewesen, aber im Nachhinein ist man immer klüger. Das ist wie mit dem Algerienkrieg. Heute würde ich auf der Seite der Freiheitskämpfer stehen, aber ich brauche jetzt einen Job. Ich habe da ein Angebot bei der Ciba-Geigy, Chauffeur. Nun gut, sind kleine Lastwagen, ich bin ja die großen gewohnt. Ich habe ganze Eisenbahnwaggons geladen, zehn Motorradpolizisten haben mich jeweils eskortiert. Ich war der Einzige, der diese Monster rückwärts parken konnte. Wenn einer ein Problem hatte, schrie er: ›Captain, wir haben ein Problem!‹ Sie nannten mich Captain wegen der Legion, die wussten Bescheid. Dann kam eines Tages der Chef. Er benahm sich einfach blöd. Ich könnte auf der Stelle ins Geschäft fahren und ihm eine reindonnern.«

»Und wo liegt jetzt das Problem?«, fragte ich zunehmend genervt.

»Ich habe ein Vorstellungsgespräch, vielleicht ist mein Deutsch nicht so toll. Wenn du mich begleiten würdest…« Er verzog das Gesicht. Es war ihm peinlich.

»Spinnst du eigentlich? Ich soll dich begleiten? Ich hasse dich!«

»Ich habe mich doch entschuldigt, Sammy, oder? Und die Hermes Baby ist auch nicht schlecht, oder?«

Ich schwieg.

»Hör mal, Samuel, es tut mir echt leid, was geschehen ist. Aber mach jetzt bloß keinen Elefanten aus einer Mücke!«

»Francis war keine Mücke!«

»Jaja, aber das muss man abhaken und Schwamm drüber. Was meinst du, was ich in Algerien alles abhaken musste…«

»Sobald du alle Briefe abgeschickt hast, können wir darüber reden«, sagte ich schließlich, »aber hör endlich mit diesem verdammten Algerien auf. Was hat Algerien mit einem Vorstellungsgespräch zu tun?«

Onkel Arthur machte ein sehr nachdenkliches Gesicht. Dann schaute er mich etwas ratlos an und sagte mit leiser Stimme: »Eine ganze Menge.« Er wollte gleich weiterreden, aber ich schüttelte drohend den Kopf.

»Dann wirst du wohl kein Buch über mich schreiben?«, resümierte er konsterniert.

»Nein, aber ich will die Briefe sehen, die du abschickst, und ich will sie persönlich in den Briefkasten bei der Hauptpost einwerfen.«

Er schrieb den Brief tatsächlich. Den ersten Entwurf hielt ich für nicht so gelungen, aber beim fünften Anlauf war ich leidlich zufrieden. *Writing is rewriting,* sagt man unter Drehbuchautoren. Als er mir die endgültige Fassung vorlas, schluckte er schwer und weinte schließlich. Aber das machte Francis auch nicht wieder lebendig.

Eine Woche später saßen wir gemeinsam im Zimmer des Personalchefs des Pharmaunternehmens. Nach den üblichen Einführungsfragen wollte der Personalchef wissen, welche Fahrzeuge Onkel Arthur bisher gefahren sei.

»Ich kann alles: Tieflader, Sattelschlepper, dreizehn Meter lang, 34 000 Kilo, kein Problem, vorwärts, rückwärts. Nur fliegen kann ich nicht«, lachte Onkel Arthur und klopfte dabei auf den Tisch des Personalchefs. »Ich habe Fertigbauhäuser geliefert, ganze Eisenbahnwaggons.« Ich übersetzte sein Französisch ins Deutsche.

»Bei uns«, unterbrach der Personalchef höflich, »werden Sie einen ganz normalen Lieferwagen fahren.«

Für Arthur übersetzte ich: »Das ist aber interessant. Was sind Sie denn sonst noch gefahren?«

»Ich kann auch Panzer«, zog Arthur vom Leder. »Ich habe den AMX-13 mit 105-mm-Bordkanone gesteuert ...«

Der Personalchef überflog das Bewerbungsschreiben meines Onkels, das offenbar meine Eltern für ihn geschrieben hatten, und verzog das Gesicht.

»Es gibt da ein paar Lücken in Ihrem Lebenslauf. Hier zum Beispiel, fünf Jahre ...«

»Da war ich in der Legion«, sagte Onkel Arthur, ohne zu zögern.

Ich fügte noch hinzu: »Habe ja schon erwähnt, da fuhr ich den AMX-13. In *Paris Match* gabs ein Bild von mir mit dem Panzer und dem Totenschädel.«

»Eh?«, machte Onkel Arthur und starrte mich ratlos an. »Was übersetzt du da eigentlich? Ich quatsche doch nicht so viel.«

Ich glaube, die Totenkopf-Geschichte war für die Entscheidungsfindung des Personalchefs hilfreich.

»Sie waren also in der Legion«, wiederholte der Personalchef mit einem diskreten Anflug von Ironie.

»Ich war 57 in der Schlacht von Algier dabei. Hier haben wir die FLN geschlagen, ich diente unter General Jacques Massu. Ich wurde verletzt, ich spüre die Kugeln heute noch, wenn das Wetter umschlägt.«

Onkel Arthur hob sein Hemd hoch und zeigte seine Wunden: »Sehen Sie, so haben die mich damals zusammengeflickt. Heute lassen sich die Weiber neue Titten machen, und man sieht nicht die kleinste Operationsnarbe. Mich haben sie aber wie ein Schwein zusammengeflickt.«

»Und die Narbe hier?« Der Personalchef zeigte auf sein blutunterlaufenes Auge.

»Das ist gar nichts. Eine Taube ist mir ins Auge geflogen. Das kommt davon, wenn die Leute diese Ratten der Lüfte immer füttern. Die werden zutraulich und fliegen einem ins Auge.«

Ich übersetzte, dass er in einem Puff eine kleine Meinungsverschiedenheit gehabt habe. Da sei ihm eine blöd gekommen.

Onkel Arthur hörte mir zu und nickte.

»Gut«, sagte der Personalchef, »dann hören Sie von uns.«

»Wann kann ich anfangen?«

»Sie hören von uns«, wiederholte der Personalchef knapp und erhob sich.

»Arthur, nennen Sie mich Arthur. Oder Captain. In Algier nannten sie mich Captain.«

»In Ordnung, Captain«, sagte der Personalchef und konnte sich ein Grinsen nicht mehr verkneifen.


Als wir über den Parkplatz zum Auto gingen, strahlte Onkel Arthur über das ganze Gesicht. »Ich war saugut«, lachte er. »Das mit der Legion hat ihn mächtig beeindruckt. Am Schluss hat er mich sogar Captain genannt. Das ist Respekt unter Männern, verstehst du, Respekt unter Männern.«

»Zum Glück hast du nicht noch das Legionärslied gesungen.«

Im Auto holte er es dann nach: *Tiens, voilà du boudin, voilà du boudin.*

»Ich bin ja nicht blöd«, lachte Onkel Arthur, »ich habe ihm natürlich verschwiegen, dass ich im 1. Fallschirmjägerregiment gedient habe. Wegen uns wurde der Begriff ›schmutzige Kriegsführung‹ erfunden, dabei setzten wir nur die Strategie von Roger Trinquier um. Bedingungslose Grausamkeit. Kein Erbarmen. So haben wir die FLN geschlagen. Wir waren am Generalputsch von 61 beteiligt, an den Terroranschlägen der OAS. Na ja, ich verstehe, dass man uns seitdem die Teilnahme an der Militärparade auf den Champs-Élysées verweigert, ich scheiß drauf. Der 14. Juli ist eh nicht mein Geburtstag. Aber ich glaube, es war wichtig, dass du dabei warst, du hast großartig übersetzt. Bald ist das Fest von Camerone, wäre schön, wenn du mich besuchst. Wie früher. Weißt du noch?«

»Nur Francis wird bei dir sein. Du wirst an ihn denken.«

## The Master

Meine Tage folgten dem immer gleichen Rhythmus: Ich arbeitete abends in der Bierhalle und haute frühmorgens um fünf meine Geschichten in diese zierliche Hermes Baby. Ich stand nie freiwillig auf, ich musste. Ich hatte wie üblich von meinen Figuren und Geschichten geträumt und konnte es kaum erwarten weiterzuschreiben.

Eines Abends erschien ein etwa vierzigjähriger Mann in der Bierhalle. Er war sehr auffallend gekleidet, Mao-Look in Schwarz, langes dunkles Haar, borstiger Nietzsche-Schnauzer. Er bewegte sich selbstbewusst, wie ein Triumphator, der seinen Auftritt in der Öffentlichkeit genießt. Im Schlepptau hatte er ein halbes Dutzend Jugendliche. Ich erkannte ihn sofort: Dieser Mann war Berthold Krenz, der gefeierte Wiener Romanautor, der mit sozialkritischen Romanen, die in der Zeit der Industrialisierung Englands spielten, die Bestseller-Listen Europas erobert hatte. Er hatte eine Wohnung in Wien in der Nähe des Tiergartens und wegen einer Liebschaft ein zweites Domizil in Basel. Die Jungs hingen wie Kletten an ihm.

»Sammy!«, schrie einer aus seiner Gefolgschaft. Es war Cédric, der richtig stolz war, dass ich ihn in Begleitung von Berthold Krenz sah. Der Literatur-Star, der wie Jesus zwischen seinen Jüngern thronte, bestellte mit großer Geste Bier für alle und genoss den johlenden Beifall am Tisch. Die Szene erinnerte ein bisschen an das *Abendmahl* von Leonardo da Vinci. Nur wurde hier gesoffen und gelacht. Mir fiel beinahe das Tablett aus der Hand, als Cédric mich Berthold Krenz vorstellte. Netterweise sagte er, ich sei derjenige, der diese sackstarken Geschichten geschrieben habe. »Ich habe dir doch vor einiger Zeit seine Texte zum Lesen gegeben.«

Berthold Krenz nickte, konnte sich offensichtlich aber nicht erinnern. Er beobachtete mich sehr genau und lächelte mir dann freundlich zu. Ich ging eilig zum Buffet zurück, wo schon vier St. Galler Kalbsbratwürste, zwei Wienerschnitzel, drei gemischte Salate, vierzehn Getränke und vier Pizzas zum Servieren bereit standen. Ich sah, dass mich mein Chef mit strengem Blick beobachtete. Ich beeilte mich also, verteilte die Teller auf den Tischen, vielleicht ein bisschen zu hektisch, denn Menü 5, eine der St. Galler Bratwürste, glitt über den Tellerrand und landete im Schoß einer älteren Dame. Ich entschuldigte mich sofort und griff beherzt nach Menü 5 in ihrem Schoß, doch sie hielt die St. Galler Bratwurst als Beweismittel mit beiden Händen in ihrem Schoß fest und schrie lauthals um Hilfe. Ältere Menschen können so was von halsstarrig sein. Sicher, ich stellte mich etwas ungeschickt an, um an Menü 5 heranzukommen, denn ich verstrich dabei den Dijon-Senf (ja, der extrascharfe von Thomy) auf ihrer weißen Bluse. Aber ich war so aufgeregt, weil Berthold Krenz hier war. Ich war noch nie einem richtigen Schriftsteller begegnet und schon gar nicht einer internationalen Berühmtheit. Ich hatte keine Augen mehr für meine Gäste. Die waren verärgert und reklamierten lauthals. Mein Chef entriss mir den feuchten Lappen, mit dem ich gerade die weiße Bluse der Dame senfgelb einfärbte, und zischte, ich sei fristlos entlassen, und bis Ende Woche hätte ich mein Mansardenzimmer zu räumen.

Ich ging an den Tisch von Berthold Krenz zurück und setzte mich neben Cédric.

»Wenn das dein Chef sieht, wird er dich entlassen!«

»Hat er soeben. Kann ich bei dir wohnen?«, fragte ich Cédric.

»Die Polizei sucht dich immer noch, und wenn meine Mutter dich sieht, wird sie gleich deine Eltern anrufen.«

»Setz dich«, mischte sich Berthold Krenz in unser Gespräch ein und schob mir eine Stange zu. »Ich habe ein großes Haus unten am Rhein. Da ist gerade ein Zimmer frei geworden. Du kannst vorläufig dort wohnen. Kein Polizist wird es wagen, das Haus von Berthold Krenz zu betreten.«

Seine Jünger nickten zustimmend und stießen mit einer neuen Stange an. Als wir alle betrunken waren, bestellte Berthold Krenz ein Taxi, und wir fuhren zu ihm nach Hause.

Der St.-Alban-Graben war eine feine Adresse direkt am Rheinufer. Hier wohnten erfolgreiche Künstler und alteingesessene Familien mit dreistelligen Autokennzeichen und achtstelligen Vermögen. Berthold Krenz wohnte in einem wunderschönen alten Patrizierhaus mit naturbelassenem Garten und uraltem Baumbestand. Mit Sicht auf den Rhein und das andere Ufer. Die Eingangshalle war pompös und hatte die Maße einer Dreizimmerwohnung. Die Decke war reich mit Stuck verziert und wohl vier Meter hoch. Eine breite Holztreppe, die ins obere Stockwerk führte, erinnerte mich ein bisschen an die Gründerzeit des 19. Jahrhunderts; Eisenbahn-Boom und so. Eine milliardenschwere Bewunderin hatte das Haus Berthold Krenz zur Verfügung gestellt, damit er seinen Wohnsitz in ihre Nähe verlegte.

Ich erhielt ein großes Zimmer im ersten Stock. In der Mitte des Raumes stand ein massives Eisenbett mit Baldachin, schwere Stoffe, ein bisschen Belle Époque, dicke Vorhänge mit Blumenornamenten und allerlei Jugendstil-Brimborium auf der wuchtigen Kommode. Im ersten Stock wohnten bereits Freddy, Jo und Juliette. Die hatten den Abend ebenfalls mit uns verbracht. Berthold Krenz bewohnte den zweiten Stock allein. In den nächsten Tagen verbrachte ich sehr viel Zeit mit ihm. Er wollte alles über mich wissen, alles lesen, was ich jemals geschrieben hatte, und begnügte sich am Ende doch mit einem einzigen Text. Es war leider nicht der beste, aber der kürzeste. Jeden Morgen stand Berthold Krenz gegen elf Uhr auf, schluckte eine Schmerztablette, zwei Beruhigungspillen und noch etwas zur Schonung des leeren Magens. Dann briet er sich in reichlich salziger Butter eine große Portion Kartoffeln mit Speck und Käse.

Nach dem Frühstück war ihm immer schlecht, schuld war meistens ein Kritiker, ein nicht erhaltener Literaturpreis oder einer seiner Jünger. Dann warf er erneut einige Pillen ein und zog sich missgelaunt in sein Zimmer zurück. Der Kapitalismus mache ihn krank, sagte er manchmal.

Ich schrieb tagsüber an meinen Geschichten weiter. Gegen Abend nahm mich Berthold mit in die City, lud mich zum Essen ein und wollte über meinen Text reden. »Meine Bildung reicht nicht aus für deine Texte«, sagte er. Ich war richtig stolz, schließlich hatte ich mir ein Fremdwörterlexikon gekauft und streute nun konsequent auf jeder Seite zwei Fremdwörter ein. Das Verhalten von jungen Schriftstellern ist immer etwas peinlich. Kommt natürlich auch bei älteren vor.

»Abandon? Kuliat? Mein Gott, was soll dieser Scheiß? Wie soll dich ein Arbeiter verstehen? Für wen schreibst du? Für irgendwelche Bildungsbürger?«

Er war immer sehr schnell und radikal in seinem Urteil.

»Der ganze Kulturbetrieb ist doch heute links. Da hast du mit diesem intellektuellen Scheiß gar keine Chance mehr.«

Er kaute ein bisschen an seinem Essen. »Aber die Geschichte über die Schraubenkiste hat mir gefallen. Keine Fremdwörter, klare Story mit Drive, und der Held stammt aus der Arbeiterklasse. Aber wo bleibt die Botschaft? Die Botschaft muss ›Sozialismus‹ sein!«

Als der Kellner an unseren Tisch kam und sich erkundigte, ob es uns schmecke, fragte ich ihn spontan nach einem Job für mich. Er bedauerte. Als er wieder gegangen war, klopfte mir Berthold Krenz auf die Schulter: »Werde mein Sekretär«, sagte er, »da kannst du was lernen! Berthold Krenz ist der beste Lehrmeister.«

»Wieso nimmst du nicht ein hübsches junges Mädchen?«

»Ich will ja nicht bumsen, sondern arbeiten. Du kannst perfekt Französisch. Und ich mag den Spott in deinen Augen. Du musst deine Eltern ganz schön um den Verstand gebracht haben. Im Augenblick bist du noch ein kleinbürgerliches Arschloch, aber ich mache einen Marxisten aus dir oder wenigstens einen Sozialisten. Kannst du Auto fahren?«

»Was hat das miteinander zu tun?«

»Oh«, lachte Berthold Krenz, »eine ganze Menge. Du kannst wirklich Auto fahren?«

»Ja«, log ich.

»Perfekt«, strahlte er, »wir fahren morgen nach Divonne.«

Am nächsten Tag saß ich also am Steuer eines roten Ford Mustang und chauffierte den berühmten Berthold Krenz nach Lausanne am Genfersee. Der rote Mustang gehörte zu seinem Haus beziehungsweise stand allen Hausbewohnern zur Verfügung. In der Wohngemeinschaft von Berthold Krenz wurde alles geteilt: die Joints, seine Groupies und die Joghurts im meist leeren Kühlschrank, es war Teil der Umerziehung. Kein Besitz, keine feste Freundin, freie Liebe und so. Er hatte sich in den Kopf gesetzt, aus kleinbürgerlichen Jugendlichen besitzlose Soldaten des Sozialismus zu machen. Dafür bezahlte er alles, von der Stromrechnung bis zum Klopapier. Er war quasi Papa Staat im Kleinen. Das Geld für sein Experiment bekam er von der schon erwähnten Bewunderin und Milliardärin. Berthold Krenz' Rundum-sorglos-Paket hatte durchaus seine Wirkung. Jo, der Wirtschaftsstudent, der eigentlich Johannes hieß und Finanzchef eines Großunternehmens hatte werden wollen, hängte sein Studium an den Nagel und fuhr nun ein paar Stunden am Tag Taxi. Juliette, die eigentlich Kinderärztin hatte werden wollen, arbeitete aushilfsweise als Friseuse, und Freddy brach sein Mechanikerstudium ab und setzte sich einen Schuss nach dem andern.

Solange Papa Berthold bezahlte, beziehungsweise die geheimnisvolle Mäzenin im Hintergrund, waren alle zufrieden und handzahm. Sobald er aber Zahlungen reduzierte, musste er mit

Fluktuation rechnen. Das hatte seinen Preis. Berthold Krenz kontrollierte, was wir lasen, und wenn wir ins Kino wollten, mussten wir begründen, wieso wir genau diesen Film sehen wollten. Aber ich mochte Berthold. Er war ein interessanter und netter Kerl, sofern man ihm die Deutungshoheit überließ.

Ich fuhr ihn also in diesem roten Ford Mustang, den Freddy gesund geschraubt hatte, nach Divonne. Ich hatte so meine Mühe mit der Beherrschung des Fahrzeugs, denn abgesehen von den vier Kilometern, die ich in Vilaincourt im blauen Chevrolet von Onkel Arthur genossen hatte, kannte ich nur das Fahrverhalten von Traktoren auf holprigen Äckern. Aber hier auf der Autobahn fuhren die Leute nicht dreißig oder vierzig Stundenkilometer, sondern sie rasten wie die Irren an mir vorbei. Natürlich bemerkte Berthold Krenz, dass ich das Auto nicht beherrschte, aber er grinste nur vor sich hin. Ich denke, er mochte, dass hier einer am Steuer saß, der um jeden Preis seinem tristen Dasein entkommen wollte. Als wir vor Lausanne die Autobahn verließen, wurde es noch mal schwieriger als gedacht: Auf den Äckern in Vilaincourt hatte es weder Gegenverkehr, Fußgänger noch Ampeln und diesen ganzen Schilderwald gegeben.

Berthold Krenz hatte mir den Ausflug im Vorfeld als Recherchentrip verkauft. Er wollte einen neuen Roman schreiben über die Kapitalisten der Spiele-Industrie, die verzweifelte Arbeitnehmer in den Ruin treiben. Eine marxistisch-leninistische Variante von Dostojewskis *Der Spieler*. So weit das Konzept.

Wir nahmen ein Hotel in Lausanne und fuhren am späten Nachmittag mit dem Schiff nach Divonne. Dort gab übrigens Jerry Lee Lewis vor einigen Jahren sein letztes Konzert. Er sang zum letzten Mal *Early Morning Rain* und *Pledging My Love*. Berthold Krenz kannte Jerry Lee Lewis sogar persönlich, er hatte ihn 1964 im Star-Club in Hamburg getroffen. Er hatte sie alle getroffen, Bill Haley, Chuck Berry, Little Richard, Gene

Vincent, Gerry & the Pacemakers, Fats Domino und wie sie alle hießen. Mit den Beatles hatte er sogar Kaffee getrunken. Ich betrat also mit einem Mann das Casino in Divonne, der mit Legenden der Musikgeschichte an einem Tisch gesessen hatte. Erst später kamen mir Zweifel, weil ja Berthold Krenz kein Wort Englisch sprach. Aber die Wahrheit, lehrte mich Berthold Krenz später, sei eh nur etwas für die Fantasielosen.

## Rien ne va plus

Divonne-les-Bains war ein Thermalkurort. Der Name hat wie viele in dieser Region einen keltischen Ursprung und bedeutet so viel wie »Quelle der Götter«. Ich hoffe doch sehr, dass Sie diese kleinen Fußnoten zur römischen Geschichte nicht nerven oder gar langweilen. Stellen Sie sich vor, Sie nehmen an einer stinklangweiligen Abendgesellschaft teil, und plötzlich sagt einer etwas über Ferien, Wasser, Baden, Frankreich, und dann werden mit Akribie, um nicht zu sagen in bürokratischer Pedanterie, Hotelpreise, Mängel und mögliche Preisminderungen besprochen. Egal, was – schaffen Sie eine Verbindung zu Divonne, und erwähnen Sie ganz beiläufig, dass Divonne keltischen Ursprungs ist und »Quelle der Götter« bedeutet. Die werden alle platt sein und denken, wenn der Kerl so nutzlosen Mist weiß, hat er wohl die gesamte römische Geschichte intus. Ich bin halt wirklich bemüht, Ihnen glaubhaft zu versichern, dass dieses Buch einen Mehrwert bietet. Mein Agent hat mir das alles gestrichen, aber ich hab es wieder rückgängig gemacht. Tim schrieb: *Gut so.* Mein Agent schrieb an den anderen Rand: *Streiche jeden Satz und jedes Wort, das die Handlung nicht voranbringt.* Tim schrieb als Kommentar darunter: *Würde Murakami das tun, würden seine Bücher nur noch aus einem Buchtitel bestehen.* Denn worin bestehen die Storys von Murakami? Keiner weiß es, und trotzdem sind es absolut faszinierende Bücher! Also hört auf, mein Manuskript zu versudeln!

Am ersten Tag besuchten wir das Casino nur kurz. Berthold Krenz erläuterte mir mit ernstem Gesicht, dass er die Räumlichkeiten auskundschaften müsse. Das machte mich stutzig, denn ich hatte keine Lust, einen Casinoräuber in einem roten Ford Mustang nach Basel zurückzufahren.

Berthold hüllte sich in Schweigen. Er wies mich lediglich an, zwischen zwei Spieltischen zu stehen und die Permanenzen zu notieren. Permanenzen nennt man die gespielten Zahlen. Er spielte nicht, er beobachtete nur. Ich auch. Es gab die majestätisch auftretenden Berufsspieler, die abschätzig ihre großen Jetons auf den grünen Tisch warfen und die bewundernden Blicke der abgezockten Bankrotteure genossen, die nur noch mit kleinen gelben Fünfer-Jetons spielten. Dann gab es die leicht Entrückten, die – Gebete oder Formeln murmelnd – zwischen den Tischen patrouillierten und plötzlich wie Elitesoldaten an einen Tisch hechteten und noch einen Zwanziger auf Impair warfen. Und dann gab es natürlich die obligate Komikerabteilung mit den unverzichtbaren Glücksbringern: Rosenkränze, Fotos von Verstorbenen, kleine Plastikfiguren, der rote Slip der Freundin – alles konnte Glück bringen, wenn man nur fest daran glaubte.

Berthold Krenz lauerte überall. Er beobachte auch die Saaldiener sehr aufmerksam, die Croupiers und meditierte über jeden Roulettekessel. Gewisse Kessel haben abgewetzte Teile, wodurch bestimmte Zahlen und ihre Nachbarn öfter geworfen werden. Plötzlich kam Berthold Krenz zu mir und flüsterte unauffällig, dass wir jetzt gehen müssten. Er marschierte zum Ausgang, ohne auf mich zu warten. Erst vor der Tür, wo Taxis und Limousinen auf dem riesengroßen Vorplatz anhielten, um die Ruinierten abzuholen und auf die nächstbeste Brücke zu fahren, traf ich ihn wieder.

»Wir sind jetzt im Krieg«, flüsterte Berthold Krenz, »jeder Angestellte in diesem Casino ist unser Feind! Aber wir werden siegen. Weil wir intelligenter sind. Venceremos!«

Er meinte natürlich nicht uns, sondern sich.

Im Casino kann man durchaus Millionär werden. Aber nur, wenn man zuvor Milliardär gewesen ist. Es ist schon erstaunlich, was die Leute alles unternehmen, um in zehn Minuten alles zu verlieren, was sie in einem Monat verdient haben. Das schafft nicht jeder. Das muss man können.

»Was ist dein Eindruck?«, fragte mich Berthold Krenz.

Ich zeigte auf das monumentale Casino: »Das muss eine Menge Geld gekostet haben, auch die Einrichtung, und all die Angestellten …«

»Ist das alles?«, fragte er gereizt, während wir zum Schiffssteg spazierten.

»Das ist eine ganze Menge«, sagte ich schüchtern, »denn es bedeutet, dass dieses Casino eine Menge Geld verdient, wenn die Besitzer so was bauen, einrichten und unterhalten können. Und wer bringt dieses viele Geld? Die Narren, die glauben, sie könnten das System überlisten.«

»Du bist ein Idiot«, herrschte mich Berthold Krenz an, »einer dieser blöden kleinbürgerlichen Spießer. So ein katholischer Moralapostel! Du bist doch katholisch, oder?«

Ich ignorierte seine Aggression: »Wenn man in diesem Roulettesaal Geld gewinnen könnte, stünden die Kessel in einer erbärmlichen Holzhütte und nicht in diesem barocken Prunkpalast.«

»Aber wir sind clever«, sagte Berthold Krenz, und ich sah trotz der Dunkelheit das Funkeln in seinen Augen.

»Ich war jahrelang Croupier in Hamburg. Ich kenne das Geschäft.«

»Na ja«, sagte ich kleinlaut, »ich verstehe nichts davon. Aber Mathematik ist meine Stärke. Es gibt 36 Zahlen, und man erhält bei einer richtigen Zahl das 36-Fache.«

»So weit gebe ich dir recht.«

»Nein«, lachte ich, »das ist eben falsch. Es gibt noch die Zero, die das ganze Modell zunichtemacht. Die Zero ist die 37. Zahl. Also ist es mathematisch gar nicht möglich, auf Dauer zu gewinnen. Man könnte bei Verlust den Einsatz ständig verdoppeln, aber jeder Tisch hat ein oberes Limit, somit kann man nicht endlos verdoppeln, abgesehen davon, dass man mit fünf Francs anfangen und fünfzehnmal verdoppeln müsste. Das würde ungefähr sechs Stunden in Anspruch nehmen und dir am Ende des Abends fünf Francs einbringen. Da arbeitest du gescheiter in einer Schokoladenfabrik und verteilst Pralinen in vorgestanzte Formen.«

»Alles Scheiße, was du da erzählst«, giftete Berthold Krenz.

Er befahl mir, in einer Stunde in seine Hotelsuite zu kommen. Zu meiner großen Überraschung stand da ein großer Roulettetisch, ein beeindruckendes und sehr schönes Gerät. Berthold Krenz strahlte über beide Ohren, als er meine Begeisterung sah.

»Das ist dein Job.« Er warf mir ein rotes Büchlein hin. Ich fürchtete schon, es sei Maos Bibel.

»Das ist die Permanenzenliste der Spielbank Baden-Baden. Alle Würfe von sämtlichen Roulettetischen im Jahr 1964. Ich erkläre dir mein System, dann spielst du es nach.«

Ich konnte es kaum fassen, dass ein so berühmter, erfolgreicher und intelligenter Mann wie der große Romancier Berthold Krenz daran glaubte, langfristig im Casino Geld zu verdienen. Aber es gibt auch Wissenschaftler, die an Gott glauben, und Krebsforscher, die Wahrsager aufsuchen. Ich musste später oft an Berthold Krenz denken, wenn ich für Casinos Software für Geldspielautomaten entwickelte. Wir programmierten dabei nicht nur das Spiel, sondern auch die Ausschüttungsquote. Die betrug neunzig Prozent für die Spieler, und die restlichen zehn Prozent brachten dem Unternehmen trotzdem Millionen ein, weil sich jeder Spieler einbildete, die Maschine beeinflussen zu können. Aber Maschinen reagieren weder auf mysteriöse Klopfzeichen noch auf Streicheleinheiten mit Thai-Basilikum. Maschinen werden von programmierter Software gesteuert. Und mit dieser Software verdient man tatsächlich Geld.

Ich musste also in Divonne stundenlang Berthold Krenz' System nachspielen und notieren, ob wir damit 1964 in der Spielbank Baden-Baden gewonnen hätten. Mir wird schon schlecht, wenn ich heute das Wort »System« höre. Es ist auch unfreiwillig komisch, wenn Bankrotteure ein todsicheres Roulettesystem verkaufen wollen. Meine Einwände wollte Berthold nicht hören. Jeder Einwand machte ihn derart wütend, dass er ausfällig und verletzend wurde. Wer keinen Widerspruch duldet, verliert sich natürlich früher oder später. Das war nicht nur bei Idi Amin so. Berthold wollte mir also beibringen, dass am Abend an jedem Tisch in etwa gleich oft rote und schwarze Zahlen, gerade und ungerade Zahlen, Passe oder Manque gewürfelt wurden. »Fiftyfifty«, dozierte er und gelangte zur Erkenntnis, dass nach drei roten Zahlen die Wahrscheinlichkeit höher sei, dass nun eine schwarze Zahl kam. Mathematik ist so eine Sache, und Höchstwahrscheinlichkeitsberechnungen beherrschen selbst Versicherungen nicht immer. Berthold Krenz dachte, dass es nicht wahrscheinlich sei, dass ein Mensch zweimal in seinem Leben eine Million im Lotto gewinnt, und doch habe ich einmal einen solchen kennen gelernt. Wie die meisten hatte er nach ein paar Jahren alles verloren. Das Unwahrscheinliche ist auch bei der Anhäufung von familiären Schicksalsschlägen zu beobachten. Man schaue sich nur die Leute an, die 9/11 überlebten. Eine Frau überlebte anschließend sogar einen Flugzeugabsturz und wurde bei einem Entspannungsurlaub in Australien von einem Krokodil angefallen. Sie verlor ein ganzes Bein. Ist so was wahrscheinlich? Es ist absolut unwahrscheinlich, es ist absolut unglaubwürdig, und doch ist es passiert. Sie können es googeln. Sie sollten mittlerweile wissen, dass ich hier keinen Mist erzähle.

Es wäre jetzt unfair, zu verschweigen, dass wir in den nächsten Tagen über 50 000 Francs gewannen. Das System hatte angeblich gesiegt. *Venceremos!* Das hatte angeblich nichts mit Zufall zu tun, sondern ausschließlich mit der überschäumenden Intelligenz von Berthold Krenz. Wegen des hohen Gewinnes bildete er sich nun ein, dass er von den Saaldienern genauer beobachtet wurde. Bandenmäßiges Spielen ist ja in Spielcasinos verboten, und somit waren selbst meine protokollarischen Notizen gemäß Hausordnung illegal. Aber die Glückssträhne hielt an.

»Das war unsere Gesellenprüfung«, frohlockte Berthold Krenz, »jetzt sind wir reif für die großen Casinos. Für die Tausender-Chips. Côte d'Azur! Nizza! Dort fallen wir nicht auf.«

Wir fuhren zum Flughafen Genf-Cointrin und flogen nach Nizza. Mein erster Flug. Es war schrecklich. Den sicheren Tod vor Augen, schnallte ich mich an und lutschte ein Kräuterbonbon nach dem andern, bis mein Darm rebellierte. Aber ich wagte es nicht, die Toilette aufzusuchen, da die Stewardess gerade die Handhabung der Schwimmweste erklärte. Abstürzen und ertrinken, und dann noch ein weißer Hai. Ich spürte, wie ich immer heftiger die Schultern anhob und senkte. Als die Stewardess mich nach meinen Wünschen fragte, sagte ich: »Ich piss dir ins Auge.« Berthold Krenz fand das lustig, er hatte noch nie was von der Tourette gehört.

Die Côte d'Azur war damals noch ein wunderbarer Ort mit schönen Frauen und wenig Kriminalität. Berthold gab mir täglich großzügig Taschengeld. Ich legte es sparsam beiseite, obwohl er mich immer drängte, es auszugeben. Ich war das nicht gewohnt. Weder Geschenke zu erhalten, noch Geld auszugeben. Den einzigen Luxus, den ich mir leistete, war ein billiger Silberring mit römischen Ornamenten. Natürlich wäre mir eine Freundin lieber gewesen. Aber Männer mit einem Ring sind generell bei Frauen begehrter. Ist evolutionsbiologisch bedingt.

In einem Spezialitätenladen kaufte ich mir ein halbes Kilo Schweizer Emmentalerkäse, den höhlengereiften. Ich aß den Käse ohne Brot, einfach pur, ein reiner Genuss. Das war für mich der absolute Luxus: ein halbes Kilo Emmentaler an der Côte d'Azur. Eigentlich müssten die Frauen auf einen derart genügsamen und bescheidenen jungen Mann wie mich fliegen, doch niemand interessierte sich für mich. So blieb ich außerhalb der Casinos allein mit meinem Silberring und meinem Emmentaler Käse.

Wenn das Casino noch geschlossen war und Berthold schlief, lag ich stundenlang in meinem Hotelzimmer auf einem weichen Kingsize-Bett, schaute zufrieden aufs Meer hinaus, schob mir ab und zu ein Stück Käse in den Mund und genoss die kühle Cola aus der Minibar, während Eric Burdon & The Animals *Winds of Change* spielten. Ich konnte mein Glück kaum fassen, ich fühlte mich wie Dantès, dem nach jahrelangem Martyrium in den feuchten Verliesen des Château d'If die Flucht von der Festungsinsel geglückt war. Doch ich war nicht der Graf von Monte Christo; ich sann nicht auf Rache. Oder war es vielleicht so, dass ich mich schämte für das, was mir in meinem bisherigen Leben passiert war? Schämte ich mich für Vilaincourt, für meine Eltern und die düsteren Verhältnisse, denen ich ausgesetzt gewesen war? Schämte ich mich für die Menschenfresser, Kriegsverbrecher, Schläger, Exorzisten und Pädophilen in meiner Familie? Schwieg ich wie alle meine Onkel, Tanten, Cousinen und Cousins in Vilaincourt? Wollte ich diese Scham überwinden, müsste ich es eines Tages jemandem erzählen, einem Menschen oder einer Schreibmaschine. Nicht alle würden Freude daran haben. Aber in diesen Tagen an der Côte d'Azur dominierte die Freude darüber, dass ich endlich frei war. Frei!

Die Casinos in Nizza waren nicht vergleichbar mit Divonne oder Gérardmer. Hier wurden die weißen Fünfzig-Francs-Jetons nur als Trinkgelder für die Croupiers auf den grünen Tisch geworfen. Hier sah man stolze Araber, die ich bisher nur aus *Tim und Struppi* kannte. Sie trugen weiße Kaftans mit langen Ärmeln und rot-weiße Kopfbedeckungen mit schwarzem Reif. Die Verachtung für Europäer stand ihnen ins Gesicht geschrieben. Schwarze Boys mit gekräuseltem Haar und weißen Jacketts folgten ihnen mit einem Silbertablett, auf das riesengroße Jetons gestapelt waren – schon ein einziger bläulicher Jeton war 10 000 Francs wert, und die Araber warfen damit um sich, als sei es wertloses Monopoly-Geld.

Diese Kundschaft zog natürlich Edelprostituierte an, die an den Bars auf erfolgreiche und spendable Spieler warteten. Kaum war ich an der Bar und bestellte ein Mineralwasser, fragte bereits die erste, ob ich ihr einen Champagner ausgeben würde, die nächste fragte, ob ich lange bleibe, was ich von Beruf sei, ob ich ein Haus habe, eine Jacht am Hafen, dann kam meist Berthold und forderte mich mit bösem Blick auf, mein Glas zu leeren und meinen Job zu erledigen.

Am Morgen spielte ich in Bertholds Suite die Permanenzen durch, während er auf dem Bett lag und in seinem roten SOS-Koffer nach Pillen suchte, die seine Migräne lindern konnten. Er hörte dabei meistens Black Sabbath, *Paranoid*. Ab und zu griff Berthold zum Telefon und bestellte uns frisch gepressten Orangensaft und Croissants. Auch ein solches Frühstück war für mich völlig neu, ich genoss diesen Luxus. Kritisch wurde es nur, wenn Berthold die Pillen ausgingen. Manchmal wollte er auch allein sein, weil meine Anwesenheit ihn störte. Schlechte Schwingungen sagte er dann. Oder der Roulettekessel roch angeblich nach Emmentaler Käse. Dann half selbst ein gut gemeintes *Venceremos!* nicht mehr. Ich war nicht unglücklich, wenn er mich wegen meiner suboptimalen Schwingungen aus dem Zimmer jagte. Dann schlenderte ich jeweils der Uferpromenade von Nizza entlang und genoss meine Freiheit. Die Schaufenster der kleinen

Läden zogen mich magisch an, aber ich hatte nie das Bedürfnis, etwas zu kaufen. Ich traute meinem neuen Glück noch nicht.

Berthold Krenz war da ganz anders. Er gab immer mehr aus, als er verdiente, und wie alle Bankrotteure gab er es aus, bevor er es verdient hatte.

»Wenn du ein Großer werden willst«, dozierte er im Fünfsternerestaurant La Couronne, »musst du groß denken. Was kümmert dich ein Fressen für 400 Francs? Du hast ein höheres Ziel.«

So hatte ich das noch nie gesehen. Er zwang mich also regelrecht, Steaks und Rinderfilets zu essen, obwohl ich Fleisch hasste, weil es kaum zu kauen war. Zu meiner großen Überraschung war das viele Fleisch, das wir nun täglich zusammen aßen, butterzart und wunderbar gewürzt, edles Rindsfilet. So begann ich in den nächsten Wochen, die kulinarische Welt zu entdecken, und aß jeden Abend ein Rindsfilet mit Kräuterbutter, rückblickend bestimmt eine halbe Rinderherde. Berthold hatte mich davon überzeugt, dass eine Kalbsbratwurst fettiger Abfall sei, der nur dick und träge mache. Wir müssten aber topfit wie Hochleistungssportler sein, um diese Casinokonzerne plattzumachen. Also kamen für uns nur rosarote Rindsfilets infrage.

Für den abendlichen Auftritt im Casino verlangte er äußerste Konzentration, keine unnötigen Gespräche, keine Scherze, keinen Alkohol, keine Frauengeschichten. Wie geweihte Samurais betraten wir in unseren teuren Anzügen den Spielsaal, und ich nahm meinen Platz zwischen vier Tischen ein. Ich schrieb die Permanenzen auf, Berthold tigerte wie ein Jäger um die Tische herum, blickte mir unauffällig über die Schulter und setzte Tausend-Francs-Jetons auf einzelne Farben. Damals hatten die Roulettesäle noch keine Displays, die die geworfenen Zahlen anzeigen, über den Tischen. Heute hängt über jedem Tisch ein Monitor. Man kann an zehn Tischen gleichzeitig spielen. Heute würde man mich nicht mehr brauchen. Aber in meinem jetzigen Zustand bin ich eh für niemanden mehr nützlich. Es ist ein medizinisches Wunder, dass ich diese Zeilen noch schreiben kann. Lassen wir das. Bleiben wir gescheiter in Nizza. Das Ende kommt früh genug.

Nach drei Wochen *Venceremos!* stand ich an einem Tisch und notierte zum sechsten Mal eine rote Zahl. Berthold tigerte an mir vorbei, schaute auf meine Permanenzenliste und nickte gewichtig mit dem Kopf. Jetzt musste Schwarz kommen! So will es die Statistik, das System! Ich versuchte einzuwenden, dass nach seiner Theorie schon dreimal eine schwarze Zahl hätte kommen sollen und dass im Übrigen jeder neue Wurf erneut eine Fünfzig-zu-fünfzig-Chance sei, egal, wie oft zuvor die gleiche Farbe geworfen worden war. Aber Berthold Krenz setzte drei große goldgelbe Jetons auf Schwarz. Es kam jedoch erneut eine rote Zahl, und Berthold hatte auf einen Schlag 3000 Francs verloren. Nun setzte er sechs goldgelbe Jetons auf Schwarz, jetzt musste Schwarz kommen! Was jetzt folgte, war das Krokodil, das einer Frau, die zuvor 9/11 und einen Flugzeugabsturz überlebt hatte, ein Bein abreißt – eine Kette von Unwahrscheinlichkeiten: Es kam weder Rot noch Schwarz, es kam die Zero!

Natürlich war ich an allem schuld. Er warf mir meine miese Strahlung vor, als sei ich irgendeine blöde Funkantenne. Als wir ins Hotel zurückkamen, behauptete er, ich hätte sein Deo gestohlen. Es stand auf dem Fernseher. Dann hätte ich es eben nach der heimlichen Benutzung dorthin gestellt. Es sei ein Fehler, schrie er, einen Berthold Krenz betrügen zu wollen. Tja, das waren die Sorgen eines Mannes, der vor kurzem noch 50 000 gewonnen und jetzt 138 000 verloren hatte. Auf seinem Bettkissen lag ein hübscher Brief. Darin wurde er von einem konkurrierenden Casino eingeladen, mit dem beigelegten Fünf-Francs-Jeton das Etablissement zu besuchen. Berthold Krenz freute sich echt, als er sah, dass auch ich eine solche Einladung erhalten hatte. Und einen Gratis-Jeton. Das war der *lucky punch*. *Venceremos!* In einem Film würde man das als letzten Twist vor dem Happy End einführen. Wir suchten also das andere Casino auf. Wenn man nur einen einzigen Jeton hat und 37 Optionen, ist das nicht einfach. Berthold Krenz setzte den Geburtstag seiner Großmutter aus der Steiermark. Die Siebzehn. Und verlor. Wutentbrannt entriss er mir meinen Fünf-Francs-Jeton und setzte ihn nochmals auf die Siebzehn. Alles Weitere erspare ich Ihnen jetzt.

Wir hatten kein Rückflugticket. Unser ursprünglicher Plan war gewesen, an der Côte d'Azur eine halbe Million einzufahren und dann nach Las Vegas weiterzufliegen. Wir mussten also umdisponieren und fuhren mit dem Nachtzug zweiter Klasse nach Genf zurück. Dort bezahlten wir einige hundert Franken für die Parkgebühr. Doch dann stellten wir fest, dass unser roter Ford Mustang geklaut worden war. Berthold Krenz war natürlich überzeugt, dass ich die Platznummer verwechselt hatte. Ob ich Legastheniker sei? Bis ich ihm das Ticket zeigte. Dort parkte nun ein Austin Healey mit britischem Kennzeichen.

Auf der Rückfahrt wollte Berthold mächtig Dampf ablassen und begann, über meine Kurzgeschichte zu reden, die er angeblich letzte Nacht gelesen hatte. Es war die Geschichte eines Kelten, der in Cäsars Kanzlei arbeitet und an seiner Seite den Gallischen Krieg erlebt. Ein literarisches Denkmal für den keltischen Stamm der Helvetier.

»Was soll dieser Römerscheiß? Der ganze Kulturbetrieb ist doch heute links«, wiederholte er zum x-ten Mal, »gefragt sind engagierte Texte aus der Arbeitswelt.«

»Wer soll das lesen?«, fragte ich ihn. »Wenn man wie ich im Gulag von Vilaincourt aufgewachsen ist, strebt man ein Leben lang nach persönlicher Freiheit. Mich widern alle Ideologien an, egal, ob sie von rechts oder links kommen, sie ignorieren die Natur des Menschen. Der Mensch sehnt sich nach Freiheit, Freiheit im Denken und Handeln.«

»Die Diktatur des Kapitals bringt keine Freiheit«, belehrte er mich und benannte mich nach dem schmutzigsten Körperteil, das ein Mensch mit sich führt. Ich denke, wenn Berthold Krenz die Möglichkeit gehabt hätte, ein Land zu regieren, wir wären zur ersten Roten Khmer geworden. Eigentlich war er genauso intolerant wie meine Verwandtschaft in Vilaincourt.

»Eine gute Demokratie braucht eine Parteienvielfalt«, versuchte ich mich zu verteidigen, »wir brauchen sowohl Linke als auch Rechte, denn beide vertreten einen Teil der Bevölkerung. Das macht eine Demokratie erst aus.«

Doch Berthold Krenz hielt die Parteienvielfalt für unnütz, da nur eine einzige Partei die richtige Partei sei, weil es nur *eine* richtige Meinung gebe. Er forderte lautstark die Ein-Parteien-Diktatur, bis das Volk umerzogen sei. Und deshalb müssten alle Schriftsteller auf dieses Ziel hin arbeiten.

»Berthold, ich glaube, die Menschen wollen Geschichten hören, gute Geschichten mit menschlichen Schicksalen, die berühren, spannende Geschichten.« Berthold unterbrach mich und beschimpfte mich erneut als Reaktionär, als Mitterechts, als Rechtsaußen, als Nazi und sogar als Kapitalisten, als Kapitalisten im Geiste, da ich ja nach wie vor kaum Geld hatte. Er gab mir als erste erzieherische Maßnahme seinen Roman *Schwarze Kohle* zu lesen. Die Feuilletons hatten ihn zum Bestseller hochgelobt, aber ich glaube nicht, dass er wirklich begeistert hat. Er vermittelte einfach die damals gewünschte ideologische Grundierung. In den Siebzigerjahren ging wohl eine ganze Generation von Erzählern verloren. Die Botschaft war wichtiger als die Story, aber für Botschaften sollte man bekanntlich die Post benutzen. Und wer einen Literaturpreis wünschte, musste mindestens Mitglied der Sozialdemokratischen Partei sein.

Ich zitierte Voltaire, wonach jede Art, zu schreiben, erlaubt sei, nur nicht die langweilige. Doch Berthold schimpfte, ich müsse mich nicht an Voltaire orientieren, sondern an Marx und Lenin. Ich wünschte mir, er hätte im Casino gewonnen. Einmal Vilaincourt war genug. Berthold ließ nicht locker. Er tyrannisierte mich wie seinerzeit meine Mutter mit ihrem religiösen Trash. Er drohte mir, mich aus dem Haus zu werfen, falls ich nicht meine Gesinnung ändere. Jetzt ging es allmählich Richtung Nordkorea. Er verdonnerte mich, unverzüglich mit der Übersetzung seines Bestsellers ins Französische zu beginnen. Dadurch würde ich Läuterung erfahren. Ich überlegte, ob es nun an der Zeit war, meine Zelte abzubrechen, aber die Sache war nicht ganz uninteressant. Immerhin bestand die Chance, einen französischen Verleger oder Lektor in Paris kennen zu lernen. Ich hatte ja weiß Gott eine ganze Menge eigener französischer Texte in der Schublade.

Kaum zu Hause angekommen, schluckte Berthold doppelt so viele Pillen gegen Kopfschmerzen, Niedergeschlagenheit und Magenprobleme. Er lieh sich Geld bei Freunden, die ihn für vermögend hielten. In jener Zeit konnte jeder Achtzehnjährige relativ locker um die 10 000 Franken Kleinkredit bei einer Bank bekommen. Seine Jünger taten es, und er bezahlte ihnen später zwanzig Prozent Zins – ein Monatslohn für einen jungen Handwerker. Da er nervlich schon sehr angespannt war, fragte ich vorsichtig, ob es nicht ratsam wäre, das Spielen sein zu lassen und sich wieder dem Schreiben zu widmen. Er sei schließlich Bestseller-Autor, sein Name stünde bereits im Lexikon. Schuster, bleib bei deinem Leisten und so.

Aber Berthold Krenz sagte, ich würde nichts verstehen. Er erzählte mir von der millionenschweren Frau, die vor Jahren seine Mäzenin geworden war. Sie finanzierte ihm jede Marotte. Manchmal finanzierte sie erst im Nachhinein, aber sie hielt immer Wort.

Eines Tages hatte es sich Berthold Krenz in den Kopf gesetzt, einen Film über inhaftierte Zootiere zu drehen. In den

Siebzigern erreichten die Schriften von Montesquieu auch die Zootiere. Die Gesellschaft entdeckte das Mitgefühl für einge-sperrte Kreaturen; Bäume, Gestrüpp und Unkraut kamen etwas später. Berthold Krenz kaufte eine sauteure Filmausrüstung. Die Orang-Utans und Wasserbüffel warten bis heute auf die Film-crew. Mich hätte der Film durchaus interessiert, da ich Tiere liebe. Nicht nur Kühe. Ich hatte später Jagdhunde, und ich schwöre Ihnen, ich konnte mich mit ihnen unterhalten, und sie spürten, wenn das Leid mich auszehrte. Ich kann auch heute noch hingehen, wohin ich will; die Tiere kommen automatisch zu mir und suchen den Körperkontakt. Bin ich irgendwo in einem Haushalt mit Katzen zu Gast, sitzen alle Katzen nach zehn Minuten auf meinem Schoß. Sie spüren die Seelenver-wandtschaft, den Respekt und die Zuneigung, die ich für sie empfinde. Sie spüren das Schaf in mir.

Wir waren bei der Milliardärin, einer blitzgescheiten Lebefrau jenseits der 65, die ausnahmsweise nicht der Arbeiterklasse an-gehörte, was weiter nicht tragisch war, da sie ja Geld hatte und spendabel damit umging. Sie starb leider an einem Hirnschlag und hinterließ keine Erben. Nur ihren Helden und Lover Ber-thold Krenz. Sie starb an einem Weihnachtsabend einsam in ihrem großen, mit Plüsch behangenen Schlafzimmer über den Dächern der Stadt. Berthold dachte, er würde nun das ganze Vermögen erben und auf einen Schlag nicht nur seine Schulden los, sondern auch ein steinreicher Mann sein. Er wartete die Testamentseröffnung nicht ab, sondern gab das Geld, das ihm in Aussicht stand, bereits mit beiden Händen aus.

Ein bisschen voreilig, wie sich zeigte, denn Berthold Krenz erbte nichts anderes als das barocke Kingsize-Bett der Milliar-därin, das nun in meinem Zimmer stand. Natürlich entging Berthold die Ironie dieser testamentarischen Verfügung nicht. Die Millionen fielen einem bereits millionenschweren Kunstsammler zu, der sie immer zu Vernissagen eingeladen und sogar mit Pablo Picasso bekannt gemacht hatte. Ja, Sie mögen es vermutet haben. Der Kunstsammler war der Vater von Cédric.

Berthold schwor, dass er seine Schulden nicht durch harte Autorenarbeit begleichen würde, sondern durch einen glücklichen Zufall, den er erzwingen wollte. Geld ohne Leistung. Das war der Start zu seiner Berufsspielerkarriere.

»Venceremos!«, schrie er durch das Haus, als er endlich zwischen Pillenschachteln seinen Pass fand. Er hatte in seinem gesamten Umfeld genügend Kapital eingesammelt. »Ich machs wie die Kapitalisten«, dozierte er, »die Risikokapital für einen neuen Business-Plan suchen.« Man müsse den Kapitalismus mit seinen eigenen Waffen schlagen. »Wir sehen uns in Baden-Baden wieder!«, schrie er in den Nachthimmel hinaus. Berthold Krenz fuhr allein nach Baden-Baden, es sollte die Mutter aller Schlachten werden. Er hatte ein neues Roulettesystem entwickelt. Schon wieder. Es war so raffiniert, dass ich es nicht begriff, ich war natürlich zu dumm. Der Albert Einstein der Roulette-Wissenschaft ließ sich wie ein Triumphator in einer Stretchlimousine nach Baden-Baden fahren. »Man muss als Sieger anreisen, wenn man siegen will«, dozierte er im alten Stil.

Ich weiß nicht, was in Baden-Baden geschah. Am nächsten Morgen rief er mich an und erzählte, dass alles prima laufe. Er habe eine Glückssträhne. Es sei klug gewesen, mich zu Hause zu lassen. In Nizza hätte ihm der Spott in meinen Augen die klare Sicht vernebelt, und dieses latente Grinsen, das hätte seine Konzentration beeinträchtigt. Aber jetzt, in Baden-Baden, ohne mich, das sei großartig. Endlich könne er zeigen, was in ihm stecke!

Ich benutzte die Gelegenheit, um ihm zu sagen, dass ich die Übersetzung seines Bestsellers nun beendet hätte und nach Paris zu diesem französischen Verlag fahren wolle. Berthold reagierte euphorisch und bat mich, ein paar Tausender aus seiner Kaffeebüchse auf dem Fernseher zu nehmen. Ich hätte mir das redlich verdient. Geld spiele eh keine Rolle mehr. Er würde als Champion zurückkommen und eine rauschende Party schmeißen.

## Don't Bogart That Joint!

Ich fuhr mit dem Nachtzug nach Paris und kam in den frühen Morgenstunden an der Gare du Nord an. Ich wanderte durch die halbe Stadt, bis ich endlich den kleinen Park erreichte, an dessen Ende das französische Verlagshaus seine Residenz hatte. Es war ein ziemlich renommierter Verlag, der über 15 000 Titel im Programm führte und rund 5000 Autoren vertrat, darunter auch Proust, Simenon, Artaud, Sartre, Camus, Ionesco und wie sie alle hießen. Ich hatte sie alle gelesen und war stolz, an jenem kühlen Morgen auf der Parkbank vor diesem berühmten Verlagshaus zu sitzen. Ich war zu früh und wartete zwei Stunden und siebzehn Minuten, bis ich das Verlagsgebäude betrat und mich am Empfang vorstellte. Eine junge Frau, die sich wahrscheinlich ausschließlich von Butter-Croissants ernährte, führte mich in den dritten Stock. Dort wartete ich nochmal eine Stunde und vierundvierzig Minuten.

Es kam eine Zeit in meinem Leben, da musste ich 260 000 Minuten lang warten. Und jede Minute bestand aus sechzig nicht mehr enden wollenden Sekunden. Ich hasse warten. Und als man mir nach 260 000 Minuten mitteilte, dass ich die sechs Monate vergebens ausgeharrt hatte, war ich dennoch froh, dass die Warterei zu Ende war.

Aber ich bin heute nicht aufgestanden, um mir den Tag zu versauen. Bleiben wir in Paris. Dort war echtes Frühlingswetter. Ich wurde zu Dr. Gabriel Maillot geführt, der in einem edlen Büro residierte, das einer begehbaren Bibliothek glich. Er bat mich, Platz zu nehmen, und zündete eine Zigarette an. Dann grinste er mich lange an. Ich lächelte gequält zurück. Er nahm meine Übersetzung zur Hand, blätterte wahllos darin herum und zitierte dann einen einzigen Satz auf Seite 78. Er fragte mich nach der Grundierung dieses Satzes, nach der Tonalität der Worte, nach dem Charakter des Satzbaus – lauter Dinge, von denen ich keine Ahnung hatte. »Wir übersetzen hier keinen Einkaufszettel«, war sein freundliches Fazit. Schließlich gab er mir das Manuskript zurück. Ich hatte eigentlich ein Urteil erwartet, gut, sehr gut, nicht so gut, komplette Scheiße. Aber nein, er schob einfach das Manuskript über den Tisch und verabschiedete mich nach sieben Minuten. Und dafür hatte ich sechs Stunden im Zug gesessen. Heute wären es mit dem TGV noch drei Stunden, aber ich darf heute keine Züge mehr besteigen. Züge fahren ohne mich. Der Zug ist abgefahren, sagt man hier, wenn jemand am Ende ist.

Als ich wieder draußen auf der Straße stand und von den Autoabgasen eingenebelt wurde, realisierte ich, dass ich mir das Ganze zu einfach vorgestellt hatte. Ich war nicht wütend auf den etwas herablassenden Dr. Maillot. Ich war wütend auf mich, weil ich erst jetzt realisierte, dass Erfolg eine härtere Leistung voraussetzte. Wäre Erfolg so einfach zu bewerkstelligen, würde sich jeder noch so gern sechs Stunden in einen Zug setzen, um dann als Bestseller-Autor an der Gare du Nord auszusteigen.

Ich ging in Richtung Scine, nicht um mich zu ersäufen, sondern um am Ufer zu frühstücken. Vor der Kathedrale Notre-Dame de Paris waren diverse Grünflächen. Ich suchte mir einen schattigen Platz aus, legte mich hin und schlief ein. Fußtritte weckten mich, zwei Flics standen breitbeinig über mir und sagten, ich könne hier nicht schlafen. Ich antwortete, ich hätte hier sehr gut geschlafen. Bis sie mich aufgeweckt hätten, ergänzte ich vorwurfsvoll. Die beiden Polizisten wandten sich von mir ab und weckten eine junge Frau, die nur ein paar Meter von mir entfernt schlief. Das ist ein klassischer Fall von *Broken Windows*.

Rudy Giuliani, der ehemalige Bürgermeister von New York, der mit seiner Zero-Tolerance-Politik die Kriminalität in seiner Stadt innert kürzester Zeit um 57 Prozent senkte, hat die Theorie der *Broken Windows* begründet. Sie besagt, dass überall, wo Übertretungen geduldet werden, an nächsten Tag am gleichen Ort zehn Übertretungen mehr begangen werden. Wenn Sie einen Penner in einem öffentlichen Park übernachten lassen, haben Sie am nächsten Tag Woodstock. Wenn Sie ein einziges Graffiti dulden, sieht das Quartier nach einem Monat aus wie Berlin Kreuzberg.

*Was zum Teufel hat das mit der abgewiesenen Übersetzung zu tun?*, schreibt mein Agent an den Rand. Mein Gott, was hat der gegen ein bisschen Allgemeinbildung? Es gibt durchaus Leser, die so was mögen! Ich bin sicher, der Lektor von Murakami hat diese Frage so lange gestellt, bis Murakami den Verlag gewechselt hat. Und ich bin definitiv nicht Murakami, trotz der Schafe. Bei mir gibts durchaus eine Handlung und gewisse Erwartungen. Sie wollen jetzt bestimmt, dass wir den Fokus auf die junge Frau richten. Ihr Wille geschehe.

Schlaftrunken pöbelte die junge Frau die beiden Flics an und torkelte zu mir herüber. »Wo gehst du hin?«, fragte sie.

»Montmartre.« Ich wollte die Bars besuchen, in denen Henry Miller geschrieben hatte. Irgendwie peinlich, nicht?

»Lass uns nach Clichy gehen«, murmelte sie, »ich muss dort was abholen.«

»Natürlich«, sagte ich, »*Stille Tage in Clichy*. Ich habe das Buch gelesen.« Sie zeigte keinerlei Reaktion.

Wir spazierten zur Place de Clichy. Ich verkneife mir jetzt jegliche Kommentare und historischen Bezüge. Paris ist ein begehbares Geschichtsbuch. Tim, der jeden Abend die neuen Seiten dieses Manuskripts liest, meint, die Leser würden sich jetzt eh nur noch für die leidenschaftliche Liebesgeschichte interessieren, die nun auf kürzestem Weg folgen sollte. Und falls keine stattgefunden habe, solle ich sie bitte erfinden. Aber Sexszenen sind nicht so mein Ding. Ich finde es immer peinlich, wenn mich die Verkäuferin an der Kasse komisch anschaut und sagt, sie habe mein letztes Buch gelesen. Sie betont das so seltsam, als wisse sie jetzt Bescheid über mein Sexualleben. Okay, ich mach schon weiter. Diese ewigen Abschweifungen sind übrigens nicht meine Schuld. Fragen Sie meine Ärzte, ich kann echt nichts dafür, steht auf dem Beipackzettel von vier verschiedenen Medikamenten.

Die junge Frau hieß Chanel. Sie war etwas älter als ich, so um die zwanzig, trug ein langes schwarzes Kleid, das die Konturen ihres Körpers betonte, und war eine ausgesprochene Schönheit mit stechendem Blick, kräftigen dunklen Augenbrauen und pechschwarzem Haar, das bis zur Hüfte hinunterreichte. Ihr afrikanischer Schmuck betonte das Wilde, Unbezähmbare und Eigenständige, das von ihr ausging. Sie hakte sich wortlos bei mir unter – nicht etwa, weil sie mich sympathisch fand, sondern weil sie unsicher auf den Beinen war.

Sie schleppte mich in ein halb verfallenes Haus. Die Treppen knarrten, als würde das Ganze gleich wie ein Kartenhaus in sich zusammenfallen. In einem muffigen Kellergewölbe saßen einige Algerier, Marokkaner und Tunesier um einen Campingkocher herum und brieten Eier, die sie auf dem Markt gestohlen hatten. Sie begrüßten Chanel nur beiläufig. Wir setzten uns dazu. Einer reichte eine Opiumpfeife an seinen Nachbarn weiter und legte sich hin. Dann war die Reihe an Chanel. Sie zog und zog an der Pfeife, bis ihr schwindlig wurde. Bevor sie zur Seite kippte, nahm ich ihr das Ding aus der Hand. Die Afrikaner nickten mir zu. Ich inhalierte ebenfalls, aber wie alle Anfänger musste ich erstmals tüchtig husten, die Afrikaner lachten. Dann reichten sie mir ein Spiegelei. Ich nahm es, und was danach kam, habe ich vergessen. Ich erinnere mich nur noch schwach, dass mir kotzübel wurde, als der Boden plötzlich riesige bunte Blasen schlug und sich in ein stürmisches Meer verwandelte. Die Kellerdecke löste sich und verbog sich zu einem asymmetrischen Würfel. Die Afrikaner gaben lachende Geräusche von sich, die wie in einer felsigen Schlucht widerhallten. Ihre Mäuler wurden größer als die eines Walfisches. Ich hatte nur noch den Wunsch, so schnell wie möglich aus dieser Seifenblase herauszufinden.

Das war nicht meine Script Avenue! Aber irgendwie doch. Alles war so schön bunt, und die Avenue war wie ein Trampolin: Ich konnte keine Sekunde liegen bleiben, ich wurde gleich wieder in die Höhe katapultiert. Francis stürmte aus seiner Buchhandlung und schwang ein Lasso, um mich einzufangen. Ich stürzte plötzlich hinunter und fiel auf den Buchstaben F. Die Taste hatte die Form eines Plastiksitzes. Wie im Stadion. Ich sah dann unter mir die Tasten C und V und stürzte mich kopfvoran auf die Leertaste hinunter.

Als ich aufwachte, lag ich in meinem Erbrochenen, Chanel und die Afrikaner schliefen. Ich raffte mich auf und schleppte Chanel die Treppe hoch. Draußen war es schon dunkel. Oder wieder dunkel.

Unweit vom Pigalle fand ich eine Herberge, die so schäbig und schmutzig aussah, dass sie in mein Budget passte. Hier mietete ich das billigste Zimmer, wusch mein Gesicht, spülte den Mund und legte mich mit der dösenden Chanel aufs Bett. Ich schlief sofort ein.

Als ich wieder aufwachte, war Chanel gerade dabei, einen Löffel zu erwärmen, in dem irgendeine bräunliche Flüssigkeit brutzelte. Sie zog das Ganze mit einer Spritze auf und jagte sich den Inhalt ins Bein. Was übrig war, spritzte ich mir. Doch die Halluzinationen waren nicht annähernd so aufregend wie meine Script Avenue in nüchternem Zustand. Als ich endlich wieder in der Realität gelandet war, beschloss ich, dieses erbärmliche Zeug nie mehr anzufassen. Ich denke, Drogen sind etwas für Deppen ohne jegliche Inspiration, Kreativität und Fantasie. Es gibt das romantische Bild vom entrückten Künstler, der im Drogenrausch einen Jahrhunderthit komponiert oder einen Bestseller schreibt. Das ist Mumpitz, der auch durch ständige Wiederholung nicht wahrer wird. Man kann unter Drogen keinen vernünftigen Satz schreiben. Und auch wenn Keith Richards mittlerweile aussieht wie die Salzkruste eines prähistorischen Fossils, so offenbart dies seine Sucht, aber nicht seine Kreativität. Für die sorgt wohl sein geliebter Feind Mick Jagger, der jeden Morgen drei Stunden Fitness betreibt. Chanel wäre nicht einmal zu einer einzigen Kniebeuge fähig gewesen.

Als ich mich erschlagen aus dem Bett schälte, stellte ich fest, dass Chanel immer noch schlief. Im Bistrot gegenüber aß ich eine Kleinigkeit – wieder so ein Gericht, das in heißer Butter schwamm. Also »essen wie Gott in Frankreich« war nie mein Ding gewesen: Wenn sich Gott tatsächlich in Frankreich ernährte, musste der arme Kerl längst einen rekordverdächtigen Cholesterinspiegel aufweisen und an einer schrumpfenden Fettleber leiden.


Von der Rezeption aus rief ich Berthold Krenz an. Er machte meinen Anruf sofort für seine akute Migräne verantwortlich. Irgendwie war ich für ihn zum personifizierten Kapitalismus geworden und an allem schuld. Ich brachte ihm schonend bei, dass meine Übersetzung abgelehnt worden sei. Er hatte sofort eine Erklärung dafür: meine fehlerhafte politische Einstellung.

»Du ruinierst meinen Ruf!«, brüllte er ins Telefon. »Ich habe meinen Namen geopfert, damit du, gottverdammter Reaktionär, eine Chance hast. Aber du bist unbelehrbar! Jetzt will der Verlag bestimmt keinen Berthold Krenz in Französisch mehr, hörst du? Das kostet mich bestimmt 20 000 Franken, 100 000! Du hast mich ruiniert! Ich will dich hier nicht mehr sehen! Ich werde deine Lumpen in den Müll werfen. Komm mir bloß nie mehr ins Haus!«

Ich fühlte mich wie Wolf Biermann, der während eines Konzerts im kapitalistischen Westen von der DDR in einer Nacht-und-Nebel-Aktion ausgebürgert worden war und nicht mehr in seine Heimat zurückdurfte. Wo sollte ich jetzt hin?

»Hör mal, Berthold, hast du etwa in Baden-Baden verloren?«

Nun überschlug sich seine Stimme, er zog erneut über meine schlechten Schwingungen her, und als ich fragte, ob meine Antenne von Paris bis nach Baden-Baden reiche, warf er den Hörer auf die Gabel. Ich hörte noch ein seltsames Würgen. Ich weiß nicht, ob er sich mit dem Telefonkabel erdrosseln wollte.

Ich entschied, in Paris zu bleiben, bis mein Kleingeld aufgebraucht war, und es anschließend mit einem Telefonkabel zu versuchen. Ich kaufte mir Papier und begann, die Geschichte eines verdrucksten Gerichtsschreibers zu schreiben, der seinen Vater umbringt. Während ich schrieb, vergaß ich meine Umgebung, und die Fiktion ersetzte die Realität. Chanel schlief. Manchmal plumpste sie wie ein Stein aus dem Bett. Ich verließ dann kurz die Script Avenue und half ihr hoch. Wenn sie wieder im Bett lag, döste sie gleich weiter. Ihre Arme und Beine waren schon ganz zerstochen, aber es waren nicht die Mücken von La Valletta.

Am Abend lungerten wir auf den Märkten herum und suchten in den Abfällen genießbares Obst und Gemüse. Davon konnte man sich prima ernähren. Es ist kaum zu fassen, wie viele Nahrungsmittel auf den Müll gekippt werden. Zu Hause wusch ich den Abfall, und wir genossen die meist überreifen Früchte und Tomaten. Chanel zog es immer kurz vor Mitternacht in das Kellergewölbe der Nordafrikaner. In den frühen Morgenstunden kam sie völlig zugedröhnt zurück, sie legte sich dann neben mich ins Bett, kuschelte ein bisschen und fiel in einen komaartigen Tiefschlaf. Manchmal weinte sie im Schlaf und griff nach meiner Hand. Ich weiß nicht viel von ihr. Einmal sagte sie, sie habe Sex mit Jean-Paul Belmondo gehabt, und schlief dann wieder ein. Nicht sehr hilfreich. Im Laufe der Wochen und Monate begann sie, ihre Körperpflege zu vernachlässigen, immer öfter trank sie meinen Rotwein. Mir schien, als wirke sie nun leicht aufgedunsen. Zwischen zwei Drogengängen konnte sie durchaus zärtlich und lieb sein, aber sie behielt stets ihre Melancholie und Traurigkeit, die in Selbstmitleid und Verzweiflung ausuferte. Ich zermarterte mir das Hirn, wie ich sie retten könnte. Aber wir waren hier nicht in der Script Avenue.

Unsere Tage liefen immer nach dem gleichen Muster ab: Ich fing um fünf Uhr morgens mit dem Schreiben an, weil ich es im Bett nichts mehr aushielt. Ich wollte die Geschichten, von denen ich geträumt hatte, zu Papier bringen. Gegen Mittag machte ich eine Pause und frühstückte mit Chanel. Dann spazierten wir durch Paris wie ein Liebespaar, aber ich kam mir eher vor wie ein Krankenpfleger. Und plötzlich, wie von der Tarantel gestochen, eilte sie zu ihren Nordafrikanern und pumpte sich voll. Ich hatte keine Ahnung, womit sie ihre Drogen bezahlte. Mir genügte, dass wir ein paar Stunden am Tag zusammen waren.

Wenn ich allein auf dem Bett lag und auf Chanel wartete, begann ich, über das Leben nachzudenken, über den Sinn unserer Existenz, und kämpfte mich mühsam von Erkenntnis zu Erkenntnis. Erst Jahre später stellte ich verblüfft fest, dass die existenziellen Gedanken eines Pubertierenden offenbar die gleichen Fragen aufwarfen, die sich gebildete, reife, lebenserfahrene und weise Frauen und Männer im fortgeschrittenen Alter immer noch stellen. *Keiner weiß mehr.*

»Wir müssen Paris verlassen«, sagte Chanel eines Abends, als sie von ihren Nordafrikanern zurückkam. »Die hatten Streit, und ein Dealer hat auf den Tunesier geschossen. Keine Ahnung, ob er tot ist. Es war überall so viel Blut, an der Wand klebte ein Stück Gehirn. Bring mich in die Schweiz«, bat sie, »ich habe gehört, das sei ein ruhiges Land, und die Regierung gebe jedem Geld, der keine Arbeit hat. Und vielleicht könnte ich dort eine Entziehungskur machen, die wäre doch auch gratis?«

Wir umarmten uns und schworen, die Sache gemeinsam durchzuziehen. Per Autostopp reisten wir in die Schweiz zurück, ein Lastwagenfahrer nahm uns mit bis nach Saint-Louis. Wir sprachen nicht viel miteinander, der Fahrer wollte lieber Musik hören. *Sugar Baby Love, Tonight* und *Seasons in the Sun,* das ist mir geblieben. Und das Häufchen Elend in meinen Armen.

Zuerst holte ich bei Cédric meine Hermes Baby ab, die ich vor der Abreise bei ihm deponiert hatte. Er hatte sich verändert. Er trug jetzt Foulard und rote Hosenträger. Er meinte, sein alter Herr sei krank geworden, er müsse vermehrt in der Galerie aushelfen. »Aber der Kampf geht weiter«, sagte er und reckte die Faust zum Himmel. *Venceremos!*

Ich mietete eine möblierte Mansarde in einem Eckhaus an der Johanniterbrücke. Es war zum Ersticken heiß unter dem Dach. An einem abgeschrägten Dachbalken stieß ich mir jeden Morgen den Kopf an. Das fiel mir wieder ein, als ich Jahrzehnte später an der Weltmeisterschaft sah, wie der arme Durie in der 76. Minute in den gegnerischen Torpfosten rannte und auf einer Bahre hinausgetragen werden musste.

Ich brachte Chanel wie versprochen in eine Entziehungsklinik in der Nähe des Flughafens. Ich log eine plausible Geschichte zusammen, sodass wir die Kostenfrage etwas vertagen konnten. Aber ich hatte mir vorgenommen, für Chanel ein Vorbild zu werden und ein rechtschaffenes Leben zu führen – ich wollte ihre Kur bezahlen und dafür arbeiten, ich wollte Verantwortung übernehmen und Gutes tun. Nach ein paar Tagen hatte ich einen Job in einer Druckerei gefunden. Die Jobsuche war damals recht einfach. Wenn ich heute lese, dass in Griechenland, Spanien und Italien bis zu fünfzig Prozent der 18- bis 24-Jährigen ohne

Arbeit sind, tut mir diese verlorene Generation echt leid. Das ist das Fass, das schon die Französische Revolution zum Gären brachte.

Die Druckerei stellte mich als Datatypisten ein. Das Wort klingt wie von einem Maschinengewehr gesprochen. Das trifft es auch gut. Ein Datatypist tippt Daten, und zwar blitzschnell. In meinem Fall tippte ich die Artikel von Journalisten über die Ausstellung von Kaninchenzüchtern ab oder die typisch schweizerischen Petitionen gegen das Quietschen der Straßenbahn, das Krähen von Hähnen oder das Quaken der Frösche in Nachbars Garten – all die Beschwerden von verwöhnten, zickigen und notorisch unzufriedenen Wohlstandsbürgern, die sich hauptberuflich empörten, einmischten und forderten.

Ich tippte nicht in eine gewöhnliche Maschine: Aus dem Printer ratterte nicht ein Blatt Papier, sondern ein schmaler gelber Lochstreifen, den man für die damals üblichen Bleisatzdruckmaschinen benutzte. Der digitale Druck war erst im Kommen. Tippen war die einzige meiner Fähigkeiten, die in der realen Welt nützlich war. Ich tippte acht Stunden am Tag und war bald in der Lage, die perforierten Lochstreifen mit den Fingern zu lesen. Wie Blindenschrift.

Nach der Hackerei in der Druckerei schlug ich am Abend in meiner Mansarde nochmals heftig in die Tasten und beschrieb, was sich in der Script Avenue ereignete. Es gab mittlerweile am Ende der Allee diverse Fachärzte, die sich dort niedergelassen hatten. Außer Psychologen und Psychiatern gab es auch welche für Herz, Lunge, Leber und einen Professor für psychosomatische Erkrankungen. Auch ein Medicus und ein Druide sowie der Hofarzt von Louis XIV., der immer noch den Aderlass beschwor, hatten sich niedergelassen. Die Script Avenue wuchs allmählich zu einer Stadt heran. Cousin Francis führte seine Reisebuchhandlung, und mein Jugendfreund Marcel kickte gegen Guy und seine Brüder aus Vilaincourt um den Pot. Jeannot leitete das Römische Museum, und Onkel Arthur hatte die Zehnmeterstange auf dem Sportplatz erklommen. Von dort sang er *Tiens, voilà du boudin,* bis die Feuerwehr, angeführt von Onkel Maurice, ihn schließlich herunterholte. Und da war noch der Gerichtsschreiber, der seinen Vater umbrachte. Aber Onkel Arthur in der Script Avenue, das war eigentlich nicht geplant, er sollte ja erst zu seiner Hinrichtung erscheinen. Aber so ist es nun mal in der Script Avenue: Einige tanzen mir auf der Nase herum.

Ich hämmerte also meine Geschichten in meine Hermes Baby, die immer mehr Gebrechen offenbarte, bis schließlich die kleine Schraube brach, die den Wagen beim Zurücksetzen arretiert, damit er nicht aus den Schienen springt. Von nun an kam es öfter vor, dass die Wagenwalze durchs Zimmer flog, weil ich im Eifer des Gefechts zu impulsiv am Zeilenschaltungshebel gerissen hatte. Schreiben war ein physischer Zweikampf mit der Maschine. Für eine Script Avenue genügt eine Hermes Baby nicht. Es ist zu viel. Auch mir wurde es zu viel. Ich denke, es gibt nichts Demütigenderes für einen erfolglosen Schriftsteller, als sein Geld als Datatypist zu verdienen.

Ich besuchte Chanel jeden Tag nach Arbeitsschluss in der Entzugsklinik. Es ging ihr verdammt schlecht. Normale Menschen frieren und zittern ja bereits, wenn sie zwei Tage nicht mehr geraucht haben.

»Sie bringen mich um«, flüsterte sie, als sie sich an meinen Hals warf. »Bring mich nach Hause.«

»Wenn du Schmerzen hast«, sagte ich, »versuch dir vorzustellen, wie gerade das Gift aus deinem Körper weicht. Dein Körper wird befreit. Der Schmerz zeigt dir an, dass du befreit wirst. Du musst lernen, diesen Schmerz zu lieben.«

Sie beschimpfte mich manchmal, aber ich ließ es geschehen, weil es wohl dazugehörte. Ich hatte damit kein Problem, ich war mittlerweile verliebt in sie.

Eines Tages rief jemand auf dem Klinikparkplatz meinen Namen. Eine Taxitür sprang auf, und Jo stieg aus dem Wagen. Jo, der Untermieter von Berthold, der ehemalige Wirtschaftsstudent, der ab und zu Taxi fuhr. Er erzählte mir, dass er jeden Abend hier jemanden abholen müsse. Er könne auf dem Hinweg bei mir einen Zwischenstopp einlegen und mich mitnehmen. Würde mich nichts kosten.

»Wie geht es Berthold?«, fragte ich ihn.

Jo machte eine abfällige Geste: »Er tyrannisiert uns. Neuerdings verbietet er uns jeden Drogenkonsum, stell dir das vor, Berthold, der Mann mit den tausend Pillen. Wir nennen unseren neuen Diktator liebevoll Fidel.«

»Nimmst du etwa Drogen?«, fragte ich.

Er zuckte die Schultern: »Du etwa nicht?«

Im Lauf der nächsten Wochen holte er mich täglich von der Arbeit ab und fuhr mich in die Klinik, von wo er einen ziemlich kaputten Junkie zu seinem sehr vermögenden Vater nach Hause fahren musste. »Cédric?«, fragte ich verblüfft. Doch der junge Mann, der aussah wie Cédric, wackelte verwirrt mit dem Kopf. Aber ich bin mir sicher, es war Cédric.

Es war nicht zu vermeiden, dass Jo Chanel kennen lernte. Er war auf Anhieb von ihr fasziniert. Eines Tages wartete kein Taxi vor der Druckerei. Ich ging zu Fuß nach Hause zurück. Zu meiner Überraschung lag Chanel auf dem Bett. Jo hatte sie zurückgebracht. Sie wollte nicht mehr. Ich versuchte, mit ihr zu reden, eine gemeinsame Zukunft zu erfinden, doch sie hatte keine Kraft mehr. Sie wollte sich einfach zudröhnen – mit Alkohol, Putzmittel, LSD, Opium und was auch immer. Sie hatte ihre eigene Script Avenue, ein Meer von Farben, ein Gefühl von Frieden und Schwerelosigkeit. Chanel hielt mich eng umschlungen und weinte.

»Ich schaffe es einfach nicht mehr«, sagte sie. »Wie spät ist es?«

»Es ist sechs Uhr«, sagte ich. Sie hatte mich noch nie nach der Uhrzeit gefragt.

»Jo wird gleich hier sein«, flüsterte sie leise.

»Jo?«, fragte ich verblüfft.

»Ich werde mit ihm gehen, Sammy.«

Ich sagte kein Wort. Sie setzte sich aufrecht auf die Bettkante und flehte mich an: »Bitte, Sammy, halte mich nicht auf. Ich muss mit Jo gehen. Nimm es einfach so, wie es ist.« Wir schwiegen lange.

»Dann gehe ich wohl besser für eine Stunde weg und spaziere dem Rheinufer entlang.«

»Danke«, sagte sie erleichtert und küsste mich. »Ich brauche das Zeug, Sammy, und Jo ist der Einzige, der es mir beschaffen kann.«

Wenigstens liebt sie ihn nicht, tröstete ich mich. Doch der Gedanke beschämte mich sofort. Jo würde ihr Sterbehelfer sein, da war ich mir ganz sicher.

»Ich habe dich in die Schweiz gebracht, weil ich dich retten wollte«, murmelte ich und stand auf.

»Ich weiß«, sagte Chanel, »aber du kannst mich nicht retten, Sammy, ich bin bereits verloren. Ich schaffe es einfach nicht mehr. Halte mich nicht auf.«

»Verkauft Jo dir das ganze Dreckszeug?«, fragte ich wütend.

»Ich muss nichts bezahlen«, flüsterte sie.

»Wenn du willst, gehe ich runter und haue ihm eine in die Fresse. Dann packen wir unsere Sachen und gehen in eine andere Stadt.«

Chanel umklammerte meinen Arm und schüttelte ihn: »Bitte, Sammy, lass es gut sein, vergiss mich. Es ist nicht deine Schuld, ich will es so. Halte mich nicht auf!«

Es ist nicht hilfreich, Sachen zu Ende zu diskutieren, bis man den Schmerz nicht mehr erträgt. Es gibt einen Punkt, an dem man Tatsachen akzeptieren muss. Ich war enttäuscht, maßlos enttäuscht. Ein Heroinjunkie hatte mir Halt in meinem fragilen Leben gegeben. Ich schämte mich dafür.

Als ich auf die Straße hinaustrat, kam mir Jo entgegen. Er bewegte sich richtig cool, wie ein erfolgreicher Jungunternehmer. Er wollte mich mit *high five* begrüßen, doch ließ er es sein, als er mein Gesicht sah.

»Verkaufst du etwa auf dem Parkplatz der Entzugsklinik deinen Dreck an die Patienten?«

Jo lachte: »Clever, oder? Wo findest du die gesamte Zielgruppe auf einem Haufen?«

»Weiß Berthold davon?«

»Och«, winkte er ab, »der braucht Geld, um den Marxismus einzuführen, der spricht nicht mehr von Moral.«

»Du bist ein richtiges Schwein, Jo, ich habe Chanel geliebt. Aber du wirst sie zerstören. Dafür habe ich sie nicht von Paris in die Schweiz gebracht!«

»Urteile nicht zu hart, Kumpel. Kein einfaches Business, ich muss auch irgendwie über die Runden kommen.«

Das sieht jetzt gar nicht nach Happy End aus, weil es auch keines geben wird. Als ich nach einer Stunde in meine stickig heiße Mansarde zurückkehrte, stellte ich fest, dass mein ganzes Hab und Gut verschwunden war. Mit Ausnahme der altersschwachen Hermes Baby. Immerhin. Ich wertete das als Zeichen, dass sie mich doch irgendwie gemocht hatte. Sie wusste, wie wichtig mir die Script Avenue war. Erst später bemerkte ich, dass mir Chanel auch mein gesamtes Bargeld gestohlen hatte. Das machte mir den Abschied etwas leichter, denn ich realisierte, dass sie nie an mir interessiert gewesen war, sondern lediglich an den Möglichkeiten, die ich ihr bieten konnte. Sie hätte mich aufgefressen. Ich habe nie mehr etwas von Chanel gehört. Von Jo hieß es später, er sei in Thailand verhaftet worden und für acht Jahre ins Zuchthaus gewandert, er sei kein kleiner Fisch. Es wäre für ihn wohl besser gewesen, wenn er nie Berthold Krenz kennen gelernt und stattdessen sein Wirtschaftsstudium abgeschlossen hätte. Aber man trifft im Leben sehr viele kleine Entscheidungen, und manchmal stellt sich heraus, dass eine kleine Entscheidung von größter Wichtigkeit gewesen ist – und falsch. Und sie bestimmt dann den Rest deines Lebens.

## Lonely Boy

Nun war ich wieder allein in dieser staubigen Dachkammer. Das kleine Dachfenster war vollständig mit Taubenschiss bedeckt. Jedes Mal, wenn der weißliche Kot auf das Glasfenster klatschte, fühlte ich mich verhöhnt, erniedrigt, verspottet.

Ich bin nicht der Typ, der weint, wenn Unschönes passiert. Nur meine Muskeln beginnen dann ihre Arbeit, versteifen sich, umklammern mit eisernem Griff meine Gelenke, bis ich mich wie ein fleischüberzogenes Skelett aufs Bett lege und in die Script Avenue entwische, wo in der Abenddämmerung die ersten Schafe blöken. In der einen Seitenstraße, die keinen Namen trägt, gibt es ein Bordell, das von Lucius Munatius Plancus betrieben wird. Man erkennt den Statthalter unter tausend Legionären, da er eine hirnverbrannte Fantasieuniform trägt. Er bietet mir stets eine melancholische Sklavin aus der römischen Balkanprovinz Tomis an. Die Sklavin sieht aus wie Chanel. Wenn sie mir um den Hals fällt, weiß ich, dass es Chanel ist.

»Ich wusste gar nicht, dass du am Schwarzen Meer aufgewachsen bist«, sage ich zu ihr.

Sie lächelt, schließlich nennt sie mich liebevoll einen kleinen, dummen Jungen. »Was hast du denn in mir gesehen?«, fragt sie mitleidig. »Ich bin doch nur ein Junkie, und du bist eine verlorene Existenz, ein Gestrandeter auf der Suche nach ein bisschen Geborgenheit. Aber ich kann dir nichts geben, ich friere. Ich kann dir keinen Halt bieten. Ich bin bereits im freien Fall.«

Dann verschwindet jeweils die gesamte Script Avenue, als habe jemand einen Schalter umgelegt.

Mein Arbeitgeber war nicht mehr zufrieden mit meiner Leistung als Datatypist. Er riet mir, endlich Ordnung in mein Leben zu bringen, und kündigte mir zum Ende des Monats. Es machte mir nichts aus, dass ich nicht mehr die Ergebnisse der 4. Regionalliga abtippen musste. Wenig später fand ich einen Job als Assistent beim Strafgericht – für neue Geschichten der ideale Job. Der Personalchef war sehr nett, er schien mich zu mögen. Anhand einer Tabelle erläuterte er mir, wie hoch mein Monatslohn in vierzig Jahren sein würde. Und dann den ganzen Kram mit der Pensionskasse. Ich hätte kotzen können. Und nahm den Job trotzdem an. Ich war kein Autor, der betteln geht. Schließlich hatte ich mich freiwillig für Plan A entschieden.

Ich hatte mir auf dem Flohmarkt einen kleinen blauen Campingkocher gekauft. Darin kochte ich in meiner Mansarde Reis und träufelte Zitrone darüber. Das Essen war gar nicht so schlecht, doch ich wurde immer schwächer. Tagsüber schleppte ich mich ins Archiv des Strafgerichts und besorgte Akten für meine Vorgesetzten. Doch in diesen Akten steckten nicht einfach Blätter, sondern Menschen, die sich aus der Enge dieser Archivschachteln befreien wollten wie ich damals aus der Schraubenkiste. Ich musste diesen Menschen helfen, wie ich damals dem Christkind in Großmutters Weihnachtskrippe geholfen hatte. Ich befreite ihre Seelen aus diesen verstaubten Archiven, ich bot ihnen Asyl an. In der Script Avenue. Ich gab ihnen Dialoge, hauchte ihnen Leben ein und versuchte, ihnen ein neues Drehbuch für ein besseres Leben zu geben.

Mein Vorgesetzter maulte über meine fehlende Konzentration, das stundenlange Aktenlesen und meine Schusseligkeit.

»Jetzt haben Sie ein grünes Formular ausgefüllt! Das bedeutet Haftentlassung. Aber es geht um eine Haftverlegung. Das ist das rote Formular. Wie oft ...«

Ich wies ihn auf meine Farbenblindheit hin, aber er verlor die Nerven und brüllte los, weil er dachte, ich mache mich über ihn lustig. Aber ich bin tatsächlich farbenblind. Im Straßenverkehr komme ich nur klar, weil ich weiß, dass Grün ganz unten und Rot ganz oben ist. Aber fragen Sie mich jetzt nicht, welche Farbe die Leuchte in der Mitte hat. Vielleicht verliere ich jetzt meinen Führerschein, wenn das die Beamten der Motorfahrzeugkontrolle lesen, aber es soll ein ehrliches Buch werden, denn es wird wahrscheinlich mein letztes sein. Und auf der allerletzten Fahrt werde ich eh einen Chauffeur haben.

Müßig zu erklären, dass ich die Probezeit auf dem Strafgericht nicht überstand. Das störte mich in keiner Weise, denn ich hatte bereits alle interessanten Figuren in meine Script Avenue integriert. Ich fand bereits einen Tag später einen neuen Job bei einer Versicherungsgesellschaft.

»Könnten Sie sich vorstellen, in unserem Archivkeller zu arbeiten?«, fragte mich der Personalchef mit sichtbarer Skepsis.

»Und wie!«, dachte ich und freute mich schon auf neue Charaktere und Lebensgeschichten.

»Sie haben da unten kein Tageslicht. Ihr Vorgänger hat das nicht ertragen, er wurde schwermütig, depressiv …«

»Ich werde die Arbeit lieben!«, versprach ich ihm.

Mit einem kleinen Warenlift kamen die Bestellungen runter, ich und drei weitere Kollegen suchten die entsprechenden Akten. Bereits nach dem ausführlichen Studium der ersten Akte war mir klar, dass sie nicht zu Dr. Baumann in den dritten Stock gehörte, sondern in die Script Avenue. Ich schickte die Akten zwar hoch, aber die Geschichten blieben in mir haften: Plötzliche Todesfälle, Brandstiftungen, Erbschaften, ich saugte alles auf und lernte.

Die junge Sekretärin von Dr. Baumann kam manchmal herunter, um selber nach Akten zu suchen. Ich war Dr. Baumann zu langsam, aber der Kerl hatte keine Ahnung, wie viel Zeit ein seriöses Aktenstudium erfordert.

»Stehen Sie schon lange da?«, fragte ich sie plötzlich.

»Ja, ich beobachte Sie. Sie lesen die Akten, bevor Sie sie raufschicken?«

»Hat er sich wieder beschwert?«

»Ich bin Véronique«, sagte sie leise.

Ich merkte bald, dass Véronique hier unten nicht nach Akten suchte, sie suchte einen Freund. Sie kam nun jeden Tag in den Archivkeller. Mit der Zeit brachte sie mir sogar frische Croissants aus Saint-Louis. Sie wohnte gleich hinter der Grenze. Einmal druckste sie herum und fragte mich, wieso ich diese Akten lese. Ob ich ein Spion sei.

»Ja«, gestand ich, »ich bin im Auftrag der Script Avenue hier. Ich suche Geschichten. Zu Hause schreibe ich sie auf, aus einer Aktennotiz mache ich manchmal 300 Seiten.«

»Oh«, machte sie und wirkte verunsichert. »Dann wissen Sie bestimmt eine ganze Menge.«

»Nein«, wehrte ich ab, »Schriftsteller sind auch nur Deppen, die so tun, als wüssten sie mehr.«

Sie lachte nicht. Sie sagte in sehr ernstem Ton, dass sie mich unbedingt sprechen müsse, sie hätte auch eine Geschichte für mich. Wir verabredeten uns nach Arbeitsschluss in einem Café.

»Ich bin psychisch am Ende«, eröffnete sie das Gespräch.

Mein Gott, dachte ich. Ich begriff sofort, dass sie keine Akte war.

»Ich wohne allein im Haus meiner verstorbenen Eltern.« Sie hielt inne und spielte mit einer Brosame auf dem Tisch. Dann schaute sie abrupt hoch: »In der Nacht kommen sie zurück!«

Ich fühlte, wie ein Netz der Verspannung meinen Körper einpuppte: Véronique machte mir Angst.

»Sie erscheinen nicht persönlich. Sie geben sich durch Klopfzeichen zu erkennen. Plötzlich sausen die Rollläden herunter, auf der Toilette rauscht die Klospülung, das Licht geht an und aus, Möbel setzen sich in Bewegung, kommen auf mich zu! Kein Mensch glaubt mir das!«

Sie begann, leise zu weinen: »Aber es ist alles wahr. Deshalb habe ich Sie hergebeten. Übernachten Sie bei mir, ich flehe Sie an! Wir können Sex haben, was Sie wollen, aber sagen Sie mir, dass ich nicht verrückt bin! Sagen Sie mir, dass es keine Gespenster gibt.«

Ich weiß nicht so genau, wie sie sich Sex in einem verwunschenen Haus vorstellte. Ich fand es auf jeden Fall etwas problematisch. Ich lehnte ab und fühlte mich ziemlich mies dabei. Sie stürzte nun jeden Morgen mit frischen Croissants ins Kellerarchiv und flehte mich an, zu ihr zu kommen. Aber ich wollte dieses Klopfen nicht hören, und ich wollte von keinen Kommoden verfolgt werden. Ich kündigte den Job und wurde Privatsekretär eines vermögenden iranischen Händlers.

Er wohnte in einer riesigen Wohnung mit einer Grundfläche von schätzungsweise 300 Quadratmetern und hatte zwei sehr hübsche Töchter. Ich musste mich lediglich um seine umfangreiche Briefmarkensammlung kümmern. Ausgerechnet ich sollte eine Struktur erschaffen, ein System, Ordnung. Es war ein absolut idiotischer Job. Ich denke, wenn man schon Briefmarken sammelt, sollte man sich auf Perioden konzentrieren, auf Länder oder Motive, Eisenbahnen, Kunstmaler, Erotik, Tiere, Sport. Aber dieser Iraner sammelte die ganze Welt. Jeden Tag kamen kartonweise neue Briefmarken. Eines Tages fragte ich ihn, ob er nicht doch lieber sein Hobby wechseln wolle. Das gab ihm zu denken. Er war so deprimiert, als wir uns voneinander verabschiedeten.

Irgendwie hatte mir dieser Job bei diesem Briefmarken-Messie zugesetzt. Es offenbarte sich die philosophische Erkenntnis, wonach alles von kurzer Dauer und vergänglich ist. Ich verkroch mich in meinem tropisch heißen Dachzimmer, und die Menschen in der Script Avenue wurden holzmager, mürrisch und schwermütig. Auch ich fühlte mich immer kränker, psychotischer und ohne jegliche Orientierung. Mein Erinnerungsvermögen ließ merklich nach. Ich hörte Stimmen, Glocken, Pfiffe, die mich in Schrecken versetzten. Ich fand kaum noch Schlaf und irrte durch die Straßen auf der Suche nach einem Halt. Ich hing an einer Felsklippe und hoffte, dass jemand meine freie Hand ergreifen würde. Aber manchmal ergreift man eine helfende Hand, lässt sich hochziehen, und wenn man aufblickt, sieht man in das Antlitz einer Hexe. Irgendwie wurde mir damals bewusst, dass man ein Leben lang einsam bleibt. Haben Sie schon mal einen Archipel aus der Luft betrachtet? Zahlreich sind die Felsen, die aus dem Wasser ragen, sie sind aneinandergereiht wie eine Perlenkette, das gleiche Wasser umspült sie, und doch steht in einem Archipel jeder einzelne Felsen für sich allein.

Auch der beste Schriftsteller kann weder Schmerz noch Trauer vermitteln, wenn der Leser weder Schmerz noch Trauer kennt. Man wird einsam geboren und stirbt einsam. Erzählen Sie mir nicht, einige stürben im Kreise ihrer Familie. Mag sein, dass die dabei sind, aber sterben tut man immer allein. Ich weiß es. Und Sie werden es eines Tages auch wissen.

Während Millionen Menschen auf der Welt gegen die Armut, den Hunger und ums Überleben kämpften, wollte ich freiwillig sterben und die ewige Ruhe finden. Ich entschied mich für eine Waffe. Ich wollte mir in den Mund schießen. Ich fand eine Anstellung in einem Jagd- und Waffengeschäft. Später fasste ein Journalist die beiden letzteren Jobs zusammen und schrieb, ich sei Privatsekretär eines iranischen Waffenhändlers gewesen. Da Journalisten bereits während ihren Universitätszeiten von ihren Doktorvätern das *Copy-and-paste*-Verfahren erlernen, war ich fortan in den Medien der schreibende Sekretär eines iranischen Waffenhändlers. Fehlt nur noch das Gerücht, ich hätte den Ajatollahs die Atombombe besorgt.

Tim schreibt an den Rand, man wolle jetzt wissen, ob ich mir in den Mund geschossen habe. Das geht nicht ohne Vorabklärungen. Man braucht ein seriöses Studium der verschiedenen Waffentypen und Munitionierungen. Der Besitzer weihte mich ein, ich lernte. Man musste die Kundschaft nach dem Grund des Waffenkaufs fragen. »Wollen Sie auf Elefantenjagd gehen oder lediglich einem Einbrecher die rechte Kniescheibe wegschießen? Oder kriselt es in der Ehe?« Frauen bevorzugten kleinere Kaliber, weil beim Rückstoß nicht gleich das Make-up verrutschte. Männer ließen sich hingegen von Wyatt Earp inspirieren – Smith & Wesson und so.

Jeder Kunde war ein potenzieller Bewohner der Script Avenue. Auch jene, die nie zur Stammkundschaft gehören würden: die Selbstmörder. Ich konnte mich stundenlang mit ihnen über den Sinn und Unsinn des Lebens unterhalten. Mein Chef störte sich nicht daran. Er meinte, man müsse die Kunden pflegen, aber es sei nicht schlecht, wenn ich ab und zu auch über Waffen sprechen würde. Als seine Ehefrau verstarb, wurde er sehr nachdenklich und weinte oft in der kleinen Küche hinter dem Ladengeschäft. Ich saß bei ihm und machte ihm Kaffee. Ich hatte ja keine Lebenserfahrung. Wie wird man mit dem Tod eines geliebten Menschen fertig? Ich mochte meinen Chef, aber die Stunden in seinem Waffengeschäft setzten mir mächtig zu.

Eigentlich hielt mich nur noch der Roman am Leben. Ich wollte ihn fertig schreiben. Ich weiß, eigentlich war es belanglos, ob es auf diesem Planeten noch ein weiteres unveröffentlichtes Manuskript gab, aber ich musste es einfach tun. Da half kein Blöken. Ich hämmerte meine Geschichte mit immer höherer Geschwindigkeit in die Tasten. Aber diese mechanischen Maschinen waren einfach zu langsam. Es gab in meiner Fantasie mittlerweile zu viele Charaktere und Schauplätze, die nach neuen Geschichten schrien. Noch hatte die Schreibwut keinen Stil gefunden, sie war wie ein Tsunami, der sich über das Land ergoss und Kanäle und Flussbette ignorierte.

Aber es gab Hoffnung. Die Digital Equipment Corporation (DEC) hatte mithilfe von IBM einen Computer gebaut. Damit würde ich wesentlich schneller tippen und arbeiten können. Korrekturen würden nicht mehr mit flüssigem Tipp-Ex und Schere gemacht werden müssen, sondern einfach am Bildschirm. Das würde im Endeffekt die Qualität erheblich steigern. Doch der Präsident und Gründer von DEC dämpfte wenig später meine Hoffnungen. Er sagte: »Es gibt keinen Grund, warum jemand einen Computer zu Hause haben sollte.«

Schließlich erschien mit dem Xerox Alto der erste Computer mit einer grafischen Benutzeroberfläche und mit einem kleinen Ding, das sie »Maus« nannten. Die war so großartig, dass Apple sie gleich klaute. Das war genau das, was ich für die Script Avenue brauchte. Nur, was ich brauchte, konnte ich mir wie üblich nicht leisten. Aber vielleicht lohnte es sich, weiterzuleben, bis ich mir eine Xerox leisten konnte. »Ja«, riefen mir die Leute in der Script Avenue zu, »halte durch, mach nicht den Hansrudi Wäscher!« »Lass dein Volk nicht verrotten!«, schrie mir Ritter Sigurd zu.

Ich kehrte ins Waffengeschäft zurück und verkaufte tagein, tagaus Handfeuerwaffen, Magnum-Munition, Angelruten, Feldstecher, Handschellen und Jagdbekleidung. Ich versuchte, mich auf den Job zu konzentrieren und mich in die Materie einzuarbeiten, denn Henry Miller hatte mir gesagt, dass ich dieses Wissen eines Tages für meine Geschichten würde brauchen können.

Einmal in der Woche nahm mich der Chef mit zum Schießunterricht. Er war sehr nett zu mir und versprach, mir nach einem Jahr die Winchester 73 zum Einkaufspreis zu überlassen. Ihm war nicht entgangen, dass mir dieses hochwertige Sammlerstück über dem Ausgang sehr gefiel. Aber ich lehnte ab, ich brauchte nur einen Revolver und einen Schuss Munition. Ich brauchte auch kein Schießtraining. Aus der geplanten Entfernung sollte selbst ein Unglücksrabe treffen.

Ich teilte meinen Entschluss Henry Miller mit. Er saß im Saloon und kritzelte etwas in ein Heft. Er sprach zu mir. Natürlich weiß ich, dass seine Worte meiner eigenen Fantasie entsprangen, ich bin ja nicht blöd. Oder habe ich etwa bisher diesen Eindruck erweckt? Ich eröffnete ihm, dass ich mich heute nach den Wetternachrichten erschießen würde. Er blickte kurz hoch und murmelte, ich solle es auf nächste Woche verschieben. Das sei wohl nicht zu viel verlangt, eine Woche. Wenn ich einmal tot sei, spiele es keine Rolle, ob ich diese eine Woche noch dazwischengeschoben hätte. Das leuchtete mir ein, und ich verschob es. Von Woche zu Woche. Bis heute. Und schrieb wie ein Besessener weiter.

Insgeheim hoffte ich, dass mir das Schicksal einen Engel in die Büchsenmacherei schicken würde. Aber es kam keiner. Enttäuscht verließ ich nach einigen Monaten das Geschäft – die Script Avenue rief. Der Inhaber wollte mir trotzdem die Winchester 73 zum Einkaufspreis verkaufen, und als ich dankend ablehnte, wollte er sie mir sogar schenken. Aber es wäre erbärmlich gewesen, dieses großzügige Geschenk anzunehmen. Ich sei für ihn wie ein Sohn gewesen, sagte er mit feuchten Händen. Wir gingen erneut in die kleine Küche hinter dem Ladengeschäft und tranken miteinander eine Tasse. Er holte eine mittelgroße Cognacflasche aus einer Schublade und schenkte uns beiden kräftig ein. Dann erzählte er mir seine Geschichte. Als er nicht mehr weiter wusste, begann er zu weinen. Auch wenn es mir etwas peinlich war, nahm ich das kleine zerbrechliche Männlein in die Arme und hielt es lange fest. Ein Hilfloser wollte ihm helfen. Das Sinnbild des Archipels erwähnte ich schon.

Mein Kinn wurde spitzer, die Wangen fielen ein, ich wirkte ausgezehrt wie ein Krebskranker im palliativen Stadium. Ich kochte weiterhin meinen Reis im blauen Campingkocher und schrieb. Die neuen Figuren standen Schlange. Manchmal marschierten sie mit Transparenten durch die Script Avenue und verlangten ultimativ nach neuen Geschichten.

Als ich eines Morgens aufwachte, konnte ich mich kaum noch bewegen. Schultern und Nacken waren über Nacht versteift, versteinert. Ich wollte mich mit einem Kraftakt aufrichten und stieß mir die Stirn am abgeschrägten Dachbalken. Durie, 76. Minute. Benommen ließ ich mich ins Kissen zurückfallen. Jetzt spürte ich den Schmerz in den Schulterblättern und das giftige Ziehen entlang des Ischiasnervs. Ich musste wieder an Kafkas Käfergeschichte denken, aber das hier war keine Geschichte, das war real. Ich schnappte nach Luft, als müssten meine Lungen Zementsäcke anheben. Dann packte mich die Angst, ich ahnte, dass etwas Unheimliches passierte. Ich schloss die Augen und horchte, ob ich das Anschwellen der Beule auf meiner Stirn hören konnte. Aber eine Beule gibt keine Laute von sich. Sie verfärbt sich, schwillt an, wird druckempfindlich und verschwindet schließlich wieder, wie alles im Leben. Wie auch das Leben selbst.

Meine Zimmervermieterin klopfte energisch an meine Tür. Schließlich öffnete sie das Schloss mit ihrem Zweitschlüssel und stand mit prüfendem Blick vor meinem Bett. Sie sagte, Haustiere seien hier verboten.

»Ich weiß«, sagte ich. »Was haben Sie denn gehört? Katzen, Hunde?«

»Es klang wie das Blöken eines Schafes. Aber das kann es nicht sein.«

»Doch, doch«, widersprach ich, »das Schaf bin ich.«

Jetzt hob sie erschreckt die Augenbrauen und beobachtete mich sehr genau. Sie sagte, sie fahre mich jetzt zu einem Arzt. »Und keine Widerrede!« Sie habe fünf Kinder großgezogen und wisse, was zu tun sei.

Die Ärztin hörte sich irritiert meinen ausführlichen Bericht an und fragte, ob ich Medizin studiere. Sie befühlte meinen Nacken, meine Schultern, meinen ganzen Körper. Manchmal erwischte sie einen Muskelansatz und fragte, ob das wehtue, obwohl ich bereits aufgeschrien hatte. Als sie zur Kenntnis genommen hatte, dass mir eigentlich alles wehtat, wollte sie wissen, was mir am meisten Stress bereite. *Das Leben selbst,* hätte ich antworten müssen. Ich zog jedoch nur die Augenbrauen hoch. Dann fragte sie mich über meinen Lebensrhythmus aus, über meine Schlaf- und Essgewohnheiten, und ich ahnte, worauf sie hinauswollte. Nun gut, ich solle Vitamine zu mir nehmen. Eine Orange und einen Apfel pro Tag, und schon stünde ich wieder mitten im Leben. Für Früchte hatte ich jedoch kein Geld. Dann solle ich mir eine Arbeit suchen, schlug sie vor. Die musste ich nicht suchen. Ich hatte immer Arbeit in der Script Avenue, aber ich verdiente damit kein Geld. Nun wollte sie wissen, womit ich meine Rechnungen begleiche. »Ich bezahle sie nicht«, gab ich ehrlich zur Antwort. »Auch Ihre Rechnung werde ich nicht bezahlen.«

In einem Antiquariat fand ich einen günstigen Pschyrembel. Mit gerunzelter Stirn las ich in diesem medizinischen Nachschlagewerk die Artikel über psychosomatische Störungen, Neurosen, Psychosen, Zwangserkrankungen und über die Tendomyopathie, die den Körper wie ein Krake umklammert, bis er gänzlich versteinert. Bei Tourette waren sie nicht ganz auf dem neusten Stand. Ich legte eine schöpferische Pause ein und vertiefte mich in den folgenden Wochen in den Pschyrembel, bis ich so viele Krankheiten und Symptome gelb markiert hatte, dass man nicht mehr wusste, ob das Werk nun auf weißem oder auf gelbem Papier gedruckt worden war. Man mag Eigenwahrnehmung für eine gute Sache halten, aber bei mir führte die Sensibilität für meine Figuren in der Script Avenue zu einer übertriebenen Sensibilität für den eigenen Körper, zu eingebildeten Krankheiten. Ich hörte weiter auf Henry Millers Ratschläge und schrieb neue Geschichten und verschickte das Ganze an Verlage. Ich konnte nie viele Kopien machen. Hätte ich immer dreißig Exemplare gehabt, hätte ich die deutschsprachigen Verlage schneller abklappern können. So aber wartete ich jeweils Monate, bis die zwei Kopien ungelesen mit vorgedruckten Antwortschreiben zurückkamen. Absagen haben mich nie beeindruckt.

1976 befreite der schlaflose Robert De Niro als New Yorker *Taxi Driver* Travis Bickle die junge Jodie Foster aus dem Drogensumpf und sich selbst aus der Einsamkeit. In der Script Avenue traf ich darauf Jo und schoss ihm beide Kniescheiben weg, um Chanel aus seinen Klauen zu befreien. Doch Chanel rannte nicht in meine Arme, sondern kniete zu Jo nieder und stöpselte ihm die beiden Kniescheiben wieder ein. In der Bar hing Alice Cooper über dem Tresen und versprach Chanel, dass er nun eine Entziehungskur machen würde. Morgen. Ganz bestimmt. Elton John wurde gerade noch rechtzeitig in Madame Tussauds Kabinett verewigt, bevor er aufquoll, als schlucke er 500 Milligramm Kortison pro Tag.

Während ich immer noch über den Tod nachdachte, kamen in China bei einem Erdbeben der Stärke 7,8 über 800 000 Menschen ums Leben. Das gab mir erneut zu denken. Diese Menschen hätten gern noch weitergelebt, wie auch die 1500 Verkehrstoten in Deutschland, wegen denen man die Gurtenpflicht einführte. Und ich wollte Suizid begehen? Im Herbst 76 starb dann endlich der von Sushi-Intellektuellen und Kaviar-Linken bewunderte kommunistische Staatschef Mao Tse-tung, der Millionen von Chinesinnen und Chinesen den Tod gebracht hatte. Seltsamerweise hat er heute immer noch ein besseres Image als Adolf Hitler, und niemand stört sich daran, wenn man Mao-Memorabilien auf die Kommode stellt. Ist jetzt Kunst.

## Lady Midnight

Ich hatte mir angewöhnt, am späten Abend noch einen Spaziergang durch die Altstadt zu machen. Die City war bunter geworden, die zahlreichen Immigranten aus anderen Kulturen belebten das Stadtbild, man konnte plötzlich thailändische, indische, mexikanische und chinesische Küche genießen.

Die dunklen, engen Gassen des historischen Stadtkernes erinnerten mich an die Script Avenue. Mein Ziel war stets der hoch gelegene Münsterplatz, der von spätmittelalterlichen Fachwerkhäusern und massiv gebauten Bürgerhäusern umgeben war. Auf diesem Münsterplatz thronte majestätisch die ehemalige Bischofskirche mit ihren beiden schmalen Kirchtürmen und den bunten Ziegeln. Hinter dem Gotteshaus war ein mit Kastanienbäumen eng bepflanzter Platz, er wurde von einer roten Sandsteinmauer begrenzt. Diese Mauer, nicht höher als mein Bauchnabel, war gleichzeitig eine lange Sitzbank, die den ganzen Platz umgab. Hier saß ich oft und blickte über den Rhein und die schlafende Altstadt. Das Münster war ein endloses Geschichtsbuch. Schon ein einziger roter Sandstein mit der eingeritzten Signatur der Steinmetze erzählt Bände, ganz zu schweigen von den Fabelwesen und seltsamen Elefanten, die die Steinmetze nur vom Hörensagen kannten und entsprechend fantasievoll wiedergaben. So hatten auch diese Handwerker ihre Script Avenue, die nicht der realen Welt entsprach.

Die roten Sandsteinbänke sind eine beliebte Plattform für Selbstmörder. Sie steigen auf den Rand der Mauer und stürzen sich in die Tiefe. Meist sind es mathematisch nicht sehr begabte Menschen, da ein solcher Sturz nicht den sicheren Tod bedeutet. Manchmal überleben sie schwer verletzt und planen nach einem Mathematik-Fernkurs den nächsten Versuch.

Wer hingegen grollend vor Zorn die Menschheit verlassen will, wählt einen der beiden Münstertürme. Das gelingt oft, aber nicht immer, denn über dem Hauptportal thronen die Ritterheiligen Georg und Martin, zwei monumentale Reiterstandbilder. Der heilige Ritter Georg tötet mit einer Lanze einen etwas klein geratenen Drachen oder Basilisken. Und mit dem anderen Ende seiner Lanze spießt er die Selbstmörder auf, die vom Himmel fallen. Wer die Lanze verfehlt, klatscht auf die Pflastersteine vor der Pforte der Münsterkirche. Kein schöner Anblick für jene, die alles einsammeln und den Boden schrubben müssen. Ich denke, dieser visuelle Protest ist gewichtiger als ein zorniger Leserbrief.

Hier folgte nun eine ausführliche Abhandlung über die historische Bedeutung des Platzes zur Zeit der Römer. Wäre echt interessant gewesen. Keltische Mauern und so. Tim hat das Kapitel allerdings gestrichen. *Too much,* hat er an den Rand geschrieben. Der Verzicht auf diese Ausführung ist bitter, aber die Liebe zu meinem Sohn wiegt schwerer. Im Übrigen sind Autoren selten in der Lage, mit der nötigen Distanz Manuskripte zu straffen. Manchmal ist es gut, den Text ein paar Monate liegen zu lassen. Ich musste in meinem späteren Berufsleben sehr viele Pausen einlegen, Zwangspausen. Die dauerten so lange, dass ich die Bücher anschließend gleich neu schrieb, weil ich die Story teilweise vergessen hatte. Liegen lassen ist also nicht immer eine optimale Lösung. Manchmal muss man Autoren mit dem Tod drohen, damit sie ein Manuskript beenden.

Ich saß auf der Brüstungsmauer hinter der Kirche und genoss den kühlen Wind. Nach Mitternacht fühlte ich mich müde und mittlerweile deprimiert genug, um endlich nach Hause zu gehen und ein bisschen zu onanieren. Ich verließ den Platz und sah plötzlich eine gespenstische Silhouette, die sich unter den Arkaden bewegte. Wie diese mondlose Nacht war sie ganz in

Schwarz gekleidet – sie trug einen seltsamen Kapuzenmantel wie die Nachtwächter im Mittelalter. Da, wo ich gerade eine Stunde lang gesessen hatte, kam sie zur Ruhe. Ich kehrte um und ging zu ihr hinüber, was ihr trotz dieses finsteren Ortes und der späten Stunde keine Angst machte. Ich setzte mich neben sie, vielleicht hatte sie ja Lust, sich in der Script Avenue einzumieten.

»Erzählst du mir eine Geschichte?«, fragte ich.

Ich war darauf gefasst, eine ziemlich blöde Antwort zu bekommen. Verlegenes Gekicher oder die Frage nach dem Warum. Doch zu meinem sehr großen Erstaunen begann sie, gleich zu erzählen.

»Der Fluss«, sagte sie leise, »ist der wahre Lehrmeister des Lebens. Alles fließt, nichts bleibt stehen, du kannst den Fluss nicht festhalten, das Wasser zerrinnt in deinen Händen. So ist das Leben, du bist nichts als ein bedeutungsloser Tropfen inmitten Milliarden anderer Tropfen. Hast du schon einmal versucht, dir einen Tropfen Wasser im Fluss zu merken? Ob du kurz oder lang gelebt hast, die Ewigkeit relativiert die Anzahl Jahre, die du hier auf Erden verbracht hast. Und letztlich hat auch der Fluss keine Bedeutung.«

Ich schluckte schwer und schaute sie nachdenklich an. War sie etwa hergekommen, um sich hinunterzustürzen? Schon wieder eine Depressive? Doch sie erzählte mit ihrer wunderbar sanften Stimme weiter. Ich hätte stundenlang zuhören können. Ihr langes Haar bedeckte die Hälfte ihres Gesichtes. Selbst ihren Körper hatte sie unter Schlabberstoffen versteckt, die keine Konturen erahnen ließen. Sie wirkte einerseits lieblich und sanft und strahlte dennoch viel Kraft und Stärke aus. Oder eher Dominanz? Plötzlich stand sie auf und sagte, sie müsse jetzt gehen.

»Sehen wir uns wieder?«, fragte ich und eilte ihr nach.

Wir spazierten durch die leeren Gassen zur hell erleuchteten Tramstation.

»Was machst du so?«, fragte sie, ohne meine Frage zu beantworten.

»Ich bin Berufsspieler«, antwortete ich und nickte dabei gewichtig, als hätte ich in einer Stunde eine Abrüstungskonferenz in New York zu leiten.

»Berufsspieler?«, wiederholte sie und lächelte dabei ein bisschen mitleidig, wie mir schien. Sie glaubte mir kein Wort.

»Kann man davon leben?«, fragte sie.

»Schau mich an«, antwortete ich. »Habe ich irgendwelche Mangelerscheinungen?«

Sie verzog keine Miene.

»Ich schreibe auch Bücher«, sagte ich nach einiger Überwindung, da offenbar der »Berufsspieler« kein Knaller gewesen war.

»Kann man diese Bücher kaufen?«

Ich hätte es ahnen müssen!

»Noch nicht«, sagte ich zögernd. »Es ist nicht so, dass sie schon im Druck wären, nein, nein, aber eines Tages wird man sie bestimmt kaufen können.«

»Ich lese gern Camus«, sagte sie. Damit setzte sie die Messlatte: Nobelpreis.

»Ich las kürzlich über ihn«, sagte ich. »Ich glaube, es war ein Ratgeber über Tuberkulose. Da wurde Camus erwähnt.«

»Hast du Tuberkulose?«, fragte sie ruhig.

»Nein, nein«, wehrte ich ab, »aber manchmal muss man diese Sachen studieren, um frühzeitig die ersten Symptome zu erkennen. Ich bin promovierter Hypochonder.«

Sie lachte leise. Endlich. Dann verriet sie, dass sie nun zum fünften Mal *Der Fremde* von Camus gelesen habe, und jetzt lese sie *Der Mythos des Sisyphos*. Ob ich den Roman kenne?

»Natürlich, ich bin der Sohn des Sisyphus.«

Das fand sie wieder nicht so lustig. Aber ich denke, selbst ein begnadeter Stand-up-Comedian hätte sich mit ihr als Publikum noch auf der Bühne erdrosselt.

»Ich werde Camus lesen«, sagte ich, »aber nur, wenn wir uns wiedersehen.«

Sie schwieg. Als wir die Tramstation erreicht hatten, starrte sie ins Nichts, sie genoss ihre Melancholie. Ich wartete sicherheitshalber, bis die Straßenbahn kam, ich war mir nicht sicher, ob sie sich nicht darunterwerfen wollte. Sie tat es nicht. Ich folgte ihr in die Tram, was sie amüsiert zur Kenntnis nahm. Männer machen sich gern zum Narren, um Einlass ins Schlafzimmer zu finden.

»Ich dachte«, versuchte ich es nochmals, »wenn ich Camus gelesen habe, könnten wir uns wiedersehen und darüber reden. Am gleichen Ort.«

»Mal sehen«, sagte sie. »Ich bin ab und zu hier oben in der Nacht. Aber ich rede nicht gern über Bücher.«

Oh mein Gott, dachte ich, hört dieses Negative denn gar nicht mehr auf? Sofort aussteigen, die hört sich ganz schön kompliziert an. Sie verließ nach einigen Stationen überraschend die Straßenbahn und ließ mich wie einen nassen Regenschirm stehen. *Arrogante Prinzessin,* dachte ich. *Ich piss dir ins Auge.*

Doch in Gedanken nahm ich sie mit in meine Script Avenue und sperrte sie in der Waschküche der Phillies Bar ein. Sie war nicht die Frau, die anderen nachlief oder um etwas bat. Ich glaube, sie brauchte niemanden. Ich weiß, man denkt immer, dass jeder Mensch Zuneigung, Anerkennung, Liebe und Fürsorge braucht. Das mag auf mich zutreffen, aber nicht auf sie. *Lay Back in the Arms of Someone* war nicht ihr Song. Das war meiner.

Ich kaufte die beiden Bücher von Camus und las sie in wenigen Tagen durch. Sie gefielen mir. In den folgenden Wochen suchte ich jede Nacht die rote Sandsteinmauer hinter der Münsterkirche auf. Wer nicht kam, war sie. Vielleicht lag es daran, dass ich sie in der Script Avenue in der Waschküche eingeschlossen hatte. Ich ließ sie also wieder frei, sie suchte instinktiv den Fluss der Script Avenue auf. Am anderen Ufer stand Cäsar mit seinen Legionen und überlegte, ob er den Rubikon überschreiten solle oder nicht. »Alea iacta est«, twitterte sein Pressesprecher später. Der Würfel ist gefallen. Bedeutet so viel wie im Roulette »rien ne va plus«. Ein paar Klugscheißer behaupten, er hätte »Alea iacta sunt« gesagt. Ich denke, das tun sie nur, weil es für diese existenzielle Frage Forschungsgelder und ein zweijähriges Sabbatical gibt.

Ich bat Henry Miller um Rat, nicht etwa wegen Cäsar, da hatte er keine Ahnung, sondern wegen der Frauen. Doch er hatte ja selbst ständig Probleme mit Frauen. »Wenn Frauen Ja sagen, meinen sie Nein, und wenn sie Nein sagen, meinen sie Ja. Manchmal meinen sie tatsächlich Nein, wenn sie Nein sagen. Wenn sie dich abweisen, wollen sie, dass du ihnen nachtrottest wie ein alter, inkontinenter Dackel. Willst du sie jedoch im Sturm erobern, knipsen sie das Licht aus.« Ich mag Henry, aber in dieser Sache war er nicht wirklich hilfreich.

»Ich gebe dir einen Rat, mein junger Freund. Lieber zwei Ringe unter den Augen als ein Ring am Finger. Lass uns saufen.«

»Aber ich bin nicht durstig, Henry.«

»Wir Männer können auch saufen, wenn wir keinen Durst haben, so wie Frauen auch reden können, wenn sie kein Thema haben.«

*Frauenfeindlich,* schreibt mein Agent an den Rand. *Solche Witze dürfen heute nur noch Frauen über Männer machen,* kritzelt er quer über den Text.


Sie warten auf die Fortsetzung der Geschichte mit der Prinzessin, die nie lacht? Ich hatte es satt, nach Mitternacht auf dieser roten Sandsteinmauer zu sitzen und in die Nacht hinauszublöken. *Winter was coming.* Und es war ziemlich kalt da oben, Gefahr für Blasenentzündungen.

Im Winter 1977 endeten meine Abende jeweils in der geheizten Rio Bar. Ich trank Pastis und wählte an der Jukebox abwechselnd die Smokie Hits *Living Next Door to Alice* und *Lay Back in the Arms of Someone*. Einmal kam einer an meinen Tisch und brüllte mich an, ob ich eigentlich depressiv oder nur bekloppt sei. Immer dieser melancholische Scheiß. Er torkelte mit seinem Bier zum Automaten und wählte dann *Free Me* von Uriah Heep. Doch es kam wieder Smokie. Der arme Kerl ging zur Bar rüber und beklagte sich beim Barmann. Schließlich ließ er den Kopf auf den Tresen fallen und schluchzte. In der Bar war es plötzlich still, was eher selten vorkam. »Ich kann es nicht mehr hören«, weinte er, »ich kann nicht mehr.«

Der Barmann klärte ihn darüber auf, dass morgen die Sonne wieder scheinen würde, und gab ihm Feuer.

Gegen Mitternacht leerten sich die Tische gegenüber der Bar. Sie waren jeweils mit einer hölzernen Wand voneinander getrennt. Hinter mir saß offenbar eine etwas hysterische Frau.

»Alles!«, fauchte sie. »Ich will alles!«

»Das ist eine ganze Menge«, brummte ihr Begleiter.

»Ich werde mir einen Anwalt nehmen.«

»Hör mal, meine Liebe …«

»Ich bin nicht mehr deine Liebe!«

»Okay, ich habe rumgebumst, du hast rumgebumst, wo liegt das Problem? Lass uns fifty-fifty machen und die Sache abhaken!«

»Ein Vierteljahrhundert einfach abhaken? Du wolltest mich unbedingt heiraten!«

»Unsere Ehe war ein Käfig. Kaum war ich drinnen, wollte ich wieder raus.«

»Dafür sollst du bluten! Ich werde dich zertreten wie einen Käfer!«

»Besprich deine Pläne mit deinem Anwalt, ja? Ich würde hier gern einen gemütlichen Abend verbringen.«

»Du wirst nie mehr einen gemütlichen Abend verbringen!«, brüllte sie. »Ich schwöre es!«

»Geht es nicht noch ein bisschen lauter?«, flüsterte der Mann. »Ich glaube, dort hinten sitzt ein Zeitungsreporter, der gerade mitschreibt.«

»Ja«, schrie sie, »ich lasse mich von diesem Dreckskerl Tony Brodbeck scheiden, weil bei ihm die ganze Gehirnmasse im Schwanz sitzt!«

Nun schritt der Barmann ein und führte Tonys Ehefrau auf die Straße. Dort machte sie noch ein bisschen Radau und zerkratzte ihm die linke Wange.

Tony Brodbeck ging zur Bar. Dann sah er mich. Erst lächelte er, freute sich über das überraschende Wiedersehen, doch dann hob er verlegen die Augenbrauen und setzte sich zu mir, nachdem er in der Jukebox *Rockin' All Over the World* von Status Quo gewählt hatte.

»Nehmen wir noch einen?«

Ich nickte.

»Ich gebe dir einen guten Rat, Sammy. Falls du jemals heiratest, mache einen Ehevertrag. Das sind fünfzig Jahre Lebenserfahrung, die ich dir da schenke. Wenn mir das einer vor dreißig Jahren gesagt hätte, würde ich nächsten Monat nicht acht Millionen verlieren. Aber lassen wir das. Wie gehts dir? Hast du Arbeit?«

»Nicht mehr, ich arbeite an einem neuen Roman.«

»Hm«, machte er, »zufällig habe ich gerade letzte Woche die Leute von der Werbeagentur getroffen und von dir erzählt. Ich habe dich nämlich nicht vergessen.« Jetzt lachte er und zog eine Visitenkarte aus der Tasche. »Melde dich bei denen. Die suchen wieder einen Juniortexter. Das Handwerk des Schreibens lernst du nirgends besser als in einer Werbeagentur, die Dramaturgie lernst du im Kino, und für die Ideen musst du selber sorgen.«

Er lästerte noch ein bisschen über seine künftige Ex, die sich in einen türkischen Gastarbeiter verliebt hatte.

»Er hat eine Dönerbude hinter dem Bahnhof. Weißt du, wenn sie wenigstens mit dem CEO der Swissair bumsen würde, aber nein, sie muss mich zusätzlich demütigen und mit einem ins Bett steigen, der nach Döner stinkt.«

»Und wie gehts Sheila?«, fragte ich neugierig.

Er schaute mich skeptisch an: »Du hast sie dir hoffentlich aus dem Kopf geschlagen.«

Ich nickte entspannt.

»Sie hat einen Neuen, einen Secondo aus Napoli. Jetzt frisst sie nur noch Spaghetti und sieht bald so aus wie ein Hippopotamus.«

»Verdient er wenigstens Geld?«, feixte ich.

»Er lebt noch im Hotel Mama, er ist ja erst 35.«

»Auch das noch«, murmelte ich.

»Ja, auch das noch. Wieso steht sie auf diese Penner?«

Ich zuckte die Schultern: »Zuerst mich und jetzt ein Neapolitaner, das ist schon hart.«

Tony grinste und gab mir einen freundlichen Klaps auf die Schulter.


Dank Tony Brodbeck erhielt ich die Chance, eine Probezeit in einer renommierten Werbeagentur zu absolvieren. Die Texter, insbesondere der Creative Director, waren allesamt begnadete Schriftsteller, die mit Worten umgehen konnten wie Mikrochirurgen mit den feinsten Blutgefäßen eines Neugeborenen. Sie waren Virtuosen und wurden wie große Künstler verhätschelt. Es gab in der Agentur Spielautomaten, Musikboxen und Fußballtische. Die Leute waren fröhlich, locker und kannten keine Scheu. Die Kreativen soffen, rauchten und vernaschten Sekretärinnen.

Als ich später die Serie *Mad Men* sah, glaubte ich, sie alle wiederzusehen. Aber ich konnte es nicht genießen. Nachdem ich so lange in meiner Mansarde gelebt hatte, war ich gelinde gesagt etwas menschenscheu und verdruckst. Ich schlich geduckt die Wände entlang in mein Büro und versuchte angestrengt, kreativ zu sein. Ich textete bodenständige Slogans für einen Zigarrenhersteller und populistische Slogans für die Sozialdemokratische Partei.

In der Werbeagentur gab es einen Kundenberater, einen Spanier aus Barcelona, mit dem ich gern Schach spielte. Nach zwei Stunden schauten wir uns kurz in die Augen: »Welchem Kundenkonto belasten wir die beiden Stunden? SP oder Swissair?« Meistens wählten wir die Swissair, weil die das größere Budget hatten. Aber die Stunden, die wir am Fußballtisch schwitzten und tobten, wurden immer dem Konto der Sozialdemokratischen Partei belastet, da sich die SP eh für kürzere Arbeitszeiten einsetzte.

Ob Politik, Zahnpasta oder Winterreifen, es war alles das gleiche Handwerk. Manchmal nahmen wir Slogans aus nicht realisierten Kampagnen für Fruchtsäfte oder Reisebüros und machten daraus SP-Slogans. Wenn heute Journalisten prägnante Formulierungen von Politikern loben, kann ich nur müde lächeln. Das ist wie beim Film, es gibt nur wenige intelligente Schauspieler. Einige haben manchmal intelligente Rollen und runzeln beim Sprechen nachdenklich die Stirn. Aber es sind stets die unbekannten Drehbuchautoren, die intelligente Dialoge schreiben. Die Schauspieler ernten die Lorbeeren, wie in der Politik, der beste Schauspieler gewinnt. Es ist ein Geschäft wie jedes andere auch, egal, ob man Gurken vermarktet oder Politik. In der Politik ist der Politiker die Gurke. Und wenn Gurken auf dem Sessel schimmeln, wird man sie nicht mehr los.

Mein Agent hat den ganz dicken Rotstift hervorgeholt. *Schluss damit,* hat er geschrieben. *Verschone die Leser mit diesem Gurkensalat,* hat er an den Rand geschmiert. *Das kannst du in einer Kolumne bringen. Haben wir in ähnlicher Form schon gelesen.* Wirklich?

Okay, *delete,* ich hoffe, dass wenigstens einige Zeilen dieses zwanzigseitigen Gurkenpamphlets überleben.

Mir ist jetzt eh kotzübel, und ich brauche dringend etwas Süßes. Das hilft und schont den Magen. Das sind die beiden Cellcept-Pillen, die seit drei Jahren um vier Uhr morgens mein Tagesmartyrium eröffnen. Der Mund wird trocken, ich beginne zu schwitzen und torkle aufs Klo, setze mich auf die Brille und warte auf die Absolution. Oder den Herzinfarkt.

Ich verdiente als Juniortexter für damalige Verhältnisse plötzlich viel Geld und überlegte mir, den neuen Apple II zu kaufen, ein hübscher Kasten; Bildschirm und Tastatur waren integriert. Doch ich beschloss, auf die nächste Generation zu warten, denn ich hatte keine Lust, als Testperson missbraucht zu werden. Ich wollte mir mit dem Geld lieber Zeit kaufen, Schreibzeit, und einen neuen Roman anfangen. Mein Held sollte ein verlorener junger Mann sein, der in die Unterwelt aufgenommen und durch ein kafkaeskes, finsteres Tunnelsystem geführt wird, wo mysteriöse Dinge passieren.

»Beeilen Sie sich, der Honig an Ihrer Wange ist noch frisch«, sagte der Mann in der schwarzen Kutte zu meinem Protagonisten.

Sie können den Stil dieser Geschichte in etwa erahnen? Heute würde ich nur noch die Delete-Taste drücken und gleich die ganze Datei löschen. Ich bin sicher, die damaligen Literaturkritiker hätten diesen saublöden Text geliebt und Dinge hineininterpretiert, die mir nicht einmal in der Script Avenue eingefallen wären. Aber ich verlor mich in diesem Labyrinth von mythologischen Gestalten und fremdartigen Wesen und schrieb wie ein Gehetzter weiter, um wieder aus dieser Geschichte rauszukommen. Aber wo war der Ausgang? Vercingetorix kam mir zu Hilfe: »Verbrenne die Erde, auf der dein Feind naht. Im Kampf gegen Cäsars Legionen in Gallien haben wir alle unsere Felder niedergebrannt, ganze Ernten und Dörfer abgefackelt, und als der Winter kam, hungerten Cäsars Männer.«

Ein Geräusch ließ uns aufhorchen. Es klang wie das Röhren eines gigantischen Mischwesens. Aber wir konnten die hohen Hecken nicht überblicken. Plötzlich kam uns eine kleine zierliche Frau mit einem Hoover-Staubsauger entgegen.

»Auch Hitler wandte die Strategie der verbrannten Erde nach der Niederlage in Stalingrad an.«

»Du gehörst noch nicht hierher, Maggy«, sagte ich der Frau, »du kommst erst zwölf Seiten später!«

»Und wie willst du ohne meine Hilfe da rauskommen? Folge dem Elektrokabel meines Staubsaugers, und du wirst zum Ausgang finden!«

Die Tage verbrachte ich in meiner Mansarde und spürte erneut, wie mein Nacken allmählich versteifte, das Los der Schriftsteller. Ich wäre nicht erstaunt gewesen, wenn mein Hals plötzlich wie eine römische Büste zerbröckelt und der Kopf auf den Fußboden gekullert wäre. Das Tier in meinem Nacken fraß sich in die Schultern und kroch in die Beine hinunter. Ich kaufte nur noch nachts im Bahnhofshop ein und fühlte mich wieder wie in meiner Kindheit – als Stück Scheiße, das den Menschen ausweichen und sich unsichtbar machen musste. Die Agentur hatte mir nach wochenlanger Absenz die Kündigung nahegelegt. Mein Geld wurde sukzessive weniger, und ich realisierte, dass mein Stundenlohn kleiner war als der Stundenlohn der Parkuhr vor dem zoologischen Garten. Ja, und dann starb auch noch Elvis Presley. Die Leute haben ihn verspottet, weil er am Ende so fett und aufgedunsen war. Jahrzehnte später musste ich innerhalb von drei Jahren über 20 000 Pillen schlucken und sah genauso aus wie Elvis Presley vor seinem Tod. Mit dem Unterschied, dass ich jetzt wider Erwarten noch am Leben bin und diese Zeilen schreibe. Aber Elvis ist bei mir, denn ich singe jeden Morgen *Are You Lonesome Tonight?*. Man hat mir gesagt, dass Singen gut für die Lunge sei. Aber ich schaffe keinen Refrain mehr.

*Welcome to My Nightmare,* sang Alice Cooper, und ich flüchtete auf die Pfalz hinauf, flüchtete vor all den Geistern, Zombies, Aliens, Werwölfen und Mutanten, welche die Script Avenue seit meiner frühesten Jugend nach Mitternacht beherrschten. Ich setzte mich wie üblich auf die rote Sandsteinmauer und wartete, dass eine Horde Basilisken zwischen den hohen Türmen der Münsterkirche erscheinen und sich auf mich niederstürzen würden. Doch es kamen keine, sie blieben aus Stein und wurden nicht zu Fleisch, und sie thronten in den Straßen auf gusseisernen Brunnen, die überall in der Stadt verteilt waren. Wenn ich an einem dieser Brunnen vorbeischlich, blinzelten sie mir zu. Basilisken sind zwar mythische Wesen, aber in den Stadtchroniken wird festgehalten, dass ein Hahn im Jahre 1474 ein Basiliskenei legte und dafür nach einem aufsehenerregenden Prozess zum Tode verurteilt wurde. Ich dachte also über Basilisken nach und ob ich einen Roman über die Alchemie des 15. Jahrhunderts schreiben sollte, als sie plötzlich neben mir stand.

## Suzanne Takes You Down

Wir spazierten entlang dem Rheinufer in Richtung französische Grenze. Ich fühlte mich sehr wohl an ihrer Seite. Auch wenn sie kaum sprach. Man hätte meinen können, ihr würde für jedes Wort zehn Franken auf ihrer Kreditkarte belastet.

»Vor lauter Lauschen und Staunen sei still«, flüsterte sie plötzlich, »du mein tief-tiefes Leben; dass du weißt, was der Wind dir will, eh noch die Birken beben.«

Unbewusst hatte ich den Weg zu meiner Mansarde gewählt. Ich blieb vor dem Hauseingang stehen.

»Hier wohne ich«, sagte ich.

Keine Antwort.

»Willst du heraufkommen?«, fragte ich. Die Frage war mir eigentlich peinlich, weil Frauen immer denken, das sei ein Vorwand, um Sex zu haben. Aber das stimmt einfach nicht! Nun gut, es stimmt manchmal, es stimmt sogar oft oder meistens, aber nicht in jener Nacht. Es war ein bisschen kühl geworden, und ich wäre gern noch mit ihr zusammen gewesen. Sie nickte. Dann entschied sie sich wieder anders und sagte, sie müsse morgen früh aufstehen. Als wir uns voneinander verabschiedet hatten, öffnete ich die Haustür. Ich sah in der Scheibe, dass sie immer noch hinter mir stand.

Wir erreichten das Dachgeschoss mit all den kleinen Zimmern und dem Gemeinschaftsklo. Ich öffnete die Tür zu meiner Mansarde und machte Licht. Jetzt erst fiel mir auf, dass meine Wäsche und überhaupt alles herumlag, als sei hier kürzlich eine Bombe der Roten Armee Fraktion explodiert. Sie schaute sich aufmerksam um. Es war ihr unschwer anzumerken, dass sie so was noch nie gesehen hatte. Es gab nur ein Bett, einen kleinen Tisch mit meiner Hermes Baby und einen Küchenstuhl. Und eine Kiste mit Büchern. Wir setzten uns aufs Bett, das war ein Fehler. Jetzt sah sie das dicke blaue Buch auf der offenen Schuhschachtel: meine Bibel, mein Pschyrembel. Sie blätterte darin und starrte auf die gelb markierten Stellen.

»All diese Krankheiten hast du schon gehabt?«

»Ja, die habe ich mir alle schon eingebildet«, gestand ich kleinlaut. Man sollte nicht nur einen Roman mit einem wahren Satz beginnen, sondern auch eine Beziehung.

»Hm, hast du denn keine Freundin?« Ich schien ihr Mitleid zu wecken.

»Nein, ich habe nur diesen Pschyrembel und die Script Avenue.«

Sie legte das dicke Buch wieder auf die offene Schuhschachtel. Es war nicht zu vermeiden, dass sie dabei all die Pillen von Berthold Krenz sah.

»Nimmst du die alle?« Jetzt war sie echt entsetzt. Endlich eine Gefühlsregung!

»Ich bewahre sie für einen Freund auf, aber ich werde sie wohl wegschmeißen.«

»Hast du dich mit ihm überworfen?«

Ich zuckte mit den Schultern. Sie erhob sich von der Bettkante und schaute sich genauer im Zimmer um. Sie trat näher an den Schreibtisch und sagte plötzlich: »Hier riecht es so komisch.«

»Wirklich?«

»Ja, hast du eine Katze oder einen Hund?«

»Nein, wieso?«

»Da hat jemand auf den Teppich uriniert.«

»Oh, Urin?«

»Ich arbeite im Spital, ich weiß, wie Urin riecht.«

»Oh, vielleicht hat ein Schaf auf den Teppich gepinkelt.«

»Ein Schaf? Nein, das ist menschlicher Urin. Ich kann das unterscheiden«, beharrte sie resolut. »Ich kann dir sogar sagen, dass der Betreffende zu wenig Wasser trinkt.«

Eine wortkarge Urin-Schamanin, dachte ich, auch das noch.

»Nun gut«, gestand ich schließlich, »ich habe unter den Tisch gepinkelt.«

»Oh«, machte sie nur.

»Ich wollte es wirklich nicht, aber ich musste. Es war nicht möglich, mit dem Schreiben aufzuhören. Da standen so viele Leute in der Script Avenue herum und wollten Dialoge. Ich konnte die Tinte nicht mehr halten, und auch nicht das Wasser.«

»Dann hast du einfach unter den Tisch gepinkelt?« Sie schien fassungslos.

»Ja, aber wenn ich eine Freundin hätte, würde ich das nicht mehr tun. Ich würde auch ein bisschen aufräumen. Und du würdest keine Socken sehen. Oder fast keine.«

»Du brauchst wirklich eine Freundin. Jemand, der dich an der Hand nimmt und durchs Leben begleitet. Jemand, der dich sozialisiert. Du kannst nicht einfach auf den Teppich urinieren, nur weil du deine Arbeit nicht unterbrechen willst.«

»Ich tue das für die Leserinnen und Leser«, sagte ich, doch sie fand es nicht lustig.

»Okay, ich weiß, es ist zwanghaft. Tourette.«

Sie nickte: »Ich wusste gar nicht, dass Tourette-Kranke unter den Tisch pinkeln.«

»Doch, doch, das tun sie manchmal. Ist gar nicht so selten.«

»Und gibts noch andere… komische Dinge bei Tourette?« Ihre Augen suchten bereits den Ausgang.

»Man ist sehr pünktlich. Das ist doch positiv.«

»Du meinst krankhaft pünktlich?«

»Ich weiß nicht, Pünktlichkeit ist doch auch ein Zeichen von Respekt.«

Sie schien darüber nachzudenken.

»Es ist einfach eine kleine Zwangserkrankung«, versuchte ich die Sache zu beschönigen. »Alles, was man tut, tut man exzessiv, zwanghaft. Auch wenn man sich sorgt, tut man es exzessiv und zwanghaft, einige Tourette-Kranke sind sexsüchtig.«

Sie lachte leise. Endlich fand sie etwas lustig. Aber sie lächelte wohl mehr aus Verlegenheit.

»Nimmst du Drogen?« Sie traute mir nun offenbar alles zu.

»Nein«, sagte ich mit fester Stimme, »ich nehme keine Drogen, ich überfalle keine Tankstellen-Shops, und ich vergewaltige keine Hausfrauen. Ich habe auch keine Betreibungen am Hals. Ich meine, nicht sehr viele. Aber mein Leumund ist tadellos. Man hat mich noch nie erwischt. Ich habe nur meine Script Avenue.«

Dann wollte sie mehr über die Script Avenue erfahren. Ich führte sie also die Script Avenue hinauf, bis wir den Anfang der kleinen Stadt erreichten. Die Straße war immer noch nicht gepflastert, aber entlang der Avenue gab es viele neue Häuser und Menschen, die sich aus den Fenstern beugten und uns zuwinkten. Wir liefen durch die Allee, passierten die römische Antike, das Mittelalter und die Zeit der Aufklärung, bis wir im Hinterhof landeten, wo der Henker Sanson immer noch damit beschäftigt war, Onkel Arthur den Kopf abzutrennen. Geschichte schien sie nicht zu interessieren, Menschen eigentlich auch nicht. Ihre Aufmerksamkeit galt den Pferden und herumstreunenden Hunden in der Script Avenue. Weit nach Mitternacht wurden ihre Augen kleiner und kleiner, und der Kopf fiel ihr von Zeit zu Zeit auf die Brust. Sie legte sich auf mein Bett und bat mich weiterzuerzählen. Ich legte mich neben sie und erzählte ihr leise, dass das Hämmern draußen von Auguste Bartholdis Atelier komme. Er arbeite seit Jahren an einer Statue, und seine Mutter stehe ihm in einer weißen Robe Modell.

Sie war eingeschlafen! Das erlebte ich später nur noch bei Autorenlesungen in Altersheimen. Ja, es gibt Augenblicke im Leben eines Schriftstellers, in denen er beweisen muss, dass er ein Mann ist. Ich schaue dann jeweils hilflos zum Veranstalter, aber manchmal ist auch er bereits eingeschlafen, und ich schleiche mich davon.

In den frühen Morgenstunden ging sie auf den Flur hinaus und wusch sich am Waschbecken. Dann kehrte sie zurück und setzte sich an meine Schreibmaschine. Sie tippte irgendetwas und verließ dann meine Mansarde. Kaum war sie aus der Tür, sprang ich auf und schaute, was sie geschrieben hatte. *Ich mag Dich.*

Ich war platt. Sie sind es bestimmt auch, oder? So was hätte ich nicht einmal in der Script Avenue für möglich gehalten. Und ich kannte nicht einmal ihren Namen. Keine Adresse, keine Telefonnummer, rein gar nichts. Das hatte fast schon das Ausmaß einer griechischen Tragödie! Wie sollte ich sie jemals wiederfinden?

Mir fiel nichts Besseres ein, als wieder jede Nacht die rote Sandsteinmauer hinter der Münsterkirche aufzusuchen. Davor trank ich in der Rio Bar ein oder zwei Pastis. Die Rio Bar war so was wie meine Hausbar. Dort verkehrte auch Cédric, er trug nun einen weißen Schal und eine schwarze Designerjacke. Er saß vorne am Stammtisch. Es war nicht nötig, an seinem Tisch zu sitzen, denn er sprach so laut, dass man ihn in der ganzen Bar hören konnte. Ob man wollte oder nicht. Nachdem er den ganzen Abend mit seinen Kumpels auf Che Guevara und Fidel Castro angestoßen hatte, musste er austreten und entdeckte mich, als er vom Klo zurückkam. Er setzte sich gut gelaunt an meinen Tisch und hielt mir gleich einen Vortrag über die kapitalistischen Großkonzerne, die unsere natürlichen Ressourcen ausbeuten und ihren Profit in Rüstungskonzerne investieren, die überall Kriege vom Zaun reißen, damit Zementfabriken sich am Wiederaufbau der Infrastruktur eine goldene Nase verdienen können. Ab und zu lächelte er, als wolle er fragen, ob ich die Welt nun besser verstünde. Er erwähnte auch ein paarmal die Ho-Chi-Minh-Stadt und beobachtete mich dabei scharf, damit er erkennen konnte, ob ich wusste, dass er damit das frühere Saigon meinte. Ich fragte ihn, ob er im Herbst für die Arbeiterpartei kandidiere, aber er drückte gestenreich sein Bedauern aus, er müsse nach Kuba, sozialistische Kunst sei stark im Kommen, und sein alter Herr habe ihn gebeten, ihn dort zu vertreten, die Partei habe ihm ein Visum verschafft. Als seine Genossen lauthals nach ihm riefen, sprang er auf und fragte beim Händeschütteln beiläufig, ob bei mir alles okay sei. Er wartete die Antwort nicht ab. Ich wünschte ihm sehnlichst eine Freundin. Und mir natürlich auch.

Ich schleppte mich zur Münsterkirche hinauf und setzte mich, vom Alkohol ermüdet, auf die Mauer. Wahrscheinlich schlief ich für kurze Zeit ein. Als ich aufwachte, war es schon merklich kühler geworden, fast schon Mitternacht. Ich wollte noch die letzte Straßenbahn erwischen und rannte zur Haltestelle hinunter. Ich verpasste sie knapp. Der stoisch dreinblickende Chauffeur tat, als hätte er mich nicht gesehen. Die Straßenbahn war beinahe leer, nur eine Frau saß im letzten Abteil und wendete mir das Gesicht zu. Als sie ihre schwarze Kapuze vom Kopf streifte, erkannte ich sie: Es war die junge Frau, die »Ich mag Dich« in meine Hermes Baby getippt hatte. Ich spurtete los, verfolgte die Straßenbahn, winkte ihr zu, aber sie sah mich nicht. Die Tram war einfach zu schnell! Als sie an einer Ampel anhalten musste, schöpfte ich wieder Hoffnung und versuchte aufzuholen. Ich stolperte über einen Abfallsack und stürzte der Länge nach hin. Als ich mich wieder hochrappelte, roch ich, dass ich in Hundekot gerutscht war, und sah, dass die Straßenbahn weiter vorn wieder anhielt. Ich hetzte über die leere Kreuzung. Schließlich schwappten meine Pastis hoch und suchten in einem großen Schwall die Freiheit. In Erinnerung an meine Läuferqualitäten als jugendlicher Fußballer rannte ich weiter, vergeblich: Die Straßenbahn war schon wieder weg. Ich trottete noch hundert Meter weiter, bis ich keuchend vor dem Hauseingang meines Wohnblocks stand und mich an den Briefkästen abstützte. Und dort stand sie und klingelte. Als sie mein Keuchen hörte, drehte sie sich um und strahlte, sie war so fröhlich und tänzelte leicht.

Ich zeigte auf meine mit Hundekot beschmierten Handflächen: »Ich muss mich waschen. Diese Köter kacken mittlerweile überall hin. Wenn du mich fragst, ist das die direkte Folge der antiautoritären Erziehung der 68er. *No rules, no respect.*«

»Ich mag Hunde«, lächelte sie.

Ich bat sie, die Zimmertür zu öffnen, und flüchtete unter die Dusche im Flur. Als ich in meine Mansarde zurückkehrte, war sie bereits wieder verschwunden. Ich ärgerte mich, dass ich so ausgiebig geduscht hatte, doch dann sah ich, dass sich unter der Bettdecke etwas bewegte. Ich musste scharf nachdenken, ob ich mich nun in der Script Avenue oder in der Realität befand. Sie half mir dabei, sie klappte die Decke zurück und lud mich ein, mit ihr das Bett zu teilen. Sie war nackt.

Eigentlich folgte hier eine sehr ausführliche und fast medizinisch penible Beschreibung eines leidenschaftlichen sexuellen Akts. Mit allen Details. Leider hat mein Agent diesen Abschnitt gestrichen. Das ist natürlich unfair. Zuerst lesen, dann löschen. Verdammt unfair sogar! Vielleicht werde ich alle gestrichenen Sexszenen in einer kleinen Zusatzbroschüre publizieren. Oder als App oder E-Book auf Amazon anbieten. Gut, ich hoffe, Sie sind nicht sauer wegen der gelöschten Szene und lesen trotzdem weiter. Es kommen noch welche. Die Szene war übrigens nur gerade 73 Seiten lang. Es gab eben mehrere Orgasmen. Aber Sexszenen sind ohnehin nicht meine *unique selling propositions*. Falls Sie jetzt trotzdem noch sauer sind und die Sexszene vermissen, machen Sie eine kurze Lesepause, schauen sich auf youporn.com ein Video an und lesen dann weiter. Ich mache das auch. Ich meine Weiterschreiben.

## So Long, Marianne

»Nimm mich auf in deine Script Avenue«, sagte sie am Morgen danach. Wir saßen im kleinen Café der Bäckerei im Erdgeschoss und beobachteten die langen Güterschiffe, die mit Kohle beladen rheinaufwärts tuckerten. In drei bis vier Tagen würden sie Rotterdam erreichen.

»Nimm meine Hand«, sagte sie beinahe flehend. Sie schob ihre rechte Hand ein bisschen schüchtern zu mir hinüber und streichelte meine Faust. Erst jetzt fiel mir auf, dass meine Hände zu Fäusten geballt waren. Sie strich über die Fäuste, bis ich sie öffnete. Dann zeigte sie mir ihre offenen Handflächen. Ich ergriff ihre Hände.

»Ich könnte dir einen Rahmen geben«, flüsterte sie. Ihre Augen wirkten etwas traurig, melancholisch.

Ich beobachtete ein weiteres Güterschiff, das vorbeizog und bunte Container geladen hatte.

»Ich meine es ernst«, versuchte sie meine Aufmerksamkeit zurückzugewinnen. »Du brauchst einen Buddy, einen Freund, eine Geliebte, vielleicht auch eine Krankenschwester, jemand der dich durchs Leben begleitet. Dann kannst du Großes leisten.«

Ich nickte nachdenklich. Es war damals wieder in Mode, dass man Sigmund Freud las und sich gegenseitig analysierte. Die Wichtigkeit des Individuums hatte einen neuen Höhepunkt erreicht, alles wurde individualisiert und personalisiert: Tapeten, T-Shirts, Gläser, Kugelschreiber, alles war unique und mit dem eigenen Namen oder Konterfei versehen. Es war der Aufbruch zur narzisstischen Ich-Gesellschaft des 21. Jahrhunderts mit all ihren Verhaltensstörungen und peinlichen Selfies.

»Du brauchst keine Pillen, du brauchst Liebe. Ich kann dir Liebe geben«, redete sie erneut auf mich ein. Dann lächelte sie entspannt und zeigte ihre wunderschönen Zähne. »Du musst mir nur versprechen, dass du ein Leben lang an meiner Seite bleibst. Ich meine das sehr ernst. Du darfst mich nie verlassen, unter keinen Umständen! Hast du das verstanden?«

Jetzt wirkte sie plötzlich sehr unsicher, fragil, beinahe hilfebedürftig, um Zuneigung bettelnd.

»Ich habe nur ein Herz zu verschenken. Falls du mich jemals verlässt, werde ich dich töten.« Sie nickte dabei langsam mit dem Kopf und fügte hinzu: »Ich bin nicht wie andere Frauen.«

Ich hatte das Gefühl, als sei ich nach einer langen Reise endlich angekommen, zu Hause. Chicago sangen *If You Leave Me Now*. Ich nahm ihre Hand und hielt sie fest. Die beiden kleinen Finger schienen arg verbogen. Sie bemerkte, dass ich es sah.

»Das kommt vom Reiten«, lächelte sie, »von den Zügeln. Ist es sehr hässlich?«

Ich schüttelte den Kopf. Sie lächelte und streichelte erneut meinen Handrücken.

»Bleib bei mir, bis ich tot bin«, bat sie.

»Bist du krank?«

»Nein, aber ich werde nicht alt werden, das spürt man.«

»Ich weiß nicht«, sagte ich, »ich denke auch immer, dass ich nicht alt werde.«

»Hypochonder werden steinalt«, lachte sie, »denn sie sind ständig zur Kontrolle beim Arzt.«

»Wie alt wirst du denn werden?«, fragte ich hilflos, ich wollte sie nicht gleich wieder verlieren. Ein kalter Schauer lief mir über den Rücken. Ich war mir bewusst, dass meine Frage ziemlich albern war, denn niemand weiß, wann er gehen muss, und ich tat so, als könne man diese Frage beantworten wie die Frage nach der Telefonnummer.

»Vielleicht vierzig, fünfzig? Aber nicht alt.«

Ich nickte, das lag ja noch weit entfernt. Wenn man jung ist, hat man keine Ahnung, wie kurz das Leben ist. Das hat mit der Wahrnehmung der verflossenen Zeit zu tun. Im fortgeschrittenen Alter sind selbst zehn Jahre nicht länger als ein verschlafenes Wochenende. Man blättert gemütlich in der Morgenzeitung, und wenn man die letzte Seite mit dem Wetter erreicht hat, liegt man bereits in einer Geriatrieabteilung und kann sich nicht mehr an die Jahreszeit erinnern.

»Ich verspreche es, ich werde immer an deiner Seite sein. Bis in den Tod.«

Sie strich mir liebevoll über die Hand. Nach einer Weile sagte sie: »Ich schlafe gern mit dir.«

»Dann sollten wir es nochmals tun.«

Am späten Nachmittag bestellte ich ein Taxi und zügelte meine zwei Bananenschachteln in ihre Wohnung. Sie hieß übrigens Andrea und hatte einen wunderschönen Körper, den sie leider meist in übergroßen Kleidern versteckte. Wie Muslime. Allein für die Kreation ihres Busens musste der liebe Gott mindestens ein Sabbatical geopfert haben.

Sie wohnte in einem schmalen Apartment mit Wohnnische und arbeitete auf der Pflegestation eines Spitals. Wenn jemand im Sterben lag, kam sie nicht nach Hause, sondern begleitete ihn bis zum letzten Atemzug. Das war nicht ihr Job, und sie wurde dafür auch nicht bezahlt. Aber sie hatte ihre eigenen Gesetze, sie fühlte sich mit den Sterbenden eins. Manchmal kam sie weinend nach Hause, auch sie war ein bisschen gestorben. Zu meinem Erstaunen konnte sie dann stundenlang erzählen. Manchmal wollte sie aber auch nur im Dunkeln sitzen und schweigen. Im Hintergrund liefen Leonard Cohens *Suzanne, Bird on the Wire* und all seine melancholischen Songs, die bei Suizid sehr beliebt sind. Dabei mochte Andrea Cohens größte Hits nicht besonders, sondern eher die Lieder, die niemand zur Kenntnis nahm. Sie wollte alles, nur nicht Mainstream sein, das hätte sie als persönliche Schwäche empfunden. Dieses Bestreben war zentral in ihrem Leben. Ich mochte Cohen auch und bewundere ihn bis heute als einen der größten Poeten und Songwriter des 20. Jahrhunderts. Aber ich werde nie mehr seine Songs hören.

Ich musste erneut kurz unterbrechen. Allmählich komme ich mir vor wie ein alter Citroën 2CV, den man in der Schweiz liebevoll Deux-Chevaux nennt. Permanent in der Garage, kleiner Service, großer Service, Reparaturen, Ersatzteile, Öl nachfüllen. Ich habe wohl den Faden verloren.

Ich glaube, wir hatten in den folgenden Jahren jede freie Minute Sex. Ist es möglich, dass man zehn Jahre lang nur Sex hat? Ein bisschen essen und trinken, spazieren, aber eigentlich nur Sex? Ich litt unter Tourette. Sie wissen Bescheid. Wenn Andrea im Spital arbeitete, schrieb ich an meinen Geschichten weiter und textete als Freelancer Slogans für eine Matratzenfirma. *Eine*

*Gesundheitsmatratze braucht man, bevor man eine braucht* und solches Zeug. Für JVC schrieb ich Produktbeschreibungen und Bedienungsanleitungen. Kein Grund, zu lachen! Haben Sie jemals eine verständliche Bedienungsanleitung gelesen? Sehen Sie! Ich habe solche geschrieben. Die könnte ich heute gut gebrauchen, denn ich habe vergessen, wie man all diese elektronischen Geräte bedient. Als die mir im OP den Schädel aufbohrten, wurde eine Menge Know-how durchlöchert und alle gespeicherten Bedienungsanleitungen der letzten dreißig Jahre perforiert. Aber so weit sind wir noch nicht. Noch ertrug ich die Songs von Leonard Cohen.

## Jack & Maggy

1977 sangen Abba *Knowing Me, Knowing You,* Cat Stevens konvertierte zum Islam und nannte sich nun Yusuf Islam, während Alice Cooper eine Entziehungskur begann und Woody Allen mit *Annie Hall* den Stadtneurotiker erfand, der keine dramaturgischen Regeln befolgte. *The Rocky Horror Picture Show* fand nicht nur im Kino statt, sondern auch in meiner Wohnung. In der Titelrolle: Maggy. Ja, die Frau mit dem Staubsauger, die ihren Auftritt kaum erwarten konnte. Hier ist sie. Eines Tages klingelte sie an der Tür, wir waren gerade beschäftigt. Siehe oben. Vor der Wohnungstür stand eine kleine, quirlige, hyperaktive und ausgemergelte Frau, die mit ihrem unruhigen und neugierigen Blick alles registrierte, was sich bewegte oder auch nicht. Zu meinem Schrecken erfuhr ich, dass diese Frau möglicherweise meine zukünftige Schwiegermutter sein würde. Andrea begrüßte sie freudig, aber körperlich distanziert. Offenbar waren Umarmungen nicht Bestandteil ihrer Familienkultur. Bei Jurassiern ist das anders, da brauchen Sie nach jeder Begrüßung ein Badetuch, um die Wangen zu trocknen.

Maggy war sehr nett zu mir. Das sind potenzielle Schwieger-mütter immer. Am Anfang jedenfalls. Maggy inspizierte zuerst das Badezimmer. Angeblich musste sie austreten, obwohl sie, wie ich später erfuhr, kaum einen Liter Wasser pro Tag trank. Mit listigem Blick erspähte sie die beiden Zahnbürsten in der gläsernen Halterung neben dem Waschbecken und kombinierte messerscharf.

»Kommt doch am Wochenende nach Hause«, sagte sie schließ-lich, als wir alle zusammen am kleinen Küchentisch einen Kaffee tranken. »Dein Vater sollte deinen Freund auch kennen lernen. Ihr lebt ja zusammen.« Den letzten Satz sagte sie betont vor-wurfsvoll, als hätte man zuvor bei ihr eine Lizenz beantragen müssen. Ich war nicht begeistert von dieser Einladung, denn die Wochenenden verbrachten wir immer im Bett. Wir waren süchtig nacheinander und wussten manchmal gar nicht mehr, wem welches Körperteil gehörte. Wir wurden in der Ekstase zu einem einzigen, wild pulsierenden Körper. Es gibt diese Seelen-verwandtschaft zwischen Menschen, und es ist großartig und einmalig, wenn man es erlebt. Nun gut, wir wollen nicht über-treiben, bei sieben Milliarden Menschen ist die Wahrschein-lichkeit hoch, dass man Seelenverwandte trifft. Aber in jungen Jahren weiß man das noch nicht.

Andreas Eltern wohnten auf einem riesigen Anwesen am Rand eines Dorfes, das zum Schwarzbubenland gehört. Der Name geht wahrscheinlich auf den Begriff »schwärzen« zurück, der die Tätigkeit der Schmuggler bezeichnet. Aber es gibt auch einige, die behaupten, der Name sei auf die Sturheit der Dörfler wäh-rend der Reformationszeit zurückzuführen. *Keiner weiß mehr.* Nein! Wird nicht gestrichen.

Es war ein recht herrschaftliches Haus: Baustil Fünfziger-jahre, mit parkähnlichem Umschwung, und auf der anliegenden Parzelle weideten drei schöne Pferde. Auf dem Vorplatz parkten diverse Limousinen, US-Schlitten, ein Jaguar und ein Jeep. Meine Befürchtung, die ganze Verwandtschaft sei eingeladen worden, traf nicht zu. Die Autos gehörten alle Jack, Andreas Vater.

Wir spazierten zur Pferdeweide hinunter, vorbei an den großen Garagen. Jack saß barfuß in Shorts vor einem großen Freiluftgrill im Garten und zog an einer Zigarre. Er erinnerte mich spontan an John Wayne, *El Dorado, True Grit, Chisum, Rio Lobo* und *Big Jake.* John Wayne war die amerikanische Variante des Schwarzbuben. An Jacks Seite ruhten zwei große Dobermänner, die ihre Köpfe auf den ausgestreckten Vorderläufen abgelegt hatten und mich drohend anknurrten. Jack befahl mir, mich mit Andrea auf die kleine Steinmauer, die den Grill umgab, zu setzen und zu warten, bis die Hunde uns beschnuppert hätten, sie brauchtes halt Zeit. Ich gehorchte wie ein Rekrut und ließ mich von den beiden schlabbernden schwarzen Riesenviechern beschnuppern. Nachdem sie ihre triefenden Lefzen an meinen Innenschenkeln abgewischt hatten, legten sie beide ihren Kopf auf mein Knie und atmeten tief aus. Meine Hose sah aus, als hätte ich im Akkord ejakuliert.

»Sie sind jetzt akzeptiert«, sagte Jack und nahm einen Schluck aus seinem Whiskyglas. »Jetzt können Sie sich zu mir setzen.« Ich folgte gehorsam der Anweisung.

»Grillen ist eine Kunst für sich«, eröffnete er mir. »Den meisten Menschen fehlt die Geduld, aber wenn man etwas macht im Leben, sollte man es richtig machen! Geben Sie mir recht?«

Ich gab ihm recht. Er erhob sich.

»Ich bin Jack«, sagte er und reichte mir die Hand. »Whisky?«

Ohne meine Antwort abzuwarten, rief Jack seine Frau Maggy. Sie solle mir einen Whisky bringen. Ich trank tagsüber keinen Alkohol, denn wenn ich die Script Avenue betrat, musste ich nüchtern sein. Aber ich getraute mich nicht abzulehnen. Andrea nickte kaum merklich mit dem Kopf, ich musste an diesem Tag saufen. Maggy brachte den Whisky.

»Danke für die Einladung«, sagte ich und trank das Glas gleich leer. Ich wusste, dass er mich dabei aufmerksam beobachtete, und ich wollte mindestens der kleine Bruder von Clint Eastwood sein. Ich hatte noch nie einen derart guten Whisky getrunken. Jack grinste mich breit an und zwinkerte mit dem Auge: »450 Franken die Flasche, aber im Duty-free-Shop krieg ich ihn günstiger. Dieser Whisky«, sagte er und nahm eine würdevolle Haltung an, »wurde fünfzehn Jahre in einem Eichenfass gelagert. Von der Eiche hat er den Basisgeschmack, aber die Krönung entsteht dadurch, dass man in diesem Eichenfass zuvor Portwein aufbewahrt hat. So ein Fass kostet 1000 Franken, und dann die Lagerkosten, die Arbeit, das Abfüllen, der Vertrieb … So gesehen sind 450 Franken für diese Flasche nicht zu viel.« Jack trank einen Schluck, dann dozierte er weiter: »Normalerweise wird Whisky vor dem Abfüllen verdünnt. Nach dem Strecken kommt man auf circa vierzig Prozent Alkoholgehalt. Einer meiner besten Freunde trinkt ihn aber unverdünnt. *Cask strength.* Und am nächsten Morgen hält er eine wunderbare Predigt. Er mag den Whisky genauso wie den lieben Gott.«

»Die Kelten tranken den Wein auch unverdünnt. Deshalb hielten die Römer sie für Barbaren.«

Peinlich. Er hörte mir nicht einmal zu, sondern drehte das Fleisch auf dem Grill und nahm ein paar glühende Kohlen weg. »Geduld ist das Geheimnis. Kommen Sie, ich zeige Ihnen mein Anwesen.«

Ich hatte verstanden, dass er nicht über die Römer reden wollte und dass Geschichte für ihn wahrscheinlich erst mit Winston Churchill anfing. *Blood, sweat and tears.* Gemeinsam schritten wir die Grenze seines Grundstücks ab. Bei der Pferdeweide blieben wir stehen und blickten zur Villa hinauf: »Sehen Sie, das habe ich mir alles selber erarbeitet. Als Junge brauchte ich noch Wintersocken von der Fürsorge, stellen Sie sich das vor, meine Mutter musste Kostgänger aufnehmen, um ein bisschen Geld zu haben. Und heute?« Er ließ den Blick über sein Anwesen streifen, als könne er es immer noch nicht fassen. »Ich habe als kleiner Laufbursche in der Zementfabrik angefangen und bin heute deren Direktor. Sehen Sie, mit Leistung kann man alles erreichen, alles. Aber man muss seine Arbeit lieben, egal, was man tut. Habe ich recht?«

Ich gab ihm recht. Er tätschelte nun abwechselnd die Nüstern der beiden Pferde, die quer über die Weide zu ihm getrabt waren.

»Die mögen mich«, sagte er stolz und lächelte zufrieden vor sich hin.

Mir war irgendwie der Gesprächsstoff ausgegangen. Worüber sollte ich nur mit ihm reden? Vielleicht über Cäsars Kavallerie? Oder sollte ich es mit Vercingetorix versuchen? Der war ja zuerst in Cäsars Reiterei, bevor er zum erbitterten Gegner wurde und in Alesia sein Waterloo erlebte. Also trank ich noch einen Schluck Whisky und versuchte es mit einem neuen Anlauf. Doch kaum hatte ich den Namen Vercingetorix erwähnt, unterbrach er mich.

»Kennen Sie Carl Elsener?«

»Carl *who?*«

»Den Seniorchef der Victorinox AG«.

»Ich meinte Vercingetorix«, murmelte ich kleinlaut und kratzte mich verlegen hinter dem Ohr.

»Ist mein Jahrgang. Wir waren zusammen im Aktivdienst. Sein legendäres Swiss Army Knife steht weltweit für Schweizer Qualität und Zuverlässigkeit. Die Amis machten ihn nach dem Krieg berühmt. Heute macht die Firma eine halbe Milliarde Umsatz, und ich behaupte, wenn die Amis alle unsere Banken, Pharmafirmen und Nestlé zerstört haben, werden sie unser Swiss Army Knife stehlen. Ich sehe da einen gigantischen Wirtschaftskrieg am Horizont.«

»Ja, auch der Gallische Krieg war im Grunde genommen ein Wirtschaftskrieg«, versuchte ich es ein allerletztes Mal.

»Wir müssen nach dem Fleisch schauen«, sagte er und lief los. Wir liefen über das Anwesen zum Grillplatz zurück.

»Sie schreiben, habe ich gehört. Was sind Sie von Beruf?«

»Schriftsteller«, sagte ich trotzig. Es war ein Protest. Er ging nicht darauf ein.

»Kommen Sie, wir suchen uns einen Wein aus.«

Wir gingen durch die offenen Garagen in seinen Weinkeller, der die Ausmaße einer kleineren Weinhandlung hatte. An der einzigen freien Wand hing ein Gemälde, das zwei Pferde auf einer Weide zeigte. Man konnte klar erkennen, dass es Pferde waren. Er nahm einige Flaschen in die Hand, rümpfte die Nase und legte sie wieder ins Gestell zurück. »Zu früh, die brauchen noch Ruhe. Kennen Sie sich aus mit Weinen?«

»Ich bin eher der Wein-Trinker«, sagte ich kleinlaut.

»Sagen Sie mal, Schriftsteller, schön und gut, aber womit wollen Sie Geld verdienen, eine Familie ernähren?«

Ich wollte ihm sagen, dass Andrea die Pille nimmt, ließ es aber bleiben.

»Mit meinem Beruf, mit dem Schreiben.«

»Wissen Sie eigentlich, wie viele Menschen schreiben wollen und wie viele davon leben können?«

Er zeigte auf das Pferdegemälde an der Wand: »Sehen Sie, das habe ich gemalt, als ich in Ihrem Alter war.«

»Habe ich mir gedacht«, murmelte ich und mimte den interessierten Kunstsachverständigen. Er nahm den ironischen Seitenhieb nicht wahr.

»Aber das sind Jugendhobbys, verstehen Sie? Irgendwann muss man das abhaken und in die Spur kommen, was Anständiges tun.«

Über eine Treppe gelangten wir ins lichtdurchflutete große Wohnzimmer. Es war ein bisschen im Jagdhausstil eingerichtet. Ausgestopfte Füchse, Rehköpfe, sogar ein Schwarzbär und Butzenscheiben. In diesem hallenartigen Wohnzimmer hätten locker zwanzig Jäger und dreißig Wildschweine Platz gehabt. Überflüssig zu erwähnen, dass Jack in seiner Freizeit passionierter Jäger war, er kannte alle Pflanzen und Tiere im Wald. Wir aßen zu viert zarten Hirschrücken, er hatte das Tier selber geschossen. In meinem Stück fand ich noch eine Schrotkugel, die mich beinahe einen Backenzahn gekostet hätte. Ich gab sie Jack zurück. »Wir Jäger nehmen immer die besten Stücke. Die alten Böcke bringen wir ins Restaurant.«

»Die stinken immer«, sagte Maggy und verzog ihr Gesicht, um ihren ganzen Ekel auszudrücken. »Das sind die Hoden. Deshalb stinken sie. Alle Männer stinken, ich meine die Tiere.«

Jack genoss das Essen in vollen Zügen und gab lustvolle Geräusche von sich, so als würde er gleich den Höhepunkt erreichen. Dazu goss er mir laufend einen wirklich edlen alten Rioja Grand Reserva nach. Ich hatte noch nie derart guten Wein getrunken. Wenn ich heute noch trinken könnte, würde ich diesen Wein wählen, aber auch das ist nicht mehr möglich. Bei mittlerweile täglich 25 Pillen und Pülverchen sollte man den Alkohol meiden. Unabhängig vom Jahrgang.

Jack war ein toller Gastgeber und ein großartiger Koch dazu, eine charismatische Erscheinung, die natürliche Dominanz und Autorität ausstrahlte. Bis auf seine Prahlerei war alles sehr nett und angenehm an ihm, aber er war stets mehr Moderator als Publikum.

»Jack könnte Ihnen einen Job in der Zementfabrik beschaffen«, sagte Maggy plötzlich und schielte mit zusammengekniffenen, listigen Augen zu Jack hinüber.

»Wenn er will«, schmatzte Jack. »Sie fangen als kaufmännischer Angestellter an und arbeiten sich mit Fleiß und Ausdauer nach oben. Wie ich. Was sagen Sie dazu? Ist es nicht großartig, so leben zu können?«

»Er möchte vielleicht nicht mehr darüber reden«, stichelte Maggy. »Lass uns doch das Thema wechseln.«

Andrea machte ein gelangweiltes Gesicht. Ich glaube, es war ihr peinlich, als Jack seinen Bankordner hervornahm und mir seinen Depotauszug zeigte.

»Was sagen Sie dazu?«, lachte er und verlangte ultimativ respektvolle Bewunderung.

»Sehen Sie«, sagte er und schenkte allen nochmals Wein nach, »man sagt immer, Geld mache nicht glücklich. Das mag stimmen, nein, das ist sogar wahr, aber wenn Sie eh schon glücklich sind, macht Geld noch viel glücklicher.« Er lachte laut heraus. »Ein Freund von mir hat Krebs. Er hat mit importierten Staubsaugern Millionen verdient (Hoover!). Er hat eine private Krankenschwester, eine Köchin und ein privates Kino. Ohne Geld wäre das ziemlich trostlos. Also soll mir keiner erzählen, dass Geld nicht glücklicher macht. Mit ein bisschen Geld ist es in jeder Situation ein bisschen besser. Selbst wenn Sie nächste Woche sterben.« Er lachte herzhaft und winkte verärgert ab, als er die strafenden Blicke von Maggy und Andrea sah. »Nun gut«, philosophierte er mit hörbarem Zungenschlag, »wenn Sie Milliardär sind, macht eine Million nicht glücklicher, aber wenn Sie nichts haben, ist eine Million mehr eben eine Million. Geben Sie mir recht?«

Ich gab ihm recht.

»Das ist die Kriegsgeneration«, moderierte Maggy, »man hatte nichts mehr und war schon froh, wenn man arbeiten konnte.«

»Ja«, pflichtete ihr Jack bei, »die heutige Jugend wird in Wohlstand geboren und hat immer höhere Ansprüche, die der Staat erfüllen muss. Zuerst müssen die Eltern alle Wünsche von diesen Trotzbengeln erfüllen, dann der Staat. Zuerst zertrümmern sie zu Hause das Mobiliar im Wohnzimmer, und später zerschlagen sie Schaufenster in den Einkaufspassagen und plündern die Auslagen. Und niemand hat den Mut, ihnen Paroli zu bieten. Am liebsten würden diese Leute nichts arbeiten und wünschten, alles wäre gratis. Und wer würde das bezahlen?«

»Sie, Jack?«, fragte ich kleinlaut.

»Da gebe ich Ihnen recht, Sammy, ich würde das alles bezahlen! Weil niemand mehr den Mut aufbringt, Grenzen zu ziehen und sie auch durchzusetzen. Irgendwie verharrt unsere Gesellschaft in einer ewigen Pubertät. Und der Staat ist genauso unfähig, wie es die Politiker als Eltern sind!«

Aus unerfindlichen Gründen begann Maggy, über Hitler zu sprechen. Sie meinte, er hätte eine ganze Generation betrogen. Als ihr Jack beipflichtete, änderte sie ihre Meinung und meinte, Hitler hätte auch Gutes getan, Autobahnen und so.

»Spinnst du eigentlich!«, schrie Andrea. »Wie kannst du bloß Hitler loben?«

Maggy lächelte befriedigt und fasste meinen Arm: »Wir streiten gern, und später ist alles vergessen, ich mag Sticheleien.«

»Ach wo!«, ärgert sich Jack, »sie nimmt aus Prinzip immer die gegenteilige Position ein. Wenn ich sagen würde, Pferdescheiße schmeckt übel, würde sie behaupten, panierte Pferdescheiße sei gar nicht so schlecht.«

Dann sprach Jack noch über Winston Churchill und zündete sich eine dicke Havanna an, die mich an Tony Brodbeck erinnerte. In den Siebzigern wurde noch gepafft und gesoffen wie in *Mad Men,* und niemand hielt sich für einen Alkoholiker.

»Am Montag beschaffe ich Ihnen einen Job in der Zementfabrik. Stoßen wir darauf an.«

Ich stieß mit ihm an: »Ich will aber Schriftsteller werden.«

Er trank sein Glas in einem Zug leer, als müsse er eine Kröte hinunterspülen. Dann gab er ein seltsames Geräusch von sich und schüttelte den Kopf wie ein Parkinson-Kranker. Mir schien, dass er rein gar nichts von mir hielt. Er stand abrupt auf und torkelte ein paar Schritte, bis ihn Maggy und Andrea stützten und zur Couch hinüberbrachten, sie waren ein eingespieltes Team. Jack lag auf der Couch und starrte an die Decke, einen seiner Arme ließ er hinunterbaumeln, mit dem anderen streichelte er ab und zu einen der beiden Dobermänner. Dann ließ er geräuschvoll und ungeniert Luft aus seinen Gedärmen weichen.

Maggy legte ihre Hand auf meinen Arm und beugte sich zu mir: »Er hat immer Blähungen nach dem Essen. Wie Hitler. Der aß ja Unmengen von Kuchen. Hitler aß immer so schnell, mechanisch, Blitzkrieg eben.«

»Wir gehen nach Hause!«, sagte Andrea genervt. Ich befreite mich von Maggy und verabschiedete mich von Jack, der schon halb eingedöst war.

»Was, jetzt schon?«, murmelte er.

Ansonsten war das Leben mit Andrea sehr harmonisch, romantisch und von innigster Leidenschaft geprägt. Wir waren verrückt nacheinander. Süchtig, dem anderen blind ergeben. Lediglich Andreas Mutter Maggy störte regelmäßig die Idylle, wenn sie in ihrem engen roten Trainingsanzug mit Putzeimer, Lappen und diversen chemischen Biowaffen vor der Tür stand. Immer wenn sie ihre Hormonspritze erhalten hatte, musste sie ihre Putzneurose befriedigen. Und zwar bei uns. Maggy putzte sehr gründlich, sogar die Türklingel und den Telefonhörer, der dann tagelang nach irgendeinem widerlichen Kampfstoff roch.

Zu meiner großen Überraschung tauchte sie plötzlich in der Script Avenue auf und schrubbte den Holzboden in Henry Millers Saloon. Henry Miller war es gewohnt, mit jungen nackten Frauen Tischtennis zu spielen, Maggy gefiel ihm gar nicht.

Eines Tages trat ich ihr beim Putzen auf die Hand. Klingt zugegebenermaßen etwas komisch. Aber Hitlers ehrenamtliche Biografin putzte auch unter meinem Schreibtisch. Während ich schrieb! Und da ich beim Schreiben sehr impulsiv bin, Dialoge murmle, ab und zu auf den Tisch hämmere oder mit den Füßen ausschlage, trat ich sie unbeabsichtigt. Andrea war darüber erbost, aber ich bestand darauf, dass kein normaler Mensch damit rechnen kann, dass die künftige Schwiegermutter unter seinem

Schreibtisch putzt, während er seine Figuren vor dem Suizid retten will. Wenn ich heute ein Fußballspiel sehe, und einer kickt dem anderen ins Gesicht, muss ich an Maggy denken. So besetzen gewisse Menschen für immer gewisse Bilder. Während ich Maggy k. o. trat, sangen Pink Floyd gerade *We Don't Need No Education*.

Maggy rief praktisch jeden Tag an. Eine Stunde war dabei die Twitter-Variante. Es gab kein Detail in unserem kleinen Haushalt, das sie nicht brennend interessierte. Ihr eigenes Leben war langweilig geworden, Jack war ständig unterwegs in Osteuropa, Asien oder Südamerika. Jetzt wollte sie ein bisschen von unserem Leben naschen, sie wollte Teil von unserem Alltag sein. Wahrscheinlich wäre eine WG ihr Traum gewesen. Und mein Albtraum.

Nach einigen Jahren begann Maggy, Andrea Babykleider zu schenken. Vielleicht könne Andrea die ja eines Tages gebrauchen. »Wer weiß?«, säuselte sie unschuldig. Doch Andrea nahm weiterhin die Pille. Trotzdem hauchte sie mir immer kurz vorm Höhepunkt ins Ohr, dass sie ein Kind wolle. Ich weiß nicht, ob das ein Spiel war, das sie erregte. Es gibt ja Menschen, die beim Sex auf Dirty Talk stehen oder sich als Nonnen verkleiden oder Bruder und Schwester spielen, die gleich von den Eltern überrascht werden. Doch Andrea wollte tatsächlich ein Kind, denn sie hatte sich bereits ein Buch mit Vornamen gekauft und sich diverse Buben- und Mädchennamen angekreuzt.

## Jacks Pferd

Auch Jack war der Meinung, dass es langsam an der Zeit sei, ihm einen Enkel zu schenken. Es wäre sein Enkel gewesen, nicht unser Kind. Er beklagte sich darüber, dass wir nicht jedes Wochenende bei ihm waren. Maggy richtete uns sogar ein Zimmer ein und schlug vor, gleich zu ihnen zu ziehen. Als wir wiederholt ablehnten, demonstrierte Jack auf eindrückliche Weise sein strategisches Geschick und kaufte Andrea ein teures Dressurpferd. Vielleicht wäre mein Leben anders verlaufen, hätte man dieses Pferd gleich zu Lasagne verarbeitet. Nun war Andrea gezwungen, jedes Wochenende zu ihren Eltern zu fahren, um sich um *ihr* Dressurpferd zu kümmern. Die Rechnung ging auf. Andrea liebte Tiere über alles und nahm ihre Verantwortung wahr. Aber zum Ärger von Jack weigerte sich Andrea, an Turnieren teilzunehmen, sie hasste Turniere. Ich frage mich heute, ob sie nicht einfach Angst vor dem Verlieren hatte.

Da ich die Wochenenden mit Andrea verbringen wollte, folgte ich ihr wohl oder übel ins Land der schwarzen Buben, obwohl ich mir lieber im Kino *Die Klapperschlange* oder *Wie ein wilder Stier* mit Robert De Niro angeschaut hätte. Während Andrea ausritt, trank ich mit Jack alte Rioja-Weine. Ich begann ihn zu mögen, er wäre der Vater gewesen, den ich mir gewünscht hätte. Klar hatte Jack auch seine Fehler, aber er hatte eine Art, die mir imponierte: Er war grundehrlich, geradeheraus, und er war ein Mann der Ehre, Handschlag und so. Er war ein rechtschaffener Mensch, erfolgreich und vermögend, aber ohne jede Allüren. Er pflegte noch die Freundschaften zu seinen Jugendfreunden und half auch diskret aus, wenn jemand im Dorf finanzielle Probleme hatte. Für mich wurde er zu einer Art Vorbild. Nicht in allem, muss ich betonen, ich decke den Tisch für Gäste nicht mit Depotauszügen, sondern mit normalen Papierservietten. Aber dank Jack wurde ich ein ehrlicher und rechtschaffener Mensch. Manchmal mochte er mich auch ein bisschen, aber er ließ mich immer spüren, dass ich nicht von seinem Blut war. Und es missfiel ihm, dass ich trotz jahrelangem Misserfolg immer noch Schriftsteller werden wollte. »Ein Mann muss doch wissen, wann er gescheitert ist«, soll er Andrea einmal im Pferdestall gesagt haben.

Ich erhielt über Jahre die immer gleichen Absagebriefe und meine ungelesenen Manuskripte retour. Es beeindruckte mich nicht wirklich und erschütterte in keiner Weise meinen Glauben an Plan A. Ich machte einfach weiter, wie die Bauarbeiter, die Löcher durch die Alpen bohren und wissen, dass sie eines Tages den Durchbruch schaffen werden, Absagen stimulierten mich. Ich entwickelte noch mehr Ehrgeiz, mich zu verbessern. Ich war nie der Meinung, dass ein bisschen Künstler spielen, saufen und kiffen ausreiche, um ein erfolgreicher Schriftsteller zu werden. Es braucht nebst Talent und Fantasie auch sehr viel handwerkliches Können, Disziplin und Ausdauer. Doch ich brauchte Geld. Die Matratzenfirma hatte nun genügend Slogans für die nächsten drei Generationen, und JVC verkaufte immer weniger Geräte. Lag aber nicht an meinen Bedienungsanleitungen! Ich textete nun als Freelancer für Tapeten, Schokolade, Kinderwagen und Limonaden. Das reichte aus, um meine erfolglose Schriftstellerei zu finanzieren. Ich denke, hätte mich der Staat gefördert, hätte das meinen eisernen Willen zum Schmelzen gebracht. Es kommt nicht von ungefähr, dass man im Französischen für »verwöhnen« und »beschädigen« das gleiche Wort benutzt. Manchmal verwöhnte mich Maggy. Sie schenkte mir die gebrauchte Unterwäsche von Jack. Sie sagte, er sei zu fett geworden. Und dann fügte sie hinzu, sie habe die Wäsche zuvor gewaschen, neunzig Grad. Ich hatte also durchaus auch Glück in meinem Leben.

Auch Andrea verwöhnte mich mit ihrer Zuneigung und Liebe. An meinem Geburtstag schenkte sie mir ein wunderschönes Schachbrett mit kleinen Römer- und Keltenfiguren. Im Radio lief *Yesterdays Hero* von den Bay City Rollers. Sie schrieb etwas sehr Nettes dazu. Ich bat sie gleich um eine Partie, doch sie lehnte entsetzt ab, was mich gelinde gesagt erstaunte, da sie dies etwas übertrieben energisch zum Ausdruck brachte. Das war neu. Aber jeder Charakter hat verschiedene Facetten, eini-

ge verblassen mit den Jahren und lassen andere stärker hervor-
treten.

»Es macht doch keinen Sinn, ein Schachbrett zu schenken,
wenn wir nicht zusammen spielen können?«

Das leuchtete ihr ein, wir setzten uns an den Küchentisch.
Nach wenigen Zügen war sie schachmatt. Sie lief rot an und
fegte das Brett mit einer heftigen Armbewegung vom Tisch. Die
Figuren flogen durch die Luft, die schwarze Königin brach sich
den Hals.

»Das war ein sehr überraschender Zug«, murmelte ich mit ge-
spieltem Ernst. Diese Bemerkung brachte sie regelrecht in Rage.

»Ich hasse es, zu spielen. Ich hasse jede Art von Spiel. Hast
du dich nie gefragt, wieso ich mit meinem Pferd nie an einem
Turnier teilnehme? Ich hasse Wettbewerbe, Konkurrenz, Spiele,
ich hasse das alles. Wieso zwingst du mich? Zwinge ich dich
etwa dazu, auf ein Pferd zu steigen?«

Gab es möglicherweise noch eine dunkle, mir unbekannte
Seite von Andrea? Oder konnte sie einfach nicht verlieren? Ich
sammelte die Figuren ein, holte mit einem Messer den Kopf
der schwarzen Königin unter dem Kühlschrank hervor und
klebte ihn wieder an. Ich versuchte es mit kleinen Scherzen,
aber sie fand es nicht lustig. Andrea schwieg zwei Tage lang. Am
Abend des dritten Tages fiel sie mir um den Hals, weinte und
wollte Versöhnungssex. Sie liebte das dramatische Szenario mit
Gewitter, Tränen und abschließendem Sex. Und dann war alles
wieder gut. Wir liebten uns mehr denn je zuvor, wir waren eine
Einheit auf vier Beinen.

Rückblickend denke ich, dass man nie Menschen heiraten sollte, die nicht verlieren können, denn das Leben endet immer
mit einer skandalösen Niederlage, dem Tod. Wer nicht verlieren
kann, neigt zur Rechthaberei. Sie sollten diese Zeilen mehrmals
lesen, sie gehören zum Mehrwert, den Ihnen dieses Buch bieten

wird. Es könnte Ihr Leben retten. Ich wäre froh gewesen, hätte Henry Miller mir das mitgeteilt. Aber glauben Sie jetzt bloß nicht, ich würde Sie darauf vorbereiten, dass Andrea und ich uns trennten. Nein, das wäre keine gute Dramaturgie und würde auch nicht der Wahrheit entsprechen; ich würde Andrea nie verlassen. Unsere Amour fou war einfach stärker, unsere hemmungslose Leidenschaft nicht zu bändigen. Ich war ihr regelrecht hörig. Und ich war sehr glücklich dabei! Wir liebten uns jede freie Minute, wurden nie satt vor Begierde und Lust, und wenn von draußen die Sonne in unser Zimmer schien und in der Ferne Kirchenglocken zum Gebet läuteten, fühlte ich erneut diese unermessliche Erleichterung, dass ich den düsteren Grotten von Vilaincourt entkommen war. Ich war frei!

Ein Kleinverlag hatte sich mittlerweile bereit erklärt, meine Geschichten zu publizieren. Mein erster Verleger war wohl der schwerste Alkoholiker, dem ich bis dahin begegnet war. Er hatte eine kleine Druckerei, sein Vater war ein stadtbekannter Kunstmaler gewesen, und er verkehrte gern in den Lokalen, die er früher mit ihm aufgesucht hatte. Am Tag, als mein erstes Buch seine mittelalterliche Druckerpresse verlassen sollte, lag er inmitten von Kartons und lallte, dass er das Buch nicht mehr drucken wolle. »Ich weiß auch nicht warum, aber es ist einfach so«, sagte er.

Andrea war zwar nicht begeistert von der Geschichte, aber sie leerte ihr Bankkonto und gab mir tausend Franken, um das Buch selber zu drucken. Der Drucker hieß Frankyboy. Er war um die fünfzig und hatte einen Vormund, wie er mir eines Tages gestand. In einem Möbelhaus hatte er die Kundenkartei mitgehen lassen und dafür einige Monate im Knast übernachtet. Aber er war kein Krimineller im üblichen Sinne. Er war ein netter Mensch, sehr umtriebig, aber nicht auffallend schlau. Ich mochte seine euphorische, fröhliche Art.

Ich wollte für mein erstes Buch einen schwarzen Umschlag mit weißer Schrift. Clever, wie Frankyboy war, nahm er einen weißen Umschlag und bedruckte ihn mit schwarzer Farbe. Man kriegt heute noch schwarze Finger, wenn man dieses pubertäre Buch in Händen hält.

Ich pilgerte mit meinem Buch erfolglos durch die Buchhandlungen, ich glaube, ich habe insgesamt dreißig Bücher verkauft, großzügig aufgerundet. Maggy war zuerst begeistert von meinem Buch, dann schockiert, weil sie auch die Geschichte mit dem Papst gelesen hatte, der sich nackt vom Dreimeterbrett ins leere Becken stürzt und Suizid begeht. »War das wirklich nötig?«, fragte sie mich ein Jahr lang. Ich erhielt zum ersten Mal Fanpost, ein hagerer Blonder in einem hellblauen Hemd schrieb mir, ich solle unverzüglich meinen Namen ändern. Ich kam dem Wunsch sofort nach und setzte ein französisches é anstelle des e.

Das genügte ihm aber nicht. Er besuchte mich in der Script Avenue, er wartete in Henry Millers Saloon auf mich. Er fragte mich, ob ich eines Tages ein Buch über ihn schreiben würde. Ich beruhigte ihn, nein, ich würde zu seinen Lebzeiten nie ein Buch über ihn publizieren. Erst nach seinem Tod. »Deine Todesanzeige wird das ›Gut zum Druck‹ sein.« Diese Szene wiederholte sich einige Dutzend Male. Er fährt dann seinen steifen Zeigefinger aus. Ich ergreife ihn sofort und breche ihn ab. Dann verprügle ich ihn, und sein Gebiss hüpft über den Bretterboden. Direkt vor Maggys Füße. Sie hebt das Gebiss auf und riecht daran. »Bittermandeln«, haucht sie. »Meine Herren«, sagt sie dann laut und schreitet feierlich hinüber zu den Gästen an der Bar, »das ist Hitlers Gebiss.«

»Jetzt fängt sie schon wieder mit diesem Hitler-Scheiß an«, brummt jemand im hinteren Teil der Bar. Es ist Jack. Er pokert zusammen mit Berthold Krenz, Henry Miller und Tony Brodbeck. Mein Vater erhebt sich, will sein Gebiss nehmen, doch Maggy steckt es sich selber in den Mund. Mein Vater stürzt sich wütend auf mich. Ich lasse ihn ins Leere laufen und schlage ihm eine Konservendose auf den Kopf. Grüne Bohnen von Hero.

»Good job«, höre ich jemanden sagen. Der Fremde lehnt an der Bar und nuckelt an einem Zigarillostummel. Ich schaue ihn fragend an. Er schweigt.

»Sag mal, Clint, ist es wahr, dass Sergio Leone dir keine Dialoge schreiben wollte? Er sagte, der Clint Eastwood sei gar kein Schauspieler, er sei eher eine Maske, und er habe genau zwei Gesichtsausdrücke, einen mit Hut und einen ohne Hut.«

Clint spuckt den bräunlichen Tabaksaft aus. Er trifft den Spucknapf immer.

»Ich hätte einen Job für dich. Ich möchte den Kopf von Onkel Arthur.«

Clint Eastwood schlendert durch den Saloon, und ich weiß, dass ich ihm nun folgen muss. Er führt mich zur Pferdetränke neben dem Bordell hinter Francis' Buchhandlung. Wenn er sehr gesprächig ist, nickt er mit dem Kopf oder zeigt mit dem Kinn nach Westen. Jetzt sehe ich Onkel Arthur, er kniet vor einem Holzklotz und singt *Tiens, voilà du boudin.* Seine Hände sind hinter dem Rücken gefesselt. Dann tauchen zwei Männer auf, Lee Van Cleef und Eli Wallach. Onkel Arthur hat sie wohl angeheuert. Clint Eastwood wirft seinen Poncho über die rechte Schulter, der Arm ist frei. Es fallen Schüsse, dann steht nur noch Clint aufrecht. Charles-Henri Sanson nickt Clint zu und trennt Onkel Arthurs Kopf vom Rumpf, aber Onkel Arthur singt weiter. Denn in der Script Avenue gibt es keinen Nachspann, kein Ende. Ich habs schon in allen Varianten versucht. Kuss, Schuss, Schluss. Oder: Schuss, Kuss, Schluss. Oder Kuss, Schluss, Schuss. Letzteres im Off.

Nein, den Abschnitt mit Clint werde ich nicht streichen. Ich habe einiges von ihm gelernt. Ich kann von allen Menschen lernen, von ihren Erfolgen und von ihren Misserfolgen. Alice Cooper hörte wieder auf zu saufen. Erwähnenswert? Das Marketing ist erwähnenswert: »Ich höre auf zu saufen. Bin wieder trocken.« Und sechs Monate später: »Ich saufe wieder, und meine neue LP erscheint morgen.« Besser war später nur Günter Grass: »Jungs, ich war in der Waffen-SS, und morgen erscheint mein neues Buch.«

Simon & Garfunkel schlossen Frieden, die Sweet trennten sich, Shakin' Stevens sang *You Drive Me Crazy,* und die Salmonellen wurden von England unabhängig. Ich meine die Salomonen. Das war jetzt kein Witz. Sie sollten mir nach rund 300 Seiten solche Kalauer nicht mehr zutrauen; ich versuche mich in gehobener Literatur. Schuld sind die Viertelvorzehn- bis Zwanzignachvier-Pillen, welche die feinen Blutgefäße und Nervenbahnen im Gehirn angreifen und einiges durcheinanderbringen. Fühlt sich an wie ein defektes Navigationssystem, das einen in einer Endlosschlaufe durch Einbahnstraßen lotst. Aber ich habe noch ein paar Zeilen, ich meine Zellen. Die sollten ausreichen für die letzten 300 Zeilen, Zellen, Seiten. *Ich piss dir ins Auge.* Ich werde jetzt diesen Text abspeichern und Tim mailen. Ich denke, jetzt wirds ernst. Shaking' Stevens erkrankt an Salmonellen. *No more shaking.*

Ich musste leider einige Monate unterbrechen, weil 48 Prozent meiner Lunge abgestoßen wurden, einfach verklumpt. Das sind die fremden Zellen, die mich vor dem sicheren Tod bewahrt haben und mich jetzt von innen zerstören. Sie glauben, sie seien das Original und meine Organe seien fremdes Zeug, das es abzustoßen gelte. Krieg. Oder wie Cäsar einmal feststellte: Manchmal gewähren einem die Götter besonderes Glück, damit der freie Fall umso tiefer und umso vernichtender wird. Das ist die perfekte Dramaturgie. *Titanic!* Sie ergattern noch zwei Tickets für das Oberdeck. Und saufen dann erbärmlich ab.

1982 war ein legendärer Bordeaux-Jahrgang. Andrea schenkte mir den Zauberwürfel des ungarischen Designers Ernő Rubik. Das konnte man nicht zu zweit spielen. In den Kinos lief *E.T.* The Who starteten ihre Abschiedstournee, Michael Jackson veröffentlichte mit *Thriller* die bislang erfolgreichste LP aller Zeiten, und Ozzy Osbourne war darob so erbost, dass er einer betäubten Fledermaus auf der Bühne den Kopf abbiss.

Wir verbrachten nun fast jedes Wochenende bei Jack und Maggy. Andrea holte jeweils das persische Schachbrett ihres Vaters aus der Schublade. Mit einem vieldeutigen Lächeln forderte sie mich auf, mit Jack zu spielen. Jacks einzige Chance, mich zu besiegen, war, mich während der Partie mit Whisky abzufüllen. Er verschob dabei seine Figuren und dozierte über die Finanzmärkte. Will heißen: Ich hörte zu und lernte. Ich hatte das Thema unterschätzt. Die Beobachtung von Aktien und ihre Beurteilung waren durchaus eine interessante Beschäftigung, die eine sehr breite Allgemeinbildung voraussetzte. Man musste alles wissen über Länder, Kulturen, Rohstoffe, Produkte, Handelsdefizite, Verschuldungsgrad, demografische Entwicklungen, Statistiken.

Jack erkundete die Märkte aber auch mit ganz einfachen Überlegungen: Wo werden die Menschen zuletzt sparen? Was tun sie bei politischen Unruhen? Wird der heranwachsende Mittelstand in Indien zu einem Goldboom führen, weil Goldgeschenke dort Tradition haben? Seine Lieblingsaktien waren die von der Swissair und der Schweizerischen Bankgesellschaft.

Ich spielte gern mit Jack und genoss seinen Whisky und seine Lektionen. Jack war kein guter Schachspieler, aber er verlor selten eine Partie, weil er jeden falschen Zug rückgängig machte. Andrea sagte immer, ich solle ihn einfach gewinnen lassen. Mir machen solche Opfer nichts aus. Jack begann mich zu mögen, obwohl er mir immer wieder vorwarf, dass man von meinem ersten Buch schwarze Finger kriege. Ja, wenn ich jetzt so darüber nachdenke: Jack konnte auch nicht verlieren. Wohl genetisch bedingt. Aber ich mochte ihn; ich vermisse ihn heute.

## Follow Me

Als Demis Roussos *Follow Me* sang, reiste ich mit Andrea nach Griechenland. Wir genossen das Meer, die Olivenhaine, das Essen und den Ouzo. Wir liebten uns leidenschaftlich und waren einfach glücklich. In diesem Alter dauert das Leben endlos. Dass man eines Tages runzlig und inkontinent wird, hält man für Episoden aus dem Leben der andern. Die Leber verträgt jede Überdosis, und die Potenz bleibt auch nach kriegsmäßig durchzechten Nächten bewundernswert stabil.

Doch Andrea wollte etwas ändern. Sie begann geschickt mit ein bisschen Lob. Ich sei der liebenswürdigste, sensibelste und großzügigste Mensch auf diesem Planeten, aber man müsse meine Hypochondrie bekämpfen und mein Essen umstellen. Sie ging mit gutem Beispiel voran, bestellte Salate und kaufte an den Marktständen frische Trauben. Den Rest unseres Urlaubs verbrachte sie auf einem griechischen Klo. Ein Arzt gab ihr einige Spritzen, damit wir die vorzeitige Heimfahrt antreten konnten. Andrea war wütend und empfand ihre Magen-Darm-Erkrankung als peinliche Niederlage, das Schicksal hatte sie verspottet. Sie wurde plötzlich sauer auf mich, weil sie annahm, ich würde das alles als Strafe für ihren Hochmut ansehen. Sie warf mir vor, dass ich keinen Salat gegessen hatte. Bei dieser Gelegenheit fiel mir zum ersten Mal auf, dass sie wusste, was ich dachte. Sie sehen wieder düstere Wolken am Himmel aufziehen? Falsch, ich liebte Andrea immer noch über alles, und wir waren sehr glücklich. Zu einer guten Beziehung gehört eben auch, dass man die Marotten des andern mit einem Augenzwinkern akzeptiert.

Als wir wieder zu Hause waren, fanden wir im Briefkasten eine Postkarte von Cédric aus Havanna. Der real existierende Sozialismus schien ihn zu enttäuschen, da er drei Tage gebraucht hatte, um einen Kugelschreiber aufzutreiben. Er schrieb, Sozialismus herrsche, wenn keiner mehr einen Kugelschreiber habe. »Alle haben gleich wenig.« Und dann gabs noch ein retourniertes Manuskript. Ich las bei Verlagsbriefen immer zuerst die letzte Zeile. Meistens stand dort: »Wir wünschen Ihnen viel Glück für Ihr weiteres Schaffen.« Das hieß einfach, dass sie kein Interesse hatten und froh wären, wenn ich sie in Zukunft von weiteren Einsendungen verschonen würde. Doch diesmal stand eine Telefonnummer in der letzten Zeile: Ich hatte tatsächlich eine Einladung für ein Lektoratsgespräch erhalten. Nach zehn Jahren erfolgloser Schreiberei erschien der erste Roman.

Jack las das Buch nie, es genügte ihm, zu wissen, dass ein Buch erschienen war. Ihn interessierten die Honorare. Er war sichtlich enttäuscht, ja sogar regelrecht deprimiert, als er hörte, dass ich nach einem halben Jahr 545 Bücher verkauft und 1308 Franken verdient hatte. Er meinte, so viel gebe er an einem Tag für Spesen aus. Und wie lange ich an diesem Buch gearbeitet habe? Er war stark im Kopfrechnen und rechnete mir meinen Stundenlohn aus. »Ich weiß«, sagte ich, »mein Stundenlohn ist kleiner als die Einnahmen einer Parkuhr.«

Wir spielten Schach, er machte all seine unüberlegten Züge rückgängig, bis es ihm schließlich peinlich wurde und er erstmals kapitulierte. Ich hörte ihn noch lange im Garten fluchen. Als er zurückkam, füllte er mich regelrecht ab, um mich im nächsten Spiel endlich besiegen zu können. Aber er verlor erneut, torkelte dann zur Couch und legte sich mit seinen beiden Zerberussen zur Ruhe. Ich musste dringend austreten und torkelte zur Toilette.

Ich hätte die Tür beinahe verfehlt und wäre um ein Haar die offene Kellertreppe in den Weinkeller hinuntergestürzt. Ich versuchte, mich geräuschlos zu übergeben. Dann schaute ich in den Spiegel: kleine Äuglein mit geplatzten Äderchen, knallrote Backen und seltsame Zuckungen im Schulterbereich. Was man nicht alles tat, um seinem Schwiegervater zu imponieren! Als ich den Mund spülte, belauschte ich ein Gespräch zwischen Andrea und Jack. Sie sagte ihrem Vater, dass ich ihr Traummann sei. Das tat mir verdammt gut, am liebsten würde ich es gleich noch mal schreiben. Oder wenigstens kursiv. Wieso nicht als Buchtitel?

»Du hast von einem Mann geträumt, der in zehn Jahren tausend Franken verdient?«, lachte Jack vergnügt.

»Ich liebe ihn, und selbst wenn du mich deswegen enterbst, werde ich ihn immer lieben.«

»Ja«, hörte ich nun Maggy stänkern, »der kann wenigstens zuhören, er ist sensibel, nicht wie du. Du läufst immer weg!«

»Dummes Zeug«, brummte Jack. »Erzähl mir doch nicht, dass du einen Mann bewundern kannst, der weniger als eine Parkuhr verdient.«

»Ich mache mir nichts aus Geld!«, brüllte Andrea zornig.

Jack lachte laut heraus: »Du hast ja alles.«

Dann passierte irgendetwas, das ich nicht sehen konnte. Aber Jack drohte, sie solle damit aufhören. Jetzt! Sofort! Ob sie komplett verrückt sei.

»Sie tut es!«, schrie Maggy. »Oh, heilige Mutter Maria, sie tut es!«

»Siehst du«, sagte Andrea, »ich mache mir nichts aus Geld.«

»Das war mein Geld!«, entsetzte sich Jack. »Bist du komplett übergeschnappt?«

»Zieh es mir vom Erbe ab!«

»Weißt du was?«, schrie Jack. »Ich werde dich enterben.«

Fluchend ging er in den Garten hinaus. Dabei ließ er ungeniert Luft aus seinen Gedärmen entweichen. Das war wohl seine

Form des Protests. Seine Hunde folgten ihm wedelnd. Ich verließ verlegen das Badezimmer. Es roch nach verbranntem Papier. Im Aschenbecher auf dem Salontisch räuchelte eine abgefackelte Hundertfrankennote vor sich hin.

Ich besuchte in den nächsten Tagen Tony Brodbeck und schenkte ihm ein Buch. Als er meine Honorarabrechnung sah, verrutschte ihm das Gesicht. Er zog aus seiner Brusttasche ein Bündel Banknoten heraus und schob mir einen Tausender über den Tisch.

»Eine kleine Wiedergutmachung, weil ich nicht an dich geglaubt habe. Was machst du mit dem Geld?«

Tausend Franken waren damals für einen ungelernten jungen Mann ein Monatslohn. Ich konnte es kaum fassen.

»Ich werde mir eine gebrauchte IBM-Kugelkopfmaschine kaufen«, sagte ich etwas unsicher, da ich nicht wusste, ob er das idiotisch fand.

»Investieren! Das ist sehr vernünftig, drüben an der Rezeption steht eine. Sie ist rot und hat sogar ein Korrekturband. Nimm sie mit, wir stellen hier eh alles auf Computer um.«

Er zeigte auf einen kleinen Monitor mit PC-Gehäuse und Tastatur. Der Personal Computer von IBM war wohl nicht nur der erste, sondern auch der hässlichste Computer aller Zeiten. Nun gut, es gab auch ernsthafte Konkurrenten von Atari und Commodore. Die Schrift auf dem schwarzen Monitor, der an dunkle Asche erinnerte, war giftgelb wie das Auge eines Leberkranken. Tony zeigte mir zwei große, biegsame Disks.

»Das sind 5¼-Zoll-Disketten. Darauf kannst du hundert Textseiten speichern, stell dir das mal vor. Und nie mehr Tipp-Ex und Schere. Du korrigierst alles am Bildschirm. Wenn dein nächstes Buch erscheint, schenk ich dir einen.«

»Und wie gehts Sheila?«, fragte ich.

Tony meinte, dafür brauchten wir einen Whisky. Er rief seine Sekretärin und bat sie, uns in den nächsten Stunden nicht mehr zu stören. Nebenbei erwähnte er, dass ich die IBM-Kugelkopf-maschine draußen an der Rezeption mitnehmen könne.

»Aber die haben Sie doch schon Mumar versprochen.«

»Nein«, winkte Toni ab, »dem habe ich vor fünf Minuten einen Tritt in den Arsch versprochen.«

Er erzählte mir dann die Geschichten von den Irrungen seiner geliebten Tochter Sheila.

»Ich hätte es gern gesehen, wenn sie die Schule abgeschlossen und bei mir im Rohstoffhandel eingestiegen wäre. Aber nein, zuerst bumst sie einen türkischen Fußballer, der sich bei seinem ersten Einsatz in der zweiten Liga das Schienbein bricht. Dann angelt sie sich einen Teepflücker aus Sri Lanka mit currygelben Zähnen. Der Nächste ist ein bekiffter Kamelficker, und schon läuft sie in einem schwarzen Sack rum, bis ihr die Schläge ihres Wüstenpoeten zu bunt werden. Stell dir das mal vor! Hätte ich sie jemals gezwungen, in so einem Kohlensack rumzulaufen, sie wäre zum Jugendamt gerannt und hätte mich angezeigt. Dann bumst sie einen besoffenen Tschechoslowaken, der am Sonntag alten Frauen die Handtasche entreißt. Habe ich den Tibetaner erwähnt? Der war noch der Beste, aber Sheila war ihm zu unstet. Was alle gemeinsam hatten: Sie lebten auf meine Kosten.«

Er kippte sein Glas in einem Zug leer und schenkte gleich nach. Er zündete sich eine Havanna an.

»Du wärst noch die bessere Wahl gewesen, Sammy. Bei dir ist noch alles möglich. Wir sollten uns nicht aus den Augen verlieren. Sag mal, hättest du nicht Lust, für unsere Firma eine Kundenbroschüre zu schreiben? Über Rohstoffe und wie man sie ausbeutet, verarbeitet und vermarktet?«

»Doch, ich lerne gern Neues. Vielleicht kann ich das eine oder andere einmal für einen Roman gebrauchen. Es gibt in der Script Avenue noch keinen Rohstoffhändler.«

»Okay, ruf Herrn Herzog an, er ist dein Ansprechpartner. Hast du eine Visitenkarte, oder schläfst du noch unter Brücken?«

Ich gab ihm ein Stück Papier.

»Lass dir anständige Visitenkarten machen, und kauf dir edle Schuhe. Darauf achten die Menschen. Schöne Zähne hast du ja schon.«

Er nahm mich herzhaft in die Arme und verabschiedete mich: »Und bring mir bitte jedes deiner neuen Bücher! Verstanden? Immer! Selbst wenn ich im Altersheim in meiner Buchstaben-suppe herumstochere, bringst du mir dein neues Buch und liest mir vor. Aber laut. Das Alter ist ein Massaker, da bleibt auch das Gehör nicht verschont.«

Ich nahm an der Rezeption die sauschwere rote IBM-Ma-schine mit und fühlte mich großartig. Ich besaß die erste Kugelkopfschreibmaschine, ein richtiger Rolls-Royce. Sie war schneller als das Auge, und man hatte abends keinen Muskelkater mehr. Das Tippen erforderte keine Kraft, man musste bei den Großbuchstaben keine schwere Walze mehr hochstemmen, der Kugelkopf tanzte nur so über das Papier und tippte wie ein Maschinengewehr. Das war genau das, was ich für die Script Avenue brauchte. Henry Miller war nicht begeistert. Er rümpfte die Nase, als hätte ich einen feindlichen Roboter in die Bar ge-bracht. Er wollte weiterhin von Hand schreiben. Schriftsteller gelten zu Unrecht als innovative und progressive Geister. Tief in ihrem Innern sind sie konservative Romantiker und sehnen sich nach Großmutters Wohnzimmer, sie hassen Veränderungen.

Abspeichern und Mail mit Attachment an Tim. Ich muss gleich kotzen.


## Do You Really Want to Hurt Me?

Ich war nicht nur auf dem Klo, ich war wieder im Spital. Alles vertraute Gesichter dort. Es war ein bisschen wie nach Hause kommen. Leider dauerte diese Unterbrechung lange. Das Pro-

blem bei den langen Unterbrechungen ist, dass man anschließend alles wieder lesen muss, um den Plot wieder in den Griff
zu bekommen, sonst verliert man die Zügel, und das Ross
galoppiert davon. Beim Durchlesen fängt man aber mit Korrigieren an. *Writing is rewriting.* Man verändert Figuren und muss
das übers ganze Buch wieder anpassen. Da ist wie bei einem
Herzchirurgen, dem während der Operation ständig ein paar
Blutgefäße platzen.

Auf meiner Schreibtischplatte steht die Zahl 1981, ich habe
aber vergessen, ob dies nun ein Passwort, mein Kontostand oder
eine Jahreszahl sein soll. Meine Schreibtischplatte sieht aus wie
die Schulbank eines Spätpubertierenden. Wenn meine Hände
und Arme vollgekritzelt sind, übernimmt meine Schreibtischplatte die Sekretariatsarbeiten. Ich denke, es war eine Jahreszahl,
denn meine Passwörter haben eine andere Struktur.

Ich wollte eigentlich über die Sache reden, die meine Schreib-
arbeit unterbrochen hat. Als ich eines Morgens aufwachte, kriegte
ich keine Luft mehr. Es war, als hätte sich ein Hippopotamus
auf meine Brust gesetzt. Ich schleppte mich unter die Dusche
und zog mich an. Bis dahin wusste ich nicht, wie anstrengend
Schuhe anziehen sein kann. Beim zweiten Schuh keuchte ich
wie Ronaldo nach neunzig Minuten plus dreißig Minuten Ver-
längerung. Mohammed fuhr mich ins Spital, Mohammed ist
Türke und in Deutschland aufgewachsen. Er spricht Deutsch
und ist vor kurzem zum Islam konvertiert, er rezitiert auf jeder
Fahrt den Koran. Seiner Meinung nach ist Gott immer gerecht.
Und wenn ein Neugeborenes mit einer schweren Behinderung
geboren wird? »Auch perfekt gerecht«, sagt er jeweils.

»Du meinst«, frage ich ihn dann, »das Baby hat im Mutterleib
einen Postboten überfallen?«

Er vergisst jeweils unsere Diskussionen, deshalb geht uns der
Gesprächsstoff nie aus. Aber Adressen und die Uhrzeit kann er

sich sehr gut merken. Mohammed ist sehr zuverlässig und hilfs-
bereit, ich mag ihn. Er hat mich später im Spital besucht, aber er
hat Monate warten müssen, bis ihm die Pflegestation erlaubte,
mein Zimmer zu betreten. Er sagte dann, er hätte eine rituelle
Waschung vollzogen und sei jetzt fähig, mich zu heilen. Es war
ja wirklich nett gemeint.

Ich war also einige Zeit im Spital und ließ erneut alle Tests
über mich ergehen: Spiegelungen, Punktionen und das ganze
Programm. Sie bohrten mich auf der Seite an und holten ein
mikroskopisch kleines Stückchen Lunge heraus, um es genauer
zu untersuchen. Offenbar herrschte anschließend Alarmstufe rot,
die Lunge war weiter verklumpt und stark entzündet. Ich erhielt
neue Medikamente, unter anderem 150 Milligramm Kortison
täglich. Ich weiß, normalerweise verschreibt man fünf oder zehn
Milligramm. Mit 150 beginnen die Fettverteilungsstörungen,
und Sie sehen aus wie das Michelin-Werbemaskottchen, und
Ihr aufgedunsenes Kortisongesicht wird zum berühmten Mond-
gesicht. Spätestens jetzt ist es ratsam und erleichternd, wenn Sie
Ihrer Umgebung kurz mitteilen, was mit Ihnen los ist, bevor alle
tuscheln, Sie seien dem Alkohol verfallen.

Mit hohen Kortisondosen über längere Zeit wird der Schritt
unsicher. Sie kriegen gelegentlich Diabetes und finden keinen
Schlaf mehr. *Lost in Translation.* Sie sind zugedröhnt wie ein
blöder Kokser. Bei einem Tourette-Neurotiker ist das ein dauer-
hafter Megakick. Aber rückblickend sind auch 150 Milligramm
ein Klacks. Es kam die Zeit mit 500 Milligramm täglich, aber
da braucht es Infusionsleitungen, sonst schluckt man die Pillen
mit einem Suppenlöffel. Jetzt, wo ich wieder zu Hause bin, kann
man mich endgültig nicht mehr stoppen. Nur meine Muskeln
verkrampfen sich und verursachen heftige Schmerzen. Auch die
entzündeten Nervenenden foltern mich aufs Grausamste. Viele
Leute werden ja zu Bestien, wenn sie Schmerzen haben. Ich gehe
dann einfach in die Script Avenue und schaue mir die neuen

Bücher in Francis' Buchhandlung an. Ich höre gerade *De Do Do Do, De Da Da Da* von Police – der Song der Achtziger, der bei mir hängen geblieben ist. Tja, ab jetzt werden die Songtexte immer anspruchsvoller. Wir betreten die Epoche der Blödel- und Spaßgesellschaft, die Vielfalt der Einfalt.

Ich brachte Tony Brodbeck wieder mein neues Buch und trank mit ihm einige Whiskys. Er freute sich, dass er nun regelmäßig in der Zeitung Rezensionen lesen konnte über meine Hörspiele, Theaterstücke und Romane, und fragte dann plötzlich, ob ich noch an Sheila interessiert sei.

»Nein, Tony, ich bin schwer verliebt und zufrieden mit meinem Leben.«

»Ich könnte mir den Schwanz ausreißen, wenn ich daran denke, dass ich gegen eine Beziehung zwischen dir und Sheila war. Du wärst ein ehrenwerter Nachfolger.«

»Lass das Ding hängen«, beschwichtigte ich ihn, »vielleicht brauchst du es noch.«

Tony Brodbeck winkte ab: »Meine Frau vögelt den Zahnarzt, sie ist nicht ausgelastet. Okay, ich habe auch meine Affären, aber die sind nicht so teuer! Meine Frau hingegen vollzieht gerade ein Upgrade von Louis Vuitton auf Hermès … Weißt du, was eine Tasche von Hermès kostet?«

»Aber ihr seid doch geschieden?«

»Ach wo, wir waren ganz nah dran. Dann hat sie mir den Buckel vollgeweint. Nach einer heftigen Versöhnungsnummer haben wir beschlossen, es nochmals zu versuchen, eine Scheidung ist einfach ruinös.«

»Und Sheila?«, versuchte ich das Thema abzukürzen.

»Sie hat auf einem Flohmarkt in Berlin einen Isländer kennen gelernt. Zweimeterkoloss. Olav. Jetzt flitzt sie mit ihm auf seiner Harley-Davidson durch Skandinavien und ruft mich ab und zu an, um ihre Kreditkarte nachzuladen.«

Er schob mir einen Stapel Dokumente über den Tisch.

»Wir brauchen einen Prospekt, ich will die Firma verkaufen. Weißt du, wenn man nicht die gesamte Wertschöpfungskette kontrolliert, hat man auf dem Weltmarkt keine Chance. Die meisten verkaufen erst, wenn sie am Arsch sind. Aber dann will keiner mehr kaufen. Man muss verkaufen, wenn es noch ein bisschen wehtut.« Und dann erhob er seine Stimme: »Und es tut mir in der Seele verdammt weh, mein Lebenswerk zu verkaufen!«

Zum Glück fing er nicht an zu weinen, aber ich denke, er war nahe dran, denn die Rohstofffirma bedeutete ihm wirklich sehr viel. Er liebte seine Firma, er war besessen vom Rohstoffhandel. So wie ich von der Script Avenue. Aber heute frage ich mich schon, ob er jemals einen der Arbeiter gesehen hat, die in der Dritten Welt für zwei Dollar am Tag in seinen Bergwerken und Minen schufteten.

Ich übersetzte also die Informationen für den IPO-Prospekt in eine verständliche Sprache und lernte. Jedes Meeting fand in einer unvorstellbaren Rauchwolke statt. Der Raum sah aus, als hätte man gerade für einen Filmdreh Rauchpetarden in die Schützengräben geworfen. Als ich eines Tages nach Hause kam, saß Andrea im Dunkeln und hörte Leonard Cohen.

## Say Goodbye

»Ich bin schwanger«, sagte Andrea leise und schaute mich etwas verlegen an.

»Das ist doch großartig«, sagte ich und machte das Licht an, »das ist das Mindeste, was man erwarten darf, wenn man es dreimal pro Tag versucht.«

Andrea wusste nicht so recht, ob sie sich nun auf das Baby freuen oder ob sie vor diesem kleinen Ding Angst haben sollte.

Sie wissen ja, verlieren war nicht ihr Ding. Obwohl sie sich jahrelang ein Kind gewünscht hatte, kam es jetzt doch etwas plötzlich und überraschend. Sie war, wie viele werdende Eltern, von Selbstzweifeln geplagt, denn sie hatte sehr hohe Ansprüche an sich und ihre Umwelt. Auch ich hatte Angst, sehr große Angst sogar, ich fühlte mich überrumpelt, aber nach einigen Tagen platzte ich fast vor Freude und empfand die Schwangerschaft als das monumentalste Ereignis meines bisherigen Lebens. Ist bis heute so geblieben. Jack und Maggy waren nach einer Stunde in unserer Wohnung und übermittelten ihren Forderungskatalog: Vorname Jack Junior, Wiedereintritt in die katholische Kirche, kirchliche Taufe. Und noch einen Whisky.

Als wir mittels Ultraschall erfuhren, dass es ein Junge werden würde, nannten wir ihn Tim, und Andrea trat wieder in die Kirche ein, da auch Maggy Schauspielunterricht für herzzerreißende Sterbeszenen genommen hatte. Maggy und Jack führten sich fortan in unserem kleinen Apartment auf wie Kolonialherren. Sie drängten uns vehement, bei ihnen einzuziehen, was Andrea mittlerweile durchaus gefallen hätte. Jack wollte unsere spärlichen Ersparnisse verwalten, und Maggy müllte unser Schlafzimmer mit Babykleidern voll, als würde Andrea demnächst eine ganze Fußballmannschaft gebären. Konflikte waren programmiert. Und jetzt schenkt Ihnen dieses Buch wieder einen Mehrwert: Es ist empfehlenswert, eine Frau aus einer anderen Kultur zu heiraten, einer Kultur, die mindestens 20 000 Kilometer entfernt liegt, sodass die Eltern der Braut es nicht schaffen, das junge Paar zu besuchen. Wichtig ist auch, dass die Eltern der Braut weder Deutsch, Französisch, Englisch oder Spanisch sprechen. Mandarin oder irgendeine polynesische Sprache wie Tagalog oder Cebuano wären hilfreich. Videokonferenzen via Computer sind auch okay – da kann man einfach den Stecker ziehen und heucheln, die Verbindung sei abgebrochen. Aber damals gab es weder iPad noch Wi-Fi. Und meine designierten Schwiegereltern wohnten im Land der schwarzen Buben, also nur vierzig Minuten von unserer Wohnung entfernt.

Die Schwangerschaft hatte Andrea sehr nachdenklich gemacht, sie schien sehr besorgt. Sie wollte mit mir ein ernstes Gespräch führen. Aber nicht zu Hause.

Im Elefantenhaus des zoologischen Gartens kamen wir auf das heikle Thema zu sprechen. Hier stank es zwar erbärmlich, aber ich mochte den Geruch von Tieren immer. Ich war schließlich unter Kühen, Schafen, Schweinen und Hühnern aufgewachsen. Andrea mochte nur den Geruch von Pferden. Sie behauptete, Pferdemist rieche so gut, dass man daraus ein Parfum herstellen könnte. Nun gut, es gibt ja Parfums, die nach dicken Zigarren riechen, aber Pferde? Wäre natürlich eine Frage des Marketings.

Wir saßen also allein an einem Sonntagmorgen im besagten Elefantenhaus, und Andrea stellte mir ein paar ernsthafte Fragen.

»Freust du dich auf das Kind?«

»Was für eine Frage? Am Anfang hatte ich Angst, das ist doch normal, aber jetzt freue ich mich! Ich möchte vier, fünf, sechs, sieben Kinder! Am liebsten würde ich in zwanzig Jahren die ganze Mannschaft des FC Basel stellen!«

»Dann sollten wir heiraten«, sagte sie mit ernster Stimme.

»Heiraten? Warum nicht? Das ist das kleinere Übel«, scherzte ich.

»Nein«, sagte sie streng, »ich wollte nie heiraten, ich hasse Heiraten, ich hasse Hochzeitsfeste, ich hasse es, im Mittelpunkt zu stehen. Und ich weiß auch nicht, ob wir uns ein Kind leisten können, du verdienst ja nicht gerade viel, ich wollte immer selber bestimmen, wann ich schwanger werde.«

»Wenn man die Pille absetzt, wird man einfach eines Tages schwanger. Das ist doch ganz normal. Es ist auch normal, dass man im ersten Augenblick Angst hat vor einer großen Veränderung im Leben. Ich habe mir doch auch fast in die Hosen gemacht.«

»Ich brauche keine psychologische Betreuung«, sagte Andrea knapp, »ich meinte nur, ich hätte den Zeitpunkt gern selber bestimmt.«

»Den hast du doch. Du hast deinen Job gekündigt und die Pille nicht mehr genommen. Ist es nicht großartig, wenn unser Kind junge Eltern hat? Da kann ich mit ihm noch auf dem Boden rumtollen, mit Rheuma wirds schwieriger.«

Der Elefant vor uns urinierte, ein satter Strahl spritzte auf den Boden. Ich legte meinen Arm um Andreas Schultern.

»Siehst du den Elefanten? Er wippt die ganze Zeit mit dem Kopf hin und her. Auch Tiere kennen das Tourette-Syndrom. Grund ist die Enge, die Monotonie, das Fehlen von Reizen.«

»Das sind psychische Störungen«, sagte Andrea trocken und strafte mich mit einem strengen Blick. »Aber was hat der Elefant mit dir zu tun?«

»In mir schlummert ein Elefant, Andrea, ich spüre eine unheimliche Kraft, und ich weiß, dass wir es schaffen werden. Wir könnten uns auch vier Kinder leisten.«

»Ich wäre schon froh, du könntest eins ernähren. Mach dir bloß keine Hoffnungen, mein Vater wird uns nicht helfen, du kennst ja seine Prinzipien. Willst du nicht doch in seine Firma einsteigen?«

»Nein«, wehrte ich entsetzt ab. »Wenn schon, würde ich bei Tony Brodbeck anfangen, Rohstoffe interessieren mich mehr. Aber ich will Schriftsteller werden.«

Sie presste ihre Lippen zusammen, man konnte zusehen, wie sie allmählich übersäuerte.

»Schau mal, Sammy, es gibt Menschen, die leidenschaftlich gern Tennis spielen. Aber das reicht nicht, um Wimbledon zu gewinnen und lukrative Werbeaufträge zu erhalten.«

»Andrea«, sagte ich versöhnlich, »du wolltest doch immer ein Kind haben. Jetzt bekommen wir eins, das ist doch großartig.

Und ob es in neun Monaten kommt oder in drei Jahren, das spielt doch keine Rolle. Es kommt für beide überraschend, aber wir haben keinen Liefertermin.«

»Ich sagte doch, ich brauche keine psychologische Betreuung.«

»Weißt du«, begann ich von neuem, »ich habe mit Tony darüber gesprochen. Er meint, wenn das Kind erst einmal da ist, gebe es keine Fragen mehr, dann wird einfach der höhere Gang eingeschaltet. Ich werde den Turbo zünden, ich habe bereits alle deutschsprachigen Fernsehanstalten angeschrieben. Ich werde Drehbücher schreiben. Die werden gut bezahlt.«

Andrea schien zunehmend verzweifelt: »Das sind doch alles Wunschträume aus deiner Script Avenue.«

»Alles fängt im Leben mit einem Traum an«, sagte ich und erhob mich. Ich schaute zu Andrea hinunter, wie sie da mit ihrem kleinen Bauch auf der Bank saß: »Es gibt Leute, die nur träumen. Aber es gibt auch Menschen, die die Kraft zum Handeln haben. Du kannst mich durch einen Schredder jagen. Sobald ich unten in Streifen rauskomme, setze ich mich wieder zusammen und mache weiter.«

Beinahe hätte ich noch *Venceremos!* skandiert. Andrea schüttelte entnervt den Kopf und presste ihre Lippen erneut zusammen. Schließlich stand sie auf, wir trotteten schweigend zum Ausgang. Im Shop wollte ich mir einen schön modellierten Elefanten von Bully kaufen. Man nennt das heute »Ziele visualisieren«. Aber Andrea meinte, das sei Geldverschwendung, wir müssten jetzt lernen, sparsam zu leben, und ich müsste endlich erwachsen werden, bevor das Kind zur Welt komme.

Als wir den Zoo verließen, kam uns ein älteres Ehepaar entgegen. Die Frau ging etwas gebückt, der Mann zwar aufrecht, aber ein bisschen steif. Er trug ein hellblaues Hemd und musterte mich angestrengt, als wir seinen Weg kreuzten.

»Sammy?«, fragte seine Frau mit ungläubiger Stimme und begann schwer zu atmen; sie wurde kreidebleich. Das Haar des hageren Blonden war spärlicher geworden und an den Schläfen ergraut, er trug ein frisch gebügeltes hellblaues Hemd. Er nahm sofort eine würdevolle Haltung an, als wolle er das Schlachtfeld von Little Big Horn überblicken, doch beim Anblick von Andrea ging ein Beben über sein Gesicht.

»Willst du mir deine Freundin nicht vorstellen?«, fragte er mit einem gequälten Lächeln.

»Andrea«, sagte ich.

Sie reichten sich die Hand.

»Wir haben dich seit Jahren nicht mehr gesehen, obwohl wir in derselben Stadt wohnen«, sagte meine Mutter mit weinerlicher Stimme.

»Da seht ihr, wie erfolgreich eure Teufelsaustreibung war. Aber war es nicht euer Wunsch, keine Kinder zu haben? Jetzt ist der Wunsch in Erfüllung gegangen. Freut euch! Dankt Gott!«

Sie starrten mich beide durchdringend an, als wollten sie mir ohne Worte mitteilen, dass ich die Familienehre beschmutzt habe und deshalb besser schweigen solle.

»Schaut mich bloß nicht so an! Ich gehöre nicht mehr zu euch.«

Jetzt wurde es beiden peinlich. Meine Eltern starrten irritiert auf Andreas Bauch, dann sahen sie mich fragend an. »Ich werde Großvater?«, fragte der Blonde verdutzt.

»Nein, du wirst nicht Großvater, ich werde Vater, aber keine Angst, du wirst ihn nie sehen. Du sollst frei sein! Frische Luft und keine Verpflichtungen.«

Der hagere Blonde schien nun Probleme mit der Atmung zu bekommen. Ich erschrak, als ich die Zuckungen in seinem Gesicht sah. Litt der Kerl etwa auch an Tourette? Augenblicklich begann ich meine Schultern hoch- und runterzuziehen, und es sah so aus, als vollführten wir eine Pantomime im Duett. Oder

Synchrontourettieren. Meine Mutter lächelte Andrea an. Sie schien gerührt.

»Wann ist es so weit?«, fragte sie freundlich. Ich glaube, sie sprach sogar deutsch.

»Im Herbst«, sagte Andrea leise.

»Seid ihr verheiratet?«, fragte sie wie aus der Pistole geschossen.

»Wir haben es vor«, sagte ich.

»Kriegen wir eine Einladung?«

»Wir laden niemanden ein.«

»Aber in der Kirche…« Meine Mutter schien nun sehr besorgt.

»Wir besuchen keine Kirchen, wir sind nicht Mitglieder dieses Vereins.«

Meine Eltern wechselten einen kurzen Blick. Mein Vater gab zu verstehen, dass es keinen Sinn hatte, sich weiter zu unterhalten.

»Grüßen Sie mir Ihre Eltern, Fräulein. Es wäre mir eine Ehre, sie eines Tages kennen zu lernen.« Er stand da, wie er immer mit seinem Opferkorb an der Kirchenpforte gestanden hatte.

Andrea lächelte, der Ausdruck »Fräulein« stammte nicht aus jener Epoche.

»Du musst damit rechnen, dass Andreas Eltern euch einladen. Ich sag das nur für den Fall, dass es nicht ernst gemeint war.«

»Oh, doch, doch«, stammelte der hagere Blonde im hellblauen Hemd. »Es wäre mir eine große Freude, Ihre Eltern kennen zu lernen. Nicht wahr?« Jetzt schaute er zu meiner Mutter und nickte ihr eifrig zu.

»Große Freude«, wiederholte sie beflissen.

»Und du«, sagte er streng, »du kommst morgen zu uns. Wir haben einiges zu besprechen.«

Ich grinste über beide Ohren: »Wir treffen uns vielleicht besser in einem Restaurant.«

## Fast Food Family

Meine Eltern erschienen am nächsten Tag mit einiger Verspätung im Wirtshaus St. Jakob. Sie wirkten angespannt und setzten sich etwas umständlich mir gegenüber an den Tisch. Ich bestellte ein Schnitzel, meine Eltern taten es mir gleich. Offenbar wollten sie ein bisschen auf Wir-sind-eine-heile-Schnitzel-Familie machen.

»Ein gutes Stück, deine Freundin«, grinste der hagere Blonde im hellblauen Hemd.

»Ein gutes Stück?«, fragte ich gereizt. »Wie kannst du nur so von meiner Frau sprechen?«

»Was heißt ›gutes Stück‹?«, fragte meine Mutter besorgt.

»Er meint das panierte Schnitzel«, sagte ich.

»Er hatte nie Respekt vor Frauen«, versuchte sich meine Mutter einzuschmeicheln. »Er ist wie die Muslime. Die behandeln ihre Frauen auch wie Vieh. Oder die Deutschschweizer! Das sind die Schlimmsten.«

»Ich ein Muslim?«, empörte sich mein Vater. »Ich glaube an Gott, den Vater, den Allmächtigen, den Schöpfer des Himmels und der Erde ...«

»*Credo in Deum, Patrem omnipotentem* heißt das«, ereiferte sich meine Mutter. »*Creatorem caeli et terrae!*«

Sie stritten offenbar immer noch um die Reform der Liturgie in der katholischen Kirche. Und da selbst kleinste Reformen bei den Christen Jahrhunderte dauern, war ein Ende dieser Diskussion nicht abzusehen. Zum Glück kamen unsere Schnitzel. Mir waren sie zu groß. Ich würde wohl noch ungefähr siebzehn Minuten bei meinen Eltern ausharren müssen, bis dieses halbe Kalb gegessen war.

Der hagere Blonde machte ein gequältes Gesicht, als schmecke ihm das Essen nicht: »Ihre Eltern haben angerufen und uns für nächsten Sonntag eingeladen. Musste das sein? Was sollen wir denn mitbringen?«

»Bloß keinen Wein«, sagte ich, »die trinken nicht. Die sind, glaube ich, bei den Guttemplern oder so.«

»Das ist schon mal sehr gut«, sagte meine Mutter sichtlich erleichtert. »Was ist denn ihr Vater von Beruf?«

»Er ist Bademeister in der Gemeinde.«

Der Blonde nickte und reckte stolz den Oberkörper. Er hatte eindeutig den besseren Job.

»Und was macht er im Winter?«, fragte meine Mutter und lächelte schlau.

»Im Winter hat er einen Maronistand am Marktplatz.«

Nun wechselten meine Eltern enttäuschte Blicke.

»Dann wohnen sie in einer ganz kleinen Wohnung?«, fragte mein Vater mit großer Anteilnahme.

»Nein, Sie haben ein Haus.«

»Wahrscheinlich geerbt«, beschwichtigte meine Mutter. Der Blonde nickte zustimmend. Sie waren für wenige Sekunden ein echtes Team.

»Hat er ein Auto?«, fragte mein Vater.

»Keine Ahnung, ich glaube, er hat nur ein paar Kaninchen im Garten.«

»Dann haben sie gar kein Geld?« Meine Mutter schaute mich vorwurfsvoll an. »Konntest du nicht eine bessere Partie machen?«

»Wie denn?«, giftete der hagere Blonde im hellblauen Hemd, »er kann ja nichts, hat keinen Beruf. Warum sollte er eine bessere Partie machen?«

»Damit er ein besseres Leben hat. Wir hatten ja nie Geld.«

»Weil du alles ausgegeben hast!«

»Ich habe ein ganzes Leben nur Aktionspackungen gekauft, manchmal sogar Lebensmittel mit abgelaufenem Verfallsdatum. Aber du hast unser gesamtes Erspartes an der Börse verjubelt. Und so einer arbeitet bei einer Steuerverwaltung.«

»Kann ich etwas dafür, wenn Firmen Verluste einfahren? Andere haben auch Verluste gemacht.«

»Ein großer Trost«, spottete meine Mutter.

Der hagere Blonde winkte desillusioniert ab: »Dann hat ihr Vater also auch kein Geld?« Der Gedanke schien ihm zu gefallen.

»Frag ihn doch! Vielleicht zeigt er dir seine Steuererklärung. Ihr könnt euch auch gegenseitig eure Pimmel zeigen ...«

»Was ist Pimmel?«, fragte meine Mutter.

»Du wirst wohl nie erwachsen«, ärgerte sich der Blonde.

»Du meinst so wie du? Ein Schläger Christi.«

Mein Vater holte mit der Hand aus, als wolle er mich schlagen. Aber er war so klug, es zu unterlassen. Er erkannte intuitiv, dass ich bereit war, ihm mit meinem Schnitzel das Gesicht zu panieren. Das ist das Geheimnis der Dominanz, man muss entschlossen sein, dann spürt es der Feind und gibt kleinlaut nach.

»Das hat er nicht von mir«, sagte der Blonde.

»Sicher nicht«, pflichtete ihm meine Mutter bei. »Du warst ja nie zu Hause, immer in deinen Kneipen am Biertrinken.«

»Dann geht doch allein hin«, zischte er und suchte wütend die Toiletten auf. Meine Mutter rannte ihm nach, obwohl sie mittlerweile wissen sollte, dass das immer böse endet. Er forderte lautstark sein Recht auf freies Urinieren ein und stieg allein die Treppe zu den Toiletten runter. Nach circa fünfzehn Minuten kam er zurück. Aus seinen Nasenlöchern entwichen Rauchschwaden wie bei einem wütenden Drachen.

Ich verzichte nun auf die Schilderung der weiteren Ereignisse. Sie würden den Rahmen dieses Buches sprengen und Balzacs *Comédie humaine* in den Schatten stellen. Auf jeden Fall klebte meine Schnitzelpanade nicht richtig am Fleisch, also genauso wie im richtigen Leben. Mein Vater gab der blonden Kellnerin aus Prag ein fürstliches Trinkgeld und himmelte sie dabei wie ein hoffnungslos verliebter Depp an. Meine Mutter trat ihn unter dem Tisch, doch ich glaube, sie stieß sich dabei die Zehen an seinem Stuhlbein. Sie machte ein schmerzverzerrtes Gesicht wie die betende alte Frau in San Damiano.

Am folgenden Wochenende trafen meine Eltern auf Jacks Anwesen ein. Sie parkten zwischen einem hellblauen Buick aus der guten alten Rock-'n'-Roll Zeit und einem silbergrauen Mercedes der S-Klasse. Dann fuhren sie wieder rückwärts aus der Parklücke und warteten. Ich stand draußen vor der Tür und beobachtete das seltsame Schauspiel.

»Wo soll ich mein Auto hinstellen?«, zischte der Blonde.

»Hier«, lachte ich, »du hast fünf Parkplätze zur Auswahl.«

»Nein, nein«, sagte er leise, »ich kann nicht neben diesem Schlitten stehen. Ich mache mich ja lächerlich mit unserem kleinen Fiat.«

»Das ist dein Wagen«, murmelte ich entnervt, »aber drüben ist eine Badeanstalt. Da gibts auch Parkplätze. Und ihr erzählt dann, ihr seid zu Fuß gekommen. Ökologisch bewusst, Umweltschutz und so.«

»Ich kann nicht auf den Parkplätzen der Badeanstalt parken. Ich habe keine Eintrittskarte, und ich will auch keine kaufen, wenn ich gar nicht baden gehe.«

»Park doch endlich irgendwo, ihr seid schon spät.«

»Ich fahre zu der Badeanstalt«, verkündete mein Vater plötzlich entschlossen und wollte aufs Gas treten, ließ es aber wieder sein. »Was soll ich sagen, wenn mich einer zur Rede stellt? Das Bad ist noch geschlossen.«

»Sag ihm, du würdest nur kurz deine Autoschlüssel holen.«

»Aber er sitzt doch schon im Auto und hat somit seine Autoschlüssel«, sagte meine Mutter mit stark gerunzelter Stirn.

»Das war eigentlich die Pointe«, murmelte ich.

Meine Eltern fühlten sich sichtlich unwohl im naturhistorischen Salon meiner zukünftigen Schwiegereltern. Sie vergewisserten sich mehrmals, ob der Bär tatsächlich noch an der Wand hing. Aber am meisten Angst flößten ihnen die beiden Dobermänner ein. Der Blonde hatte sich in seinen besten Anzug geworfen, dunkelblau mit Silberstreifen, er machte ein bisschen auf Bankdirektor. Mein Schwiegervater steckte hingegen barfuß in dreckigen Shorts und hatte eins dieser weißen, ärmellosen Hemden an, die Frauen heute nicht sehr sexy finden. Beim Gehen ließ er wie üblich ein paar Fürze sausen und gab damit im wahrsten Sinne des Wortes den Ton an. Nach dem üblichen Small Talk über Anreise und Getränkewunsch prahlte mein Schwiegervater mit all den Glanzleistungen, die er in seinem bisherigen Leben vollbracht hatte. Er hatte sich angewöhnt, Leistungen in Schweizer Franken zu messen. Der hagere Blonde wurde zunehmend melancholisch und trank, die strafenden Blicke meiner Mutter ignorierend, ein Glas nach dem andern. Nein, er begann regelrecht zu saufen. Natürlich hatte er längst erfahren, wie teuer der Wein war, den er gerade trank. Ab und zu schauten mich meine Eltern sehr vorwurfsvoll an. Dann erzählte mein Schwiegervater, wie viel die Jaguar-Limousine draußen auf dem Parkplatz gekostet hatte, er habe den Händler richtig runtergehandelt und dann noch eine kostenlose Tankfüllung erhalten.

»Mein XJ 12 ist übrigens der allererste Viertürer mit zwölf Zylindern nach dem Zweiten Weltkrieg!«

Nachdem der hagere Blonde verstanden hatte, dass Jacks Besitz historisch verankert war, erwartete ich eigentlich, dass mein künftiger Schwiegervater jetzt seine Depotauszüge hervorholen würde. Doch meine Mutter schien den schlechten Verlauf des Gespräches vorauszuahnen, wechselte das Thema und bemerkte aus heiterem Himmel, dass der Mensch Gottes Pläne nicht durchschauen könne. Sie strahlte, als Jack plötzlich sagte, sein bester Freund sei der Pfarrer aus der Nachbargemeinde. Meine Mutter war begeistert. Hoffnung. »Ich spiele jeden Samstagabend mit ihm und zwei Jagdkollegen Karten, und dann saufen wir uns alle zusammen unter den Tisch.«

»Und Sie sind Mitglied der Guttempler?«, fragte sie mit bebender Stimme.

Jack lachte laut heraus: »Der ist gut!« Er leerte sein Glas und goss sich und allen anderen wieder großzügig nach.

»Hitler hat ja damals die VW-Werke gegründet«, sagte Maggy aus heiterem Himmel. »Wie zum Teufel kommst du jetzt auf Hitler?«, fragte Jack unwirsch.

»Ihr habt doch vorhin von Autos gesprochen, und Hitler hat ja auch Autos gebaut.«

»Nicht schon wieder!«, fluchte Jack. »Hitler hat Kübelwagen für die Wehrmacht gebaut, der Käfer ist erst nach dem Krieg zum Symbol des neuen Deutschland geworden.« Die beiden Hunde sprangen sofort zu Jack und spitzten die Ohren. Er tätschelte sie: »Ist schon gut, meine Buben, sie hat es wieder mit Hitler.«

»Hitler liebte Hunde über alles. Selbst als er beim Russen unter Druck stand, nahm er sich Zeit für seinen Schäferhund.«

»Es war die Finanzkrise der Zwanzigerjahre, die Hitler möglich gemacht hat, und die hohen Reparationszahlungen. Wenn der Niedergang von Europa anhält, blühen uns viele neue Hitler. Habe ich recht?«

Meine Eltern gaben ihm recht.

»Heute sind alle gegen Hitler. Aber Hitler ist in einer demokratischen Abstimmung zum Führer gewählt worden. Und alle tun heute so, als hätte Hitler allein den Polen angegriffen.«

»Sind wir jetzt fertig?«, fragte Andrea entnervt.

»Und Hitler hat auch Gutes getan, Autobahnen und so …« fügte Maggy trotzig hinzu.

Ich hätte ihr am liebsten die Suppenschüssel über den Kopf gestülpt und mit der leeren Grand-Reserva-Flasche noch eins draufgehauen.

»Sie will nur provozieren«, sagte Jack und lachte bitter.

»Noch ein Wort, und wir gehen!«, sagte Andrea und starrte Maggy mit düsterem Blick an. Ich nickte Andrea zu und zeigte mit einer Kopfbewegung zur Tür.

»Hat er etwa keine Autobahnen gebaut?«, insistierte Andreas Mutter mit sichtbarem Genuss.

»Seht ihr«, stöhnte Jack, »diesen Blödsinn muss ich mir jeden Tag anhören.«

»Du bist doch nie zu Hause«, zickte sie.

»Ist das erstaunlich? Erstaunlich ist, dass ich so viele Jagdgewehre im Keller habe und noch keins benutzt habe, um dein Gerede nicht mehr hören zu müssen.«

Zum Stichwort Jagdgewehr fiel Maggy gleich ein Pädophiler ein, der ein Kind erschossen hatte, um Spuren zu verwischen. Alle waren ihr dankbar für den Themenwechsel.

»Man sollte ihn kastrieren«, kommentierte Jack kurzentschlossen und starrte in sein Glas.

Der Blonde erschrak etwas über diese Radikalität, doch dann gönnte auch er sich ein weiteres Glas und setzte noch eins obendrauf: »Kastrieren ist noch viel zu nett, man sollte ihm zuerst sein Ding abschneiden, aber langsam.«

»Nein, zuerst anzünden«, sagte Jack und beugte sich zu meinem Vater vor.

»Gut«, lallte der hagere Blonde, »anzünden und dann abschneiden.«

»Und was machen wir mit den Eiern?«

»Mit einer Zange vielleicht.«

Mein Vater nahm die Flasche vom Tisch und schenkte sich selber noch einen ein. Er schüttete die Hälfte daneben und kämpfte mit dem Gleichgewicht.

»Mir auch«, sagte Jack und reichte ihm sein Glas. »Ich würde ihm noch einen glühenden Grillspieß in den Hintern stecken. Hast du meinen Gartengrill schon gesehen?«

Jack wollte aufstehen, hatte aber Mühe damit und blieb betrübt sitzen. Also rezitierte er doch noch sein Aktiendepot, und die Zahlen prasselten auf die Köpfe meiner Eltern nieder wie eiergroße Hagelkörner. Die Schmerzgrenze meiner Mutter in Sachen Trinken war längst überschritten, sie wies darauf hin, dass mein Vater noch fahren müsse. Sie hielt ihre Hand über sein Glas, als Jack die Flasche hin und her schwenkte, um nochmals einzuschenken.

»Ach wo«, prahlte der hagere Blonde und machte ein bisschen auf Cowboy. Er trank noch eine ganze Weile, bis meine Mutter ein Unwohlsein vortäuschte und ihn zum Gehen aufforderte. »Das nächste Mal«, lallte mein Vater, »erzähl ich dir von meinen Aktien.«

Doch Jack konterte etwas unsensibel: »Weißt du, wenn einer wirklich was von den Aktienmärkten versteht, arbeitet er nicht bei einer Steuerverwaltung. Habe ich recht?«

Müßig zu erklären, dass die vier nie Freunde wurden und sich bis zu ihrem Tod nie mehr begegneten. Das lag aber möglicherweise auch an einem kleinen Missgeschick beim Abschied. Als der hagere Blonde mit seinem kleinen Auto den großen Parkplatz verlassen wollte, schaffte er es tatsächlich, Gas- und Bremspedal zu verwechseln und rückwärts in den ersten viertürigen Zwölfzylinder seit dem Zweiten Weltkrieg zu krachen. Jack stieg etwas steif die Stufen zum Parkplatz hinunter, grimmig und entschlossen wie Charles Bronson in *Once Upon a Time in the West*. Als mein Vater dieses Gesicht sah, wurde ihm schwindelig. Er versuchte, sich auf der Kühlerhaube des Mercedes abzustützen, rutschte aus und fiel direkt auf die Kühlerfigur des daneben parkierten, arg demolierten Jaguars. Die silberne Wildkatze ritzte ihm den Hals auf. Als der Blonde das Blut sah, kotzte er auf die Motorhaube des Wagens. Er erbrach ganz erbärmlich, und der kleine silberne Jaguar sah aus, als sei er soeben einem Erdbeerjoghurt entstiegen.

# A Man Called Horse

*A Man Called Horse* mit Richard Harris war meine erste VHS-Kassette. Damals tobte der Format- und Videokrieg zwischen den einzelnen Systemen VHS, Betamax, Video 2000 und VCR. Ich schrieb Werbetexte für die Heim-Videokassettenrekorder von JVC.

Heute finden Sie in meiner Wohnung mehr DVDs als im Media Markt. Ich darf keine Kinos mehr betreten. Deshalb bin ich zu einer europäischen Variante von Howard Hughes mutiert und liege halb tot zwischen Steriliumflaschen, Pillenschachteln, Taschentüchern und DVDs.

Ich glaube, als ich für JVC Prospekte textete, wurde ich zu Andreas Pferd. Wie Richard Harris, der den englischen Aristokraten Lord John Morgan spielt, der von Lakota-Sioux gefangen genommen und versklavt wird. Sie nannten ihn »Horse«. Aber Andrea behandelte mich besser als die alte Buffalo Cow Head, die Mutter des Häuptlings Yellow Hand. Sie liebkoste mich, fütterte mich, animierte mich, saubere Manuskripte abzuliefern und keinen Aufwand zu scheuen, um die Qualität eines Textes zu verbessern.

Andrea liebte ihr Pferd. Und ich galoppierte wie besessen durch die Script Avenue. Ich wurde zu einer biologischen Hoover-Variante und saugte alles in mich auf, was mir an Gesichtern, Dialogen und Geräuschen begegnete, schickte es an das Großhirn, das alles zu Geschichten verarbeitete und über die Tastatur an den Printer weitersandte. Wer viel schreibt, erweckt Misstrauen. Kann das noch Literatur sein? Redakteure haben keine Ahnung, wie sich die Zwangserkrankung eines Tourettisten im Arbeitsalltag auswirkt. Mein Problem war nie das weiße Blatt, sondern die Nacken- und Schultermuskulatur und die Halswirbel. Wer viel schreibt, erntet auch Neid. Neid ist die höchste Form der Anerkennung. Ich begann, mir ein Pseudonym nach dem andern zuzulegen. Übrigens, damals gabs noch autorenfreundliche Verträge. Bei jeder Wiederholung nochmals das gleiche Honorar. Gibts heute nicht mehr. Ist hart für die Erben.

Das Leben war großartig. Das Leben meinte es wieder gut mit mir, ich freute mich auf Tims Geburt. Die Vorfreude war so groß, dass ich eines schönen Tages in ein Spielwarengeschäft stürmte und eine ganze Elefantenherde von Bullyland kaufte. Ich prüfte zuvor, ob die Stoßzähne oder der Schwanz abbrechen könnten. »Ich werde Vater«, prahlte ich, »jetzt muss ich auf solche Dinge achten. Ein Baby kann sich leicht verschlucken.« Ich drückte und riss so lange an den Stoßzähnen, bis mir die drei Verkäuferinnen, die mich mit großer Anteilnahme berieten, empfahlen, entweder einen Bären zu kaufen oder einen Löwen. Darauf sagte ich ihnen, dass sie die gleich mit einpacken sollten. Mein Kind würde immer genügend Figuren zum Spielen haben. Und ich natürlich auch.


1982 begannen Autoren, warnende Texte im Hinblick auf das drohende Orwell-Jahr 1984 vorzubereiten. Als promovierter Hypochonder war ich geradezu prädestiniert, um einen pathologisch ängstlichen Blick auf die Zukunft zu werfen und vor dem drohenden Überwachungsstaat zu warnen. Ich schrieb eine absolut hoffnungslos deprimierende Geschichte über ein armes Schwein, das abends seine Katze streichelt. Ich erzählte die Geschichte von zwei Geheimpolizisten, die meinen Helden verhören, weil sie in seinem Müll Hinweise darauf gefunden hatten, dass er eines Tages kriminell werden würde. Wussten Sie, dass das Paraffin einer Käseummantelung zur Herstellung von Sprengstoff benutzt werden kann? Das war der Fehler meines Helden: Er aß zu viel Käse. Nun, auch die ganze Story war eigentlich Käse. Der böse Überwachungsstaat und so. Aus der heutigen Perspektive betrachtet doppelt peinlich, denn heute publizieren knapp eine Milliarde Menschen freiwillig intimste Gedanken und nicht jugendfreie Selfies auf Facebook und dokumentieren ihr gesamtes Privatleben auf Social-Media-Plattformen. Es gibt keine Privatsphäre mehr, und den Menschen ist das scheißegal, sie haben Spaß daran, es kann nicht intim und peinlich genug sein. Das sind die gleichen Leute, die sich über Überwachungskameras in Bahnhöfen aufregen. In der heutigen Ich-Gesellschaft träumt fast jeder junge Mensch davon, für fünfzehn Minuten eine mediale Berühmtheit zu sein.

*15 Minuten Ruhm* war übrigens ein Film mit Robert De Niro, aber den Ausdruck hat Andy Warhol populär gemacht. Er wollte damit die Flüchtigkeit von Ruhm zum Ausdruck bringen. Nein, *15 minutes of fame* ist eigentlich geklaut. Stammt vom Medienphilosophen Marshall McLuhan. Er hatte recht. In der Zappergesellschaft beträgt die Aufmerksamkeitsspanne kaum noch fünfzehn Minuten; bei Twitter gerade mal 140 Zeichen. Dieser Roman hat bereits über eine halbe Million Zeichen, getwittert wären das 3571 Tweets, und wenn Sie einen Tweet pro Tag posten, hätten Sie für zehn Jahre Lesestoff. Doch selbst für die twitterschen 140 Zeichen reicht das degenerierende Textverständnis nicht mehr aus. Deshalb sind die neuen Filme so geschnitten, dass einem sturm wird und man in der Pause das Popcorn wieder herauskotzen muss. Man hat anschließend keine Ahnung, welchen Clip man da eben gesehen hat. Aber wir waren eigentlich beim Überwachungsstaat und nicht bei der Magenentleerung.

# 4

# Don't You Want Me?

Auch Andrea musste überwacht werden. Sie verlor laufend Fruchtwasser, fünf Monate zu früh, und dann noch eine Placenta praevia totalis, sagten die Ärzte. Die Placenta wächst über den Muttermund und verschließt jeden Fluchtweg. Offenbar wollte Tim nicht das Licht der Welt erblicken, kann ich verstehen: null Bock. Vielleicht hatte er die Gespräche seiner Mutter belauscht, ich weiß es nicht. Andrea musste im Krankenhaus bleiben, bis zur Geburt, und sie war sehr, sehr wütend darüber. Ich besuchte sie immer am frühen Morgen und am Abend. Sie liebte meine Besuche, denn sie brauchte jemanden, um ihre Wut loszuwerden. Maggy hätte sich natürlich auch angeboten, aber da hatte sie eine natürliche Hemmschwelle. Obwohl Maggy den ganzen Tag nichts zu tun hatte, schaffte sie es, in den Abendstunden, die ausschließlich für den Ehemann reserviert waren, aufzutauchen. Ich erklärte ihr, dass ich von frühmorgens bis spätabends schufte, dann gestresst und besorgt ins Krankenhaus käme und einfach mit Andrea allein sein wolle. Sie verstand es sofort. Und kam weiterhin pünktlich zu meinen Besuchszeiten.

»Ich kann dich so gut verstehen. Hitler wollte auch immer allein sein mit Eva Braun. Offiziell war sie Wirtschafterin des Berghofes, aber in Wirklichkeit war sie Fotolaborantin und die Geliebte Hitlers.«

Ich überlegte mir in solchen Augenblicken, ob man bei der Ermordung der Schwiegermutter nicht den Tatbestand der Notwehr zulassen sollte. Oder lediglich Ordnungsbußen aussprechen sollte. Es gibt sicher auch nette Schwiegermütter, ganz bestimmt. Ich erwähne das, damit ich es mir mit dieser Zielgruppe nicht ganz verscherze. Aber ich rede jetzt von Maggy. Sie war in den Wechseljahren, naschte sich in die Schwergewichtsklasse und schluckte Beruhigungspillen, wenn sie wieder mal das leere Kinderzimmer mit Hoover besuchte und letzte Lego-Teile verschluckte. Ich bin übrigens überzeugt, dass Asterix' Autor Uderzo seine Schwiegermutter als Vorbild für die Nervensäge Troubadix genommen hat. Sie werden jetzt einwenden, dass Troubadix ein Mann und keine Frau ist und dass er die Harfe benutzt und nicht den Hoover. Aber für uns Autoren sind das keine wirklichen Unterschiede: Wir wissen, wie unsereiner die Vorlagen seiner angeblich fiktiven Figuren verschleiert. Wir sind fiese Menschen, wenn es darum geht, uns an real existierenden Menschen zu rächen.

Mein Frühstück bestand nun aus Babynahrung. Ich wollte alle Produkte getestet haben, bevor Tim auf die Welt kam. Karottenpüree würde ihm schmecken! Ich schrieb frühmorgens an meinen Geschichten, nachmittags Werbetexte, abends besuchte ich Andrea im Spital, und anschließend arbeitete ich in einem diagnostischen Labor als Datatypist. Tja, schon wieder Datatypist.

Die Schwestern in der Geburtsklinik meinten, wir müssten auf alles gefasst sein. Ich wünschte mir damals einen Freund, mit dem ich diese schwierige Zeit hätte teilen können. Aber alle meine Freunde waren in der Script Avenue. Im realen Leben gab es niemanden mehr außer Andrea. Ich hatte keine Zeit, um abends in Bars herumzuhängen. Aber man darf sich nicht zu wichtig nehmen, auch für andere Menschen war das Jahr nicht einfach. Grace Kelly starb bei einem Autounfall. Rainer Werner Fassbinder wurden die Drogen zum Verhängnis, Curd Jürgens raffte das Alter dahin, und John Belushi von den Blues Brothers? Keine Ahnung, vielleicht aus Langeweile gestorben? Shakin' Stevens? Ich weiß nicht, war das seine Zeit? Und Elk Cloner? Könnte auch eine Frage in einer Quiz-Show sein. Elk Cloner kam auf das Cover des *Time Magazine.* Elk *who?* So hieß der erste Computervirus, den der fünfzehnjährige Knirps Rich Skrenta für den Apple II geschrieben hatte. Er hinterließ auf allen infizierten Maschinen seine Duftnote:

*Elk Cloner: The program with a personality*
*It will get on all your disks*
*It will infiltrate your chips*
*Yes, it's Cloner!*
*It will stick to you like glue*
*It will modify RAM too*
*Send in the Cloner!*

Das war der Text, der jedem klarmachte, dass der Boot-Sektor verseucht war. Da der Junge keine Konsequenzen tragen musste, gab es rasch Nachahmer. Ich habe bis heute nicht begriffen, worin der Thrill besteht, Viren zu programmieren. Diese Leute können ja nachweislich was. Wieso versuchen sie nicht, damit Geld zu verdienen und sich dann einen besseren Bildschirm zu kaufen?

Nun, Sie kennen ja meine Angst vor Krankheiten und all die widrigen Umstände des Lebens. Ich war natürlich nicht so panisch desorientiert, dass ich angenommen hätte, ein Computervirus könne mich anspringen. Aber die Vorstellung, dass ein Computervirus meine Script Avenue heimsuchen könnte, war doch ziemlich beschissen. Ich mag keine Kraftausdrücke, ehrlich, sie kennen ja mittlerweile mein Bedürfnis nach einem gepflegten Schreibstil. Aber in diesem Fall: Ja, es wäre total beschissen gewesen.

1982 veränderte sich nicht nur meine Welt. Auch an der Script Avenue ging der Fortschritt nicht ganz spurlos vorüber. Ein Sturm hatte einige Kastanienbäume entlang der Avenue entwurzelt. Die wuchtigen Baumstämme hatten eine Gasleitung getroffen und vier Häuser in die Luft gejagt. Dort stand nun das Hard-Rock-Hotel mit einem großen Casino im Untergeschoss. Ich konnte nicht widerstehen, die breit geschwungene und mit rotem Teppich belegte Treppe hinunterzusteigen. Auf diesen Stufen fühlte man sich wie ein Star, doch niemand beachtete mich. Die Leute spielten und zockten an den Roulettetischen. Berthold Krenz machte den Croupier. Er nickte artig, als ihm Tony Brodbeck einen Fünferjeton *pour les employés* zuwarf. Ich bin mir sicher, dass Berthold Krenz am Monatsende seinen Casinolohn wieder ins Casino zurückbrachte. Tony lächelte mich an, ich wollte ihn fragen, was er hier mache, nach Rohstoffen buddeln oder was? Doch erstens wäre die Frage unnötig provokativ gewesen, was Tony nicht verdient hätte, und zweitens konnte ich an jenem Tag nicht sprechen. Es war so, als hätte man den Sound abgestellt.

Doch plötzlich schrillte das Telefon. Alle Spieler hielten inne und richteten ihre Blicke auf mich. Tony nickte mir langsam zu, Berthold tippte an sein Ohr und nickte ebenfalls, wie in Zeitlupe. Nun tippten alle Besucher auf ihre Ohren und hielten die Hände so, als würden sie einen Telefonhörer halten. Das Telefon wurde immer lauter, sehr laut und schrill. Kein Telefon klingelt so, es war mehr wie eine Sirene, wohl ein Telefon mit Sirene. Aus dem Nichts tauchte eine weiß gekleidete Nonne auf. Sie trug ein Tablett voller Jetons, und darauf vibrierte ein riesengroßes mobiles Telefon, ein Autonatel, das heute genauso lächerlich aussieht wie der erste Computer Eniac, der 1946 eine ganze Halle füllte und 27 Tonnen wog. Ich wollte nach diesem vibrierenden Technikmonster greifen, doch irgendetwas stimmte nicht. Dann schrien plötzlich alle im Chor: »Nimm endlich den gottverdammten Hörer ab!«

Ich saß wie betäubt an meinem Schreibtisch und versuchte die Bilder zu ordnen, dann merkte ich, dass es mein Telefon war, das schrillte, und ging ran. »Es ist so weit«, sagte die Schwester am anderen Ende.

»Aber das ist noch mindestens zwei Monate zu früh«, protestierte ich. Sie hatte sofort wieder aufgelegt.

Ich ließ alles liegen und rannte ins Spital. Bei Andrea hatten die Wehen eingesetzt. Ein Frauenarzt stand an ihrem Bett, er wirkte etwas sediert von Alkohol und versuchte, sie mit seinem unverständlichen tschechischen Akzent zu beruhigen, während er ihr mit bloßen Händen die Plazenta herausriss. Das Baby war befreit, Apgar 8-9-10. Andrea erhielt ein Spritze und schlief sofort ein.

Ich konnte mich an diesem kleinen Bündel kaum sattsehen, ich war so was von begeistert. Ganz ehrlich: Dieses Gefühl war monumentaler, als sich zum ersten Mal zu verlieben. Tim war angekommen! Ich begleitete Andrea in ihr Zimmer zurück, sie schlief tief. Ich setzte mich in den Besucherstuhl und nickte ein. Eine Pflegerin weckte mich gegen sechs Uhr morgens. Ich wollte Tim sehen, aber sie sagte, er sei auf die Intensivstation des Kinderspitals verlegt worden. Das sei normal bei Frühgeburten. Nichts wie hin. Auf der Kinderstation sah ich Tim in einem Glaskasten liegen, verkabelt und schlafend. Er sah ein wenig gelblich aus.

»Ist das normal?«, fragte ich leise.

»Machen Sie sich keine Sorgen«, flüsterte sie, »das kommt oft vor bei Frühgeburten. Ihr Sohn ist gesund.«

Doch am nächsten Tag schien sie sehr nervös. Tims kleine Lippen hatten sich blau verfärbt, sie rief einen Arzt. Auch er schien besorgt: »Er hat Mühe mit der Atmung. Wir geben ihm Sauerstoff.«

Sie gaben ihm Sauerstoff – einen Teil davon direkt ins Gehirn. Tim erlitt einen Infarkt und überlebte steif wie die Kinderleichen von Pompeji, die vor 2000 Jahren in Vulkanasche konserviert worden waren. Es war kaum möglich, seine Arme zu bewegen. Andrea erlitt einen Schock. Sie lag in ihrem Zweibettzimmer und weinte stumm. Neben ihr lag eine Frau, deren Baby dasselbe widerfahren war. Eine Börsenmaklerin. Ich lernte auch ihren Mann kennen. Ein attraktiver athletischer Typ, ein bisschen Hugh Jackman in jungen Jahren. Er starb wenige Tage später bei einem Autounfall. Einige meinten, er hätte sich aus dem Staub gemacht, Suizid. Hatte er gewusst, was uns erwartet? Oder war es einfach ein dummer Zufall? Ich weiß es nicht. Ich war entschlossen, es gemeinsam mit Andrea und Tim durchzustehen. Mag sein, dass ich bisher den Eindruck eines bemitleidenswerten Neurotikers hinterlassen habe, aber in Sachen Treue hatte ich stets das Selbstverständnis eines römischen Legionärs: bis in den Tod.

Maggy kreuzte nun jeden Tag bei uns zu Hause auf und glaubte, mit einem besonders infantilen Vokabular eine Kommunikation mit Tim aufbauen zu können. Manchmal überraschte ich sie dabei, wie sie ihr Parfum in Tims Zimmer versprühte. »Hitler benutzte nie Parfum, aber das war ein Fehler. Er hat auch Fehler gemacht. Aber mein Parfum beruhigt Tim«, sagte sie lächelnd, »und wenn ich weg bin, riecht er mich immer noch.« Das war nun genau das Problem. Selbst wenn Maggy endlich weg war, war sie immer noch da. Es war ein schreckliches Parfum. Wenn ich heute irgendwo in der Straßenbahn dieses Parfum rieche, muss ich beinahe erbrechen. Ich steige aus und gehe zu Fuß weiter.

Ich versuche, fair zu sein: Maggy war auch hilfreich, sie hat sich stets sehr um Tim gekümmert. Andrea lag abends in ihrem

Bett und starrte an die Decke. In meinem Pschyrembel las ich alles über den Baby-Blues. Soll normal sein. Ich dachte, ich könnte Andrea mit diesem Wissen beruhigen, doch es erzürnte sie. Sie sagte, nur schwache Frauen litten an Baby-Blues, aber nicht sie. Sie sei einfach niedergeschlagen, und daran sei ich schuld, sie hätte nie Kinder gewollt. Ich würde wahrscheinlich noch nicht realisieren, was für ein Leben mich nun erwartete. Mein Enthusiasmus für Tim schien sie zu provozieren, aber ich hätte tatsächlich den ganzen Tag jodeln und Champagner trinken können, ich war im wahrsten Sinne des Wortes aus dem Häuschen. Tims Geburt war das schönste und ergreifendste Erlebnis in meinem Leben und wird es bis zum Ende bleiben. Ich wäre lieber nur Vater als Schriftsteller gewesen. Ein Kind war mehr wert als die gesammelten Werke von Balzac, Flaubert und Henry Miller zusammen. Viele Künstler sind miserable Väter. Weil sie wie die meisten Künstler im Kern Egoisten sind, Asoziale.

Nehmen Sie Ingmar Bergman, der hatte alle paar Monate eine neue Frau. Glauben Sie im Ernst, er habe sich um seine Kinder gekümmert? Picasso hasste Kinder geradezu. Ich hasse deshalb Picasso und sein gesamtes Werk. Ich weiß, gehört sich nicht für einen Schriftsteller, so was zu sagen. Aber ich erwähnte schon: Ich bin heute nicht aufgestanden, um ein verlogenes Buch zu schreiben. Fellini? Oh mein Gott, fragen Sie mal seine Kinder. Allesamt große Künstler, aber dennoch bemitleidenswerte Idioten, die nie begriffen haben, was im Leben wirklich zählt.

Natürlich machte es mich manchmal traurig, dass Tim so unbeweglich war, aber ich war völlig vernarrt in ihn und konnte stundenlang neben seinem Bett sitzen und ihn einfach nur anstaunen. Ich machte mir anfangs nicht wirklich Sorgen um seine Zukunft. Die lag noch in sehr weiter Ferne, und ich würde immer an seiner Seite sein.

Maggy führte einen privaten Pressedienst ein. Sie brachte uns nicht nur jede Rezension, die über meine Bücher geschrieben wurde, sondern auch jedes Inserat für irgendeine Waschmittel-Aktion. Ich erklärte ihr, welche Printmedien wir abonniert hätten, und dass es wenig Sinn mache, uns Zeitungsausschnitte von letzter Woche zu bringen. Andrea bat mich, einfach zu schweigen und alles als Altpapier zu entsorgen.

1984 wurden die Buchläden regelrecht zugemüllt mit Orwell-Literatur. Die Feuilletonredaktionen liebten mein Buch über den Neurotiker, der seiner Katze Käse verfütterte. Nur ein etwas älterer Rezensent warf die Frage auf, ob all diese jungen zornigen Autoren im Grunde ihres Herzens nicht etwa fortschrittsfeindliche Konservative waren. Das gab mir zu denken. Wird denn tatsächlich alles schlechter auf diesem Planeten? Stellen Sie sich mal einen Zahnarztbesuch vor tausend Jahren vor. Oder eine Lungenentzündung, bevor die Antibiotika erfunden wurden. Hunger, Armut, Kriege im 18. und 19. Jahrhundert. Kinderarbeit, kein Sozialstaat, keine Demokratie, kein Rechtsstaat, kein Eigentumsrecht. Und wofür kämpften die Aufständischen 1848 in Europa? Für den Zwölfstundentag! Normal waren bis zu sechzehn Arbeitsstunden am Tag. Und wofür kämpfen Sozialisten heute? Für ein bedingungsloses Grundeinkommen. Und wer soll das bezahlen? Jack natürlich. Er las meine Bücher nie. Er wollte lediglich die Verkaufszahlen wissen und die Höhe der Honorare. Er murmelte jeweils, das sei aber gar nicht viel.

Der hagere Blonde im hellblauen Hemd schrieb mir einen Brief. Er teilte mir mit, dass er meinen letzten Thriller gelesen habe. Direkter Kontakt mit den Lesern ist prinzipiell sehr erfreulich, als Autor fragt man sich immer wieder, wer eigentlich die Leute sind, welche die Bücher lesen, die man geschrieben hat. Einer hatte sich nun gemeldet, mein Vater. Er war empört. Ich dachte, es gehe um die Sache mit der CIA, die an ahnungslosen Opfern Drogenexperimente durchführte. Aber nicht das brachte ihn auf, sondern die Seiten 49 bis 51. Ich habs nicht nachgeschlagen, ehrlich. Keine Ahnung, was er meinte. Auf jeden Fall teilte er mir mit, er sei erstaunt, dass ich trotz meiner Intelligenz – erstmals wurde mir diese schriftlich attestiert – meine Kindheit noch nicht überwunden habe. Er schrieb sogar, dass ich mein Innerstes auf ekelhafte Weise entblößt hätte. Und er setzte noch eins drauf: »Gott lässt seiner nicht spotten!!!« Mit drei Ausrufezeichen. Er schloss den Brief mit der Feststellung ab, ich hätte die Tür zugeschlagen – bei einer seit Jahren fest verschlossenen Türe technisch nicht einfach.

In den nächsten Jahren hörten wir nichts mehr voneinander. Aber ich hatte die Gewissheit, dass ich zumindest in Zukunft einen Stammleser hatte. Bei meinen Verkaufszahlen zählte jeder. Ich bin deshalb sehr froh, dass Sie die *Script Avenue* gekauft haben. Danke!

Berthold Krenz schrieb keinen Brief. Er rief mich an und beschimpfte mich, er nannte mich tatsächlich ein »Arschloch« und noch ein »kapitalistisches« dazu. Ich hätte offenbar nicht begriffen, was die Aufgabe eines Autors sei, nämlich die Änderung der Gesellschaft nach Vorbild der DDR. Ich hatte nicht das Bedürfnis, mit ihm zu streiten. Deshalb fragte ich ihn lediglich, ob er im Casino wieder verloren habe. Er knallte den Hörer auf die Gabel, ich hörte jahrelang nichts mehr von ihm.

Tony Brodbeck war aufrichtig überrascht und erfreut, als ich ihm das nächste Buch vorbeibrachte. Er hatte davon sogar in der Zeitung gelesen. Er umarmte mich wie einen guten Freund: »Das hätte ich nicht gedacht«, lachte er. »Man verspricht ja so einiges im Leben, denkt dann aber nicht im Traum daran, die Versprechen jemals einzulösen. Nur Blabla. Aber du bist zu einem Workaholic geworden.«

»Das liegt an meiner Zwangserkrankung. Tourette.«

»Ein neuer Rohstoff?«

»Der Rohstoff der Vielschreiber.«

Er ließ uns einen weißen Aigle Les Murailles bringen – der mit der hübschen Eidechse auf dem Etikett. Tony hatte sich verändert. Er trug jetzt die Haare hinten länger, wohl als Ausgleich dafür, dass sie ihm vorn ausfielen.

»Ich bin richtig stolz auf dich«, sagte er, während er in meinem Buch blätterte. »Jetzt bist du sogar Vater geworden, und ich könnte Großvater sein. Was nützen mir meine zwanzig Millionen, wenn am Ende irgendein Penner alles einsackt und in einen riesigen Joint packt?«

Wir tranken, sprachen über Sheila, das Leben, die Rohstoffmärkte, und Tony sagte, er wolle unbedingt etwas mit mir machen. Er habe einen guten Freund, der sei der größte Rohstoffhändler der Welt. Der wolle eine Biografie von sich schreiben lassen. Ob ich Interesse hätte. Das seien dann ganz andere Honorare als bei einer kleinen Rohstoffbroschüre. Nach wie vor süchtig nach neuem Wissen und nach neuen Erfahrungen, willigte ich sofort ein. Ich war gern Ghostwriter, lernte viel von fremden Lebenserfahrungen, und Lernen war noch immer meine große Leidenschaft, die mich elektrisierte und vorantrieb.

»Du wirst aber nie namentlich genannt, Sammy. Offiziell hat mein Freund das Buch geschrieben. Er ist der Autor.«

»Damit habe ich kein Problem«, sagte ich. »Rohstoffe und die ganze Wertschöpfungskette interessieren mich sehr. Ich sehe das als Weiterbildung.«

»Wenn du Erspartes hast, solltest du jetzt Rohstoffe kaufen, Kupfer, Gold, Silber, einfach Metalle, aber auch Nahrungsmittel, Orangensaft, Schweinehälften, Reis und Weizen. Und einfach liegen lassen. Die Schwellenländer erwachen aus ihrem Dornröschenschlaf, Millionen armer Menschen steigen in den

Mittelstand auf. China wird eines Tages explodieren – die werden alle noch mehr Rohstoffe brauchen.«

Dann kam ein Anruf, und Tony wurde richtig sauer. »Mach sie fertig!«, schrie er in den Hörer. Dann wandte er sich mir zu: »Diese Schlampe hat die Scheidung schon wieder zurückgezogen und bumst jetzt den Apotheker. Da kaufst du ihr für 4000 Franken neue Unterwäsche, und sie bumst den Apotheker. Sie hätte ein Wochenende in New York verbringen und den Portier bumsen können. Aber nein, es muss der Apotheker sein, einer meiner besten Freunde. Dachte ich jedenfalls. Wo soll ich mir jetzt mein Viagra besorgen?«

Andrea und ich besorgten uns einen Kalender, der die Entwicklungsstufen von Babys festhielt: krabbeln, sitzen, sprechen.

»Lassen Sie sich bloß nicht verrückt machen«, sagte Tims Kinderarzt, »die einen sind ein bisschen schneller, die anderen etwas langsamer, das wird schon.«

Aber es wurde nicht. Wir stellten fest, dass Tim auf Stufe 1 verharrte, während bereits Krabbeln angesagt war. Wir versuchten, ihn bei seinen Versuchen zu unterstützen. Er konnte sich kaum auf den Knien halten. Beugte er sich nach vorn, schlug er mit dem Kopf auf dem Teppich auf, stützten wir ihn vorne ab, sackte er mit dem Hinterteil auf den Boden. Andrea begann sich zu sorgen. Ich ahnte längst, dass nach Tims Geburt irgendetwas Gravierendes passiert war.

Der Kinderneurologe klemmte das CT, das sie von Tims Kopf erstellt hatten, an das Leuchtpult an der Wand.

»Hier sieht man deutlich, dass nach der Geburt etwas passiert ist. Ich habe mir die Protokolle aus der Intensivstation nochmals angeschaut. Sie erinnern sich, dass Tim unter Atemnot litt. Wir gaben ihm Sauerstoff. Leider gelangte dabei Sauerstoff ins Gehirn.«

Andrea und ich schauten uns verwirrt an.

»Das hat bei Tim eine Cerebralparese ausgelöst, eine spastische Lähmung.«

»Aber Tim war gesund, als ich ihn geboren habe! Er hatte einen Apgar von 8-9-10!«

»Ich weiß, er wurde gesund geboren. Aber viel zu früh. Die Hirnschranke war noch nicht geschlossen.«

»Was bedeutet das für Tims Zukunft?«

»Wir wissen es nicht, noch nicht. Sie müssen sich das wie eine Bombe vorstellen, die auf ein Dorf fällt. Manchmal trifft es die Bibliothek, manchmal das Sportzentrum, manchmal das Radiostudio.«

»Wird er jemals sprechen, eine Schule besuchen können?«

»Es ist noch zu früh, um Prognosen zu stellen. Wir müssen Tim nun regelmäßig beobachten.«

Andrea war am Boden zerstört und weinte tagelang. Sie haderte mit dem Schicksal und malte Tims Zukunft in den düstersten Farben. Was würde mit Tim passieren, wenn es uns eines Tages nicht mehr gäbe?

»Ich werde ihn mit mir in den Tod nehmen!«, schrie sie. »Irgendeine blöde Schwester hat unser Leben zerstört! Tim hat keine Chance mehr!« Ich teilte Andreas düstere Visionen nicht, ich war überzeugt, dass Tim ein gutes Leben haben würde. Selbst wenn er stark behindert sein würde. Ich würde dafür sorgen. Ich lag stundenlang neben ihm im Bett und sprach zu ihm. Manchmal fragte Andrea: »Hast du den Eindruck, dass er etwas versteht? Der Arzt sagte, wir müssten auf das Gehör achten.«

Tim blieb stumm. Selbst wenn er quengelte, freuten wir uns, weil wir dies als Hinweis auf erste Sprechversuche interpretierten; immerhin gab er Laute von sich.

Aber auch ich machte mir langsam Sorgen, ich beobachtete ihn und stellte mir Fragen, die mir niemand beantworten konnte. Was machen wir jetzt bloß? Tim lächelte und versuchte, mit den

Armen zu rudern. Dabei berührte er zuerst mein Gesicht und anschließend meine Hand. Er umklammerte meinen kleinen Finger und hielt ihn fest.

»Mach dir keine Sorgen, Tim. Diese Welt wird dich nicht wollen, aber ich werde dich nicht im Stich lassen. Du bist ab jetzt mein bester Freund, gemeinsam werden wir über den Ozean laufen.«

## I Won't Let You Down

Als Tim drei Jahre alt war, hatte sich sein Zustand kaum verbessert. Maggy hatte Tim ins Herz geschlossen. Sie konnte stundenlang mit ihm spielen.

»Hitler hat Kinder gemocht«, erzählte sie Tim manchmal, »es gab damals Postkarten, die Hitler als Kinderfreund zeigten, als Kunstfreund, als Musikfreund …«

»Noch ein Wort über Hitler, und du hast hier Hausverbot!«, schrie Andrea. Sie war mit den Nerven am Ende und stritt sich jetzt oft mit ihrer Mutter. Eines Tages brachte Maggy ein Magazin mit einer Homestory von einer Tessinerin mit, deren Tochter ein ähnliches Schicksal erlitten hatte wie Tim. Sie therapierte ihre Tochter mit der Hilfe eines Amerikaners aus Philadelphia. Andrea wurde sehr wütend auf ihre Mutter, sie wollte von all diesen Wunderheilern nichts wissen.

»Weißt du eigentlich, was wir mit deinen Zeitungsausschnitten tun?«

Sie warf das Magazin demonstrativ ins Altpapier: »Das wandert direkt in den Müll!«

Ich fischte es am Abend aus dem Altpapier heraus und las die Geschichte mehrmals durch. Das war kein Wunderheiler, das war ein Neurologe. Ich rief die Tessinerin an. Sie hieß Isabella und hatte ein feuriges Temperament. Sie kämpfte an allen Fronten – gegen die Versicherungen, gegen das Krankenhaus, war in Scheidung und hatte noch weitere Kinder. Sie gab mir einige Unterlagen über das Ärztepaar Diamond und McNamara. Diamond gefiel mir nicht besonders, er verlangte von den Eltern, dass sie das Kind seiner Klinik in Philadelphia überließen. Dort sollte das Gehirn mittels Elektroschocks wieder aktiviert werden. Das klang doch sehr nach Teufelsaustreibung und Frankenstein. Ich las auch Diamonds Hauptwerk, wonach er aus kranken Kindern gesunde mache und aus gesunden Genies. Denn nur Genies, so seine These, könnten eines Tages unseren Planeten retten. Ich schrieb später ein Theaterstück namens *Superbabys,* aber die Theorien des Professors waren so hanebüchen, dass ich das Stück bis heute nicht verkaufen konnte.

McNamara interessierte mich mehr. Er war ein bodenständiger Mann, ein Neurologe, der die These vertrat, dass bei einer Hirnverletzung gewisse motorische Fähigkeiten verloren gingen. Man müsse nun dem Gehirn die verlorenen Bewegungsmuster neu einprogrammieren. Das bedeutete, dass man mit den kleinen Geschöpfen täglich fünf Stunden Bewegungen trainieren musste. Entscheidend sei nämlich die Frequenz, Intensität und Dauer der einzelnen Übungen.

Eines Tages eröffnete McNamara in Barcelona ein Center für europäische Patienten. Wir fuhren alle drei Monate nach Barcelona und ließen uns in mehrtägigen Sitzungen die Übungsprogramme erklären. Ich sah nicht sehr viel von Barcelona, aber ich sah im Center, dass viele Menschen dasselbe Schicksal teilten und dass man das durchstehen konnte. Andrea gefiel die Umgebung nicht, weil es sie an Selbsthilfegruppen erinnerte. Sie meinte, sie brauche so was nicht, das sei für schwache Menschen. Mir aber tat es gut, diese Menschen kennen zu lernen. Dabei gab es erstaunlicherweise wenige Mütter, die noch verheiratet waren. Fünf Stunden Training pro Tag zerstört jede Ehe, behauptete unser Kinderarzt in der Schweiz.

Andrea und ich waren uns dessen bewusst, als wir anfingen. Aber wir wurden ein starkes Team und waren überzeugt, dass wir es gemeinsam schaffen würden. In den nächsten Jahren trainierten wir Tim nach dem umfangreichen Drehbuch von McNamara, fünf Stunden am Tag. In den ersten sechs Monaten brachten wir Tim das Kriechen bei, wir spielten ein bisschen Evolutionsgeschichte, Amphibien und so. Der eine ruderte langsam mit Tims Beinen, der andere synchron mit seinen Armen. Wir übten den Pinzettengriff, stimulierten seine Geschmacksnerven mit Gewürzen, übten die Akkommodation der Augen, wir hängten Schaukeln an die Decke, um das Gleichgewicht zu trainieren, wir montierten Sprossen an Wänden und Decken, um den aufrechten Kreuzgang zu lernen. Tim hatte nicht immer Lust. Wir auch nicht. Aber wir ließen keinen Trainingstag aus. Eine Stoppuhr diktierte uns jeweils den Übergang zur nächsten Übung. War einer krank, erschien er mit Mundschutz gleichwohl pünktlich zum Training.

»Wie willst du die nächste Konsultation in Barcelona bezahlen?«, fragte mich Andrea, »hoffe nicht auf unsere Eltern, die werden uns nicht helfen. Ich glaube, Jack ist enttäuscht von mir. Er kann nicht akzeptieren, dass sein Enkel behindert ist.«

Ich dachte fieberhaft über neue Verdienstmöglichkeiten nach und schrieb unzählige Zeitungen, Werbeagenturen, Radio- und Fernsehstationen an. Eine Fernsehredaktion hatte gerade ein Drehbuch abgeschossen und brauchte innerhalb von drei Wochen ein neues. Ich sagte sofort zu, obwohl ich noch nie im Leben ein Drehbuch geschrieben hatte. Aber ich hatte in meinem Leben so viele Filme gesehen. Ich war überzeugt, dass ich ausreichend Anschauungsunterricht in Dramaturgie, Dialogen, Schnitttechniken und Charakterentwicklungen genossen hatte, um es zu schaffen. Ich schrieb das Drehbuch nur für Tim. Es wurde ein Einschaltquotenrekord und hatte zahlreiche neue Aufträge zur Folge.

Dank Tim war ich nun Drehbuchautor geworden, und wir konnten uns jetzt vier Flüge pro Jahr nach Barcelona leisten. Ich wurde eine Drehbuchhackmaschine, die täglich Figuren aus der Script Avenue herausfischte, für den Plot zurechtschnetzelte und durch die Maschinenwalze drehte. Ich erzählte Tim stundenlang von der Script Avenue und rezitierte Dialoge. Manchmal lächelte er.

Als ich eines Tages mit meinem Manuskript eine Fliege erschlug, erschrak Tim und zog die Augenbrauen hoch. Als eine weitere Fliege auf seinem Arm landete, sagte er »Bam«. Er hatte gesprochen! Wir verloren vor Freude schier den Verstand. Und nach einigen Wochen sagte er »Bams«. Ich hatte zwei Fliegen auf einen Streich erschlagen. Dass er für sich den Plural erfunden hatte, bestärkte mich in der Überzeugung, dass Tim eines Tages wie ein Wasserfall sprudeln würde.

In den folgenden Jahren lernte er sprechen, krabbeln und seine Hände benutzen, aber er konnte nach wie vor nicht aufstehen, geschweige denn gehen oder laufen. Aber er saß jetzt am Tisch, ohne dass der Oberkörper nach vorn fiel und der Kopf in die Buchstabensuppe klatschte. Die Trainings wurden schwieriger, Tim hatte immer weniger Lust. Ich ging auf die Knie und forderte ihn zu einem Wettrennen auf. Jeden Morgen um neun. An der Sprossenwand erklärte ich ihm, dass wir jetzt hoch über einem Canyon hingen und nicht loslassen dürften. Wir kauften ihm Zügel und einen Sturzhelm und versuchten, mit ihm aufrecht zu gehen, er mochte dies nicht. Ich erklärte ihm, dass wir in Bibracte gegen Cäsars Legionäre kämpften und nicht aufgeben dürften, wir müssten es bis zu Vercingetorix schaffen. Da wollte Tim Vercingetorix sein und mehr über ihn erfahren.

An den Nachmittagen hörten wir draußen Kinder spielen. Andrea saß im Wohnzimmer auf dem Teppich und spielte mit Tim Tierquartett. Sie hasste Spielen, aber sie hatte Jacks ausgeprägtes Pflichtgefühl geerbt. Mit einem gewissen Befremden stellte ich fest, dass der Mutterinstinkt nicht zur seriellen Ausstattung einer Frau gehört. Manchmal schien mir, Andrea mochte ihr eigenes Kind nicht. Sie warf ihm insgeheim vor, es habe ihr das aktive Leben geraubt. Sie weinte oft, wenn sie abends im abgedunkelten Schlafzimmer ihren Leonard Cohen hörte, der mit tiefer schleppender Stimme seine melancholischen Texte vortrug. Andrea verlor sich darin. Trotzdem absolvierte sie täglich und sehr diszipliniert ihr Trainingspensum mit Tim, aber sie war dabei nicht glücklich. Nach ihrer Auffassung hatte sie verloren, und sie glaubte – wie viele junge Frauen, die in wohlbehüteten Verhältnissen aufwachsen –, man habe per se ein Anrecht auf ein faires und schönes Leben. Da krümmen sich die Götter vor lachen, ich mittlerweile auch.

Tim wurde zu meinem größten Projekt. Während Schriftstellerkollegen ihr Leben als Bohemiens genossen und sich abends in den Bars über Stiftungsgelder, Psychopharmaka und One-Night-Stands unterhielten, konzentrierte ich mich darauf, mit Tim die Script Avenue abzuschreiten. Beruflich gesehen war das ungünstig, denn auch unter Literaten ist das Networking alles. Mit »alles« meine ich tatsächlich alles. Ich gehörte nicht dazu, ich war nie anwesend, und als ein Film nach dem andern ausgestrahlt wurde, für den ich das Drehbuch geschrieben hatte, wuchsen Neid und Missgunst; ich bemühte mich um Aufträge von ausländischen Fernsehstationen.

Heute möchte jeder Schriftsteller Drehbücher schreiben, aber damals galt Fernsehen als minderwertig. Wer Drehbücher schrieb, war kein echter Literat mehr, dabei basiert alles auf Geschichten – der Roman, das Drehbuch, Asterix und sogar die Bibel. Und alle haben die gleiche Dramaturgie, Held will von A nach B. Dazwischen gilt es, Hindernisse zu überwinden. Der Held hat Eigenschaften, die ihn stark machen, aber auch solche, die ihm das Leben schwer machen. Damit das Ganze funktioniert, muss er sympathisch sein. Denn das A und O ist, dass der Zuschauer sich Sorgen macht. Und das tun wir nur, wenn wir die Figur mögen. Ja, Sie haben völlig recht, es gibt tausend Filme, die das Gegenteil beweisen. Aber wenn der Charakter nicht sorgfältig und glaubwürdig erschaffen wird, können Sie hundert Millionen in einen Film stecken und anschließend von der Golden Gate Bridge springen.

Tim machte Fortschritte.

»Stellen Sie sich vor, sie tragen eine schwere Ritterrüstung, die mit Wasser gefüllt ist. Und jetzt versuchen Sie, sich zu bewegen. So müssen Sie sich den Alltag von Tim vorstellen. Jeder Schritt ist eine sportliche Herausforderung!«, erklärte uns der Neurologe. Tim wurde älter, es war Zeit, ihn einzuschulen. Um einen kurzen Schulweg zu haben, zogen wir in die Nähe der Grundschule. Wir hatten kein Auto. Andrea war mächtig stolz darauf, sie hasste Autos und machte jeden zur Schnecke, der mit dem Auto vorfuhr. Außer den Taxifahrer, den sie ab und zu beanspruchte. Sie kümmerte sich um Fluglärm, Atomkraftwerke, getrennte Müllentsorgung, Autoabgase. Aber es hätte wichtigere Dinge gegeben.

»Wir können Ihren Sohn nicht bei uns aufnehmen«, teilte uns der Rektor der Primarschule mit. Er saß hinter seinem Schreibtisch und machte keinerlei Anstalten, dass er mit sich reden lassen würde. Er war nur kurz ins Besprechungszimmer gekommen, um uns die Absage zu erteilen.

»Was soll dann aus Tim werden?«, fragte Andrea böse.

»Es gibt spezielle Institutionen für behinderte Kinder.«

»Sie meinen Behindertenheime?«

»Zum Beispiel«, sagte er und schaute kurz auf seine Uhr, »aber das hier ist nicht der richtige Ort für ihn.«

»Tim ist gehbehindert«, versuchte ich es nochmals, »aber er hat keine intellektuellen Defizite.«

»Es tut mir leid«, brach der Rektor die Diskussion ab, »aber unser Schulsystem ist für behinderte Kinder nun mal nicht eingerichtet. Für Spastiker gibt es Behindertenheime.«

Ich war schockiert und am Boden zerstört. Wie sollte Tim jemals eine Zukunft haben, wenn man ihm den Zugang zur Bildung verbaute? Ich versuchte dem Rektor zu erklären, dass Tim nur mit dem linken Bein Probleme habe und dass er sonst ein cleverer Junge sei. Er könne sogar Hannibal von Geronimo unterscheiden. Er kenne alle Länder und Flaggen und könne bereits ein bisschen rechnen.

»Stellen Sie sich vor«, redete ich auf den Rektor ein, »Sie brechen sich nächste Woche das Bein. Können Sie dann nicht mehr Rektor sein? Steckt man Sie dann in ein Behindertenheim?«

Andrea mischte sich ein und schrie: »Tim ist Spastiker und nicht geistig behindert!«

Das Schicksal hatte ihre Zündschnur verkürzt, ich bin sicher, sie hätte mit dem Duden nach dem Rektor geworfen, wenn er nicht sofort das Zimmer verlassen hätte.

»In Zukunft gehe ich besser allein«, sagte ich zu Andrea.

»In Zukunft?«, schrie sie, »Tim hat keine Zukunft auf dieser Welt!«

In der Nacht betrat ich die Script Avenue. Entlang der Straße waren Schülerpulte aneinandergereiht. Ich trug Tim auf der Hüfte und schritt von Pult zu Pult, jedes war besetzt. Die Kinder schauten jeweils kurz zu mir auf und schüttelten mit Bedauern den Kopf. Beim Pausengong sprangen sie alle hinter ihren Pulten hervor und rannten die Script Avenue hinunter. Ich blieb allein mit Tim zurück. »Wartet doch!«, rief ich ihnen hinterher. »Wir kommen gleich nach!« Ich setzte Tim hinter eines der Pulte. Als ich die Script Avenue hinunterschaute, war sie leer.

Tim saß meistens in meinem Arbeitszimmer, während die gleichaltrigen Kinder aus der Nachbarschaft in der Grundschule lesen und schreiben lernten. Was sollte eines Tages aus ihm werden?

»Sie nannten den jungen Kelten Korisios«, erzählte ich Tim, »er konnte nicht allein gehen. Deshalb hatte er eine germanische Sklavin. Sie war sein linkes Bein. Korisios war ein junger Mann, gefangen in seinem Körper. Die Kelten glaubten, dass behinderte Menschen das Zuhause der Götter sind. Sie können nicht gehen, weil sie nicht zu gehen brauchen. Deshalb ging er bei einem Druiden in die Schule. Als die Germanen sein Dorf niederbrannten, floh der Druidenlehrling mit seiner Sklavin in den Süden. Doch er lief direkt in die Arme von Cäsars Legionen.«

Tim bewegte und faszinierte die Geschichte. Er wollte jeden Tag mehr davon hören.

»Dieser Korisios gab nie auf. Er wollte den Stamm der Arverner aufsuchen und sich dem Fürsten Vercingetorix anschließen.«

»Wie wärs, wenn du ihm Mathematik beibringen würdest?«

Wir fanden eine Primarlehrerin, die Interesse hatte, Tim den Schulstoff in Privatstunden beizubringen. Ich hörte eines Tages, dass sich der Rektor beim Skifahren tatsächlich das Bein gebrochen hatte. Ich bin sicher, dass er sich nun an Tim erinnerte. In einem Film wäre das sehr unglaubwürdig. Einen Monat später stürzte er mit seinen Gehhilfen und brach sich auch noch das zweite Bein. Von da an regierte er für ein halbes Jahr im Rollstuhl. Das ist nun indiskutabel unglaubwürdig. Aber es gibt solche Zufälle. Meine Mutter hätte in diesem Fall den lieben Gott ins Spiel gebracht, Gott als Knochenbrecher.

Nach einem Jahr versuchten wir erneut, Tim einzuschulen. Er konnte nun auch schon ein bisschen schreiben und lesen. Der Rektor humpelte an Stöcken ins Zimmer und stellte uns Tims Klassenlehrer vor, einen zackigen jungen Mann.

»Das stellt für mich kein Problem dar«, sagte er mit breitem Lächeln, »sie bringen ihn zur Schule, und wir setzen ihn an den vordersten Tisch, damit ich ein Auge auf ihn habe. Ich gebe ihm ein paar Malstifte, während ich mit den anderen den Schulstoff durchnehme. Das wird schon klappen.«

»Wir haben eher gedacht, dass Sie Tim Lesen, Schreiben und Rechnen beibringen, Malen kann er zu Hause.«

Der junge Mann machte ein paar Faxen und meinte, an ihm würde es nicht scheitern. Er würde sogar Tims Zeichnungen aufhängen, um ihn in der Klasse zu integrieren.«

Das bewog uns dazu, den privaten Unterricht zu Hause fortzusetzen. Eines Tages rief uns eine junge Lehrerin aus dem Schulhaus an und sagte, sie habe im Lehrerzimmer von unserem Problem gehört, sie möchte es gern mit Tim versuchen. Sie war eine eher schüchterne und bescheidene junge Frau, die aber über eine große innere Kraft und Sensibilität verfügte. Sie machte einen wunderbaren Job. Als ihre vier Jahre mit Tims Klasse zu Ende gingen, empfahl sie uns einen Lehrer für die nächste Stufe. Wir sprachen mit ihm, und es gelang erneut, Tim zu integrieren.

Es fasziniert mich immer wieder, wie ein einzelner Mensch das Schicksal eines anderen nachhaltig verändern kann. Jahrzehnte später fragte ich mich im Angesicht des Todes: Was hast du für andere Menschen getan? Die Genugtuung besteht nicht darin, viele Bücher geschrieben, sondern das Leben anderer Menschen positiv beeinflusst zu haben.

Wir wohnten nun in einer kinderreichen Siedlung mit meist jungen, alternativen Familien. Wir dachten, in dieser Umgebung würde Tim mehr Akzeptanz und Unterstützung erfahren. Doch während die anderen Kinder draußen spielten und lachten, saß Tim oft in meinem Büro, blätterte in illustrierten Geschichtsbüchern oder spielte mit unseren Plastikfiguren. Wir konnten ja nicht jeden Tag in den Zoo. Obwohl wir mittlerweile ein Jahres-Abo hatten. Die andern Eltern überließen es ihren Kindern, ob sie mit einem Behinderten spielen wollten. Kindererziehung und Sozialisierung wurden mit Dressur gleichgesetzt.

Ich kam zur Erkenntnis, dass Rot-Grün-Alternative nicht unbedingt die besseren Menschen waren. Sie empörten sich gern und mischten sich leidenschaftlich in alles ein. Auch bekam man von ihnen häufig und ungefragt Ratschläge aus dem Reich der Esoterik. Ganz stark waren sie, wenn es darum ging, Gelder zu verschenken, die sie nicht verdient hatten. Wenn es beispielsweise um die Kultur ging, stiegen alle auf die Barrikaden, aber bei Bedürfnissen von Behinderten war Sommerpause. Ich war stets ein treuer und überzeugter Rot-Grün-Wähler, aber nach all den Erfahrungen mit Tim schmiss ich fortan meinen Wahlzettel in den Müll. Ich meine, zum Altpapier. War sehr wichtig für Andrea.

Es war nicht ganz einfach, Tim zu erklären, wie die Menschen waren, wieso sie so waren und wieso sie immer so sein würden. Tim spürte das große Unrecht, das ihm widerfuhr, und wurde sehr sensibel für das Unrecht, das andere betraf. Eines Tages erhielt ich einen Brief vom Blonden im hellblauen Hemd. Seine Handschrift hatte sich in meinem Gedächtnis eingebrannt. Er hatte offenbar mit einigen Jahren Verspätung von Tims Geburt erfahren und drückte seine Freude darüber aus, dass er Großvater geworden sei. Stolzer Großvater, fügte er an. Wenn er nur seinen Enkel sehen könnte, das wäre der schönste Tag in seinem Leben, und er würde Gott dafür bis ans Ende seiner Tage danken.

Andrea nahm den Brief aus dem Müll, ich meine, aus dem Altpapier, und las ihn mehrmals durch. Sie sagte, es wäre vielleicht an der Zeit, dem Mann im hellblauen Hemd zu verzeihen, man habe schließlich nur einen Vater. Und vielleicht täten ihm all die Dinge leid, die sich seinerzeit ereignet hätten. Als ich nicht reagierte, versuchte sie es mit einer anderen Strategie.

Ich solle Größe zeigen, das würde ihn demütigen. Gefiel mir schon besser.

Der Mann im hellblauen Hemd erlebte also den schönsten Tag seines Lebens und sah zum ersten Mal seinen Enkel. Ich musste an jenem Abend noch eine Lesung halten, mein Vater bot Andrea kurzentschlossen an, auf Tim aufzupassen, falls sie mich gern begleiten würde. Sie war einverstanden. Es war unser erster gemeinsamer Ausgang seit Jahren. Nach der Lesung hatten wir es eilig, wieder nach Hause zu kommen. Noch bevor wir die Haustür aufgeschlossen hatten, hörten wir Schüsse, Detonationen und ohrenbetäubenden Krach. Wir stürmten ins Haus. Tim saß zitternd auf der obersten Stufe der Kellertreppe und zeigte verängstigt zum Wohnzimmer, wo John Wayne, Robert Mitchum, Sean Connery und Henry Fonda gerade in der Normandie landeten. Der Fernseher war auf Maximallautstärke gestellt, da der Blonde im hellblauen Hemd noch schwerhöriger geworden war. Es lief *The Longest Day*, und vermutlich war das auch für Tim der längste Tag. Ein Mann lag erschossen im Schützengraben, ich meine auf der Couch, den Mund halb offen, schnarchend wie eine Eisensäge. Neben ihm lagen noch Reste seines Proviants und eine leere Flasche Rotwein. Als ich den Fernseher abstellte, wachte er auf und säuselte freundlich: »Oh, ihr seid schon wieder da? Ich muss vor zwei Minuten eingeschlafen sein.«

Während sich Andrea mit dem Blonden über den schönsten Tag seines Lebens unterhielt, setzte ich mich zu Tim auf die Treppe. »Kaum hattet ihr das Haus verlassen«, sagte Tim, »hat er ein Telefon nach dem anderen gemacht und allen Leuten erzählt, wie er sich aufopfernd für seinen behinderten Enkel einsetzt. Er trank dann eine Flasche Rotwein und schlief bereits vor den Abendnachrichten ein. Das war vor zwei Stunden.«

Als sich der Blonde verabschiedete, sagte er, er sei immer für seinen Enkel da, schließlich sei er jetzt stolzer Großvater.

Ich habe ihm nichts darauf geantwortet. Ich habe ihn nur angeschaut, so lange angeschaut, bis er ahnen musste, dass irgendetwas schiefgelaufen war. Schon wieder. Tim wollte ihn nie mehr sehen, Andrea wollte ihn nie mehr sehen, und mich kennen Sie mittlerweile. Müsste ich in einem Film den hageren Blonden im hellblauen Hemd charakterisieren, würde ich wahrscheinlich diese Szene auswählen.

Als Tim kräftig genug war, bekam er ein Laufgeschirr mit Zügeln und einen Sturzhelm und konnte endlich nach draußen gehen und Gleichaltrige treffen. Zu meiner großen Überraschung fand er einen treuen Freund. Anfänglich hatte der Junge mich regelrecht genervt, denn er fragte ständig, ob Tim Schmerzen habe, ob das heilbar sei und ob er später einmal allein werde gehen können, er war wirklich eine Nervensäge. Doch allmählich realisierte ich, dass er sich um Tim Sorgen machte und deshalb immer nachfragte.

Die beiden wurden unzertrennlich und verbrachten jede freie Minute mit ihren historischen Plastikfiguren auf dem Teppichboden und wollten täglich mehr wissen über das Leben der keltischen Stämme, römischen Legionen und Gladiatoren. Ich schreinerte römische Tempel, Schiffe und erstellte zum Entsetzen von Andrea riesige Modelle mit Flüssen, Wäldern und Befestigungsanlagen. »Habe ich jetzt zwei Kinder?«, fragte sie manchmal genervt. Tim war begeistert von dieser antiken Script Avenue und gab seinen Plastikfiguren Namen, Biografien, Träume, Siege und Niederlagen.

Doch manchmal schien er sich Sorgen zu machen um seine Zukunft. Würde er jemals laufen lernen? Ich erzählte ihm erneut aus dem Leben des spastischen Druidenlehrlings, der sich dem Zug der Helvetier angeschlossen hatte und nach der Schlacht bei Bibracte Schreiber in Cäsars Kanzlei geworden war. Tim wurde süchtig nach dieser Geschichte und machte

Vorschläge, wie der Druidenlehrling den Gallischen Krieg überleben könnte. Ich erfand Widerstände, die der Druide überwinden musste.

»Der Druide gibt nie auf«, sagte Tim, »sag mir, was er jetzt
tut!«

Ich begann parallel zu den Drehbüchern einen Roman zu
schreiben, den Roman eines spastischen Druidenlehrlings. Ich
schrieb ihn für Tim. Dreißig Jahre später erhielt ich eine Mail
von einem Spastiker aus Mexiko. Er hatte sich eine spanische
Raubkopie heruntergeladen und den Roman gelesen. Er schrieb,
dieses Buch habe ihm die Kraft gegeben, wieder aufzustehen.
Dieser Roman habe sein Leben verändert.

Im Gegensatz zu seinen gleichaltrigen Kollegen interessierte
sich Tim nie fürs Fernsehen. Er mutierte zu einer Leseratte,
die alles anknabberte und fraß, was historisch war. Wir kauften einen Rollstuhl, aber Tim wollte sich nicht hineinsetzen.
Also kauften wir einen Behindertenbuggy. In den folgenden
Jahren reiste ich gemeinsam mit Tim zu Anlässen, bei denen
römische Szenen nachgestellt wurden. Wir besuchten Historiker
und Archäologen, lernten bei einer schottischen Historikerin rö-
misch kochen und sammelten immer mehr römische Replika von
Originalfunden. Ich mochte die Küche von Apicius. Während
die einfachen Römer meist Getreidebrei löffelten, repräsentierte
Apicius die gehobene Küche des Mittelmeerraums. Gemeinerweise hat Apicius der Nachwelt nur die Zutaten genannt, aber
keine Mengenangaben gemacht. *Wo bleibt der Mehrwert?*, hat
Tim an den Rand geschrieben. *Sic es.* So sei es, hier das Rezept
für Moretum:

400 bis 500 g Feta
1 Esslöffel Olivenöl
6 Knoblauchzehen, zerstampft
1 Esslöffel Koriander (gemahlen)

Mix Thymian, Bohnenkraut, Liebstöckel, Minze,
Raute
1 Zwiebel, fein gehackt
gute Prise Pfeffer (gemahlen)
nach Bedarf Salz

Ich füge immer noch einen Schuss Balsamico hinzu. Falls Sie
Gäste haben, sollten aber alle davon essen ...

Die Arbeit am Gallischen Krieg nahm kein Ende. Als Nächstes kaufte ich Schaufensterpuppen und kleidete sie wie römische
Senatoren, Centurionen, Hohepriester und keltische Sklaven
ein. Ein Hamburger Schmied fertigte den Schienenpanzer. Den
Schild gab ich bei Simkins in Nottingham in Auftrag, einem
Freak, der sein Leben damit verbrachte, römische Schilde ge-
treu nach Museumsfunden zu fabrizieren und detailgetreu zu
bemalen.

Tim war begeistert. Andrea war schockiert, dass ich mich
nicht mehr mit kleinen 7-Zentimeter-Elastolin-Figuren zufrie-
dengab, sondern ein Upgrade auf 180 Zentimeter vollzogen
hatte. Als ich zum ersten Mal in der römischen Rüstung unser
Haus verließ, wurde sie richtig blass. Ich wanderte auf der alten
Römerstraße über den stark bewaldeten Berg Hauenstein. Als
ich oben angelangt war, begann es wie aus Kübeln zu schütten,
und ich stellte fest, dass meine römischen Sandalen derart aufgeweicht waren, dass sich das Leder wie ein Maßschuh um meine
Füße geschlossen hatte. Ich lernte auf diesen Märschen einiges
über den Alltag der Legionäre. Wissen Sie, andere Schriftsteller
googeln ein bisschen, *copy and paste,* und schon haben sie ihren
Legionär. Meine Legionäre schwitzen gemeinsam mit ihrem
Schöpfer, sie haben Blasen an den Füßen, die Rüstung schneidet
ihnen einen blutigen Kranz um den Hals, und am Ende sind es
ein paar Zeilen in einem Buch, das sich die Leute als Raubkopie
herunterladen.

Jack begann, Tim zu mögen und als Enkel zu akzeptieren. Manchmal fragte er, ob ich nun endlich fertig sei mit diesem Ritterroman. »Das sind Römer, keine Ritter«, lachte ihn Tim aus. Jack schien bekümmert und tauschte mit Andrea besorgte Blicke aus.

## Hannibal

Während der Sommerferien fuhr ich mit Tim in einem Miet-wagen durch Gallien und folgte Cäsars Spuren. Es gibt kaum einen Ort aus Cäsars *De Bello Gallico,* den Tim und ich nicht besucht haben. Wir waren beide pflegeleicht und unkompliziert und hatten immer eine Menge Spaß. Abends im Hotel sprachen wir über die nächsten Abenteuer des spastischen Druidenlehr-lings. Instinktiv realisierte Tim, dass ihm auch mit einem spas-tischen Bein die Welt offenstand. Tim und ich wuchsen zu einer verschworenen Gemeinschaft zusammen, wir wurden ziemlich beste Freunde. Andrea war froh, wenn ich mit Tim verreiste. Sie wollte zu Hause bleiben, sich um den Garten kümmern und lesen. Sie mochte nicht reisen, sie meinte, es sei zu anstrengend, und sie könne eh nicht weg wegen ihres Pferdes. Und andere Städte, Länder und Kulturen, das kenne sie eh schon von all den Dokumentarfilmen im Fernsehen. Sie drängte mich geradezu, mit Tim zu verreisen, weil sie dann kein schlechtes Gewissen zu haben brauchte. Aber mich musste man nicht drängen, ich liebte es, mit Tim unterwegs zu sein.

Er begleitete mich auch zu den Meetings bei den TV- und Radio-Sendern, gemeinsam besuchten wir Börsengurus, Wirt-schaftsführer und Stars aus dem Showbusiness, die mich als Ghostwriter verpflichteten. Ich wollte Tim zeigen, dass auch Menschen, deren Gesichter er aus Zeitungen und Magazinen kannte, nur mit Wasser kochen. Merkwürdigerweise fand er

Gefallen an den Meetings mit Anwälten und Juristen. Und an den Ureinwohnern Amerikas. Wir expandierten in die Welt der Plastikindianer und Plastikcowboys, bauten hölzerne Westernsiedlungen, Goldminen, Eisenbahnen und Forts. Ich konnte stundenlang mit Tim spielen. Ich war überglücklich, dass er das Alter erreicht hatte, in dem Kinder keine Sheriffs mehr zerkauen und runterschlucken, sondern ihre Figuren generalstabsmäßig über den Teppich dirigieren. Ich musste meistens den Part von General Custer am Little Big Horn spielen und verlieren, die Historie wollte es so. Und Tim natürlich auch.

Eines Tages fragte Tim, ob es in der Script Avenue schon einen Indianeranwalt gebe. Es gab noch keinen. Er sagte, er würde gern eines Tages Anwalt werden und den Indianern helfen, ihr Land zurückzuerobern. Das hat mich sehr berührt, ich kaufte ihm all die schön illustrierten Jugendbücher über Indianer, Cowboys und den Wilden Westen.

Ich kaufte meinen ersten PC, einen Compaq 386s für achttausend Franken, der bei der damaligen Leistung heute wohl fünf Franken kosten würde. Dieser PC hatte noch eine monochrome Grafikkarte und einen piepsigen Lautsprechersound. Tim war begeistert davon, Andrea weniger. Es schien sie zu ärgern, dass eine neue Technologie nach der andern die Märkte eroberte. Wie alle ihre Freundinnen hielt sie Computerspiele für sehr gefährlich. Sie seien Auslöser für Verdummung, soziale Isolation, Schulversagen, Hyperaktivität und Schlaflosigkeit – da fehlten nur noch Bettnässen und Suizid im Sandkasten. Ich versuchte, ihr den Unterschied zwischen einem Ego-Shooter, einem rundenbasierten Strategiespiel und einer Wirtschaftssimulation zu erklären. Vergebens. Es gehörte einfach zur Political Correctness, dass man eine negative Einstellung zu Computerspielen hatte.

Tim und ich verbrachten ganze Wochenenden mit *Monkey Island, Syndicate, Mad TV, Battle Isle* und Gremlins *Lotus*-Rennen, das erstmals einen geteilten Bildschirm für den Zweispielermodus hatte. Tim lernte dank der Wirtschaftssimulationen eine Menge über Wirtschaft und geordnete Finanzen. Nebenbei verbesserte er die Feinmotorik seiner Hände, keine Ergotherapeutin hätte das geschafft. Ich kaufte Tim eine Menge Simulationen, in denen man Städte, Eisenbahnfirmen oder Imperien gründen, entwickeln und verwalten konnte. Tim liebte sie und spielte sie nun zusammen mit seinen neuen Schulfreunden.

Tim zuliebe begann ich für Radiostationen, Magazine und Illustrierte die ersten Computerspiele zu besprechen. Von da an flatterten alle neuen Computerspiele, die in Europa und in den USA produziert wurden, vor dem Verkaufsstart bei uns ins Haus. Tim freute sich riesig. Seine Schulkollegen auch. Er lernte mit den Computerspielen, logisch zu denken, strategisch vorzugehen und mit Geld und Budgets umzugehen. Aber das für ihn ultimative Spiel gab es nicht auf dem Markt: Er wollte ein Game, das den Zweiten Punischen Krieg simulierte. Hannibal gegen Rom. Ich beschloss, mein erstes Computerspiel zu entwickeln. Andrea ließ vor Schreck das Essen anbrennen. Sie bat Jack an einem Sonntag um erste Hilfe. »Diese Verzettelung!«, schrie sie. »Jetzt, wo er als Drehbuchautor etabliert ist. Von Computerspielen hat er null Ahnung!« Jack musste ein Machtwort sprechen.

»Hm«, machte Jack, »vielleicht sollte ich mir auch einen Computer kaufen, der Pfarrer hat jetzt auch einen. Er führt sein Haushaltsbuch auf dem Computer. Das würde mich schon interessieren, ich könnte mein Aktiendepot jeden Morgen aktualisieren. Und so ein Hannibal-Spiel gefiele mir auch. Maggy, bring uns einen Whisky!«

Andrea prophezeite mir ein Desaster. Ich war ihr dafür sehr dankbar, solche Prophezeiungen haben mich stets motiviert. Ich entwickelte unter Tims Anleitung das Spiel des Hannibal. In der Universitätsbibliothek recherchierte ich die Ausdehnungen, Populationen und Anbauflächen von 765 antiken Stadtstaaten nach den Studien von Professor Beloch. Es wurde ein sehr, sehr langes Script mit ellenlangen Tabellen, die genau festhielten, wie sich eine militärische Einheit bei Regen, Hunger, hügeligem Gelände und so weiter bewegen sollte. Das A und O ist der Algorithmus, das Gottesteilchen, das den Beeinflussungsgrad der verschiedenen relevanten Faktoren setzt. Ich schickte das Werk dem damals erfolgreichsten Game-Hersteller. Schon nach wenigen Tagen kam ein Rückruf. Ich stieg mit Tim in den Zug und fuhr in den Ruhrpott. Die Softwarebude fanden wir in einem ziemlich verlotterten Schuppen, ein Siebzehnjähriger öffnete die Tür. Ich wollte ihm ein kleines Geschenk überreichen, das Buch, das sogar mein Vater gelesen hatte. Er hob abwehrend die Hände, als wolle er das Buch nicht mal anfassen.

»Wir lesen hier keine Bücher«, sagte er und lächelte versöhnlich. Sein Name war Björn Frank. Er führte uns in abgedunkelte Räume, wo Jungs im schulpflichtigen Alter hinter schweren Röhrenmonitoren Source-Codes tippten.

»Das sind unsere Büros«, sagte er. »Wir arbeiten anders als normale Firmen.«

Er führte uns zum Chef, der sein Büro in der Küche eingerichtet hatte. Neben dem Kühlschrank. Sein Hinterteil quoll links und rechts über den fragilen Sessel. Er zündete sich mit seiner heruntergerauchten Zigarette die nächste an und hielt einen Vortrag, den er nur kurz unterbrach, um hochzurotzen.

»Historisch genaue Game-Plays sind die Zukunft der computerbasierten Strategiespiele«, sagte er. »In Hollywood entwickeln jetzt renommierte Drehbuchautoren Gameplots. Wir werden in Europa die Ersten sein, die einen professionellen Autor verpflichten.«

Er legte mir einen großzügigen Vertrag vor. Die Summe entsprach ungefähr dem Honorar von fünf Hörspielen. Wieder ein Mehrwert: Bei hohen Honoraren sollte man besonders vorsichtig sein. Und wenn einer grinst: »Geld spielt keine Rolle«, dann sollten alle Alarmleuchten auf Rot schalten. Solche Leute bezahlen nie, und deshalb, und nur deshalb, spielt Geld keine Rolle. Aber diese Lebenserfahrung hatte ich damals noch nicht. Sie haben Sie nun, vielleicht empfehlen Sie dieses Buch weiter.

»Okay?«, fragte er betont desinteressiert, »und vergessen Sie nicht: Das Game-Play zählt mehr als die Historie. Ich scheiße eigentlich auf Ihre Historie, aber als Verkaufsargument wird sie nützlich sein.«

Die Firma brachte das Game auf den Markt, und das Spiel wurde ein Erfolg, auch in den USA. Es gibt heute noch Seniorenvereinigungen in den USA, die auf ihren alten DOS-Computern *Hannibal* spielen und Fragen zum Game-Play mailen. Die Firma feierte den Erfolg, möglicherweise zu lange. Sie ging bankrott, Björn Frank nahm die Kundenkartei sowie alle Mitarbeiter mit und gründete in der Parallelstraße eine neue Spielefirma. Sein alter Boss machte dann ein bisschen auf Immobilien, kaufte sich ein Reitpferd und brach sich das Genick. Biografien sind immer tragikomisch, wenn man sie in zwei Zeilen zusammenfasst. Das Leben wirkt dann so trivial, so sinnlos. Aber ich denke, genau das trifft den Nagel auf den Kopf.

Ich haderte nicht, ich hatte dank *Hannibal* zwei junge Freunde fürs Leben gewonnen: Andy, ein schüchterner, genialer Programmierer, den wir den Professor nannten, und Indy, ein begnadeter, virtuoser Grafikkünstler, der alles aus den Grafikkarten und den Arbeitsspeichern herausholte. Beide wollten nicht in Björn Franks neuer Firma arbeiten, sondern gemeinsam etwas Neues machen. Sie meinten, unsere Konstellation wäre ideal für eine neue Firma: Ich verstünde etwas von Drehbüchern und hätte gute Kontakte zu TV-Sendern, sie seien Profis in Sachen Grafik und Software. Aber nicht nur, Andy war auch Spezialist für Telefonie-Technologien. Tim nannte ihn mittlerweile Einstein. Andy hatte eine Idee: Er war überzeugt, dass man ein Computerspiel, das live über den Sender einer TV-Anstalt läuft, per Telefon steuern könne, wir wollten also interaktive Telefonie-TV-Computerspiele entwickeln. Klingt kompliziert, war es damals auch.

Andrea versalzte diesmal das Essen nicht. Sie streikte. »Du wirst uns noch ruinieren«, seufzte sie und bat Maggy und Jack um Hilfe. Am darauffolgenden Wochenende waren wir bei ihnen zu Besuch, es gab wunderbares Wild ohne Schrotkugeln, dazu einen schweren Bordeaux. Andrea wollte eigentlich über meine Pläne sprechen und hoffte, dass sie mir gemeinsam mit ihren Eltern die Softwarefirma ausreden könne. Doch Jack hatte keine Zeit, er wollte mir die Excel-Tabelle zeigen, mit der er sein Aktiendepot managte.

»Das ist perfekt«, kommentierte Jack stolz, »habe ich recht?«

Ich gab ihm recht.

Andrea drängte, dass wir uns wieder an den Tisch setzten, sie wolle noch etwas besprechen. Aber Jack wollte mir unbedingt noch sein Eisenbahnnetz zeigen. Er hatte tatsächlich das Spiel *Railroad Tycoon* installiert und ein gigantisches Streckennetz erstellt, das von Skandinavien bis nach Süditalien und Südspanien hinunterreichte. Jetzt war er dabei, Osteuropa zu erobern. Er rief mehrmals nach Andrea, um ihr seine Bahnhöfe zu zeigen, doch sie kam nicht. »Komm jetzt endlich«, befahl er, »was du hier siehst, ist die Zukunft!«

Als wir gegen Abend sein Spielzimmer verließen und uns an den Tisch setzten, gönnten wir uns einen Cognac, und Jack erzählte, er erwäge, sein Schienennetz nach Griechenland hinunterzuziehen. Und plötzlich sagte er zu Andrea: »Die Menschen werden immer mehr Freizeit haben, und was werden sie damit anfangen?«

Ich besuchte mit Tim den Direktor des nationalen TV-Senders. Er war um die sechzig, mit langen Haaren und Fünftagebart, und lief etwas nach vorn gebeugt. Wie die meisten gut verdienenden Sozialdemokraten trug er zerschlissene Jeans und ein weißes Hemd. Als uns seine Sekretärin, eine energische Vierzigjährige in einem engen, roten Lederanzug, in sein Büro ließ, begrüßte er uns mit einem schalkhaften Augenzwinkern: »Ich habe immer Angst, wenn junge Leute in mein Büro kommen. Ich denke mir: Ist es heute so weit? Kommt schon mein Nachfolger?« Er wandte sich an Tim und rückte ihm einen Stuhl zurecht. »In diesem Haus wimmelt es von Heckenschützen. Ich hoffe, ihr seid unbewaffnet. Ohne Cathy hätten sie mich längst erschossen. Cathy! Ist es nicht so?«

»Es ist so, wie Sie sagen, Chef. Was kann ich für dich tun, Chef?«

»Meine Medizin, Cathy.«

Sie verneigte sich elegant und verließ das Büro wieder.

»Schauen Sie sich hier um«, lachte er. »Mahagoniböden, Schränke aus edelstem Holz, nicht schlecht für das Büro eines Sozialdemokraten, unsere Einrichtung ist nur vom Feinsten. Jetzt habe ich sogar einen neuen Computer, aber ich habe das Handbuch verlegt. Cathy wird mir alles erklären.«

Cathy brachte eine Flasche Weißwein und drei Gläser. Sie schenkte allen ein.

»Stell noch ein paar Flaschen kalt, Cathy, wir haben eine Besprechung.«

Cathy lächelte vielsagend und verschwand wieder. Wir stießen miteinander an und tranken still diesen wunderbaren Weißen. Nach dem zweiten Glas sagte der Direktor: »So, jetzt bin ich aufnahmebereit. Cathy hat mir alles erzählt. Hat denn ihr Programmierer jemals ein Fernsehstudio von innen gesehen?«

»Er hat es in seinem Büro nachgebaut.«

Der Direktor begann laut zu lachen: »Nachgebaut? Wie groß ist denn sein Büro?«

»Zwanzig Quadratmeter, schätze ich.«

Er lachte noch lauter: »Wissen Sie, wie groß unsere Studios sind?«

»Etwa größer?«, scherzte ich.

»Wissen Sie, wie viele Menschen in unserem Studio für eine einzige Sendung gebraucht werden?«

»Unser Programmierer hat ein TV-Studio nachgebaut, ich meine softwaremäßig; er simuliert das Fernsehstudio. Stellen Sie mir für eine halbe Stunde ein Studio zur Verfügung, von mir aus um drei Uhr morgens. Ich werde ihnen beweisen, dass wir ein TV-Game mittels Telefon steuern können.«

Er schüttelte grinsend den Kopf: »Hören Sie, wenn es möglich wäre, von zu Hause aus mit dem Telefon eine Kugel zu steuern, die live über Millionen TV-Bildschirme rollt, dann wären Sie ein Genie. Das würde ich Ihnen vielleicht glauben, wenn Sie aus dem Silicon Valley kämen.«

»Okay«, sagte ich, »ich komme aus dem Silicon Valley, wir können das Gespräch gern auf Englisch fortsetzen.«

Jetzt schien er ziemlich erstaunt über meine Selbstsicherheit: »Ich habe mich in unserem Haus umgehört«, sagte er zögernd. »Sie haben einen guten Ruf, was in der Branche nicht selbstverständlich ist.«

Er nahm einen weiteren Schluck Wein und genoss ihn. Er trank langsam, als brauche er noch etwas Zeit zum Nachdenken: »Wir können es versuchen, aber nur eine halbe Stunde lang. Um drei Uhr morgens. Und wenn ich morgen um halb zehn ins Büro komme, und man sagt mir, es sei letzte Nacht schiefgelaufen, habe ich immer noch meinen Job. Im Gegensatz zu Ihnen.«

Er trank sein Glas leer, dann rief er erneut nach Cathy. Sie brachte die nächste Flasche gleich mit: »Er hat schon wieder angerufen.«

Der Direktor winkte ab: »Cathy, ich bin beschäftigt. Wollt ihr den Fernsehdirektor austrocknen lassen? Ich saufe für bessere Quoten. Ich opfere meine Leber dafür!« Dann wandte er sich an mich und Tim: »Wissen Sie, die Leute glauben immer, der Fernsehdirektor bestimme alles. Man müsse bloß einen Termin bei Cathy erzwingen, und wenn man bei mir oben Weißwein saufe, sei die Sache geritzt. Weit gefehlt. Ich bestimme nur die Farbe des Programms. Verstehen Sie? Ich sage nicht, wir bringen jetzt Zitronen, Mandarinen óder Sellerie. Ich sage nur: Gelb, Orange, Grün, Blau.«

Er wandte sich an Tim: »Weißt du, das Wichtigste im Leben ist die Struktur, die Kontinuität, die Verlässlichkeit. Um sechs Uhr abends kommt der Alte nach Hause, das Essen steht auf dem Tisch, er setzt sich mit der Morgenzeitung auf die Toilette, und Punkt acht Uhr schaltet er die *Tagesschau* an. Das ist der Beginn eines strukturierten Abends. Ohne *Tagesschau* pünktlich um acht würde ihm das Leben um die Ohren flattern. Wir geben den Menschen Halt, wir sind der geistige Rollator, der sie durch den Abend führt. Das ist die Kernaufgabe eines nationalen, öffentlich-rechtlichen Fernsehsenders! Wir geben dem Leben einen Sinn.«

Er war ein glänzender, intelligenter und geistreicher Unterhalter. Leider unterbrach Cathy unser Meeting erneut. Sie sagte ihrem Chef, er müsse jetzt duschen und ein frisches Hemd anziehen. Er habe einen Termin mit dem Minister.

»Der ist so was von doof«, flüsterte er und schaute Tim ratlos an: »Was meinst du, soll ich für ihn ein frisches Hemd anziehen?«

»Wir hätten noch ein gelbes mit roter Krawatte.«

Der Direktor zwinkerte Tim zu: »Das ziehen wir an. Das wird ihn ärgern.«

Dann wandte er sich an Cathy: »Muss ich unbedingt noch duschen?«

»Ja, Herr Direktor.«

»Eigentlich ist sie die Chefin«, grinste der Direktor, »aber ich beziehe das Direktorengehalt. Auch für einen Sozialdemokraten zählt am Ende des Monats, was in der Tüte steckt.«

Im Zug fragte mich Tim, ob Andy so was wirklich könne. Ich zuckte die Schultern: »Wir werden es sehen. Aber wenn einer es kann, dann Andy.«

Die Studiotests verliefen problemlos, Andy hatte recht behalten. Unsere neue Firma erwirtschaftete auf Anhieb gute Umsätze, wir waren über Nacht Marktleader und verkauften Lizenzen bis nach Südamerika. Wir hatte das allererste interaktive Telefon-Game Europas auf Sendung gebracht. Eigentlich wollte ich zurück in die Wälder der keltischen Druiden, zurück in Cäsars Legionärslager und nach Alesia, doch unsere Firma wurde größer und größer. Wir verdienten gutes Geld, reinvestierten es aber laufend in die Verbesserung der TV- und Telefontechnologie – und gaben ein Vermögen für den Schutz unserer Marken aus. Uns selber zahlten wir normale Durchschnittslöhne, wir waren Freaks und keine Unternehmer, Tim erhielt seinen ersten Arbeitsvertrag.

Parallel schrieb ich die ersten Actionserien für deutsche Privatsender, die sich neu dem Jugendkult verschrieben hatten. Nun saß man zwanzigjährigen Muttersöhnchen mit sündhaft hohen Einkommen gegenüber, die in New York drei Stunden Fernsehdramaturgie studiert hatten. Sie wüteten launisch in Drehbüchern, die man über Wochen sorgfältig entwickelt hatte, brachten sich am Ende grinsend als Co-Autoren ein und kassierten die Hälfte des Drehbuchhonorars. Sie erstellten Listen mit Actionszenen und Werbeblöcken und gaben konkrete Vorgaben für alles und jedes: Einmal musste ein brennender LKW in einem Nadelöhr explodieren, einmal musste ein Polizeifahrzeug nach einem Dreifachsalto auf dem Dach eines Jumbojets landen. Vor jedem Werbeblock ein Cliffhanger. Wir mussten also Geschichten zwischen Werbeblöcken und Actionszenen erfinden, und am Ende besudelte die Filmcrew das Drehbuch mit erbärmlich schlechten Dialogen. Ich tröstete mich mit William Goldman, der einmal sagte: Als Drehbuchautor wird man reich, aber nicht glücklich.

Vilaincourt war nur noch eine verschwommene Erinnerung an die jurassischen Ajatollahs. Ich war an den Problemen gewachsen und stand nun mit beiden Füßen auf dem Boden. Das Leben war großartig, Tim konnte sich nun selbständig in der Wohnung bewegen.

## Krebs

Andrea lachte leise. Sie schaute mich ungläubig an.

»Sie haben Krebs«, wiederholte Dr. Karlitzky in gebrochenem Deutsch. Er war Tscheche und 1968 während des Prager Frühlings in die Schweiz geflohen.

Wir starrten Karlitzky an, der plötzlich unwirsch mit dem Kopf wackelte: »Tut mir leid.«

Andrea war kreidebleich, man konnte ihr förmlich ansehen, wie sich der Boden unter ihr öffnete und sie in einem endlosen Fall in die Finsternis stürzte. Innerhalb einer Sekunde war das alte Leben vorbei, waren alle Pläne verpufft, der Tod stand vor der Tür.

»Wie groß?«, fragte sie wütend.

»Acht, neun Zentimeter«, sagte der Arzt und schien nicht zu begreifen, wieso Andrea so in Rage geriet.

»Der Durchmesser?«, schrie Andrea.

»Ja, der Durchmesser«, bestätigte er und zuckte die Schultern.

»Dann habe ich ja gar keine Chance mehr, acht Zentimeter! Das ist Endstadium!«

»Es tut mir leid.«

Andrea starrte mich an. Sie spürte die gähnende Leere zwischen uns, sie war plötzlich nicht mehr Teil dieser Welt, sie war zum Tode verurteilt, sie würde sterben, und ich würde weiterleben.

»Wir können operieren und dann mit der Chemotherapie anfangen. Während des chirurgischen Eingriffs können auch

Krebszellen gestreut werden. Ich mache Ihnen keine Hoffnungen, ich mache Ihnen einen Termin.«

Andrea fühlte sich gedrängt: »Das geht mir alles zu schnell. Ich muss mir das noch überlegen.«

»Sie haben keine Zeit mehr. Ich mache Ihnen jetzt einen Termin.«

Beim Abschied fragte Andrea noch, ob ihr nun alle Haare ausfallen würden.


Wir waren völlig verstört. Eben hatten wir noch darüber gesprochen, ob wir heute etwas Mexikanisches essen und dafür noch das eine oder andere Gewürz einkaufen. Und dann die neuen Schuhe für Tim. Und der Geburtstag von Maggy. Und ob sie sich die Haare schneiden lassen sollte.

Es wurde eine lange Nacht, wir nahmen Abschied voneinander, jedes Wort zerriss einem die Seele. Ich müsse halt jetzt allein weitermachen und für Tim sorgen. Ich versprach es. Ich wusste nicht, wie ich ohne Andrea leben sollte, es machte mir Angst. In diesem Augenblick realisierte ich, dass sie meine solide Fregatte war, die mich über die stürmischen Meere des Lebens manövriert hatte. Ohne sie würde ich möglicherweise wieder zu einem Stück Treibholz.

»Du wirst eine andere Frau finden«, sagte sie unter Tränen. »Du bist noch jung, du musst unbedingt wieder heiraten, du brauchst eine Frau, die zu dir schaut. Tim braucht keine neue Mutter, er hat dich. Du bist die beste Mutter der Welt, aber du musst wieder heiraten. Nimm eine Frau, die schon Kinder hat, dann hat Tim Geschwister. Versprich mir, dass du wieder heiratest.«

»Ich will nicht«, flüsterte ich, »ich habe immer nur dich geliebt...«

»Nein, nein«, erwiderte sie, »du hast Tim. Du wirst für Tim sorgen, das wird dich beschäftigen.«

Ich versprach es. Wir hielten uns an den Händen und schwiegen lange.

»Ich will nicht sterben!«, schrie sie plötzlich in die Nacht hinaus. In einem Nachbarhaus gingen die Lichter an. »Wir haben so gekämpft für Tim, und jetzt, wo wir langsam Licht am Horizont sehen …«

»Wir brauchen ein zweite Meinung«, sagte ich.

»Hör doch auf, Sammy. Wir sind hier nicht in deiner Script Avenue, das ist die Realität. Ich habe Krebs im Endstadium und werde bald sterben.«

In den nächsten Tagen wurde es sehr still im Haus. Tim wunderte sich, aber er brauchte es jetzt noch nicht zu wissen. Jeder Tag, den er weiterhin fröhlich verbringen konnte, war ein guter Tag. Ich konnte meine zunehmende Panik mit niemandem teilen, wir hatten vereinbart, dass wir die Wahrheit für uns behalten würden. Andreas Wunsch. Sie wollte von den Nachbarn nicht als Krebskranke bemitleidet werden.

Manchmal spazierte ich frühmorgens über die Felder zu den Tiergehegen und dachte nach. Hinter den Hügeln setzte ich mich auf einen Baumstumpf und blökte. Meist kam ein weißes Schaf zum Zaun gezottelt. Wahrscheinlich mochte es Schafe wie mich. Ich erzählte ihm mein ganzes Leid, danach fühlte ich mich besser. Schafe sind gute und geduldige Zuhörer und schreiben keine Rechnungen. Ich wusste aus der Geschichte, dass nichts die Menschen so verängstigt wie bevorstehende Veränderungen. Gleichzeitig können gerade Veränderungen manchmal das Tor zu Neuem öffnen. Doch ich wollte keine Veränderungen. Es sollte alles so bleiben, wie es war. Denn jetzt war endlich alles gut geworden.

Wir holten trotzdem eine zweite Meinung ein. Wir waren die Ersten in der Praxis. An den Wänden hing ein bisschen Kunst.

Dr. Robin war ein renommierter Onkologe. Er sagte uns gleich, dass Karlitzky die Distanz von der Brustwarze bis zum Standort des Krebsgeschwürs mit dem Durchmesser des Tumors verwechselt hatte. Die Distanz zum Tumor betrug acht Zentimeter, nicht der Tumor besaß diesen Durchmesser. Sein Durchmesser betrug lediglich 2,7 Zentimeter. Auch nicht wenig, aber wenn das Lymphsystem nicht betroffen sei, habe Andrea eine Chance. Andrea sagte, sie wolle alles tun, auch wenn es radikal sei.

»Eine Brustamputation wäre radikal, aber nicht notwendig.«

Er organisierte einen Termin bei einem fähigen Chirurgen, er würde uns über alles genau aufklären. Er schaute Andrea eindringlich an und meinte, sie solle diesen Termin wahrnehmen, bevor sie sich für eine Amputation entscheide, sie sei schließlich irreversibel. Andrea wollte es sofort abklären. Auf dem Weg zum Chirurgen hielt sie meinen Arm fest: »Wir würden immer noch zusammen schlafen, wenn ich keine Brüste mehr hätte, oder?«

»Ja«, sagte ich, »ich liebe dich so, wie du bist, und so, wie du sein wirst. Das ändert nichts, wir sind ein gutes Team.«

Sie war erleichtert und lächelte: »Und du bleibst weiterhin immer an meiner Seite?« Ich war erstaunt, dass Andrea, die immer so dominant und entschlossen wirkte, plötzlich so unsicher war.

»Ja«, sagte ich, »das habe ich dir damals versprochen, und ich werde mein Versprechen halten.«

Obwohl wir einen schweren Gang vor uns hatten, war sie nun gelöst und gerührt: »Ich werde mir schöne T-Shirts kaufen, oder?«

Ich nickte: »So viele, wie du willst.«

Wir suchten den besten Chirurgen auf, er hatte die Akten von Dr. Robin vor sich. Er meinte, die Amputation sei in der Tat eine radikale Lösung, vielleicht überflüssig, vielleicht auch nicht. Andrea beteuerte, dass es ihr egal sei, wenn sie keinen Busen mehr habe, dann sei sie eben flach wie ein Mann.

»Nein«, sagte der Chirurg, »wenn wir den Busen amputieren, sind Sie nicht flach wie ein Mann, sie haben dann zwei große Mulden. Das Brustfleisch sitzt relativ tief und muss vollständig entfernt werden.«

Andrea schaute mich entgeistert an.

»Das ist für jede Ehe eine schwere Belastung«, fügte der Chirurg hinzu.

»Nicht für uns«, sagte Andrea bestimmt. »Mein Mann ist nicht so wie andere Männer.«

Der Chirurg untersuchte sie gründlich und bemerkte, dass Andrea einen wunderschönen Busen habe. Andrea fing an zu weinen.

Noch in der Nacht vor der Operation kam eine Oberärztin zu Andrea, um sie von ihrem Entschluss abzubringen. Zu radikal. Doch Andrea wollte es tun. Sie tat es.

Als sie wieder aus der Narkose aufwachte, bat sie mich, ihr Krankenhaushemd aufzuknöpfen. Noch halb verschlafen schielte sie zu der Stelle hinunter, wo ihr Busen gewesen war. Tränen schossen ihr in die Augen, ich setzte mich auf die Bettkante und nahm sie in meine Arme.

»Pass auf die Schläuche auf«, sagte Andrea. »Hast du mir die T-Shirts gekauft?«

Die linke Brust hatte in der Umgebung keine befallenen Lymphknoten gehabt, aber die rechte Brust, laut Mammografie gesund, war befallen. Andrea begann eine mehrmonatige Chemotherapie. Sie schnitt sich die Haare ab und ließ sich daraus eine Perücke machen. Hatten ihre Haare bisher bis zu den Hüften gereicht, trug sie nun einen männlichen kurzen Schnitt, der zu jener Zeit in Mode kam. Doch die Haare blieben nicht einfach kurz, sie fielen aus. Andrea schwitzte unter ihrer Perücke. Oft betrachtete sie ihre Operationsnarben im Spiegel, zwei riesige Schnitte, die von den Achseln bis zum Bauchnabel führten. Es sah aus wie das Victory-Zeichen von Jack the Ripper.

Wir akzeptierten es. Wir hatten jetzt sogar mehr Sex, als wolle Andrea sich und mir etwas beweisen, aber leider interessierte sie sich nun noch weniger für Tim.

»Er soll sich daran gewöhnen, dass ich bald nicht mehr da bin«, sagte sie immer. Aber sie würde leben, der Arzt hatte ihr eine gute Prognose gestellt. Sie hatte einfach kein Interesse an Kindern und an allem, was ihr auch nur annähernd infantil vorkam. Auch Fußball hielt sie für eine ziemlich infantile Beschäftigung.

Ich habe mein Leben lang auf dem Feld hinter der Script Avenue Fußball gespielt, am Fuße des Little Big Horn. Als Andrea an Krebs erkrankte, träumte ich stets dieselbe Partie. Anpfiff in der Script Avenue. Das Publikum tobte, das Stadion schien zu explodieren. »Den musst du machen«, schrie mein Cousin Guy aus Vilaincourt, »dann wird Andrea wieder gesund!« Ich schoss den Elfmeter, ich meine, ich verschoss ihn. Und Guy reichte mir einen Ball nach dem andern. Ich verschoss sie alle. Es war ziemlich unfair, denn auch wenn ich in der Realität nie ein begnadeter Techniker gewesen war, gelangen mir doch die meisten Freistöße. Doch auf dem Fußballfeld hinter der Script Avenue gelang mir gar nichts. Je mehr ich mich bemühte, desto gemeiner änderte der Ball im letzten Moment seine Flugbahn. Es widersprach allen Gesetzen der Physik, aber das ist eben das Besondere an der Script Avenue. Hier gelten andere Gesetze. Hier bin ich zwar Gott. Aber es gelang mir trotzdem nie, für Andrea einen Elfer zu versenken.

Andrea beendete die Chemotherapie und starb nicht. Eines Morgens wünschte sie sich einen Hund, sie habe Hunde immer gemocht. Ich mag Tiere sehr, aber ich hätte keinen eigenen gebraucht. Wir kauften uns also einen Hund. Ich wollte einen einfachen Hund, etwas Kuscheliges für Tim, einen Bernhardiner oder Appenzeller, aber Andrea wollte einen schwierigen Hund, einen energiegeladenen Jagdhund. Sie sagte, sie habe schon immer schwierige Menschen und Tiere gemocht. Andrea wollte einen Hund für sich allein, keinen für Tim, das stünde ihr jetzt zu. Wir fuhren von Züchter zu Züchter und kauften schließlich einen niedlichen schwarz-weiß gefleckten Luzerner Laufhund, dem man erst einmal das Jagen ausreden musste. Nicht ganz einfach, gegen ein tausendjähriges Genprogramm anzukämpfen.

Da unser Jagdhund Andrea erzählte, dass er einsam sei, kauften wir noch einen zweiten. Jetzt waren wir zwei Hunde und drei Menschen im Haus. Für Tim begann eine harte Zeit, ständig wollte der eine Hund zwischen seinen Beinen hindurchrennen, und wenn er hinfiel, stürzte sich der zweite Hund auf ihn und leckte ihm das Gesicht ab, während der erste ihn nun bespringen wollte. Tim versuchte jeweils, sich an den Wänden abzustützen, um einen Sturz zu vermeiden. Da er infolge der Spastizität seine Hände ohne fremde Hilfe nicht ganz sauber waschen konnte, wurden die Wände schmutzig, was Andrea ärgerte. Wenn schon ihre Brüste amputiert worden waren, sollte wenigstens das Haus ein bisschen *Schöner-Wohnen*-Ambiente verkörpern. Eine nicht ganz billige Angelegenheit, wenn jede Schraube zu jedem Türgriff und jede Kachel zu jedem Möbelstück passen musste. Aber Andrea duldete nun keine Kompromisse mehr. Gewisse Menschen wollen sich nach einer Krebserkrankung nichts mehr gefallen lassen, sie steigen in ihren Panzer und rollen Salven feuernd durch die Einkaufsstraßen. Falls sie untergehen, soll die ganze Welt mit ihnen untergehen, keine Kompromisse mehr.

Jack besuchte uns immer öfter. Er war nun pensioniert und leidenschaftlicher PC-Spieler geworden. Wie ein Teenager kam er ins Haus und suchte in den Regalen nach neuen Games. Dann setzte er sich auf die Couch und bat um einen Whisky. Einmal brachte er geräuchertes Fleisch mit. Mindestens drei Kilo. Das beste Bündnerfleisch, das du jemals gegessen hast, sagte er. Wir haben drei Tage lang nur Bündnerfleisch gegessen. Als wir am nächsten Sonntag Jack und Maggy besuchten, suchte

Andrea ihr Pferd vergebens. Ihr Vater hatte es nicht übers Herz gebracht, ihr die schlechte Nachricht mitzuteilen.

»Wir mussten es einschläfern, Andrea, wir hatten keine andere Wahl.«

»Und wo ist mein Pferd jetzt?«

»Ich sagte doch, wir mussten es einschläfern.«

»Aber wo ist das Pferd?«, schrie Andrea.

»Er hat es in die Pferdemetzgerei gebracht«, stichelte Maggy.

»In die Metzgerei?«, fragte Andrea ungläubig und setzte sich benommen auf die Couch.

»Was willst du denn machen?«, fragte Jack hilflos, »das gibt wunderbares Fleisch.«

»Bündnerfleisch«, murmelte Maggy.

Wir hatten also in den letzten Tagen Andreas Pferd gegessen. Von da an war Andreas Verhältnis zu Jack getrübt.


Auch meine Mutter starb. Sie lag auf der Intensivstation, sie war allein. Der Blonde hatte irgendwo noch »Briefe zur Post bringen« müssen. Sie erzählte mir etwas von weißen Pferden und dass ich auf meinen Vater aufpassen solle. Der Blonde kam in den frühen Morgenstunden zurück, nachdem er endlich einen Briefkasten gefunden hatte. Er sah kurz nach meiner Mutter und murmelte, er müsse aufs Klo, er habe morgen eine Darmspiegelung und bereits die Abführmittel eingenommen. Auf jeden Fall war er am nächsten Tag noch nicht zurück. Ich blieb bei meiner Mutter und hielt ihre Hand. Gegen Mittag sagte eine Pflegefachfrau, ich solle alle Angehörigen benachrichtigen, es gehe zu Ende. Ich schaute auf die Monitore, die immer tiefere Werte anzeigten, als handle es sich um den Score eines Shooting-Games. Als mein Vater die Intensivstation betrat, war der Monitor bereits abgestellt.

»Sie ist tot«, sagte ich.

»Wirklich?«, murmelte er verblüfft und schaute auf seine Armbanduhr. »Vier Uhr nachmittags also.« Dann streifte er meiner

Mutter den Ring vom Finger und steckte ihn an seine eigene Hand. »Sie soll nicht obduziert werden«, sagte mein Vater und setzte sich auf den Stuhl. Man hörte irgendetwas brechen.

Nach einigen Sekunden sagte er: »Ich muss aufs Klo.«

Er schaute sich um: »Hast du meine Brille gesehen?«

»Du sitzt drauf«, sagte ich. Er nahm die zerbrochene Brille vom Stuhl. Dann verließ er das Zimmer.


## Als Gott sah

Friedhof. Ich ging mit Tim an der Hand über den Kiesweg zur Friedhofskapelle. Dort warteten bereits drei Dutzend Trauergäste. Nur einer war nicht schwarz gekleidet, sondern trug einen cremefarbenen Anzug. Er kam gebückt auf mich zu und schwenkte dabei schwerfällig den Oberkörper hin und her. Es war Onkel Arthur. Er hatte tatsächlich seine Paradeuniform angezogen, um seiner Schwester die letzte Ehre zu erweisen. Zum Glück erschien er nicht mit einem seiner Totenköpfe unter dem Arm und sang das Legionärslied. Er wollte mich zur Begrüßung küssen, doch ich streckte ihm abwehrend die Handflächen entgegen und machte einen Schritt zurück.

»Küsst du deine Verwandten nicht mehr? Du bist jetzt wohl ein Deutschschweizer geworden«, höhnte Onkel Arthur.

»Ich küsse keine Pädophilen«, erwiderte ich laut, »ich küsse keine Kriegsverbrecher, und ich küsse ganz bestimmt nicht den Mörder von Francis.«

»Ach, hör doch auf mit diesen alten Geschichten.«

»Ohne dich würde Francis noch leben und irgendwo eine Buchhandlung führen.«

»Wie zum Teufel kommst du auf eine Buchhandlung?«

Ich war wohl in die Script Avenue ausgerutscht. Ich ging mit Tim weiter. Onkel Arthur folgte mir: »Ist das dein Sohn?«

»Halte dich fern von meinem Sohn. Ich verbiete dir, dich ihm zu nähern. Wenn du ihn berührst, schlage ich dich tot.«

»Bist du übergeschnappt?«

»Ich schlage jeden Pädophilen tot, der sich an meinem Sohn vergreift. Unterschätze mich nicht. Ich bin nicht wie deine Geschwister und schon gar nicht wie meine Eltern.«

»Jaja«, sagte er nachdenklich, »du bist nicht wie dein Vater. Und ich bin ein Schwein.«

»Wieso kannst du dir nicht wie jeder anständige Mitbürger am Zeitungsstand eine Wichsvorlage kaufen und dir zu Hause einen runterholen? Dann ist der Druck weg, und du hast alle Minderjährigen im Umkreis von fünf Kilometern verschont.«

»Weil ich ein Schwein bin.«

»Ein rücksichtsloses, egoistisches Schwein, das Kinderseelen zerstört, um einen Orgasmus zu haben. Weißt du, du hast mich damals in der Rio Bar gefragt, ob es mir guttut, wenn ich dir eine reinhaue.« Ich schlug ihm unvermittelt die Faust ins Gesicht. Er torkelte und fuhr sich etwas benommen über die Lippen.

»Ja, es tut immer noch gut, und sollten wir uns jemals wiedersehen, werde ich es wieder tun!« Entgeistert starrte Onkel Arthur mich an und stolperte dann über den Kiesweg zum Kircheneingang. »Das nächste Mal schlage ich zurück«, murmelte er.

Ich folgte ihm in die Kirche. Er verkroch sich in der hintersten Bank und versuchte das Blut zu stoppen, das ihm aus der Nase tropfte. Als er mich sah, zischte er: »Tu me fais chier«, dann ertönte ein Trauermarsch. Mein Onkel Pierre stellte sich in seiner schwarzen Priesterkutte vor den Altar und klopfte mit dem Zeigefinger einige Male sanft auf das Mikrofon.

»Liebe Trauergemeinde«, begann er, »als Gott sah, dass der Weg zu lang, der Hügel zu steil und das Atmen zu schwer war, legte er den Arm um unsere geliebte Ehefrau, Mutter, Schwester und Tante und sprach: ›Komm heim. Es ist so weit.‹«

Er hielt eine Weile inne, und einmal mehr wunderte ich mich, wie erwachsene Menschen solche Worte sprechen und erst noch daran glauben konnten. Das entsprach in etwa der Logik der Simpsons. Warum hatte Gott nicht gleich seine Zauberkräfte benutzt, um meine Mutter noch ein paar Jahre länger leben zu lassen? Selbst Hergés *Tim-und-Struppi*-Geschichten sind plausibler. Ich hoffe, ich verletzte mit diesen Zeilen nicht Ihre religiösen Gefühle, aber wahrscheinlich habe ich das auf den bisherigen 400 Seiten längst getan.

Bevor mein Onkel Pierre seine Predigt fortsetzen konnte, lösten sich einige meiner mittlerweile erwachsenen Cousins aus den Kirchenbänken und gingen von zwei Seiten auf Onkel Arthur zu. Als kriegserprobter Fremdenlegionär begriff er instinktiv, dass hier ein Zangenangriff vorbereitet wurde, und humpelte eilig aus der Kirche hinaus. Die linke Hüfte, auch er, obwohl er nie Elvis Presley imitiert hatte. Meine Cousins rannten ihm nach, ich folgte ihnen mit Tim.

»Salopards!«, schrie Onkel Arthur über die Gräber und versuchte, wie ein Hürdenläufer über den Aushub eines offenen Grabes zu springen. Er strauchelte und fiel der Länge nach hin. Da die Fremdenlegion keinen Helikopter sandte, um ihn zu retten, rappelte er sich wieder hoch und riss ein provisorisches Holzkreuz aus einem frischen Erdhügel. Damit suchte er vor den heranstürmenden Cousins Schutz hinter einer meterhohen Grabplatte.

»Ihr Hosenscheißer«, schrie er über das Gräberfeld, »kommt nur, ihr Schwarzfüße, Affenschwänze, ihr Dattel- und Feigenfresser, Kürbisärsche!«

Vier meiner Cousins umzingelten Onkel Arthur und blieben drohend stehen. Sie zögerten einen Augenblick.

»Du hast ihm die Nase gebrochen«, sagte jemand in ruhigem Ton. Es war mein Cousin Guy, ich hatte ihn gar nicht kommen sehen. Er stand neben mir, hatte sich kaum verändert. Er strahlte immer noch diese freundliche Ruhe aus.

»Woran erkennst du, dass die Nase gebrochen ist?«, fragte ich.

»Ich arbeite auf der Chirurgie, ich habe Medizin studiert, aber mein Vater traut mir nach wie vor nicht. Er ruft lieber den Veterinär, wenn er sich schlecht fühlt. Aber ich werde mich wohl auf die Herzchirurgie spezialisieren. Mein Professor meint, ich hätte ideale Hände für Kinderherzen.«

Onkel Arthur fuchtelte wild mit dem ausgerissenen Holzkreuz herum, während sich die vier Cousins Zentimeter um Zentimeter näherten.

»Wieso haben wir alle immer geschwiegen? Wieso haben wir diesen kriminellen Pädophilen geschützt?« Guy beobachtete nachdenklich Onkel Arthur, der aufs Äußerste angespannt war und den ersten Angreifer erwartete. Ohne mich anzuschauen, sagte er: »Wir haben ihn nicht geschützt, Sammy, wir haben uns geschämt, deshalb schwiegen wir, weil wir uns schämten, für all das, was in unseren Familien geschehen ist, und wir werden weiterhin schweigen, weil wir uns immer schämen werden. Vielleicht wirst du diese Scham eines Tages überwinden und ein Buch darüber schreiben.«

»Im Namen Gottes und des Propheten!«, schrie jemand. Es war Onkel Pierre, der in seiner langen schwarzen Soutane über den Kiesweg rannte. Irgendwie trat er auf den Saum seines Rocks und stürzte der Länge nach hin. Einige Verwandte kümmerten sich um ihn, während meine Cousins nun ihrerseits Holzkreuze ausrissen und sich auf Onkel Arthur stürzten. Er entschied sich für den Blitzkrieg, ging zur Attacke über und schlug meinem ersten Cousin das Kreuz über den Kopf. Gleichzeitig trafen ihn die Schläge der anderen, einer stieß ihm das spitze Ende seiner Waffe in den Unterleib. Mein Onkel gab einige gutturale Laute von sich, es klang wie *Orang-Utan meets Tarzan.* Er sank in die Knie. In wilder Kung-Fu-Manier setzte ein anderer Cousin zum Sprung an und landete auf Onkel Arthurs Rücken. Das tat weh. Er sackte stöhnend zusammen. Meine Cousins schleppten ihn zum ausgehobenen Grab meiner Mutter und forderten ihn auf, auf den Knien um Entschuldigung zu bitten. Die Szene war mir nicht ganz neu.

»Das ist doch alles vorbei«, keuchte Onkel Arthur.

»Für uns wird es nie vorbei sein«, sagte einer der Cousins und stieß ihn ins offene Grab hinunter. Onkel Arthur brüllte aus voller Kehle, seine Schulter sei gebrochen. Einer der Cousins nahm eine Schaufel Erde und warf sie auf Onkel Arthur hinunter. Man hörte ihn spucken.

»Aufhören!«, schrie jemand. Onkel Louis, der kinderverspeisende Unhold von Vilaincourt, führte die entsetzte Trauergemeinde an.

Ich stellte mich ihm in den Weg: »Ruft doch die Polizei! Er kriegt mindestens zwanzig Jahre Zuchthaus und ihr die Hälfte wegen Komplizenschaft.«

Nun kamen mir alle Cousins zu Hilfe und stellten sich ihrerseits Onkel Louis in den Weg.

»Er hat uns jahrelang vergewaltigt«, sagte einer der Cousins, »und niemand hat uns geschützt. Wie Vieh hat er uns benutzt, aber wir sind keine Schafe, nicht wahr, Onkel Maurice?«

Onkel Maurice stand neben dem jurassischen Waldmenschen und sog gierig an seiner Gitane Bleue: »Lasst uns jetzt endlich in die Kirche zurückgehen, nom de Dieu!«

»Du bist an allem schuld, Louis«, brüllte eine Donnerstimme hinter uns. Es war Onkel Arthur. Er hatte es tatsächlich geschafft, allein aus der Grube zu klettern, ein echter Legionär eben. Seine Diagnose Schulterfraktur war also etwas vorschnell gewesen, aber ohne Computertomografie sind solche Diagnosen schwierig. Onkel Arthur bahnte sich einen Weg durch seine Neffen und stellte sich vor seinen Bruder Louis: »Du bist an allem schuld, Louis, du hast mich jahrelang gebumst, wegen dir bin ich in die Fremdenlegion abgehauen, wegen dir habe ich deine Brut missbraucht und die der andern.«

»Hört auf mit diesen Geschichten!«, kreischte Tante Fleur. »Wir wollen sie alle nicht hören.« Sie bürstete mit der flachen Hand immer noch Onkel Pierres verstaubte Soutane, während er feierlich die Arme hob, als wolle er den Ostersegen sprechen. »Brüder«, begann er freudestrahlend und zeichnete beschwörend das Kreuzzeichen in die Luft, als wolle er uns allen die Absolution erteilen. »Brüder, lasst uns gemeinsam in das Haus Gottes zurückkehren und um Vergebung unserer Sünden bitten.«

Ein Cousin nach dem andern trat auf Onkel Arthurs *képi blanc,* als gelte es, ein Ungeziefer auszumerzen. Dann folgten sie ihrem schmächtigen Onkel Pierre in die Küche. Nicht in die Küche. In die Kirche. Sie haben ja keine Ahnung wie oft mir das heute wieder passiert ist. Das deprimiert mich echt. Das sind diese neuen Pillen, die mich zwar am Leben halten, aber beruflich ruinieren. Tante Fleur wollte Onkel Arthur die Uniform reinigen, doch Arthur schlug ihre Hand weg, hob sein zerknittertes *képi blanc* vom Boden, klopfte es an seinem Bein ab und setzte es auf. Einsam schritt er über die Friedhofsallee, so aufrecht und stolz, als marschiere er am 14. Juli die Champs-Elysées hinunter.


Der Tod meiner Mutter gab mir zu denken, denn ich vermisste sie nicht. Ich hatte sie jahrelang nicht gesehen, und das war in Ordnung. Wieso sollte ich sie jetzt vermissen? Auch Kinder haben ein Gedächtnis. Sie vergessen erlittenes Unrecht nie. Sie können eines Tages verzeihen, aber sie vergessen nie. Und im Grunde genommen war Andrea meine Mutter geworden. Und ich ihr zweites Kind. Hm, vielleicht auch ihr dritter Hund. Oder einigen wir uns auf: zuerst zweites Kind, dann dritter Hund.

Nicht jeder Hund lernt Gehorsam. Einige sind nur dann gehorsam, wenn eine Belohnung winkt. Trotz Andreas Protesten schrieb ich weiter am Gallischen Krieg. Ich musste es tun, Tim zuliebe!

»Wer will so was lesen?«, fragte sie mich, wenn ich nach einem zwölfstündigen Arbeitstag in die Küche hochkam, um ein Stück Emmentaler Käse zu essen.

»Kein Autor auf diesem Planeten hat jemals den Gallischen Krieg dramatisiert. Und weißt du, warum? Weil andere Autoren vernünftiger sind als du. Wen interessiert denn schon der Gallische Krieg?«

»Ich erzähle die Geschichte der Helvetier!«

»Wie aufregend«, sagte sie, »Sammy, es braucht manchmal mehr Mut, sich einzugestehen, dass man gescheitert ist. Du schreibst seit bald zehn Jahren an diesem Buch.«

»Man ist erst gescheitert, wenn man aufgibt, aber noch habe ich nicht aufgegeben.«

»Könntest du jetzt noch den Rasen mähen?«

Ich verstand, dass Andrea sich selbst gegenüber sehr hart sein musste, um die Chemotherapien durchzustehen, doch diese Härte traf nun immer öfter auch ihre Familie, ihren Freundeskreis, ihre Umgebung und die bedauernswerten Metzger in der Fleischabteilung, die ihr nichts mehr recht machen konnten. Ist es möglich, einen Citterio-Salami auf exakt 100,0 Gramm zu schneiden?

Andrea steigerte ihre Konsumlust ins Exorbitante und überlegte, ob sie neue Schränke schreinern lassen sollte, bis sie schließlich auf die Idee kam, wir brauchten ein neues Haus, ein größeres Haus. Also verbrachten wir die nächsten Jahre damit, Häuser anzuschauen. Mir wäre eigentlich alles recht gewesen, ich lebte eh in der Script Avenue und wollte einfach weiterschreiben wie bisher. Doch Andrea nahm es sehr genau. Sie diskutierte ohne Ende mit den Verkäufern Details, auch wenn sie sich längst entschieden hatte, das Haus nicht zu kaufen.

Ich entwickelte für französische Fernsehanstalten Polizeiserien. Ich schrieb für einen Franzosen, der in Paris einen großen Namen hatte, aber nicht mehr schreiben konnte, seit seine Freundin ihn verlassen hatte. Ich schrieb ihm die Drehbücher, und er konnte seinen Marktwert erhalten. Doch seine Freundin kam nie zurück. Er bat mich dann nach dem siebten Drehbuch um einen Vermittlungsversuch. Ich versuchte es ernsthaft, aber sie verliebte sich in mich, und mein französischer Freund fand die nächsten Drehbücher nicht mehr so toll. Ich schrieb am Gallischen Krieg weiter und versuchte Andrea zu erklären, dass es dabei nicht um Gallien gehe, sondern um die jahrtausendealten Themen Liebe, Freundschaft, Verrat und Tod. Sie wollte es nicht mehr hören. Sie hatte das Haus ihrer Träume gefunden, es war ein Anwesen, ein bisschen Hollywood in der Provinz, viel Gelände mit eigenem Wald, Schwimmhalle und Sauna.

»Das können wir uns gar nicht leisten«, sagte ich zu Andrea, aber sie meinte, ich solle diesen Gallischen Krieg beenden und wieder Drehbücher schreiben. Sie habe Krebs und deshalb Anrecht auf dieses Haus, und ich solle mich in den unterirdischen Räumen einquartieren. Andrea meinte, ich sei eh unordentlich und würde die Harmonie des Hauses stören. Ich hätte eigentlich gern ein Zimmer mit Tageslicht gehabt, aber Andrea meinte, ich tippe eh Tag und Nacht in meinen Computer und brauche deshalb keine Sonne. Sie hatte nicht ganz unrecht, in der Script Avenue brannte immer Licht. Ich stand weiterhin jeden Morgen um fünf Uhr auf, schrieb bis zwölf an meinem Römerroman, der mittlerweile tausend Seiten überschritten hatte, und kümmerte mich am Nachmittag und am Abend um die Softwareentwicklung. Die Computerspielefirma, die eigentlich als Spleen angefangen hatte, war mittlerweile eine Aktiengesellschaft mit zwei Dutzend Mitarbeitern, die in Russland, den USA, Portugal und auf Malta programmierten. Tim saß meistens in meinem Büro und machte seine Schulaufgaben. Er las meine Romanseiten und entwickelte Ideen für den spastischen Druidenlehrling, der jetzt seine Figur war, und ich las seine Seiten. Einige

Schriftsteller brauchen absolute Ruhe zum Schreiben, mir war das egal. Andere brauchen gregorianische Gesänge oder den Duft eines faulenden Apfels, ich brauche nur einen Computer und zwei gesunde Hände. Leider kam der Tag, an dem ich meine Finger nicht mehr gebrauchen konnte.

## Auch du, Brutus?

Da das Anwesen recht groß war, brauchte Andrea noch einen dritten Hund. Als Wachhund, lachte sie, dann hätte ich weniger Angst vor Einbrechern. Ich hatte aber keine Angst vor Einbrechern. Ich war mittlerweile ein durchtrainierter Mensch, stark wie ein Ochse, belastbar und fähig, jedes Problem zu meistern. Ich wollte Andrea nicht widersprechen. Ich übte Nachsicht, wollte sie glücklich sehen und richtete mich unter der Erde ein.

Drei Hunde sind ein Rudel. Ich weiß nicht, ob Sie die Bedeutung dieser Aussage verstehen. Ein Hund ist auf Sie fixiert, drei Hunde sind auf das Rudel fixiert. Für Tim wurde es in Andreas Hundeparadies noch schwieriger. Die Hunde mochten ihn, was prinzipiell gut war, aber wenn er das Wohnzimmer durchquerte, stürmten gleich alle drei Tiere freudig auf ihn zu und sprangen an ihm hoch. Da er sich weiterhin nicht an den neu gestrichenen Wänden abstützen durfte, fiel er jetzt öfter hin. Andrea hatte ihm eingeschärft, dabei keinen Hund zu verletzen – Hundebeine sind sehr zerbrechlich, wie Salzstängel.

Tim zog es bald einmal vor, sich in meinem Büro unter der Erde einzuquartieren, Andrea blieb mit ihren drei Jagdhunden in ihrem großen, fast unmöblierten Wohnzimmer, wo kein Bild an der Wand hängen durfte. »Wohnt ihr schon lange hier?«, fragten die Leute jeweils. Sie lud nun oft Gäste zum Abendessen ein und präsentierte sich als großartige Gastgeberin. Ich war froh, dass Andrea den Krebs allmählich vergaß und wieder aufblühte. Ich glaube, Andrea war tatsächlich wieder glücklich geworden, und seit Tim das Gymnasium Jahr für Jahr meisterte, hatte sie die Gewissheit zurückgewonnen, dass er es schaffen würde, später ein normales Leben zu führen. Sie haderte nicht mehr mit ihrem Schicksal, hörte nicht mehr so oft Leonard Cohen und saß nicht mehr im Dunkeln, sondern im Garten, in der Sonne, im Licht. Sie kochte mit großer Leidenschaft und Freude und sang dazu Songs von Joan Baez. *Take the Ribbon from My Hair.*

Wir waren stolz darauf, dass wir alles gemeinsam durchgestanden hatten, die schwierige Zeit mit Tim, die erfolglose Zeit als Schriftsteller, die Krebserkrankung, das Leben war erneut wunderbar. Andrea las sogar das auf die Hälfte gekürzte Manuskript über den Gallischen Krieg, bevor ich es dem Verlag schickte, sie war zu Tränen gerührt, doch Cäsar erlitt mit dem 600-seitigen Historienschunken eine böse Niederlage. Da die Schweiz in jenem Oktober Gast an der Buchmesse war, hatte Cäsar wohl einen Lorbeerkranz erwartet. Aber kurz vor der Eröffnung änderte die Auswahlkommission ihre bereits zweimal revidierte Autorenliste und ersetzte mich durch einen rätoromanischen Primarlehrer, der mithilfe von Fördergeldern am Wochenende ein vierzeiliges Gedicht geschrieben hatte.

Sie werden jetzt denken: Der Kerl ist ja immer noch sauer. Ja, es war nach zehn Jahren harter Arbeit ein ziemlicher Tiefschlag. Der Römerroman wurde trotzdem zum Longseller. Liegt aber nicht an den Sexszenen. Ich erwähne das nur, um Ihre Neugierde zu wecken.

Ich brachte Tony Brodbeck ein Exemplar meines Römerromans. Zum ersten Mal wünschte er sich ein signiertes Exemplar. Die Presseresonanz hatte ihn beeindruckt. Er hing übernächtigt in seinem ausgemusterten Lederstuhl und nippte an einem Glas Whisky.

»Ich bin stolz auf dich«, sagte Tony. »Ich denke, die wahre Hölle ist, wenn man realisiert, dass man einen Fehler gemacht hat und es zu spät ist, um ihn zu korrigieren. Du wärst ein toller Schwiegersohn gewesen. Aber eben …«

»Wie geht es Sheila?«

Er trank sein Glas in einem Zug leer und schenkte nach. Ich war immer noch beim ersten Whisky.

»Da musst du Scientology fragen.«

»Scientology?«

»Sie hat einen Scientology-Psycho geheiratet. Als ich in Nairobi war, ist sie nach Hause gekommen und hat den Tresor leer geräumt. Der Code war ihr Geburtstag. 670 000 Schweizer Franken lagen drin. Ich kann sie nicht mal anzeigen, weil es Schwarzgeld war, und sie wusste das. Das Gold hat sie auch mitgenommen. Zwanzig Kilo, rund eine Million Franken. Meine eigene Tochter.«

»Oh«, sagte ich erstaunt, »das tut mir leid.«

»Ich könnte diesen Kerl umbringen! Der sieht aus wie ein magersüchtiger spanischer Matador und hat ihr versprochen, ihre Plazenta zu essen, wenn sie Scientology ein Mitglied gebärt. Hörst du! Er will ihre Plazenta fressen! Ich sage dir, diese Typen sind so was von krank, die behaupten tatsächlich, sie könnten mit der Kraft der Gedanken mein Garagentor öffnen und SMS verschicken. Und nebenbei Krebs heilen. Und jetzt hat sie sich bei diesen Vollidioten verpflichtet, für die nächsten Milliarden Jahre Mitglied der Sea Organization zu werden, und seitdem putzt sie mit einer Zahnbürste zwölf Stunden am Tag die Fliesenfugen in den Toiletten des Scientology-Schiffes *Freewinds* in der Karibik!«

Tony sprang hoch, er war nun völlig aufgelöst: »In ihrem Abschiedsbrief nannte sie mich einen ›Wog‹, so nennen diese Irren die unerleuchteten Andersgläubigen, und sie schrieb, sie würde eines Tages zurückkommen und mich ›clearen‹. Aber sie dürfe jetzt keinen Kontakt mehr zu mir haben.«

Tony donnerte seine Faust auf den Tisch: »Und meinen Enkel, den werde ich nie sehen, er soll in einer dieser Sektenschulen in der Wüste von Nevada großgezogen und mit einer Gehirnwäsche ›gecleart‹ werden.«

Er ließ sich auf die Couch fallen, stellte den Fernseher an und trank aus der Flasche.

»Alles, was ich erschaffen habe, war für die Katz!« Seine Stimme versagte. Ich setzte mich neben ihn und legte ihm den Arm um die Schulter. Auf dem Bildschirm rannte Pink Panther um sein Leben.

»Wie viel hast du mit diesem Roman verdient?«, fragte er melancholisch. »Du weißt, ich verdopple dein Honorar.«

»Nein«, sagte ich, »es war sehr nett, dass du das bis anhin getan hast. Aber ich möchte das nicht mehr.«

»Und? Was ist das für ein Gefühl? Du hattest ja eine verdammt lange Durststrecke.«

Ich wollte gleich den nächsten Roman schreiben, aber die Softwarefirma wuchs weiter. Am Horizont waren die ersten Anzeichen eines aufkommenden New-Economy-Booms sichtbar. Wir entwickelten Software für die Unterhaltungselektronik in Passagierflugzeugen, für Geldspielautomaten und Casinos, Ohrmarken-Erkennungs-Software für Tiere, 3-D-Rekonstruktionen römischer Monumentalgebäude für das British Museum und zahlreiche Casual Games für Firmen und Behörden. Und natürlich die interaktiven TV-Telefoniespiele. Wir verkauften davon Lizenzen auf allen Kontinenten und flogen in der Welt herum, meistens in Begleitung von Tim, besuchten TV-Studios und handelten Verträge aus.

Wir lernten auf unseren Reisen viel über andere Kulturen. Und nicht alle Erkenntnisse waren politisch korrekt. Es ist ein romantisches Märchen, dass alle Kulturen gleich sind, ein nahezu religiöses Credo. Auf meinen Reisen traf ich eine Menge großkotziger Manager und Fernsehdirektoren hinter wuchtigen Schreibtischen. Sie alle kochten nur mit Wasser. Einige soffen im Akkord, aber sie kochten nur mit Wasser.

Ich lernte auf meinen Reisen aber auch erstmals die politischen Errungenschaften der Schweiz schätzen, direkte Demokratie, Rechtssicherheit, Bildungswesen und wenig Korruption. Ich weiß, ich weiß, es gehört sich nicht für einen Schriftsteller im deutschsprachigen Raum, sein Land zu loben. Jeder Verdacht auf Patriotismus ist für Intellektuelle eher peinlich und bedeutet den medialen Tod. Bei mir war es aber nicht Patriotismus, es war die nüchterne Quintessenz all meiner Reisen und des Vergleichs der verschiedenen politischen und wirtschaftlichen Parameter. Es waren die Fakten. Keine Schwärmerei, die irgendeiner Ideologie genügen musste.

Mit der Zeit erübrigten sich die vielen Reisen, da wir von Finnland bis Ecuador alle TV-Studios direkt von unserem Büro aus mit Updates bedienen konnten – und die SMS-Antworten der Live-Gameshows direkt verarbeiteten und den Moderatoren auf das Studiopult servierten.

Andrea hatte mittlerweile ihre Beziehung zu ihren Hunden vertieft. Sie versuchte, mit ihnen zu sprechen, und ich muss an dieser Stelle festhalten, dass die Hunde ziemlich clever waren. Sie verstanden Worte wie Schuh, Ball, Kissen und apportierten artig. Andrea ging es richtig gut. Sie wollte die jährlichen Kontrolltermine nicht mehr wahrnehmen. Als eine ihrer Tanten an Darmkrebs erkrankte, drängte ich sie, eine Darmspiegelung zu machen, sie wurde richtig wütend: »Ich war Krankenschwester, und du bist Hypochonder. Willst du mir sagen, was ich zu tun habe? Verwechselt du etwa den Darm mit der Brust?«

»Ich habe bereits zwei Termine gemacht – für dich und für mich.«

Sie wurde sauer.

»Was fällt dir eigentlich ein, ohne meine Einwilligung einen Arzttermin zu vereinbaren? Du wirst dich dafür entschuldigen und den Termin sofort absagen.«

Ja, sie war deswegen tagelang aufgebracht – und zornig. Ich habe das Thema derart penetrant behandelt, dass Sie jetzt Schlimmes ahnen. Aber in einem guten Buch muss zuerst etwas Erfreuliches geschehen … Hatten wir schon. Mein Darm war übrigens in Ordnung. Ein paar Polypen, das übliche Gemüse halt.

## (Everything I Do) I Do It for You

1999 scheiterte das angestrebte Amtsenthebungsverfahren gegen Bill Clinton wegen Meineids in der Lewinsky-Affäre, und der Mann, der beim Jointrauchen nie inhalierte, wurde dreizehn Jahre später zu Amerikas »Vater des Jahres« gewählt, während Monica Lewinsky ihren Blowjob verlor. Sie versuchte es danach unter dem Label The Real Monica Inc. mit selber designten Handtaschen und scheiterte grandios.

In elf Ländern der Europäischen Union wurde der Euro vorerst als Buchgeld eingeführt. Drei Jahre später kamen die physischen Euromünzen und -noten. Der Enthusiasmus war groß, es war eine politische Idee, die nach dem Zweiten Weltkrieg verständlich war. Helmut Kohl opferte die Deutsche Mark, damit ihm Mitterrand die Wiedervereinigung mit Ostdeutschland erlaubte. Trotz der warnenden Stimmen zahlreicher Ökonomen hielt Kohl an seinem romantischen Traum fest. Deutschland setzte die Verschuldungsobergrenze für EU-Staaten bei drei Prozent an und überschritt die Limite als erste Nation gleich selber. Ich frage mich heute noch, wie intelligente Menschen der Idee verfallen konnten, eine europäische Menükarte durchzusetzen, die sowohl für Magersüchtige als auch für Übergewichtige geeignet sein sollte. In diesem neuen Währungsverbund hatte kein

Land mehr die Möglichkeit, seine Währung entsprechend der Wirtschaftsleistung abzuwerten. Es war nur eine Frage der Zeit, bis die Südländer bankrottgehen würden.

Wenig Sachverstand gab es auch in der boomenden New Economy. Jetzt sei alles neu, hieß es in den Medien, die wirtschaftlichen Bewertungsmaßstäbe von gestern seien Makulatur. So was hatte man schon während der holländischen Tulpenmanie, der Mississippi-Bubble und in der Euphorie vor den großen Finanzkrisen der Gründerjahre des 19. Jahrhunderts gehört. Eine Tulpe für umgerechnet 87 000 Euro? Völlig angemessen. Eine Aktie, die in wenigen Wochen 500 Prozent zulegt? Absolut realistisch. Die Herde begann zu galoppieren, und jede Kellnerin kaufte Aktien von Turnschuhfirmen, die das Wort »Internet« im Briefkopf hatten.

Einige kauften jedoch keine Aktien. Sie verkrochen sich in unterirdischen Bunkern in Texas, weil sie wussten, dass die Welt an Silvester zugrunde gehen würde, denn die Computer kamen nur mit zweistelligen Jahreszahlen zurecht und würden um Mitternacht von 99 auf 00 schalten – mit verheerenden Folgen: Alles würde stehen bleiben und zusammenbrechen. Riesige Feuer würden den Erdball verwüsten. Dank Nostradamus und dem Mayakalender war das einfach zu beweisen.

Es kam dann doch anders, weil die Programmierer in letzter Minute eine Lösung fanden. Der New Economy war die Aufregung freilich egal. Gestandene Männer nahmen Kredite auf, um noch mehr Aktien zu kaufen, und hinterlegten diese Aktien wiederum als Sicherheit für neue Kredite. Überall schossen kleine Warren Buffetts aus dem Boden. Nun waren selbst Metzgereien, Kaminfeger und Coiffeurläden online, pflegten ihre »Web-Community« und erklärten ihre »Wertschöpfungskette«. Jeder KMU-Bankkunde wurde nach zwei Minuten gefragt, ob er schon einmal an ein IPO gedacht habe, an einen Börsengang.

Als selbst der Taxifahrer Mohammed und der Gemüsehändler Gérôme Aktien kauften, stieß ich alle mein Papiere ab und kaufte Gold.

Tony Brodbeck hatte mittlerweile vom Erfolg unserer Firma gehört und lud mich zu einem Essen ein. Er fluchte über seine künftige Exfrau, die mit seinem Geld den besten Scheidungsanwalt des Landes verpflichtet hatte. Ausgerechnet ein Scientology-Freak aus dem Auditoren-Ausbildungszentrum in Clearwater, Florida. Dann kam Tony zur Sache. Er wollte meine Firma an die Börse bringen. Wir seien die Pioniere des interaktiven Fernsehens und weltweit begehrt. Tony meinte, wir müssten nur noch ein paar kleine Firmen schlucken, dann könne man das Ganze nach allen Regeln der Kunst aufblähen. Aber zuvor müsse man noch einiges in der Bilanz aktivieren. Das hieß, selbst der Abfall aus dem Papierwolf würde wie ein Auto oder ein Computer in der Bilanz als Vermögenswert aufgeführt werden. Bei einer Software war der Spielraum enorm, jeder Furz ein immaterieller Wert. »Wieso sollen wir an die Börse?«, fragte ich ihn. »Wir brauchen kein Geld. Wir wollen Spiele programmieren und uns nicht den ganzen Tag mit Medien und Aktionären herumschlagen.« Tony war enttäuscht.

Einige Wochen später erhielt ich einen Anruf von einem Herrn Frank. Björn Frank? *Hannibal!* Ja, es war der damals siebzehnjährige Junge, der mein Buch verschmäht hatte. Das vergisst ein Autor natürlich nie.

»Wir haben bereits siebzehn kleine Softwareschmieden gekauft, zusammengeführt und als neue Firma an die Börse gebracht«, sagte er atemlos. »Wir haben uns am ersten Börsentag vierzig Millionen geholt. Jetzt müssen wir aber noch die Versprechen einlösen, die wir den Anlegern im Prospekt gemacht haben. Uns fehlt nur noch eins: interaktives Fernsehen.«

»Björn Frank?«, wunderten sich Andy und Indy. Sie nahmen es mit gemischten Gefühlen zur Kenntnis. Keine Euphorie. Einerseits sollte das Team bestehen bleiben, andererseits hatte Andy durchaus Lust, sich vor einem beginnenden Burn-out zu retten und alternative Heilmethoden zu studieren. Und Indy wollte sich den stärksten Grafikcomputer der Welt kaufen und Special Effects für Kinofilme generieren. Und ich wollte endlich wieder Romane schreiben. Ich rief Tony Brodbeck an und erzählte ihm von Björn Franks Angebot.

»Wie viel willst du für die Firma?«, fragte Tony.

»Was ist unsere Firma wert?«

»Das spielt überhaupt keine Rolle. Sag mir, was du willst, und wir holen uns das. Bei Firmenbewertungen fangen wir nicht vorne an, sondern ganz am Schluss beim gewünschten Betrag.«

Björn Frank hatte sich ein fünfstöckiges Bürogebäude aus dem Boden stampfen lassen, ultramodern, voll verglast. Dummerweise lag es in einem Funkloch. Etwas peinlich für ein Dotcom-Unternehmen. Trotz unserer spitzen Bemerkung empfing uns Björn Frank sehr freundlich.

»So sieht man sich wieder«, sagte er lächelnd und bot uns zwei Stühle an.

Er pokerte nicht. Er schwamm seit dem Börsengang in den Millionen. Für ihn schien Geld virtuell zu sein. Er war ein Game-Freak, der gern Wirtschaftssimulationen entwickelte. Ich glaube, er selber war sein bester Kunde, denn er spielte die eigenen Games leidenschaftlich gern.

Wir einigten uns rasch auf einen Kaufpreis, obwohl Tony mit präsidialer Würde mit einer zwanzigfach höheren Summe eingestiegen war. Björn Frank konnte man damit nicht schocken, er kannte all diese Spielchen. Alles, was er wollte, war *Allied General* auf seinem PC zu Ende spielen. Er lenkte die Alliierten, die in der Normandie landeten. Auf seinem zweiten PC liefen die Börsenkurse in Echtzeit, und auf einem dritten Computer lief eine Wirtschaftssimulation. *Bau dir dein Imperium* stand auf der Schachtel. Björn Frank sah, dass ich das Cover anschaute. Er grinste: »Ich habs geknackt, die müssen ziemlich bekifft gewesen sein, diese Programmierer.«

Ich kann mich nicht mehr genau erinnern, auf welchem der drei Computer er arbeitete. Beim Abschied sagte er, ich solle meine alte Firma nach dem Verkauf noch ein halbes Jahr leiten. So lange würden sie brauchen, um in der Schweiz einen CEO und geeignete Büros zu finden. Aber dann müsse ich gehen. Sie würden keine Leute über 25 anstellen. Ich war froh darüber, denn ich hatte schon befürchtet, sie würden beim Kauf die Bedingung stellen, dass ich noch hundert Jahre dabeibliebe. Aber so war der Exit perfekt. Ich konnte es kaum erwarten, wieder an meinen Romanen zu arbeiten.

Eine wohl minderjährige Sekretärin brachte Red Bull und ein paar Tacos. Sie sah in etwa so aus wie Spider Woman und zeigte kurz auf den großen Bildschirm an der Wand. Björn schaltete ihn ein. Wir sahen einige Männer in noblen Anzügen, die draußen in der Empfangshalle warteten. Sie saßen auf sehr kleinen Baumklötzen und wirkten durch die geringe Sitzhöhe etwas infantil.

»Das sind die Herren von der Deutschen Bank«, sagte Björn. »In einer Stunde kommt bereits die Delegation der Lehman Brothers.« Als einer der Banker beinahe von seinem kleinen Sitz rutschte, fingen alle an zu grölen. »Jetzt liegen sie uns zu Füßen!«, triumphierte Björn.

Wir verabschiedeten uns, und Spider Woman zeigte uns die Büros, sie glichen Kinderzimmern. In einigen Büros trugen die Kinder sogar Anzüge, was unfreiwillig komisch aussah. Sie saßen alle vor ihren Monitoren und starrten auf Tabellen. Es waren aber weder Source-Codes noch Grafiken – es waren Börsentabellen. In Echtzeit. Ab und zu ging ein heftiges Grölen durch die Gänge, als hätte die deutsche Elf soeben ein Tor gegen Brasilien geschossen. Die Kinder sahen zu, wie sie von Minute zu Minute reicher wurden, denn alle hatten beim Börsengang eine Menge Aktien und Optionen erhalten. Die Monitore zeigten die aktuelle Börsennotierung der Firma.

## New-Economy-Bubbles

Nach monatelangem Tauziehen zwischen unseren Anwälten wurden alle Juristen entlassen, und ich unterschrieb mit Björn Frank die zwölfte Vertragsversion. Auf dem Rückflug las Tim die Memoiren des Duc de Saint-Simon und entdeckte dabei einen Schotten namens John Law of Lauriston, der Saint-Simon jeden Dienstagabend besuchte. Tim meinte, John Law sei doch die Figur, die ich für meinen neuen Roman über historische Finanzkrisen suche: ein Schotte, Mathematiker, Womanizer, Duellist, Mörder und Farospieler, der die Banknote erfand und die erste Inflation der Wirtschaftsgeschichte ausgelöst hatte. Diese Figur begeisterte mich ungemein. Ich traf den Schotten noch in der gleichen Nacht in der Script Avenue und begann am nächsten Morgen, seinen Geburtsort Edinburgh zu erforschen.

Es war nicht einfach, das Leben eines Mannes zu ergründen, der zum reichsten Mann des 18. Jahrhunderts wurde, zum ersten Popstar der Finanzen. Die Recherchen waren nicht das Problem, sondern die 400 Mails, die ich täglich von 74 pubertierenden Möchtegern-Steven-Jobs erhielt, die ich in den Schweizer Markt einführen sollte. Sie waren entweder besoffen, bekifft oder unpässlich. Sie machten auf Business-Man, waren aber nicht fähig, einen einfachen Termin in ihrem Outlook an der richtigen Stelle einzutragen. Die New-Economy-Kultur war gelinde gesagt etwas anstrengend. Man erhielt Anrufe, SMS und Mails rund um die Uhr, beantwortete man eine Mail, kamen vom gleichen Absender drei neue zurück: Die erste teilte etwas mit, die dritte korrigierte die zweite Mail, die man aber nie erhalten hatte, und die fünfzehnte bezog sich auf eine, die man als Antwort auf die zehnte bereits gemailt hatte.

Ich versuchte, die Jungs bei unseren Kunden einzuführen, es war ein Desaster. Verabredete man sich in Zürich, landeten sie in Genf, machte man einen Termin um vierzehn Uhr, erschienen sie gegen Abend. Falls überhaupt. Und fragte man sie nach ihrer Vorbereitung, hieß es lediglich: »Wir ziehen unsere geilen Anzüge an und quatschen ein bisschen über die Firma.«

Überraschend lud mich Cédric zu einem Essen ein. Er hatte wohl in der Zeitung vom Firmenverkauf gehört. Aber was wollte er?

»Mein alter Herr hat mir nun auch die restlichen Geschäfte und Vermögenswerte übertragen, die Ärzte haben ihn aufgegeben. Ich werde ihm noch beweisen, dass ich etwas tauge, ich werde sein Vermögen verdoppeln, bevor er in die ewigen Jagdgründe zieht. Macht es Sinn, in diese deutsche Firma zu investieren, die deine Bude gekauft hat?«

»Kauf gescheiter Gold und Nestlé«, riet ich ihm.

»Ich bin noch nicht pensioniert«, lachte er, »ich suche intelligente Investments, irgendetwas Schlaues, Start-ups, geile Newcomers, die Dotcoms von morgen, Gigabell, EM TV, Letsbuyit. com, Boo, was kannst du mir empfehlen?«

»Cédric, die werden alle Pleite machen! Du musst dir diese Firmen mal von innen anschauen, das sind Kinder, die Manager spielen.«

»Ach, dann bin ich wohl falsch hier, ich dachte, du würdest von den neuen Dotcoms was verstehen. Begreifst du denn nicht, dass die Zukunft angefangen hat?«

»Ja, Cédric, aber nur wenige werden diese Zukunft überleben. Weißt du, wie viele Eisenbahn- und Automobilfirmen seinerzeit am Start waren? Und wie viele überlebt haben? Aber sag mal, Cédric, wolltest du dein Erbe nicht der Partei schenken?«

»Hm«, machte Cédric, »damals war es noch nicht mein Geld.«

Nach einem Jahr sah ich Björn Frank und seinen Finanzdirektor in den Abendnachrichten. Sie waren verhaftet worden. Bilanzfälschung, Urkundenfälschung, das ganze Programm. Björn Frank hatte insgesamt 57 Firmen auf der ganzen Welt gegründet und eine einzige Million durch diese 57 Firmen gejagt, sodass jede einzelne Firma Millionenumsätze generierte, die nur auf dem Papier existierten. Den *cheat* hatte er aus *Bau dir dein Imperium*. Björn Frank hatte das Game jahrelang zum Vergnügen ausprobiert und dann in die reale Wirtschaft übertragen. Aber in echt gabs dafür sechs Jahre Zuchthaus.

Die Dotcom-Blase war ein weltweites Phänomen, und sie platzte wie alle Blasen in der Wirtschaftsgeschichte. Die Landung war hart, sehr hart. Hoch gejubelte Aktien von jungen Technologiefirmen verloren über Nacht die Hälfte ihres Wertes und dann nochmals die Hälfte. Kleinanleger, die Kredite aufgenommen hatten, um auf den New-Economy-Zug aufzuspringen, hatten plötzlich wertlose Depots, die für die Deckung der aufgenommenen Kredite nicht mehr ausreichten. Die Banken liquidierten ihre Depots gnadenlos. Zahlreiche Anleger gingen bankrott, auch Banken. *Keiner weiß mehr.*

Für die meisten Start-ups hieß es: *Game over.* Jene, die für Day-Trading über Online-Konten ihren Job aufgegeben hatten, saßen plötzlich vor einem schwarzen Bildschirm. Immer mehr einstige Hoffnungsträger beantragten die Insolvenz, zahlreiche Start-ups hatten ihre Bilanzen mit nicht messbaren geistigen Errungenschaften frisiert und Umsätze mit Scheinfirmen erfunden. Die Kleinanleger verkauften panikartig und beschleunigten so den Crash. Viele verloren alles, was sie ein Leben lang zusammengespart hatten. Wer rechtzeitig sein Restkapital aus der Börse ziehen konnte, flüchtete in angeblich sichere Werte, in Immobilien. Die Nationalbanken begannen die Märkte mit billigem Geld zu fluten, welches nicht in die Wirtschaft, sondern in die Rohstoff- und Edelmetall-Märkte floss. Jede Blase platzt und nährt die nächste Blase.

Auch in der Script Avenue waren einige pleite. In Henry Millers Saloon fehlte sogar das Geld, um die Glühbirnen zu ersetzen. Berthold Krenz, Tony Brodbeck, Jack und ich saßen am Spieltisch und spielten Karten. Unsere Einsätze waren ungesalzene Wasabi-Bohnen. »Kannst du mir was leihen?«, fragte mich Berthold, »nur hunderttausend, vorübergehend, du kriegst sie zurück.«

»Glaub ihm kein Wort«, brummte Jack, »das sagen sie alle.« Jack stand auf. Er war nackt bis auf die übergroßen Senioren-pampers, die er trug.

»Das Alter ist ein Massaker«, seufzte er, als er die Toilette aufsuchte.

Ich spielte die Pik-Zehn und schaute kurz zu Berthold Krenz rüber: »Du hast doch bestimmt schon vierzig Leute angepumpt. Die ganze Stadt kennt dein Karussellsystem.«

Berthold Krenz warf mir seine Karten ins Gesicht und verlieh mir unzählige Ehrentitel, die er nicht nur der Anatomie entnommen hatte, sondern neu auch der Tierwelt.

»Das erinnert mich an die Tiere im Zoo«, stichelte ich, »warten die immer noch auf die Filmcrew?«

Nun griff Berthold Krenz nach Jacks Karten und warf mir diese ebenfalls ins Gesicht.

»Du bist ein kapitalistischer Schweinehund!«, schrie er. Meine Mutter erschien plötzlich am Tisch und bespritzte Berthold mit Weihwasser. Sie setzte sich für mich ein. Das tat gut. Dann kam Maggy in ihrem knallroten Superman-Dress und sog die Spiel-karten in das Rohr ihres Hoover-Staubsaugers. Aus Versehen schluckte sie auch den Rosenkranz meiner Mutter, der jetzt auch auf dem Tisch lag. Meine Mutter war entsetzt, sie wollte sich auf Maggy stürzen, doch plötzlich ertönte ein Schuss, laut wie ein Donner. Maggy griff sich an die Brust und sackte zu Boden. Jack war zurückgekommen. Er hielt sein Jagdgewehr in der Hand, aus dem Lauf stiegen kleine Rauchfäden hoch.

»Das musste ja eines Tages passieren, habe ich recht?«

Ich gab ihm recht.

Jack setzte sich an den Tisch und suchte seine Karten, während sich Maggy mit schmerzverzerrtem Gesicht an den Hoover klammerte und stöhnte: »Das ist nackter Verrat. Wir müssen mit der 3. Panzergrenadier-Division sofort die Alpenübergänge sichern.«

»Vielleicht könntest du mir was leihen«, sagte Tony Brodbeck überraschend, »eine Viertelmillion, zehn Prozent Zins.« Als ich zögerte, sagte er: »50 000 bis Weihnachten wären auch nicht schlecht, wir sind doch Freunde.«

Zu meiner Überraschung hatte ich das Geld in meiner Hosentasche. Fünfzig Tausendernoten sind kein dickes Bündel. Ich wollte es Tino, ich meine Tony, über den Tisch schieben, doch Jack brummte, es habe keinen Sinn, einem Freund Geld zu leihen. Weigerst du dich, verlierst du einen Freund. Leihst du ihm was und erinnerst ihn ein Jahr später daran, dreht er durch, nennt dich einen miesen Typen, und die Freundschaft ist zu Ende. Der Unterschied ist lediglich, dass du im ersten Fall noch Geld hast, im anderen Fall nicht. Aber den Freund bist du in jedem Fall los.«

Jack warf mir das Geld also wieder hin. Dann hörten wir ein seltsames Geräusch, das immer näher kam. Ein Panzer rammte die Frontseite der Bar, Bretter und Stühle zersplitterten und flogen uns um die Ohren, die Deckenbeleuchtung krachte auf uns nieder. Der Panzer hielt einen Meter vor unserem Tisch. Hinter der Geschützkanone saß Onkel Arthur. »Das ist ein Churchill«, sagte Jack nachdenklich, »ein schwerer britischer Sturmpanzer aus dem Zweiten Weltkrieg.«

»Nein«, sagte ich, »das ist Onkel Arthur, der pädophile Kriegsverbrecher. Habe ich dir nie von ihm erzählt?«

»Soll mir bloß keiner blöd kommen«, drohte Onkel Arthur.

»Du hast den falschen Panzer erwischt!«, rief ich zu ihm hinauf.

»Du faschistoides Warzenschwein!«, brüllte ihm Berthold Krenz entgegen.

Onkel Arthur feuerte wütend eine Salve durch den Saloon und traf ausgerechnet das Klo.

»Wo soll ich jetzt hinscheißen?«, schrie Jack und richtete seine Waffe auf Onkel Arthur.

»Ist sie geladen?«, stöhnte Maggy unter dem Tisch, »das ist wie bei Hitler, September 39, die von der Wehrmacht haben auch nicht angeklopft.«

»Ist sie geladen?«, fragte mich auch Jack, jetzt sichtlich verunsichert.

Als ich plötzlich aufwachte, war mein erster Gedanke: »War sie geladen?«


Ich nahm das Platzen der New-Economy-Blase zum Anlass, um meinen Körper einem großen Service zu unterziehen. Alles sollte gecheckt werden: die Augen, die Ohren, die Zähne, die Lunge, das Herz, Nieren und Leber, Magenspiegelung. Darmspiegelung hatten wir schon. Tim und Andrea sollten den Check-up mitmachen. Tim sagte Ja, Andrea Nein.

»Darmspiegelungen«, dozierte ich, »sollte man vor dem fünfzigsten Altersjahr machen oder zehn Jahre bevor die erste Person in der Verwandtschaft an Darmkrebs erkrankt ist.«

»Ich will aber nicht!«, schrie Andrea. »Wie oft muss ich dir das noch sagen? Und ich brauche von einem Hypochonder auch keine medizinischen Ratschläge.«

»Du hast doch Verwandte, die früh an Darmkrebs gestorben sind«, sagte Tim. Er war unbemerkt ins Wohnzimmer gekommen.

»Misch dich nicht ein!«, fuhr sie ihn an. Ihre übertrieben heftige Reaktion schockte Tim so sehr, dass er zu zittern begann und das Gleichgewicht verlor.

»Es ist deine Entscheidung«, sagte ich schließlich, »aber wenn du im Sinn hast, es eines Tages doch noch zu tun, dann tu es gescheiter jetzt.«

Tim und ich begannen mit all den Untersuchungen. Wir waren kerngesund, was Andrea sehr amüsierte. Auch Tim strotzte vor Gesundheit, sein Geburtsgebrechen war ja keine Krankheit.

2002 sang Ozzy Osbourne *Dreamer* und DiCaprio führte die *Gangs of New York* an. Es war auch das Kinojahr der Serials, *Herr der Ringe 1, Harry Potter 1, Star Wars: Episode II, Men in Black 2, Stuart Little 2, Blade 2,* und die Filmproduzenten wollten am liebsten auch noch *Die drei Musketiere 45, Tarzan 46* und *Robin Hood 47.*

Auch privat gab es Serials wie ein Schreiben des hageren Blonden im hellblauen Hemd. Ich erkannte die Handschrift auf dem Couvert sofort. Der beige gerippte Umschlag ließ erahnen, dass es sich um irgendeine feierliche Sache handelte, doch mir kam kein Geburtstag oder Jubiläum in den Sinn. Ich öffnete den Brief. Während die EU per 1. Januar 2002 den Euro als Münzgeld in Umlauf brachte, hatte mein Vater die rumänische Währung eingeführt und die Bukarester Schönheitskönigin von 1922 geheiratet. Sie stammte aus den im Winter tief verschneiten Karpaten Transsilvaniens, dem Land *Jenseits der Wälder,* wo auch Dracula sein Unwesen trieb.

Mein Vater war in Festlaune. Da es bereits seine zweite Hochzeit war, lud er zum Mittagessen lediglich in die Kantine eines Altersheims ein. Die Frau wollte ich sehen, die auf diesen Typen reingefallen war. Das Essen war auf fünfzehn Uhr angesetzt, weil dann die Heiminsassen ihren Mittagsschlaf hielten und der Saal zum halben Preis zu vermieten war. Die Schönheitskönigin war eine liebenswürdige Frau mit pechschwarzem Haar und Ponyfrisur. Sie sprach nur gebrochen deutsch. Eigentlich sprach sie gar nicht, sie schrie wie alle ihre rumänischen

Bekannten, die an zwei langen Tischen saßen. Sie zeigten sich gegenseitig Fotos: mein Auto, mein Haus, meine Kinder, mein Hund, meine Frau. Ich hatte noch nie so viele Schönheitsköniginnen an einem Tisch gesehen. Die eine hatte angeblich die Krone im Jahr 1932 errungen, die nächste hatte vergessen, wann ihr dieses Glück widerfahren war. Und dann waren alle mit dem Leibarzt von Ceausescu verheiratet gewesen und hatten Professorentitel in Psychologie, Psychiatrie, Medizin. Wenn ich mich recht erinnere, hatten einige auch noch Physik und Literatur studiert. Eine war sogar bei den Dreharbeiten von Polanskis *Tanz der Vampire* dabei gewesen, sie war die Fahrerin des Fürsten Vlad.

Mein Vater torkelte zu mir hinüber und säuselte: »Sammy, dass ich dich sehe, das ist der schönste Augenblick meines Lebens.« Trotzdem drängte er mich, bald zu verschwinden, damit auch die anderen gingen. »Das wird langsam teuer«, meinte er. »Die saufen noch mehr als die in Vilaincourt.« Dann setzte er die beste Märtyrermiene seiner ganzen Karriere auf: »Ich hatte zuerst eine andere Freundin. Die war nett, aber dann wurde sie krank. Sie wohnte nicht in der Stadt, ich musste immer den Zug nehmen. Eine ganze Stunde. Nicht ganz billig, ich bin ja Rentner. Und was sollte ich an ihrem Bett ausrichten? Ich brauche frische Luft. Ich bin kein Arzt.«

»Aber du warst ihr Freund«, sagte ich bitter.

»Weißt du, ich brauche meine Freiheit.«

Er machte ein schmerzerfülltes Gesicht, das großes Bedauern ausdrücken sollte. Jeder Mensch, der ihn nicht kannte, hätte ihn jetzt in den Arm genommen. »Weißt du«, sinnierte er, »ich habe gehört, was du für deinen Sohn gemacht hast all die Jahre. Ich hätte das nicht gekonnt. Dafür bin ich nicht geschaffen.«

»Wofür bist du denn geschaffen?«, fragte ich ihn ruhig.

»Der Herrgott hat es mir nicht gesagt.«

»Wahrscheinlich weiß er es selber nicht.«

Ein Schrei unterbrach unser Gespräch. Seine neue Frau kam freudig auf uns zugerannt.

»Sie tut alles für mich«, sagte mein Vater leise.

Sie umarmte mich, als wolle sie mich erwürgen, und hauchte mir einen 55-prozentigen rumänischen Pflaumenschnaps ins Gesicht, der mit dem Geschmack von 34 ausgepressten Knoblauchzehen angereichert war.

»Wir schauen zu unseren Männern!«, lachte sie, das sei in den Karpaten Tradition.

Sie machte einen wirklich netten Eindruck, aber sie kam immer so nah an mein Gesicht ran, dass ich befürchtete, sie würde mir gleich die Nase abbeißen. Sie kam ja immerhin aus Draculas Heimat. »Ich liebe dich!«, rief sie. Ich bin mir sicher, dass sie sich aufopfernd um meinem Vater kümmern würde, bis sie eines Tages vor Ärger kränker sein würde als er. »Ich liebe dich wie Sohn. Liebe Maximum!«, schrie sie mir nach, als ich den Saal verließ.


Ich schrieb an meinem Roman über den Papiergelderfinder und genoss es, nur noch einen Zehnstundentag zu haben. Tim hatte mittlerweile seinen eigenen Freundeskreis und mit Mohammed einen zuverlässigen Taxichauffeur, der ihm einen größeren Aktionsradius erlaubte. Jack war betrübt, als er hörte, dass ich nur noch Romane schreiben wolle. Maggy war natürlich auf meiner Seite.

»Es gibt auch ideelle Werte, Jack. Nicht alles dreht sich um Geld! Selbst Hitler fütterte noch seinen Schäferhund, als der Russe ...«

»Was erzählst du da für Blödsinn«, herrschte Jack sie an und schenkte sich noch einen Whisky ein. »Du hast dein Leben lang nicht gearbeitet. Das ist doch alles Mumpitz. Bring mir noch einen Whisky.«

»Wir haben keinen mehr«, sagte sie trotzig.

Jack sprang auf, versuchte, das Gleichgewicht zu halten, und torkelte dann von Vorhang zu Vorhang: »Sie versteckt die Flaschen hinter den Vorhängen, obwohl ich ihr schon hundertmal gesagt habe, dass der Whisky neben der Heizung zu warm wird.«

Schließlich fand er eine halb volle Flasche.

»Siehst du! Wenn man hier hinter alle Vorhänge guckt, könnte man am nächsten Tag eine Spirituosenhandlung eröffnen!«

»Der Arzt hat dir ...«

»Der Arzt!«, brummte Jack verärgert. »Der säuft selber wie ein Loch. ›Jack, so eine Leber habe ich noch nie gesehen‹, hat er zu mir gesagt. Und dann haben wir zusammen eins gesoffen, und seine Gehilfin hat alle Patienten nach Hause geschickt. Komm, Sammy, wir müssen noch eine Eisenbahnstrecke nach Afrika verlegen«, sagte er weiter. »Dort gibts viele Rohstoffe.«

»Hast du jetzt deine Darmspiegelung gemacht?«, fragte Maggy Andrea plötzlich, »weißt du, ich habe gelesen, Hitler habe nicht wirklich den Krieg verloren, er sei an Darmkrebs gestorben.«

Jack machte eine abschätzige Handbewegung und verschüttete dabei etwas Whisky.

»Aber die Darmspiegelung«, sagte er, »solltest du schon machen. Ist ja keine große Sache.«

Andrea wurde zornig, doch Jack meinte, es sei nun bereits ihre dritte Tante an Darmkrebs gestorben. Andrea beschimpfte ihn als Dilettanten. Was wisse er schon über Genetik und Karzinome, sie sei schließlich Krankenschwester gewesen und kenne alle Symptome. Und im Übrigen ernähre sie sich nur von Biogemüse und gesundem Fleisch.

»Wisst ihr«, sinnierte Maggy, »Hitler hätte auch nie gedacht, dass sein ärgster Feind nicht der Russe im Osten, sondern der Krebs in seinem Darm war.«

# Der Anfang vom Ende

Tim machte sein Abitur souverän. Ich hätte sein Zeugnis gern all den Leuten gezeigt, die ihn damals in ein Behindertenheim stecken wollten. Doch ich ließ es bleiben, denn es gab da etwas, das ich Tim am Tag der Zeugnisübergabe schonend beibringen musste. Ich holte Tim wie üblich vor der Schule ab. Ich wusste nicht, wie ich es ihm sagen sollte, ich wollte ihm seinen Tag nicht verderben.

»Wenn ich zurückblicke«, sagte ich, »kommt es mir vor, als seien wir über den Ozean gewandelt. Es war ein verdammt steiniger Weg, aber jetzt hast du das Ufer erreicht. Deine Behinderung wird ab jetzt nicht mehr von Bedeutung sein. Wenn du Anwalt werden willst, wirst du es werden. Dem steht nichts mehr im Wege.« Aber das war nicht das, was ich ihm sagen musste.

Als wir nach Hause kamen, saß Andrea im Dunkeln, hörte Leonard Cohen und trank Rotwein. Tim setzte sich auf die Couch und beobachtete zitternd seine Mutter. Spastiker zittern oft, wenn sie Emotionen empfinden, egal, ob es gute oder schlechte sind.

»Ich habe wieder Krebs«, sagte Andrea plötzlich zu Tim.

»Aber, das kann nicht sein!«

Er meinte, man könne ja wohl kaum erneut an Brustkrebs erkranken, wenn man keine Brüste mehr hatte.

»Es ist der Darm«, erklärte Andrea, »ich habe am Morgen eine Darmspiegelung machen lassen.«

Ich versuchte einzuwenden, dass man das Resultat der Biopsie abwarten müsse, doch Andrea wurde wütend und erwiderte, sie habe ja schon immer gesagt, dass sie nicht alt werde.

Wir trafen den Arzt am Abend, nachdem er die Praxis geschlossen hatte. Er wollte sich offenbar Zeit nehmen, nein, er musste sich wahrscheinlich Zeit nehmen für das, was er Andrea und mir mitzuteilen hatte.

»Darmkrebs«, begann er, »ist zu 95 Prozent heilbar, wenn der Krebs die Darmwand noch nicht infiltriert hat. Die Chancen liegen bei etwa fünfzig Prozent, wenn die Darmwand befallen ist.«

»Ist sie befallen?«, fragte Andrea nervös und biss auf ihrem Finger herum.

»Die Darmwand ist bei Ihnen leider vom Krebs durchbrochen worden; wahrscheinlich sind schon Metastasen vorhanden.«

Andrea schnappte unwillkürlich nach meinem Arm, als müsse sie sich irgendwo festhalten, und schaute den Arzt bittend an.

»Mehr als zwei Jahre«, sagte er mit fester und klarer Stimme, »werden Sie nicht mehr haben. Wir können es hinauszögern, aber nicht mehr heilen. Falls die Leber bereits angegriffen ist, sind es keine zwei Jahre mehr, höchstens ein paar Monate.«

Wir waren schockiert. Mir war zum Kotzen zumute. Ich spürte Schwindel, mir war, als fiele ich endlos in die Tiefe. Ich würde Andrea verlieren. Diesmal endgültig. Ich hatte Angst, sie sterben zu sehen und dann allein auf dieser Welt zu sein. Doch dann verscheuchte ich den Gedanken, es ging jetzt um Andrea.

»Sie hätten früher kommen sollen«, sagte der Arzt, »die Darmwand wurde vor nicht allzu langer Zeit durchbrochen.« Ich schaute verlegen zu Boden, denn ich spürte den zornigen Blick von Andrea, der auf mir lastete. Sie war wütend, dass ihr Hypochonder recht gehabt hatte.

»Haben Sie Darmkrebs in der Familie?«, fragte der Arzt.

Andrea schüttelte den Kopf, sie bestand darauf, dass man es nicht habe vorausahnen können.

»Drei ihrer Tanten starben an Krebs, mit 51.«

»Nein«, schrie Andrea, »sie waren 52!«

Auf dem Heimweg ließ sie ihrem Ärger freien Lauf.

»Was soll dein dummes Geschwätz? Meine Tanten waren nicht 51.«

»Okay, okay, 52.«

»Kannst du dich nicht dafür entschuldigen?«

»Es tut mir leid, Andrea«, sagte ich, »sie waren 52 und nicht 51.«

Ich versuchte, eine Eskalation zu verhindern, aber mein Versuch stachelte ihre Wut nur noch mehr an.

»Du meinst es nicht ernst. Du meinst es nie ernst. Du sagst das bloß, damit ich ruhig bin.« Dann schrie sie: »Aber ich werde nie mehr ruhig sein! Hörst du! Nie mehr! Ich habe Krebs, ich werde krepieren, und ich habe das Recht, nie mehr ruhig zu sein!«

Mir blieb nichts anderes übrig, als ruhig zu bleiben, um mehr Raum für sie zu schaffen.


Nach der Darmoperation folgte eine Leberoperation, es war hoffnungslos, da einige Krebszellen bereits die Aorta befallen und sich wie ein Mistelnest festgesetzt hatten. Dort konnte man nicht ohne Risiko operieren, Andrea begann erneut mit einer Chemotherapie. Ich legte meinen Roman beiseite und versuchte, ihr jeden Wunsch von den Lippen abzulesen. Ich begleitete sie auf all ihren Shopping-Touren. Ein richtiger Kaufrausch hatte sie erfasst. Wir pilgerten von einer Designerboutique in die nächste. Kleider, Schuhe, Schmuck und nochmals Schuhe.

Eines Nachts weckte sie mich unsanft auf und sagte, sie wolle den neuen SLK von Mercedes. Sie wolle noch ein hübsches Auto fahren, solange sie lebe. »Das können wir uns nicht leisten«, sagte ich Andrea, sie habe bereits ein Vermögen in die Renovation des Hauses gesteckt. Nun bestand sie erst recht darauf, notfalls könne man die Hypothek auf das Haus erhöhen. Unser Erspartes schmolz wie Schnee in der Sonne. Wir kauften diesen SLK und stellten ihn in die Garage. Dort blieb er dann auch, weil Andreas Fahrtüchtigkeit infolge der zahlreichen Medikamente zu stark beeinträchtigt war.

Als Nächstes setzte sich Andrea in den Kopf, das Haus erneut zu renovieren: neue Küche, neue Bäder, neue Fenster. Ich konnte ihr schlecht sagen, dass dies in unserer Situation kein guter Einfall war. Sie hätte es so verstanden, als ob ich ihr sage, sie würde eh bald sterben. In den kommenden Wochen beschäftigte sie sich mit umfangreichen Renovierungsplänen, zerstritt sich mit den meisten Handwerkern, wechselte laufend die Baufirmen und bestellte nur die teuersten Materialien. Wir klapperten alle Platten- und Sanitärausstellungen im Umkreis von 200 Kilometern ab.

Da Tim immer noch die Angewohnheit hatte, sich beim Gehen an den weißen Wänden abzustützen, bestellte sie alle drei Monate den Maler. Und dann auch noch einen Gärtner. Und dann noch eine Haushälterin. Doch ihre neue Crew genügte ihren Ansprüchen nicht. Ich hatte alles nachzubessern, ich wurde zum Allrounder. Es gab im Garten und im angrenzenden Wald jeden Tag eine Menge zu tun. Kein Grashalm durfte länger sein als der andere. Mit der Schere korrigierte sie meine »Schlampereien«.

»Ich will einen englischen Rasen!«, wiederholte sie stets.

Doch unsere schöne Naturwiese wollte nicht Englisch lernen.

Ich habe nie opponiert, obwohl mir vor den monatlichen Bankauszügen graute. Ich wollte ihr Geliebter bleiben und wie ein einsamer Legionär auf dem Schlachtfeld den römischen Adler bis zum letzten Atemzug hochhalten. Ich wollte ihre Zuneigung nicht verlieren, ich brauchte sie. Und wer kann schon einer Sterbenden letzte Wünsche abschlagen?

Oft lagen wir nächtelang eng umschlungen und schwiegen. Manchmal sagte sie: »Du wirst es allein machen müssen. Schau, dass Tim sein Studium abschließt.« Oder: »Kümmere dich gut um die Hunde, sie brauchen dreimal täglich einen langen Spaziergang. Tim soll ihnen kein Eis geben, sie kriegen davon Durchfall.« Sie sagte manchmal auch: »Ich liebe dich, ich habe dich immer geliebt.«

Von nun an assistierte ich ihr beim Kochen. Irgendwann begann ich, alles aufzuschreiben, ich machte auch Fotos von den Gerichten. »Ja«, sagte Andrea manchmal, »es ist gut, wenn du das alles aufschreibst, dann kannst du es später für Tim kochen.« Aber es war ein abscheuliches Gefühl, das Essen zu fotografieren. Es erinnerte uns beide daran, dass es bald zu Ende war.

Eines Tages hörte Andrea auf zu kochen, sie saß in der Küche und weinte. Sie sagte, sie könne nicht mehr, alles sei zu viel. Ich versuchte, sie zu trösten, und versicherte, ich würde in Zukunft diese Arbeit übernehmen. Doch Andrea schrie mit letzter Kraft, dass sie nicht aufgeben wolle. Sie wolle nicht nutzlos sein. Sie wolle nicht verlieren. Noch sei das ihre Küche!

Ich sah die Script Avenue lange nicht mehr. Ich denke, ich habe zwei Jahre lang nicht mehr geträumt. Denn sobald ich neben Andrea vor Erschöpfung eingeschlafen war, hatte sie Wünsche: Ich sollte um drei Uhr morgens ihren weißen Pullover waschen, damit er am nächsten Tag trocken wäre. Das Altpapier auf die Straße stellen. Um vier Uhr früh? Ja, sonst würde ich es vergessen. Und ich solle auch kontrollieren, ob die Haustür verschlossen sei und die Kochplatte abgestellt.

Als sie begann, Morphium zu nehmen, wurde sie ruhiger. Meist lag sie auf der Couch und versuchte zu lesen. Sie schlief oft. Ich führte den Haushalt, leider nicht zu ihrer vollen Zufriedenheit. Kam ich mit den Hunden vom Spaziergang zurück, gab es Arbeit im Garten, anschließend hatte sie bestimmte Menüwünsche, kein Problem. Ich wurde ein guter Koch, einer, der gern kochte. Die Rollen war nun vertauscht, ich kochte, und Andrea saß am Tischende und überwachte jede meiner Handlungen. Sie ließ den Blick schweifen, kritisierte dies und jenes und rang nach Atem. Das Morphium mag am Anfang Schmerzen lindern, aber es reduziert auch die Lungenfunktion.

Wenn ich das Essen servierte, starrte sie minutenlang auf ihren Teller. Einmal nahm sie Gabel und Messer und erhob sich. Ich hatte Angst, sie würde sich, Tim oder mir etwas antun, ihr Blick war so finster.

»Du hast Gabel und Messer vertauscht«, raunte sie mit weit aufgerissenen Augen. Ihre Stimme war so tief, als hätte ein böser Geist von ihr Besitz ergriffen. Dann packte sie die Schüssel mit dem Curryreis und schmiss sie ins Waschbecken: »Ich dulde keinen Schlendrian!«, schrie sie. »Ich verrecke, und du kannst nicht einmal den Tisch decken!«

»Es ist nicht seine Schuld, dass du Krebs hast«, sagte Tim plötzlich. Sein linkes Bein zitterte unkontrolliert.

»Und ob er schuld ist!«, schrie sie. »Ich wollte nie schwanger werden, aber er ... er wollte immer Kinder.«

Ich werde Tims Blick nie vergessen. Andrea war es egal. Sie beharrte darauf, den Krebs bekommen zu haben, weil sie während der Schwangerschaft zu viele Hormone nehmen musste. Und wer war schuld an der Schwangerschaft?

»Im Grunde genommen hast du mich vergewaltigt«, sagte sie eines Nachts und trat mit den Füßen nach mir. »Ich wollte nie Kinder. Ihr seid schuld, dass ich Krebs habe. Ihr beide solltet Krebs haben, nicht ich.«

Ich rief am nächsten Tag ihren Onkologen an und bat um Hilfe. Er meinte, das sei ein normales Verhalten, eine Aggressionsdepression. Aber in der Gesellschaft sei dies ein Tabuthema. Und weiter? Das war alles.

Ich holte nun Andreas Essen mittags in einem Restaurant ab. Sie hatte eine Speisekarte und wählte täglich ihr Menü, sie mochte dieses Essen angeblich lieber als meins. Ich wusste, dass es nicht so war. Eines Tages rief sie das Restaurant an und schrie in den Hörer, dass das Essen zum Kotzen sei – kein Gewürz, kein Salz und alles in ranziger Butter schwimmend. Dann schwankte sie in die Küche und blieb neben mir stehen. Ich wusch gerade eine Schüssel ab.

»Lass mich wieder mal abwaschen«, flehte sie. Ich schaute sie lange an und gab acht, dass sie nicht das Gleichgewicht verlor.

»Ich bin noch nicht tot«, schluchzte sie, »ich lebe noch. Das ist meine Küche, Sammy. Lass mich abwaschen!«

Die Chemotherapie zerstörte ihre Geschmacksnerven, der Darm war überreizt, die Blase permanent entzündet, die Medikamente störten ihr Gleichgewicht, ihre Wahrnehmung. Die Schmerzen wurden immer stärker, und ihr Onkologe empfahl höhere Morphiumdosen. Er meinte, man müsse jetzt nicht mehr zurückhaltend sein.

Es stimmt leider nicht, dass Krebskranke immer schmerzfrei sterben. Das ist eine schreckliche Lüge der Gutmenschen, die gegen die Sterbehilfe sind. Der Onkologe meinte, es gebe nur noch die Option, sie ins Koma zu versetzen, damit sie nicht mehr leiden müsse. Und nach dem Koma? Es gebe kein »nach dem Koma«. Wozu dann ins Koma versetzen?

Andrea begann, qualvoll zu sterben. Und dennoch hatte sie plötzlich Angst, dass die Hunde sie mit Kolibakterien infizieren könnten. »Dieses Haus muss steril werden«, keuchte sie. Ich versprach es. Als ich ihr sagte, die Hunde würden jetzt zur Züchterin zurückgebracht, schwieg sie. Da wusste ich, dass auch sie mit dem baldigen Tod rechnete. Andy übernahm den achtstündigen Transport der Tiere. Er sagte, er wisse, dass ich nicht an Gott glaube, aber er würde trotzdem jeden Abend eine Kerze anzünden und zusammen mit seiner Frau und seinen Kindern für Andrea beten.

Mit dem Verschwinden der Hunde wich auch das Leben aus dem Haus. Tim zog sich zurück, er fürchtete die Wutausbrüche seiner Mutter. Mohammed übernahm meinen Part und fuhr Tim zur Universität, zum Zahnarzt oder zu anderen Terminen. Mohammed war weiterhin sehr zuverlässig, und so lernte Tim mehr über den Koran und darüber, wie man Frauen nicht behandeln sollte.

Ich saß zu Hause auf Andreas Couch. Sie geriet immer in Panik, wenn sie aufwachte und mich nicht sah. In diesen Stunden dachte ich über mein Leben nach Andreas Tod nach. Ich hatte Angst vor der Leere. Ich brauchte einen Plan. Konnte man im Voraus trauern? Konnte man die Trauer portionieren? Tim versuchte mir nahezulegen, dass jede Veränderung tatsächlich auch eine Chance für etwas Neues sei.

»Ich möchte nichts Neues«, erwiderte ich. »Ich möchte immer bei Andrea sein. Immer.«

Tim schwieg. Vielleicht wunderte er sich darüber, dass meine Liebe zu Andrea ungebrochen war. Bis zur Selbstverstümmelung, bis zur Selbstaufgabe.


Eines Tages sagte sie, wir müssten Jack besuchen. Er war erneut ins Krankenhaus eingeliefert worden. Darmkrebs. Die Krankheit war auch bei ihm bereits sehr weit fortgeschritten. Er wartete auf den Tod. Ich fuhr Andrea zu ihm, auch Tim wollte seinen Großvater nochmals sehen.

Jack lag abgemagert in einem Einzelzimmer.

»Gib mir den Whisky«, sagte er zu Tim, »im ersten Schrank.«

»Du solltest keinen Alkohol trinken«, sagte Andrea mit schleppender Stimme. Sie saß schweißgebadet auf der Fensterbank und rang nach Atem.

»Dummes Zeug«, murmelte Jack und trank gleich aus der Flasche. Tim stellte sie zurück. Dann kam eine junge Schwester herein und sagte flapsig: »Hallo Boss, wie gehts uns heute?«

»Bringen Sie mir ein Bier, Fräulein.«

Ich sah, dass die Respektlosigkeit Tim berührte. Aber so ist es, wenn man alt wird: Die Leute behandeln einen wie einen Deppen, falls man überhaupt wahrgenommen wird. Steht man morgens am Straßenrand, muss man höllisch aufpassen, dass einen die Müllabfuhr nicht gleich mitnimmt.

»Ich bin fertig«, sagte Jack, »aber du, Andrea, du wirst es schaffen.«

»Hör endlich auf mit diesem Blödsinn! Ich werde noch vor dir sterben!«

»Ach wo, dummes Zeug«, ereiferte sich Jack. »Ich sterbe vor dir.«

»Nein«, beharrte Andrea, »den Gefallen tue ich dir nicht. Du hast mich nie geliebt, es ging immer um Geld, Geld, Geld.«

»Ach wo«, sagte Jack, »ich habe dir ein Pferd gekauft.«

»Damit ich gezwungen war, jedes Wochenende bei dir zu verbringen. Ich kam aber nur wegen des Pferdes. Nicht wegen dir.«

»Du bist krank!«, sagte Jack entsetzt und wandte sich an mich: »Die ist krank, völlig übergeschnappt. Habe ich recht?« Dann schaute er hilfesuchend Tim an.

Auf der Rückfahrt ließ Andrea ihre Jugend passieren, sie fand nichts Erfreuliches. Sie war als verwöhnte Prinzessin aufgewachsen, war nun aber überzeugt, man habe sie wie eine Sklavin gehalten, seelisch gefoltert, ihr Innerstes zerstört. Als wir die Autobahn verließen, schrie sie plötzlich, sie wolle nicht sterben. Heftige Schmerzen setzten ein, und das Weiß in ihren Augen verfärbte sich gelb. Es war ein ziemlich krankes Gelb. Ich fuhr auf direktem Weg ins Spital. Unterwegs verlor sie immer wieder das Bewusstsein. Mit überhöhter Geschwindigkeit überfuhr ich ein Rotlicht nach dem andern. Eigentlich idiotisch, dass man Fußgänger gefährdet, um eine Sterbende ins Krankenhaus zu bringen.

Die Computertomografie ergab, dass der Krebs offenbar die Gallengänge verschlossen hatte. Der Onkologe kam vorbei und sagte, sie würden das in den Griff kriegen.

»Den Krebs?«, fragte ich hoffnungsvoll. Er schaute mich mit Befremden an.

Als Andrea operiert wurde, nutzte ich den Vormittag, um Jack noch einmal zu besuchen.

Wie immer verlangte er nach seinem Whisky.

»Weißt du, Sammy«, sagte er melancholisch, »*Railroad Tycoon* war eine ganz tolle Eisenbahnsimulation. Ich hätte gern noch Asien mit Europa verbunden. Nimm doch meinen Computer und führe es zu Ende. Das wäre schön.«

»Ja, Jack, ich werde Asien mit Europa verbinden.«

Dann schwiegen wir eine Weile.

»Du spürst, wenn es so weit ist«, sagte er resigniert. »Du bist vermutlich der letzte Mensch, der mich lebend sieht. Maggy hat jetzt auch Krebs.«

Ich setzte mich niedergeschlagen auf die Bettkante und nahm auch einen Schluck aus der Whiskyflasche.

»Ich habe mich in dir getäuscht«, sagte er plötzlich und biss die Lippen fest aufeinander. »Du warst ein guter Schwiegersohn, Sammy. Ich rechne es dir hoch an, dass du Andrea nicht im Stich lässt, sie hätte es verdient. Sie ist wie ihre Mutter, genauso wie ihre Mutter. Bin ich froh, dass ich diese Hitler-Scheiße bald nicht mehr hören muss.«

Ich wollte Jack sagen, dass er für mich wie ein Vater gewesen sei. Doch ich brachte es nicht über die Lippen. Er tat mir leid, wie er dalag, in embryonaler Stellung, und sich an den Stäben seines Bettes festhielt. Es ist wohl der Skandal der menschlichen Existenz, dass wir uns in langen Jahren so viele Fähigkeiten und so viel Wissen aneignen, und innert Stunden ist der Reichtum eines Menschenlebens erloschen.

Ich war nun mit Tim allein im Haus. Wir spürten schon jetzt die Leere, die uns bald heimsuchen würde. Wir überlegten, wie wir uns auf Andreas Tod vorbereiten sollten. Wir wussten es nicht. Tim hatte bei Amazon Bücher gekauft, vielleicht könnten die mir helfen, wenn es so weit sei.

»Ich habe sie alle gelesen, nur eins war brauchbar. Ich bewahre es für dich auf. Es ist Zeit, dass du einen Plan erstellst, für die Stunden danach, für die Tage und Wochen danach. Und den musst du dann stur befolgen. Wie ein Roboter.«

Ich nickte Tim nachdenklich zu. Ich war beeindruckt, dass er sich solche Gedanken machte: »Wir werden einen Plan erstellen, Tim, wir werden nicht untergehen, wir werden das durchstehen.«

»Die Mutter eines Studienfreundes ist vor kurzem gestorben. Sein Vater hat überall Bilder von ihr aufgehängt. Das Wohnzimmer ist noch so wie am Tag ihres Todes. Ich möchte nicht, dass wir das tun, ich möchte nicht mit einer Toten leben. Wenn Andrea stirbt, will ich sie vergessen.«

Was Tim da sagte, traf mich tief in meinem Innersten und ließ mich erahnen, wie stark Andrea Tim verletzt haben musste.


»Das sind keine Psychopharmaka«, schrie Andrea den verdatterten Pfleger an, »das sind Medikamente für die Blutgerinnung.«

»Nein«, sagte der Pfleger freundlich, aber unbeirrt, »diese Psychopharmaka sind Ihnen von Ihrem Arzt verschrieben worden.«

Sie nahm die Pillenschale, die er auf ihren Nachttisch gelegt hatte, und fegte sie mit einer Handbewegung weg. Dann ließ sie sich erschöpft ins Kissen zurückfallen. Der Pfleger verließ daraufhin das Zimmer.

»Das ist was für schwache Menschen, aber nicht für mich!«, rief ihm Andrea hinterher. »Ich komme ganz gut mit der Situation zurecht. Das Problem ist nicht der Krebs, das Problem seid ihr! Ihr alle seid schwach!«

Dann sah sie mich an. »Und du, du bist der Schwächste von allen. Wie willst du jemals über meinen Tod hinwegkommen?«

Ich packte die Schokolade aus, die ich in ihrem Auftrag für das Pflegepersonal gekauft hatte. Sie riss sie mir aus den Händen und versuchte, die Schachteln zu zerknüllen. Doch ihr fehlte die Kraft. Also schmiss sie die Schachteln durch das Zimmer. »Ich wollte kleine Packungen, aber mein Mann, der Trottel, bringt große Packungen.«

»Weißt du, warum?«, fragte ich müde.

»Ich will es nicht wissen! Ihr macht sowieso alle, was ihr wollt. Keiner richtet sich nach mir. Ist es nicht schon genug, dass ich Krebs habe? Ich habe kleine Packungen bestellt!«

»Es gab nur noch große Packungen.«

»Ich will es nicht hören, habe ich gesagt. Geh! Verschwindet! Ihr seid schlimmer als mein Krebs!«

Ich würde jetzt gern beschreiben, wie ich das Zimmer verließ und nach Hause ging. Aber ich setzte mich neben das Fenster und schwieg. Nach einer Weile kam der Chefonkologe, zertrampelte unbemerkt einige Pralinen und fragte Andrea freundlich, was das Problem sei. Sie antwortete einigermaßen ruhig. Er erklärte ihr dann ebenso ruhig, dass sie recht gehabt habe.

»Das waren also keine Psychopharmaka?«

Der Arzt nickte halbherzig und schaute voller Mitgefühl zu mir herüber.

»Hörst du? Es waren keine Psychopharmaka!«, triumphierte sie.

Der Arzt hob die Pralinenschachteln vom Boden auf und stellte sie auf den kleinen Esstisch. Dann verließ er den Raum. Seine Sohlen hinterließen feine Schokoladenspuren auf dem Linoleum. Ich glaube, er hatte die Mokka-Praline mit der Schokobohne erwischt.

## Jack geht

Nachdem sie den Gallenkanal wieder geöffnet hatten, kehrte Andrea nach Hause zurück. Ich war mittlerweile vom dauernden Schlafentzug und vom ganzen Stress völlig erschöpft. Es kam vor, dass Andrea mitten in der Nacht um einen Einlauf bat. Die Prozedur war ihr unangenehm. Sie beschimpfte mich als Dilettanten, wenn ich den Schlauch in ihren After einführte. Aber ich bin mir sicher, ich tat es sehr sanft und professionell. Im Krankenhaus wäre sie besser aufgehoben, murmelte sie oft. Sie mögen sich jetzt fragen, warum ich sie nicht endlich ins Krankenhaus brachte. Sie wollte zu Hause bei mir sein, deshalb.

Es war eine der letzten Autofahrten, die ich mit Andrea und Tim unternahm. Wir fuhren in ihr Heimatdorf und erwiesen Jack die letzte Ehre. Er war gestorben. Er hatte ein gutes, langes und gesundes Leben gehabt. Die meisten Trauergäste kamen auf Stöcken, einige klammerten sich an einen Rollator. Sie würden die Nächsten sein. Maggy schien seltsam entspannt, so als wisse sie nicht genau, was hier zelebriert werde.

Die Predigt erstaunte mich. Irgendwie hatte ich vergessen, wie infantil christliche Zeremonien waren. Überhaupt religiöse Zeremonien. Francis hätte in seiner Buchhandlung die Bibel zwischen *Biene Maja* und *Winnie-the-Pooh* platzieren müssen. Der Austauschpfarrer aus Simbabwe trug Jeans und Pullover, und kichernde Primarschülerinnen assistierten ihm. Einige ältere Damen des dörflichen Strickvereins durften ein paar Sätze über den Tod und den Herrn in gequältem Hochdeutsch herunterleiern. Die katholische Kirche brauchte dringend eine PR- und Marketingabteilung, falls sie mit ihrer Fabel weiter Geld verdienen wollte. Nachträglich muss ich meiner Mutter sogar recht geben. Wer dem Zeitgeist hinterherhechelt, wird von ihm pulverisiert. Als PR-Berater des Vatikans hätte ich gesagt: Ihr müsst wieder Kult werden. Ein Kult besteht darin, dass er sich nie wandelt. Wie damals der Ku-Klux-Klan. Seine Mitglieder liefen konsequent in weißen Nachthemden rum. Oder Coca-Cola. Der Schriftzug ist und bleibt rot oder weiß, und der Font ist in Glas gemeißelt. Also zurück zu den Wurzeln, zu den unterirdischen Höhlen des Mithras-Kultes, Fackeln an den Felswänden, gregorianische Gesänge und alles in lateinischer Sprache. Versteht ja eh keiner. Dafür könnte man sogar Eintritt verlangen. Aber die Fabel naturnah positionieren, damit man all die neuen Patchwork-Religionen absorbieren kann. An die Lichtreligionen der Bronzezeit anknüpfen, an den Sonnenkult, das käme gut an, zurück zur Natur und so.

Vor dem Altar stand eine Pyramide aus farbigen Würfeln. Ich dachte spontan an das Windows-Logo, dann zog ich Google in Erwägung, aber es waren große Playmobil-Steine, wie man sie im Kindergarten stapelt. Der Pfarrer nahm einen Würfel von der Pyramide und meinte, jetzt sei einer gegangen. Er hatte soeben für die christliche Gemeinschaft den Tod visualisiert und dramatisiert, so wie heute Fußballtrainer mit einem Schokoladenpokal das Saisonziel visualisieren. Der Pfarrer aus Simbabwe war ein Joseph Beuys des Christentums. Unglaublich, diese Stringenz der Analyse des Todes.

Als wir uns endlich setzen durften, erzählte der Priester, wie er als kleiner Junge von einem Affenbrotbaum runtergefallen sei. Zuerst wäre er wütend gewesen, doch dann habe er Gott dafür gedankt, dass er diesen Affenbrotbaum erschaffen habe. Denn die Früchte würden Pocken und Masern heilen und die Blätter Koliken und Diarrhö lindern. Er habe sich beim Sturz einen Zahn ausgeschlagen. Er kaute daraufhin die Samen des Affenbrotbaumes, und Gott befreite ihn von den Schmerzen.

Ich bin während dieser Google-*Copy-and-paste*-Predigt eingeschlafen und schlug hart auf dem sandigen Boden der Script Avenue auf. Ich hörte Hufgetrappel. Blitzschnell fuhr ich herum und
starrte die Straße hinunter. Schafe kamen mir entgegen, Schafe.
Sie blökten und rannten um ihr Leben. Berittene Jäger hetzten sie,
sie trugen alle eine Feder am Hut, einige hatten auch ein Jagdhorn
und bliesen eine Melodie. *Ich hatt' einen Kameraden,* spielten sie,
*einen bessern findest du nicht.* Jagdhörner rissen mich in die Gegenwart zurück. Ich saß in dieser kleinen Dorfkirche, und echte
Jäger standen vorne beim Altar und erwiesen ihrem Freund Jack
die letzte Ehre. Ich vermisste Jack. Maggy war gut drauf. Sie war
zwar noch mehr geschrumpft. Aber man sah ihr den Krebs nicht
an. Sie tröstete sogar einige von Jacks uralten Verwandten. Jack sei
schon alt gewesen … Irgendwann müsse jeder – Jack könne sich
nicht beklagen, er habe ein gutes Leben gehabt.

Nach der Beerdigung fanden sich die Trauernden in einer Dorf-
kneipe ein. Maggy bat mich, sie nach Hause zu fahren. Dort
setzte sie sich ans Fenster und lächelte zufrieden. Sie möge
all diese Leute nicht, sagte sie zu Tim. All dieses dumme Geschwätz, sie sei am liebsten allein und denke nach. Wie Hitler.
Der habe sich auch immer in seinen Adlerhorst zurückgezogen.
»Eva Braun war ja nicht immer bei ihm.« Sie lächelte dabei wie
ein Schulmädchen. Sie wollte dann Tim etwas Geld zustecken.
»Er hätte dir viel mehr geben können«, sagte sie vorwurfsvoll.
Sie ging in die Küche und blieb vor der Geschirrspülmaschine
stehen. Sie dachte nach.

»Nimm dir was zu trinken, Tim, im Kühlschrank haben wir
noch den grünen Eistee, den du so magst. Nicht wahr, der ist
gut gegen Krebs?«

Tim nickte und nahm sich einen Eistee aus dem Kühlschrank.
Ich schaute ihn an und hob die Augenbrauen. Daraufhin suchte
er das Verfallsdatum und verzog das Gesicht zu einer Grimasse.

»Ich wusste es ja«, lachte Maggy und nahm ihr Portemonnaie aus dem Backofen. Sie öffnete ihre große Geldbörse und grübelte erneut. »Weißt du, Tim, ich kann nicht mal auf die Bank gehen und Geld abheben. Jack hat mir nie eine Vollmacht gegeben. Und solange diese faulen Kerle vom Erbschaftsamt die Inventarisierung nicht abgeschlossen haben, bleibt alles gesperrt.«

Wir beschlossen, zur Bank zu fahren und für Maggy Bargeld abzuheben. Anschließend wollten wir mit ihr einkaufen gehen. Bevor wir die Wohnung verließen, drückte Maggy ihren ausgestreckten Finger in Tims linke Backe. »Wieso geht das Licht nicht aus?«, fragte sie irritiert. Wir waren auch irritiert.

Wir ließen dann in einem Fotogeschäft ein Bild von Jack in jüngeren Jahren dreimal kopieren und einrahmen – ein Bild für Maggy, eins für Tim und eins für Andrea.

Ich habe Jack bis heute in guter Erinnerung behalten. Nach seinem Tod wurden ein paar kleine Geheimnisse gelüftet. Es war klar, dass Tim Jacks Aktiendepot erben sollte. Kurz vor seinem Ableben hatte er Tim noch eine Excel-Tabelle mit allen seinen Titeln geschickt, alles sauber aufgeführt mit Einstandspreisen und aktuellem Wert. Er lag ein paar Hunderttausend im Plus, obwohl das Börsenjahr ’82 ein Desaster war. Als Tim von der Bank Jacks Depotauszug erhielt, musste er feststellen, dass sein Großvater in der Tabelle sämtliche Verluste unterschlagen hatte. Jack hatte einfach die hohen Einstandspreise beibehalten und die aktuellen Tiefpreise weggelassen – eine sehr eigenwillige Buchhaltung, die an die kreative Buchführung des Neuen Marktes erinnerte. So hatte auch Jack seine Script Avenue, in der es nur gewinnbringende Aktien gab.

Nach einer Morphiumspritze schlief Andrea immer rasch ein. Ich nutzte ihre Schlafpausen, um ins 18. Jahrhundert zu flüchten. Am Hof des Sonnenkönigs konnte ich entspannen und das 21. Jahrhundert vergessen. In meiner Geschichte wurde der Schotte John Law of Lauriston gerade vom ihm feindlich gesinnten Pariser Polizeipräfekten Marquis d'Argenson am Grab seines Vaters William überrascht. Law sagte zu d'Argenson, er störe die Ruhe des Toten. »Seit wann glaubt ein vernunftbegabter Mensch wie Sie, dass die Toten Ruhe brauchen?«, antwortete d'Argenson. Dann roch ich den Rauch. Sie denken jetzt, Andrea hätte das Haus angezündet. Das war auch mein erster Gedanke. Aber sie saß im Garten vor dem offenen Grill und warf schwer atmend Fotos in die lodernden Flammen. Ich setzte mich zu ihr und fragte, ob sie denn nicht geschlafen habe und wie es ihr gehe.

»Wie soll es mir schon gehen? Ich sterbe, musst du mich ständig daran erinnern?«

»Gestern sagtest du, ich würde nie fragen …«

»Gestern wollte ich, heute aber nicht!«

Sie warf weitere Fotos ins Feuer.

»Was machst du da?«

»Ich verbrenne alle meine Fotos. Ihr sollt keine Erinnerungen an mich haben.«

»Aber Tim, Tim will vielleicht …«

»Es ist mein Leben! Ich sterbe!«

Sie warf weitere Fotos ins Feuer. Ich ließ es geschehen.

»Wie fandest du die Beerdigung?«, fragte sie schließlich.

»Es waren viele Leute da. Jack hatte viele Freunde.«

Andrea schaute kurz zu mir hoch: »Ich will niemanden sehen bei meiner Beerdigung, ich will verbrannt werden. Von mir soll nichts übrig bleiben. Wenn ich schon verrecken muss, dann richtig. Ich habe im Testament verfügt, dass meine Asche mit der Müllabfuhr entsorgt wird!«

Ich hatte wirklich keine Kraft mehr für all diese Provokationen: »Ist schon gut, Müllabfuhr. Wahrscheinlich wird dein Testament für ungültig erklärt.«

»Meinst du?«, fragte sie ängstlich. Sie fing an zu zittern und hatte plötzlich Mühe mit der Artikulation. Sie würgte die Worte regelrecht heraus.

»Seid froh, wenn ihr mich los seid.«

»Du tust uns großes Unrecht, Andrea. Wir lieben dich, wir kümmern uns um dich.«

»Du bist nie da«, zischte sie und sprang hoch. »Du warst bei Jacks Beerdigung. Tote sind dir lieber als deine sterbende Frau.«

Sie wankte. Ich fing sie auf: »Es war doch dein Wunsch, dass Tim und ich zur Beerdigung gehen, Andrea. Ich wäre lieber bei dir geblieben.«

»Nein«, sagte sie, »du fliehst vor mir. Du erträgst mich nicht mehr, du bist zu schwach. Ich bin stark, weil du so schwach bist! Du wirst meinen Tod nie überwinden, nie. Gib mir endlich Morphium! Du wirst nie mehr eine Frau finden. Du bist der hässlichste Mann, der mir jemals in meinem Leben begegnet ist. Ja, das wollte ich dir noch sagen.«

Sie schlief gleich darauf ein. Ich blieb noch eine Weile neben ihr sitzen, weil sie immer wieder ein Auge öffnete, um sich zu versichern, dass ich da war. Dann verlangte sie nach meiner Hand, ergriff sie, hielt sie an ihre Brust und schlief erschöpft ein. Ich ging in mein Arbeitszimmer, um weiterzuschreiben, aber wahrscheinlich bin auch ich kurz eingeschlafen. Ich versuchte, mich im Traum zur Script Avenue durchzuschlagen. Doch plötzlich erschien Andrea in Francis' Buchhandlung und schmiss mit Büchern nach mir.

Es dauerte eine ganze Weile, bis ich realisierte, dass Andrea tatsächlich in der Tür meines Büros stand und mit Büchern, DVDs und Ordnern nach mir warf. Alles flog mir um die Ohren. Sie schrie wie von Sinnen: »Deine Bücher, du wirst sie noch lesen können, aber ich, ich werde verrecken, dabei solltest du sterben, du und Tim solltet Krebs haben und sterben, nicht ich, du warst eh immer ein Hypochonder, wieso stirbst du nicht, wieso muss ich gehen? Du bist zu schwach für diese Welt, ich könnte gut ohne dich leben, sogar sehr gut, deshalb solltest du sterben. Was wärst du ohne mich, ein Nichts, ein erfolgloser Schreiber, der unter seinen Tisch pisst. Alles hast du mir zu verdanken, alles, und dann wirst du das alles mit einer anderen Frau teilen? Das werde ich verhindern! Ich werde das ganze Geld von der Bank abheben und verbrennen, hörst du? Ich werde unser gesamtes Vermögen im Garten verbrennen. Ich werde euch vorher alle ruinieren!«

»Denk an Tim«, sagte ich, »er ist dein Sohn. Er wird in seinem späteren Leben Geld brauchen. Europa ist im Sinkflug. Die Zeiten werden härter.«

Sie überlegte, was sie noch zerstören könnte und blickte gehetzt um sich. Schließlich sagte sie: »Mach mir jetzt sofort einen Einlauf, bevor meine Gedärme platzen!« Als ich mich von meinem Bürostuhl erhob, fiel sie mir um den Hals und schluchzte: »Du bleibst bis zum Ende bei mir, oder? «

»Ja«, sagte ich leise, »ich habe dir das versprochen.«

Sie schaute zu mir hoch und flehte: »Du schickst mich nie in ein Krankenhaus?«

»Nie.« Ich nahm sie erneut in die Arme. »Ich liebe dich«, flüsterte sie.

Auch Maggy brauchte Hilfe. Es war nicht mehr leicht, ihre Wohnung zu betreten. Wir mussten zuerst hinter der verschlossenen Tür einige Fragen beantworten. Was ist dein Lieblingstier? Was trank Jack am liebsten? Woran ist Hitler tatsächlich gestorben? Bei drei richtigen Antworten nuschelte sie irgendetwas und entfernte sich. Sie suchte den Schlüssel, um die Wohnungstür zu öffnen, und kommentierte live. Sie fand ihn nach einer halben Ewigkeit in Jacks linkem Jagdstiefel. Dann öffnete sie endlich.

Maggy blühte, strahlte, war ausgelassen, freundlich und hatte nicht mehr das geringste Bedürfnis, wie üblich zu provozieren. Sie kleidete sich in fröhliche Farben und legte tagsüber all ihren teuren Schmuck um. Sie sah ein bisschen aus wie ein reichlich dekorierter Weihnachtsbaum, der langsam in der überheizten Wohnung vor sich hin dorrte und seine Nadeln verlor.

»Du hast es nicht einfach mit Andrea«, sagte sie plötzlich im Auto. »Ich weiß, Sammy, sie ist schwierig. Jack war auch schwierig. Das sind Leute, die nicht sterben können. Ich bin froh, wenn es vorbei ist. Das ist doch mittlerweile alles sehr mühsam. Ich habe ein Bett in der ersten Klasse, nicht wahr, privatversichert?«

## Maggy geht

Es fiel beinahe nicht auf, dass Maggy in der Nacht im Krankenhaus gestorben war. Tim litt sehr darunter, denn er liebte seine Großmutter. Andrea zeigte keine Reaktion. Sie meinte nur, die müsse sich nicht beklagen, sie sei schließlich über achtzig geworden und habe es geschafft, ihr ganzes Leben nie zu arbeiten. Die Beerdigung war kein großer Anlass, sie war die letzte ihres Jahrgangs. Es gab auch keine Bläser. Bloß keinen Krach, hatte sie stets gesagt. Als wir mit dem Auto nach Hause fuhren, schaute Tim kurz zu mir rüber. Sein Blick schien zu sagen, diese Todesserie sei ihm langsam unheimlich. Und Andrea sei wohl die Nächste.

»Das sind Metastasen«, sagte der Arzt leise.

»All die winzig kleinen schwarzen Punkte?«, fragte Andrea entsetzt.

»Nein«, sagte der Onkologe und umkreiste mit einem Bleistift große weiße Flächen auf dem Thoraxbild, »*das* ist der Krebs.«

»Dann ist ja alles …«

Der Arzt senkte den Kopf und presste die Lippen zusammen.

»Wie lange noch?«, keuchte Andrea.

»Höchstens ein paar Wochen. Jetzt geht alles sehr schnell.«

»Aber ich habe einen Sohn«, flüsterte Andrea verzweifelt. Der Arzt schwieg betreten, er drängte uns nicht hinauszugehen. Andrea gab mir zu verstehen, dass sie aufstehen wolle. Ich nahm vorsichtig ihren Arm und führte sie zum Parkplatz. Sie sagte, ich solle schneller gehen, sie würde sich hier draußen noch erkälten. Dann sagte sie, ich solle nicht rennen, ob ich denn keine Rücksicht auf ihre Lunge nehmen könne. Wir begriffen beide, dass sie nun angefangen hatte zu sterben.


»Leg dich zu mir«, flüsterte sie am Abend mit beinahe zärtlicher Stimme, »und halte meine Hände fest. Wie früher.«

Ich hielt ihre Hände fest.

»Ich gehöre jetzt ins Krankenhaus, nicht wahr?«

Ich schwieg und hielt ihre Hände fest.

Am andern Morgen war sie sehr müde. Sie trug mir auf, mit Tim in die Stadt zu fahren und zwei Rolex-Uhren zu kaufen. Als Erinnerung. Ihre Stimme klang sehr matt.

»Wir brauchen keine Rolex«, sagte ich.

»Geh und kaufe die beiden Rolex, oder ich zünde das Haus an.« Sie sprach so leise und entschlossen, dass ich ihr sogar glaubte. Ich ging mit Tim in die Garage.

»Was sollen wir mit dieser blöden Rolex?«, fragte Tim, »du würdest gescheiter mal eine Stunde schlafen!«

Ich öffnete das Tor und fuhr langsam rückwärts aus der Garage. Ein Schrei ließ mich auf die Bremse treten. Ich sah im Rückspiegel Andrea, sie trug nur weiße Unterwäsche, ihr Oberkörper war nackt, dort wo einst der Busen gewesen war, klafften tiefe Mulden, der Körper war übersät mit dicken Operationsnarben.

»Du lässt mich nicht im Stich!«, schrie sie, »du kannst jetzt nicht einfach verschwinden, du hast mir versprochen, dass du immer bei mir bleibst!«

Ich öffnete die Tür und stieg aus: »Ich komme ins Haus zurück.«

»Und die Rolex?«, weinte sie, »hört denn keiner mehr auf mich? Bin ich für euch schon gestorben?«

Sie rannte weg, die Straße hinunter und schrie: »Ich habe Krebs! Hilfe! Ich habe Krebs, und mein Ehemann lässt mich im Stich. Er kauft Rolex-Uhren, während ich sterbe.«

Ich fuhr den Wagen wieder in die Garage und blieb sitzen. Nach einer Weile kam sie in die Garage und sagte mit ruhiger Stimme, ich solle jetzt endlich diese zwei Rolex holen. »Muss man dir eigentlich alles zweimal sagen? Bist du blöd oder schwer von Begriff?«

Wir kauften zwei Rolex-Uhren.

»Die Uhr soll uns täglich an sie erinnern«, sagte ich Tim.

»Ich werde sie nie tragen«, murmelte er und zitterte am ganzen Leib.

Am Abend saßen wir bei Andrea. Wir zeigten unsere beiden Uhren und kamen uns ziemlich albern vor. Sie passten einfach nicht zu uns. Abgesehen davon liebte ich die schwarzen Bahnhofsuhren, die man für achtzig Franken kaufen konnte. Aber zwölftausend für zwei Rolex, das war einfach krank. Insgeheim schwor ich mir, die Rolex nach ihrem Tod auf Ebay zu stellen und den Erlös zu verschenken. Auf den Philippinen wären das eine halbe Million Philippine Pesos. Davon könnte eine fünfköpfige Familie in der Provinz drei Jahre lang leben.

»Habt ihr Freude daran?«, fragte sie mit weinerlicher Stimme.

Wir nickten artig.

»So werdet ihr jeden Tag an mich denken«, sagte sie leise.

Ich dachte, vielleicht wollte mir Andrea damit jeden Tag in Erinnerung rufen, dass man im Leben einen Zeitrahmen haben muss, einen Tagesablauf, eine Struktur. Das metallene Armband sollte mir wahrscheinlich Stärke und Durchhaltewillen signalisieren, und die Marke, der große Brand, sollte mich daran erinnern, dass man den Ehrgeiz nie aufgeben soll. Nie resignieren. Nie aufgeben. Vielleicht hat sich Andrea auch gar nichts dabei gedacht, ich weiß es nicht. Einerseits hatte sie kürzlich all ihre Fotos im Garten verbrannt, um jede Erinnerung an sie auszulöschen, jetzt wollte sie, dass wir eine Rolex trugen und uns jeden Tag an sie erinnerten.

»Sind die schwarzen Waschbecken da?«, fragte sie plötzlich.

»Es sind Spezialanfertigungen, das dauert.«

»Beeil dich, ich will es noch erleben. Und dann kümmere dich um diesen Fluglärm. Du musst beim Flughafen anrufen und dich mit dem Direktor verbinden lassen, ich will nicht mehr, dass Flugzeuge über unser Haus fliegen.«

»Was erwartest du? Dass er alle Fluglinien einstellt?«

»Kümmere dich darum! Das erwarte ich! Sobald ich nicht mehr die Kontrolle habe, läuft nichts mehr.« Sie begann leise zu weinen: »Ich habe über alles die Kontrolle verloren.«

»Deine Freundinnen haben wieder angerufen. Sie möchten dich unbedingt sehen.«

»Ich aber nicht, sie haben mich alle enttäuscht, alle. Sie sollen nichts von meinem Tod erfahren. Niemand.«

Ich nickte.

»Bring mich in den Garten, ich sage dir, was du schneiden musst.«

Ich half ihr in den Garten, und sie zeigte mir die Sträucher und kleinen Bäume, die ich beschneiden und zerstören sollte. Sie hatte sie in jahrelanger Arbeit großgezogen und gepflegt. Tim erzählte mir in der Nacht, dass es tatsächlich Leute gebe, die kurz vor ihrem Tod noch Bäume fällen, weil sie den Überlebenden den Schatten missgönnen. Wenn sie sterben, sollen auch die Bäume mit ihnen sterben. Andrea fällte nicht nur Bäume, sie fällte auch Menschen. Sie verlor innerhalb von zwei Jahren ihren gesamten Freundeskreis. Ich und Tim, wir waren die letzten Mohikaner.

Das Morphium zeigte am Abend keine Wirkung mehr. Sie döste auf dem Bett und vergewisserte sich manchmal, ob ich noch da war. Doch diese Nacht war anders. Sie berührte meine Hände anders als üblich. Irgendwie sanft, fast zärtlich. »Ich habe dich immer so geliebt«, flüsterte sie. »Du warst immer meine große und einzige Liebe. Halt mich fest.«

Ich nahm sie in meine Arme. Die Tränen liefen mir in Strömen über die Wangen. Ich brachte kein Wort über die Lippen. Dann sagte sie noch ein einziges Wort. Es war kaum zu fassen, dass sie es aussprach, aber das war ihr letztes Wort: »Danke.« Es klang so traurig, als hätte sie verloren. Ausgerechnet sie, die nie verlieren konnte. Es kostete sie viel Überwindung, aber sie sagte »Danke«. Es klang auch etwas versöhnlich. Sie hätte es mir nicht zu sagen brauchen, es wäre auch ohne in Ordnung gewesen. Aber als sie es ausgesprochen hatte, fühlte ich wieder die Seele meiner Jugendliebe, den Atem meines besten Kumpels. Ich hatte sie so sehr geliebt.

## If You Leave Me Now

Als ich wieder aufwachte, fiel mir zuerst die Kälte auf. Mir schien, als sei irgendetwas Monumentales in diesem Raum geschehen. Andrea lag immer noch seitlich auf mir. Ich nahm ihren Arm. Er war eiskalt. Der untere Teil war bläulich verfärbt. Ich legte Andrea behutsam auf die Seite. Ihre Augen schauten ins Leere.

Ich fühlte einen merkwürdigen Schauer, der meinen Körper erfasste und durchschüttelte. Fassungslos starrte ich auf ihre starren Augen und ihren halb offenen Mund, der ein gewisses Erstaunen ausdrückte. Der Augenblick des Todes hatte sich in ihrem Gesicht festgesetzt, und es schien so, als würde sie in jeder Sekunde erneut sterben und sterben und nochmals sterben. Ich warf mich über ihren Körper und bat sie zurückzukehren. Doch nichts unter mir bewegte sich, es war unheimlich. Fast ehrfürchtig wich ich zurück.

»Du musst nun den Plan erfüllen«, sagte Tim. Er war leise ins Zimmer getreten und setzte sich auf die Bettkante neben seine tote Mutter. Er vermied es, sie anzusehen. Stattdessen nahm er meine Hand.

»Mach dir keine Sorgen, ich werde den Plan erfüllen.«

»Ich werde jetzt einen Arzt rufen«, sagte Tim, »und dann werden wir einen Leichenwagen bestellen. Du musst jetzt viel Wasser trinken, Sammy, das steht auch in deinem Plan.«

Der Arzt stellte den Tod fest. Der Leichenwagen kam im Morgengrauen, als am Ende der Straße die Müllabfuhr um die Ecke bog. Andrea sollte kremiert werden. Ich nahm zwei Rollen Plastiksäcke mit ins Schlafzimmer und begann, die Schränke auszuräumen. Der Geruch an ihren Kleidern ließ mich zusammenbrechen. Ich verlor schier den Verstand – es war Andreas Geruch, aber sie war tot. Tim meinte, ich solle mir Zeit lassen, aber ich wollte, dass zu jeder Tages- und Nachtzeit sichtbar war, dass sie nicht mehr hier wohnte. Dass es vorbei war. Das alte Leben war vorbei. Und zwar für immer, irreversibel.

Tim bestellte einen großen Müllcontainer. Wir warfen alles, was Andrea gehört hatte, hinein. Es ist wohl einfacher, einen 640-seitigen Roman zu schreiben, als wenige Stunden nach Eintritt des Todes die Kleider der verstorbenen Ehefrau zu entsorgen. Aber so stand es im Plan. Die Designerklamotten legten wir beiseite. Tim organisierte alles, er konnte ja keine

Abfallsäcke schleppen. Ich robbte auf allen vieren und stopfte weinend die Kleider in die Säcke. Tim rief einen Möbelhändler an und ließ all die Designerstücke abholen, die so schrecklich unpraktisch waren. Tim war ein begnadeter Organisator, ideenreich, analytisch, effizient. Auch wir wollten keine Erinnerungen mehr. Die makellos weißen Wände, die an eine sterile Klinik erinnerten, behängten wir mit Dutzenden von Bildern. Tim bat mich, mein Büro im großen Wohnzimmer einzurichten – alles sollte anders werden. Er meinte, wir brauchten jetzt kein Wohnzimmer mehr.

Wir aßen bei *Da Gianni*, Tims Lieblingsitaliener. Ich war nicht hungrig, aber ich wollte Tim vorgaukeln, dass wir auch zu zweit ein normales Leben haben würden. Abends zu Hause redeten wir stundenlang, wir reinigten unsere Seelen. Wenn ich nicht mehr konnte, ging ich in die Waschküche und weinte hemmungslos. Nach einer halben Stunde fühlte ich mich sauber wie nach einer Kochwäsche, irgendwie gereinigt, gelöst, entspannt. Die ersten Male hatte ich Angst, ich könne nie mehr mit Weinen aufhören, aber es war nicht wahr. Man muss so lange weinen, bis man reingewaschen ist. Tränen haben eine ganz andere chemische Zusammensetzung als Schweiß und andere Körperflüssigkeiten. Tränen produzieren ein Hormon, das Stress abbaut. Weinen ist Stressabbau.

Ich fuhr Tim täglich zur Universität. Nachdem mir beim Parken beide Rückspiegel abgebrochen waren und das Auto dabei auch sonst ein paar Beulen abbekommen hatte, ließ ich es sein, und Tim kehrte wieder zu seinem Taxifahrer Mohammed zurück, der ihm unterwegs den Koran lehrte. Er sagte ihm auf jeder Fahrt: »Gott ist perfekt gerecht.« Und Tim fragte jeweils, wieso er dann mit einer Behinderung ins Leben gestartet sei. Doch Mohammed meinte wie üblich, »wahrscheinlich hat Gott bestraft für Vergehen in früherem Leben. Du nicht mehr wissen?«

Ich klammerte mich eisern an den Plan, doch manchmal vergaß ich ihn, oder der Plan vergaß mich. Ich saß dann stundenlang auf der Bettkante und starrte auf die offenen, leeren Kleiderschränke. Ich rasierte mich nicht mehr. Kein Duschen mehr. Ich verlor mein Interesse am Tagesgeschehen. Ich las keine E-Mails mehr; Tim kümmerte sich darum. Meine Gedanken kreisten nur noch um Andrea, ich konnte mich auf nichts anderes mehr konzentrieren. Meine Mitmenschen nervten mich. Wie konnten die in meiner Gegenwart so lapidare Themen anschneiden? Was interessierte mich Olympia oder dass in China 70 000 Menschen bei einem Erdbeben umgekommen waren? Ich hatte alles verloren. Oder dieser smarte Obama oder dass Malta den Euro einführte? Es war mir alles egal – scheißegal. Ich dachte, ich müsste diesen Schmerz konservieren, weil ich sonst die Erinnerung verlieren würde.

Das war meine größte Angst: die Erinnerung an Andrea zu verlieren.

Eines Tages erzählte mir Tim, dass ein Professor aus Hongkong sich nach unserer Casinosoftware *Goldfinger* erkundigt habe.

»Stell dir vor, wir fliegen zusammen nach Hongkong und verkaufen diesem Professor unseren Source-Code.« Wir mussten beide grinsen, weil der Gedanke doch sehr weit hergeholt war. Es gab immer so viele Anfragen per Mail, und darunter waren viele Glücksritter, Hasardeure, Betrüger und stets mindestens ein Baron Münchhausen.

»Schick ihm, was er haben will«, sagte ich schließlich.

# Die Asche meiner Frau

Ein Mann brachte die Urne vorbei. Sie war schwerer, als ich erwartet hatte; anderseits war ich überrascht, dass ein Mensch von einem Meter fünfundsiebzig in dieses Gefäß passte. Ich schlug Tim vor, die Urne auf den Kaminsims zu stellen.

»Lass uns eine Nacht darüber schlafen«, bat Tim, er mochte den Gedanken nicht.

Zufällig schauten wir am Abend den Film *Meet the Parents,* in dem ein Champagnerkorken eine Urne auf dem Kaminsims trifft. Die Urne fällt runter, zerbricht, und die Hauskatze pinkelt in die Asche. Das Thema Kaminsims hatte sich damit erledigt.

Ich vergrub die Urne im Wald, doch der Wald war zu schattig, also holte ich sie nach ein paar Tagen wieder aus der Erde. Ihr nächster Standort war ein Rasenstück, das ich vom Schlafzimmerfenster aus als Erstes am Morgen sah. Ich überlegte, eine Statue zu kaufen, einen Engel oder so. Ich weiß, Andrea war in den letzten Jahren weiß Gott kein Engel gewesen. Trotzdem. Sie war meine große Liebe. Tagelang googelte ich nach Stein- und Bronzefiguren. Doch Tim erinnerte mich an den Plan. Er hatte kleine Zettel erstellt mit Dingen, die mir über den Tag hinweghelfen konnten, nach Engeln suchen gehörte definitiv nicht dazu.

»Ich will Andrea immer noch an meinem Leben teilhaben lassen«, gestand ich Tim. »Ich weiß, dass es falsch ist, aber ich kann nicht anders.«

»Aber sie ist tot, sie nimmt nicht mehr an deinem Leben teil. Egal, was du tust, sie sieht es nicht, sie hört es nicht, sie ist tot. Für wen tust du das also?«

Nach drei Monaten konnte ich diesen ewigen Schmerz nicht mehr ertragen. Ich war wie eine offene, blutende Wunde. Ich wollte ohne Andrea nicht weiterleben. *Wish I had an Angel.*

»Sie ist tot«, hielt mir Tim immer wieder entgegen. »Sie kommt nicht zurück. Du lebst jetzt schon drei Monate ohne sie. Du hast alle Freiheiten, aber du machst nichts daraus. Was wolltest du schon immer tun?«

»Ich wollte schon immer mal das Museum von Bartholdi besuchen.«

»Dann lass uns fahren«, sagte Tim »und dann gehen wir irgendwo was Feines essen.«

Bald standen wir in Colmar vor dem Museum, es war geschlossen. Hätte Andrea nicht gefallen. Also gingen wir essen. Das über Tripadvisor gegoogelte Restaurant hatte Betriebsferien. Hätte Andrea noch weniger gefallen. Wir aßen schließlich in einem schmuddeligen Asia-Take-away. Hätte Andrea vollends zur Weißglut gebracht. Auf der Hinfahrt hatte ich sie noch vermisst, aber jetzt war ich froh, den Tag allein mit Tim verbracht zu haben.

Auf der Rückfahrt fragte er: »Hast du jemals ein derart großes Haus gewollt? Und drei Hunde? Und diese sterilen, möbellosen Räume?«

Ich dachte in den nächsten Tagen und Wochen darüber nach und musste Tim recht geben. Eigentlich hatte ich mein Leben lang versucht, Andreas Pferd zu sein. Aber anderseits hatte Tim gut reden. Für ihn schien der Tod seiner Mutter fast eine Erlösung zu sein. Vielleicht freute er sich sogar auf ein neues Leben, auf neue Freiheiten. Ich hingegen wollte kein neues Leben mehr beginnen.

»Du bist mein bester Freund, Sammy, und ich will dich nicht länger leiden sehen. Du solltest wieder anfangen, deine Mails zu lesen. Der Professor aus Hongkong schreibt fast jeden Tag. Er hat echt Interesse an *Goldfinger*. Schreib ihm doch bitte, mir zuliebe.«

Nun musste ich lachen. »Siehst du«, lachte Tim, »jetzt hast du gelacht. Zum ersten Mal seit Andreas Tod. Vertrau mir, du wirst eines Tages wieder glücklich sein und Sprüche klopfen.« Ich wollte daran arbeiten. Tim zuliebe. Er hatte es nicht verdient, dass sein Vater wie ein Häufchen Elend rumhockte und ihm die unbeschwerten Tage an der Universität verdüsterte. Ich gab mir Mühe, aber offen gestanden interessierte mich rein gar nichts mehr. Besitz, Geld, Filme – es war mir alles egal. Das Schicksal hatte mir übel mitgespielt, und ich war richtig sauer auf das Leben, auf mich, auf alles. Mit Andreas Tod war auch ich gestorben. Ihr Leben war zu Ende, meins war auch zu Ende. Alles erinnerte mich an Andrea, sie fehlte mir überall. Und ich wollte die Erinnerung an sie nicht verlieren. Tagelang versuchte ich, unsere Liebesnächte zu rekonstruieren, den Château Cheval Blanc in Paris …

»Dein Leben ist nicht zu Ende, Sammy«, beschwor mich Tim jeden Abend, »es fängt erst richtig an. Du hast jetzt die Chance, ein neues Leben zu beginnen, neue Menschen kennen zu lernen. Du stehst vor einer aufregenden Zeit.«

Ich verbrachte meine Tage damit, das Haus zu entrümpeln. Tim dagegen schien richtig aufzublühen. Wir sprachen weiterhin jeden Abend stundenlang über das, was geschehen war. Er schien ihr keine Träne nachzuweinen. Es schmerzte mich sehr, wie tief Andrea ihn verletzt hatte.

Manchmal, wenn Tim an der Universität war, irrte ich durch das Haus und schrie verzweifelt Andreas Namen. Ich fragte mich ernsthaft, ob ich dabei war, den Verstand zu verlieren. Die Sehnsucht nach Andrea zerriss mich schier. Dann hasste ich sie wieder, weil sie mich allein zurückgelassen hatte. Dann verzieh ich ihr wieder. Sie war ja nicht freiwillig gestorben. Dann übermannte mich wieder die Sehnsucht. In mir tobten widersprüchliche Gefühle. Ich verlor rasant an Gewicht und konnte mir kaum noch etwas merken. Einmal stand ich vor einem Ladenregal mit Waschmitteln und war verzweifelt. Ich wusste nicht mehr, was ich kaufen wollte. Dann fiel mir ein, dass ich möglicherweise ein Waschmittel brauchte, da ich vor dem Waschmittelregal stand. Doch welches sollte ich kaufen, verdammt nochmal? Ich war schlicht überfordert, am Limit.

»Ist Ihnen nicht gut?«, fragte mich eine alte Frau, die ihren Rollator den Regalen entlangschob. »Ich weiß nicht, welches Waschmittel ich kaufen soll«, sagte ich leise.

»Nehmen Sie Omo. Kennen Sie Omo?«

»Ja«, sagte ich und war sehr dankbar, »ich habe Aktien von Unilever.«

»Nein, nein, junger Mann, Omo, nicht Universum. Wenn Sie aber Buntwäsche bis vierzig Grad waschen wollen, nehmen Sie besser ein Color-Waschmittel. Bei Rotwein und Curry hilft Persil am besten, bei Öl und Ruß eher Ariel. Biancomat ist bei Tomatensauce hilfreich.«

Ich schaute die alte Frau an, die sich da zittrig an ihrem Rollator festhielt, und griff entschlossen nach einem Color-Waschmittel. Sie lächelte und nickte mir zustimmend zu.

»Und wegen der Tränen, junger Mann … *Faut pas pleurer comme ça.* Weinen, das nützt gar nichts. Ich habe meinen Mann vor fünfzehn Jahren verloren, und ich verspreche Ihnen, es geht vorbei. Das erste Jahr ist schwierig, der erste Sommer, das erste Neujahr, der erste Geburtstag, aber der zweite Frühling wird besser, und Sie hören morgens die Vögel wieder.«

Vorläufig hatte ich noch keinen zweiten Frühling. Ich machte die Wäsche und schüttelte mich vor lauter Weinen über der Waschmaschine, bis ich nicht mehr wusste, ob ich oder Siemens den Schleudergang gestartet hatte. Ich zwang mich morgens wieder, meine Mails zu lesen. Ich erhielt täglich neue Mails von diesem Professor in Hongkong, er hatte die chinesische Ausgabe meines Romans über den Papiergelderfinder gelesen. Er hatte mich ein bisschen gegoogelt und interessierte sich tatsächlich für *Goldfinger*. Er war Mathematiker und hatte für die chinesische Glücksspielindustrie zahlreiche Programme und Algorithmen entwickelt. Außerdem war er Autor zahlreicher Bücher über Zukunftstechnologien, Wirtschafts- und Finanzthemen. Er schrieb auch über die Menschen in Asien, die verschiedenen Kulturen und erwähnte, dass man Japan und China nur über das Essen kennen lernen könne.

Mit der Zeit entwickelte sich eine intensive Konversation zwischen uns. Tagelang unterhielten wir uns über den Aufstieg und Fall der großen Imperien, über den Niedergang Europas und die Finanzmärkte. Wir freundeten uns an; ich freute mich nun jeden Morgen auf seine Mails. Er wollte auch wissen, wie ich lebte. Als ich den Tod Andreas erwähnte, schwieg er. Ich sandte ihm alle Informationen über *Goldfinger*, die er haben wollte. Er war ernsthaft interessiert an unserer Software und lud mich und Tim nach Hongkong ein. Er hatte einen Interessenten, eine Casinokette auf Macau. Aber noch viel wichtiger sei, dass ich in Hongkong einen Neustart vollziehen könne. Davon war er fest überzeugt. In den alten vier Wänden und inmitten all der grauenhaften Erinnerungen sei dies nicht möglich. Wir wurden gute Freunde, obwohl wir uns noch nie begegnet waren.

Tim fand die Idee großartig, Hongkong, China, Asien, neue Kulturen – er war begeistert. Aber ich konnte Andrea nicht allein zurücklassen. Ich hätte es als Verrat empfunden, als Fahnenflucht. Und ihr Tod hatte mich an meine Defizite erinnert. Sie hatte die Verantwortung für einen Teil meines Lebens übernommen und sich jetzt aus dem Staub gemacht. Sie hatte mich als Zweifünftelmenschen zurückgelassen.

»Wut«, sagte Tim, »ist auch ein Zeichen von Liebe.« Er hatte tatsächlich alle möglichen Trauerratgeber gelesen.

»Da musst du durch«, sagte er mitfühlend, »diese Phase kann ein oder zwei Jahre dauern, da musst du durch. Aber glaub daran, dass dein Leben weitergeht.« Dann erzählte er mir die Biografien von unzähligen Menschen, die ihren Partner verloren und wieder neues Glück gefunden hatten. Ich musste Tim zuliebe da wieder rauskommen. Ich fragte ihn, ob er Fotos von seiner Mutter wolle. Ich hätte noch zwei gefunden, die ich kopieren und einrahmen lassen könne. Tim schüttelte langsam, aber sehr bestimmt den Kopf. Diese Radikalität schockierte mich erneut. Dafür hasste ich Andrea, denn ich musste Tim leiden sehen, er war fürs Leben gekränkt. Ich weiß nicht, ob er manchmal, wenn er allein in seinem Zimmer saß, geweint hat. Ich habe ihn nach Andreas Tod nie weinen sehen. Aber das will nichts heißen. Jeder trauert und verarbeitet auf seine Art und Weise.

»Möchtest du Bilder von ihr an den Wänden haben?«, fragte er skeptisch.

Ich schüttelte den Kopf. Es machte mir etwas aus, dass ich Nein sagen musste, aber ich wollte keine Geister haben, die mich beobachten und quälen.

»Es gibt keinen Anspruch auf absolutes Glück im Leben«, sagte Tim, »jeder, der geboren wird, muss sterben. Wenn du nicht loslässt, wirst du dich nie von ihr lösen können. Lass sie frei.«

»Sie ist Teil meiner Erinnerungen, sie ist Teil meines Lebens. Nun hat mein Leben kein Ziel mehr. Ich stehe ratlos da und warte, doch ich sehe, dass das Leben weitergeht, an mir vorbei. Das ärgert mich grauenhaft.«

»Wir müssen begreifen, dass sie tot ist und nie mehr zurückkehren wird …«, sagte Tim. Ich war stolz, wie reif und überlegt seine Gedanken waren. In seinem Alter hatte ich nur Blödsinn im Kopf. »Worauf wartest du?«, fragte er mich. »Sie kommt nicht zurück! Wir brauchen einen Reset, einen Kickstart, du musst dich für andere Menschen öffnen, ein neues Leben aufbauen. Stell dir vor, was du nun alles machen kannst.«

Für meine Umgebung war der Todesfall nach wenigen Wochen abgehakt. Für mich nicht. Ich stand weiterhin unter Schock, stellte schmutzige Teller in den Kühlschrank und den Salzstreuer ins Schuhfach. Ja, und dann setzte ich mich tatsächlich auf meine eigene Brille. Auch ich. Ich fühlte mich vom Leben erniedrigt, gedemütigt, verspottet, verhöhnt. Und dann fand ich noch in einem Schrank im Keller vierzehn schwarze Kapuzinerroben von Christa de Carouge. Muss Ihnen kein Begriff sein. Ihr Modestil ist eine freie Adaption der muslimischen Burka, die Mode der Verweigerung. In ihren schwarzen Sacküberzügen verschwinden alle weiblichen Körperformen: kein Busen, kein Po. Und an Stelle der wenig atmungsaktiven Kopfverschleierung thront sichtbar und im Gegensatz zur Burka der nackte Kopf. Aber beinahe kahl geschoren, um auch hier jede falsche Assoziation zu vermeiden und nochmals klarzustellen, dass sich die Kundschaft von Christa de Carouge als Opfer dieser sexistischen Männerwelt sieht.

Nachdem wir all diese westlichen Burka-Persiflagen im Secondhandshop verkauft hatten, überraschte ich mich damit, dass ich in Andreas Pelzmantel schlief, um ihren Geruch zu konservieren. Das war das Einzige, was von ihr übrig geblieben war. Ich hatte diesen Pelzmantel – natürlich kein echter Pelz, Sie sollten Andrea jetzt kennen – aufbewahrt und mich selbst betrogen. Tim sagte mir, dass es auch Männer gebe, die in der Unterwäsche ihrer verstorbenen Frauen schlafen, andere lassen Totenmasken erstellen und legen sie auf den Beifahrersitz. Wie die Witwe von Peter Strohm. Ich meine von Klaus Löwitsch, der in der Krimiserie den Detektiv Strohm spielte. Es gibt verschiedene Möglichkeiten, die Trauer in die Länge zu ziehen. Trauern braucht seine Zeit.

## Die Erinnerung verlieren

Ich kehrte in die Script Avenue zurück. Insgeheim hoffte ich, Andrea dort wieder zu treffen. Doch die Avenue war leer – es gab dort keine Menschen mehr. Sogar die Häuser waren verschwunden. Überall ödes Weideland. Ich fühlte mich völlig verlassen, sank zu Boden und schrie mein Leid in den Himmel, wie damals in der Schraubenkiste, von allen Menschen aufgegeben, wie ein Astronaut im All, vergessen und hilflos im Universum. Ich glaube, es gibt keine größere Einsamkeit, als wenn man unter Menschen lebt und doch verlassen in einer Kiste vor sich hin vegetiert. Vilaincourt hatte mich eingeholt. Ich suchte nach einer Mutter, die mich tröstend in den Arm nehmen und durch die Script Avenue führen könnte. Vielleicht hatte Andrea doch recht gehabt, und ich war bloß ein gottverdammter Psychopath, der sich ängstlich durchs Leben quälte. Als ich den Kopf hob, um nochmal nachzusehen, ob die Script Avenue tatsächlich leer war, stand ein Schaf vor mir und blökte. Ich schloss es in die Arme und küsste es. Dann blökten wir gemeinsam in den Wind.

»Werde ich jemals wieder glücklich sein?«, fragte ich das Schaf.

»Du hast nun die Welt des Schmerzes betreten, das Tal der Trauer, du musst den Weg zu Ende gehen. Du musst nun die Wut ertragen, die Angst, die Einsamkeit. Es hilft dir nichts, wenn du dich in Erinnerungen suhlst, wenn du dich danach sehnst, dass sie neben dir im Bett liegt, mit dir isst oder ins Kino geht und was ihr noch alles hattet erleben wollen. Es ist vorbei. Komm, ich führe dich jetzt durch die Welt des Schmerzes.«

Wir gingen zum Fluss hinunter. Der war wenigstens noch da. Unter der Brücke fanden wir einen Einstieg. Er führte tief unter die Erde. Das Schaf ließ mich allein gehen, Schafe können keine Leitern hinuntersteigen. Nicht einmal in der Script Avenue.

Als ich die unterirdische Höhle erreichte, kam mir eine gebückte Gestalt mit einer Fackel entgegen. Sie sprach französisch. »Voilà, mon choux«, sagte sie liebevoll. Großmutter Germaine hatte immer noch ihre schwere Hüftarthrose. »Wovor hast du Angst, mon choux?«, fragte sie.

»Dass ich die Erinnerung verliere. Dass sie sich mit den Jahren völlig auflöst und ich alles vergesse. Ich will Andrea nicht vergessen. Ich will nicht eines Tages sagen: ›Ach ja, ich war mal verheiratet, und sie ist dann nach dreißig Jahren gestorben.‹ Nein, ich will das nicht. Ich will sie behalten.«

»Es war klug, dass du ihre Kleider entsorgt und keine Bilder aufgehängt hast. Folge mir, mein Junge, folge mir und habe keine Angst.«

Sie führte mich durch einen felsigen Tunnel. Der Boden war feucht und glitschig, es roch nach Kanalisation. Für einen Augenblick dachte ich, ich sei im unterirdischen Mithras-Heiligtum unter der Basilika San Clemente.

»Die Erinnerung quält uns«, sagte sie, »aber wir dürfen nicht zurückschauen. Das Leben bleibt nicht stehen. Egal, was uns widerfährt, das Leben geht weiter, und unsere Lebenszeit zerrinnt. Niemand wird mit dir Mitleid haben – schon gar nicht die Zeit. Sie bleibt nicht stehen. Du musst Abschied nehmen, mein Junge. Für immer. Vergessen.«

Wir erreichten einen großen unterirdischen Fluss. In einer Mauernische stand ein Topf. Meine Großmutter nahm die Kelle aus dem Topf und strich mir eine klebrige Masse ins Gesicht. Es war ihre Aprikosenkonfitüre. Sie sagte, ich sei nun bereit. Dann sah ich Andrea. Sie stand am anderen Ufer und winkte mir zu, sehr langsam. Der Fährmann kam, ein seltsamer Fährmann, er hielt an, und Andrea stieg ein. Sie setzte sich auf die Bank und drehte mir den Rücken zu. Ich stürzte zu Boden und weinte hemmungslos.

»Lass den Schmerz zu«, sagte meine Großmutter. »Wir sind so geschaffen, dass wir trauern können, wir sind aber auch so geschaffen, dass wir die Trauer überwinden können. Verluste gehören zum Leben, es ist das Normalste auf der Welt, dass Menschen sterben.«

Ich schreckte hoch und berührte meine Wangen. Sie waren nicht klebrig. Vor mir waren die weit geöffneten, leeren Kleiderschränke. Ich musste es beenden. Ich duschte und ging in die Stadt, um mir neue T-Shirts zu kaufen. Und rote Sportschuhe. Andrea hätte das nicht gemocht, aber sie war tot und würde nie mehr zurückkehren, um meine roten Nikes zu sehen. Aus Trotz wollte ich nun Chicken-Curry kochen und das Essen besser zubereiten, als es Andrea jemals getan hatte.

Ich wollte Tim und mir beweisen, dass ich mich nicht unterkriegen ließ. Die Planung dieses Mittagessens reichte nicht ganz an die Logistik des Ersten Irakkrieges heran. Ich vergaß derart viele Zutaten, dass ich zweimal zurück in den Supermarkt musste. Ich konsultierte mein privates Kochbuch und versuchte, mich an die Angaben zu halten, doch irgendwie fehlte mir Andrea überall. »Wo ist der Curry?«, fragte ich. »Hast du gelesen, dass amerikanische Forscher zum ersten Mal einen Embryo aus einer Hautzelle geklont haben?« »Weißt du, was mir der Nachbar gestern erzählt hat? Dass man all die lärmenden Flugzeuge abschießen sollte. Der hat doch einen Sprung in der Schüssel.« »Was meinst du, soll ich mir ein iPhone kaufen?«

Doch Andrea antwortete nicht. Sie hatte kein Interesse mehr an meinem Leben. Ich verschüttete den Curry und musste kräftig niesen. Hatte da jemand »Gesundheit« gesagt? Nein, das war nur der Briefträger. Er hatte ein Paket vor die Tür gelegt. Ich kriegte immer noch Pakete für Andrea, sie hatte im letzten Jahr so viel bestellt. Ich warf das Paket ungeöffnet in den Müll.

Manchmal bereute ich, Andreas Kleider und ihren Schmuck entsorgt zu haben. Ich dachte daran, eine meiner Schaufensterpuppen als Andrea einzukleiden. Es wäre nicht schlecht, sie immer hier im Wohnzimmer zu haben. Ich wusste, dass der Gedanke etwas irr war, trotzdem verfolgte ich ihn eine Zeit lang.

»Du musst loslassen, Sammy«, sagte Tim immer wieder, »solange du nicht loslässt, wirst du nicht frei sein, wirst du kein neues Leben beginnen können.«

»Ich will nichts ändern.«

»Aber alles hat sich geändert.«

Nach einer Weile schlug er mir vor, am nächsten Morgen ins Tessin zu fahren.

»Nach Ascona! Auf der Piazza essen wir eine Pizza und tuckern dann mit einem Boot auf dem See herum.« Seine Absicht war leicht durchschaubar, aber ich wollte ihm zeigen, dass ich seine Hilfe sehr schätzte und an mir arbeiten wollte. Wir fuhren in den Süden. Ich war erstaunt, als ich sah, dass immer noch Autos die A2 hinunterblochten. Ich war auch erstaunt, dass immer noch Kühe auf den Weiden grasten. Ich war erstaunt, dass die Welt nicht stehen geblieben war. Am Morgen hatte ich sogar den Müllwagen gesehen. Wie konnten die bloß noch Müll einsammeln, wo doch Andrea gestorben war? Das war ein persönlicher Affront, ein Sakrileg. Ich dachte unterwegs daran, dass Andrea verlangt hatte, ihre Asche in den Müllwagen zu kippen. Sie hatte es ernst gemeint, sie hatte stets alles, was sie sagte, ernst gemeint. Auch all ihre dunklen Prognosen, die mich nun heimsuchten und quälten.

Als wir über den Gotthard fuhren, realisierte ich erneut, dass die Welt nicht stehen geblieben war. Das Leben ging weiter, teilnahmslos, unbeeindruckt, als wäre lediglich eine Heuschrecke in einen Rasenmäher geraten. Eine unendliche Traurigkeit überfiel mich. Andrea hatte bis zuletzt gekämpft. »49 ist kein Alter zum Sterben!«, hatte sie ständig wiederholt. Mit 75 sind die Leute heute noch fit. Stirbt man mit 49, ist das ein Drittel zu wenig. Dann ist es Betrug!«

Wenn man stirbt, muss man akzeptieren, dass es keine Gerechtigkeit gibt, dass die Dinge keinem Plan folgen. Und dass niemand vom Olymp heruntersteigt und sich erbarmt. Ich hatte seit Andreas Tod so viele Tränen vergossen. Wenn jemand im Universum das gesehen hätte, wäre er zu mir heruntergestiegen und hätte mich getröstet. Oder mir wenigstens ein Taschentuch gereicht. Oder eine Rettungsweste, ein Boot. Für das Meer der Tränen.

Tim genoss die Fahrt. Manchmal schob er eine neue CD ins Laufwerk und wippte seinen Oberkörper im Takt. Es wäre nett gewesen, gemeinsam mit Andrea unterwegs zu sein. Doch als wir im Stau steckten, waren wir froh, dass sie nicht dabei war. Sie gehörte zu den Leuten, die im Stau eine üble Laune entwickeln und am Ende die übrigen Insassen für den Stau verantwortlich machen. Zu früh weggefahren, zu spät weggefahren, überhaupt weggefahren. Tim schien zu ahnen, was ich dachte: »Mein Gott, wäre das ein Theater gewesen!«

Am Abend setzten wir uns auf die Hotelterrasse und genossen den Sonnenuntergang mit Pizza und Merlot. Ich war irritiert, als ich den Wein bestellte. Andrea und ich nahmen jeweils eine Flasche. »Haben Sie auch kleine Flaschen oder ein einzelnes Glas?«, fragte ich den Kellner.

Tim drängte, wir sollten meinen neuen Freund in Hongkong besuchen. Den Professor.

»Wenn man sich nicht mehr bewegt, rauscht das Leben an einem vorbei. Wir müssen nach Hongkong! Was hält uns davon ab?«

Ich wusste es eigentlich nicht. Natürlich hatte es mit Andrea zu tun. Aber sie war tot, ich musste es endlich begreifen. Wie viele

Tränen muss man vergießen, wie viel Leid in sich hineinfressen, bis man realisiert, dass das, was einmal war, für immer vorbei ist?

Im Zimmer bestellte ich Champagner und zwei Gläser. Ich wollte mich zwingen zu feiern, obwohl mich wieder dieses furchtbare Gefühl der Verlassenheit heimsuchte. Tim schlief bereits. Er hatte stets einen sehr soliden Schlaf. Somit trank ich auch Andreas Glas leer. Und dachte an den Plan. Doch die guten Vorsätze verflüchtigten sich wie die Perlen im Glas. Ich musste mehrmals meine Rolex anschauen. Die Erinnerungen erdrückten mich beinahe; dann fiel ich in einen komaartigen Schlaf.

Sie erinnern sich an den Fluss am Ende der Script Avenue? Dieser Fluss mündet direkt ins Meer. Wenn Sie weit draußen sind, wissen Sie nicht mehr, wo das Wasser anfängt und wo es aufhört, weit und breit kein Land in Sicht. Und dann kommen die Wale. Sie sind so groß wie ein Fußballfeld, so mächtig wie ein Supertanker, so finster wie die mythologischen Wesen aus der Unterwelt. Es gab früher einen Fels im Meer. Seit Andrea tot ist, ist der Fels im Meer versunken. Jetzt bin ich allein mit den Walen. Wale diskutieren nicht, sie öffnen das Maul, und eine Welle spült alles in ihren Schlund. Zum Glück kann man dann aufwachen und muss nicht die Reise durch den gesamten Verdauungstrakt antreten. Auch in Träumen stinken Gedärme. Das ist der Nachteil meines Berufes, zu viele Bilder, zu viele Geschichten, zu viel Mitgefühl, zu viel Leid.

Am nächsten Tag flitzten wir in einem Motorboot über den See. Tim übernahm das Steuer, er liebte das. Ein warmer Wind blies uns ins Gesicht. Es war ein schöner Tag, und ich schöpfte Hoffnung, dass diese Momente nun wieder zahlreicher werden würden.

Auf dem Rückweg nach Hause hielten wir an einer Autobahnraststätte. Wir wollten uns was zu essen kaufen. Aber ich war unschlüssig. Ich hätte Andrea gern um Rat gefragt. Eher Joghurt oder besser Bananen? Schwarze Schokolade?

Ich stand vor einem Regal und dachte nach. Es war kaum zu fassen. Ich werde doch in meinem Alter noch in der Lage sein, mir etwas zu essen zu kaufen, dachte ich. Ich hatte nie in meinem Leben ein Problem damit. Man geht rein, sucht sich was aus, vergisst nicht zu bezahlen und geht wieder. Seit Andrea tot war, vermisste ich bei jeder Kleinigkeit ihren Rat. Second Opinion und so. Sie hatte ja so vieles für mich entschieden. Aber wenn man sich nicht mal mehr zwischen einem Schokoriegel und einer Packung Erdnüsse entscheiden kann, dann braucht es einen sehr intensiven Blick auf die Rolex. Doch dann fiel mir ein, dass Andrea nie im Leben an einer Tankstelle einen Lunch gekauft hätte. Sie brauchte stets ein würdiges Essen, Vorspeise, Salat, Hauptmenü mit einem ekelhaft großen Stück Fleisch und viel Gemüse. Tim stand vor mir und hatte schon eine ganze Menge eingepackt. Er grinste: »Worauf hast du Lust? Niemand wird dir eine Predigt über gesunde Ernährung halten.«

Wir setzten uns ins Auto und nahmen unser herrlich ungesundes Mittagessen ein. Ein Lieferwagen hielt hinter uns. Das erstaunte mich, denn alle übrigen Tanksäulen waren unbesetzt. Der Lieferwagen war bis oben zugemüllt. Rumänisches Autokennzeichen. Zwei Männer stiegen aus und kamen auf unseren Wagen zu. Wenn man 25 Jahre Krimis geschrieben hat und unzählige Polizisten, Fahnder, Kommissare, Staatsanwälte, Undercover-Agenten und Kriminelle befragt hat, kann man Menschen mit schlechten Absichten lesen. Sie verhalten sich auffällig unauffällig. Der Blick ist lauernd, prüfend, man sieht die Anspannung in der Mimik, in der ganzen Körperhaltung.

Instinktiv drückte ich die Zentralverriegelung. Einer nahm eine Pistole heraus und richtete sie auf mich. Er schrie in gebrochenem Deutsch, ich solle aussteigen. Ich gab ihm zu verstehen, dass ich noch am Essen sei. Nun pochte der andere an Tims Fenster. Das hätte er nicht tun sollen. Ich stieß meine Tür auf und traf das Knie des andern. Instinktiv griff er nach seinem Knie und ließ dabei die Waffe fallen. Ich trat erneut kräftig gegen die Tür und traf ihn diesmal am Kopf. Er fiel rückwärts zu Boden. Ich sprang aus dem Auto, nahm seine Waffe und schoss damit in die Luft, bis das Magazin leer war. Dann warf ich dem anderen Rumänen die leere Waffe ins Gesicht, setzte mich ins Auto und brauste davon. Sie schrien mir noch etwas hinterher. Offenbar hatte hier die Integration versagt.

Meine Schriftstellerkollegen werden mir jetzt bestimmt die Erwähnung der Nationalität als versteckten Rassismus auslegen, aber es waren tatsächlich Rumänen. Vielleicht werden wir das vor Drucklegung dieses Buches noch ändern und schreiben, es seien Schweizer Bankiers gewesen.

»Jurassisches Blut?«, grinste Tim.

»Ich muss mir nicht mehr alles gefallen lassen«, sagte ich, als wir wieder auf der Autobahn waren.

Tim grinste: »Klar, die sind dir blöd gekommen.« Dann konnte er sich vor Lachen kaum noch halten: »Du hast denen einen ziemlichen Schrecken eingejagt. Es ist Zeit, dass wir unsere Zelte abbrechen und nach Hongkong fliegen. Wir gehen nach Hongkong! Economy oder Business?«

Ich suchte erneut die Script Avenue auf, um Andrea mitzuteilen, dass wir nach Hongkong gehen und sie allein zurückbleiben würde. Sie lag mitten auf der Script Avenue zwischen dem Casino und Henry Millers Saloon. Ich war wahnsinnig erleichtert: Die Häuser waren wieder zurück! Ich kniete vor Andrea nieder und sagte ihr, dass es nun vorbei wäre, ich würde sie vergessen. Sie öffnete ein Auge und sagte, sie sei noch nicht tot, so schnell würde ich sie nicht los. Dann lachte sie grimmig. Doch sie war tot. Ich schwöre es.

Ich schleifte sie wie eine Puppe an den Haaren zum Polizeiposten, der sich neben dem Hotel befand. Die Puppe hatte kaum Gewicht. Ich betrat den Posten und sagte dem Polizisten hinter der Schalterscheibe, er solle mir bestätigen, dass diese Frau tot sei. Er schob das Schalterglas nach oben und beugte sich nach vorn. Er schaute lange zu Andrea hinunter und bestätigte dann, dass sie tot sei. Ich schleifte Andrea zum Friedhof auf der anderen Seite des Hügels. Die ganze Nacht verbrachte ich damit, ein Grab auszuheben. Ich weiß nicht, warum ich kein richtiges Loch zustande brachte. Ich schuftete wie verrückt, aber das Loch war immer zu klein.

Ich wachte kurz auf und sah die leeren Kleiderschränke. Schnell kehrte ich in die Script Avenue zurück und grub noch ein paar Schaufeln Erde aus dem Loch. Ich schleifte Andrea bis an den Rand des Grabes und rollte sie hinein. Erleichtert begann ich, das Loch zuzuschütten. Doch plötzlich sah ich Andreas Kopf aus der Erde herausragen. Sie grinste und belehrte mich, dass ich nicht tief genug gegraben hätte, und im Übrigen sei sie gar nicht tot. Sie würde nie sterben, sie würde ewig leben. Ewig. Ich half ihr aus dem Grab heraus und schaufelte tiefer und tiefer. Dann rollte ich sie wieder ins Loch und wartete. Sie bewegte sich nicht mehr. Also schüttete ich Erde auf sie. Immer mehr, bis man nichts mehr von ihr sah. Plötzlich ragte ein Finger aus der Erde, dann die ganze Hand, ein Arm. Andrea befreite sich erneut.

Als ich aufwachte ging ich in Tims Zimmer und sagte ihm, er solle zwei Pferde nach Hongkong buchen. Ich meine Flüge. Mal sehen, ob Andrea auch an ein Ticket kam. Vor dem Abflug regelten wir noch die Erbteilung. Seit vielen Monaten kontrollierte ich das erste Mal wieder einen Bankauszug. Ich erschrak: Wo war bloß das ganze Ersparte geblieben? Hatte Andrea tatsächlich heimlich Geld abgehoben und verbrannt? Ich wühlte in der Asche des großen Kamins im Garten und fand tatsächlich verkohlte Banknotenschnipsel. Hatten denn die Metastasen ihr Gehirn völlig verseucht? Sie neidete uns das Weiterleben tatsächlich.

Ich kontrollierte nun alle Bankbelege. Sie hatte in den Wochen vor ihrem Tod noch Dutzende von Bestellungen aufgegeben und online mit ihrer Kreditkarte bezahlt. Beträchtliche Beträge gingen an eine Pferdepension und an Tierheime. Größere Summen erhielten Organisationen zum Schutz der Wale, thailändischer Elefanten, tropischer Vögel, weißer Leoparden, spanischer Straßenhunde.

Ich hätte es ja noch verstanden, wenn sie die Vereinigung Cerebralparese oder die Krebshilfe bedacht hätte, aber es mussten natürlich Tiere sein, um noch einmal deutlich zu machen, dass sie Tiere ihren Mitmenschen vorzog. Nun ja, der Philosoph Arthur Schopenhauer hatte ja auch seine Haushälterin die Kellertreppe hinuntergestoßen und alles seinem Pudel vererbt. Ich tröstete mich damit, dass sie all diese Transaktionen erst kurz vor ihrem Tod getätigt hatte. Vielleicht waren doch die vielen Pillen schuld, die Metastasen. Schließlich waren ihr letztes Wort »Danke« gewesen. Tim gefiel meine Beschönigung in keiner Weise. Er hielt energisch dagegen.

Wir übergaben den Hausschlüssel einem Makler und beauftragten ihn, das Haus zu verkaufen, wenn möglich an einen Architekten, der es gleich abriss. Das wäre ein würdiger Abschluss der ewigen Renovationen. Oder ist das jetzt eine Überreaktion? Der SLK fand rasch einen Käufer. Ein pensioniertes Ehepaar kaufte sich den Mercedes zum vierzigsten Hochzeitstag.

»Wieso haben Sie das Auto nie benutzt?«

Als ich die Frage beantwortete, war es ihnen peinlich, dass sie ihren Hochzeitstag erwähnt und die Fahrzeugpapiere wie Frischverliebte studiert hatten.

»Wir teilen uns das Geld«, sagte ich zu Tim, »ich werde meinen Anteil spenden. Deine Mutter hat die letzten Jahre viel

Böses getan, also soll ihr Geld nun etwas Gutes bewirken. Ich werde es spenden, um sie zu ärgern. Wenn mir das nächste Mal ein Mensch über den Weg läuft, dessen trauriges Schicksal man mit Geld lindern könnte, soll er es bekommen.«

Am nächsten Tag fuhren wir zum Flughafen Zürich-Kloten. Wir warteten auf unsere Maschine, und Sie müssen jetzt mit mir warten. Ich brauche nämlich eine Pause.

Die letzten Seiten haben mir gar nicht gutgetan. Es ging ja darum, dass man lernt zu vergessen. Sie können jetzt einwenden, ich hätte diese Seiten nicht schreiben müssen. Doch! Ich musste sie schreiben! Aber ich habe mich kurz gefasst. Die Hölle auf Erden dauerte wesentlich länger – vielleicht ist es mir auch nur so vorgekommen. Es waren tiefe Wunden, die immer wieder aufplatzten. Sie können die Erinnerung in eine Kiste sperren, dreifach vernageln und im Pazifik versenken. Eines Tages sehen Sie eine kleine Blase an der Wasseroberfläche und Sie wissen, die Erinnerung hat den Weg nach oben gefunden und wird gleich wie eine heiße Quelle in die Höhe schießen. Und Sie dachten schon, das sei alles vorbei und überstanden. Vielleicht hatte Andrea recht, als sie mir in der Script Avenue sagte, es sei nie vorbei. Schluss jetzt, Boarding, wir sollten jetzt den Flug nach Hongkong nehmen. Aber was machen wir mit dieser verdammten Urne?

Natürlich erinnere ich mich, was ich mit dieser Urne anstellte. Aber ich brauche schon wieder eine Pause. Das ärgert mich enorm, denn ich könnte noch endlos schreiben. Nur mein Körper will nicht. Die Zeige- und Mittelfinger sind aufgeplatzt, gerade die Finger, die man beim Zehnfingersystem am häufigsten braucht. Entlang der Nägel quillt Eiter und manchmal Blut hervor. Aber in den Filmen sieht so was echter aus. Tim hat mir hauchdünne Chirurgenhandschuhe gekauft, weil die Fingerkuppen keine Berührung mehr vertragen. Die Nerven sind kaputt. Die Chemie hat sie abgefackelt. Allerdings macht man mit Chirurgenhandschuhen wesentlich mehr Tippfehler. Sieht lustig aus, wenn die Spasmen explodieren, als hätte jeder Finger eine Erektion. Diese Nervenschädigungen sind eine normale Begleiterscheinung meiner Leukämiebehandlung. Bei Spasmen empfehle ich Sirdalud. Aber Vorsicht, manchmal kriegen Sie die Augen erst recht nicht mehr zusammen. Temesta nur bei Schlaflosigkeit. Es ermüdet. Schade, dass Andrea nie Temesta geschluckt hat.

Ich habe das Gleiche an den Zehen. Dort ist das Gewebe unter der Haut allerdings bereits verklumpt und hat die kleinen Gelenke versteift. Die Haut zieht sich zusammen, spannt, brennt, färbt sich solariumrot und fühlt sich an wie Plastikfolie. Und reißt. Ich muss immer lachen, wenn mir bewusst wird, wie schnell man invalid wird. Sie haben ja keine Ahnung, wie schnell das geht!

Nachts werde ich von Krämpfen und Spasmen aus dem Schlaf gerissen. Ich schlafe nachts eh nicht viel, denn mit hohen Kortisondosen findet man keine Ruhe mehr. Man wird rastlos, getrieben, gehetzt. Nach zwei Jahren Schlafentzug muss man ganz schön aufpassen, dass man psychisch nicht auseinanderfällt und nur noch irre vor sich hin kichert. Man ist immer erschöpft, am Limit und kann doch nicht schlafen.

Ich werde weiterschreiben, denn ich bin überzeugt, dass ich sterbe, wenn ich aufhöre zu schreiben. Klingt etwas pathetisch, ich weiß, aber ich glaube daran. Solange ich schreibe, werde ich nicht sterben. Ich habe deshalb Angst, dieses Buch zu beenden. Mein Agent ermahnte mich, *bloß nicht über 350 Seiten*. Aber ich habe gesagt, was es jetzt noch zu erzählen gibt, schaffe ich nicht mal auf 700 Seiten. Aber vielleicht sind die Zellen meines

Knochenmarkspenders stärker als mein Agent und beenden dieses Buch ganz plötzlich. Eine Graft-versus-Host-Disease, kurz GvHD, ist akzeptabel, weil vorübergehend, eine chronische GvHD ist dagegen richtig beschissen. Wenn die Zellen des Spenders mal loslegen, wird richtig aufgeräumt und alles abgestoßen. Man trocknet von innen aus. Nachts müssen sie fünfmal Wasser trinken und viermal pinkeln gehen.

Ich versuche es also nochmal. Ein Auge habe ich zugedeckt, damit eliminiere ich die Doppelbilder, die Finger tragen frische Kondome – das könnte funktionieren. Gegen die Übelkeit ist kein Kraut mehr gewachsen, obwohl ich nur noch siebzehn Pillen pro Tag nehmen muss, was aber immer noch kein Festessen für meine Leber ist und nach wie vor Überstunden für meine Nieren bedeutet. Das Unangenehmste ist wohl, wenn ich aufs Klo muss. Ich quäle mich aus meinem Bürostuhl und versuche, auf beiden Beinen zu stehen. Der Schwindel ist enorm, man hat keinen stabilen Stand mehr, geht wie auf Watte.

Wenn ich durch die Wohnung torkle, stütze ich mich an den Wänden ab. Wie Tim damals. Sie sind jetzt auch schmutzig von der Druckerschwärze an meinen Fingern. Aber ich lese nicht mehr viele Zeitungen; das Problem sind die Finger. Noch vor dem Wirtschaftsteil gewinnen die Spasmen in meinen Händen, und ich kann die Finger nicht mehr gebrauchen. Ich umklammere dann eine leere Wasserflasche. Meistens San Pellegrino. Weil ich Nestlé-Aktien habe. Die Spasmen ermüden, und wenn ich trotzdem weiterschreibe, kommen sie zurück. Manchmal nach zehn Minuten, manchmal habe ich drei Stunden Zeit. Alles will mich am Schreiben hindern. Manchmal denke ich, Andrea habe drüben eine Arbeitsgruppe zusammengestellt, um mir das Schreiben zu vermiesen. Sie will nicht, dass ich über sie schreibe, dass ich schreibe, wie es war, wie es wirklich war. Aber es gibt natürlich keinen Zusammenhang. Man muss akzeptieren, dass es keinen gibt und dass Dinge einfach so geschehen. Grundlos. Sinnlos. Wie das Leben überhaupt.

Also nehmen wir endlich diesen Flug nach Hongkong. Denken Sie bloß nicht, ich leide unter Flugangst, aber mir fällt jetzt tatsächlich noch etwas ein, was die Erzählung vom Losfliegen nochmal verschiebt: ein Anruf. Vielleicht sollten wir noch kurz darüber reden. Das wird mich auf andere Gedanken bringen. Es ist eh das letzte Mal, dass wir dem hageren Blonden im hellblauen Hemd begegnen.

## Pilzsaison

Die Schönheitskönigin von 1922 rief mich an und teilte mir mit, dass mein Vater Hilfe brauche, es ginge ihm schlecht. Ich hatte eigentlich keine Lust, ihn zu sehen, und erst recht nicht, sein heuchlerisches Gesäusel über Andreas Tod zu hören. Trotzdem fuhr ich hin. Fragen Sie mich nicht, wieso, ich weiß es auch nicht.

Mein Vater wohnte noch am gleichen Ort. Eine riesige Überbauung an der französischen Grenze. Schon von außen war klar, wo er hauste – im obersten Stockwerk, dort, wo der Balkon total vermüllt war. Ich fuhr mit dem Lift hoch und klingelte. Mehrmals. Da kam mir in den Sinn, dass er inzwischen vermutlich noch schwerhöriger war als vor dreißig Jahren, obwohl ihm niemand das linke Trommelfell zertrümmert hatte. Ich drückte auf die Klinke, die Tür war offen. Vor mir breitete sich eine riesige Müllhalde aus, wie ich sie bisher noch in keiner westlichen Wohnung gesehen hatte: Flaschen, Kartons, Kisten, zerknüllte Kleider, die Zeitungen der letzten dreißig Jahre, Abfälle, dreckiges Geschirr und ein beißender Geruch von Fäulnis, den man problemlos als Kampfstoff hätte lizenzieren können.

Und inmitten von all diesem Müll bewegte sich etwas Zotteliges. Ich dachte zuerst an einen Hund, der weiße von Black & White, aber dann sah ich, dass es ein Mensch war und dass dieser Mensch wahrscheinlich mein Vater war, obwohl er kein hellblaues Hemd trug, sondern einen schmuddeligen grauroten Trainer mit dem aufgestickten Wappen von Dinamo Bukarest.

Unwillkürlich musste ich an Henry Morton Stanley denken, der 1871 nach jahrelanger Suche den völlig abgemagerten David Livingstone im afrikanischen Busch aufgespürt und mit den legendären Worten begrüßt hatte: »Dr. Livingstone, nehme ich an?« Nun gut, das zottelige Lebewesen, das mit dem Sofa verwachsen schien und auf den Fernseher starrte, konnte nicht Livingstone sein, denn dieser Mann war nicht dünn wie ein Streichholz, sondern fett wie das Hinterteil eines Flusspferds.

Es war kaum zu glauben, jetzt war doch noch etwas aus dem hageren Blonden geworden, ein Messie, eine Kreuzung aus Robinson (der auf den Orangenverpackungen) und einem religiösen Charles Bukowski. Messie bemerkte mich nicht. Ich stellte mich vor den Fernseher und schaute mich fassungslos in der Wohnung um. Es gibt Medienleute, die Messies für interessante Leute halten, und Mediziner, die dafür Krankheiten erfinden, aber ich denke, Messies sind einfach faul, antriebslos und Ferkel obendrauf. Und wenn sie als Chirurgen arbeiten, vergessen sie ihre halbe Werkzeugkiste in der Magenhöhle. Nach fünf Minuten fiel mir auf, dass mein Vater Kopfhörer trug und schlief. Ihn zu berühren, war mir zu eklig. Also wechselte ich auf einen Musikkanal und drehte auf volle Lautstärke, Beyoncé weckte ihn mit *Ave Maria*.

»Oh, du bist da«, sagte er bloß und ließ den Mund halb offen. Seit ich ab und zu in den Medien war, machte er auf Künstler, ließ sich Haare und Bart wachsen und erzählte allen Leuten, dass ich das Talent von ihm geerbt habe. Das hat man mir so erzählt. Er habe auf eine Weltkarriere verzichtet, um seinem über alles geliebten Sohn eine Chance zu geben. Eine Vater-Sohn-Konkurrenz täte ja niemanden gut, er wollte mich nicht konkurrenzieren. Das ist echte Vaterliebe, wenn man für seinen Sohn auf den Nobelpreis verzichtet.

»Ich habe irgend so eine Entzündung. Beim Wasserlassen.«

»Ich kenne einen Arzt, der dich gleich untersuchen wird.«

»Ein Arzt?«

»Nein, der Gärtner von nebenan.«

»Ah, ein Arzt.«

»Ich liebe Maximum!«, schrie jemand und stampfte durch die Wohnung auf mich zu. Sie nahm mich gleich in den Würgegriff und leckte Gesicht und Augapfel. Ich weiß, dass dies heute bei japanischen Teenagern als hocherotisch empfunden wird, aber rumänischer Pflaumenschnaps auf dem Augapfel brennt, da hilft auch der entzündungshemmende Knoblauch nicht.

Ich fuhr meinen Vater und die Schönheitskönigin von 1922 zum Dermatologen, den die Frau aus Transsilvanien vorgestern angerufen hatte. Sie brüllte immerzu, dass sie mich »Maximum« liebe. Ich hatte bisher geglaubt, die Menschen aus den finsteren Wäldern der Karpaten seien eher introvertiert. »Immer dieser Lärm«, murmelte mein Vater und verzog das Gesicht, weiter sprachen wir kaum ein Wort; nach dreißig Jahren hatten wir uns immer noch nichts zu sagen. Als ich an einer Ampel hielt, murmelte er plötzlich: »Uns beiden fehlt irgendein Glied, irgendetwas. Ich weiß nicht, was es ist.« Ja, wir waren uns beide tatsächlich sehr fremd.

»Du hast mich nicht beschützt, als Onkel Arthur versucht hat, mich zu vergewaltigen.«

»Oh«, machte er, »das hat er wirklich versucht? Der Dreckskerl. Ich habe ihn nie gemocht.«

»Und seit ich selber einen Sohn habe, kann ich es noch schwerer verstehen. Seitdem hasse ich dich.«

»So ein Dreckskerl. Man sollte ihm eine reinhauen. Ha, wenn ich noch jünger wäre!«

»Genau das habe ich damals von dir erwartet. Aber du hast bloß weggeschaut und gesagt, das sei nicht dein Bruder, sondern der Bruder meiner Mutter.«

»Jaja«, pflichtete er mir bei, »er war tatsächlich der Bruder deiner Mutter. Das ist wahr. Aber ein schönes Auto hast du, war bestimmt teuer. Ich hätte auch gern so ein Auto gehabt, aber meine Frau hat mir ja den Führerausweis weggenommen. Das werde ich nie vergessen.«

»Hoffentlich. Denn Fahren ohne Ausweis kann dich teuer zu stehen kommen.«


In der Praxis von Dr. Cavalli bat ihn die Schwester, die Toilette aufzusuchen und Urin zu spenden. Es dauerte eine Ewigkeit, und ich befürchtete schon, er hätte »Samenspende« verstanden. Ich schaute mir die kubanischen Plakate an den Wänden an. Die Praxishilfe nahm den Plastikbecher mit einer Serviette entgegen, der Becher tropfte. Sie bat uns zu warten. Ich beobachte meinen Vater lange: »Sag mal, du bist ein Messie geworden.«

Er zuckte leicht zusammen und murmelte: »Messe? Ah, ich gehe nicht mehr in die Heilige Messe. Der Vatikan, alles Verbrecher, Kriminelle, Halunken. Und Gott ist überall.«

»Du solltest mal bei dir in der Wohnung aufräumen«, sagte ich, »oder ist das so eine Art Protest gegen die Konsumgesellschaft?«

Der Blonde nickte. Er hatte kein Wort verstanden. Und ich verstand offen gestanden seine Antworten auch nicht so genau.

Eine halbe Stunde später wurde mein Vater zum Arzt gebeten. Danach wollte mich Dr. Cavalli unter vier Augen sprechen.

»Müssen wir das auch noch holen?«, fragte der Blonde, als wir wieder im Auto saßen. Er zeigte verächtlich auf das Rezept auf dem Armaturenbrett.

»Was hast du gesagt?«, fragte ich angestrengt.

»Was? Du wirst jetzt auch schwerhörig? Das sind wohl die Gene.«

»Was hast du gesagt?«, wiederholte ich gereizt, es nervte mich, dass ich offenbar genauso schwerhörig geworden war wie er.

»Ich habe gesagt, warum wir dieses Zeug holen müssen.«

»Du hast Pilze auf deinem Geschlechtsteil.«

»Welches Geschlecht?«

»Du hast einen Pilz auf deinem Pimmel!«, sagte ich laut und deutlich.

»Oh, Pilze! Im Herbst sind Pilze wunderbar. Aber woher zum Teufel kommen diese Pilze?«

»Wir haben Frühling…«

»Und schon Pilze?«

»Du hast die Pilze auf deinem Schwanz, verdammt nochmal!«, schrie ich.

»Schrei doch nicht so«, jammerte er und hielt sich die Ohren zu, »ich bin nicht so schwerhörig wie du. Aber sag mal, wo kann ich mir so einen Pilz aufgelesen haben?«

»Vielleicht in der Kirche. Wenn jemand pinkelt, bevor er zur Kirche geht und sich die Hände nicht wäscht und dann das Gesangbuch bei Psalm 234 aufschlägt, dann hast du auf Psalm 234 diesen Pilz.«

»Dabei singt er bloß«, murmelte mein Vater mit Unschuldsmiene.

»Der Arzt meint, du hättest dir den Pilz an einem feuchten Ort geholt. An einem schmutzigen Ort, wo irgendetwas vor sich hin fault.«

»Wo könnte dieser Ort sein?«, fragte de Blonde ernsthaft besorgt, »etwa in der Kirche? Mir schien in letzter Zeit, es modere ein bisschen vorne beim Altar. Dort sind ja all die Heiligenreliquien.«

»Im Mund einer Dame mit faulenden Zähnen«, sagte ich enerviert und bremste scharf ab, weil ein Idiot in einem Smart mich überholt hatte und sich, ohne den Blinker zu stellen, vor mein Auto setzte.

»Das ist aber merkwürdig«, sagte mein Vater, »sehr merkwürdig.«

»Was meinst du?«

»Wir sollten uns beide ein Hörgerät kaufen!«, rief er.

»Ja«, schrie ich zurück, »gleich zwei Stück, vielleicht kriegen wir Rabatt!«

Wir holten die Medikamente, und ich brachte den Blonden wieder nach Hause. Er war müde und wollte sich hinlegen. Als ich den Wohnblock verließ und zu den Parkplätzen hinüberging, stand die Schönheitskönigin von 1922 auf dem Balkon und brüllte, sie liebe »Maximum«.

Ich fuhr in die City, um mir ein paar scharfe Arrabiata-Ravioli zu kaufen. Als ich zum Auto zurückging, sah ich zufällig meinen Vater die Engelsbar betreten. Das war seine Bar, mittlerweile eine Kontaktbar für Prostituierte aus Osteuropa. Ich hielt im Parkverbot und betrat das Lokal. Es stank nach überquellenden Aschenbechern, leeren Biergläsern, Girlie-Parfum und abgestandenem Achselschweiß. Der Blonde zuckte ein bisschen, als er mich sah, und winkte mich herbei. Er sagte, ich solle mich setzen, das sei der schönste Augenblick seines Lebens, er und ich, zusammen in seiner Bar. Ein Bier, ein Sirup, rief er der blonden Frau aus Bratislava zu. Ich setzte mich zu ihm, um den schönsten Augenblick seines Lebens noch etwas zu verlängern, doch er stürzte das Bier in wenigen Zügen hinunter, legte ein unverschämt hohes Trinkgeld auf den Tresen und sprang dann regelrecht von seinem Stuhl hoch. Er hätte noch zu tun.

Ich ließ meinen Sirup stehen und folgte ihm auf die Straße hinaus. Ich fragte ihn, ob ich ihn nach Hause fahren solle. Er blieb auf der Fahrbahn stehen und breitete mit demütiger Geste seine Arme aus. Das sei nicht nötig, sagte er und wiederholte, dass zwischen ihm und mir ein Glied in der Kette fehle. Da sei irgendetwas verloren gegangen, als ich damals die Familie verließ.

»Wenn du willst, können wir uns einen Tag freinehmen und darüber reden.«

Er winkte ab: »Ach, hör mir bloß auf damit. Das ist vorbei. Ist mir eigentlich auch egal. Ich habe nie Kinder gewollt.«

»Vielleicht schreib ich mal ein Buch darüber.«

»Dann werde ich dich verklagen!«, sagte er zornig.

»Danke, ich freue mich über jede Art der Promotion.«

Ein Auto bremste scharf und hupte. Ein unrasierter Kerl mit gebräunter Glatze und Tattoos auf den Armen schrie in gebrochenem Deutsch: »Will Stress, Mann, hau ab, oder du kaputt!«

Der Blonde schaute mich fragend an.

»Er hat sich nur nach der Uhrzeit erkundigt«, sagte ich.

Mein Vater nickte und stieß die Tür zur Engelsbar auf: »Ich muss nochmals rein, ich habe etwas vergessen.«

Ich sah ihn erst wieder … hm, ich glaube, das war an seiner Beerdigung. War ich da überhaupt dabei?

Als Junge hatte ich mir geschworen, auf seinen Sarg zu pinkeln und anschließend Champagner zu trinken, aber ich ließ es dann sein. Ich war schließlich erwachsen geworden. Ich hatte mir auch geschworen, bei der Abdankungsfeier eine Rede zu halten, eine Generalabrechnung, aber auch das ließ ich bleiben. Ich wollte auch ein Buch über ihn schreiben, wollte es aber erst nach seinem Tod veröffentlichen. Die Todesanzeige wäre das »Gut zum Druck« gewesen. Ich tat nichts von alledem. Ich habe sogar das Erbe ausgeschlagen. Es rührt mich sehr, dass Sie jetzt denken, ich hätte aus Edelmut oder gar aus Prinzip verzichtet. So war es nicht. Mein Vater hatte sich – wie alle Banken und Regierungen – tüchtig verzockt, über seine Verhältnisse gelebt und war böse verschuldet. Sein Erbe bestand aus einem Schuldenberg und ein paar recht unschönen Erinnerungen an die finsteren Höhlen der frühen Script Avenue. Er ruhe weiterhin in Frieden.

Er starb wenige Tage nach seinem 99. Geburtstag kerngesund an einem Hirnschlag. Er starb den plötzlichen und überraschenden Tod, den sich Gaius Julius Cäsar immer gewünscht hatte. Leben und Tod des hageren Blonden im hellblauen Hemd sind der ultimative Beweis, dass es keinen Gott gibt. Tim schrieb an den Rand, ich solle das offenlassen, wer weiß, vielleicht würde ich noch einen zweiten Band schreiben: *Script Avenue II.*

Tim und ich setzten uns in die Swiss-Maschine nach Hongkong. Die Urne verstaute ich in der Ablage über dem Sitz. Tim war nicht begeistert, sie mitzunehmen, aber er willigte ein, nachdem ich ihm versprochen hatte, dass die Urne nicht mit nach Hause zurückfliegen würde. Für Andrea gab es nur ein One-Way-Ticket. Wir würden sie aussetzen wie die Pariser ihre Katzen vor den Sommerferien.

Auf dem Flug schlief ich bald ein und träumte von der Script Avenue. Es war sehr heiß in der Küche. Ich wusste gleich, dass hier irgendetwas nicht stimmte. »Sie sind jetzt alle da«, sagte Onkel Pierre. Er war noch mehr geschrumpft, bald würde er die Größe einer Elastolin-Figur haben. Er hielt Andreas Urne in der Hand. Eigentlich war es meine Urne, Andrea besaß ja gar nichts mehr. Ein großes Stück Kalbsfilet, mindestens ein Kilo, lag auf meinem Teller. Ich schnitt sorgfältig dünne Tranchen, tunkte sie in Ei und stutzte. Wo war das Paniermehl? Onkel

Pierre schüttelte traurig den Kopf und stellte die Urne neben die Kochplatte. Ich starrte ihn ungläubig an. Er nickte demonstrativ, dann griff er in die Urne und nahm eine Handvoll Asche heraus und streute sie auf die feuchten Fleischstücke.

»Sie sind zu zwölft gekommen«, sagte Onkel Pierre, »gemeinsam werden wir das Abendmahl zelebrieren und Andrea aufessen.«

»Und ihr Blut trinken?«, fragte ich entsetzt.

»Nein, du kannst eine Cola light haben.«

# 5

# As Tears Go By

Wir landeten an einem Dienstagabend auf dem internationalen Flughafen Chek Lap Kok der Sonderverwaltungszone Hongkong, wo jährlich über fünfzig Millionen Passagiere Schlange stehen. Ich hasse es, anzustehen. Wenn ich irgendwo in einem Laden einen Kunden an der Kasse sehe, seufze ich »O je, da ist ja schon einer drin«, und gehe wieder raus. Aber ich lernte in Asien, Geduld zu üben. Lektion eins fand gleich nach unserer Ankunft statt. Nach geschlagenen zwei Stunden kamen wir zur Passkontrolle. Humorlos wirkende junge Chinesinnen von kleinem Wuchs in grotesk breiten Uniformen stempelten unsere Pässe mit einstudierten Bewegungen ab.

In der Wartehalle sahen wir einen ungefähr fünfzigjährigen Europäer, der alle an Körperfülle und -größe weit übertraf. Es war Professor Henri Dupont, der verschmitzt lächelnd auf uns zukam. In seinem leichten Leinenanzug und seinem Panamahut aus hellem Toquilla-Stroh sah er aus wie seinerzeit der britische Ägyptologe, der im Tal der Könige vor dem Grab des Tutanchamun posierte. Carter? Vielleicht. Aber im Gegensatz zu dem mit Sicherheit braun gebrannten Forscher war Professor Duponts Gesichtshaut sehr weiß, als hätte er seine Haut wie eine Asiatin gebleicht. Er begrüßte uns entspannt und herzlich und freute sich aufrichtig, dass wir da waren. Mit schnellen

Schritten führte er uns Richtung Ausgang. Kaum hatten sich die Schiebetüren der stark klimatisierten Halle geöffnet, schlug uns eine erdrückend heiße und schwüle Luft entgegen. Wir mussten erst mal nach Luft schnappen.

»Ja«, schmunzelte der Professor, »das ist Hongkong. In drei Tagen habt ihr euch daran gewöhnt.«

Er führte uns zu einer großen schwarzen Limousine mit Chauffeur. Der Professor wollte mir die Urne abnehmen, aber ich wehrte ab.

»Was haben Sie da mitgebracht? Eine Zuger Kirschtorte?«

»Nein, meine Frau«, sagte ich verlegen.

Der Professor schien einen Augenblick irritiert, da er nicht genau wusste, ob ich nun einen Scherz gemacht hatte oder nicht.

Er half Tim auf den Rücksitz des Wagens und schaute dann zwei hübschen Chinesinnen nach, die kurze rote Shorts trugen und ein durchsichtiges Top. »Die üppigen Temperaturen haben auch Vorteile. Man sieht hier viel nackte Haut.«

Er setzte sich auf den Beifahrersitz: »Ihr habt kühle Getränke in der Box zwischen den Sitzen.« Die klimatisierte Limousine schwebte förmlich über die sechsspurige Tsing-Ma-Brücke Richtung Hongkong. In der Ferne ragten Hunderte von schmalen Hochhäusern in den Himmel. Der Professor drehte sich zu Tim um: »Keine andere Stadt hat so viele Wolkenkratzer wie wir. Einige sind über siebzig Stockwerke hoch. Zu viele Menschen. So wird Europa eines Tages aussehen, wenn all die Millionen Armutsflüchtlinge eure Städte erreicht haben.«

Der Professor schaute oft nach hinten zu Tim, als wollte er herausfinden, wie stark seine Behinderung war, die ich in meinen E-Mails nebenbei erwähnt hatte. »Hongkong ist New York im Tropenwald. Aber viel besser. Das gilt vor allem für die Frauen.« Dupont lachte genüsslich vor sich hin, während Tim mir einen verdutzten Blick zuwarf.

Als wir nach einer halben Stunde vor dem *Grand Hyatt* am Hafen von Wan Chai anhielten, traten wir von der fahrbaren Kühltruhe erneut in diese Freiluftsauna und schleppten uns, gefolgt von vier Hotelangestellten, in die wiederum stark unterkühlte Hotelhalle. Sie hatte gigantische Ausmaße, ähnlich einem römischen Tempel. Überall feinster schwarzer Marmor. Riesige Säulen ragten über mehrere Stockwerke empor und wurden von den großen Galerien in den oberen Stockwerken umgeben. Es fehlte nur noch eine überdimensionierte Zeus-Statue am Ende der Halle. Aus versteckten Lautsprechern rieselte sanfte Musik. *As Tears Go By.* Hinter der endlos langen Rezeption standen junge Chinesinnen, die allesamt für Miss Universe hätten kandidieren können. Dupont führte uns durch die Halle in die offene Champagne Bar, die im Stil der Zwanzigerjahre eingerichtet war und an die britische Kolonialzeit erinnerte. Hier saßen einige junge Frauen an der Theke und saugten eisgekühlte Drinks aus bunten Röhrchen.

»Die kommen aus der Mongolei«, lächelte der Professor und begrüßte die chinesische Kellnerin, als seien sie alte Bekannte. »Sie kommen jeweils für drei Monate mit dem Zug nach Hongkong und suchen sich eine nette weiße Langnase für ein paar Tage. Dann kehren sie in ihre Heimat zurück, und der ganze Clan kann davon ein Jahr leben.«

Tim warf mir erneut einen fragenden Blick zu, doch Dupont winkte lachend ab: »Das sind keine Prostituierten, die suchen sich die Männer selber aus. In Europa denkt man, arme Mädchen, werden hier ausgebeutet von sexhungrigen Europäern, alles Blödsinn. Sex ist hier nicht wie in Europa schmuddelig und schmutzig, versteckt, spießig und verschämt – hier gehört Sex in die Kategorie freundliche Umarmung, Gastfreundschaft, Massage, Lebensfreude. Asiatinnen sind keine Katholikinnen. Außer auf den Philippinen. Hier in Hongkong ist alles sehr ungezwungen.«

Wir fläzten uns in die Sofas neben der Bühne und beobachteten die Bar. Die Mongolinnen tuschelten, kicherten und warfen uns kurze Blicke zu.

»In ihrer Heimat genießen die Frauen den Status von Königinnen. Der ganze Clan ist stolz auf sie. Sie sind der Boss des Clans. Das macht sie selbstbewusst. Europäerinnen können das nicht verstehen. Doch was tun die emanzipierten Studentinnen in Berlin in den Bars? Sie hängen rum und warten darauf, dass einer sie abschleppt. Ist das Prostitution? Das ist eine nette Art, mit einem One-Night-Stand das Wochenende zu beschließen.«

Er wandte sich wieder an Tim: »Wundere dich also nicht, wenn dir ein wildfremdes Mädchen auf der Straße seine Telefonnummer gibt. Die mögen die weißen Riesen mit ihren langen Nasen und den fülligen Körpern. Die meisten Asiatinnen hier haben noch nie einen Weißen nackt gesehen.« Der Professor zwinkerte Tim zu: »Geschweige denn mit einem Sex gehabt. Hast du schon einmal mit einer Asiatin?«

Tim schüttelte den Kopf. »Die sind ganz anders«, sagte Dupont, »denn sie fürchten keinen Gott. Deshalb können Sie Spaß haben am Sex. Und sie planen auch nicht langfristig. Sie wollen einfach heute Abend Spaß haben und anschließend gut essen, ein bisschen shoppen und ins Kino gehen. Kein Vergleich mit Europa. Es gibt also einen Unterschied zwischen freiwilliger und unfreiwilliger Prostitution.«

Dann erläuterte der Professor noch die Vorzüge der Japanerinnen. Offensichtlich hatte er keine Lust, über *Goldfinger* zu sprechen.

Er begleitete uns in unsere Zimmer im obersten Stockwerk. Es waren eigentlich keine Zimmer, sondern großzügige Suiten mit raumhohen Panoramafenstern. Von hier aus hatte man einen unglaublichen Blick über den Hafen von Hongkong und die monumentale Skyline entlang der gegenüberliegenden Hafenseite.

»Ihr seid meine Gäste«, lachte Dupont, »macht euch ein bisschen frisch. Ich hole euch in zwei Stunden ab. Alles geht auf meine Rechnung, solange ihr in Hongkong seid.«

Als der Professor gegangen war, fragte mich Tim, ob ich nicht ein Glas Champagner wolle. Ich hielt das für keine gute Idee. Ein bisschen Alkohol konnte mich in ein Häufchen Elend verwandeln. Auch Tim trank nichts, denn Alkohol kann bei Spastikern die Motorik ordentlich durcheinanderwirbeln. Das ist dann wie ein Bug in der Software.

Ich nahm die Urne auf meinen Schoß und teilte Andrea mit, dass wir nun in Hongkong seien. Das Zimmer hätte ihr sehr gut gefallen. Sie war ja stets ein bisschen wählerisch. »Sie war sogar sehr wählerisch«, sagte Tim plötzlich. Ich war überrascht, dass ich den Gedanken offenbar laut ausgesprochen hatte. Ich hätte schwören können, dass ich ihn nur gedacht hatte.

»Sag mal«, sagte Tim nach einer Weile, »was ist dieser Professor Dupont eigentlich von Beruf? Der spricht ja die ganze Zeit nur über Frauen.«

Ich zuckte die Achseln: »Eigentlich haben wir uns all die Monate über *Goldfinger* unterhalten. Ich glaube, er ist Professor in Mathematik und Informatik.«

Ich packte Tims Koffer aus und verstaute die Kleider in den Schränken. Schließlich nahm ich die Urne unter den Arm und ging in mein Zimmer nebenan.


Meine Suite hatte den gleichen Grundriss wie die von Tim. Ich setzte mich mit der Urne auf die Bettkante. Von hier aus konnte ich den ganzen Hafen überblicken. Ich schaute auf die Urne in meinem Schoß und überlegte, ob ich sie öffnen sollte, aber ich wusste nicht, wieso. »Wir können uns nicht mal mehr vernünftig unterhalten«, sagte ich leise. »Wieso bist du einfach abgehauen? Es würde dir gefallen hier. Schönes Badezimmer. Schwarzer Marmor, nun gut, die Sanitärteile würden dir nicht gefallen. Sieht alles nach Gold aus, die Griffe, die Stangen, die Dusche, die Hahnen. Mein Gott, du hattest auch immer etwas zum Nörgeln. Warst du jemals zufrieden? Immer dieses Gemotze! Lass mich doch endlich in Frieden!« Ich legte mich aufs Bett und schlief ein.

In der Bar der Script Avenue sang Bob Dylan *Like a Rolling Stone*. An der Wand hingen keine Bilder, keine Whiteboards, sondern Vitrinen – Dutzende von Vitrinen mit Hunderten von kleinen Elastolin-Figuren. Einige davon hatte ich noch nie gesehen. Draußen hupte ein Auto. Ich warf einen kurzen Blick auf die Script Avenue hinunter. Onkel Arthur war im Schneckentempo unterwegs. Neben ihm Onkel Pierre. Er stand aufrecht im pinkfarbenen Buick und gab den Menschen am Straßenrand seinen Segen. Aber es war keiner da. Ich ging zu den Vitrinen zurück. Es war unfassbar, dass es jetzt offenbar sitzende Figuren gab und eine Menge Zubehör wie kleine Fässer, Strohballen, Pferdetränken. Dann stockte mir der Atem. Die weibliche Figur zwischen den beiden Centurionen war Andrea. »Andrea?«, schrie ich. Doch die kleine Andrea aus Elastolin grinste böse und stieß die Centurionen um. Dann trat sie mit dem Fuß heftig gegen das Vitrinenglas.

»Lass mich hier raus!«, schrie sie. »Niemand will mit dir über meinen Tod reden. Niemand. Du hast nur mich. Ich könnte dir jetzt helfen. Aber du willst mich vergessen. Dabei brauchst du mich. Du hast mich nie dringender gebraucht als in diesen Tagen!«

Sie trat erneut gegen das Glas. So heftig, dass ich davon aufwachte.

Professor Dupont holte uns pünktlich ab und brachte uns ins *Hutong*, ein Spezialitätenrestaurant. Er hatte einen Tisch mit futuristischer Aussicht über das nächtliche Hongkong reserviert. »Ich habe das Essen bereits vor drei Tagen bestellt«, schmunzelte er, Beggar's Chicken, das Huhn des Bettlers. Man bedeckt es mit Ton und lässt es 24 Stunden im Ofen schmoren.«

Wir starteten mit seltsamen Gerichten, die aussahen wie Menstruationsabfall. Dupont erklärte uns die verschiedenen Zutaten und Zubereitungsarten: »Über das Essen lernt man Kultur und Sprache eines Volkes kennen. Das gilt vor allem für die chinesischen Schriftzeichen«, sagte er, doch schon bald war er wieder bei seinem Lieblingsthema und erzählte uns von der Massage, die er eben genossen habe. »Mit Happy Ending«, zwinkerte er Tim zu. »Nur beim Sex kann man eine Kultur wirklich verstehen. Das lernt man auf keiner Universität. Das lehrt dich die Universität des Lebens.«

Das Huhn kam, begleitet von vier Angestellten. Ich hatte als Gast die Ehre, mit einem Hammer die Tonverschalung des Huhns aufzubrechen. Sie sah aus wie Andreas Urne. Die Tonscherben flogen über die Tische. Andrea war komplett in sich zusammengefallen, ich meine das Huhn. Die Kellner zogen mit feinen kleinen Zangen die Knochenstücke heraus und servierten Beggar's Chicken. Es war ein wunderbares Huhn, das man mit vielen Kräutern und Gemüse gestopft hatte. Der Professor schielte zu mir herüber, um zu prüfen, ob ich es auch wirklich genoss. Dann sprach er über die Möglichkeiten, die er mit dem Kauf von *Goldfinger* in China haben würde. »Die kaufen alles zusammen, was sich im Westen bewährt hat. Aber was Sie brauchen, ist eine Schnittstelle zwischen China und dem Westen. Ich spreche mittlerweile fließend Mandarin und werde das für Sie übernehmen. Das ist ganz wichtig, wenn man von den Chinesen ernst genommen werden will. Das Wichtigste sind aber Kontakte zum Militär. Pensionierte Generäle erhalten vom Parteiapparat lukrative Chefposten in staatlichen Lizenzfirmen. Die handeln mit Lizenzen und kaufen im Auftrag des Staates alles auf. Ich habe da einen Superkontakt, ich bumse sie einmal im Monat. Aber sie ist nicht ganz billig.

Ohne Korruption geht in China gar nichts. Deshalb sind die hohen Funktionäre Milliarden schwer. Über ihre Kinder und Verwandten haben sie bereits Billionen in anonyme Offshore-Firmen auf den Britischen Jungferninseln und anderen Steueroasen in Sicherheit gebracht.«

Wir sprachen viel und lange an diesem Abend, aber kein Wort über Andrea.

»Ich lebe gern in Asien«, sagte Dupont gegen Mitternacht, »die Asiaten sind durch den Überlebensdruck, der durch die Überbevölkerung erzeugt wurde, sehr schnell geworden, flexibel und haben eine verblüffend rasche Auffassungsgabe. Als ich noch Professor an europäischen Universitäten war, staunte ich immer wieder über die Trägheit meiner Studenten, sie waren ohne Motivation, man konnte die Fäulnis im Hörsaal förmlich riechen. Hier in Asien gibt es extrem viele intelligente junge Leute, oft ohne viel Bildung, aber mit einer extrem hohen Basisintelligenz. Die lernen so schnell, unglaublich, die wollen keine Abschlüsse, kein Papier, sondern *paper money*. Da wird sich der Westen in den kommenden Jahrzehnten warm anziehen müssen. Der Westen hat seinen Zenit überschritten und befindet sich im Sinkflug. Das ist irreversibel. Der Westen ist verwöhnt, verweichlicht, selbst der größte Penner kann im Westen vom Nichtstun leben. Hier in Asien sammeln viele alte Menschen Müll, aber keiner käme auf die Idee, betteln zu gehen.«

Wir beschlossen den Abend in der Aqua Spirit Bar, die in einer Glaskuppel auf dem Dach eines Wolkenkratzers lag. Dupont trank einige Whiskys, ich überlegte, zum Gedenken an Jack auch ein Glas zu nehmen. Ich ließ es sein, denn ich vermisste Andrea. Trotz allem.

»Morgen kommt meine Freundin Ken-Shu«, schmunzelte Dupont. »Wir sind jetzt seit fünf Jahren zusammen. Sie hat nie eine Ausbildung gemacht, spricht aber fließend fünf Sprachen. Auch Deutsch. Einmal im Monat fliegt sie allein nach Europa und vertritt mich dort. Sie beschwert sich immer darüber, wie langsam Europa ist, sie weiß nach drei Worten, was Europäer sagen wollen, und wird dann ungeduldig.«

Als wir wieder im Taxi saßen, sagte Dupont beiläufig, dass unser Geschäft in Ordnung gehe: »Die Anwälte arbeiten daran. Wir können den Vertrag in drei Wochen unterzeichnen. Ich heiße übrigens Henri.« Wir gaben uns die Hand und konnten ein Lachen nicht verkneifen.

Henri wollte uns unbedingt noch eine andere Bar zeigen. Es war die *Neptun zwei*, eine große hufeisenförmige Bar mit einer Tanzfläche und Live-Musik. Marc Faber, alias Dr. Doom, saß an der Bar und erklärte einer Malaysierin, warum die Welt in den nächsten Jahren zusammenbrechen und wir wieder in Höhlen leben würden. »Buy gold and hide it«, sagte er, während sich zwei weitere Mädchen zu ihm setzten. Die eine grüßte den Professor mit einem Augenzwinkern. Henri war hier offenbar ein Habitué. »Wenn du in China Geschäfte machen willst, musst du sehr vorsichtig sein. In Shenzhen gibt es Firmen, die Investoren abzocken. Sie gaukeln ihnen aktive Firmen vor, aber die gibt es nicht wirklich. Wenn die Investoren einfliegen, um sich vor Ort ein Bild zu machen, wird kurzfristig eine komplette Fabrik eingerichtet. Wie bei einem Film-Set, absolut professionell organisiert, und wenn die Investoren dann wieder weg sind, wird alles abgebaut und die Scheinfabrik in einer anderen Stadt aus dem Boden gezaubert. Für die Chinesen ist das nicht Betrug, sondern Cleverness.«

Eine Chinesin näherte sich Henri und schaute ihn fragend an. Henri nickte freundlich. Als sie ihre Hand nach seinem Bauch ausstreckte, zog er beiläufig sein Hemd aus der Hose, ohne jedoch die Konversation zu unterbrechen. Die Chinesin berührte seinen großen Bauch, strich liebevoll über die gewaltige Fleischmasse und bedankte sich mit einem Lächeln und einer Verbeugung.

Henri grinste und stopfte sich das Hemd wieder in die Hose: »Das ist normal hier. Ein großer weißer Bauch bedeutet Glück. Ich weiß nicht, wie oft mir das schon passiert ist«, lachte Henri und prostete mir nochmals zu: »Ich werde dich in eine neue Welt einführen«, versprach er.

Ich wollte etwas sagen, ich rang nach den richtigen Worten, doch Henri ahnte bereits, worauf ich hinauswollte, und hob abwehrend die Hand: »Kein Wort über deine verstorbene Frau, das ist die Bedingung. Das ist nicht verhandelbar! Ihr könnt so lange in eurer Suite leben, wie ihr wollt. Ihr könnt das beste Essen dieser Welt genießen, ich besorge euch nette Gesellschaft für die Nacht, aber kein Wort über deine tote Frau. Ich kann das nicht. Okay? Das ist unser Deal.«

Ich nickte konsterniert. Eigentlich hatte ich mir gewünscht mit Henri ausführlich über Andrea zu sprechen, das war eigentlich sogar der große Anreiz gewesen, nach China zu fliegen, aber Henri sagte ohne falsche Hemmungen: »Ich hab dich bereits in meinen Mails gewarnt. Ich bin nicht herzlos, Sammy, aber ich kann das einfach nicht. Mir ist das so was von unangenehm. Wir können uns darüber unterhalten, wie Koreanerinnen ejakulieren, aber vom Tod will ich nichts wissen, Trauer ist mir zu düster, zurückschauen und hadern nicht mein Ding. Das ist nicht Bestandteil der asiatischen Kultur. Ich bin nach zwanzig Jahren Hongkong kein Europäer mehr. Nach einigen Jahren in Asien wirst du genauso denken. Was zählt, ist der heutige Abend, nehmen wir noch einen?«

Marc Faber gesellte sich kurz zu uns, offenbar kannten sich Faber und der Professor. »Alle Welt fragt mich ständig, wo die nächste Blase entsteht«, begann Faber, und er antworte stets: »Wir sind die Blase! Der Finanzmarkt ist viel zu groß geworden im Vergleich zur Realwirtschaft. Über kurz oder lang wird alles zusammenbrechen.« Er prostete Henri zu und grinste mit Blick zu mir: »Ein Gläubiger oder ein Schuldner?«

»Ein Flüchtling des sinkenden Europafrachters.«

Marc Faber lachte: »Gehen Sie nicht mehr zurück, in der Schweiz sind Leistung und Erfolg beinahe ein Offizialdelikt. Neid und Missgunst versuchen jeden davon abzuhalten, erfolgreich zu werden, man klammert sich an Ihren Beinen fest, damit Sie nicht die Leiter hochkommen, hier in Asien wird man Sie für Ihre Leistung bewundern und Ihnen nacheifern.« Er stand auf und ging auf ein paar Mädchen zu, die gerade das Lokal betreten hatten.

## Mr. Fish

Wir tranken noch ein paar Gläser in der Champagne Bar des Hyatt-Hotels. Die Mongolinnen saßen immer noch da und schauten wieder drängend und auffordernd zu uns herüber. Henri erhielt ein paar Anrufe. Es schienen unangenehme Anrufe zu sein. Zwei junge Vietnamesinnen betraten die Bar und setzten sich zu uns. Henri schmunzelte und wünschte uns einen vergnüglichen Abend. Als Tim und ich die Bar verließen, folgten uns die beiden Frauen. Sehr zum Missfallen der Mongolinnen an der Bar.

»Nicht zurückschicken«, sagten die beiden Vietnamesinnen in perfektem Französisch, »der Professor wünscht es so.«

Tim verschwand mit der einen Frau in seinem Zimmer.

Als ich nebenan in meinem Zimmer war, sagte ich der andern gleich, dass ich kein Interesse an Gesellschaft habe. Ich würde ihr gern Geld geben, aber ich sei heute nicht gut drauf. Jetlag.

»Ich bin keine Prostituierte«, lachte sie, »der Professor hat mir Geld gegeben, damit ich Ihnen Gesellschaft leiste. Ich möchte für einige Tage Ihre Freundin sein. Der Professor sagte, ich solle Sie auf andere Gedanken bringen. Können wir was trinken?«

Kim, so hieß sie, blieb einige Tage bei mir. Wir spazierten durch Hongkong, aßen vietnamesisch, und sie erzählte von ihrem

Land, von ihrer Kultur. Abends aßen wir meistens zusammen mit Tim und seiner neuen Freundin.

Eines Abends fragte mich Kim, wieso ich keinen Sex wolle. Was sei da schon dabei, wir seien beide nicht verheiratet. Ich erzählte ein bisschen von Andrea, aber sie lächelte nur und sagte, das müsse man vergessen. In Asien gebe es so viel Elend. »Was meinen Sie, wie die Menschen damit fertigwerden? Sie verdrängen es und genießen den Tag. Was morgen passiert, kümmert hier niemanden.«

»Haben Sie denn viele Freunde?«, fragte ich.

»Wenn ich Lust habe«, sagte sie stolz.

»Und die wollen alle Sex?«, fragte ich neugierig.

»Nein«, sagte sie, »vielleicht die Hälfe. Die anderen wollen ein bisschen Gesellschaft, eine Freundin für ein paar Tage.«

»Ich brauche wie gesagt keine Gesellschaft«, sagte ich, »ich bin hier mit meiner Frau.«

Kim stutzte: »Der Professor sagte, Ihre Frau sei gestorben.«

»Ja, schon«, rang ich nach Worten und schaute zur Urne hinüber, »aber sie ist trotzdem hier.«

Kim zeigte auf die Urne und machte ein ungläubiges Gesicht: »Ihre Frau ist da drin?«

»Ja«, sagte ich etwas verlegen, »ich habe sie mitgenommen.«

»Das war aber keine gute Idee«, sagte Kim schockiert. »So werden Sie nie ein neues Leben beginnen können.«

»Ich weiß«, sagte ich leise und schaute etwas verloren auf den Hafen hinunter. Es war wohl gegen Mitternacht; man sah die gigantische Leuchtreklame von China Mobile drüben in Kowloon.

»Sie könnten mich nach Ho-Chi-Minh begleiten, meine Mutter führt dort ein kleines Hotel. Sie könnten ein Zimmer nehmen und dort arbeiten. Wir haben einen Internetanschluss, den brauchen alle Weißen, deshalb kommen sie nie zur Ruhe.«

Ich schwieg. Nach einer Weile berührte sie mein Knie und sagte, sie könne sehr gut kochen, und ihre Mutter habe ihr gesagt, wenn man einen Mann halten wolle, müsse man jeden Tag gut für ihn kochen. Wir mussten beide lachen.

»Aber wir kennen uns doch gar nicht.«

»Machen Sie sich darüber keine Gedanken. Das kommt schon noch. Liebe geht durch den Magen.«

»Ihr habt das gleiche Sprichwort wie wir.«

»Sehen Sie, wir sind gar nicht so verschieden: Der Mensch braucht ausreichend Nahrung, eine Familie und ein bisschen Liebe.«

»Aber vielleicht bin ich spielsüchtig, alkoholkrank, jähzornig…«

»Nein«, lachte sie, »Ihre Augen sind so traurig, dass sie keiner Fliege etwas zuleide tun könnten, ich erkenne das sofort. Das habe ich von meiner Großmutter gelernt. Sie konnte mir über jeden Hotelgast Geschichten erzählen, bevor sie auch nur einen einzigen Satz mit ihm gesprochen hatte.«

Wir legten uns aufs Bett, und sie erzählte mir von der Script Avenue ihrer vietnamesischen Großmutter. Nach einer Woche verabschiedete sie sich, sie wollte zu ihrer Familie zurück. »Sagen Sie dem Professor, dass ich Ihnen gefallen habe, ja?«

»Das werde ich tun.«

»Und? Habe ich Sie auf andere Gedanken gebracht?«, fragte sie neckisch.

»Ja, manchmal.«


Als sie die Tür hinter sich geschlossen hatte, setzte ich mich wieder auf die Bettkante und nahm Andrea auf meinen Schoß. Es war schon drei Uhr morgens. Ich nahm eine Schlaftablette. Ich hatte mein ganzes Leben lang nie Schlaftabletten geschluckt. Ich wartete darauf, dass ich endlich schläfrig wurde. Ich starrte auf die Urne. Sie ließ mir keine Ruhe. *Du musst wach bleiben,* sagte sie mir, *du kannst nicht einfach einschlafen. Noch bin ich deine Frau. Vielleicht brauche ich gleich eine Morphiumspritze oder einen Einlauf. Ich* schüttelte die Urne kräftig durch und schrie: »Du bist nur noch Asche, und irgendwann werde ich dich ins Meer kippen!«

*Das schaffst du nicht,* sagte sie, *du wirst diese Urne immer mit dir führen, ein Leben lang, wie eine Häftlingskugel.*

»Ich kann dich auch gleich auf dem Klo entsorgen, wenn du nicht Ruhe gibst. Ich gehe jetzt duschen, und wenn du mir folgst, werde ich dich nass machen und zuschauen, wie du im Abfluss verschwindest.«

Ich nahm eine Dusche und hoffte, dann endlich schlafen zu können. Ich trocknete mich ab und band mir das Badetuch um die Hüften. Aus der Minibar nahm ich mir einen roten Bordeaux. Ich trank und starrte auf den hell erleuchteten Hafen hinunter, draußen setzte Regen ein, die Fenster waren rasch beschlagen. Da kam mir der Film *Lost in Translation* in den Sinn. Ich überlegte, ob ich nach unten fahren sollte, um mich noch ein bisschen an die Bar zu setzen. Doch die Bar kam zu mir. Es klopfte an der Tür. Ich öffnete, weil ich Tim vermutete. Vielleicht wollte er noch ein bisschen reden. Doch zu meiner Überraschung stand eine der Mongolinnen da, die wir bei unserer Ankunft gesehen hatten.

»Ich warte seit Tagen auf Sie, Mr. Fish«, sagte sie vorwurfsvoll, »und ich muss jeden Abend mitansehen, wie sie mit dieser Vietnamesin aufs Zimmer gehen!«

»Ich möchte lediglich schlafen. Ich habe bereits eine Schlaftablette geschluckt.«

Sie drängte an mir vorbei ins Zimmer. Sie schien sehr aufgebracht. »Mr. Fish«, sagte sie streng, »ich bin Sara, und ich will jetzt mit Ihnen Sex haben.«

»Ich bin nun wirklich nicht in der Stimmung dazu«, sagte ich abwehrend.

Sara durchquerte zielstrebig die Suite und betrat das Schlafzimmer: »Ich musste bis drei Uhr morgens in der Lobby warten, weil die Portiers uns nicht rauflassen. Ich habe mich in eine

Reisegruppe geschmuggelt, ein Haufen betrunkener Engländer, die drüben bei Sotheby's die Mao-Ausstellung besucht haben. Die sind fast so schlimm wie die Russen.«

Sie blieb vor dem Bett stehen und zog ihr Shirt aus. Sie hatte wunderschöne, feste Brüste, deren Spitzen leicht nach oben zeigten.

»Wie konnten Sie mir das bloß antun?«, sagte Sara und zog ihre Schuhe aus.

»Ich will keinen Sex«, sagte ich, »ich habe eben ein Schlafmittel genommen, ich werde gleich einschlafen. Sagte ich doch.«

»Dann müssen wir uns beeilen«, sagte Sara entschlossen und zog blitzschnell ihre Jeans aus, »die Pillen wirken nicht sofort, Mr. Fish.«

Sie zog ihren dunkelblauen String aus und hüpfte aufs Bett. Sie hatte eine schöne, geschmeidige braune Haut.

»Kommen Sie schon, wir müssen uns beeilen, Mr. Fish.« Ich legte mich hin und beobachtete sie. Ich hatte seit Jahren keine derart erotische Frau mehr gesehen.

»Falls Sie keine Mongolinnen mögen«, sagte Sara, »ich bin keine Mongolin. Mein Vater war Mongole, aber meine Mutter ist Chinesin, ich bin in Schanghai aufgewachsen, also gewähren Sie mir die Ehre, Mr. Fish, Ihnen jetzt behilflich zu sein. Ich kann jeden Tag zu Ihnen kommen, ich kann auch bei Ihnen wohnen. Sie haben Geld, also werden wir keine Probleme haben.«

»Ich bin kein reicher Mann« sagte ich.«

»Jaja«, nickte Sara eifrig, »Sie sind nach Hongkong geschwommen.«

Sie öffnete meinen Bademantel: »Das Leben ist kurz, Mr. Fish. Am Ende sterben wir alle, und genau deshalb machen wir jetzt Sex.«

Sie zeigte auf meinen erigierten Penis: »Er steht ja schon. Ihm ist das völlig egal, wie viele Schlaftabletten Sie vorhin geschluckt haben!«

Sie setzte sich nackt auf das Kopfkissen und nahm eine Stellung im Schneidersitz ein: »Ich werde Ihnen zuerst einen blasen«, sagte sie mit ernster Stimme.

Für einen Augenblick vergaß ich, dass die Urne mir vielleicht zuschaute. Geschmeidig räkelte sich Sara auf meinem Körper und nahm mein Glied in den Mund. Sie strich sich die Haare aus dem Gesicht: »Sehen Sie, ich bin stärker als Ihre Pillen, Mr. Fish«, sagte Sara leise, während das Glied so hart wurde, dass es schier platzte. Schnell drehte sie sich um und führte mit einer geübten Handbewegung mein Glied in ihre Scheide. Sie war sehr eng. Selbstbewusst schob sie ihr Becken in langsamen Bewegungen nach vorn und wurde mit zunehmender Erregung schneller und heftiger. Sie genoss diese Stellung wie ein Triumphator. Sie schaute mir ab und zu neckisch in die Augen und setzte ein lustvolles Lächeln auf, das mich schier um den Verstand brachte. Ich kam sehr schnell, doch sie blieb auf mir sitzen, während ihre rhythmischen Beckenbewegungen langsamer und entspannter wurden. Als mein Glied wieder erschlaffte, stieg sie von mir runter und legte sich neben mich.

»Wie konnten Sie mir das bloß antun?«, fragte sie. »Ich sehe doch viel besser aus als all diese Vietnamesinnen. Bei mir kommen Sie selbst mit einer Schlaftablette, bei denen würden Sie Viagra brauchen.«

Plötzlich sprang sie vom Bett und ging unter die Dusche. Als sie zurückkam, trocknete sie sich vor mir ab. Sie genoss das Verlangen in meinen Augen, als sie das Badetuch aufs Bett warf.

»Mr. Fish«, sagte sie, »ich bin jetzt Ihre Freundin. Ich hoffe, das hätten wir jetzt geklärt.«

»Wieso nennen Sie mich ständig Mr. Fish?«

»Ich habe den Abend im Nebenzimmer verbracht. Bei einem jungen Mann. Er sagte, ich solle Sie besuchen. Ihr Name sei Mr. Fish.«

»Sie waren …« Ich zeigte entsetzt auf Tims Zimmer.

»Ja! Ein netter, junger Mann. Was ist daran nicht in Ordnung, Mr. Fish? Ich werde alles für Sie tun, aber Sie müssen mir versprechen, dass Sie nie mehr mit dieser Vietnamesin schlafen. Wozu auch? Sie sind jetzt in Hongkong, und ich frage Sie offiziell, Mr. Fish, ob ich Ihre Freundin sein darf.«

»Ich suche keine Freundin, Sara.«

»Natürlich nicht. Ich bin ja schon da. Schlafen Sie jetzt, ich werde die Nacht bei Ihnen verbringen. Das gehört sich so, wenn man gut befreundet ist.«

»Bitte«, sagte ich energisch, »ich muss jetzt mit meiner Frau allein sein.«

»Dafür ist es zu spät, Mr. Fish.«

»Ich werde Ihnen Geld geben, und Sie werden dann gehen. 2000 Hongkong-Dollar?«

»Aber nein, Mr. Fish, das sind die billigen Flittchen drüben in der Neptun Bar, die nehmen 2000. Ich nehme 8000, haben Sie das gehört? 8000. Aber von Ihnen werde ich gar kein Geld nehmen. Und wissen Sie warum? Weil ich jetzt Ihre Freundin bin! Eine Freundin nimmt kein Geld von ihrem Freund! Geschenke ja, Einladungen ja, aber kein Geld.«

»Sara, ich kann jetzt noch keine Freundin haben. Es ist zu früh, verstehen Sie?«

»Sie verstehen gar nichts, Mr. Fish. In zwei Minuten kann hier die Erde beben, und Sie sterben ohne Freundin.«

»Hongkong ist kein Erdbebengebiet«, sagte ich trocken.

»Ich gehe jetzt, Mr. Fish. Weil ich wütend bin. Aber vergessen Sie eins nicht. Ihre Freundin ist wütend! Vielleicht werde ich im Flur etwas zerschlagen. Aber ich komme zurück, ich lasse meinen Freund nicht im Stich, er ist ein bisschen durcheinander, mein Freund, aber wir kriegen das hin. Weil ich jetzt Ihre Freundin bin.«

Kurz nachdem Sara die Zimmertür hinter sich zugeschlagen hatte, hörte ich, wie die chinesische Vase draußen im Flur zu

Bruch ging. Es war keine kostbare Vase aus der Ming-Dynastie oder so. Aber zwei Minuten später standen schon vier chinesische Bedienstete im Flur und tuschelten aufgeregt über den Vandalenakt.

Ich nahm erneut eine Dusche und setzte mich wieder ans Panoramafenster. Die Glasfront war immer noch beschlagen. Die Urne hatte ich auf den kleinen Sekretär neben der Minibar gestellt. Es war mir etwas peinlich, die Urne anzuschauen.

»Es war nicht so, wie es aussah«, sagte ich schließlich, »rein physisch, verstehst du? Das war eher ein Check-up, quasi eine medizinische Funktionskontrolle der Fortpflanzungsorgane. Nicht dass ich wieder Kinder möchte, aber nach all den Jahren in der Hölle wollte ich doch ganz gern wissen, ob das alles noch funktioniert.«

Nach einer Weile nahm ich mir ein Asahi Beer aus der Minibar und ein paar Erdnüsse.

»Wir sind nicht mehr verheiratet«, murmelte ich trotzig, »du bist tot, und ich bin jetzt Junggeselle. Ich hoffe, das geht in deinen Schädel rein, ich meine, das versteht auch eine Urne voller Asche. Ich fresse jetzt so viele Erdnüsse, wie ich will, und saufe so viel japanisches Bier, wie ich mag.«

Ich konnte in jener Nacht einfach nicht schlafen. Trotz der Pillen und des Alkohols. Jetlag? Vielleicht gibt es auch im Leben so was wie Jetlag. Ich starrte die Urne auf dem Nachttisch an und fragte Andrea, ob sie auch nicht schlafen könne. Ich wälzte mich von einer Seite auf die andere. Andrea gab mir in solchen Fällen den Ratschlag, einfach im Bett zu bleiben und zu warten. Doch ich mochte nicht warten. Eine wilde Unruhe trieb mich hinaus.

Die Straßen waren immer noch mit Menschen bevölkert. Wenn in Hongkong die einen schlafen gehen, sind die anderen bereits wieder auf. Ich lief ziellos herum, sah ein Dutzend Menschen in eine Unterführung steigen und folgte ihnen, es war die MTR.

Ich stieg in die Metro und fuhr. Und fuhr. Irgendwann packte mich wieder diese Unruhe, und ich stieg aus, stieg wieder an die Oberfläche. Ich hatte die Avenue an der Uferpromenade von Tsim Sha Tsui erreicht. Kowloon. Von hier aus hatte man einen atemberaubenden Blick auf das Lichtermeer der Skyline von Hong Kong Island. Ich hätte gern jemanden gefragt, ob er ein Bild von mir und Andrea schießt. Wär ein hübsches Motiv gewesen. Sie mochte nächtliche Spaziergänge, Wein und tiefgründige Gespräche über den Sinn unserer Existenz. Sie trieb jeden Gedanken zum schlechtestmöglichen Ende, wie es Dürrenmatt einmal formuliert hatte. Sie genoss das Leiden, steigerte sich hinein, bis sie an ihrer eigenen Fantasie zerbrach und weinte. Das war immer der Augenblick, in dem sie sich auszog und wilden Sex wollte. Enthemmt und laut, als verliere sie gleich den Verstand.

Ich lehnte an die Hafenmauer und realisierte, dass ich von nun an allein sein würde. Nach einer Stunde kehrte ich zurück. Ich war stolz, dass ich den Weg zurückfand. Auch ohne Andrea. Nun gut, Andrea hatte einen miserablen Orientierungssinn, das darf ich jetzt erwähnen. Und da sie rechthaberisch war, misstraute sie selbst unserem Navigationssystem, ich gab ihr natürlich am Ende recht: Auf Software ist kein Verlass. Nur auf Andrea. Ich hätte sie jetzt trotzdem gern bei mir gehabt.

## »Xiaomeng, call me Jennifer«

Zurück im Hotel, nahm ich die Urne erneut auf meinen Schoß. Ich fühlte wieder diese grenzenlose Einsamkeit, die ich damals in der Schraubenkiste empfunden hatte. Das machte mir Angst. An der Hafenmauer hatte ich noch geglaubt, dass es schon ein bisschen besser ginge. Aber jetzt hatte ich Angst vor der Angst. Ich brach plötzlich in Tränen aus und schüttelte die Urne. Wie sollte ich jemals über Andreas Tod hinwegkommen? Ich hatte alles vergessen, was sie mir in den letzten Jahren angetan hatte. Ich liebte sie mehr denn je, die Sehnsucht nach ihr zerriss mich erneut. Ich fühlte einen realen Schmerz, als würde man mir bei lebendigem Leib die Eingeweide herausreißen. Ich hätte brüllen können vor Schmerz. Meine Welt hatte sich aufgelöst, Pixel für Pixel.

Mich erfasste eine schreckliche Vorahnung. Ich würde eines Tages die Erinnerung an Andrea verlieren, aber das war das Letzte, was mir noch geblieben war, die Erinnerung. Ich geriet in Panik. Ich bereute plötzlich, ihre Kleider weggeworfen zu haben. Ich bereute, die Schränke geleert zu haben. Ich bereute, nach Hongkong desertiert zu sein. Ich bereute, mit Sara geschlafen zu haben. Kommt nie mehr vor! Ich wollte Andrea zurück.

Doch dann fiel mein Blick wieder auf die Urne. Ich öffnete sie und fasste hinein. Graue Asche, als habe jemand den Kamin gereinigt. Die Asche zerrann zwischen meinen Fingern. »Das bist du, Andrea?« Ich fühlte einen brutalen Schmerz im Oberbauch und fing an zu keuchen. Andrea war nur noch ein Häufchen Asche. Sie war tot! Es gab keinen Ort auf der Welt, wo ich ihr noch hätte begegnen können. Es gab keine Nummer, unter der ich sie hätte erreichen können. Keine SMS ins Jenseits. Es gab nichts. Nur diese lächerliche Urne.

In meiner Verzweiflung riss ich die Minibar auf und leerte sie komplett. Dann kam mir wieder in den Sinn, dass ich mich eines Tages nicht mal mehr an ihr Gesicht würde erinnern können. Sie hatte alle ihre Fotos verbrannt. Vielleicht hatte noch jemand Fotos von ihr? Ich fuhr mit dem Fahrstuhl in die Hotelhalle hinunter und setzte mich in einen der braunen Chesterfield-Sessel. Auf der Bühne sang eine Filipina *I Will Always Love You*. Sie war zierlich wie ein Kind, und doch hatte sie eine ungeheuer kräftige, rauchige Stimme, die mir einen Schauer nach dem andern über den Rücken jagte. Der nächste Song war *Because of You.*

Eine junge Chinesin setzte sich neben mich. »You cannot sleep?«, fragte sie. »Mein Name ist Xiaomeng, call me Jennifer.« Ich schaute sie irritiert an, nippte an meinem Whisky. Sie fragte mich, was ich um diese Zeit hier tue. Ich sagte ihr, dass meine Frau gestorben sei. Sie schien nicht erstaunt. Sie sagte lediglich: »Skip it.« Ich solle es abhaken und nach vorne schauen. Das Leben sei zu kurz, um zu trauern. Ob ich Gesellschaft möchte für die Nacht?

Ich hörte mir noch ein paar Songs an. *My Heart Will Go On* setzte mir mächtig zu. Ich fühlte, dass ich unterging wie damals die *Titanic. My Heart Will Go On* ersäufte mich endgültig im Meer der Tränen. Als sie anschließend Michael Jacksons *You Are Not Alone* sang, hatte ich endgültig die Schnauze voll. Ich war verdammt nochmal ziemlich *alone.*

Ich suchte mein Hotelzimmer auf und fiel sofort in einen tiefen Schlaf. Doch ich schlief nicht sehr lange. Ein grässliches Hämmern in den Schläfen und hinter den Augenhöhlen weckte mich auf, obwohl ich noch völlig übermüdet und erschöpft war. Da reißen einige Leute mit Presslufthämmern den Asphalt auf, dachte ich. Dann sah ich die Script Avenue wie ein Gemälde vor mir. Es war ein Puzzle. Kleine Chinesen mit großen runden Strohhüten rissen ein Puzzleteil weg. Und dann noch ein Teil. Es kamen immer mehr Reispflücker und nahmen weitere Puzzleteile der Script Avenue weg. Professor Henri Dupont legte mir die Hand auf die Schulter. Ich hatte ihn gar nicht kommen sehen. Der Lärm war ohrenbetäubend. »Ein Puzzle besteht aus mehreren Teilen«, sagte Henri, »man kann sie zusammenfügen. Wenn man es richtig tut, kriegt man ein Bild des Ganzen. Manchmal braucht es einen starken Rahmen, um alles zusammenzuhalten. Manchmal einen Menschen. Du hast diesen Menschen nun verloren. Du musst das Puzzle allein wieder zusammensetzen. Ich werde dir helfen, einen Rahmen zu finden. Aber wir werden nie darüber sprechen, nur in der Script Avenue.«

»Ja«, pflichtete ich ihm bei, »als Andrea starb, zerbrach der Rahmen, der mir in meinem Leben Halt geboten hatte, und nach ihrem Tod flogen mir die Puzzleteile wie ein aufgescheuchter Vogelschwarm um die Ohren. Puzzleteile bestehen aus Erinnerungen. Aus guten und schlechten Erinnerungen. Aus Gerüchen, aus Worten, aus Ängsten, aus tiefschwarzen Nächten und manchmal traurigen Melodien. Wenn dir das alles um die Ohren fliegt, landen einige Puzzleteile im Dreck, andere werden nass und wieder andere werden so weit weggeschleudert wie das verlorene *Sojus-8*-Handbuch des Wladimir Schatalow. Die bleiben irgendwo im All, schweben orientierungslos durch die Galaxis. In tiefster Einsamkeit. Wie ich. Ein Astronaut, vergessen im All.«

Einige chinesische Reispflücker schoben ein großes Bett über das Loch, das sie soeben freigesprengt hatten. Es war ein schönes Bett mit einem dicken roten Überzug, das goldene Drachen zeigte. Henri lag lächelnd auf diesem Bett und trank einen Whisky. Links und rechts kuschelten sich zwei nackte Chinesinnen an ihn. »Wenn man stirbt«, sagte er, »muss man akzeptieren, dass es keine Gerechtigkeit gibt, dass die Dinge keinem Plan folgen. Du musst es akzeptieren und überwinden.«

Dann kam eine uralte Frau mit ihrem Rollator die Script Avenue hinunter: *Pleurer, ça sert à rien,* sang sie. Sie blieb vor mir stehen und reichte mir eine Packung Waschmittel: »Nicht aufgeben, junger Mann, jetzt gibts nur noch kleine Dreißig-Grad-Wäschen, die großen Kochwäschen sind vorbei. Die ersten drei Monate waren die schlimmsten. Ab jetzt wird alles besser.«

Eine SMS von Tim katapultierte mich aus der Script Avenue in meine verschwitzten Leintücher zurück. Er habe Besuch, schrieb er, und fügte ein Smiley an. Wir trafen uns später in der Frühstückshalle. Auch sie war, wie alles in Hongkong, gigantisch, überdimensioniert, ein monumentaler Kubus aus Glas mit ellenlangen Buffets, die alles boten, was man sich nur erträumen konnte. Ich trank nur Kaffee und aß ein paar Croissants, die wie jene in den Pariser Bistrots schmeckten. In der *South China Morning Post* stand, dass ein Hongkonger Journalist vom philippinischen Außenministerium ein Einreiseverbot erhalten habe, weil er geschrieben hatte, dass die Philippinen ein Volk von Dienern seien. Zum Untertanentum geboren.

Für einen Augenblick kam mir in den Sinn, dass auch ich in gewissem Sinne Andreas Untertan gewesen war. Hatte sie nicht die Meinungshoheit an sich gerissen und immer mehr Bereiche aus meinem Leben erobert, bis ich nur noch in der Script Avenue überlebensfähig war? Ich steigerte mich in die Erkenntnis hinein, dass sie mich im Grunde genommen schlechter behandelt hatte als ihre Hunde.

Zornig ging ich zum Hafen hinunter und setzte mich neben die Bootsanlegestelle. Ich war erstaunt, dass dort noch die traditionellen Dschunken aus grauer Vorzeit über das Wasser tuckerten. Zahlreiche Menschen bewegten sich auf den Straßen. Die Welt hält den Atem nicht an, dachte ich verärgert. Ich hatte eine riesige Wut im Bauch. Sterben ist etwas Alltägliches! Andrea wollte nie sterben, sie wollte nicht verlieren, der Tod war für sie die schlimmste Niederlage ihres Lebens. Ich hörte, dass gewisse Menschen im Angesicht des Todes versöhnlich und sanft werden. Nicht so Andrea. Der nahende Tod trieb sie zur Weißglut. Sie hasste den Tod und all jene, die sie überleben würden. Jetzt empfand ich noch mehr Wut, Zorn, vielleicht sogar Hass. Ich war völlig zerrüttet von den ständigen Stimmungsschwankungen. Liebte ich Andrea noch, oder hasste ich sie bereits? »Ich vermisse dich«, murmelte ich. Die Sehnsucht kannte keine

Grenzen, sie pulsierte so stark, dass sie mich zerriss. Und dann dieser immer wiederkehrende Gedanke, dass alles irreversibel war. Keine zweite Chance. Aus. Vorbei. Und die Angst vor dem Vergessen.

Als ich zum Hotel zurücklief, sah ich die Müllsammler. Ich dachte an die Asche von Andrea und daran, dass sie sie der Müllabfuhr hatte übergeben wollen. Ich fragte mich, ob ich das nun tun sollte. Vielleicht würde es helfen, vielleicht würde ich dem Müllwagen aber auch bis nach Central hinterherrennen, um die Urne wieder zurückzubekommen. War ich eigentlich dabei, den Verstand zu verlieren?

Ich ging in mein Hotelzimmer zurück und legte mich aufs Bett. Im Fernsehen sang Chris Norman *Midnight Lady, Broken Heroes, Baby I Miss You*. Ich las den Plan, den ich mir in den letzten zwei Jahren ausgedacht hatte. Notizen auf siebzehn Seiten. Das war mein SOS-Manual, das rote Büchlein, das Präsidenten hervornehmen, kurz bevor sie den Atomkoffer öffnen und auf den roten Knopf drücken. Ich hatte vor Andreas Sterben viel über die Zeit nach ihrem Tod nachgedacht. Ich dachte, vielleicht sei es möglich, ein bisschen vorauszutrauern, in kleinen Häppchen, dann hätte ich später nur noch den halben Weg zu gehen. Ich dachte damals, ich müsste diesen Plan erstellen, solange Andrea noch lebte, denn selbst eine sterbende Andrea verlieh mir noch Kraft und gab mir den Rahmen, um mich vorzubereiten. Ich musste diesen Plan unbedingt sofort erstellen, denn später, da war ich mir sicher, würde ich keinen klaren Gedanken mehr fassen können. Ich würde zusammenbrechen. Doch dann war es Tim gewesen, der den Plan erstellte.

Ich starrte auf meine Rolex. Sie zeigte noch die europäische Zeit an. Ich hatte die Uhr eigentlich in der Schweiz in den Müll werfen wollen, doch jetzt brauchte ich sie. Es war nicht so, dass ich sie am Arm trug, vielmehr hielt mich die Rolex umklammert, damit ich nicht verloren ging in diesem Nichts, das sich in meiner neuen Welt ausbreitete. Ich hatte mir aufgeschrieben, dass jeder Verlust auch eine Chance bietet. Blabla, dachte ich nun, als ich die Zeilen überflog. Ich hatte ja damals keinen blassen Schimmer gehabt! Eine Nachbarin hatte mir gesagt, der Tod der Partnerin eröffne auch die Chance für eine neue Liebe. Aber ich wollte keine neue Liebe, ich wollte Andrea zurück.

Ich notierte als SOS-Maßnahme, dass ich mich beschäftigen sollte. Aber womit? Das Leben langweilte mich. Ohne Andrea. Ich schrieb auf, dass Trauer Zeitverschwendung sei, weil das Leben nicht stehen blieb. Und wenn man die Trauer endlich beendet hatte, war man uralt und selber todkrank. Aber ich trauerte ja nicht mit Absicht, ich war einfach am Boden zerstört. Kaputt. Vom Leiden erschöpft. Von einem Schrapnell zerfetzt. Ich schrieb damals auf, ich müsste neue Menschen kennen lernen, aber ich hatte keine Lust dazu, fröhliche Menschen provozierten mich. Wie konnten sie so fröhlich sein, wo ich doch gerade Andrea verloren hatte? Ich hatte aufgeschrieben, dass ich singen sollte. Wenn man singt, kann man nicht gleichzeitig trauern. Ich sang also mit einer jämmerlichen Stimme *The Man in Me* von Bob Dylan, kam aber nicht über die erste Strophe hinaus. Meine Stimme blieb im Keller hängen. Nicht in die Zukunft schauen, hatte ich geschrieben, denke an den blonden Engel von 9/11, an das herzzerreißende Bild der verzweifelten jungen Frau, die beim Anschlag ihren Verlobten verloren hatte. Und heute: eine strahlende junge Frau, die sich wieder verlobt und geheiratet hat. Tim hatte die Liste ergänzt mit Beispielen von Menschen, die ihren Partner verloren haben und wieder eine glückliche neue Beziehung eingegangen waren. Das gab mir Mut, aber ich glaubte nicht daran, jemals wieder jemanden zu finden. Ich war lebendig tot. Ich würde in meinem Zustand eh alle Menschen verscheuchen.

Babyschritte, schrieb Tim, er hatte es sogar unterstrichen. Nur den heutigen Tag meistern. Er unterstrich auch das Wort Tapetenwechsel. Ich war nun in Hongkong, die Urne stand am Fuß meines Bettes, und nichts, aber auch gar nichts war besser. Im Flugzeug hatte ich noch mit Stolz in der Brust festgestellt, dass ich nun in ein neues Leben flog, doch jetzt lag ich in einer chinesischen Suite und schaute konsterniert auf den Hafen hinunter. Tim hatte unterstrichen, dass ich für Frauen immer noch attraktiv sei, besonders jetzt, wo ich so abgenommen habe. Ja, Schicksalsschläge sind eine super Diät. Und wenn man keine neue Partnerin findet, gibts auch keinen Jo-Jo-Effekt. Um es klar und deutlich zu sagen: Ich wartete einfach darauf, dass mir jemand sagte: »Sammy, du kannst jetzt wieder nach Hause gehen. Andrea hat Rosette gekocht.«

Als jemand an meine Tür klopfte, war ich erleichtert. Endlich eine kleine Ablenkung. Ich rechnete mit Tim, aber es war die hübsche Chinesin, die mich kürzlich in der Champagne Bar angesprochen hatte. Xiaomeng, die ich Jennifer nennen sollte. Sie überreichte mir eine Karte und verbeugte sich respektvoll. Darauf stand: »Das Leben findet *jetzt* statt. Dein Freund Henri«. Ich musste lachen. Jennifer drängte mich freundlich lächelnd ins Zimmer und schloss die Tür. »Room service«, sagte sie.

Sie nahm einen Champagner aus der Minibar, füllte zwei Gläser. Sie schien sich im Hotel auszukennen. »Ich arbeite bei der HSBC-Bank. In der Online-Abteilung. Ich kenne den Professor seit vielen Jahren, wir sind Freunde und bumsen ab und zu. Ich mache das nicht oft, nur ab und zu, wenn ich Lust habe. Oder wenn ich mir was Nettes kaufen will. Das machen hier alle so. Ich verbringe gern ein Wochenende mit einem Gentleman in einem Luxushotel und bediene mich an der Minibar.«

Ich setzte mich neben sie und prostete ihr kurz zu.

»Skip it«, sagte sie, »in unseren Mythen gibt es eine Geschichte, wonach Menschen, die sich nach Toten umdrehen, versteinern. Auch Ihre Seele wird versteinern, wenn Sie weiterhin zurückblicken.«

Sie streifte ihren seidenen Umhang ab und musterte mich amüsiert, als wolle sie herausfinden, ob ich ihre Brüste attraktiv fand. Sie setzte sich neben mich: »Ich werde jetzt eine Dusche nehmen. Darf ich ein paar Lotions mit nach Hause nehmen?«

Als sie aus der Dusche kam, war sie nackt. Sie legte sich neben mich ins Bett: »Ich mag die Hotelzimmer im *Grand Hyatt*. Denken Sie sich nichts dabei, ich will Sie nicht heiraten, keine Angst. Ich will lediglich eine Nacht mit Ihnen verbringen und morgen auf der Dachterrasse mit Ihnen frühstücken, ein bisschen plaudern. Ihr Europäer seid so kompliziert, bevor es zum Sex kommt. Für uns ist es eine nette Abwechslung wie Kino oder eine Hafenrundfahrt, hat nichts zu bedeuten. Ich freue mich, wenn ich meinen Freundinnen erzählen kann, dass ich Sex mit einem Weißen hatte. Das hatte noch keine von meinen Freundinnen in der HSCB-Bank. Dann fragen alle: Erzähl schon, haben die andere Schwänze?«

Sie kuschelte sich an mich und legte ihre Hand zwischen meine Schenkel: »Ferme tes yeux«, sagte sie leise.

Ich war plötzlich hellwach: »Sie sprechen Französisch?«

»Ja«, lächelte sie, »wir lernen das in der Schule, es ist eine schöne Sprache. Ihr im Westen, ihr wollt alle New York sehen, wir wollen Paris sehen. Aber jetzt will ich was anderes sehen.«

In den frühen Morgenstunden begann sie, chinesische Lieder zu singen: »Ich kann jede Nacht für Sie singen.«


Die Script Avenue war menschenleer. Es regnete dicke warme Tropfen, und plötzlich drang von irgendwoher die zierliche Stimme einer Chinesin zu mir. Sie sang. Die Fenster entlang der Script Avenue öffneten sich und Dutzende von Chinesinnen lehnten aus den Fenstern und sangen mit. Wippend ging ich langsam die Avenue hinunter. Aber die Musik wurde leiser und erlosch. Eine gespenstische Stille erfasste die Straßen der Script Avenue. Ein kühler Wind blies mir ins Gesicht. Ich lief bis zum Fluss hinunter. Dort sah ich das weiße Schiff mit den chinesischen Schriftzeichen. Ich sah schwarz vermummte Menschen, die sich in Richtung Schiffssteg bewegten. Ich musste an Arnold Böcklins *Toteninsel* denken, aber seine Gestalt war in Weiß gehüllt. Nicht in Schwarz. Ich beobachtete die vermummten Menschen. Plötzlich stieg Angst in mir hoch, und ich dachte, einer dieser Menschen könnte Andrea sein. Ich wusste ganz genau, dass diese Befürchtung wahr würde. »Andrea«, schrie ich, »geh nicht auf dieses Boot! Andreeeaaaaa!«

Stunden später wurde ich sanft geweckt.

»Wer ist Andrea?«, fragte Jennifer und drehte mich auf den Rücken.

»Andrea?«, fragte ich leise.

»Ja, Andrea, Sie haben im Schlaf geschrien. Ist das die Frau in der Urne? Skip it!«

Ich nickte. Nach einer Weile sagte Jennifer: »Sie müssen viel trinken, in unserer Kultur trinkt man viel, wenn man trauert. Denn trauern ist wie ein langer Marsch durch die Steppen.«

Wir bestellten uns um drei Uhr morgens ein Thai-Curry aufs Zimmer. *Yes Sir!* In Asien ist der Kunde tatsächlich noch König. Während ich duschte, spielte Jennifer auf meinem Notebook ein Jump-and-Run-Game, das mir Tim installiert hatte. Wir aßen schweigend. Nach einer Weile sagte ich: »Ich bin froh, wenn ich über Andrea sprechen kann. Dann gehts mir besser.«

»Ja«, sagte Jennifer, »dann wird die Trauer abnehmen. Das ist wie bei unseren Pferden. Sie können sie durch die Steppe jagen, doch irgendwann werden die Pferde erlahmen, die Muskeln werden müde, und so ist es auch mit der Trauer. Irgendwann werden

Sie erzählen können, wie Ihre Frau gestorben ist, und es wird nicht mehr wehtun. Es wird nur noch eine Erinnerung sein. Und eines Tages wird auch die Erinnerung erloschen sein.« Diesen letzten Satz hätte sie nicht unbedingt aussprechen müssen.

Henri gab sich alle Mühe, mich aufzumuntern. Aber nach wie vor blockte er reflexartig jedes Thema ab, das aus Versehen zu Andrea hätte führen können. Jeden Abend zeigte er uns ein neues außerordentliches Lokal und beglich, ohne mit der Wimper zu zucken, Rechnungen von 20 000 Hongkong-Dollar. Cheval Blanc, Château Latour, Pétrus – jeder edle Bordeaux war in Hongkong zu haben, und keiner war dem Professor zu teuer. Er schmiss mit dem Geld um sich, als würde er die Notenpresse höchstpersönlich bedienen.

Tim hatte eine junge Thailänderin kennen gelernt. Sie würde einige Tage bei ihm wohnen, sagte er. An seiner Tür hing jetzt meistens das Schild *Do not disturb*. Er rief mich täglich an, um sich nach meinem Befinden zu erkundigen. Manchmal hängte er auch das Schild *Please make my room* an die Tür und kam nach drei Stunden verschmitzt lächelnd zu mir rüber. Er veränderte sich, wirkte irgendwie stolz und selbstbewusst. Tim hatte tatsächlich ein neues Leben begonnen. Ich zappelte noch wie ein Fisch in meinem alten Leben, noch hing ich an Andreas Rute, ich fand einfach keine Ruhe.

»Ich musste meine Behinderung auch akzeptieren«, sagte Tim einmal, »schau mich an, ich bin immer noch gehbehindert, aber ich bin ein glücklicher Mensch. Das Leben ist wunderbar. Es ist alles eine Frage der Einstellung! Befreie dich endlich von dieser gottverdammten Urne und lass uns Ende Woche das chinesische Neue Jahr feiern!«

## Stupid Joe

Ich hetzte mit meiner Urne unter dem Arm durch Wan Chai und versuchte, mich zu Fuß bis zur Hollywood Road oberhalb von Central durchzuschlagen. Ich kämpfte gegen die Hitze, mein Hemd klebte am ganzen Körper fest, die Luftfeuchtigkeit betrug bereits neunzig Prozent, ein kurzer warmer Platzregen, und Central war eine einzige große, feuchtwarme Sauna. Ein paar hundert Treppen trennten mich noch von meinem Ziel. Schließlich erreichte ich keuchend und tropfend wie ein nasser Schwamm den düsteren Man-Mo-Tempel. Im Innern hingen riesige rauchende Sandelhölzer von der rot-gelben Decke und verliehen dem Ort einen mystischen Touch. Der Tempel war in dicke Rauchschwaden gehüllt. Hier opferte man dem Gott Wen Chang, dem Gott der Literatur, und dem Gott Guan Yu, dem Gott des Krieges. Es gab auch eine Statue von Bao Gong, dem Gott der Gerechtigkeit. Ich war überrascht, dass die chinesische Kultur den gleichen Göttern huldigte wie einst die alten Griechen und Römer. Nur hatten sie eben andere Namen, Gesichter und Geschichten. Und alle hatten ihre geflügelten Götterboten, ihre Engel und ihre gefallenen Engel, ihre Teufel, Satane, Satyre und wie man sie alle nennt. Im Grunde genommen waren es nicht die gleichen Götter, sondern Götter mit den gleichen Eigenschaften und Zuständigkeiten: Gerechtigkeit, Liebe, Krieg, Medizin, Seefahrt, Himmel, Hölle, Reisen, Schönheit, Glück.

In diesem Tempel wollte ich Andreas Urne heimlich deponieren und ein paar Räucherstäbe anzünden. Sie sollte dem Gott des Krieges geopfert werden. Aber dann tat sie mir leid in ihrer Urne, und ich nahm sie wieder mit. Ich stieg die steilen Gassen ins Central hinunter und wollte zu meinem Hotel zurück. Plötzlich stand eine junge Frau mit dunkler Haut und ausgeprägten Wangenknochen vor mir und fragte mich, ob man hier einen Kaffee trinken könne. Sie warf ihre langen schwarzen Haare hinter die Schulter und starrte mich verzweifelt an. Im ersten Augenblick war ich etwas gereizt. Wie konnte jemand so blöd sein und einen weißen Mann in Hongkong nach einem Lokal fragen? Die junge Frau wirkte so unglücklich und hilflos, dass sie meinen Widerstand augenblicklich brach. Ich mochte nicht mehr ins Hotel zurückgehen. Zu heiß. Wir gingen zu einer Straßenkantine, doch ihr gefiel es dort nicht, und sie wollte, dass wir nach einem andern Lokal suchten. Wir liefen um den nächsten Block und dann nochmals um den nächsten Block, bis wir schließlich wieder am Ausgangspunkt standen. Sie begann mich richtig zu nerven.

Schließlich hörte ich von irgendwo Musik, *Wish You Were Here* von Rednex. Wir folgten dem Sound und setzten uns in eine zur Straße hin weit geöffneten Bar im Stil des British Empire. Sie trank eine Cola und bestellte sich ein Essen, das bestimmt für vier Leute gereicht hätte. Ich trank Wasser, aber ohne Eis und ohne Lemon. Magen-Darm-Viren und so. Ich knabberte auch keine Nüsse, daran kleben mindestens so viele Viren und Bakterien wie auf einer vergammelten Banknote, die in Bangkok in Umlauf ist.

Meine Begleiterin machte einen sehr nervösen und doch gelangweilten Eindruck. Sie fragte mich plötzlich, was in meinem Behälter drin sei.

»Meine Frau«, sagte ich mit einer Selbstverständlichkeit, die mich selbst irritierte.

»Sie sollten sie begraben und vergessen«, sagte sie nach einer Weile.

»Ja, das werde ich wohl tun«, murmelte ich.

»Haben Sie ein Hotelzimmer?«, fragte sie müde.

»Ja, drüben in Wan Chai, direkt am Hafen.«

»Kann ich dort duschen und eine Stunde schlafen? Ich lasse Sie dann in Ruhe, aber ich bin so müde und verschwitzt. Ich bin erst heute Morgen aus Jakarta angekommen mit meinem Sohn.«

Als sie ihren Sohn erwähnte, verflog mein Misstrauen.

»Ken ist taubstumm. Wir wollen die Phonak-Filiale in Central besuchen. Gleich dort drüben.«

»Und wo ist Ihr Sohn jetzt?«

»Bei Mama in Kowloon, wir haben ein Hotelzimmer gemietet. Mama ist nicht meine Mama, aber ich nenne sie aus Respekt Mama, weil sie manchmal zu meinem Jungen schaut.«

Sie war eine junge, attraktive Indonesierin, mit erotischen Lippen und einem Po wie der von Jennifer Lopez. Aber ich hatte verdammt nochmal keine Lust, mich in irgendetwas einzulassen. Bloß keine Beziehungen mehr. Und bloß nicht die Probleme anderer Leute zu meinen Problemen machen. Ich wollte meine Ruhe und nachdenken, doch sie sagte, ihr Name sei Sariani, und sie wisse nicht mehr, was sie tun solle. Sie fing an zu weinen. Da war der Weg zu meinem Hotelzimmer nicht mehr weit. Wissen Sie, ich gehöre zu den Deppen, die keiner ausrauben muss, um an sein Geld zu kommen. Ein paar Tränen genügen, und schon hat man die Vollmacht über meine Konten.

Das Personal im *Hyatt* schaute verlegen zur Seite, als ich mit Sariani die Hotelhalle durchquerte und zu den Fahrstühlen ging. Sie suchte gleich die Dusche auf, während ich mich an mein Notebook setzte, um meine Mails abzufragen. Henri hatte mir den Vertrag gemailt. Es war leider ein amerikanischer Vertrag, das heißt: 45 Seiten lang. In der Schweiz hätten fünf Seiten genügt, aber in den USA wurde nicht nur aufgeführt, was Sache war, sondern auch alles, was nicht Sache war. Das hat mit den Entdeckung des Wilden Westens zu tun, wo man klar definierte, wo ein Claim oder ein Weideland beginnt und aufhört. Henri war gerade geschäftlich in Tokio und schwärmte wie üblich für

Momoka, die er als »meine Sklavin« bezeichnete. Während im Badezimmer die Dusche lief und lief, las ich sorgfältig den Vertrag. Als ich damit durch war, drang heißer Dampf aus dem offenen Badezimmer. Sariani stand inmitten des großen Wohnzimmers und schaute durch das Panoramafenster. Weinte sie schon wieder? Ich ging zu ihr. Als sie mich kommen sah, schaute sie mich verzweifelt an.

»Mein Leben ist so traurig«, sagte sie, »hier kostet ein Zimmer 400 Dollar«, dafür müsste ich ein Jahr lang arbeiten. Und Sie bezahlen das für eine einzige Nacht?« Nun ließ sie ihren Tränen freien Lauf und drückte ihre nassen Wangen an das Panoramafenster. »Es ist so schön hier«, flüsterte sie, »ich wusste gar nicht, dass Menschen so schön wohnen.« Sie drehte sich nach mir um und warf sich in meine Arme.

»Das Zimmer bezahlt mein Geschäftsfreund«, sagte ich verlegen, »nicht ich.«

»Sie sind bestimmt auch reich. Sonst hätten Sie sich den Flug nach Hongkong gar nicht leisten können. Alle weißen Langnasen sind reich.« Sie schwieg und schnäuzte sich die Nase. Plötzlich rief sie: »Sie könnten meinem Sohn helfen, er kann nicht sprechen, weil er nicht hören kann. Er war so gesund, als er auf die Welt kam, dann hatte er eine eitrige Ohrenentzündung und verlor das Gehör, bevor er Mama sagen konnte. Ich hatte kein Geld für einen Arzt, kein Geld für Medikamente. Hilf mir, Joe, das kostet dich nichts. Aber du kannst das Leben meines Sohnes retten.«

Sie ließ mich los und warf sich aufs Bett. Sie weinte hemmungslos, richtige Krokodilstränen. Ich hatte noch nie so dicke Tränen gesehen.

»Ich möchte Ihren Sohn gern kennen lernen«, hörte ich mich sagen.

»Sie wollen ihm helfen?«, fragte sie mit großen Augen voller Hoffnung und drehte sich auf den Rücken.

»Wo ist er?« Ich war etwas misstrauisch, ich dachte, dass ein gebrochener Mann und Neowitwer ein leichtes Opfer für eine verschlagene Frau war. Aber war sie verschlagen? Sie war eine Mutter, sie weinte, sie hatte einen taubstummen Sohn. Ich dachte an das Geld, das wir aus dem Erlös von Andreas Kleidern und dem Verkauf ihres SLK eingenommen hatten. Vielleicht war jetzt der Augenblick gekommen, dieses Geld zu verschenken. Vielleicht war ich so etwas wie ein Engel für den kleinen Jungen und konnte Andreas Leben doch noch einen Sinn geben. Natürlich hätte Andrea das geärgert, sie wollte ja vom Erdboden verschwinden. Aber so hatte ich die Chance, einen Teil von ihr in einem kleinen indonesischen Jungen weiterleben zu lassen.

»Kennen Sie die Nathan Road? Die Kimberly Road? Es ist eine schmale Seitengasse, dort gibt es Apartments für einen Dollar die Nacht, es sind eher Käfige.«

Wir verabredeten uns für den Abend in einem der hoteleigenen Restaurants. »Können Sie mir noch ein bisschen Geld geben für die MTR und drei Tage Miete? Bitte, Joe.«

»Ich heiße nicht Joe.«

»Alle Langnasen heißen Joe.«

Ich gab ihr Geld, wahrscheinlich zu viel. Sie werden jetzt an meinen Vater denken mit seinen Trinkgeldern in den Bierkneipen. Nein, tun Sie das nicht. Das würde mich ärgern. Nein, ich hatte auch nicht das geringste Interesse an Sex. Wenn überhaupt, dann eher mit Sara. Ich denke, da hätte selbst Papst Franziskus eine Erektion gekriegt und *buona sera* gehechelt. Nein, bloß keine fremden Probleme zu meinen eigenen machen. Ich hatte weiß Gott genug davon. Aber einem taubstummen Jungen zu helfen, würde eine sinnvolle Beschäftigung sein.

Gegen Abend kam sie tatsächlich ins Hotel. Mit zwei Stunden Verspätung. Ihr fünfjähriger Sohn Ken tollte herum. Er war kaum zu bändigen. Sie hatte eine hübsche weiße Bluse angezogen, die ihre pralle Oberweite zusätzlich betonte. Sie war eine sehr erotische junge Frau, aber ich fühlte, dass sie das Unheil anzog. Die bringt Ärger, dachte ich, aber ich war zu zerrüttet, um mich dagegen zu wehren. Ich würde ihrem Sohn helfen und wieder verschwinden. Sie kam nicht allein. Hinter ihr folgten drei ältere Damen, die eine war ihre Mama, die nicht ihre Mama war, die andere war eine Cousine von Mama, und die dritte hatten sie zufällig in der MTR getroffen.

Der Kellner im chinesischen Restaurant staunte nicht schlecht, als er meine Entourage sah, die älteren Herren an den Nebentischen, die würdig ihre Nudelsuppe schlürften und den Blicken ihrer gelangweilten Ehefrauen auswichen, rümpften sichtbar die Nasen. Es war mir egal. Andrea war tot. Was hatte ich schon zu verlieren? Wenn Sie tief genug fallen, sind Sie ein bisschen *signed off*. Bedeutet konkret: Ihre Reputation ist Ihnen scheißegal.

Während Ken mir dauernd die Speisekarte aus den Händen riss und damit auf den Kopf von Mama trommelte, bestellten die Frauen ihr Gericht. Ihre Gerichte. Ich war mir nicht sicher, ob ich etwas missverstand, aber der Kellner musste zwei zusätzliche Tische heranrücken, um alle Speisen abstellen zu können. Was er brachte, reichte für mindestens fünfzehn Personen, eher zwanzig. Ich meine jetzt, abgerundet. Mama starrte mich ständig an, sie prüfte mich, sie bewertete mich, dann nickte sie ihrer Cousine zu, und beide nickten Sariani zu. Dann blickten wieder alle zu mir und nickten mir freundlich und auffordernd zu, während Ken nun frittierte Hühnerbeine in die Suppenschüssel warf und wild gestikulierte, wenn er die Schüssel traf und Suppe herausspritzte. Er war tatsächlich taubstumm, das konnte man nicht spielen. Ich war also kein dummes Greenhorn, das sich hier von einer »street-smarten« Lady das Hemd ausziehen ließ.

Ken beanspruchte gleich wieder meine Aufmerksamkeit. Er warf das Cola-Glas seiner Mutter um und ruinierte ihre hübsche weiße Bluse. Dann nahm Mama, die nicht Mama war, den kleinen Ken auf den Schoß und nickte Sariani wieder auffordernd zu. Sariani schaute schüchtern zu mir und berührte unter dem Tisch meine Hand. Ken versuchte nun, einen dünnen Hühnerknochen in das linke Ohr von Mama zu stöpseln. Mama schrie auf, sodass die feine Gesellschaft an den anderen Tischen daran erinnerte wurde, dass wir immer noch da waren. Die Kellner tuschelten und warteten ungeduldig darauf, dass wir endlich verschwänden.

Obwohl die Frauen kaum ein Zehntel gegessen hatten, wollten sie nach einer Stunde wieder nach Hause. Sie packten Plastiksäcke aus und ließen den gebratenen Reis und all die frittierten Fleischstücke in ein und denselben Sack gleiten. Nun wurden die Blicke an den angrenzenden Tischen eindeutig feindselig. Wir verabschiedeten uns in der Hotelhalle, ich war froh, dass es vorbei war. Ich hatte Sariani weiteres Geld für einen Ohrenarzt gegeben. Doch als ich den Fahrstuhl betrat, huschte sie an mir vorbei in den Lift. Sie lächelte mich schüchtern an: »Kann ich bei dir schlafen, wir haben nicht genügend Platz drüben. Sonst muss ich wieder auf dem Stuhl schlafen.«

Sie plünderte die Minibar und fragte, ob sie all die Lotionen aus dem Badezimmer mitnehmen könne. Sie stand sogar in der Nacht mehrmals auf, um die letzten Schokoladenriegel in der Minibar aufzuessen. Als sie ins Bett zurückkam, warf sie Andrea um. Sie versuchte, die auf dem Teppich verstreute Asche mit den Händen zusammenzukehren und in die Urne zu füllen, doch der Teppich blieb aschgrau, und je mehr sie mit ihren nassen Füßen scharrte, desto dunkler verfärbte er sich. Als sie sich im Badezimmer die Hände wusch, war mir klar, dass nun ein Stück Andrea in den Abguss und dann in Hongkongs Kanalisation gelangte. Ehrlich, es machte mir was aus!

»Sag mal«, fragte ich sie gereizt, »ist das bei euch normal, dass ihr Verwandte zu einem Treffen mitbringt, die nach dem Essen ihre Plastiksäcke auspacken?«

Sariani grinste: »Weißt du, wieso ein Indonesier nicht Präsident der Vereinigten Staaten werden kann? Weil das Weiße Haus viel zu klein ist für all seine Verwandten. Bist du mir böse wegen deiner Frau?«

Wir frühstückten auf der Dachterrasse und genossen den Blick über den Hongkonger Hafen. Sariani bediente sich mehrmals am Buffet, am Ende standen vier Gläser Saft und ein halbes Dutzend prall gefüllter Teller auf unserem Tisch. Nicht zu vergessen die *Financial Times,* die *South China Morning Post,* der *Standard* und *Xin Jing Bao.* Sie beobachtete aufmerksam, wie sich die anderen Gäste beim Frühstück benahmen. Schließlich nahm sie die *South China Morning Post* und warf ab und zu einen erhabenen Blick drauf. Beachtlich, denn sie hielt die Zeitung verkehrt herum. Ihr Mobile piepste. Sie nahm den Anruf entgegen. Ihre Miene verfinsterte sich.

»Wir müssen sofort meinen Sohn abholen. Mein Visum läuft morgen ab. Können wir ihm vorher noch ein Hörgerät kaufen?«, fragte sie. Sie müsse morgen mit der ersten Maschine nach Manila zurück.

»Manila? Nicht Jakarta?«

»Nein, ich wohne jetzt in Manila«, sagte sie trotzig.

»Aber gestern wohntest du doch noch in Jakarta.«

»Nein!«, sagte sie gereizt, »ich bin in Jakarta geboren, aber ich wohne jetzt in Manila, weil ich dort einen Job habe.«

Wir fuhren mit dem Taxi nach Kowloon und stiegen in einer der verwinkelten schmutzigen Gassen hinter der Nathan Road aus. Es war eine üble Gegend. Wir schlängelten uns an bedrohlich wirkenden Menschen vorbei, die lauernd herumstanden, und fanden schließlich in einem Hinterhof eine Treppe, die zu einer schmalen Galerie hinaufführte. Hier reihten sich käfigartige Holzboxen aneinander. In einem sechs Quadratmeter großen

Raum lagen Mama, die nicht Mama war, und ihre Cousinen, die wahrscheinlich auch nicht ihre Cousinen waren, geduldig und antriebslos auf einer zerfetzten Matratze da, der Langeweile ergeben. Man musste über die Matratze steigen, um den Raum zu betreten. Den Wänden entlang waren Kleiderberge gestapelt und Abfälle. Ken spielte auf einem Nintendo und saß dabei in einem Haufen Chips. In Europa würde der Tierschutz einschreiten, wenn man Haustiere so halten würde. Keine Ahnung, woher Ken den Nintendo hatte.

Ich war entschlossen, Gutes zu tun. Wir brachten meine Rolex zu einem der zahlreichen Pfandhäuser. Ein ziemliches Verlustgeschäft für Leute, die dringend ein paar Tage finanziell überbrücken müssen. Aber es ist in Asien keine Schande, beim Pfandleiher ein und aus zu gehen.

Wir setzten uns in eine der zweistöckigen Straßenbahnen, die seit 1912 von Chai Wan Richtung Sheung Wan Central fuhren. Ken genoss die Aussicht von der oberen Plattform, und Sariani schien glücklich, als habe sie wenigstens bis zur Station Admiralty so was wie eine Familie. Wir nahmen den steilen Weg zur Queen's Road. Unterwegs wollte Ken noch einen Big Mac. Also Big Mac. Im Asia Standard Tower war eine Filiale von Phonak untergebracht. Tower klingt nach Wolkenkratzer, aber es war ein schmales Gebäude, das, wie in Hongkong üblich, von drei Concierges bewacht wurde. Wir stiegen in den siebten Stock und suchten Room 702. Der Empfangsraum erinnerte an eine Telefonzelle. Wir setzten uns, Ken biss kräftig in seinen Big Mac, Ketchup spritzte über Sarianis weiße Jeans. Ken wurde ins linke Zimmer geführt, ich ins rechte. Ich brauchte auch eine Untersuchung. Hatte Tim behauptet. Mir schien ebenfalls, ich hätte nach Andreas Tod einen Hörsturz erlitten, ich spreche jetzt vom rechten Ohr, über das linke wissen Sie ja Bescheid.

Das Ketchup ergab, dass mein linkes Ohr, nein, der Check-up ergab, dass mein linkes Ohr nun völlig im Eimer war. Ich erhielt ein neues Hörgerät, das in Europa gar noch nicht im Handel war, Hightech vom Feinsten. Man konnte die Parameter über das iPhone einstellen. In Hongkong wird nicht gedudelt. Ich wurde sofort in die Empfangszelle zurückgebracht, wo sich wenig später eine heulende Sariani mit einem ketchupbespritzten Ken dazugesellte. Nun, ich konnte nicht 50 000 Hongkong-Dollar für mein Hörgerät bezahlen und gleichzeitig einfach zuschauen, wie dieser kleine Ken, der im Gegensatz zu mir sein Leben noch vor sich hatte, nicht sprechen lernte, weil er nichts hörte. Also zückte ich erneut meine Kreditkarte und kaufte Ken ein Hörgerät und vierzig Batterien dazu.

Ken drängte uns anschließend in die Connaught Road, wo es eine Jollibee-Filiale gab. Jollibee und McDonald's sind praktisch dasselbe. Genau derselbe Food, rot-gelbes Design, und fett und träge wird man von beiden. Als ich versuchte, Ken die Hörgeräte in die Ohren zu stöpseln, biss er kräftig in seinen zweiten Burger und bespritzte die erste weiße Hose, die ich mir in meinem Leben gekauft hatte. Er wollte es wiedergutmachen, machte es aber nur noch schlimmer und verschüttete vor Schreck auch noch seine Cola. Wenigstens wollte er nun nicht mehr auf meinen Knien herumturnen. Dann bemerkte Sariani, dass sie kein iPhone habe, um Kens Parameter einzustellen. Also kauften wir ihr ein iPhone. Dort gab es auch pinkfarbene Digitalkameras von Sony. Sie wollte Erinnerungsfotos schießen. Ken und der große Wohltäter. Das kann man verstehen, also kauften wir auch noch eine pinkfarbene Digicam. Beim Ausgang sah sie die elektrischen Zahnbürsten, so was hatte sie sich immer schon gewünscht. Alle Nachbarn würden sie darum beneiden, wenn sie damit zurückkehrte. Und nächste Woche habe sie Geburtstag. Hätten Sie Nein sagen können?

Tim kugelte sich vor Lachen, als ich ihm das erzählte. Er meinte, diese Lady sei einfach *street-smart* und ich ein gutmütiger …

Sehr rücksichtsvoll, dass er das Wort nicht aussprach. Werde ich beim Erbe berücksichtigen.

Ich habs nicht gern, wenn Menschen leiden, ich versuche, ihr Leid zu lindern. Aber dort, wo ich jetzt wieder bin, in der Script Avenue, weinen viele Leute. Weinen beeindruckt hier niemanden, denn alle weinen, weil hier immer jemand stirbt. Es sind die kranken Zellen, ich meine die Krankenzellen, die Isolierzimmer der Todgeweihten. Man wird hier sehr liebevoll betreut, es wird keine medizinische Maßnahme unterlassen, auch wenn die Überlebenschance… Mein Sohn meint, ich solle das jetzt weglassen. Lassen Sie uns zurück nach Hongkong gehen. Ich habe schöne Erinnerungen. Am Ende hat man nur noch Erinnerungen. Sie erinnern an Dinge, die man nie mehr haben wird.

Wir brachten Ken wieder nach Kowloon zurück zu Mama und Cousinen, die immer noch apathisch in der brütenden Hitze des fensterlosen Raums saßen und die Chips auf der Matratze anstarrten. Ich wollte mich nun endlich von Sariani verabschieden und in mein Hotel zurückkehren, duschen, meine ruinierte McDonald's-Hose entsorgen und den Abend mit Tim und Henri verbringen. Doch Sariani flehte mich an, sie noch eine einzige Nacht in der Suite übernachten zu lassen. *One night only*, begann sie zu singen. Morgen würden wir uns für immer verabschieden. Ich wollte konsequent bleiben und knallhart Nein sagen. *One Night Only.* Ich blieb standhaft. Bis sie die Krokodilstränentaste drückte.

Im Hotelzimmer leerte sie wie gewohnt die Minibar und wollte anschließend ausgiebig duschen. Ich musste in die Champagne Bar. Henri wartete. Tim war schon unten. Er wollte noch die Vertragsdetails besprechen, das Ganze harzte. Das ist immer so, wenn viele Anwälte beteiligt sind. Die finden immer einen Dreh, einfache Dinge zu verkomplizieren. Davon leben sie. Wir knabberten chinesisches Salzgebäck und tranken einen schweren Sassicaia. Während Tim den Vertrag durchlas, erzählte Henri von seiner Buchhalterin.

»Koreanerin, die folgt mir über die Mittagszeit auf die Toilette und … Unglaublich, hier in Hongkong wollen alle mit dem Boss bumsen. Das steigert ihr Ansehen in der Belegschaft. Deshalb lebe ich gern in Hongkong«, schmunzelte er und zündete sich eine Zigarre an. »Koreanerinnen haben eher große Brüste, wie die Japanerinnen«, fuhr er fort, »aber die Koreanerinnen sind viel härter und tougher, aber das sind auch die Männer, sie schlagen ihre Frauen oft, obwohl es gute Frauen sind. Im Bett sind sie schlicht großartig; sie machen die verrücktesten Sachen, aber mental sind sie in der Regel extrem schwankend, sehr schwierig im Umgang. Sehr schwierig.«

Henri verzog das Gesicht, als leide er mit. »Kommt wohl daher, dass Väter sich fast ausschließlich Söhne wünschen. Ihre Töchter behandeln sie nach der Geburt mit Abneigung, daher haben viele koreanische Frauen ein extremes Aufmerksamkeitsbedürfnis. Ich sag dir, nicht ganz einfach. Aber Koreanerinnen sind viel muskulöser, physisch stark, kommt vermutlich von der Nahrung, die essen ja viel mehr Fleisch als die Japanerinnen.« Henri war kaum zu bremsen, »ich bin sexsüchtig, arbeitssüchtig, fresssüchtig, alkoholsüchtig…« Wir sprachen lange über Tourette. Er schätzte mein breites medizinisches Wissen.

»Sag mal, wie viele Semester hast du Medizin studiert?«

Er sprach mich auf seine Stiche in der linken Brusthälfte an, auf die Doppelbilder, die er nach langen Arbeitstagen sah, und seine Probleme beim Wasserlösen. Ganz zu schweigen vom ewigen Durst und den nicht abklingenden Entzündungen. Wahrscheinlich Diabetes und Stress. »Aber er steht noch wie eine Eins«, prahlte er.

»Dann bist du eine ganz große Ausnahme«, sagte ich anerkennend.

»Jaja«, sagte er und wippte geschmeichelt mit dem Kopf, »bei so hohen Diabeteswerten siehst du normalerweise nur noch Bienen.«

Es war ein lustiger Abend. Umso deprimierender war die Nacht mit Sariani. Als ich ins Zimmer zurückkam, lag sie heulend auf dem Bett. Untröstlich. Sie hörte einen Filipino-Song, *Half Crazy* von Freestyle.

»Kannst du mich nicht heiraten?«, schluchzte sie.

»Nein, Sariani, ich glaube, du missverstehst etwas, ich wollte lediglich Ken helfen, das habe ich nun getan. Wir haben keine Beziehung. Du fliegst morgen zurück, und ich weiß nicht, was ich tun werde. Aber ganz bestimmt nicht heiraten.« Ich bereute, dass ich mich in diese Sache eingelassen hatte. Sie nahm kein Ende mehr. Sariani heulte die ganze Nacht. Auf ihrem iPhone spielte sie endlos dieses *Half Crazy* ab.

*Know I haven't slept a week at all*
*Since you've been gone*
*And my eyes are kinda tired*
*From crying all night long.*

Ich gab ihr viel Wasser zu trinken, um einer Austrocknung vorzubeugen. Es ist wirklich ein trauriger Song, der einen zum Verzweifeln bringt.

»Mein Leben wird morgen wieder so traurig sein«, sagte sie, »ich habe nichts. Nur Ken. Kannst du mir noch ein bisschen Geld geben für Kens Sprachunterricht? Wenn er nicht sprechen lernt, nützt auch das Hörgerät nichts.«

Das leuchtete mir ein, und ich hob an der Rezeption den geschätzten Betrag für ein Jahr ab. Sie duschte und legte sich zu mir ins Bett. Sie kuschelte und weinte leise und monoton. *Half Crazy* die ganze Nacht. Gegen vier Uhr morgens schliefen wir ein.

In der Script Avenue stand ein hagerer Blonder in hellblauem Hemd auf der staubigen Mainstreet vor dem Saloon Joe Bananas. In der einen Hand hielt er ein Gebüsch. Als ich näher kam, sah ich, dass meine Mutter an diesem Gebüsch hing, es waren ihre Haare. Ich sagte, er solle damit aufhören. Er streckte mir seinen Zeigefinger entgegen. Er dachte, ich würde seinen Zeigefinger angreifen, doch ich trat ihn zwischen die Beine. Er stürzte mit dem Gesicht voran in den staubigen Sand. »Mein eigener Sohn«, stöhnte er, »aber ich verzeihe dir.« Meine Mutter erhob sich und stänkerte: »Hol bloß nicht den Sheriff.« In diesem Augenblick wurde ihr Körper gläsern und zersprang in hunderttausend kleine Stücke.

»Wirst du eigentlich nie erwachsen?«, fragte jemand vorwurfsvoll. Ich drehte mich um. Andrea stand vor mir. Sie hatte eine furchtbare dreiköpfige Kreatur an der Leine.

»Mein Gott, Andrea! Was schleppst du da mit dir rum?«

»Du weißt doch, dass ich nur schwierige Hunde liebe. Das ist Kerberos, der Höllenhund, der den Eingang zur Unterwelt bewacht. Komm ihm nicht zu nahe, sein Atem ist tödlich.«

Kerberos begann zu knurren. Speichel tropfte in den Sand. Und während ich Andrea fassungslos anstarrte, spross Eisenhut aus dem sandigen Boden.

»Er spürt, dass ich wütend werde.«

Ich wich einen Schritt zurück.

»Bist du jetzt glücklich mit deinen Schlampen? Ich werde auf dich warten, Sammy. Und es wird nicht schön sein.«

Eine übernatürliche Kraft saugte mich in die Höhe. Jetzt sah ich die Script Avenue aus der Vogelperspektive. Ich sah, wie Andrea mit Kerberos zum Fluss hinunterspazierte. Und dann geschah etwas ganz Erstaunliches. Untertitel wurden eingeblendet, das hatte es in der Script Avenue noch nie gegeben: Untertitel! Ich las:

*Böse rollt er die Augen, den Schlund des Hades bewachend.*
*Wagt es einer der Toten, an ihm vorbei sich zu schleichen,*
*So schlägt er die Zähne tief und schmerzhaft ins Fleisch des*
*Entfliehenden*
*Und schleppt ihn zurück unter Qualen,*
*Der böse, der bissige Wächter.*

Ich breitete die Arme aus und ließ mich hoch über den Dächern der Script Avenue zum Fluss hinunterwehen. Ich sah das Schiff am Ufer, das Schiff mit den chinesischen Zeichen. Das Zeichen für »Feuer«! Ich kannte es von den Fahrstühlen und den Speisekarten her. Es war das gleiche Zeichen, das auch für »gebraten« steht. Links vom Steg war eine Holzhütte, in der man Tickets lösen konnte. Andrea reihte sich in die Schlange ein.

»Fuck me!«, brüllte jemand. Ich war sofort hellwach. Sariani kniete nackt vor mir und schrie, sie brauche jetzt Sex. Sofort. Sonst verliere sie den Verstand. Ich war noch nicht richtig wach, da riss sie die Bettdecke weg und rief, ich sei ja auch schon erregt. Ich wollte ihr erklären, dass Männer jede Nacht im Schlaf mehrere Erektionen haben. Hat nichts zu bedeuten. Doch sie begann, ausgelassen zu tanzen, und genoss, dass ich ihre Brüste anstarrte und noch mehr erregt wurde. Sie setzte sich rittlings auf mich und begann, schreiend auf mir zu reiten. »Was tust du da?«, rief sie, »du fickst mich! Sag mir, was du tust!« Sie war außer Rand und Band, das war kein Sex mehr, das war Krieg. Sie steigerte sich in Ekstase, kam lustvoll und laut und fing dann an zu lachen. Sie ließ sich keuchend zur Seite rollen.

»So«, sagte sie befriedigt, »jetzt kann ich fliegen, und du wirst mich nicht vergessen. Ich werds all meinen Freundinnen erzählen. Ich hatte Sex mit einem Joe!« Sie tanzte ausgelassen im Zimmer umher und tänzelte unter die Dusche, wo sie die neuen Toilettenartikel von heute Morgen in einen Plastiksack stopfte. Sie sang mit leidenschaftlicher rauchiger Stimme *Because of you, my life has changed* und räumte die Minibar aus: »Jetzt habe ich dir doch noch geholfen, deine Frau zu vergessen.« Sie lächelte kurz. Doch gleich darauf verrutschte ihr das Gesicht, und ihre Mundwinkel begannen zu zittern. Sie fiel mir stürmisch um den Hals und ließ ihre Krokodilstränen fließen. »Ich muss jetzt gehen.«

»Sag mir dann, ob Ken Fortschritte macht.«

Sie stieß einen Freudenschrei aus: »Du willst, dass ich dir schreibe?«

Ich realisierte sofort, dass das wohl ein Fehler gewesen war. Aber ich hatte wirklich nur an Ken gedacht.

»Ich bin spät dran«, sagte sie und packte blitzschnell ihre Sachen zusammen, »wir schreiben uns!« Sie eilte aus dem Zimmer.

Ich nahm eine Dusche und setzte mich an den Computer. Plötzlich hörte ich eine Stimme. Andrea? Ich dachte instinktiv an das Mädchen im Versicherungsarchiv.

»Wieso hast du mich nicht aufgehalten?«, sagte Sariani. Es war tatsächlich Sariani. Sie saß im Sessel vor dem Panoramafenster.

»Wie bist du wieder reingekommen?«, fragte ich sie.

Sie lachte laut und sprang aus dem Sessel. Sie war nackt. Mit einem Sprung warf sie sich aufs Bett, drehte sich auf den Rücken und winkelte die Beine an: »Fuck me, Joe.«

Als ich gegen Mittag aufwachte, blendete mich die Sonne. Sariani war verschwunden. Nicht nur Sariani. Sie hatte mir mein gesamtes Bargeld abgenommen. Und alles, was sich irgendwie bei einem Pfandleiher zu Geld machen ließ. Es war eine ganze

Menge, deshalb verstehe ich, dass sie gleich noch meinen Samsonite-Koffer mitlaufen ließ. War natürlich praktischer.

## Chinese New Year

Wir saßen draußen am Pool auf der Dachterrasse des Hotels. Von hier aus konnte man den ganzen Hafen überblicken und das Feuerwerk genießen. Die Lichter der Wolkenkratzer ergaben im koordinierten Zusammenspiel eine bunte Animation der Skyline, die ein bisschen an die ersten Computerspiele auf dem Atari erinnerte. Die Luft war kühler, die Luftfeuchtigkeit erträglich. Vier hübsche Chinesinnen betraten die große Terrasse. Sie trugen rote Kimonos und seltsam aussehende rote Hausschuhe. Lächelnd servierten sie Champagner, frittierte Nems mit Krabben, Siam-Krevetten und Gemüse-Samoa mit frittierten Zwiebeln. Der Professor erhob sich und nahm vier rote Briefumschläge aus seiner Brusttasche. Er überreichte sie jeweils mit beiden Händen und verbeugte sich dabei knapp: »Kung hei fat choi.« Die vier jungen Damen bedankten sich mit respektvollen Verbeugungen. Sie tippelten einige Schritte rückwärts und verließen die Terrasse.

»Das waren *red pockets*«, lachte Henri, »die überreicht man sich gegenseitig am Chinese New Year. Zehn Tage lang. Wichtig sind nicht nur die Banknoten im Couvert, sondern auch, dass die Banknoten druckfrisch sind. Gebrauchte Banknoten bringen kein Glück. Das wäre eine Beleidigung. Deshalb musst du ein paar Tage vorher auf die Bank gehen und frische Noten verlangen. Die drucken für jedes Neujahr Milliarden frischer Noten. Mehr als Bernanke. Besorg dir unbedingt die roten Umschläge, die gibts an jeder Straßenecke. *Lai si fung* heißen die.«

Wir stießen miteinander an. Henri zwinkerte Tim zu: »Die werden mir jetzt alle ihre Telefonnummer bringen.«

Er erhob sein Glas: »Auf euer neues Leben!« Wir stießen miteinander an und tranken.

»Hattet ihr bisher nette Gesellschaft?« Er sagte es beinahe beiläufig und setzte dabei ein ernstes Gesicht auf, das wissenschaftliches Interesse ausdrückte. Ich erzählte ihm die Geschichte mit Sariani. Er prustete los und meinte, wenn einer mit einem großen Herzen nach Asien komme, kehre er mit leeren Taschen zurück.

»Und was ist mit der … mit der … du weißt schon.«

Hier hatte Henri einfach ein Problem.

»Mit der Kirschtorte?«, fragte ich. Ich wollte dazu lächeln, doch es gelang mir nicht. Auch Henri wollte befreit loslachen, ließ es aber sein. Er wandte sich an Tim.

»Versuch mal, dem Zimmermädchen ein *red pocket* zu überreichen. Aber mit beiden Händen. Du wirst sehen, das wirkt Wunder, wenn sie sieht, dass ein *gweilo* die lokale Kultur respektiert. Und denk daran, nur frisches Geld bringt Glück, aber wenn du verdammt viel Geld reinpackst, können es ausnahmsweise auch total vergammelte, alte Scheine sein. Chinesen sind da sehr praktisch veranlagt.«

Wir plauderten angeregt weiter, bis das Feuerwerk nach Mitternacht zu Ende ging. Henri erwähnte beiläufig, dass seine Anwälte erneut ein paar Kleinigkeiten am Vertragswerk geändert haben wollten, das müsse so sein. Hier gelte britisches Recht. Die jungen Frauen in den roten Kimonos kamen zurück und eskortierten Henri wie einen Pascha in seine Suite. Er strahlte dabei wie ein Weihnachtsmann und zwinkerte Tim und mir zu.

Tim hatte es nun auch eilig, sich in sein Zimmer zurückzuziehen. Ich tat es ihm gleich und nahm eine Dusche, um mir den klebrigen Schweiß vom Leib zu waschen. Durch den Wasserdampf sah ich eine Silhouette, die sich im Badezimmer bewegte. Ich öffnete die Glastür der begehbaren Dusche. Vor mir stand eine der vier Chinesinnen. Lächelnd ließ sie ihren roten Kimono von den Schultern gleiten und drängte mich sanft in die Kabine zurück. Sie seifte mich ein und ließ sich Zeit dabei, als gelte es, eine sakrale Zeremonie auszuführen. Sie sprach nur Chinesisch, doch ich verstand, dass ich mich aufs Bett legen und entspannen sollte. Die junge Frau kniete vor mir und begann meinen Körper mit einem Imada-Red-Flower-Öl einzureiben. Ich fühlte, wie sich mein Körper von der wohltuenden Wärme allmählich entspannte. Fast zufällig berührte ihre Hand immer wieder mein Glied, das sich rasch versteifte. Allmählich begriff ich, was sich Henri vorgenommen hatte. Das war eine neue Therapie. Die Professor-Henri-Dupont-Therapie. Mein neues Leben hatte tatsächlich begonnen.

Ein riesiger Feuerdrachen wurde durch die Script Avenue getragen. Er war mindestens hundert Meter lang und wurde von Dutzenden Männern in Masken und Kostümen geschultert. Auf dem Rücken des Drachens brannten unzählige Räucherkerzen. 2009 war das Jahr des Büffels. Die Aktienkurse waren eingebrochen, die Chinesen hofften auf die Potenz des Büffels. Alle Fenster in den Gebäuden entlang der Script Avenue waren weit offen, um das Glück hereinzulassen. In allen Wohnungen brannte Licht, um dem Glück den Weg zu weisen. »Chinesen sind unglaublich abergläubisch«, sagte Henri. Er stand plötzlich in einem roten Kimono neben mir in der Script Avenue und hatte einen roten Gürtel um die Taille geschnürt. Daran hingen kleine, ebenfalls rote Peperoncini, die den Hunger fernhalten sollten. Ich folgte dem roten Drachen. Henry Miller saß nackt auf seinem Balkon und winkte mir zu. Er hielt einen Tischtennisschläger in der Hand. Weiter hinten war die Buchhandlung von Francis. Sie war geschlossen.

Über die Neujahrstage Bücher zu kaufen, bringe Unglück, erzählte Henri. Da das Wort »Buch« gleich ausgesprochen werde wie das Wort »verlieren«. Deshalb habe Francis heute geschlossen. Heute kaufe auch niemand Schuhe, weil »Schuhe« und »böse« gleich klinge. »Auch das Haareschneiden musst du tunlichst unterlassen«, sagte Henri. »Das Wort für ›Haar‹ ist fast identisch mit dem Wort ›Glück‹. Die Haare zu schneiden, bedeutet also, das Glück wegzuschneiden. Weißt du, über die chinesischen Schriftzeichen lernst du die chinesische Kultur kennen. Die ist viel komplexer als die westlichen Kulturen. Für einen Europäer eigentlich gar nicht zu verstehen. Ich begnüge mich damit, die Chinesinnen zu verstehen. Habe ich dir eigentlich schon gesagt, dass ich ein Fußfetischist bin, ich mag Lotusfüße.«

Als ich aufwachte, lag der Kopf der jungen Chinesin auf meiner Brust. Sie schlief sehr tief. Wir waren beide verschwitzt. Ich wollte über etwas nachdenken, aber ich vergaß es und stand plötzlich am Ende der Script Avenue. Ich schaute bekümmert auf die weiße Fähre mit dem Feuerzeichen hinunter. Eine Menschentraube bewegte sich zum Steg. Alle trugen schwarze Soutanen und hatten die Kapuzen hochgezogen. Sie gingen gebückt wie in einer andächtigen Prozession. Ich zoomte das Bild heran. Jetzt sah ich sie besser, all die Menschen in den schwarzen Soutanen, die sich über den Holzsteg schleppten und die Fähre bestiegen. Sie mussten sehr müde sein, denn sie schlurften, einige zogen ein Bein nach.

Der Atem stockte mir, als einer der Passagiere auf dem Steg stehen blieb. Ich hatte plötzlich eine schreckliche Vorahnung. Ich hatte panische Angst, konnte kaum noch atmen. Ich glaubte, gleich zu ersticken. Was war bloß los mit diesem Passagier? Er drehte sich langsam um und schaute zu mir hinauf. Dabei glitt ihm die Kapuze vom Kopf. Es war Andrea. Ich hätte schreien mögen; sie schaute mir direkt in die Augen. Sie war so traurig, sie war so niedergeschlagen, dass sie die Fähre besteigen musste. Sie war bitter enttäuscht. »Du kannst jetzt dein neues Leben beginnen«, sagte sie kleinlaut, »du bist frei.« Ich hörte ihre Stimme nicht, aber dennoch wusste ich, dass sie genau diese Worte ausgesprochen hatte. Ich las es in ihren hoffnungslos traurigen Augen. Jetzt würden wir endgültig voneinander getrennt. Es schmerzte, als würde ein Chirurg unsere Körper mit einem Skalpell auseinanderschneiden. Ich fühlte mich mies und erbärmlich, weil ich sie nicht zurückhielt, weil ich nichts unternahm, um sie davon abzuhalten, die weiße Fähre zu besteigen.

»Ich gehe jetzt«, sagte sie noch und verschwand im Innern der Fähre. Sie war gekränkt, frustriert, sie hatte verloren.

Ich wachte schweißgebadet und völlig erschöpft auf. Die junge Chinesin hatte mich in den Arm genommen und fuhr mir sanft über die Brust.

»Mumantai«, sagte sie, »das macht nichts.« Sie nickte mir lächelnd zu, als wolle sie mir bedeuten, ich solle es einfach geschehen lassen. Nachdem ich mich beruhigt hatte, küsste sie mich und zog sich ins Badezimmer zurück. Ich blieb allein im Bett. Ich konnte nicht fassen, was ich soeben geträumt hatte. Es schien so real. Ich halte gar nichts von Esoterik und dem Gerede von einem Leben nach dem Tod – bloß das nicht. Aber dieser Traum befreite mich endgültig von Andrea: Er war der Wendepunkt, ich hatte mein Leben zurück. Nicht das alte Leben, sondern ein neues Leben. Ich werde diesen Traum nie vergessen, alles war echt und tief empfunden. Wer ist Herr über unsere Träume? Hatte ich mir womöglich selber die Freiheit geschenkt?

Die junge Chinesin kam in ihrem roten Kimono aus dem Badezimmer zurück, blieb vor dem Bett stehen und verneigte sich langsam. Sie zeigte auf ihre Brust, sagte »Bao« und lächelte. Ich streckte meine Hand nach ihr aus. Sie legte sich zu mir, und wir liebten uns bis in den Nachmittag hinein. Bevor sie das Zimmer verließ, notierte sie noch etwas auf die Rückseite einer Visitenkarte, die auf dem Sekretär lag. Tim hatte recht gehabt: Wenn etwas stirbt, wächst etwas Neues heran. Ich war nun bereit für den letzten Gang.

## Hainan. Ohne dich

Die Insel heißt Hainan. Das bedeutet »Tor zur Hölle«. Man kam nicht hierher, um nach den Toten zu suchen und sie zurückzuholen, man kam hierher, um sie loszuwerden. Hier stand ich eines Tages mit meiner gottverdammten Urne. Ich war von Hongkong aus mit einer kleinen, wenig vertrauenerweckenden Maschine nach Hainan geflogen. Einmal gerieten wir in ein Luftloch, und die Maschine sackte ab wie ein Stein. Einige Passagiere kreischten, doch ich hatte in diesem Augenblick nur einen Wunsch: bloß nicht mit dieser Urne sterben. Das hätte Andrea so gepasst! Blanker Hohn! Hainan ist eine tropische Insel, und auf den kilometerlangen weißen Sandstränden gedeihen Tausende von Kokospalmen. Im Süden der Insel liegt Tianya Haijiao, was so viel bedeutet wie »Ende der Welt«. In grauer Vorzeit verbannten chinesische Herrscher ihre unliebsamen Dichter und Heerführer auf diese schwüle Tropeninsel im Südchinesischen Meer. »Tor zur Hölle«. Genau das richtige Exil für Andreas Asche.

Ich nahm am Flughafen Sanya ein Taxi für sechzig Yuan und zeigte dem Taxifahrer eine Postkarte, die ich am Flughafen gekauft hatte. Sie zeigte den Strand von Tianya Haijiao. Er brüllte irgendetwas und nickte dann wie verhext mit dem Kopf, während er sich eins der vier Handys, die auf dem Armaturenbrett vibrierten, vor den Mund hielt. Der Mann konnte sich nur schreiend artikulieren. Daran erkennt man die Festlandchinesen. Es kümmert sie einen Dreck, wenn sie mit ihrem Gebrüll das Trommelfell eines Fahrgastes zerfetzen. Wir fuhren also zum Tor der Hölle. Dort wollte er hundert Yuan.

»Leck mich am Arsch!«, war meine Antwort auf seine Preiserhöhung. Ich war etwas angespannt. Ich gab ihm sechzig Yuan und verließ das Taxi. Er fuhr schreiend davon. Plötzlich machte er eine Vollbremsung. Die Tür flog auf und Andrea segelte aus dem Auto. Zum Glück war die Urne aus Messing. Ich ging mit ihr zum Meer. Doch irgendwie gefiel mir der Gedanke nicht, ein paar Schritte im Wasser zu gehen und die Urne auszuschütten. Ich würde in einer Leichensuppe stehen, und die nasse Asche würde an meinen Schuhen kleben und später auf dem Teppich des *Grand Hyatt*. Also hielt ich Ausschau nach einem Hügel und nahm den Aufstieg in Angriff. Als ich oben angelangt war, schaute ich über das Südchinesische Meer, die Blätter der Kokospalmen wedelten im Wind.

»Heute ist ein guter Tag zum Sterben«, sagte der alte Häuptling in *Little Big Man* zu Dustin Hoffman. Ich weiß nicht, wieso mir das in den Sinn kam. Stammt ja aus den Siebzigerjahren! Die Story basiert übrigens auf dem Roman von Thomas Berger, kennt kein Schwein, aber Dustin Hoffman, den kennt jeder. Wäre der Film ein Flop geworden, würde jeder Thomas Berger kennen und niemand Dustin Hoffman.

Ich stand also ganz oben auf dem grün bewachsenen Hügel, zwei Schritte vor der Klippe, die steil zum Meer abfiel. Ich hielt die Urne fest in beiden Händen und schaute hilfesuchend in den blauen Himmel. Es war nicht einfach.

»Hör mir jetzt gut zu, Andrea«, sagte ich schließlich. »Ich werde nie mehr hierherkommen. Das hier ist das Ende der Welt. Du wirst nun die Hölle betreten, und wir werden uns nie mehr sehen. Ich werde ein neues Leben beginnen. Ich habe akzeptiert, dass die Welt nicht perfekt ist, nicht gerecht. Ich konnte deinen Tod nicht verhindern. Genauso wenig kann ich beeinflussen, wann ich sterben werde. Aber ich kann mich für das Leben entscheiden. Ohne dich.«

Ich begann zu weinen und hielt mich an der Urne fest. »Du wärst die Einzige gewesen, die mir in dieser Situation hätte beistehen können. Aber du bist nicht mehr da. Und ich habe dich immer so geliebt. Du warst meine Jugendliebe, mein bester Kumpel und Freund, du warst meine Ehefrau und Tims Mutter, du warst meine Partnerin, mein Ein und Alles, ich habe dich so geliebt. Du warst meine Göttin. Aber es war nicht schön, wie du gegangen bist. Du wolltest mich und Tim zerstören, du wolltest alles mitnehmen in dein Grab, die Menschen, die Bäume, die Hunde, das Geld. Du hast unsere Herzen und Seelen entlaubt. Du hast mein Leben an dich gerissen, ich habe es jetzt wieder zurück. Ich weiß sogar, wie man den Geschirrspüler in Betrieb setzt. Du warst mir so vertraut. Du warst meine Heimat. Nach deinem Tod habe ich sogar dein Genörgel vermisst, deine üble Morgenlaune, dein Geschrei, deine Kälte. Ich habe dich so geliebt. Aber heute Morgen ist etwas passiert: Ich habe heute Morgen in der Frühstückshalle die *South China Morning Post* gelesen, ab und zu einen Schluck Kaffee getrunken und zum Hafen hinübergeschaut. Ich bin ein bisschen glücklich gewesen. Ohne dich. Ich habe die Ruhe genossen, die Harmonie. Als du starbst, wollte ich auch sterben. Weil ich ohne dich nicht leben kann, nicht leben will. Ich dachte an Suizid, doch die Liebe zu Tim war größer, und ich dachte stets, halte noch einen einzigen Tag durch, morgen ist auch ein Tag zum Sterben. Ich habe mir heute Morgen am Buffet ein englisches Frühstück geholt, Speck, Schinken, Eier, all die Kalorienbomben, die du mir verboten hättest. Ich habe so was wie ein bisschen Glück empfunden. Und zum ersten Mal seit deinem Tod war ich froh, noch am Leben zu sein.«

Ich hielt eine Weile inne. Jetzt empfand ich plötzlich Zorn, Wut, über all das, was mir Andrea in den letzten Jahren angetan hatte. Ich riss mich zusammen und schrie wie von Sinnen: »Es war dein Wunsch, kremiert zu werden und dass deine Asche mit der Müllabfuhr entsorgt wird! Wir haben dich tatsächlich verbrannt, so wie es sich für eine Hexe gehört! Du kannst jetzt in deiner Urne stäuben, wie du willst, aber ich liebe dich nicht mehr! Ich glaube nicht an Götter, nicht an das Jenseits und nicht an die Untoten! Aber trotzdem lege ich Wert darauf, dass du weit weg in alle Lüfte verstreut wirst. Ans Ende der Welt. Hörst du? Ich liebe dich nicht mehr. Ich brauche dich nicht mehr. Ich will leben! Ohne dich!«

Ich war außer Atem geraten. Ungeduldig schraubte ich die Urne auf. Ich kam mir ziemlich albern vor. Niemand konnte mich hören. Und die Vögel, die aufs Meer hinausflogen, verstanden eh kein Deutsch. Es war nicht so einfach, wie ich mir das vorgestellt hatte. Aber jetzt wollte ich es hinter mich bringen. Ich hob die offene Urne mit beiden Händen hoch und schüttete die Asche in den Wind. Es gibt eine Überlieferung, die besagt, dass Folteropfer zur Zeit der Französischen Revolution innert weniger Minuten schlohweißes Haar bekommen haben. Ich weiß nicht, ob das eine wahre Geschichte ist, auf jeden Fall war es nicht mein Problem. Mein Problem war, dass der Wind die Asche nicht wollte und sie zurückblies. Ich hatte vergessen, die Windrichtung zu prüfen. Jetzt stand ich da, von oben bis unten bestäubt mit der grauen Asche meiner toten Frau. Sie ließ mich einfach nicht gehen! »Ich hasse dich!«, schrie ich aus voller Kehle. »Ich werde mich an dir rächen! Ich werde unser Haus ab-reißen, das du so liebevoll renoviert hast, ich werde es zerstören, ich werde deinen gepflegten Rasen umpflügen und der Natur überlassen, bis das Unkraut die Ruinen deines Hauses über-wuchert und erstickt. Ich hasse dich, ich werde mich rächen und mit jeder Frau ins Bett gehen, die mir über den Weg läuft. Ich werde dich bestrafen und demütigen, wie du mich die letzten Jahre Tag für Tag gedemütigt und erniedrigt hast! Ich habe das verdammt nochmal nicht verdient!« Dann kniete ich nieder und weinte hemmungslos. Ich habe auch jetzt, wo ich das schreibe, einen Kloß im Hals. Aber ich weine nicht mehr. Irgendwann ist die »Flasche leer«. Ich hatte akzeptiert, dass das Leben nicht gerecht war.

Ich hörte Kinder lachen. Auf dem benachbarten Hügel standen sie und schauten zu mir herüber. Sie hatten mich offenbar die ganze Zeit über beobachtet. Jetzt rannten alle zur Klippe, blieben abrupt stehen und schmissen eine imaginäre Urne ins Meer, während sie unverständliches Zeug brüllten. Es klang wie *Assedi, Assedi*. Dann kullerten sie sich vor Lachen und ließen sich zu Boden fallen.

Ich war richtig erleichtert, als ich den Hügel wieder hinunterlief. Man kann es durchstehen, sagte ich mir, es ist machbar, aber unmittelbar nach einem Todesfall weiß man das nicht. Da öffnet sich der Boden, und man saust wie eine Betonkugel in ein schwarzes Loch hinunter, in ein endloses Loch. Dann braucht man einen Freund, der einem sagt, dass man eines Tages wieder an die Oberfläche kommt. Man braucht einen Freund. Oder ein Buch wie dieses.


Ich nahm den nächsten Flug nach Hongkong. Bei der Gepäckkontrolle fiel mir auf, dass ich die Urne immer noch bei mir hatte. Sie war leer, aber ich war sie nicht losgeworden. Hatte ich mich selbst betrogen? Wenn ich die Urne nicht auswusch, waren immer noch Überreste vorhanden. Ich hatte ja keine Erfahrung mit solchen Entsorgungen, aber ich musste es richtig zu Ende bringen. Ich war fast am Ziel. Ich fuhr mit einem Taxi an die Südküste Hongkongs, nach Aberdeen. Dort lag der Ocean Park, das größte Aquarium der Welt. Es war nicht schön, was ich vorhatte. Ich meldete mich für das *Grand Aquarium Scuba Diving*. Erfahrene Taucher konnten hier in kristallklarem Wasser inmitten von Teufelsrochen, Hammerhaien und Napoleon-Lippfischen in einem Fünf-Millionen-Liter-Aquarium schwimmen.

Leider bekam ich keinen Zutritt, weil ich keine Taucherlizenz vorweisen konnte. Ich erklärte der netten Chinesin, dass ich gern zwei Minuten in die Umkleidekabine gehen möchte, doch sie lehnte ab. Ich stand unschlüssig herum. Plötzlich sah ich, wie sich in der Werbewand eine Tür öffnete und jemand in einem überdimensionalen Pinguinkostüm die Besucherhalle betrat. Ich schritt energisch auf diese Tür zu und fand mich allein in einem fensterlosen Raum, in dem zahlreiche Fantasiekostüme auf Schneiderpuppen montiert waren. Ich entschied mich für das Krokodil.

So kostümiert, ging ich nun an der netten Chinesin vorbei und betrat die Umkleidekabinen der Taucher. Jemand klopfte mir auf die Schulter. Ich drehte mich um. Es war wieder diese kleine Chinesin. Sie nahm mir den Krokodilskopf ab. Ich sah nun ziemlich albern aus, stieg aus dem Plastikpanzer und griff nach meiner Geldbörse. Ich überreichte ihr mit beiden Händen 500 Hongkong-Dollar und verneigte mich respektvoll. Sie erwiderte die Verneigung, schüttelte aber den Kopf und wich freundlich lächelnd einen Schritt zurück. Ich überreicht ihr nun zusätzlich tausend Hongkong-Dollar. Sie nahm das Geld mit beiden Händen entgegen und entfernte sich mit einem Bückling. Ein junger, quirliger Mann, der nur so vor Energie sprühte, hatte den Umkleideraum betreten und blitzschnell seinen Taucheranzug angezogen. Die Vorfreude war ihm ins Gesicht geschrieben. Ich ging auf ihn zu.

»Könnten Sie mir einen Gefallen tun?«, fragte ich ihn.

»Sehr gern sogar«, sagte er.

Ich reichte ihm diskret die Urne und flüsterte: »Wir drehen hier eine Folge für *Candid Camera*. In fünf Minuten sollten Sie dieses Gefäß öffnen und im Becken versenken. Wir sind dann unten in der Ausstellungsgalerie und filmen die Ankunft.«

Der Taucher willigte sofort ein und zwinkerte mir zu. Er warf einen raschen Blick auf die Uhr und stellte den Timer: »Five Minutes!«, grinste er und drehte den Daumen nach oben.

Ich verließ eilig den Umkleideraum und hetzte zur Ausstellungsgalerie hinunter. Hier gab es eine gemütliche Bistrot-Halle vor einem gigantischen Aquariumfenster. Ich bestellte mir ein Glas Champagner und warf einen Blick auf die Uhr. Gebannt starrte ich auf die monumentale Wand des Aquariums. Plötzlich stoben die Fische panikartig auseinander. Die Urne sank wie in Zeitlupe, drehte sich um die eigene Achse und landete sanft auf dem künstlichen Meeresgrund, wo sie etwas Sand aufwirbelte. Mit Genugtuung nahm ich zur Kenntnis, dass selbst Fische vor Andrea Reißaus nahmen. Jetzt erreichte meine Boshaftigkeit ein Ausmaß, das einer griechischen Sage würdig war: Andrea sollte für immer hier gefangen sein, schutzlos den Blicken von Millionen Schaulustigen ausgesetzt. Sanfte psychedelische Klänge würden sie fortan begleiten und ärgern. Gleißendes Licht würde ihre Urne beleuchten. Leonard Cohen in abgedunkelten Räumen bei einem Glas Rotwein, das war Geschichte. Ich trank meinen Champagner und fühlte mich ziemlich mies.

Bis in die frühen Morgenstunden streifte ich durch die Musikbars von Lan Kwai Fong, wo sich ein Klub an den anderen reiht. Alle Pubs waren zur Straße hin offen. In jedem Lokal standen zierliche Filipinas auf kleinen Holzbühnen. Ihre kraftvollen, rauchigen Stimmen erzählten mit Inbrunst Geschichten über Liebe und Verluste.

*Mahal kita, walang hanggan*
*Iibigin ka, ikaw lamang*
*Itatangi ko magpakailanman*

In Lan Kwai Fong verkehrten viele weiße Expats, vor allem Engländer. Sie führten sich auf, als wären sie immer noch die

Kolonialherren. Ich zog das weniger noble Wan Chai am Hafen vor, wo man sich bis in die frühen Morgenstunden am Leben berauschte.

Tim folgte nun seiner eigenen Agenda. Ich glaube, er hatte sich verliebt. Er frühstückte immer zur Mittagszeit mit einer fröhlichen Chinesin, die ihn offenbar sehr mochte. Sie waren sich um drei Uhr morgens im Eslite Bookstore in Causeway Bay vor dem Murakami-Buchregal begegnet und hatten seitdem jede freie Minute zusammen verbracht. Drei Uhr morgens? Zahlreiche Shops in Hongkong haben 24 Stunden offen, während wir hier im Westen absurde ideologische Debatten über Ladenöffnungszeiten führen. Henri war in den USA und sandte mir täglich Rapporte über seine sexuellen Eskapaden. Aber es blieb ein Rätsel, welche geschäftlichen Aktivitäten er auf seinen Reisen um den Globus verfolgte. Ich spazierte stundenlang durch die tropisch heißen Straßenschluchten und engen Gassen und entwickelte wieder Interesse an meiner Umgebung: Ich betrat jeden Laden, schaute mir das Sortiment an, klapperte die kleinen Stände im Norden von Central ab, ernährte mich von 7-Eleven-Produkten und aß abends im Café Siam, das unter dem Central Elevator lag, der längsten Freiluft-Rolltreppe der Welt. Sie begann unten im Central und endete hoch oben in den Mid-Levels, das war mein neues Revier.

## Pad Thai

Das Café Siam war ein wunderbares Thai-Restaurant, aber fragen Sie mich nicht, wieso es Café hieß. Ich hätte eine der Thais fragen können, die mir jeweils mein Pad Thai brachten und eine zusätzliche Limette. Eine hätte ich sogar ausgesprochen gern darauf angesprochen, sie hatte ein schönes, freundliches Lächeln und freute sich stets, wenn ich wiederkam. Mit der Zeit begrüßte sie mich wie einen Verwandten. Irgendwann musste ich mir eingestehen, dass ich nur wegen ihr kam. Sie beobachtete mich, wenn ich aß, und eilte zu meinem Tisch, wenn ich mein Glas leer getrunken hatte, um mir nachzuschenken.

»Ich kann mir schon selber nachschenken«, sagte ich ihr eines Tages freundlich, »ich bin speziell dafür ausgebildet worden.« Sie lachte und meinte, ich sei Gast und sie bediene gern, das sei auch ihre Aufgabe. In ihrer Heimat würde man es als Beleidigung empfinden, wenn der Mann sich nicht bedienen lasse.

»Dann bitte gleich noch ein Glas.«

Ich kam jeden Mittag eine halbe Stunde vor zwölf ins *Siam*. Da waren die Tische noch leer, und ich hatte Zeit, ein bisschen mit Sasithorn zu plaudern. Sie stammte aus dem Norden Thailands, wo die Menschen die helle Haut haben, die sich die Dunkelhäutigen in Ostthailand in ihren Träumen wünschen.

Ich erinnere mich nicht mehr, wie es dazu kam, dass wir eines Abends zusammen im Kino der Pacific Shopping Mall saßen und Popcorn knabberten. Wir schauten uns viele Filme gemeinsam an und diskutierten anschließend in einem zur Straße offenen Thai-Lokal in Wan Chai über den Film, Gott, beziehungsweise Buddha, und die Welt. Sie hatte einen feinen Humor, der mich stets an Woody Allen erinnerte, und wie viele Asiatinnen eine ausgeprägte nonverbale Kommunikation. Wir waren gern zusammen. Die Essen in den Thai-Restaurants waren etwas mühsam, da sie kaum etwas zu sich nahm. Sie pickte nur einzelne Reiskörner, trennte Chilischoten und Zwiebeln, sezierte jedes kleinste Fleischstück und kaufte sich nach dem Verlassen des Lokals in einem der zahlreichen 7-Eleven-Shops Süßigkeiten. Wenn sie dann wie ein Schulkind wippend mit ihrem Lollipop den Shop verließ, wirkte sie tatsächlich wie ein Kind. Aber sie war eine erwachsene, schöne Frau von 41 Jahren aus dem ehemaligen Königreich Siam.

Wir liebten lange Spaziergänge in der Nacht. Meistens kehrten wir anschließend im Eslite Bookstore in Causeway Bay ein. Manchmal übernachtete sie bei mir in der Jaffe Road, einem Service-Apartment, das ich kürzlich mit Tim gemietet hatte, da ich Henris Großzügigkeit nicht länger in Anspruch nehmen wollte. Wie jeder Wohnraum in Hongkong sind auch Service-Apartments sehr klein, aber Tim und mir gefiel die Lage, und gleich nebenan war eine Frühstücksbar, die ab vier Uhr morgens geöffnet hatte.

Sasithorn und ich liebten es, im Bett zu liegen und zu lesen. Mir gefiel die Vertrautheit, die zwischen uns herrschte. Ich glaubte mittlerweile daran, dass es möglich war, wieder eine Heimat zu finden. Sie mochte es, mit mir zu später Stunde noch einen Drink im *Joe Bananas* zu nehmen, einer berüchtigten Kneipe, in der sich vor einigen Wochen zwei rivalisierende Triaden-Banden tödliche Gefechte geliefert hatten, ein bisschen High Noon: sieben Tote – es war mir egal. Uns gefielen die Oldies, die im *Joe Bananas* gespielt wurden, in meinem neuen Leben würde mich eh niemand erschießen.

Fast schon aus Trotz aß ich mit Sasithorn am Abend nur noch in den Straßenkantinen, die in jeder Seitengasse ihre Düfte verströmten. Ich verschlang verdorbenes Fleisch, vergammelten Salat und schlürfte ölige Suppen, in denen seltsame Viecher schwammen. Ich hatte mich endgültig von der Schraubenkiste befreit. Und von Andrea. Ich fühlte mich plötzlich unbesiegbar. Sie erinnern sich vielleicht noch an die Siegespose des schwarzen italienischen Stürmers Mario Balotelli nach seinem zweiten Tor an der EM 2012 gegen Deutschland? Tja, so fühlte ich mich. Nur behielt ich mein Shirt an.

Als ich Sasithorn eines Tages sagte, ich wolle ins Money-Museum nach Bangkok, wollte sie mich unbedingt begleiten. Sie meinte, das sei zu gefährlich für mich. Da würde mir bestimmt so ein kleiner Gauner am Flughafen Drogen ins Gepäck schmuggeln, und ich würde den Rest meines Lebens in einer Zelle mit 34 Kriminellen verbringen, die mich Tag und Nacht vergewaltigten. Das war überzeugend, wir flogen gemeinsam. Im Bank of Thailand Museum an der Samsen Road 273 deckte ich mich großzügig mit Büchern, Dias und DVDs ein. Obwohl ich meinen Roman über den Papiergelderfinder John Law längst publiziert hatte, arbeitete ich weiterhin an diesem Stoff. Fragen Sie mich nicht, wieso. Tourette? Ich weiß es nicht, und es hat mich auch nie interessiert.

Wir behielten unsere Angewohnheit bei, die Abende lesend im Hotelbett zu verbringen. Langsam kehrte wieder Frieden und Harmonie in mein Leben zurück. Ich wachte meistens in den frühen Morgenstunden auf und las in meinem Buch. Wenn Sasithorn wach wurde, kuschelte sie sich an mich und stellte sich weiterhin schlafend. Eines Morgens fuhr sie mir zärtlich über die Lenden.

»Kannst du dich noch konzentrieren?«, murmelte sie schlaftrunken.

Sie griff mit geschlossenen Augen nach meinem Buch und warf es an das Fußende. Dann setzte sie sich schweigend auf mich und führte mein Glied in ihre Scheide, die schon sehr feucht war. Sie kam bereits nach wenigen Sekunden, doch sie machte weiter, verträumt und befriedigt, und kam dabei immer wieder zum Höhepunkt. Dann legte sie sich auf den Rücken und zog mich an sich.

»Nicht aufhören«, flüsterte sie.

Sasithorn litt unter einer außergewöhnlichen Sensibilität. Sie weinte rasch und war leicht erregbar. Bereits ein langer Kuss brachte sie zum Höhepunkt, und ihre Orgasmen waren wie endlose spastische Zuckungen. Das war selbst mir neu, einem interessierten medizinischen Laien, der in Arztpraxen die Wartezeit stets mit den Sexberatungen in den Illustrierten überbrückte.

Als sie mir eines Nachts gestand, dass sie sich in mich verliebt hatte, fiel sie in Ohnmacht. Ich war schockiert, rief sofort den Zimmerservice und versuchte, sie in meiner Hilflosigkeit mit nassen Tüchern zu kühlen. Ich legte sie behutsam auf die Seite, wie ich es in meinen medizinischen Sachbüchern gelesen hatte. Als es an der Tür klopfte, sprang ich hoch. Was sollte ich erzählen? Eine tote Nackte in Zimmer 435! Der Thaiboy in der roten Uniform mit den goldenen Epauletten verneigte sich respektvoll und fragte, ob ich irgendeinen Wunsch habe. Dann hörte ich Sasithorns Stimme, sie gab dem Boy in ihrer Muttersprache zu verstehen, dass alles in Ordnung sei. Ich rief ihm nach, dass er bei Gelegenheit die Minibar auffüllen könne. Ich mochte dieses Thai-Bier, Singha. Sasithorn klärte mich auf, dass ihr das regelmäßig passiere. Sie sei eben sehr sensibel, das sei schon als Kind so gewesen. Ich sorgte mich echt, dass sie sich eines Tages bei einem Sturz die Zähne oder den Kiefer brechen würde, doch sie lächelte bloß und meinte, dass Buddha sie beschütze und sie jeweils wie ein Plüschtier in sich zusammenfalle.

Als wir an unserem letzten Abend in einem Grillrestaurant am Ufer des Chao-Phraya-Flusses saßen, sagte Sasithorn, dass sie ein Kind wolle, das müsse so sein. Ich dachte mir weiter nichts dabei. Frauen wollen in den ersten Liebesmonaten immer ein Kind, und wenn die Kinder groß und ausgeflogen sind, behaupten sie, nie Kinder gewollt zu haben. Wir kehrten nach Hongkong zurück.

Als ich im Hotelzimmer meine E-Mails abrief, piepsten Dutzende von Messages in meinem Ordner. Die meisten waren von Sariani. Sie war verzweifelt und musste mich sofort sprechen. Sie war bereits online. Ich sah sie vor der Webcam und war überrascht, wie hübsch und gepflegt sie war. Hinter ihr turnte Ken auf dem Bett herum. Sie sagte, sie brauche dringend Geld, um die Sprachtherapie fortzuführen. Ich nickte. Sie rief Ken herbei. Er winkte in die Kamera und machte lustige Faxen. Sie forderte ihn auf, zu sprechen. Schließlich sagte er »Daaa«, und Sariani übersetzte, er habe Daddy gesagt. Es gefiel mir nicht, dass diese Geschichte kein Ende nahm, aber ich dachte mir, mein Leben sei wieder ins Lot gekommen, und wollte auch anderen zu ihrem Glück verhelfen. Wieso nicht Ken und seiner Mutter?

Ich ging also ins World-Wide House in Central, wo sich auf drei Stockwerken unzählige kleine Filipino-Shops aneinanderreihen. Hier konnte man alle Produkte und Dienstleistungen erhalten, die es auf den Philippinen gab. Im dritten Stock gab es den obligaten Pfandleiher und ein kleines Büro von Western Union. Western Union ist *der* schnelle Geldtransfer für Millionen von jungen Frauen, die getrennt von ihren Familien in der Ersten Welt schuften, um Eltern und Geschwister in der Heimat zu finanzieren. Ich las mal, dass die über die ganze Welt verstreuten acht Millionen Filipinas und Filipinos jährlich über zwanzig Milliarden Dollar über Western Union in die Heimat schicken. Western Union ist aber auch der schnelle Geldtransfer für Kriminelle, Al Kaida und nette Menschen wie mich. Ich überwies Sariani das gewünschte Geld und noch ein bisschen mehr, weil ich hoffte, es sei nun Schluss damit.

In Causeway besprach ich mit Henri die letzten Vertragsdetails. Es ging um die Zahlungsmodalitäten: Wie viel sollte in Cash und wie viel in Aktien ausgezahlt werden, wie lange sollte die vertraglich festgeschriebene Haltedauer der Aktien und Optionen sein? Er führte mich durch Hallen, wo drei Dutzend junge Frauen und Männer hinter ihren Computern saßen, programmierten oder 3-D-Grafiken für den Casinokonzern auf Macau erstellten. Ab und zu zeigte er auf eine der Mitarbeiterinnen und zwinkerte mir mit einem Auge zu. Mit einem gespielten Ausdruck der Hilflosigkeit murmelte er: »Die wollen alle mit dem Chef. Gilt hier als Ehre.«

Als wir in seinem Büro chinesischen Grüntee tranken, fragte er mich nach der Mutter dieses taubstummen Kindes. Ich erzählte ihm, dass sie während meiner Abwesenheit meinen Mailordner zugemüllt hatte. »Die ist nicht gerade schüchtern«, sagte ich, »sie hat mich auch noch beklaut«.

»Wenn ich dir als Freund einen Rat geben darf: Beende es rasch. Als ich vor fünfzehn Jahren nach Hongkong kam, hatte ich ähnliche Episoden. Du musst das entschlossen beenden. Das eskaliert. Du hast es mit Frauen zu tun, die nichts zu verlieren haben und nur gewinnen können, wenn sie einen ›Prinzen aus dem Abendland‹ treffen. Dass sie dich schamlos beklaut hat, nachdem du ihr so geholfen hast, ist für sie nicht peinlich. Sie kommt aus Jakarta! Warst du schon mal in Jakarta? Halte dich an Filipinas oder an Frauen anderer Kulturen. Filipinas sind sehr freundliche Menschen, oft sehr religiös, aber nicht europäisch-intellektuell, sondern mehr auf das Handeln und das tägliche Leben bezogen. Sie beten regelmäßig, gehen gern in die Kirche und sind oft in Pflegeberufen beschäftigt. Sie sind überwiegend ehrlich und haben mit die beste Arbeitsmoral aller Südostasiatinnen. Auffallend ist ihr starker Lebenswille und die Freude am Dasein, selbst in den bescheidensten Lebensverhältnissen. Es sind fröhliche Menschen, die ständig ein Lächeln auf den Lippen haben. Sie lieben Partys, Tanz und Musik. Alle Live-Bands hier in Hongkong haben philippinische Leadsängerinnen. Filipinas sind Gruppenmenschen, selten Individualistinnen, sie lieben große Familien, große Gefühle und große Langnasen. Eigentlich sind sie das pure Gegenteil von Russinnen. Ich hatte ja sieben Jahre lang eine Firma in St. Petersburg. Russinnen sind hübsch und meist kultiviert, aber depressiv wie die meisten Völker im Osten, und sie saufen ständig. Halt dich fern von den Russinnen. Ich hatte übrigens mal eine Freundin aus Venezuela. Fünf Jahre lang…«

*Stopp,* schrieb mein Agent an den Rand. *Erspare deinen Leserinnen und Lesern jeglichen sexistischen Kommentar über Südamerikanerinnen.*

Wie hat er sich das bloß vorgestellt? Wenn ich eine Figur erschaffe, verliere ich allmählich die Kontrolle. Henri wäre nicht Henri, wenn er nicht so denken und sprechen würde, wie Henri spricht. Und mein Agent wäre nicht mein Agent, wenn er wie Henri denken und sprechen würde. Gilt natürlich auch für mich. Nein, ein Romanautor kann seine Figuren nicht umziehen. Er darf ihnen nicht den Mund verbieten. Er begleitet sie und lernt sie auf der langen Reise kennen. Und manchmal muss er sie ans Kreuz schlagen und schlachten. Aber er muss schreiben, was ist, und nicht, was die Political Correctness des Agenten wünscht.

»Hast du eigentlich eine Freundin?«, fragte Henri. »Tim sagte mir, du wärst in Bangkok gewesen?«

»Sasithorn, sie kommt aus dem Norden Thailands.«

»Thailänderinnen sind im Gegensatz zu den Filipinas meist nicht so religiös«, sinnierte Henri, »und wenn, dann buddhistisch, was sich im Leben nicht als Religion zeigt. Durch den Buddhismus ist auch die Lebenseinstellung nicht so positiv wie bei den Filipinas. Sie sind aber dennoch extrem nett im Umgang und freundlich. Filipinas sind wesentlich dominanter in Beziehungen. Aber Thais sind aggressiver beim Sex, die haben keine religiösen Hemmungen. Deshalb sind sie auch toleranter. Wo gibt es so viele Ladyboys wie in Thailand?«

»Du solltest ein Buch schreiben«, lachte ich, »du könntest es unter einem Pseudonym veröffentlichen.«

»Wieso ein Pseudonym?«, fragte Henri verdutzt.

Er zeigte mir anschließend auf einem Riesenmonitor die neusten Slot-Machine-Modelle, die er für ein Casinounternehmen auf Macau entwickelte. Er sprach kaum über technische Details. »Weißt du«, sagte Henri, »ich will das alles nicht bewerten. Du weißt ja, ich liebe asiatische Frauen. Ich kann diese hoch komplizierten, ewig missgelaunten europäischen Emanzen nicht ausstehen, die wissen gar nicht, wie gut es ihnen geht. Nur darf man sich auch nichts vormachen. Das ist die große Gefahr. Ich sagte dir ja, dass ich mich in den ganzen fünf Jahren, die ich mit meiner Freundin zusammen bin, nicht ein einziges Mal mit ihr gestritten habe. Das fällt uns europäischen Männern sehr positiv auf. Weil die Frauen bei uns oft Hyänen sind. In Asien ist die Kultur aber darauf angelegt, Konfrontation zu vermeiden, das lernen die Menschen und insbesondere die Frauen von Kindheit an. Ihr im Westen missversteht das als Unterwürfigkeit. Ihr werdet unsere Kultur nie verstehen.«

»Ich muss ein Kind haben«, sagte Sasithorn eines Nachts. Sie klang sehr ernst. Sie flehte mich an: »Du musst mir ein Kind machen.«

»Ich bin zu alt dafür«, sagte ich zu ihr.

»Diesen Eindruck habe ich noch nie gehabt«, antwortete sie. Sie lächelte nicht dabei, sie fühlte sich elend.

»Sasithorn, alles was ich als Vater geben kann, habe ich Tim gegeben. Ich bin jahrelang mit ihm auf dem Teppich herumgekrabbelt, habe Armeen von Plastikfiguren in die Schlacht geführt, Schiffe, Tempel und Katapulte gebaut, alle Zoos Europas besucht, ihm mein ganzes Wissen vermittelt. Aber ich habe mich auch verausgabt. Ich kann das nicht ein zweites Mal. Ich habe schon alles gegeben.«

Sasithorn senkte den Kopf. Ich glaube, sie weinte.

»Wir hätten einen Mischling. Mischlinge sind sehr schön«, flüsterte sie.

»Muss es denn unbedingt ein eigenes Kind sein?«, fragte ich nach einer Weile.

»Ja«, sagte Sasithorn, »meine Mutter will es so.«

»Deine Mutter? Was geht das deine Mutter an?«

»Machst du dich lustig über mich?«

»Nein, Joe, natürlich nicht. Ich respektiere dich. Aber ich schwöre bei Gott, dass das eine Hörgerät ins Klo gefallen ist. Mach doch jetzt keine Story daraus! Kann passieren. Ken ist noch ein Kind!«

Ich war sehr wütend und schwieg. Nach einer Weile sagte sie: »Es ist sehr langweilig hier, seit sie uns den Fernseher gestohlen haben.«

»Sie haben dir den Fernseher gestohlen?«

»Das ist normal auf den Philippinen. Jeder stiehlt jedem den Fernseher.«

Ich schwieg erneut.

»Weißt du, Joe, ein Leben ohne Fernseher, in diesem Elend, das ist nicht lustig. Ich würde lieber aufs Essen verzichten als auf den Fernseher. Und Ken liebte diese Tiersendungen!« Sie drückte die Krokodilstränen-Taste. Ein klassischer Notfall. Ich fuhr zu Western Union und überlegte, wieso Fernseher auf den Philippinen teurer waren als in Europa. Die Leute von Western Union kannten mich schon, eine junge Angestellte mochte ich besonders. Doch bloß keine neuen Geschichten!

Tim und ich flogen mit Henri nach Peking und von dort in den Norden, weil Henri noch einen Termin in Taiyuan bei Foxconn hatte. Er wollte elektronisches Spielzeug produzieren lassen, das man mit dem iPhone steuern konnte. Er hatte auch eine Idee für Mobile-Casinos, digitale Roulettekessel am Handgelenk. Mr. Li führte uns durch schier endlose Hallen, wo Tausende von einheitlich gekleideten jungen Menschen im Akkord Bauteile zusammensetzten. Aufseher patrouillierten zwischen den endlosen Werkbänken, als gelte es, Strafgefangene zu beaufsichtigen.

Mr. Li war ein kleiner, wirbliger Festlandchinese, der auch lachte, wenn ihm nicht danach zumute war. Er wollte Geschäfte machen. Foxconn, ließ er über seinen Dolmetscher mitteilen, beschäftige weltweit 1,5 Millionen Mitarbeiter, und alle renommierten Firmen der IT-Welt seien Foxconn-Kunden: Acer, Amazon, Apple, Dell, HP, Intel, Microsoft, Motorola, Nintendo, Nokia, Sony, Toshiba. In einer Halle sah ich tatsächlich das neue iPhone von Apple. Mit unverblümtem Stolz ließ Mr. Li übersetzen, dass sie jeden Auftrag fristgerecht erledigten; bei Engpässen würden Studenten von drei Dutzend Universitäten zwangsverpflichtet und für drei Monate zu Foxconn gekarrt. Henri grinste mich an und murmelte: »Siehst du, wenn du Kontakte zum Militär hast, kannst du nach Belieben ganze Universitäten abkommandieren.«

Mr. Li lobte die Arbeitsleistung von zwölf Stunden pro Tag, die Sechstagewoche und die hohen Monatslöhne von umgerechnet 198 Dollar.

»Deshalb haben sie wahrscheinlich den Public Eye Award gewonnen«, sagte ich zu Henri.

Der Dolmetscher übersetzte, und Mr. Li nickte stolz, offenbar hatte er den Public Eye Award mit einem anderen Award verwechselt. Henri gefiel das Ganze überhaupt nicht. Ein iPhone koste in der Herstellung nur 134 Dollar, weil die jungen Leute hier wie Roboter eingesetzt und behandelt würden, sagte er. Deshalb sei auch die Suizidrate so hoch.

»Wieso kann Steven Jobs nicht das Doppelte bezahlen, damit die Menschen ein würdiges Dasein haben?«, fragte ich, »er kann seine Milliarden eh nicht mitnehmen. Das Totenhemd hat keine Taschen.«

»Es geht nicht ums Geld, Sammy, es geht um das Spiel, jeder spielt auf Sieg.«

Henri und Mr. Li überwarfen sich. Wir marschierten verärgert zu unserem Taxi zurück.

»Wieso musste der Kerl immer so rumschreien. Wir sind doch nicht schwerhörig.«

Wir flogen weiter nach Vietnam, Singapur, Südkorea, Thailand, Malaysia, Indonesien und auf die Philippinen. In jeder Stadt musste der Professor irgendeine Firma besuchen. Er war ein begnadeter Networker und wusste, dass man Geschäfte nicht in Büros abwickelt, sondern spät am Abend in den Bars mit viel Alkohol, Live-Musik und nackter Haut. Henri kannte alle Lokale, die einen Besuch wert waren. Er war ein Organisationsgenie. Es gab keinen Ort, an dem nicht bereits eine Überraschung auf uns wartete.

Sie werden hier aber keine Überraschung erleben. Mein Agent hat all die Kapitel ersatzlos gestrichen. Er meinte, das sei zu viel des Guten, ich müsse an die Zielgruppe denken. Die hätte es lieber etwas diskreter. Nun gut, er kennt Asien nicht, er kennt nur den Duden, und der ist mir heute noch ein Rätsel. Wenn ich in deutscher Sprache schreibe, fühle ich mich wie ein schlecht integrierter Ausländer. Aber es ist mir egal, in der Script Avenue spielt die Orthografie keine Rolle. Aber in einem muss ich Henri recht geben: Kulturen lernt man am besten über die Liebe kennen.

»Ich liebe die Frauen«, sagte Henri, »jede ist anders. Jede hat ihre eigene Art. Jede genießt auf ihre Art. Jede kommt auf ihre Art. Und jede muss auf ihre Art erobert werden.« Sein Mobile klingelte. Er schien irritiert. Für einen flüchtigen Augenblick sah ich etwas wie Angst in seinen Augen. Er warf den Kopf herum und schaute sich kurz im Lokal um, ehe er den Anruf annahm. Er flüsterte seinen Namen und hörte zu. Er schaute kurz zu Tim und mir rüber. Wir schienen ihn zu stören. Ich beugte mich zu Tim und fragte ihn, ob ihm die Sängerin gefalle, ich wollte bloß, dass er nicht mehr zu Henri hinüberschaute.

»Ich mag den Song«, sagte Tim, »und du?«

»Ja«, sagte ich leise, »*This Is My Life,* da waren wir in Marseille, erinnerst du dich?«

Tim lachte leise: »Wir hatten uns beim Pont du Gard verfahren. Es regnete in Strömen, und dann ging uns noch das Benzin aus.« Wir lachten beide leise. »Und als wir um drei Uhr morgens im Hotel ankamen, sagte der Hotelbursche, es tue ihm schrecklich leid. Wir dachten, unser Zimmer sei belegt. Aber sie hatten lediglich kein Himbeereis mehr.«

Henri hatte das Gespräch beendet.

»Freunde?«, fragte ich.

»Ich habe eigentlich keine Freunde. Ich mache Geschäfte, aber Freunde … Ich habe nur Freundinnen.«

Henri versuchte die Stimmung wieder aufzuhellen. Aber der Abend war im Eimer, irgendetwas bedrückte ihn.

Nach einigen Monaten kehrten wir nach Hongkong zurück. Sariani hatte in meiner Abwesenheit wieder einmal meinen Mailordner zugemüllt. Sie wollte sich bei mir entschuldigen und für alles bedanken. Es war bestimmt kein guter Entscheid, mich wieder zu melden. Ich tat es trotzdem und sah eine strahlende Sariani vor der Webcam. Sie hatte sich hübsch zurechtgemacht. Hinter ihr tanzte Ken auf dem Bett herum und winkte mir zu.

»Ich war in der Kirche, Joe. Ich habe zu Gott gesprochen. Und Gott hat mir geantwortet. Er hat gesagt, ich solle dir den Samsonite-Koffer zurückgeben und zwölf Vaterunser beten.«

Oh Gott, dachte ich, lass diesen Kelch an mir vorüberziehen.

»Das ist aber sehr nett vom lieben Gott, dass er sich jetzt auch um gestohlene Samsonite-Koffer kümmert. Das käme Buddha nicht in den Sinn. Der würde nur vor sich hin grinsen und Hamburger verdrücken. Aber geh nochmals in die Kirche und sage Gott, dass *stupid Joe* seinen Samsonite-Koffer nicht mehr braucht. Sag ihm, der Koffer passe farblich nicht zu seinen Shorts.«

Ich hätte den Koffer natürlich gern wieder in Empfang genommen, aber ich bin sicher, dass der Koffer nicht allein gekommen wäre, sondern prall gefüllt mit neuen Problemen.

»Danke, Joe, du bist der großzügigste Mensch, der mir jemals begegnet ist.«

»Wahrscheinlich auch der dümmste«, lachte ich.

»Das darfst du nicht sagen, Joe!«, seufzte sie und begann zu weinen. Sie machte wieder das Krokodil. Ich will mich nicht darüber lustig machen, denn ich habe ja monatelang weiß Gott wie lange das Krokodil gemacht, aber ihre Tränen waren wirklich guinessbuchrekordreif.

»Wie lange bleibst du noch in Hongkong, Joe?«

Ich zuckte die Schultern.

»Hast du eine Freundin in Hongkong?«

»Ich habe viele Freundinnen in Hongkong.«

»Dann wirst du wohl eine heiraten«, sagte sie. Sie war niedergeschlagen.

»Nein, ich werde nie mehr heiraten.«

»Aber mich könntest du trotzdem heiraten und mich nach Dänemark mitnehmen.«

»Jetzt verwechselt du mich mit einem andern *stupid Joe,* oder?«

»Nein, Joe«, beteuerte sie, »ich habe nur Ken. Wir haben sonst nichts. Wenn wir eine kleine Straßenkantine hätten, könnten wir uns selber ernähren. Ich würde jeden Morgen um drei Uhr aufstehen, auf den Markt gehen, das beste Gemüse aussuchen und kochen. Ich bin eine gute Köchin. Ich hätte direkt vor meiner Wohnung eine kleine Kantine. Und um sechs Uhr würden die ersten Angestellten nach Makati kommen. Das ist das Geschäftsviertel. Die würden bei mir eine Kleinigkeit kaufen, davon könnten Ken und ich leben.«

Ich hatte nicht im Sinn, etwas zu entgegnen. Sie wartete vergeblich.

»Wir müssten dich nie mehr um Geld bitten.«

Ich kratzte mich nachdenklich hinter dem Ohr.

»Joe! Ich würde dich nie mehr um Geld bitten! Du wirst nie mehr etwas von mir hören! Bitte, ein allerletztes Mal!«

Als Selfmademan, der Eigenverantwortung und Eigeninitiative staatlichen Almosen vorzog, fand ich die Idee grundsätzlich nicht übel. Hilfe zur Selbsthilfe und so. Zurück zu Western Union. Ich wurde auf allen Stockwerken herzlich begrüßt. Ich war der einzige Weiße in diesem World-Wide House. Ich ging zum Schalter von Western Union. Sie freuten sich wahnsinnig, mich zu sehen. Endlich ein richtiger Sanierer!

Ich aß mit Tim Crab-Cake in der Coyote Bar hinter der Hennessy Road. Ich beobachtete Tim aufmerksam. Er blickte kurz von seinem Teller hoch: »Ja, Sammy, wir sind in der Script Avenue. Sie ist nach Osten hin erweitert worden. Jetzt haben wir auch eine Hennessy Road in der Script Avenue.«

Am Tisch gegenüber saß eine Frau, die mich irgendwie an Andrea erinnerte. Ich musste immer wieder zu ihr hinüberschauen. Sie erwiderte den Blick. Sie schien mir zu sagen: »Du bist wie ein wildes Tier aus dem Dschungel. Man muss dich zähmen, zivilisieren, sozialisieren. Leute, die dir mal begegnet sind, behalten in Erinnerung, dass du komisch bist. Nicht normal.«

Sie hob die Augenbrauen, als wolle sie mich fragen, ob sie recht habe. Jacks Tochter eben.

»Ich bin kein wildes Tier aus dem Dschungel. Ich bin mit Schafen aufgewachsen, in einer Krippe, wie das Christkind in Bethlehem«, murmelte ich vor mich hin. »Auch Josef und Maria waren da. Und die Schafe natürlich. Josef rauchte Kette, Gitanes Bleues, wusstest du eigentlich, dass Josef raucht? Ich habe noch nie eine Krippe mit einem rauchenden Josef gesehen. Und hinten im Stall stand kein Ochse, sondern ein uraltes Militärmofa mit Seitenwagen. Die heilige Maria, Tante Puce, war zierlich und unterwürfig, wie die meisten Krippenfiguren. Unbefleckte Empfängnis, das passt sogar. Das Bündel Fleisch in der Schraubenkiste war ihr Sohn, aber niemand hatte sie geschwängert.«

Ich glaube, das ist eine Version, die noch kein Bibelforscher in Erwägung gezogen hat. Jesus ist nicht ihr Sohn! Er ist ein Bastard aus einem Dorf, das niemand kennt. Er war plötzlich da, wie ein Paket von DHL.

»Lass uns ein Coconut-Eis bestellen«, sagte Tim. Auch er beobachtete mich sehr genau. Als die Becher serviert wurden, tunkte ich diskret meinen Finger ins Eis. Es war kalt. Es war real, aber in letzter Zeit war alles in der Script Avenue sehr real.

»Was murmelst du da vor dich hin«, lachte Tim und ließ das Eis genussvoll in seinem Mund zerfließen.

»Das ist die Script Avenue«, sagte ich. »Sie frisst sich immer mehr in mein Leben, sie verwebt sich mit der Realität. Ich muss mehr schreiben, dann werde ich weniger bedrängt.«

»Kriegst du immer noch Mails von dieser Frau, die sich deinen Koffer ausgeliehen hat?«

»Jetzt nicht mehr, ich habe ihr gestern nochmals Geld geschickt. Ein allerletztes Mal! Damit sie eine Straßenkantine betreiben kann.«

»Du bist jetzt Mitinhaber einer Straßenkantine in Manila?«, grinste Tim. Ich bestellte mir ein Desperados-Bier.

»Ich habe jetzt auch Besitztümer in Asien. Ich bin Mitbesitzer eines Gartengrills. Erinnerst du dich an das thailändische Mädchen? Sie brauchte dringend Geld, um ein kleines Grundstück hinter dem Haus ihrer Eltern zu erwerben. Nicht größer als ein Sandkasten. Aber ihr Vater hatte auf dem Nachbargrundstück einen Grill einbetoniert, und der Nachbar drohte, die ganze Familie mit einer Bazooka auszulöschen, wenn er den Grill nicht sofort entferne. Also habe ich ein bisschen gespendet, damit er diese paar Quadratmeter erwerben konnte. Ich habs getan, um Menschenleben zu retten, und bin jetzt Mitbesitzer eines Grillplatzes in Sukhothai. Aber ich habe sie nun als Spam markiert. Solltest du auch tun.«

Wir schauten uns den Vogelmarkt im Osten Hongkongs an. Wir hatten beide ein wenig Bedenken wegen der aktuell grassierenden Vogelgrippe, aber wir hielten es für ausgeschlossen, dass uns beiden noch irgendetwas Übles widerfahren könnte. Wir glaubten unbewusst, dass sich das Schicksal an Statistiken hält und wir unser Kontingent an Schicksalsschlägen ausgeschöpft hatten. Die verängstigten Singvögel in ihren kleinen Käfigen taten uns irgendwie leid. Singvögel sind die beliebtesten chinesischen Haustiere, was aufgrund der prekären Wohnverhältnisse durchaus verständlich ist. Tim wollte den Markt verlassen: »Es sind vermutlich die einzigen Tiere, die Chinesen nicht erdrosseln, kochen, marinieren, grillen, braten, zu Hackfleisch verarbeiten oder in Yum Yum verstecken.«

Da Tim ständig angerempelt wurde, und zwar ziemlich ruppig, verließen wir den Markt. Aber der Markt erstreckte sich über ein ganzes Quartier. Nach den Singvögeln kamen die Marktstände mit lebenden Spinnen und Grillen, Fische, die hechelnd und zuckend in der brütenden Hitze krepierten, und Hühner, die wie Plüschtiere in kleinen Käfigen zusammengepfercht waren und wohl qualvoll erstickten, wenn sie nicht rechtzeitig verkauft wurden. Irgendwie machte uns der Anblick dieser armen Kreaturen wütend und traurig zugleich. Erneut wurde Tim angerempelt und verlor das Gleichgewicht. Ich konnte ihn gerade noch auffangen. Keiner hätte hier Tim wieder auf die Beine geholfen.

Tim lebte mittlerweile mit seiner hübschen Chinesin zusammen und genoss mit ihr sein neues Leben. In unserem Business-Apartment setzte ein geplatztes Wasserrohr unsere Betten unter Wasser. Wir wechselten in ein möbliertes Apartment in der Pepper Street. Ich begann, mich neu zu organisieren, verfolgte wieder Nachrichten, Finanzmärkte und Fußballresultate – und dann meldete sich schon wieder Sariani! Unter einem neuen Namen.

»Joe, ich bin völlig kaputt vom Frühaufstehen.« Sariani saß übermüdet vor ihrer Webcam. »Die Arbeit ist so schwer, aber ich bin es dir schuldig, dass ich es durchstehe! Die Kantine ist jetzt mein Leben. Oh my God!«, schrie sie plötzlich. Sie sprang zum Fenster. Ich sah sie nur noch halb in der Webcam. »Da unten ist jemand erschossen worden, Joe!«

Sie erzählte in packenden Worten, was sich bei ihr abspielte, und es war so gut wie seinerzeit das Hörspiel von Orson Welles über die Landung der Außerirdischen. Dann ging plötzlich das Licht aus.

»Sie stürmen das Haus, Joe! Hilfe! Ken und ich sind die Letzten, die noch in dieser Abbruchliegenschaft wohnen. Sie werden mich vergewaltigen und töten! Ich höre Schritte! Gleich werden sie die Tür eintreten, o Joe, es war so schön mit dir! Vergiss mich nicht!«

Die Internetverbindung brach zusammen. Ich rannte zu Western Union. Die arme Frau brauchte dringend eine andere Wohnung. In dieser Umgebung konnte Ken nicht gedeihen. Sie brauchte eine neue Wohnung in einem guten Viertel. Jaja, grinste ich die nette Filipina bei Western Union an, ich bins wieder, der Sanierer. Doch an ihrem Blick erkannte ich sofort, dass sie mich nun für einen bemitleidenswerten, aber liebenswürdigen Trottel hielt.

»An den gleichen Empfänger?«, fragte sie lächelnd, »wie viel?«

»Ich wollte eigentlich nur Hallo sagen«, sagte ich verlegen und steckte mein Portemonnaie wieder ein. Nur so würde Sariani verstehen, dass es nun vorbei war.


## Heart of Gold

In den nächsten Wochen konzentrierte ich mich auf meine Arbeit. Henri sah ich nicht mehr so oft. Einmal rief er mich spätabends an, er wollte mit mir noch einen Schlummertrunk in der

Champagne Bar einnehmen. Er bekam einen Anruf aus Berlin und flüsterte wie üblich in sein iPhone. »Der Kurs erholt sich. Ich denke, nächstes Jahr sind wir wieder über zwanzig Dollar. Vielleicht auch dreißig, alles ist möglich. Only the sky is the limit.« Der Anrufer schien etwas zu sagen, das ihm gar nicht passte. »Ich habs nicht gern, wenn man mich an meine Zahlungspflichten erinnert. Das ist eine bodenlose Frechheit! Ich bin in meinem ganzen Leben noch nie eine Zahlung schuldig geblieben! Für wen hältst du dich eigentlich? Das ist die schlimmste Beleidigung, die ich jemals erlebt habe! Ich erwarte eine schriftliche Entschuldigung! Und ich dachte, wir seien Freunde!«

So hatte ich Henri noch nie erlebt. Offenbar hatte ihn jemand an eine Zahlungsverpflichtung erinnert. Er hatte sie nicht bestritten, sondern gleich eine Gegenattacke gefahren. Ein interessantes Verhaltensmuster, das ich in den nächsten Tagen gleich in meine Geschichte einbaute. Ich sagte schon einmal: Egal, ob Ihre Geschichte in der römischen Antike oder im 18. Jahrhundert angesiedelt ist, die Figuren sind immer Bekannte aus dem eigenen Umfeld.

Leider wurde meine Arbeit eines Abends von einer Serie von eintrudelnden E-Mails unterbrochen. Ich wollte alles ignorieren und mich auf die Fortsetzung meines Drehbuchs konzentrieren, doch ich schaute nach, denn ich befürchtete einen Shitstorm. Es war Sariani. Sie war außer sich. Ken war von einem Jeepney angefahren worden. Er lag im Koma auf der Intensivstation. Er habe das Auto nicht gehört, weil er ja nichts hört. Und in Manila gelten keine Verkehrsregeln, das stärkere Auto hat immer Vortritt, und steht die Ampel auf Gelb, bedeutet dies: Gib Gas, Kumpel, du schaffst es!

Sariani schrie: »Was soll ich ohne Ken tun? Wenn er stirbt, bringe ich mich um.«

»Kann ich etwas helfen?«, fragte ich besorgt, »brauchst du Geld für das Spital?«

»Nein«, sagte sie leise, »ich will kein Geld mehr von dir. Du hast mir die Kantine gekauft, jetzt verdiene ich genug Geld für Ken und mich. Ich möchte nur, dass ich dich ab und zu anrufen darf. Auch mehrmals pro Tag. Ich brauche jemanden, mit dem ich reden kann. Sonst werde ich verrückt. Ich brauche dich, Joe!«

Natürlich war mir bewusst, dass Sariani mich ausgenommen hatte. Aber konnte ich ihr dies verübeln? Einmal mehr stellte ich fest, dass mir Geld kaum etwas bedeutete. Ich verdiente gern viel Geld, weil es ein Gradmesser für den beruflichen Erfolg war, aber ich hatte nie Mühe, Geld zu verschenken. In den nächsten Tagen dachte ich nicht über Geld nach, sondern über Ken. Ich hatte mir in den Kopf gesetzt, diesem Jungen eine echte Zukunft zu ermöglichen. Hören, sprechen, Schule, Berufsausbildung. Wenn ich sterbe, dachte ich, habe ich wenigstens das Schicksal eines von sieben Milliarden Menschen verbessert. Ich mailte Sariani meine Mobile-Nummer …

Ich hörte tagelang nichts mehr von ihr, und Tim hatte wieder sein Schild *Do not disturb* an der Tür. Ich nahm mir einen freien Tag und fuhr mit der MTR ans Ende der Insel. Die meisten Leute kennen das Zentrum von Hongkong, die City, sie haben aber keine Ahnung, dass es auf der anderen Seite der Insel weiße Strände und unberührte Natur gibt. Ich war an einem Sonntagmorgen der einzige Mensch am Strand. Es war noch angenehm kühl. Ich schlenderte dem Wasser entlang und versuchte, mir vorzustellen, wie es für die Ureinwohner gewesen sein musste, als sie eines Tages am Horizont riesige Segel sahen mit ihnen unbekannten Insignien. Eine neue Geschichte?

Dort, wo der Strand in einen üppigen Urwald überging, bewegte sich etwas unter den breit gerippten Palmwedeln. Es war eine junge Frau. Sie beobachtete mich und senkte immer wieder verlegen den Kopf. Als ich ihr freundlich zunickte, lachte sie fröhlich und hob eine halbe Kokosnuss in die Höhe. Ich ging zu ihr hinüber und setzte mich in den Sand. Sie brach ein Stück Kokosnuss ab, brach das Fruchtfleisch mit einem kleinen Messer aus der Schale und reichte mir eine Hälfte. Wir aßen schweigend. Die Frucht war kühl und feucht.

»Sind Sie oft hier?«, fragte ich in englischer Sprache.

Sie nickte: »Ich arbeite hier. Am Sonntag ist unser freier Tag.«

Ihr Englisch war absolut akzentfrei. Sie hatte schöne, große schwarze Augen, langes, glattes Haar, das in der Sonne leicht bläulich schimmerte, und volle Lippen, die man nicht einmal mit Hyaluronsäure-Gel hätte kopieren können. Aber das Besondere an ihr war ihr offenes Lachen, das eine unglaubliche Lebensfreude, Neugierde und Heiterkeit ausstrahlte.

»Wo haben Sie so gut Englisch gelernt?«

»Mein Englisch ist grauenhaft«, lächelte sie.

»Nein, nein«, widersprach ich, »es ist besser als meins, aber vielleicht möchten Sie das Kompliment nochmal hören?«

Sie lachte und berührte zum Spaß meinen Arm, als wolle sie mich sanft bestrafen. Ihre Fröhlichkeit war überaus ansteckend.

»Heute sind viele Filipinas auf den Straßen. Demonstriert ihr gegen irgendetwas?«

»Nein«, antwortete sie, »wir freuen uns über das Leben. Eine Million Filipinas arbeiten hier, und am Sonntag treffen wir uns alle im Central. Deshalb sperren sie heute die Straßen ab.«

Mir gefiel die positive Energie in diesem zierlichen Körper, diese Mischung aus asiatischer Sanftmut und spanischem Temperament.

»Der Sonntag ist unser freier Tag. Ich arbeite im Haushalt eines reichen Chinesen. Er ist krank, ich pflege ihn. Er liegt unter einem Sauerstoffzelt, braucht regelmäßig Infusionen und Medikamente. Ich koche und kümmere mich einfach um alles. Ich bin seine private Krankenschwester, Köchin und Haushälterin, ich helfe gern Menschen. Aber es ist für eine Filipina nicht einfach, einem Chinesen zu dienen.«

»Warum tun Sie es dann?«

»Wir müssen unsere Familie ernähren. Zu Hause auf den Visayas gibt es kaum Arbeit für uns. Und Sie? Warum sind Sie hier?«

Ich dachte nach. Eigentlich wollte ich nicht über Andrea reden. Ich hatte es beendet, also gab es keinen Grund mehr, sie zu erwähnen.

»Suchen Sie eine Frau?«, hakte sie nach und lächelte.

»Nein, ich suche keine Frau, ich versuchte, eine Frau zu vergessen.«

Sie wusste nicht so recht, was sie nun antworten sollte, und lachte. Dann brach sie abrupt ab, ergriff meinen Arm und sagte ernst: »Verzeihen Sie mir bitte, Ihre Stimme klang so komisch. Wurden Sie enttäuscht?«

»Nein«, sagte ich nach einer Weile, »sie hat mich nicht enttäuscht, sie ist gestorben. In gewissem Sinne ist das natürlich auch eine Enttäuschung.«

»Oh«, sagte sie plötzlich schockiert, und ihre Augen wurden feucht, »das tut mir sehr leid.«

Wir schwiegen eine ganze Weile und schauten aufs Meer hinaus.

»Der Fluss hält nicht still. Sie sollten nicht zu lange trauern«, sagte sie, ohne mich anzuschauen. »In unserer Kultur schauen wir nicht zurück, denn morgen können wir schon tot sein. Wir schauen auch nicht nach vorn, denn niemand weiß, was uns erwartet.«

Nach einer Weile sagte sie: »Sie werden hier bestimmt eine liebe Frau finden. Aber nehmen Sie keine Chinesin. Die sind nur auf Geld aus.«

Sie spielte mit dem Ring an ihrer rechten Hand.

»Sie sind verheiratet?«

»Nein, um Gottes willen! Ich würde nie im Leben einen Filipino heiraten. Bloß nicht. Meine Mutter würde mich umbringen. Sie behauptet, Langnasen seien anders. Die würden Frauen respektieren und Verantwortung tragen, auf die sei Verlass. Filipinos werden nie erwachsen.«

»Nicht jede Langnase ist ein guter Ehemann und Vater. Bei uns scheitern die Hälften aller Ehen.«

»Bei uns scheitern die Ehen nicht«, lächelte sie, »denn die Kirche verbietet die Scheidung. Bei uns laufen die Männer einfach davon und lassen die Frauen mit den Kindern sitzen. Deshalb haben wir Hunderttausende von Straßenkindern, die niemandem gehören.«

Sie wirkte jetzt sehr resolut.

»Sehen Sie, unsere Nachbarin hat sieben Kinder. Zwei von denen wohnen jetzt bei Mama, sie essen und schlafen dort, und Mama bezahlt das Schulgeld. Sie sind nicht von unserem Blut, aber sie gehören jetzt zur Familie. So leben die Menschen in der Provinz, alle Türen sind offen. Niemand stört sich daran, wenn plötzlich drei Nachbarn ins Haus kommen und sich vor den Fernseher setzen. Aber in den amerikanischen Fernsehserien rufen die Leute an und vereinbaren einen Termin. Wie bei einem amerikanischen Zahnarzt. Wenn wir zum Zahnarzt gehen, stehen wir um vier auf und gedulden uns den ganzen Tag im Wartezimmer. Manchmal schicken sie uns am Abend wieder nach Hause und sagen, wir könnten es morgen nochmals versuchen.«

»Sind Sie nächsten Sonntag wieder hier?«, fragte ich nach einer Weile.

Am späteren Nachmittag war ich wieder im Hotel. Ich hatte eine ganze Menge Mails zu beantworten: In Europa waren die Leute noch beim Frühstück und schickten ihre ersten Nachrichten raus. Der Makler hatte viele Fragen, ein Irrer wollte mich in eine esoterische Diskussion verwickeln, eine kanadische Firma wollte mir Lachs verkaufen, einer wollte meinen Penis verlängern, und der Präsident von Nigeria bot mir fünfzig Millionen Dollar an, wenn ich ihm dreihundert Dollar überwiese. Zu guter Letzt kam noch die Mail von Sariani. Sie sei online und warte seit Stunden auf mich. Ich ging online, doch ich konnte sie nicht sehen. Also telefonierten wir. Sie weinte leise.

»Ken wird bald sterben. Ich bin jetzt bei ihm und halte seine Hand. Er atmet nur noch schwach. Oh mein Gott, er stirbt! Hilfe! Hilfe!« Die Verbindung brach ab. Sie rief nach zehn Minuten wieder an. »Sie konnten Ken noch einmal retten. Er atmet wieder. Aber sie sagten, ich müsse jetzt die Rechnung für die ersten Tage bezahlen, sonst müsste ich mit Ken das Spital verlassen. Er wird zu Hause in meinen Armen sterben.« Sie weinte erneut, ich konnte sie kaum beruhigen. Klack. Ihre Telefonkarte war aufgebraucht.

Was sollte ich tun? Ken im Sterben? Ich wusste verdammt gut, wie es ist, wenn jemand stirbt und man hilflos danebensitzt! Ich blieb also nicht sitzen, sondern rannte zum World-Wide House im Central, kämpfte mich durch all die Filipinas die Rolltreppen hoch und erreichte außer Atem den Schalter von Western Union. Der Sanierer war zurück. Doch Western Union wollte die Überweisung nicht ausführen.

»Tut mir leid, Sir, aber ich sehe auf unserem Computer, dass Sie in den letzten sechs Monaten bereits 15 000 Dollar an diese Empfängerin überwiesen haben. Das Gesetz gegen Geldwäsche sieht für die Philippinen eine Limite von 500 000 Pesos vor. Wir können bis Ende Jahr keine neuen Überweisungen tätigen.«

Ich war außer mir vor Wut.

»Es sei denn«, fügte sie an, »Sie bringen uns Belege, die eindeutig beweisen, wozu diese Beträge genutzt werden.«

»Belege«, murmelte ich. Ich rief sofort Tim an und bat ihn, mit dem Taxi zum World-Wide House zu fahren und Geld mitzubringen. Er war wenig später da. Seine chinesische Freundin begleitete ihn. Ich war so erleichtert, schließlich ging es um

Leben und Tod. Tim legte tausend Dollar auf den Tresen von Western Union: »Sie nimmt dich aus wie eine Weihnachtsgans, und du freust dich, dass du das Geld überweisen kannst! Diese Frau ist *street-smart*, das sieht man ihr auf hundert Meter an. Ich wette, das ist ihr Job. Die hat bestimmt zwanzig Langnasen an der Angel, und du bist die netteste von allen.«

»Du meinst: der Dümmste? Hast du nicht auch einen Grill finanziert?«

»Ja«, grinste Tim, »aber dann war Schluss. Und ich habe keine 16 000 bezahlt.«

»Es ist möglich, dass sie mich ausnimmt«, gestand ich, »aber ich will es nicht glauben und nicht als Vorwand nutzen, um meine Zahlungen einzustellen. Wenn auch nur die geringste Chance besteht, dass ich hier nicht ausgenommen werde, muss ich es tun, auch mit dem Risiko, dass ich eben doch ausgenommen werde.«

Tim schüttelte amüsiert den Kopf: »Sammy, sie nützt deine Gemütslage aus. Es gibt nichts Einfacheres, als einem trauernden Witwer das Geld aus der Tasche zu ziehen.«

»Du hattest Glück, Tim, dass wir genug Geld beschaffen konnten für all deine Therapien. Ich möchte etwas von diesem Glück an Ken weitergeben. Und überhaupt«, sagte ich leicht genervt, »es ist eh der Nachlass von Andrea. Es ist ein schöner Gedanke, dass Andreas Tod einem gehörlosen Jungen in Asien Sprache und Gehör ermöglicht. Eine Zukunft!«

Sie mögen jetzt einwenden, dieser Junge ende eh im Slum, besuche sicherlich nie eine Schule, verwahrlose, schließe sich eines Tages irgendeiner Drogengang in Manila an und überfalle Touristen. Vielleicht sogar mich. Und wer weiß: Vielleicht komme er sogar als Abenteuer-Asylant in die Schweiz und reiße alten Witwen die Goldkette vom Hals. So darf man nicht denken. Man muss es versucht haben.

Ich rief Sariani an und teilte ihr mit, dass das Geld überwiesen sei, aber dass ich in Zukunft für alles Quittungen brauche. Belege. Sie sagte mit weinerlicher Stimme, sie werde den Arzt um Quittungen bitten, sie einscannen und mailen.

## Utang na loob

Eine Woche später traf ich die Filipina am anderen Ende der Insel wieder. Wir begrüßten uns wie alte Freunde. Wir schlenderten am Strand entlang bis zu einer rustikalen Baracke, die einen offenen Grill betrieb. Chinesen grillierten Fisch und alles, was vier Beine hatte. Wir setzten uns an einen der wackligen blauen Blechtische und bestellten Fisch und Reis. Sie aß mit den Händen und bemerkte erschreckt, dass ich sie dabei beobachtete.

»Stört Sie das?«

»Nein, überhaupt nicht.«

Ich begann nun auch, mit den Fingern den Reis zu Kügelchen zu formen und in mich hineinzustopfen. Sie grinste über beide Ohren.

»Werden Sie lange in Hongkong arbeiten?«, fragte ich sie nach einer Weile.

»Ich habe keine Wahl, jemand muss meine Familie ernähren. Ich bete jeden Abend zu Gott, dass er mir einen weißen Mann schickt. Aber keinen jungen, auf die ist kein Verlass. Lieber einen etwas älteren mit einem runden Bauch, dann bin ich sicher, dass er genug Geld hat, um sich selbst zu ernähren.«

»Davon gibt es Millionen«, lachte ich, »in Europa will keine Frau einen älteren Mann mit Bauch.«

»Das verstehe ich jetzt überhaupt nicht«, sagte sie leicht verwirrt. »Nur ein Mann, der ein bisschen älter ist, kann wirklich Sicherheit bieten und die aufrichtige Liebe schätzen. Junge Männer hüpfen von einer Frau zur andern.«

»Wieso sind Sie nicht längst mit einem weißen Mann verheiratet?«

Sie verwarf die Arme: »Oh, ich bin doch viel zu alt, ich bin schon 28.«

»Das ist doch kein Alter ...«

»Und ich bin so hässlich. Schauen sie meine Haut an. Meine Schwester hat mehr Glück, sie hat eine helle Haut. Wie die weißen Frauen. Und meine Nase, platt gedrückt, als wäre mir eine Kokosnuss darauf gefallen.« Jetzt lachte sie wieder herzhaft und hielt dabei meinen Arm fest: »Und meine Lippen, sie sind so dick, als wäre ich gestern von tausend Insekten gestochen worden.«

Ich spürte allmählich die Lachmuskeln in meinem Kiefer und realisierte, dass ich schon lange nicht mehr so ausgelassen gewesen war.

»Wissen Sie, europäische Männer lieben Frauen mit brauner Haut und schönen großen Lippen. Die Frauen in Europa verbringen ihr halbes Leben im Solarium, um etwas Bräune zu kriegen, und sie lassen sich die Lippen aufspritzen. Nach zwanzig Jahren sehen sie aus, als wollten sie sich für ein *Walking-Dead*-Casting bewerben.«

»Und meine platte Nase?«, lachte sie.

»Ach wissen Sie, Männer achten mehr auf den Po als auf die Nase. Aber Sie brauchen sich keine Sorgen zu machen. Bei Ihnen hat der liebe Gott Überstunden gemacht.«

Sie schüttelte verlegen den Kopf: »Das sagen Sie nur, weil Sie nett sind. Aber ich würde nie von mir aus einen weißen Mann ansprechen.«

»Aber Sie haben kürzlich einem weißen Mann ein Stück Kokosnuss angeboten.«

Sie hielt wieder meinen Arm fest und lachte: »Gott wird mir eines Tages jemanden schicken. Ich bitte ihn jede Nacht darum!«

»Ich denke, Gott führt weder ein Fundbüro für Samsonite-Koffer noch eine Dating-Agentur. Aber würden Sie den Fremden erkennen, wenn Gott Ihnen jemanden schickt?«

»Natürlich!«, sagte sie verblüfft. Dann wurden wir beide schweigsam und nachdenklich. Sie schaute mich immer wieder an.

»Ihr Weißen habt alles, was wir uns wünschen, und doch lächelt ihr selten. Wissen Sie, der Ort, an dem ich geboren wurde, nennt man die Stadt des Lächelns. *Bacolod.* Wenn wir Karneval feiern, tragen alle Menschen lachende Masken. Aber ich sah auf Youtube, dass ihr in Europa furchterregende Masken tragt.«

»Das ist auch nötig«, entgegnete ich, »wir müssen damit den Winter vertreiben.«

»Aber wir haben keinen Winter«, lachte sie. Fast zufällig berührte sie erneut meinen Arm. Doch plötzlich leerte sie ihre Cola und stand auf. Sie müsse vor sieben Uhr abends zurück sein, sonst würde ihr ein Teil des Lohnes gestrichen.

Wir gingen ins Central zurück und nahmen die MTR nach Mongkok. Es war eine trostlose Fahrt durch endlose Wohnsiedlungen, die meisten Fassaden geschwärzt von der Dreckluft, die wie eine Giftwolke über Hongkong waberte. Downtown Hongkong hat weltweit die höchste Dichte an Maserati, Ferrari, Rolls-Royce und Maybach. Aber hier draußen in den Vororten leben jene, die für den Reichtum der anderen sorgen. Die Menschen wirken müde und sind von der Arbeit und den täglichen Entbehrungen gezeichnet.

Die MTR sauste in einem Höllentempo durch die Tunnel, schoss wieder ans Tageslicht, überflog Trabantenstädte und hielt in düsteren unterirdischen Stationen. Die Filipina war plötzlich sehr ruhig geworden. Ich sah ihr Spiegelbild im Fensterglas, wenn wir mit einem aggressiven Zischen wieder unter die Erde tauchten.

»Sie kennen bestimmt noch andere Filipinas«, sagte sie leise.

»Ja, ich habe einige gekannt. Eine war Indonesierin, sie hat in Manila ein gehörloses Kind. Ich habe ihr ein bisschen geholfen, aber ich kenne sie nicht wirklich.«

»Es gibt in Asien Zehntausende von jungen Frauen, die den ganzen Tag nichts anderes tun, als in Internetcafés nach weißen Männern zu suchen und ihnen irgendwelche herzzerreißenden Geschichten zu erzählen. Die empfinden das nicht als Unrecht, weil sie nichts haben und weiße Männer so reich sind. Das ist ein richtiges Business. Die besten erhalten regelmäßig Geld von vierzig verschiedenen Langnasen.«

»Nein, nein«, sagte ich, »ich bin ihr auf der Straße begegnet, und ich habe den Jungen gesehen. Das war nicht gelogen.«

Sie war nicht überzeugt: »Sie wird Sie immer wieder um Geld bitten. Sie wird Geld für eine Webcam brauchen, dann für einen Zahnarztbesuch, dann braucht ihre Mutter Pillen gegen Diabetes, ihr Vater eine lebensrettende Sofortmaßnahme, und wissen Sie, wir haben auf den Philippinen sehr große Familien. Irgendwie ist jeder mit jedem verwandt. Deshalb ist unser Land so korrupt. Sie hatten eine Beziehung zu ihr?«

»Ich hatte nach dem Tod meiner Frau viele Freundinnen.«

»Und keine wollte sie heiraten?«

»Doch«, sagte ich, »aber ich will nie mehr heiraten.«

Wir wechselten die MTR nach Wong Tai Sin. Ich hätte sie gern noch bis vor die Haustür begleitet, aber sie wehrte erschrocken ab.

»Wir dürfen keinen Freund haben. Das steht in unseren Verträgen. Sie haben Angst, dass wir schwanger werden.«

»Wir könnten uns nächsten Sonntag wieder zum Essen treffen«, sagte ich. »Davon werden Sie nicht schwanger.«

Sie lachte schüchtern und berührte dabei erneut meinen Arm. Ich gab ihr die Visitenkarte des Hotels und meine Karte dazu.

»Sie überreichen die Karte wie ein echter Chinese.«

»Ich kann sogar mit Stäbchen essen.«

»Und den Reis mit den Händen. Ich heiße übrigens Maricel«, sagte sie verlegen. Die Schamröte stieg ihr ins Gesicht.

»Maricel?«

»María de Jesús, das ist ein bisschen spanisch. Meine Ururgroßeltern waren vermutlich Spanier. Und in Tagalog macht man aus María de Jesús den Kurznamen Maricel.« Sie kicherte leise, sie getraute sich angesichts all der Chinesen in der MTR nicht, offen ihre Sympathie zu zeigen. Wong Tai Sin. Sie zeigte mit dem Kopf in meine Richtung, sagte »Bye« und ging unter in der rempelnden Menge, die den Zug verließ.

Ich vermisste Maricel bereits, als ich wieder in der MTR Richtung Wan Chai saß.


»Das hat nichts zu bedeuten«, beschwichtigte mich Henri, als er genussvoll das Auge seines frittierten Fisches in den Mund schob, »mach dir nichts draus, Sammy, *pointing lips* nennen wir das. Das ist die nonverbale Kommunikation von Naturvölkern. Die praktizieren das auf den Philippinen noch. Sie schürzen die Lippen, pressen sie zusammen, heben die Augenbrauen, weisen mit dem Kopf in eine Richtung, und manchmal machen sie dazu komische Geräusche. Ich mag diese Art der Kommunikation. Es hat etwas Theatralisches, Archaisches. Also mach dir nichts draus, du wirst sie wiedersehen. Aber vergiss nicht, es gibt hier in Hongkong eine Million Filipinas, die gern mit dir spazieren gehen würden.«

Wir saßen mit Tim und seiner Freundin zu viert im *Din Tai Fung* in der Canton Road und aßen Dim Sum mit schwarzen Trüffeln, Wasserspinat mit Knoblauch, dazu Fadenbohnen mit Schweinefleisch. Als die scharfe Sauce für die Wantas serviert wurde, erhielt ich eine SMS. Henri schmunzelte. Doch mir verging das Lachen. Sariani.

»Jemand braucht Geld?«, grinste Henri.

»Sariani«, lachte Tim und zwinkerte Henri zu.

»Ja«, murmelte ich, »Ken atmet wieder selbständig.« Ich tippte eilig eine Antwort in mein iPhone.

»Beende es endlich«, riet Henri, »die wirst du nie mehr los.«

»Also mich kriegst du nicht mehr zu Western Union«, sagte Tim.

Ich tippte weiter.

»Was schreibst du ihr denn?«, fragte Henri und schüttelte verständnislos den Kopf.

»Ich schreibe ihr, dass ich die Spitalquittungen brauche. Für Western Union. Erst danach könne ich wieder Geld schicken.«

»No paper, no cash«, schrieb ich zum Schluss und schickte die SMS ab.

Wir verbrachten erneut einen sehr vergnüglichen Abend. Henri hatte eine neue Wohnung in der Pacific Place Mall gefunden und wollte morgen umziehen. Ich bot ihm meine Hilfe an, doch er lehnte ab: »Hier findest du Tausende von Festlandchinesen, die sich um diesen Job prügeln werden. Nein, nein, Sammy, ist nett von dir, aber kümmere dich gescheiter um dein Drehbuch und deine Freundin – und lass die Finger von dieser Sariani.«


Mein Tagesablauf erhielt wieder eine Struktur, ich schrieb wieder wie in alten Zeiten. Ich dachte oft an Maricel, wenn ich frühmorgens im gegenüberliegenden Starbucks mein Frühstück einnahm. Tim hatte weiterhin seine eigene Agenda. Es war ein unbeschreibliches Gefühl, zu erleben, dass er den Tag ohne meine Hilfe bewältigen konnte. Es bedeutete mehr Freiheit, aber auch mehr Abschied. Nach Andrea musste ich mich mit dem Gedanken anfreunden, dass ich auch Tim loslassen musste. Vielleicht war ich in den letzten 25 Jahren als Beschützer abhängiger von meinem Schützling geworden als Tim von mir.

»So ist das Leben«, tröstete mich Henri, wenn wir abends durch die Bars von Wan Chai flanierten, »Kinder werden groß,

Eltern werden alt, wir müssen sie ziehen lassen und uns darüber freuen, dass sie uns nicht mehr brauchen. Aber ihr werdet immer beste Freunde sein.«

»Ja«, sagte ich und nippte an meinem Wasser, »er ruft mich jeden Abend eine Stunde an. Ich höre dann die Dusche im Hintergrund. Er nutzt die Pausen für einen Anruf.«

»Du trinkst die ganz Zeit über nur Wasser. Hast du etwa noch eine Verabredung?«, lachte Henri.

»Nein«, sagte ich, »aber ich arbeite sehr viel, und dann mag ich keinen Alkohol.«

»Heute machst du eine Ausnahme!«

Er bestellte zwei Whiskys, Macallan Vintage, wir leerten sie in einem Zug. Die Live-Band spielt die ersten Akkorde von *Let's Twist Again*. Henri zog mich auf die Tanzfläche, und wir twisteten. Sofort gesellten sich zahlreiche Asiatinnen zu uns und tanzten mit. Wenn mir eine zu nahe kam, schrie Henri: »Lass meinen Freund in Ruhe, wir sind schwul!« Wir tanzten durch die Nacht, *Peppermint Twist*. Wir waren vergnügt und tranken uns durch die Whisky-Bar.

Ich schlief nur sehr kurz, stellte mich dann unter die kalte Dusche, um meinen Brummschädel zu besänftigen, und trank eiskalten Orangensaft. Kaum hatte ich meinen Computer angeschaltet, meldete sich Sariani vor der Webcam. Ich dachte schon, sie würde mir mitteilen, Ken sei von den islamistischen Abu-Sayyaf-Terroristen entführt worden. Doch Ken atmete immer noch.

»Er muss jetzt noch länger im Spital bleiben. Das ist nicht ganz billig.«

»Diesen Eindruck habe ich auch. Jede Schweizer Privatklinik ist günstiger.«

»Joe, du hast doch keine Ahnung von Manila. Und was sind schon 200 000 Pesos für dich? Lächerliche 4000 Schweizer Franken.«

Sariani knallte ihren Kopf auf die Computertastatur und schrie: »In diesem Land zählt ein Menschenleben rein gar nichts! Wenn Ken stirbt, werde ich mich umbringen! Wie soll ich ohne Ken leben?«

Sie spielte Krokodil und hatte ihre Hände vor das Gesicht gelegt. Mir schien, dass sie zwei Finger etwas gespreizt hielt, um mich auf der Webcam zu beobachten. Ich ahnte wirklich nichts Gutes, aber wenn Ken tatsächlich im Koma lag, musste ich helfen. Ich stellte mir vor, so was wäre Tim passiert. Schließlich dachte ich an Maricel und teilte Sariani erneut mit, dass ich Quittungen brauche. »Western Union verlangt Quittungen«, sagte ich. »No paper, no cash.«

»Es gibt in diesem gottverdammten Spital keine Quittungen!«

Sie schaute mich skeptisch an, als prüfe sie meine Reaktion.

»Das verstehe ich doch, Sariani, aber es ändert nichts daran: Western Union verlangt Spitalquittungen. No paper, no cash.«

»Ich weiß nicht«, flüsterte sie mit unheilvoller Stimme, »ob Ken dann noch lebt.«

»Einfach Spitalquittung scannen und mailen. Und nach einer halben Stunde hast du wieder Geld. Ist das zu viel verlangt für ein Menschenleben?«

Eines Morgens rief mich die Rezeption an und sagte, dass in der Halle eine junge Frau nach mir verlange. Ich war mir unschlüssig, schließlich sagte ich, sie sollten sie rauflassen. Ich trat in den Flur hinaus und wartete vor den Fahrstühlen. Ich ahnte Schlimmes. Sie wahrscheinlich auch. Als sich die Fahrstuhltür öffnete, sprang mir Maricel entgegen, blieb abrupt stehen und senkte dann verlegen den Kopf. Ich nahm sie in die Arme. Wir hielten uns lange fest.

Ich wollte ein Frühstück aufs Zimmer bestellen, aber Maricel fragte schüchtern, ob es möglich sei, unten in der gläsernen Halle zu essen. Ich schaute sie fragend an.

»Die Chinesen behandeln uns wie den letzten Dreck, aber mit einem weißen Mann an meiner Seite werden sie mich respektieren. Ich möchte das erleben.«

Es missfiel den chinesischen Kellnern sehr, dass ich hier mit einer Filipina erschien. Als Maricel sich am ellenlangen Buffet bediente, winkte ich den Chefkellner herbei und fragte ihn, ob er den letzten Batman-Film gesehen habe – *The Dark Knight*. Er nickte eifrig und strahlte vor Begeisterung.

»Achten Sie auf die Szene mit Heath Ledger im Konferenzraum. Die hübsche Asiatin links im Bild, das ist sie.« Ich zeigte auf Maricel. »Sie ist ein Weltstar und doch so bescheiden.« Der Kellner nahm Achtungsstellung an und informierte sofort das übrige Personal. Maricel war sprachlos, wie freundlich sich jetzt alle um sie bemühten. Sie hatte vier Kellner und Kellnerinnen zu ihrer freien Verfügung.

»Was hast du denen erzählt?«, schmunzelte Maricel.

»Gibt es in Hongkong einen schönen Ort, den du noch nicht gesehen hast?«

»Ich kenne Hongkong nicht«, sagte Maricel zu meiner Verblüffung, »obwohl ich seit zwei Jahren hier arbeite. Ich kenne nur den Flughafen, die MTR und die Wohnung meines Chefs mit all den medizinischen Apparaturen. Mein kleiner Laptop ist mein Tor zur Welt. Ich lese Nachrichten, google, was ich nicht weiß, und höre mir auf Youtube Vorlesungen von amerikanischen Universitäten an.«

»Du warst noch nie auf dem Peak?«

Sie schüttelte den Kopf. Wir machten uns nach dem Frühstück auf den Weg zum Peak, besuchten die asiatische Variante von Madame Tussauds Wachsfigurenkabinett und genossen in einem japanischen Restaurant den Weitblick über Hongkong und Umgebung.

In Yau Ma Tei wollten wir uns verabschieden, doch Maricel sagte, sie würde heute Abend nicht nach Mongkok zurückkehren.

»Mein Boss ist am Donnerstag verstorben. Alle sind für die Trauerfeierlichkeiten aufs Festland gefahren. Die Wohnung ist leer. Ich habe die medizinischen Geräte bereits gereinigt und verpackt.«

»Du kannst in meinem Hotelzimmer übernachten. Ich werde auf der Couch schlafen.«

Sie lachte: »Bei uns schlafen alle nebeneinander, Familie, Gäste, Großeltern, Nachbarn, Haustiere. Ihr Europäer benehmt euch wie Fremde untereinander.«

Maricel schlief wie ein Murmeltier. Ich setzte mich in den frühen Morgenstunden wie üblich an meinen Computer, um Zeitungen zu lesen. Mails trudelten in meinen Mailordner. Eine Mail schien ziemlich lang zu sein. Sariani. Zehn Attachments. Es waren die lang ersehnten Spitalquittungen. Maricel wurde wach. Sie stand auf und torkelte schlaftrunken zu mir hinüber. Sie legte beide Hände auf meine Schultern und schaute auf den Monitor: »Eine Freundin?«

»Ich hatte dir von ihr erzählt. Die Frau mit dem taubstummen Kind. Sie hat Spitalquittungen geschickt. Willst du sie anschauen? Es sind zehn Quittungen.« Ich mailte Sarianis Mail mit allen Attachments an Tim weiter und ließ Maricel an den Computer.

## Happy Valley

Die Sitzplätze im Happy Valley waren wie üblich ausverkauft. 60 000 Menschen hetzten Kette rauchend zur Pferderennbahn; es wurde gerempelt, getreten, geflucht, geschrien und gespuckt. Einige trugen ihre Geldscheine in großen McDonald's-Tüten. Vom elegant gekleideten Banker bis zum Bauarbeiter waren alle vom Wettvirus befallen.

»Das wäre kein Ort für Tim«, sagte ich zu Maricel, »die würden ihn tottreten.«

Auf dem Big Screen gegenüber der Haupttribüne wurden die Daten des letzten Rennens eingespielt und endlose Slow-Motion-Wiederholungen der letzten hundert Meter vor der Zielgeraden. Die Menschen kreischten und schienen wie vom Teufel besessen: Einige heulten am Ende des Rennens auf, als hätte sie eine Harpune durchbohrt, andere kicherten in wilder Ekstase, senkten den Kopf und stürmten wie autistische Stiere durch die Menge, bis sie einen der Wettschalter hinter der Tribüne erreicht hatten. Einer rempelte Maricel unsanft an, er bemerkte es gar nicht. Maricel verlor das Gleichgewicht, ich konnte sie gerade noch auffangen.

»So sind die meisten asiatischen Männer. Sie behandeln Frauen wie Tiere.«

Ausgerechnet in diesem Augenblick schubste sie erneut ein tollwütiger Chinese und schrie sie an, sodass Maricel vor Schreck erstarrte und ihm unterwürfig den Vortritt lassen wollte. Ich brüllte den Festlandchinesen an und gab ihm einen Hieb auf die linke Schulter. Er war darüber völlig verblüfft und noch erstaunter, als Maricel ihn in Kantonesisch beschimpfte. Der Chinese wurde von der Menge verschluckt, und sein Fluchen ging im allgemeinen Getöse unter.

»Du sprichst Kantonesisch?«, fragte ich erstaunt. »Ich dachte, du sprichst nur Tagalog und Englisch.«

Sie lächelte verlegen. »Ich kenne nur die Schimpfwörter, die meine Vorgesetzten immer benutzen.«

»Warum wehrt ihr euch nicht?«

Maricel lächelte: »In unserer Kultur vermeidet man Konflikte.«

»In unserer Kultur sucht man den Konflikt. Unser Alltag ist ein ständiges Kräftemessen. Selbst in der Ehe sind wir Rivalen und halten Harmonie für einen Schwächezustand.«

»Ihr setzt euch gegenseitig unter Druck, bis einer das Gesicht verliert? Dann fühlt ihr euch als Sieger?« Sie konnte das nicht nachvollziehen.

»Bei uns sind die Menschen hart im Austeilen. Keiner hat das Gefühl, sein Gesicht zu verlieren. Wir sind es gewohnt, keine Gesichter zu haben. Der Sieg ist wichtiger als die Ehre.«

Maricel lachte und ergriff meine Hand. Ihr Lachen war ansteckend.

»Euch ist die Lebensfreude ins Gesicht geschrieben«, sagte ich, »aber wir stufen Fröhlichkeit als Oberflächlichkeit ein. Wir stehen mit grimmiger Miene am Morgen auf und stänkern uns nörgelnd durch den Tag. Wir sind immer unzufrieden, weil immer jemand irgendetwas mehr hat als wir. Wir hadern ständig mit Dingen, die man nicht ändern kann, und fürchten uns vor Dingen, die sich vielleicht nie ereignen werden. Ich möchte nie mehr nach Europa zurück.«

»Das wäre schön«, sagte sie verlegen, »ich bin gern mit dir zusammen.«

»Hast du keinen Freund?«, fragte ich mit einiger Überwindung.

»Ich hatte mal einen Freund«, sagte sie, »aber seine Familie wollte nicht, dass er mich heiratet. Aber ich bin froh, dass ich ihn nicht geheiratet habe. Ich wäre jetzt schwanger, eine Single Mom, und er würde sich mit seinen Kumpels in den Bars herumtreiben und andere Mädchen anmachen. Meine Mutter hat mir verboten, einen Filipino zu heiraten.«

»Dann solltest du auf deine Mutter hören«, scherzte ich.

»Interessierst du dich für Pferde?«, fragte sie mich nach einer Weile.

»Überhaupt nicht«, sagte ich, »ich war selber mal ein Pferd.«

Maricel lachte und sagte, bei ihr zu Hause würde man sich nur für Hahnenkämpfe interessieren.

Wir nahmen die Tramway von Happy Valley nach Central und setzten uns auf das obere Deck der alten englischen Tram. Es war immer noch drückend schwül, ich sehnte mich nach einer kalten Dusche. Bis in die frühen Morgenstunden spazierten wir durch das Hafenviertel, das sich nach Einbruch der Dunkelheit in eine pulsierende Partymeile verwandelt hatte. Aus allen Richtungen erschallte Live-Musik. Ich genoss das Beisammensein mit Maricel. Sie war trotz ihrer Sanftheit und Herzenswärme das reinste Energiebündel. Sie sprang herum, tanzte, wenn wir ein Live-Lokal betraten, und hüpfte auf jede Karaoke-Bühne. Zuletzt sang sie *I Will Always Love You*. Sie sang mit enormer Inbrunst und Leidenschaft. Die Gäste in der Bar waren sichtlich ergriffen und applaudierten stehend. Als Maricel von der Bühne herunterstieg, sah ich, dass sie geweint hatte. Doch gleich hatte sie sich wieder gefasst und zog mich lachend auf die Straße hinaus, sie hatte schlicht Freude am nackten Leben. Das Zusammensein mit ihr war ungewohnt harmonisch, unkompliziert und von gegenseitiger Zuneigung geprägt.

Eines Morgens erhielt sie eine SMS, die sie sehr bedrückte.

»Ich muss auf die Philippinen zurück. Der Onkel meines Cousins ist gestorben.«

»Kanntest du ihn gut?«

»Nein, aber er war der Onkel meines Cousins.«

»Und dafür kaufst du ein Ticket und fliegst zurück?« Es ging mir nicht ums Geld, ich mochte den Gedanken nicht, dass sie wegfliegen würde. Es ärgerte mich.

»*Utang na loob*«, sagte sie verlegen, »das ist unsere Kultur. *Utang na loob*. Wenn jemand einem Mitglied deiner Familie einmal etwas Gutes getan hat, bist du verpflichtet, ihm bei seinem Tod Respekt zu erweisen. Es ist eine Dankesschuld, die bei uns sehr wichtig ist.«

»Ich werde dich vermissen«, sagte ich.

»Ich vermisse dich jetzt schon«, sagte Maricel, »du bist ein netter Mensch. Wenn ich nach Hongkong zurückkomme, wirst du wahrscheinlich nicht mehr da sein. So ist das Leben. Du wirst wieder eine Frau finden, eine weiße Frau mit heller Haut und schmalen Lippen.«

Ich lachte, doch Maricel war nicht zum Lachen zumute.

»Es war schön mit dir. Wenigstens bleibt mir eine schöne Erinnerung«, sagte sie enttäuscht.

Ich begleitete Maricel am nächsten Tag zum Flughafen. Ich hoffte, die MTR würde sich verspäten, Stromausfall, Streik, irgendetwas, von mir aus chinesischer Frühling, Revolution – in der Script Avenue wäre das möglich gewesen. Ich überlegte fieberhaft, ob es noch etwas Wichtiges zu sagen gab.

»Ich werde dich wirklich vermissen, wenn ich in die Schweiz zurückkehre«, sagte ich, während wir uns zum Terminal 1 bewegten. Ich hatte irgendeine Antwort erwartet. Wir standen nun vor der Gepäckkontrolle.

»Vielleicht würdest du gern die Schweiz sehen?«, hakte ich nach.

»Ich habe noch nie Schnee gesehen. Es gibt auf den Philippinen den Berg Pulag, dort fällt manchmal etwas Schnee, alle fünfzig Jahre einmal. Aber von meiner Familie hat noch niemand den Schnee auf dem Pulag gesehen. Wie fühlt sich Schnee an?«

»Kalt. Wie gefrorene Regentropfen eben.«

»Das muss sich wunderbar anfühlen.«

»Für die Schweiz brauchst du ein Touristenvisum, aber das kann man beschaffen, dauert einfach seine Zeit.«

Sie schaute mich fragend an. *Pointing lips.* Ich verstand ihre Frage.

»Ich lade dich ein, ich werde dir unser Land zeigen.«

Maricel stieß einen kleinen Freudenschrei aus: »Ich werde zu meiner Familie zurückkehren und darauf warten.«

»Du wirst dein Visum bekommen«, sagte ich leise. »Ich halte meine Versprechen.«

»Ich weiß«, sagte Maricel.

Der Abschied fiel uns beiden schwer. In kürzester Zeit war eine Vertrautheit entstanden, die ich nur noch aus der Erinnerung kannte. Ich schenkte ihr zum Abschied ein iPhone. »Damit wir uns nicht verlieren«, sagte ich. Sie war außer sich vor Freude. »Ich habe meine Nummer bereits gespeichert«, sagte ich zum Abschied.

»Ich habe die Spitalquittungen damals angeschaut«, sagte sie, »ich wollte dir nicht wehtun, aber ich muss dir sagen: Sie sind alle gefälscht.« *Boarding*.

In meinem Apartment lud ich die Mails herunter und fand neue Messages von Sariani. Ich glaube, es waren nur gerade siebzehn. Sie war zornig, weil kein Geld mehr eingetroffen war. Das ist generell das Problem, wenn man Geld verschenkt. Wenn die Quelle versiegt, werden die Empfänger zornig, und man ärgert sich, dass man so viel Geld verschenkt hat und am Ende der Bösewicht ist. Als unsere Verbindung via Webcam stand, sagte sie, Ken sei praktisch schon tot, aber wenigstens hätte sie jetzt die Kantine, um selber für sich zu sorgen. Sie erzählte von ihrem Stress, dem Markt am frühen Morgen, der Kantine und den langen Stunden am Bett des sterbenden Ken. Sie habe bereits zwei Leute eingestellt für die Kantine. Ich sah dann irgendetwas hinter ihr vorbeihuschen, von links nach rechts und dann nochmals von rechts nach links. Irgendein Kind hüpfte auf ihrer Matratze herum.

»Ist das Ken?«, fragte ich ungläubig.

»Nein, nein«, sagte sie beiläufig, »Kinder aus der Nachbarschaft.«

Sie brüllte den Jungen an, der nicht Ken war, aber wie Ken aussah und wie Ken herumhüpfte, und verscheuchte ihn.

»Du bist schuld, wenn Ken stirbt«, sagte sie, »du bist auch schuld an meinem Tod. Ich werde jetzt gleich aufs Dach steigen und mich in die Tiefe stürzen.«

»Ruf mich an, wenn du auf dem Dach bist«, murmelte ich und kappte die Verbindung.

Ich aß mit Tim und seiner chinesischen Freundin Jiao im Ye-Shanghai-Restaurant an der Pacific Place ein Xiao Long Bao. Ich mochte Jiao: Wie Maricel lachte sie gern und zeichnete originelle Cartoons. Die beiden hatten ein sehr inniges Verhältnis und turtelten die ganze Zeit.

»Woran denkst du jetzt? Bist du in der Script Avenue?«, fragte Tim neugierig.

Ja, ich hatte an Maricel gedacht. Sie war ganz anders als all die Asiatinnen, die ich bisher in Hongkong und auf unserer großen Asientour getroffen hatte, sie schien nichts im Schilde zu führen: Sie hatte keine *hidden agenda.*

»Du hast viel Zeit mit Maricel verbracht«, sagte Tim beiläufig. »Bist du verliebt?«

Ich schüttelte den Kopf und schmunzelte: »Wir sind beide im Sternzeichen Steinbock geboren und im Jahr des Affen.«

»Seit wann interessierst du dich für Astrologie?«, lachte Tim.

»Na ja, wir verstehen uns einfach sehr gut, aber ich brauche keine Liebesbeziehung mehr.«

Tim nickte: »Aber du hast dich noch nicht in einem tibetanischen Kloster angemeldet? Oder dachtest du eher an Schafe hüten im schottischen Hochland?«

»Ich dachte eher an eine Harley-Davidson und einen Ausflug mit dem Heavenly Club nach San Francisco.«

»Und wie gehts deiner Straßenkantine in Makati City? Habt ihr schon expandiert und ein Franchisesystem für Südostasien eingeführt?« Tim kugelte sich vor Lachen.

»Hast du die Attachments gesehen?«

»Ja«, sagte Tim, »aber ich wollte es erst nach dem Essen ansprechen. Das Ganze ist kein Appetizer, Sammy. Gemäß den zehn Quittungen hat Ken zehn Tage lang täglich eine Computertomografie gehabt. Ich dachte immer, das Maximum seien zwei oder drei pro Jahr. Der Stempel ist auf allen zehn Quittungen millimetergenau an der gleichen Stelle. Auch die Unterschrift. Es sind definitiv Fälschungen. Sie hat nur jeweils das Datum geändert. «

»Ich werde wohl auf den Nachtisch verzichten«, murmelte ich konsterniert.

»Es ist nicht deine Schuld, Sammy, du warst nach Andreas Tod völlig durcheinander. Du warst ein einfaches Opfer.«

»Den Spott kann ich ertragen, aber menschlich bin ich schon sehr enttäuscht. Ich wollte Gutes tun.«

»Sei froh, dass es nun vorbei ist«, beschwichtigte mich Tim. Jiao nickte zustimmend, als habe sie unser Gespräch verstanden.


Ich zog mich in mein Apartment zurück und knabberte Erdnüsse. Schließlich schrieb ich der Schweizer Botschaft in Manila eine ausführliche Mail und bat darum, Sariani aufzusuchen und zu überprüfen, ob Ken tatsächlich einen Unfall gehabt habe. Ich wollte es jetzt ganz genau wissen. Ich konnte es nicht fassen, dass Sariani mich von Anfang an belogen und betrogen hatte.

Am anderen Morgen traf eine erfreuliche Mail aus der Schweiz ein: Der Makler hatte endlich einen Käufer für das Haus gefunden. Wir sollten zurückkommen, um die Formalitäten zu erledigen. Auch Maricel hatte gemailt. Sie bat mich, sie anzurufen, bevor ich in die Schweiz zurückflöge. Das tat ich umgehend.

»Meine ganze Familie erwartete mich auf dem Flughafen«, erzählte sie. »Auch Cousins und Nachbarn. Sie hatten drei große Jeeps gemietet. Wir freuen uns halt, wenn jemand aus dem Ausland zurückkommt. Und vor allem freuen wir uns, wenn die Besucher etwas mitbringen. Es muss nicht viel sein, einfach etwas, das man gut sichtbar in der Wohnung aufstellen kann – und so, dass jeder erkennt, dass es aus dem Ausland kommt.«

Sie lachte. Erst am Telefon fiel mir auf, wie erotisch ihre Stimme war, wie damals auf der Karaoke-Bühne. Ich hätte noch

Jahre mit ihr telefonieren können, aber die Verbindung brach immer wieder zusammen. »Wir haben einen heftigen Sturm hier«, sagte sie.

Ich packte gerade meinen Reisekoffer, als Sariani sich nochmals meldete. Sie tobte wie eine Mexikanerin in einem Italowestern.

»Da waren zwei Typen von der Schweizer Botschaft in meiner Wohnung heute Morgen. Hast du sie geschickt?«

»Ja, ich dachte, vielleicht könnte die Botschaft Ken helfen!«, scherzte ich.

»Wieso hast du das getan?«, schrie sie. »Ich werde jetzt aufs Dach steigen und mich hinunterstürzen!«

»Dann wünsche ich dir einen angenehmen Flug.«

»Ich werde gleich springen. Ich stehe schon auf dem Dach. Hörst du den Wind?«

»Ruf mich an, wenn du unten angekommen bist, dann erkläre ich dir, was mir die Schweizer Botschaft gemailt hat.«

»Du hast mir die Kerle auf den Hals gehetzt, das werde ich dir nie verzeihen!«

»Alle deine Spitalquittungen sind gefälscht! Ken war eine halbe Stunde im Spital. Eine belanglose Schürfwunde. Er wurde nie von einem Jeepney angefahren. Er lag nie im Koma. Er spielte draußen mit seinen Freunden, und du bist sogar verheiratet«, sagte ich mit erhobener Stimme.

»Du hast mich angeschrien!«, schrie sie, »du hast mich angeschrien! Das gehört sich nicht in unserer Kultur! Das ist eine schwere Kränkung. Eine Beleidigung!«

Sie schaute gequält in die Kamera.

»Du bist ziemlich *street-smart,* aber du denkst sehr kurzfristig.«

»Wieso soll ich an morgen denken? Morgen ist eh alles noch beschissener.«

Ein Lächeln huschte über ihre Lippen.

»Siehst du mich?«, fragte sie sanft und schmunzelte verschwörerisch. Ich nickte.

»Magst du mich trotzdem noch ein bisschen?«

»Kens Hörgeräte sind nie ins Klo gefallen…«

»Ja«, sagte Sariani und drückte die Krokodilstaste, »ich habe sie am gleichen Tag ins Pfandhaus gebracht. Ich hatte auch nie eine Kantine, und auch mein Fernseher wurde nie gestohlen. Ich weiß nicht, ob Gott mir jemals verzeihen wird.«

»Ich weiß es auch nicht«, sagte ich, »aber ich werde dir verzeihen, falls du mich nie mehr anrufst. Keine Mails mehr. Keine dramatischen Telefonate mehr.«

»Dann werde ich mich umbringen«, sagte sie entschlossen, »ich werde jetzt in den zehnten Stock hochsteigen…«

»Ich dachte, du bist schon auf dem Dach? Bist du ganz sicher, dass das Haus zehn Stockwerke hat? Zehn Stockwerke sind das Minimum für einen erfolgreichen Abgang.«

Sie schwieg lange.

»Vielleicht sagst du mir noch, wozu du das viele Geld ausgegeben hast. Ich denke, auf den Philippinen lebt es sich damit drei Jahre lang recht komfortabel.«

»Ich habs für dich getan«, lächelte sie, zog sich ihr gelbes T-Shirt über den Kopf und saß nun mit entblößtem Busen vor der Webcam.

Mir war nie aufgefallen, dass sie einen derart großen Busen hatte. Einen gigantischen Busen. »Du hast das Geld für eine Brustvergrößerung verschwendet?«

»Ja«, flüsterte sie leise. Sie war erneut den Tränen nahe. »Wie findest du meine Brüste?«, fragte sie verzweifelt und wog den großen Busen in ihren schmalen Händen.

»Du hattest doch einen wunderschönen Busen, fest, prall, muskulös. Besser als der von Jennifer Lopez.«

Ihr Gesicht fiel in sich zusammen: »Ich habs doch nur für dich getan, Joe, damit du mich heiratest.«

»Ich weiß doch, dass du schon verheiratet bist«, sagte ich entnervt, »sag mal, mit wie vielen Idioten treibst du eigentlich dieses Spiel?« Sie schwieg. Schließlich sagte sie, eine halbe Million Pesos seien doch kein Betrag für einen Europäer.

Sie müsse eben schauen, wie sie sich durchschlagen könne: »Ich habe einen taubstummen Sohn. Du kannst mich in den Knast bringen, Joe, ist mir egal. Ruf die Polizei. Sie sollen mich vor Kens Augen in Ketten abführen. O Ken, wirst du mir jemals verzeihen?!«

»Wie viele Gönner hast du, Sariani?«

Sie schwieg. Nach einer Weile gestand sie leise: »Es gibt noch einen Dänen und einen Australier, die mich anzeigen wollen. Drei sind aus Deutschland. Aber du warst der Großzügigste von allen.«

»Du meinst, der Dümmste. Aber du wirst eine viel härtere Strafe erleiden. Die Einsicht, dass du die Chance verpasst hast, ein besseres Leben zu haben. Ich hätte ein Leben lang für Ken bezahlt, aber geheiratet hätte ich dich nie. Für einen kurzfristigen Gewinn hast du alles verspielt. Und was hast du jetzt? Einen großen Busen.«

Sariani schien so bedrückt, dass ich fast schon wieder Mitleid hatte. Sie schaute schüchtern in die Webcam und fragte zaghaft: »War mein Busen wirklich schöner als der von Jennifer Lopez?«

Ich unterbrach die Internetverbindung und setzte ein Häkchen hinter ihre Mailadresse. Ich blockte Sariani auf all meinen Accounts. Nun gut, ich hatte mir eingebildet, ich sei ein guter Mensch und würde auf den Philippinen Entwicklungshilfe leisten. Aber ich hatte lediglich die Brüste einer Indonesierin in Manila entwickelt.

# The Man Who Wasn't There

Tim und ich wollten uns von Henri verabschieden. Wir fuhren mit dem Taxi an seine neue Adresse an der Li Yuen Street und betraten den gläsernen Business-Tower. Er war mit seiner Firma schon wieder umgezogen. Ich reichte dem Portier meine Visitenkarte. Der Portier stutzte, als sei er etwas schwer von Begriff, und reichte die Karte gestikulierend dem zweiten Portier. Dieser rief einen dritten Angestellten, und gemeinsam tuschelten sie hektisch. Der erste Portier schüttelte den Kopf. »No professor«, sagte er und zuckte die Schultern. Tim zeigte ihm die Visitenkarte, die ihm Henri zugesteckt hatte. Die drei Portiers berieten erneut und schüttelten nun alle gemeinsam den Kopf.

Ich ging zur großen Schilderwand und zeigte auf eine Firma, die ebenfalls im obersten Stockwerk ihre Büros hatte. Endlich bestellte einer der Portiers den Fahrstuhl und ließ uns hinauffahren. Die Glastür zu Henris Office war leicht geöffnet. Wir betraten die Eingangshalle. Sie war leer. Keine Rezeption, keine Telefone, keine Bilder an den Wänden, einfach leer. Wir gingen den Flur entlang zu Henris Büro. Auf seinem Schreibtisch lag ein Dokument, es war unser Vertrag, unterschrieben. Tim und ich wechselten einen kurzen Blick und starrten auf die Wolkenkratzer, die unter uns wie Pilze aus dem Boden schossen. Irgendwo da unten musste Henri sein.

»Ein Freund von Ihnen?«, fragte jemand. Es war ein Amerikaner. Er sah aus, als verstünde er keinen Spaß. Zwei weitere Amerikaner tauchten aus einem Nebenzimmer auf. Sie zeigten uns Fotos und fixierten uns streng. Auf dem einen Foto trug der Professor einen schwarzen Vollbart, auf dem anderen war er kahl geschoren.

»Ein Freund von Ihnen?«, wiederholte der Amerikaner.

Ich schüttelte den Kopf: »Wir haben ihn kaum gekannt. Wer war dieser Mann?«

Auf dem Flug zurück in die Schweiz traf ich den Professor wieder in der Script Avenue. Er kniete vor einer Japanerin und fotografierte sie, wie sie ihre Schamhaare rasierte. Er hörte mich kommen und schaute kurz zu mir rüber.

»Siehst du«, schien er mir zu sagen, »du hast jetzt ein neues Leben begonnen, und wir haben kein Wort über deine verstorbene Frau gesprochen.«

»Hat deine etwas eigenwillige Therapie einen Namen?«

Henri grinste: »Das war die Mr.-Fish-Therapie. Man beschäftigt sich mit den Lebenden und vergisst die Toten. Dabei geht es nicht wirklich um Sex. Es geht um einen philosophischen Prozess.«

»Wir kommen wieder«, lächelte ich. »Wir haben ein möbliertes Apartment in North Point gefunden.«

»Gute Gegend«, murmelte Henri und gab der Japanerin leise Anweisungen. Er war furchtbar aufgeregt, »aber wenn du zurückkommst, werde ich nicht mehr da sein.«

»Du verlässt Hongkong?«

»Ich werde viel reisen, reisen müssen«, sagte er vieldeutig, »eines Tages werden wir uns wieder sehen, Sammy, vielleicht in der *Script Avenue II*. Vielleicht werde ich deine Hilfe brauchen. Du hast deinen Berg überwunden, ich habe meinen noch vor mir.«

»Welchen Berg?«, fragte Tim. Er saß neben mir im Flugzeug und schaute sich *The Dark Knight* an. Der Film war in Hongkong gedreht worden. »Du bist eingeschlafen«, sagte Tim, ohne den Blick vom Bildschirm zu nehmen. »Hast du etwa Henri in der Script Avenue getroffen?«

»Ja, aber es war nicht hilfreich. Ich wollte ihn fragen, was die drei Amerikaner von ihm wollten. Ich habe keine Ahnung, was passiert ist. Ich werde ihm eine Mail schreiben.«

Ich schloss die Augen und hoffte, wieder in die Script Avenue zurückkehren und Henri dort um eine Erklärung bitten zu können. Als wir über Russland flogen, ergriff Tim meine Hand und sagte: »Schlaf gut, Kumpel, well done.«

Die Rückkehr war einfacher als gedacht. Alle meine Befürchtungen erwiesen sich als falsch. Ich empfand keine Trauer, ich vermisste niemanden, es war nicht mehr unser Haus. Bald würde das Anwesen verkauft sein, und wir würden nach Hongkong zurückkehren. Wir duschten und checkten unsere Mails. Das Unkraut im Garten stand mittlerweile mannshoch. Einigen Pflanzen gaben wir Namen: Fred war der größte Unhold. Unser Nachbar hatte mir einen Zettel in den Briefkasten geworfen: Er fragte, ob er mir einen Gärtner empfehlen dürfe, der Wind wehe die Samen unserer Wiese auf seinen englischen Rasen. Wir beschlossen, dass Fred am Leben bleiben solle. Im Haus war eine Leitung geplatzt. Das Besprechungszimmer stand unter Wasser, doch dem potenziellen Käufer war das egal. Er wollte eh die ganze Liegenschaft abreißen und ein Begegnungszentrum für kubanische Kunst einrichten.

»Sind Sie Architekt?«, fragte ich ihn.

»Nein«, lächelte er geheimnisvoll, »ich bin Höhlenforscher.«

»Das stelle ich mir grauenhaft vor. Sie seilen sich in finstere Höhlen ab, schwimmen durch enge Spalten unter Wasser und bleiben plötzlich mit der Sauerstoffflasche irgendwo hängen.«

»Sie meinen, es sei ziemlich unnütz, ein Höhlensystem zu vermessen und zu katalogisieren, das eh kein Mensch je besuchen wird?«

»Ehrlich gesagt, ja. Wenn Sie nach versunkenen Städten oder römischen Amphoren suchen würden, okay, würde ich verstehen.«

Er lächelte amüsiert. Er trug schwarze Jeans und ein dunkelblaues Hemd, darunter ein schwarzes T-Shirt. An den Füßen trug er schwarze Pumas. Es fiel mir schwer, ihn irgendwie einzuordnen.

»Meine Arbeit ist mehr kriminaltechnischer Natur«, schmunzelte er und schaute nachdenklich das Manuskript an, das auf meinem Tisch lag.

»Ermitteln Sie in der Sache Professor Henri Dupont?«

Er schien amüsiert: »Ich ermittle gegen Pilze, Bakterien, Viren. Ich bin Frauenarzt, Dr. Morane. Meine Praxis steht seit fünfzig Jahren in der City.«

»Sie sind pensioniert?«

»Nein, ich bin Arzt aus Leidenschaft. Ich werde mich nie pensionieren lassen.«

Er schaute auf das Manuskript, das auf meinem Tisch lag, und las den Titel: »*Script Avenue?*«

Ich nickte. Er machte Anstalten, darin zu blättern: »Darf ich?«

Wahrscheinlich schnitt ich eine Grimasse, als hätte ich eine schwere Nierenkolik.

»Ist schon gut, ich verstehe das. Erzählen Sie mir von Ihrer Script Avenue«, sagte er.

»Sind Sie nun am Haus interessiert oder nicht?«, fragte ich ungeduldig.

»Nein, nicht mehr«, sagte er, »jetzt bin ich nur noch an Ihrem Leben interessiert.«

Er setzte sich in den bequemsten Sessel und begann mir Dinge zu erzählen, die man normalerweise nur engsten Freunden nach fünfzigjähriger gemeinsamer Biografie erzählt. Seine Offenheit verblüffte mich und animierte mich, es ihm gleichzutun. Es war ein sehr eindrückliches Erlebnis. Versuchen Sie es einmal. Seien Sie zu einem Fremden schonungslos ehrlich, und erzählen Sie ihm die intimsten Dinge. Sie werden überrascht sein: Er wird es Ihnen gleichtun.

Auf diese Weise gewann ich einen neuen Freund, aber keinen Käufer. Den nächsten Interessenten hatte mir die Agentur beschafft. Ich erkannte ihn sogleich. Es war tatsächlich Cédric! Er fuhr in einer roten Corvette vor und zwängte sich aus dem Sitz. Er war fett wie ein Samurai.

»So eine Scheiße«, fluchte er auf dem Parkplatz, »wenn du jung bist, kann du dir so etwas nicht leisten, und wenn du endlich das Geld hast, kriegst du deinen Arsch nicht mehr rein.«

»Cédric!«, sagte ich entgeistert, »ich dachte, du seist nach Kuba oder Nordkorea ausgewandert und arbeitest jetzt in einer sozialistischen Milchkooperative.«

Cédric winkte ab und betrat das Haus, als gehöre es ihm bereits: »Mein alter Herr hat den Hut genommen. Ich habe geerbt, mein Freund. Weißt du, wenn du mit zwanzig nicht Sozialist bist, hast du kein Herz, aber wenn du mit vierzig immer noch Sozialist bist, hast du keinen Verstand. Heute wollen alle alles gratis, keiner will mehr arbeiten, und die Reichen sollen für alles bluten! Ist das noch gerecht, Sammy? Wer soll das bezahlen?«

»Jack.«

»Wer zum Teufel ist Jack?«

»Und vor dreißig Jahren«, murmelte ich, »wärst du beinahe bereit gewesen, Bomben zu werfen, damit sich die gesamte Gesellschaft deinen weltfremden Ideologien unterwirft. Muss die Welt jede deiner neuen Flausen mitmachen?«

»Nur ein Narr ändert nie seine Meinung«, sagte Cédric und schaute sich um.

»Ja, es gibt für alles ein Sprichwort.«

»Weißt du Sammy, Mitte des 19. Jahrhunderts war Sozialismus eine gute Sache. Aber wo sind die Fabrikarbeiter heute? Die arbeiten alle beim Staat, falls sie überhaupt arbeiten; die haben einen dreizehnten und vierzehnten Monatslohn, eine staatlich gesicherte Pensionskasse, ihre Kinder genießen ein Rundum-Sorglospaket von der Entbindung bis zur Kremation.

Sozialismus bedeutet heute Regulierungswut und Verbots-
orgien. Wir erleben die Bevormundung und Infantilisierung
des Bürgers! Und wer bezahlt das, Sammy?

»Jack.«

»Wer zum Teufel ist Jack?«

»Hast du denn immer noch keine Freundin?«, fragte ich
Cédric.

Cédric winkte ab: »Das Haus gefällt mir nicht. Zu klein, zu
alt. Nicht standesgemäß, aber es war nett, dich wiederzusehen.
Man grüßt!«

Er schritt energisch auf den Parkplatz. Ich stand hinter dem
Wohnzimmerfenster und beobachtete, wie er sich keuchend in
seine Corvette zwängte. Ohne Lenkrad wäre es bedeutend einfacher gewesen.

Professor Henri Dupont blieb verschwunden. Ein Rätsel. Maricel und ich mailten jeden Tag. Manchmal besuchte Maricel
ein Internetcafé, und wir konnten uns über die Webcam sehen. Sie freute sich sehr, als ich ihr sagte, dass die Schweizer
Behörden ihren Antrag auf ein Visum prüften. Bald würde sie
in die Schweiz kommen. Für drei Wochen. Maricel konnte es
kaum erwarten. Ich wusste immer noch nicht, was ich für sie
bedeutete, aber ich zerbrach mir darüber nicht den Kopf. Wir
trafen uns einfach jeden Morgen vor dem Computer und redeten miteinander. Eines Tages konnte ich ihr das Schreiben
des Migrationsamtes in die Webcam halten: Ihr Visum war da,
Maricel konnte sich bei der Botschaft in Manila zum Interview
melden.

Tim und ich hatten wieder ein gutes Leben, wir hatten gemeinsam die Hölle durchwandert und standen wieder auf der Son-
nenseite des Lebens. Es gab noch Augenblicke, die uns bedrück-
ten oder melancholisch stimmten, aber die Trauer verlor an

Intensität. Die Formulierung von Tims Neurologen war auch bei der Bewältigung von Verlusten zutreffend: Die Trauer erschlafft wie ein Muskel. Der Schmerz verblasst, die Erinnerung verblasst, man vergisst nicht, aber das Herz fühlt nicht mehr mit.

Der Mensch ist stärker, als er glaubt. Man muss darauf vertrauen – auch Sie werden es eines Tages erleben, einer geht immer zuerst.

# 6

## Carry That Weight

Als ich am Morgen des 8. Juli aufwachte, schien die Sonne zwischen den Baumkronen hindurch. Ich wachte mit einem Lächeln auf. Ich war an diesem Morgen sehr glücklich, in drei Wochen würde Maricel hier sein. Ich stieg aus dem Bett – und fiel wie ein Stein auf die Knie. Meine Arme waren eingeknickt, der Kopf schlug auf dem Steinboden auf. Ich kriegte kaum noch Luft, rappelte mich hoch und hielt mich am Griff des Kleiderschrankes fest. Ich riss ihn aus der Verankerung und keuchte wie ein schlecht trainierter Marathonläufer. Auf allen vieren suchte ich das Badezimmer auf und zog mich an der Badewanne hoch. Ich trank Wasser, putzte mir die Zähne, rasierte mich, ich wollte nicht darüber nachdenken, was soeben passiert war. Aber ich spürte, dass mit meinem Körper irgendetwas ganz und gar nicht stimmte; meine Lunge pfiff wie ein Dudelsack. Ich war derart irritiert, dass ich mir beim Rasieren eine Schnittwunde zufügte. Das war nichts Besonderes. Ungewöhnlich war, dass die Wunde nicht aufhörte zu bluten.

Da sah ich im Spiegel, dass sich meine Haut über Nacht blau verfärbt hatte. Ich erschrak. Was war mit mir passiert? Gestern war ich noch joggen gegangen, ich war noch geschwommen, und heute Morgen war ich ein gebrechlicher Greis, der nach Luft japste? Das konnte nicht sein. Ein kerngesunder Mann konnte nicht einfach über Nacht um zwanzig Jahre altern, das gabs nur in Filmen. Die großen blauen Flecken an meinem Körper irritierten mich am meisten. Ich hatte mich nirgends angeschlagen. Was passierte mit mir? Da lief irgendein beängstigendes Programm ab.

Ich ließ mich von Mohammed mit dem Taxi zum Arzt fahren. Mohammed meinte, das sei nichts Ernstes. Er würde für mich beten, wie er seit Jahren für Tim betete. Er war seit seinem letzten Besuch in seiner türkischen Heimat noch religiöser geworden, sozusagen frisch imprägniert. Er versprach, morgen früh nach einer rituellen Waschung in unser Haus zu kommen und mich zu heilen. Das berührte mich sehr, doch ich wollte trotzdem mein Blut untersuchen lassen. Noch am Vormittag kam der Befund: Mein Blut war total im Eimer. Laborfehler, denkt man als Erstes. Aber woher stammten die blauen Flecken? Das wird schon wieder, redete ich mir ein. Ich war felsenfest davon überzeugt, dass ich ein sehr langes und gesundes Leben vor mir hatte, und ich hielt es schon rein statistisch für ausgeschlossen, dass mich ein weiterer Schicksalsschlag treffen könnte. Tim war spastisch und gehbehindert, Andrea war an Krebs gestorben; es wäre wohl so unwahrscheinlich wie drei Sechser im Lotto, wenn ich jetzt auch noch schwer erkranken würde. Für einen Augenblick hatte ich vergessen, dass im Himmel keine Ringrichter und Buchhalter nach logischen und gerechten Gesichtspunkten gelbe und rote Karten verteilen.

Noch am gleichen Tag musste ich ins Spital. Mit einer langen Spritze, länger als eine Stricknadel, bohrten sie ein kleines Loch durch meine Lenden bis zum Beckenknochen hinunter und schabten eine Probe fürs Labor ab. Am Abend blutete die kleine Wunde, die ich mir beim Rasieren zugefügt hatte, immer noch. Das erste von drei Resultaten der Knochenmarkpunktion lag am nächsten Tag vor: In meinem Blut hatte ein leukämischer Prozess begonnen. Die Gelassenheit des Arztes gab mir die Zuversicht, dass es nicht so schlimm war. In drei Tagen würden auch die restlichen Testergebnisse vorliegen. Trotzdem fragte ich nach meinen Überlebenschancen. Siebzig Prozent. Die Zahl stimmte mich heiter: Das war locker zu schaffen. Denn Statistiken erfassen auch alte Menschen und Kranke. Die sterben zuerst. Ich jedoch war mein Leben lang topfit gewesen, stark und leistungsfähig.

Am nächsten Morgen rief mich ein Arzt des Universitätsspitals an und sagte, ich solle unverzüglich die Hämatologie aufsuchen, wo man mich bereits erwarte. Ich dachte mir nichts Schlimmes dabei. Es war ja gut, dass rasch gehandelt wurde, damit ich mein neues Leben schon bald fortführen konnte.

»Ich bin um zwölf zurück«, sage ich zu Tim, »was möchtest du essen? Ich kaufe auf dem Rückweg gleich ein.« Pangasius an Thai-Sauce.

»Sie haben Blutkrebs. Leider ist es eine akute lymphatische Leukämie in einem sehr weit fortgeschrittenen Stadium. Ich kann Ihnen keine Hoffnungen machen. Falls Sie noch etwas erledigen müssen, sollten Sie es jetzt tun.« Der Professor ließ mich einige Sekunden verschnaufen, dann fragte er leise: »Gibt es Fälle von Leukämie in Ihrer Familie?«

Ich schüttelte fassungslos den Kopf und spürte, wie mir das Blut in den Kopf stieg. Draußen im Flur standen einige Ärzte beisammen und besprachen Krankenakten, wir hatten ihr Besprechungszimmer besetzt. Der Professor, der mir im kargen Zimmer gegenübersaß, erklärte mir, dass eine sofortige Chemotherapie nötig sei. Ich fragte ihn, ob wir gleich nächste Woche damit anfangen könnten. Er schüttelte den Kopf und lächelte etwas verlegen.

»Wir müssen heute damit anfangen«, sagte er, »wir haben Ihnen bereits ein Isolierzimmer eingerichtet.«

»Aber ich kann noch kurz nach Hause gehen und kochen?«

Der Arzt schüttelte erneut den Kopf. »Ihr Blut hat kaum noch Sauerstoff. Wenn Sie sich irgendwo verletzen, können wir die Blutung nicht stoppen. Sie befinden sich bereits in einem lebensbedrohlichen Zustand.« Er reichte mir zwei bedruckte Seiten. »Das sind Ihre Termine heute«, sagte er. »Sie werden zum Augenarzt gehen, zum Zahnarzt, Schilddrüse, Nase und Ohren untersuchen lassen. CTs von Schädel und Lunge sind notwendig und ein gründlicher Check Ihres Herzens. Wir müssen weitere Krankheiten ausschließen. Für das, was wir Ihnen in den nächsten sechs Monaten zumuten werden, brauchen Sie ein gesundes Herz, gesunde Organe. Wir werden Ihren Körper in die Aplasie führen, damit er das Gift der Chemotherapien nicht abstößt. Wir zerstören Ihre Immunabwehr. Vollständig. Jedes Neugeborene verfügt über eine stärkere Immunabwehr, als Sie sie noch haben werden.«

»Gut«, sagte ich, »dann lassen Sie uns anfangen. Werde ich dann wieder gesund?«

»In sechs Monaten wissen wir mehr.«

Ich war sprachlos. Andrea wurde damals bei ihrer Krebsdiagnose sehr laut. Sie bestritt schlicht die Richtigkeit der Diagnose, sie wollte mit dem Arzt feilschen, dann wurde sie aggressiv und bösartig, bis der Arzt sich elegant von ihr verabschiedete. Ich blieb stumm. Tim tat mir leid, das hatte er nicht verdient. Ich hatte in diesem Augenblick keine Angst, aber verdammt große Sorgen. Ich saß da wie eine Sanduhr, aus welcher unaufhaltsam der Sand rieselte. Meine Zeit lief aus. Und jetzt würden sie noch meine Immunabwehr massakrieren. Mir graute vor der Vorstellung, über ein halbes Jahr in einer Zelle isoliert zu sein und die Sekunden, Minuten und Stunden zu zählen. Sechs Monate! Ich hatte nur einen Wunsch: nach Hause gehen und mich wie ein Hund verkriechen. Und davor vielleicht noch den Thai-Curry-Pangasius kochen.

»Habe ich Überlebenschancen?«, fragte ich den Professor. »Wenn nicht, will ich nach Hause gehen und es beenden.«

»Wir nennen hier keine Zahlen«, wehrte er ab.

»Dann sind die Chancen sehr klein.«

»Wir gehören zu den besten Leukämiezentren der Welt«, sagte er. »Vor dreißig Jahren haben wir angefangen. Damals ist fast jeder gestorben. Heute überleben viele Patienten. Aber Sie haben eine akute Leukämie, eine ALL. Wir sind froh, wenn wir Ihre Lebenszeit verlängern können.«

»Sie haben doch Statistiken«, sagte ich. »Ich bestehe darauf, dass Sie …«

»Ich werde Ihnen keine Zahlen nennen«, wiederholte er.

»Und wenn ich jetzt nach Hause gehe und nichts tue?«

»Dann sind Sie in zwei oder drei Wochen tot. Aber wir sollten jetzt anfangen. Sie haben einen sehr langen Weg vor sich. Es macht zum jetzigen Zeitpunkt keinen Sinn, zu spekulieren. Zuerst müssen Sie die Chemotherapien der nächsten sechs Monate überstehen. Es sind Hochrisikotherapien. Sie können Hirnblutungen, Hirnschläge und Herzinfarkte auslösen. Und falls die Leukämie nach einem halben Jahr im Blut nicht mehr nachweisbar ist, können wir eine Knochenmarktransplantation versuchen. Aber dafür brauchen wir einen geeigneten Spender. Und falls wir den finden, werden die Zellen des Knochenmarkspenders Ihre Haut, Ihre Lunge, Ihren Darm abstoßen. Wir haben Medikamente dagegen, aber diese haben wiederum sehr starke Nebenwirkungen und können wiederum neue Krebsarten entstehen lassen. Es ist eine anspruchsvolle Behandlung, und Sie werden Ihr Leben lang kämpfen müssen. Sie werden nie mehr gesund sein.«

Er führte mich auf den Flur hinaus, der vor einer dicken Glastür endete, der Professor klingelte. Eine Krankenschwester mit Mundschutz und Plastikhandschuhen erschien jenseits der Glastür und betätigte einen Wandschalter. Die Schiebetür ging auf. Die Schwester kam auf mich zu und führte mich den Gang entlang.

»Wir sehen uns später«, sagte der Professor.

»Sie haben heute ein volles Programm«, sagte die Schwester. »Morgen früh beginnen wir mit der ersten Infusion.«

Ich betrat das Isolierzimmer. Es war größer als erwartet und hatte eine große Fensterfront mit Sicht auf den Innenpark des Krankenhauses. Ein Bett, ein kleiner Tisch am Fenster, ein Sessel. Ich sah gleich, dass man an diesem Tisch keine zehn Stunden schreiben konnte. Die Schwester reichte mir ein Spitalhemd und sagte, dies sei nun meine Kleidung für die nächsten sechs Monate. Wer würde sich um Tim kümmern?

»Sechs Monate?«, wiederholte ich ungläubig. »Tatsächlich sechs volle Monate?«

»Einige bleiben auch ein Jahr oder länger«, antwortete sie. »Aber beklagen Sie sich nicht: Als ich hier anfing, wurden die Patienten noch in kleinen Zelten isoliert. Jetzt haben sie richtige Zimmer. Wer Ihr Zimmer betritt, muss sich draußen im Flur desinfizieren, einen Mundschutz, Schuhüberzüge und einen desinfizierten Überzug anziehen. Sie dürfen nur essen und trinken, was wir Ihnen bringen. Sie dürfen kein Mineralwasser vom Vortag benützen. Niemand darf Ihnen von draußen Nahrungsmittel bringen. Beschränken Sie die Besuche auf das absolut Notwendige. Benutzen Sie lieber das Telefon. Falls Ihnen etwas zu Boden fällt, klingeln Sie. Es ist Ihnen absolut untersagt, etwas vom Boden aufzuheben.«

Ich legte meine Schuhe und Kleider in einen der Wandschränke und zog mir das hellblaue Krankenhaushemd über. Ich hasste es. Die Vorstellung, dass ich hierbleiben musste, trieb mich zur Weißglut. Ich wollte nach Hause! Pangasius-Thai-Curry. Das Schicksal sollte sich jemand anderen suchen, aber das Schicksal hat keine Kontingente zu erfüllen.

Die Schwester schob einen Rollstuhl ins Zimmer.

»Ich brauche keinen Rollstuhl«, wehrte ich ab.

»Sie werden bald einen brauchen. Ihr Hämoglobin-Wert ist bei 70, der Arzt will nicht, dass Sie umkippen.«

Nun ließ ich alles über mich ergehen, alles, wovor ich mich mein ganzes Leben gefürchtet hatte. Ich kam mir vor wie ein Stück Stoff unter der Nähmaschine: Ständig wurde ich irgendwo gestochen oder punktiert. Am unangenehmsten war es, in diese Röhren geschoben zu werden. Bei den modernen Computertomografie-Geräten wurde man lediglich unter einer CT-Brücke positioniert, aber beim MRI war es eine geschlossene, finstere Röhre, eine geschlossene Schraubenkiste. Ein Sarg. Der Kopf wurde so festgezurrt, dass es sich anfühlte, als sei man bei einem Erdbeben von Gesteinsbrocken erdrückt worden. Ich hasste es! In einer kleinen Operation steckten sie mir einen Port unter die Haut, eine Art Steckdose, an die man Infusionsschläuche andocken oder aus der man Blut abzapfen konnte. Der Port schränkte meine Bewegungsfreiheit noch mehr ein.

Ich setzte mich neben das große Fenster und rief Tim an. Ich erklärte ihm, dass ich heute nicht kochen könne und erst in sechs Monaten zurückkomme. Er solle den Hausverkauf stoppen, bis ich wieder gesund sei.

»Kann ich zu dir kommen?«, fragte Tim. »Ich kann in zehn Minuten bei dir sein.«

»Lass uns lieber telefonieren. Ab jetzt ist jeder Mensch eine potenzielle Gefahr für mich.«

Tim tat mir schrecklich leid. Ich blickte in den Hof hinunter und sah all die Menschen, die das Spital verließen und nach Hause gingen. Ich blieb allein da oben zurück, wie in einem Käfig mit Ausblick. Jeder Kriminelle mit Fußfesseln hatte mehr Bewegungsfreiheit.

Es war fast hörbar, wie das Schicksal einen mächtigen Pflock vor meine Füße rammte. Ich realisierte, dass ich mit all den Menschen, die da unten im Park herumliefen, nichts mehr gemeinsam hatte. Jetzt war ich allein. Ich sehnte mich nicht nach Andrea, das war vorbei. Sie hätte mir bloß Vorwürfe gemacht. Wahrscheinlich wäre ich ihrer Meinung nach an allem selber schuld. Dann kam die Panik: sechs Monate hier oben. Ich realisierte, dass eigentlich alles unwichtig war im Leben. Außer, am Leben zu bleiben.

Dr. Morane kam gegen Abend. Er sagte, Tim habe ihn angerufen. Er meinte, wenn man ernsthaft erkranke, brauche man einen medizinisch geschulten Freund an seiner Seite, der alles nüchtern analysiere. Mit der Zeit würde ich dazu nicht mehr in der Lage sein. Nach und nach fühlte ich, wie die Kraft aus meinem Körper wich, wie das Leben zerrann. In der realen Welt hatte ich so gut wie keine Überlebenschancen. Es war unglaublich, wie schnell jetzt alles zu Ende ging. Ich flüchtete in meine Script Avenue.

Doch das Schicksal hatte auch in der Script Avenue eingeschlagen. Ich saß zusammengekrümmt in einem Rollstuhl inmitten der Avenue. Vermummte Gestalten kamen auf mich zu, hievten mich aus dem Gefährt und legten mich auf eine Sanitätsliege. Mir fiel auf, dass diese aus Holz war. Merkwürdig. Sie banden mich fest und schoben mich nach vorne, unter einer Holzbrücke hindurch. Das musste ein neues Gerät für Computertomografien sein. Sie schoben und schoben, ich sah eine Brücke nach der andern über mich hinwegfliegen. Plötzlich stoppten sie. Ich starrte nach oben. Ich war direkt unter einer CT-Brücke. Das mochte ich gar nicht. »Bitte noch ein bisschen mehr schieben, damit der Kopf wieder im Freien ist«, bat ich. Dann stürzte ein Brett auf mich herunter. Sie hatten einen halbmondförmigen Ausschnitt herausgesägt. Eine Lünette, dachte ich erschrocken. Und tatsächlich war es der Holzkragen einer Guillotine. Er schnappte zu. Ich konnte den Kopf nicht mehr bewegen, wie die Affen in den Zigarettenlabors. Jemand hielt meine Hand fest und sagte mit sonorer Stimme: »Ich bin Charles-Henri Sanson, ich wollte Arzt werden. Heilen, nicht töten.«

»Du wirst mich jetzt töten?«, fragte ich leise.

»Der Tod besucht jeden«, flüsterte Charles-Henri Sanson, »einige leben lang, andere sterben jung. So kommt der Tod zu Menschen jeden Alters, wie bei den Tieren und den Bäumen, und niemand lebt wirklich lange.«

»Wirst du jetzt das Fallbeil lösen, steht der Weidenkorb bereit?«

»Der Tod ist die Befreiung und das Ende von allen Übeln. Über ihn gehen unsere Leiden nicht hinaus. Er versetzt uns in jene Ruhe zurück, in der wir lagen, ehe wir geboren wurden.«

Dann sauste das Fallbeil herunter und schnitt mir den Kopf ab. Zuerst wurde mir schwarz vor den Augen, doch als ich wieder aufwachte, sah ich, dass ich am Anfang der Script Avenue stand. Mir fiel auf, dass ich irgendwie geschrumpft war. Ich trug meinen Kopf in den Händen. Menschen eilten auf mich zu. Vielleicht wollten sie ihre Taschentücher in meinem Blut tränken. Soll Glück bringen, dachten die Leute damals. Ich wollte sie ignorieren. Ein Legionär stellte sich mir in den Weg: »Wer bin ich?«, fragte er verzweifelt, »wo sind meine Legionen?«

»Das ist nicht dein Text«, herrschte ich ihn an. »Schau dich mal an, du trägst ein Kettenhemd, also gehörst du nicht in die Kaiserzeit, du bist noch Republik. Man hat dich in die falsche Schachtel geschmissen.«

»Wer bin ich?«, fragte er erneut und kam drohend auf mich zu.

»Du bist nichts als eine Elastolin-Figur, kaum sieben Zentimeter groß.«

Der Legionär hielt seinen Speer quer vor der Brust und stoppte mich: »Das ist nicht wahr«, sagte er. »Schau mich an. Ich bin einen ganzen Kopf größer als du, und du willst mir weismachen, ich sei nur sieben Zentimeter groß und aus Elastolin?«

Er drückte mir seinen Speer in die Hand und zog plötzlich sein Schwert. Mit der Klinge ritzte er sich den Unterarm auf. Er blutete stark.

»Blutet Elastolin?«, fragte er wütend. »Gib mir eine Mission, einen Auftrag, einen Sinn. Was ist der Sinn meines Lebens?«

»Ob Elastolin oder Fleisch und Blut, es gibt keinen Sinn.«

»Das ergibt keinen Sinn!«

»Weil es keinen Sinn gibt.«

Ich schob den Legionär beiseite und schritt weiter die Allee hinunter. Jemand berührte meine Schulter. Ich beschleunigte meinen Schritt, doch mein Verfolger hielt mit. Es war ein ulkiger Mann mit einem Spitzbart. »Gestatten, Leonhard Thurneysen, Alchemist. Ich bin 1531 geboren.«

»Nein, nein«, wehrte ich ab. »Sie wurden erst 1982 erschaffen. Aber ich werde das Buch nicht mehr schreiben.«

»Sie haben mir einen Basilisken in meine Studierstube gestellt, und jetzt hat er ein Ei gelegt. Wissen Sie eigentlich, was das bedeutet, wenn ein Basiliskenhahn ein Ei legt?«

»Hören Sie auf! Sie sind bloß ein Projekt, mehr nicht.«

»So einfach kommen Sie mir nicht davon! Ich will zum Leben erweckt werden. Jetzt!«

Ich blieb stehen und schrie ihn an: »Für wen halten Sie sich eigentlich? Sehen Sie all die Leute um sich herum? Das sind alles Projekte.«

Thurneysen lachte böse: »Seit Jahren denken Sie über meine Geschichte nach. Ich bin der größte Stoff, den Sie jemals bearbeitet haben. Ich werde Sie nie mehr in Frieden lassen. Ich warte auf Sie! Und jeder Basiliskenbrunnen in der Stadt wird Sie an mich erinnern.«

Ein Mann in einem feinen schwarzen Anzug schob ihn beiseite: »Hören Sie nicht auf ihn. Die Menschen wollen die Geschichte eines Mannes hören, der Monumentales erschaffen hat, ein gigantisches Eisenwerk, das zum Wahrzeichen einer Stadt geworden ist.«

Ich winkte unwirsch ab: »Ich mag Sie einfach zu wenig, Gustave Eiffel, tut mir leid, Sie waren ein echter Fiesling, eiskalt und gierig nach Ruhm und Geld. Ich habe alle Ihre Briefe an die Pariser Künstler und Intellektuellen gelesen, die damals gegen den Bau des Turms protestierten. Ihre Eisenkonstruktionen waren Ihnen wichtiger als Menschen. Aber ich brauche Sympathieträger, Monsieur Eiffel, Sympathieträger!«

»Sie werden von meinem Anwalt hören, Monsieur.«

»Vielleicht könnte ich der Held deiner Geschichte sein, Helvetier«, sagte ein ziemlich übermüdeter karthagischer Krieger. Sein Körper war mit Wunden übersät. Er lag vor mir im Staub. Er lag im Sterben.

»Wo ist dein Elefant geblieben?«, fragte ich ihn.

»Im Zoo«, keuchte er, »eure Straßenverkehrsämter erlassen merkwürdige Vorschriften, dabei bin ich Hannibal, der Sohn des Hamilkar Barkas. Du könntest meine Geschichte aufschreiben, zum Ruhme Karthagos.«

»Das muss jetzt ein Ende haben, Hannibal. Ein anderer ist mir zuvorgekommen und hat die Geschichte niedergeschrieben, du gehörst jetzt ihm. Und im Übrigen bist du der sterbende Gallier und nicht Hannibal. Ich sah mal in Mailand eine Hannibal-Figur. Aber ich hatte kein Geld, um sie zu kaufen.«

Nun begannen auch die anderen Leute, mich zu bedrängen und herumzuschreien.

»Worin besteht der Sinn unserer Existenz? Bleiben wir ewig gefangen in einer schicksalhaften Leere, ewig suchend nach Erlösung? Gib unserem Leben einen Sinn! Hauche uns Leben ein!«

»Besteigt den Hügel gleich hinter der Script Avenue. Dort weiden viele Schafe. Setzt euch zu ihnen und erkennt den Sinn eurer Existenz.«


## Seasons in the Sun

Am nächsten Morgen erklärte mir ein Oberarzt das Behandlungsschema: In Phase eins sollten Kortisonpräparate die Leukämiezellen reduzieren. Dann würde die Induktionsphase mit

Chemotherapien beginnen. Bei Misserfolg würde eine Intensivtherapie folgen und bei erneutem Misserfolg eine noch intensivere Hochrisiko-Chemotherapie. Die gesamte Behandlung würde 36 Monate in Anspruch nehmen. Er sagte »36 Monate«, weil sich »drei Jahre« ziemlich deprimierend anhört. Der Oberarzt bereitete mich darauf vor, dass man mir auch Gehirnflüssigkeit entnehmen müsse, da Leukämiezellen das Gehirn erreichen könnten – im Gegensatz zu den Medikamenten, die wegen der Blut-Hirn-Schranke nicht durchkämen. Man müsse auch die Leber und die Lunge punktieren, Darm und Magen spiegeln. Die Leber sei ein Routineeingriff über die Halsarterie, die Lungenpunktion finde unter Narkose statt.

Zum Abschluss wurde ich erneut darüber informiert, dass die bevorstehenden Behandlungen Hirnschläge, Herzinfarkte, Verlust der Urteilsfähigkeit, dauernde Invalidität und sogar den Tod auslösen könnten. Der Arzt gab mir ein Dokument, wonach ich über die Risiken aufgeklärt worden sei. Ich dachte, das sei nun wirklich egal, und unterschrieb, wie ich früher meine Bücher signiert hatte. Aber meine Handschrift sah aus, als habe ein Erdbebenseismograf meine Hand gesteuert. Stärke 9.

Ich drückte die Stöpsel meines iPhone-Kabels in meine Ohren und versank irgendwo in den Seventies.

*Goodbye my friend, it's hard to die,*
*when all the birds are singing in the sky,*
*Now that the spring is in the air.*
*Pretty girls are everywhere.*
*When you see them I'll be there.*

Mohammed wollte mir heilenden Rosmarinsaft bringen, aber die Schwestern ließen ihn nicht auf die Isolierstation. Nur Tim. Zwei Schwestern führten ihn ins Zimmer. Zuvor hatten sie ihm geholfen, sich umzuziehen. Er tat mir so leid: Er zitterte und

konnte kaum einen Fuß vor den andern setzen. Mein Anblick
war vermutlich entsetzlich. Das hat er nicht verdient, dachte ich
fieberhaft, das konnte man ihm nicht auch noch antun. Doch
Tim versuchte, mich zu beruhigen: Ein Freund würde jetzt bei
ihm wohnen, und ich solle mir keine Sorgen machen. Er habe
alles organisiert. Überdies besuche ihn Dr. Morane jeden Abend
auf dem Nachhauseweg.

»Geh nach Hause, Tim. Es ist so langweilig hier.«

Tim kramte ein Buch aus seiner Tasche.

»Ich kann nicht mehr lesen«, sagte ich, »zu viele Medikamente.«

»Ich bin gekommen, um dir vorzulesen«, sagte Tim und
klappte das Buch in der Mitte auf.

»Es war der Fürst der Arverner«, sagte Tim, »er hatte so gut
wie keine Chance, die Belagerung um Alesia zu überleben, denn
Cäsar hatte einen zweifachen Belagerungsring gezogen. Aber der
Kelte wollte nicht aufgeben. Er wollte bis zuletzt kämpfen.« Tim
hielt inne und schmunzelte: »Heute bist du Vercingetorix.« Und
dann begann Tim aus dem Buch vorzulesen.


In den nächsten Tagen wurden mir unzählige Infusionen gelegt.
Langsam stieß man meinen Körper in die Aplasie hinunter. Das
Massaker an meinem Immunsystem hatte begonnen: Die Atmung
wurde leicht und schwach, die Beine greisenhaft und zitternd, die
Augen waren nicht mehr beherrschbar. Es war wie ein bisschen
sterben. Ich lag auf dem Bett und starrte an die Decke.

Eine vermummte Schwester fragte mich einmal, welche Art
von Leukämie ich habe. Ich hatte Probleme mit dem Schlucken,
da warf sie einen Blick in meine Krankenakte und sagte: »Oh,
ALL, hm … das ist nicht so gut.« Von da an wusste ich, dass ich
sterben würde. Merkwürdigerweise haderte ich nicht mit dem
Schicksal. Ich hatte einen wunderbaren Sohn und all die Bücher
geschrieben, die ich hatte schreiben wollen. Bis auf eines – dieses
hier. Das Buch der Script Avenue.

Eines Abends wollte ich die Script Avenue aufsuchen, aber sie war menschenleer. Wo waren all die Menschen bloß geblieben? Ich guckte nach unten und war beruhigt, als ich meine Füße sah – für einen Augenblick hatte ich gedacht, ich sei ebenfalls verschwunden. Dann sah ich ein Loch in der Mitte der Avenue. Ich kniete vor dem Loch nieder und rollte es zusammen. Dann hielt ich die Rolle wie ein Fernrohr vor mein Auge und schaute hindurch. Ich sah am Horizont spanische Segel. Vielleicht würde Magellan mich mitnehmen. Ich hielt die Rolle vor den Mund und blökte, so laut ich konnte. Doch der Wind heulte über die Avenue und verschlang meine Klagen.

»Sie wird nicht kommen«, sagte eine gepresste Stimme aus dem Erdinnern. *Andrea, oh mein Gott, auch das noch.*

Ihre Worte trafen mich wie ein Pfeilhagel. Ich stürzte mit einem wilden Schrei zu Boden. In meiner Brust steckten tatsächlich römische Pfeile. Ein junger Druide kniete neben mir nieder. Er zog die Pfeile aus meinem Körper, die Wunden bluteten stark.

»Dreh dich auf den Bauch«, sagte er. Ich gehorchte ihm. Er tat es mir gleich.

»Und jetzt schleichen wir uns die Script Avenue hinunter. Kopf nach links, rechter Arm, linkes Bein; Kopf nach rechts, linker Arm, rechtes Bein, Kopf nach links...«

»Ich kann nicht mehr«, keuchte ich.

»Ich weiß, und trotzdem wirst du weitermachen. Rechter Arm, linker Arm, rechter Arm...«

Schon am nächsten Tag konnte ich das Bett nicht mehr allein verlassen. Ich war mehr als erschöpft – ich war platt. Instinktiv fürchtete ich, an eine Grenze zu stoßen, die mich erschrecken würde. Eine Krankenschwester kam in mein Zimmer.

»Jetzt folgt die nächste Chemotherapie«, sagte sie. Ich hätte gern ihr Gesicht gesehen, aber ich nahm nur ihre blauen Augen und ein bisschen blondes Haar wahr. »Es ist eine Hochrisiko-Chemotherapie«, fügte sie hinzu und schaute kurz in meine Augen. »Deshalb werde ich noch eine Weile bei Ihnen bleiben, damit wir sofort eingreifen können, wenn etwas passiert.«

Ich hatte schwach in Erinnerung, dass diese Hochrisiko-Chemotherapien nur eingeleitet werden, wenn die vorherigen Chemos erfolglos geblieben waren.

»Wir haben leider noch keinen geeigneten Spender gefunden«, sagte sie noch. Das heißt, selbst wenn ich alle Torturen überstehen sollte, würde ich keine Überlebenschance haben. Meine ganze Energie war verpufft: Hier lag ein Mann, der früher jeden Tag um fünf Uhr aufgestanden war und zwölf Stunden am Tag dicke Romane geschrieben hatte. Jetzt hatte ich Mühe, mit Daumen und Zeigefinger einen Kugelschreiber zu halten. Mein Körper fühlte sich warm an. Ich dachte an die heiße Lava-Asche aus Pompeji. Dann wurde es wieder kalt, und die Nordpolexpeditionen des 20. Jahrhunderts kamen mir in den Sinn. Ich habe vergessen, ob Cook, Peary oder Byrd zuerst dort war. Oder hatte ich einen Roman über Roald Amundsen geschrieben, der 1926 zum Nordpol geflogen war? Gab es da schon Flugzeuge? Ich versuchte, mich an den Buchtitel zu erinnern. Hatte ich ein Pseudonym benutzt? Was war eigentlich mein richtiger Name? Schließlich kam ich zum Schluss, dass die Geschichte mit Amundsen lediglich ein Projekt war. *Maybe*. Und mein Beruf? War ich im richtigen Leben wirklich Schriftsteller gewesen? Dann fühlte ich etwas Kühles in meinem Kopf. Als würde mir jemand kalt gepressten Orangensaft ins Gehirn spritzen. Ich hörte nicht mehr, was die Krankenschwester sagte, ich hörte Klingeln, Glocken, Alarmglocken. Wenn das schon das Paradies war, dann hatten die da oben eine miserable Band.

Ich verbrachte Monate in diesem Zustand. Manchmal sah ich klarer, was nicht wirklich von Vorteil war. Meistens lag ich wie erschlagen auf meinem Bett, döste vor mich hin, wurde von Tagträumen gefoltert und stürzte in die Script Avenue. Ich war so schrecklich müde.

»Steig auf das Velo«, sagte jemand. Es war Tim. Er saß vor dem Fitnessvelo und hielt einen Schreibblock in der Hand.

»Ich kann nicht mehr.«

»Letzte Woche hast du sechs Minuten geschafft. Heute schaffen wir sieben. Komm, steig auf das Velo. Wer nicht anfängt, wird nicht fertig.«

Ich setzte mich auf die Bettkante und rang nach Luft, wartete, bis sich der Schwindel wieder legte. Ich stand auf, versuchte, mich auf den Beinen zu halten, und schleppte mich an das Bettende. Mit der einen Hand griff ich nach der Lenkstange des Fitnessvelos.

»Es geht nicht«, sagte ich zu Tim.

»Jetzt noch auf den Sattel, das ist dein Pferd, ein Pferd aus Eisen, du reitest für Vercingetorix«, schmunzelte Tim, »halte dich fest, damit dich der Gaul nicht abwirft. Nur sieben Minuten, was sind schon sieben Minuten in einem Leben?«

Ich quälte mich auf den Sattel, suchte mit den Füßen die Pedale und begann zu treten. »Und anschließend wirst du weiterschreiben.«


Jeden Morgen kämpfte ich mich mit zwei Infusionsständern an den kleinen Esstisch am Fenster und starrte auf die Konfitüre. Das war der kulturelle Höhepunkt meines Tages – die Geschmacksrichtung der Konfitüre. Aprikose ließ ich gelten. Aber bei Beeren hörte der Spaß auf. Da wurde ich sauer. Ich musste das mit den Ärzten bereden: Wieso kriegte ich nicht jeden Morgen eine Aprikosenkonfitüre? Und mehr Butter? Ich verlor ja kontinuierlich an Gewicht! Mittlerweile sah ich aus wie eine Kortisonkugel auf zwei Storchenbeinen, an den Oberarmen hing Haut, die ich nirgends mehr brauchte.

»Sie sind jetzt wieder vollständig in der Aplasie. In den nächsten Tagen steigt erneut das Risiko für schwerwiegende Komplikationen. Jede Infektion kann tödlich verlaufen. Reduzieren Sie Ihre privaten Besuche auf das Minimum!«

Als der Arzt das Zimmer verließ, hatte ich bereits wieder vergessen, warum er mich besucht und was er mir mitgeteilt hatte. Ich begann auch, Wörter zu vergessen. Ich starrte die zahlreichen transparenten Schläuche an, die von den Infusionsbeuteln zu meinem Körper führten. Acht verschiedene Beutel. Ich hatte den Überblick verloren. Eine Substanz hieß Cocktail. Das konnte ich mir gut merken, denn es erinnerte mich an das Leben, das ich einmal hatte. Diese Cocktails waren sehr gut. Kurz vor dem Erbrechen konnte man nach einem weiteren Cocktail verlangen. Gegen die nächtlichen Knochenschmerzen gabs einen Schlummertrunk. Morphium.

Die Artilleriefestung war in den Felsen hineingebaut worden. Knatternd fuhr der Warenlift tief in den Berg der Script Avenue hinunter und hielt in einer unterirdischen Galerie, die in düstere Hallen führte. Musik lockte mich in Halle B4. Nightwish sangen *Wish I Had an Angel.*

An der felsigen Decke hingen Schnüre, Zettel und gedörrte Menschenleiber. Die Zettel waren nicht beschriftet, aber ich konnte sie dennoch lesen. Es waren Seiten aus meinem Roman *Script Avenue.* Ich ahnte, dass ich hergekommen war, um meinen Platz unter dieser Felsendecke einzunehmen. Dreiköpfige Höllenhunde mit wildem Schlangenhaar pirschten sich an mich heran und hielten mich davon ab, weiterzugehen. Ich blieb stehen. Vor mir baumelte eine Leiche an einem Haken. Es war Andrea. Sie trug eine lange, schwarze, mit goldenen Hieroglyphen bestickte Robe. Die Hände hatte sie vor der Brust gekreuzt. Offenbar hatte man ihr im Jenseits ihren Busen zurückgegeben. Er zeichnete sich deutlich unter dem schwarzen Stoff ab.

»Wollen wir uns nicht wieder vertragen?«, murmelte ich, »wir waren doch ein gutes Team, und ich habe dich immer so geliebt.«

»Ich weiß«, sagte sie, »ich habe dich geliebt, wie kaum jemand auf dieser Erde je geliebt hat. Wie ein gutartiger Tumor hast du dich in meiner Seele ausgebreitet, ich konnte nie genug davon kriegen.«

»Dann gibt es also doch eine Anderswelt? Dann ist es nach dem Tod doch nicht vorbei? Dann hatten die Menschen vor 6000 Jahren recht, als sie dem Gott der Unterwelt huldigten? Es gibt diese Welt und auch den Fluss, der uns von dieser Welt trennt?«

»Nein, Sammy, es gibt da draußen gar nichts.«

»Aber du sprichst doch mit mir, dabei bist du tot.«

»Ich spreche nicht mit dir, Sammy.«

»Ich habe gehört, dass Angehörige nach dem Tod des Partners noch mit ihm sprechen können. Ich kann das jetzt auch.«

»Nein, Sammy, du sprichst nicht mit mir. Du sprichst immer mit dir selbst. Ich bin nicht mehr da. Ich bin nirgendwo. Und wenn du meine Stimme hörst, hörst du deine eigenen Gedanken. Ich bin nur noch ein Schatten deiner Erinnerung, und du bist der Schöpfer, wie du auch der Schöpfer all dieser Menschen in der Script Avenue bist. Du bist und bist doch nicht.«

Plötzlich brachen die Steinplatten unter mir ein, ich fiel krachend in die Tiefe. Nach einem schier endlosen Fall fand ich mich in einem Sarkophag wieder. Anubis beugte sich zu mir hinunter und sagte, er wache über das Totengericht. Osiris kniete nieder und meinte, es gebe keinen Apéro riche, ich hätte schon genügend Infusionen gehabt.

»Gebt mir sein Herz«, forderte Thot, ich werde es wiegen und marinieren.

»Ihr müsst ihm jetzt den Schädel öffnen«, fuhr jemand dazwischen. Seine Stimme war schneidend. Er würde keinen Widerspruch dulden.

»Es ist drei Uhr morgens«, sagte ein Priester, »wir werden niemanden finden, der um diese Zeit einen Schädel öffnen kann.«

»Was geschieht, wenn ihr es nicht tut?«, fragte jemand sichtlich nervös. Es war Tims Stimme.

»Er wird überleben. Oder auch nicht.«

»Und wenn wir jetzt sofort den Schädel öffnen?«, insistierte Tim.

»Dann kann das Blut abfließen und der Druck auf das Gehirn lässt nach.«

»Und dann überlebt er?«, fragte Tim ängstlich.

»Vielleicht. Aber wir wissen nicht, wie. Es könnten Organe gelitten haben.«

»Das Gehirn?«

»Vor allem das Gehirn. Es steht unter enormem Druck.«

»Je länger wir warten, desto größer ist die Wahrscheinlichkeit, dass dein Vater dich nicht mehr erkennen wird«, sagte der Mann mit der schneidenden Stimme. Es war Dr. Bertrand Morane. »Ihr müsst ihn jetzt operieren. Jetzt gleich.«

»Wir haben noch andere Sterbende in den Sarkophagen«, sagte Osiris.

»Nein!«, widersprach Morane sehr energisch, »für uns gibt es heute Nacht nur diesen einen Körper. Und wenn ihr nicht sofort seinen Schädel aufbohrt, gehe ich zum Pharao. Ich werde alle Pharaonen und Pharaoninnen der letzten 2000 Jahre aus ihren Grabmälern schütteln.«

»Sie befinden sich auf der Intensivstation, Monsieur Bretelle. Die Hochrisikotherapien haben Hirnblutungen ausgelöst, eine Serie von Schlaganfällen. Sie lagen im Koma. Wir mussten beidseits die Schädeldecke aufbohren, um das Blut abzusaugen. »Bohrlochtrepanation?«, fragte ich die Pflegefachfrau und fasste mir instinktiv an den Kopf. Man hatte mir den Kopf einbandagiert. War in der Script Avenue der Erste Weltkrieg ausgebrochen?

»Es gab leider Komplikationen. Beim Eingriff gelangten E.-coli-Bakterien ins Gehirn.«

»Sie meinen«, murmelte ich erschöpft, »Gott hat mir ins Hirn geschissen?«

Sie bewegte ihre Lippen, aber ich hörte nichts mehr. Ich wollte etwas sagen, wusste ganz genau, was ich sagen wollte, aber ich hatte die Wörter verloren. Ich sah sie ganz genau, wie die Ortschaften auf einer Landkarte, wusste sogar, welche Farbe das einzelne Wort hatte, wie es roch und sich anfühlte – pelzig, porös oder spiegelglatt. Aber die Wörter blieben unerreichbar. *Don't Cry for Louie.* Ich erkannte den Song von Vaya Con Dios sofort, doch merkwürdigerweise konnte ich auf der Musik reiten wie auf einem weißen Pegasus. Kasey Chambers sang *The Captain.* *The Hard Way* schmeckte nach Bananen, und der Gedanke war eine rauchende Acht.

»Wir haben die Chemotherapie abgebrochen«, sagte jemand, »Ihre Nieren- und Leberwerte sind sehr schlecht. Sie haben auch Wasser auf der Lunge.«

Ohne weitere Chemotherapien würde ich die nächsten Tage nicht mehr erleben, das ist mir geblieben. Ich schloss die Augen und sah mich wieder in der Felsenfestung von Vallorbe, versuchte, einen der Zettel zu erwischen, die an der Decke hingen. Jetzt konnte ich sie lesen. Doch die Zeilen verhakten sich ineinander, die runden Buchstaben platzten wie Luftballons, bis alle Buchstaben verschwunden waren. Zurück blieb ein Gedanke, der sich endlos wiederholte und keinen Sinn ergab. Ich war gefangen in diesem Gedanken, den ich nie gewollt hatte. Ich weiß bis heute nicht, wie er entstanden war, woher er kam und welchen Nutzen er hatte. Ich weiß nur noch, dass ich völlig erschöpft war und mich nicht mehr gegen das Sterben sträubte.

Schritte widerhallten im Saal. Ein kleiner Mann schritt unter den hängenden Leichen hindurch. Sein Kopf war kahl geschoren.

Es war tatsächlich Runkle, mein Agent Charlie Runkle. Er riss die Zettel von der Decke herunter, überflog und zerknüllte sie. Ich weiß immer, was Charlie Runkle sagen wird, bevor er es ausspricht. »Wie soll ich diesen Scheiß verkaufen?«, wird er schreien, »spinnst du eigentlich?«

»Denkst du, mein Leben war Scheiße, Charlie?«

»Was ist das? Ein Schweizer Roman? Memoiren eines Arschlochs? In welche Kategorie gehört dieses Geschwätz? Dieses Buch ist unverkäuflich! Wenn ich dieses Manuskript einem Verlag anbiete, wird man mich zuerst fragen: Welche Kategorie? Wenn der Verlag das Buch von der Druckerei in die Auslieferungszentren schickt, wird irgendein schlecht assimilierter Türke fragen: ›Du, was Kategorie?‹ Verstehst du? Der Kerl muss wissen, wo er deinen Scheiß einordnen kann. Ist es ein Schweizer Buch? Das wäre dann Lernen & Nachschlagen oder Grundlagenwissen, Länderkunde, Europa, Schweiz.«

»Belletristik«, werde ich murmeln, »einfach Belletristik.«

Auch Charlie Runkle konnte meine Gedanken lesen: »Belletristik«, schrie er, »ist eine Mutterkategorie! Es gibt Krimis, Thriller, historische Romane, Science-Fiction, Erzählungen … Dann gibts thematische Unterkategorien: 18. Jahrhundert, Schweizer Schriftsteller, Ratgeber, Leukämie, sexistische Literatur, Erotik, Asien, Hongkong-Städteführer, begreifst du die Regeln des Buchmarktes immer noch nicht?«

Er wird sich dann auf die rote Couch legen und die Drinks saufen, die ihm leicht bekleidete Sambatänzerinnen servieren. Ich werde mich zu ihm auf die Couch setzen. Er wird noch mehr saufen und mir dann einen Klaps auf den Oberschenkel geben: »Verstehst du, Sammy«, wird er dann sagen, sichtlich niedergeschlagen, »ich muss doch dieses Scheißbuch verkaufen.«

Ich werde ihn dann fragen, ob es nicht noch andere Kategorien gibt: »Scheißbuch« oder »unverkäufliches Buch«.

»Denken Sie auch, dass die *Script Avenue* unverkäuflich ist?«, fragte ich die Schwester. Sie lächelte.

»Sie lagen lange auf der Intensivstation, Monsieur Bretelle. Wir haben uns schon Sorgen gemacht.« Routiniert legte sie mir eine neue Infusion.

Ich hatte Schmerzen in den Handgelenken. Jetzt sah ich die roten Striemen. »Ich hing lange an der Decke?«

Sie hängte einen zusätzlichen Plastikbeutel an den Infusionsständer und kontrollierte nochmals den Kleber auf dem Beutel.

»Wir wollten Ihnen nicht wehtun, Monsieur Bretelle, aber wir hatten Angst, dass Sie sich was antun.«

Sie stöpselte die Schläuche in die Weichen und öffnete die Kanäle.

»Erinnern Sie sich nicht?«

Ich strengte mich an, aber ich erinnerte mich nur an Charlie Runkle.

»Sie wurden sehr laut und energisch.«

»Ich? Ich habe doch gar keine Kraft mehr!«

»Sie wollten die Isolierstation verlassen.«

»Aber ich bin doch vollständig verkabelt.«

»Sie haben sich alle Infusionen aus dem Leib gerissen, Ihr Spitalhemd zerrissen und sind auf den Flur hinausgegangen. Wir haben versucht, Sie aufzuhalten, aber Sie haben geschrien und getobt, man solle Ihnen bloß aus dem Weg gehen.«

»Ich? Und ohne Spitalhemd? Dann war ich also splitternackt?«

Sie lächelte etwas verlegen.

»Aber ich habe niemanden verletzt?«

»Nein, Sie waren jedoch sehr laut und bestimmt. Aber wir sind das hier gewohnt, einige stürzen sich aus dem Fenster oder gehen mit Spritzen auf uns los. Bevor sie ins Koma fallen, findet ein Kurzschluss in ihrem Gehirn statt. Sie tun dann Dinge, an die sich nie mehr erinnern werden.«

»Und ich tobte splitternackt da draußen im Flur herum? Aber ich habe doch nicht etwa onaniert?«

Sie lachte leise und stellte den Tropfenzähler ein.

»Wir versuchen jetzt etwas Neues.«

»Die Bazooka?«


## Mama, I'm Coming Home

Es war drückend heiß in der Script Avenue. Ich stand unter dem gigantischen schwarzen Ventilator, der wie eine verkohlte Krabbe an der Decke hing und mit scharfen Scheren die stickige Luft zerriss. Von der Straße her wehte tropisch-schwüle Luft ins Innere. Die Holzbohlen waren nass, ein tropfender Froschmann stand hinter Henry Miller, der mit nacktem Oberkörper hinter seiner alten Remington-Noiseless-Schreibmaschine saß.

»Das können Sie so nicht schreiben, Henry«, sagte der Froschmann. »Die Vagina besteht aus nervenarmem Gewebe. Erwähnen Sie besser die Paraurethraldrüsen. Die führen zur weiblichen Ejakulation. Und machen Sie Ihren Leserinnen nichts vor: Achtzig Prozent der Frauen kommen allein durch Penetration nie zum Orgasmus.«

»Wer zum Teufel sind Sie?«, fragte Henry, ohne den Froschmann anzuschen. Er kniff seine Augen zusammen, die Kippe in seinem Mundwinkel qualmte noch.

»Ich bin ein neuer Bewohner der Script Avenue«, sagte der Froschmann und kam zu mir rüber. Dr. Morane setzte sich an die Bar.

»Du musst mich jetzt in die Script Avenue aufnehmen«, sagte er, »ohne mich wärst du nie mehr aus dem Koma aufgewacht. Ich fuhr Tim um drei Uhr morgens ins Spital. Tim musste entscheiden: Soll man dich sterben lassen oder dein Gehirn aufbohren? Es war eine schreckliche Entscheidung für ihn.

Operierte man, würdest du vielleicht dein restliches Leben als geistiger und körperlicher Krüppel dahinvegetieren. Operierte man nicht, würdest du in zwei Tagen tot sein. Tim entschied sich für die Operation. Er hatte deine Patientenverfügung in der Hand, sie war schon ganz zerknittert.«

Ich bestellte mir eine Cola, ohne Eis, ohne Zitronenschnitz. Und nicht im Glas. Man hatte mich eindringlich davor gewarnt: Jeder Eiswürfel konnte mich töten.

»Sammy«, insistierte Dr. Morane, »hat dich wirklich noch nie jemand gebeten, ihn in die Script Avenue aufzunehmen?«

»Es gab schon den einen oder anderen. Aber die warnten mich davor, sie drohten gar mit ihren Anwälten. Somit ist jede Figur in der Script Avenue eine potenzielle Verleumdungsklage. Ich werde wohl Tims bester Kunde sein. Er führt jetzt eine Anwaltskanzlei.«

Plötzlich war ich hellwach. Mohammed stand mit einer Gebetskette vor meinem Krankenbett.

»Du musst sie sterilisieren lassen! Um Gottes willen!«

Er meinte, man müsse eine Gebetskette nie sterilisieren – Allah reinige sie während des Gebets. Er sagte, er habe zu Hause eine rituelle Waschung durchgeführt und sei nun gekommen, um mich von der Leukämie zu heilen. Ich hätte es verdient, und Allah wüsste das.

Ich musste tief Luft holen: »Verdammt nochmal, Mohammed! Hier muss alles steril sein!«

»Ich weiß, dass du nicht religiös bist und weder an Gott noch an Allah glaubst, aber Allah hat ein Auge auf dich geworfen, denn du hast deine Frau bis zu ihrem Tod gepflegt und dich immer um deinen Sohn Tim gekümmert. Allah mag Menschen wie dich, deshalb will er dich noch eine Weile unter den Menschen lassen.«

»Aber ich bin nicht in seinem Verein. Hilft Allah auch Nichtmitgliedern? Bei Exit muss man Mitglied sein.«

Mohammed ergriff mein Handgelenk.

»Hast du die Hände desinfiziert?«

»Sei ganz ruhig, es geht schnell, aber dann wirst du geheilt sein.«

Er begann, leise muslimische Gebete zu murmeln. Es dauerte in der Tat nicht lange. Dann sagte er: »Jetzt bist du geheilt. Allah hat dich geheilt.«

Ich lachte leise: »Dann kann ich jetzt nach Hause gehen, bring mir meine Schuhe.«

Jetzt lachte auch er: »Ja, natürlich, mein Taxi steht unten im Parkverbot.«

»*Das Taxi ins Jenseits*«, entgegnete ich. »Das war mal der Titel eines meiner Drehbücher gewesen, glaub ich wenigstens.«

»Du wirst noch viele Drehbücher schreiben«, sagte Mohammed. Er hatte sich vorgenommen, jeden Tag zu kommen – nach einer rituellen Waschung und mit seiner Gebetskette.

»Vergiss das Sterilium nicht!«

»Glaub mir, Allah wird dich heilen. Weißt du, wenn ich Zahnschmerzen habe, gehe ich nie zum Zahnarzt, ich bete, und dann sind sie weg.«

»Dann habt ihr in der muslimischen Welt gar keine Zahnärzte?«, fragte ich verwundert. »Oder hängen in den muslimischen Zahnarztpraxen Gebetsketten, und der Zahnarzt betet mit den Patienten?«

Mohammed lachte leise und ergriff meine Hand: »Mach dir keine Sorgen, ich kümmere mich um Tim. Er mag mittlerweile die türkisch-arabische Küche, jetzt bin ich Taxifahrer und Koch.«

Tim stand hinter mir und beobachtete mich beim Schreiben. Manchmal sagte er leise: »Das hatten wir schon.« Oder: »Sie heißt nicht Jhen. Sariani! Kanntest du in Hongkong eine Jhen? Wer war Arambajek? Von Angela hast du mir erzählt.« Er las mir meine Mails vor und beantwortete sie. Ich kriegte kaum noch Mails. Offenbar hatte man mich bereits abgehakt. Wenn man an einer lebensbedrohlichen Krankheit leidet, stirbt man im Bekanntenkreis, bevor man gestorben ist. Die Welt gehört den Lebenden.

Einmal sagte Tim: »Du hast wieder Embolien gemacht, du kriegst jetzt Blutverdünner und einen weiteren Weihnachtsbaum.«

»Ich mache doch gar nichts«, sagte ich müde, »ich wüsste nicht mal, wie man Embolien macht! Und wie komme ich mit drei Infusionsständern aufs Klo?«

»Mit drei Infusionsständern, Sammy. Lass uns jetzt Memory spielen«, sagte Tim, »wir hinken sechs Minuten hinter dem Plan nach.«

»Ich hasse Memory!«

»Das ist dein gutes Recht, aber wir müssen jetzt dein Gedächtnis trainieren. Die Strahlentherapie schädigt die neuronalen Verknüpfungen, mit denen Nervenzellen in Kontakt zueinander stehen. Die Chemos zerstören die Synapsen. Aber du hast schätzungsweise noch hundert Billionen davon. Wir müssen sie trainieren, Sammy, jeden Tag, es geht um die Frequenz, Intensität und Dauer des Trainings. Lass uns anfangen!«

Tim intensivierte das Training: Schreiben, Memory, Songtexte auswendig lernen, Kopfrechnen, Länderkunde, Tagalog-Sprachkurs, Wechselkurse berechnen.

Doch am nächsten Tag konnte ich Madagaskar nicht mehr finden. Tim zeigte auf die Weltkarte und sagte: »Es ist Zeit für das Velo, aber zuerst musst du mir noch 4000 Schweizer Franken in philippinische Pesos umrechnen.«

»Ich kann nicht mehr!«

Tim hielt meine Hand fest und rezitierte pausenlos irgendwelche Wechselkurse. Ich konnte seinen Händedruck nicht erwidern. Ich hatte keine Kraft mehr, und als ich es erneut versuchte, war nichts mehr da in meiner Hand. Vielleicht war Tim letzte Woche hier gewesen. Vier Franken fünfzig ist mir geblieben.

Tony saß im Saloon der Script Avenue und spielte Karten. Sein Pferdeschwanz war weiß geworden. Er hatte den Bart kurz geschnitten und trug einen goldenen Clip im Ohr, dicke Zigarre zwischen den Zähnen. Er verteilte Karten. Einmal für Berthold Krenz, einmal für Jack und einmal für Großmutter Germaine. Berthold hatte einen kleinen Notizblock vor sich und machte eifrig Notizen. Jack saß mit nacktem Oberkörper da und trank Whisky. Großmutter Germaine versuchte diskret, versteckte Asse aus ihrer Küchenschürze zu ziehen.

»Eines Tages«, sagte Jack, »werden sie den Besitz von Gold verbieten. Das war schon immer so. Habe ich recht?«

Alle gaben Jack recht.

»Hört auf mit diesen grässlichen Geschichten«, seufzte Großmutter und schmiss ihre Karten auf den Tisch. »Land und Häuser sind das Einzige, was zählt.«

»Immobilien sind zu riskant«, sagte Tony, »wenn die Staaten pleitegehen, entern sie zuerst die Superreichen, dann die Reichen, dann die Nicht-so-Reichen, und wenn du Häuser hast, nötigen sie dich, Zwangshypotheken aufzunehmen. Wie damals die Kriegsanleihen. Der Staat kriegt die Hypothekargelder und verjubelt sie für noch mehr Bürokratie, und du zahlst die Zinsen für eine Hypothek, die du gar nicht hast. Ich sag dir, Jack, eine Immobilie kannst du nicht einfach in den Sack stecken und mit ihr abhauen. Und schon gar nicht, wenn sie in Vilaincourt steht.«

Auch Berthold Krenz pfefferte seine Karten auf den Tisch.

»Scheiße«, fluchte er, »ihr seid doch alle gottverdammte Scheißkapitalisten. Aber kann mir wenigstens einer von euch verfluchten Heuschrecken einen Kredit geben?«

Alle schwiegen. Zornig verließ Berthold den Saloon, während Tony kopfschüttelnd die Karten in der Tischmitte anstarrte. »Fünf Asse, wie ist denn so was möglich?«

»Da stimmt irgendetwas nicht«, fluchte Jack und stand auf. Jetzt sah ich, dass er praktisch nackt war. Er trug lediglich übergroße Windeln. »Wisst ihr«, sagte er, »das Alter ist nichts für Schwächlinge. Das Alter ist ein Massaker. Ich war mal der respektierte Direktor eines internationalen Zementkonzerns. Und jetzt scheiße ich in die Windeln wie ein Zementmischer.« Er schleppte sich wankend zum Klo. Ich folgte ihm einige Schritte.

Jemand rief meinen Namen, es war Henri Dupont, der Professor, er stand oben am Ende der Treppe und hatte zwei exotische Schönheiten in den Armen. »Ich erzähl dir mal was über Japanerinnen«, sagte Henri, »nur über den Sex lernst du eine Kultur wirklich kennen, verstehst du? Die Japanerinnen«, dozierte er von der Galerie herunter, seien sehr *kinky,* »die machen alles im Bett, sind oft sehr unterwürfig und mögen das auch noch selbst. In der Beziehung mit japanischen Männern haben sie oft das Sagen, bestimmen über die Kinder und verwalten das Geld. Die Unterwürfigkeit ist also teilweise nur gespielt und eher echt gegenüber Fremden als gegenüber Japanern. Die Frauen haben kaum Sinn für Karriere, sie wollen einen reichen Mann heiraten und nicht arbeiten. Japanerinnen sind sehr zerbrechlich, sie treiben kaum Sport und wollen wie Kindfrauen wirken, ziehen sich auch oft so an. Weißt du, für die Japaner ist jugendliches Aussehen eine Art Fetisch.«

Jack kam zurück und brummte: »Was erzählt der für einen Blödsinn! Man hört ihn bis auf die Toilette.«

Er hielt eine Papierrolle in der Hand. Ich sah, dass es seine zusammengerollten Depotauszüge waren. »Schau mal«, sagte er stolz, »nicht schlecht für einen alten Mann.« Dann hatte er plötzlich Koliken und ging zurück aufs Klo. Maggy kam die Treppe herunter. Sie polierte den Handlauf: »Hitler hatte auch Verdauungsprobleme«, murmelte sie, »deshalb ist er Vegetarier geworden. Nicht aus Tierliebe, auch wenn er seinen Schäferhund sehr gemocht hat.« Maggy kroch unter den Pokertisch und begann den Bretterboden zu bohnern: »Er musste so viele Pillen gegen Blähungen schlucken, dass er beinahe an einer Strychninvergiftung starb. Ja, man behandelte Blähungen damals mit kleinen Mengen Strychnin. Hitler erzählte Rommel einmal, dass er 1914 als Gefreiter auf dem Schlachtfeld Gheluvelt nur deshalb überlebte, weil er solche Blähungen gehabt habe. Als grüngelbe Wolken aus den deutschen Schützengräben aufstiegen, war der Geruch so beißend, dass die britischen Soldaten einen Gasangriff vermuteten und flohen. Dabei hatte Hitler nur gefurzt.«

»Wo ist mein Jagdgewehr?«, schrie Jack, als er erschöpft aus der Toilette trat, »ich kann diesen Hitler-Scheiß nicht mehr hören!« Er nahm eine Winchester 73 von der Wand, lud durch und schoss. Er traf den Sicherungskasten. Die Script Avenue versank in Dunkelheit.

Wenn ich nachts im Bett lag und in die Nacht hinausschaute, wurde ich seltsam ruhig und dachte mit einem Anflug von Melancholie, dass mein Leben doch recht kurz gewesen war. Ich weinte nie (doch, einmal habe ich geweint), ich schrie nie, haderte nicht und entwickelte keine Aggressionen. Es tat mir einfach nur leid, dass Tim den Weg nun ohne mich gehen musste.

Onkel Arthur stand auf dem Hügel hinter der Script Avenue und hisste die Standarte der französischen Fremdenlegion inmitten von grasenden Schafen.

»Hier leben nur Schafe«, sagte ich zu ihm.

»Nur Schafe«, lachte Arthur, »und die Falklandinseln, waren das auch nur Schafe? Hier gibts Schiefergas, schon mal gehört?

Dem Schiefergas gehört die Zukunft! Jetzt können die Araber ihre Turbane zusammenrollen.«

»Aber du bist doch Schweizer und nicht Brite«, insistierte ich.

»Ich bin ein gottverdammter Fremdenlegionär, mein Junge, ich kämpfe für den Meistbietenden, meine Heimat ist die Legion. Ich muss dich deshalb töten, Sammy. Tut mir leid, es muss sein. Ich muss verhindern, dass du dieses Buch schreibst, pädophiler Kriegsverbrecher und so. Nimm sie mit ins Grab, deine verfluchte Script Avenue.«

Er zog eine Pistole aus dem Halfter und entsicherte sie. Er schien sehr erregt. Ich rannte, so schnell ich konnte, die Script Avenue hinunter. Ich hörte Onkel Arthur keuchen. Er rannte hinter mir her. Ich wollte in Francis' Buchhandlung Schutz suchen, doch plötzlich brach die Nacht herein. Ich rannte weiter, in Francis' Buchhandlung brannte noch Licht. Ein Schuss. Ich zuckte zusammen und rannte weiter. Dann fielen gleich mehrere Schüsse hintereinander. Ich brach vor Schreck zusammen und krümmte mich am Boden. Onkel Arthur humpelte auf mich zu. Er blieb stehen, schwankte, sackte auf die Knie. Jetzt sah ich, dass sich seine Uniform rot färbte. Leise stimmte er ein letztes Mal das Legionärslied an.

»Sie hätten auch eine Kugel verdient«, sagte jemand hinter mir. Ein Mann stand auf der Treppe zur Buchhandlung. Er hatte einen Schlapphut tief ins Gesicht gezogen. Er hielt eine Waffe in der rechten Hand, unter dem linken Arm ein schwarzes Badezimmer-Lavabo.

»Braucht Francis ein schwarzes Waschbecken?«, fragte ich ihn.

Der Mann schüttelte den Kopf: »Ich kenne keinen Francis. Wir sind noch am Ermitteln.«

»Aha«, sagte ich, »Sie sind Sanitärinstallateur und ermitteln in der Sache Francis?«

»Nein, ich wollte mir so ein schwarz-gelbes Buch kaufen: *Sanitärinstallationen für Dummies.* Ist ja nicht mein Beruf.«

Jetzt hob er den Kopf, ich sah sein Gesicht im fahlen Licht der Straßenlaterne. Ich kannte ihn von irgendwo. Typ Humphrey Bogart.

»Nicht von irgendwo«, beharrte er. Offenbar konnte auch er meine Gedanken lesen. »Ich habe Ihnen jahrelang gedient, habe überall ermittelt und die Script Avenue von all diesem kriminellen Gesindel befreit, und dann haben Sie mich einfach erschossen.«

»Das ist nicht wahr«, protestierte ich und setzte mich neben ihn auf die Treppe. »Ich war nur Ihr Schöpfer, der Autor, aber ich war nie Gott. Der Produzent hat mir das befohlen.«

»Nein, das glaub ich nicht, ich war sehr populär, ein Star, der hätte mich nie sterben lassen.« Er erhob sich und stand nun vor mir mit seinem Waschbecken.

»Sie wollten mehr Gage, das ist das Problem. Wenn Schauspieler mehr Gage verlangen, schickt der Produzent eine SMS an den Drehbuchautor: ›Erschießen‹. Es bleibt dann mir überlassen, wie ich Sie sterben lasse. Ein Blitzschlag beim Pinkeln oder heldenhaft im Kugelhagel der kolumbianischen Mafia. Mit der Sterbeszene kann ich Ihr Image vollständig ruinieren oder Sie unsterblich machen. Aber verraten Sie mir jetzt, wieso Sie um Mitternacht mit diesem schwarzen Waschbecken in der Script Avenue stehen?«

Er wusste es nicht. Er hob das Waschbecken in die Höhe und schmiss es auf die Straße hinaus: »Wieso fragen Sie mich, was dieses Scheißbecken soll? Das macht doch alles keinen Sinn. Es ist Ihr Job, einen plausiblen Dialog zu schreiben. Sie müssen dem Lavabo einen Sinn geben.«

»Wenn mein Leben keinen Sinn hat, hat auch dieses schwarze Waschbecken keinen Sinn.«

Ein Arzt erläuterte mir, dass die sechs Monate Hochrisiko-Chemotherapie und die Bestrahlungen keine Wirkung gezeigt hätten.

»Die Leukämie ist im Blut immer noch nachweisbar. Solange sie nachweisbar ist, macht eine Knochenmarktransplantation keinen Sinn. Aber wir können auch keine zusätzliche Chemotherapie mehr machen, Ihr Körper würde das nicht mehr verkraften.«

»Was geschieht, wenn ich keine Transplantation machen lasse?«

»Dann ist es schnell vorbei.«

»Dann ist jetzt alles vorbei?«

»Wir könnten trotzdem eine Transplantation versuchen. Wir hätten jetzt sogar einen geeigneten Spender gefunden. Einen Zehner. Aber ich will Ihnen keine Hoffnung machen, eigentlich macht es keinen Sinn mehr, aber es ist das Einzige, das wir noch versuchen können.«

»Dann habe ich keine Wahl?«, sagte ich und schaute ihn fragend an. Er hob die Augenbrauen an.

»Dann versuchen wir es? Wir müssen Sie zuerst bestrahlen.«

»Und falls ich die Transplantation überlebe, bin ich gesund?«

»Sie werden dann andere Probleme haben, die wir heute nicht zu diskutieren brauchen.«

»Ich möchte sie aber jetzt diskutieren«, sagte ich, »damit ich es einschätzen kann.« Ich richtete mich auf und setzte mich auf die Bettkante. Ich hatte Mühe, nicht nach vorn zu kippen.

Der Arzt nahm einen Stuhl und setzte sich mir gegenüber: »Sie befinden sich in einer ernsten Situation. Wenn Sie die Transplantation überleben, werden Sie an einer akuten oder chronischen GvHD erkranken, Graft-versus-Host-Disease, das ist eine immunologische Reaktion als Folge der Transplantation. Die im Transplantat des Spenders enthaltenen T-Lymphozyten greifen Ihren Organismus an: Augen, Schleimhäute, Lunge, Darm, Leber, Haut; alles kann abgestoßen werden. Wir bekämpfen diesen Vorgang mit einer Palette von Immunsupressiva, die wiederum starke Nebenwirkungen haben. Wir verabreichen Ihnen hohe Dosen von Kortison, um die chronischen Entzündungen zu hemmen, Ihr Körper wird austrocknen, Ihre Haut wird mit dem Gewebe darunter verwachsen und die Gelenke versteifen, Sie werden Ihre Mobilität verlieren, Ihre Lunge wird verklumpen und abgestoßen, Sie werden Atemnot haben, hochentzündete Augen, Nervenschmerzen, Krämpfe, Spasmen Tag und Nacht. Sie werden kaum noch drei Stunden am Stück schlafen können, und Sie werden chronisch übermüdet sein. Das ist GvHD. Nicht jeder muss alle Symptome haben, vielleicht haben Sie diesmal ein bisschen Glück.«

»Ja«, murmelte ich, »das kann gut sein. Ich hatte immer Glück in meinem Leben.«

Die Krankenschwester saß an meinem Bett. Ich weiß nicht, warum – sie tat rein gar nichts. Mir fiel aber auf, dass sie ihre Haare schwarz gefärbt hatte. Die Haare waren sehr lang geworden. Sie reichten bis zur Hüfte hinunter. Sie berührte meinen Arm und ergriff meine Hand. Ich öffnete die Augen. Die vermummte Frau zog ganz kurz ihren Mundschutz übers Kinn. Sie lächelte.

»Maricel?«, fragte ich ungläubig. »Sind wir in Hongkong? Ich habe eher erwartet, dass wir uns in der Script Avenue begegnen.«

»Tim hat mir ein Visum beschafft. Ich bin seit einiger Zeit in deinem Haus. Mach dir keine Sorgen, wir kommen gut zurecht. Tim besucht dich jeden Morgen, ich komme nach dem Mittagessen und bleibe bis am Abend.«

»Hast du den weißen Mann gefunden?«

»Ja«, sagte sie, »ich habe ihn gefunden.«

»Ich hoffe, du wirst mit ihm glücklich.«

»Ich bitte Gott darum. Er soll ihn mir nicht wieder wegnehmen. Ich flehe ihn jede Nacht an. Oh, Lord, du hast mir einen weißen Mann geschenkt, nimm ihn mir bitte nicht wieder weg. Gott kann mir nicht das Fenster zum Paradies öffnen und es gleich wieder verschließen.«

»Ja, das wäre echt übel«, flüsterte ich, »aber so ist das Leben. Gott ist ein Scheißkerl, er hasst uns alle.«

Ich spürte, wie ich langsam wegdriftete, und schloss die Augen.

»Flieg zurück, Maricel«, bat ich sie. »Tim wird dir genügend Geld geben, damit du ein Leben lang nicht mehr zu arbeiten brauchst. Für dich und deine Familie wird gesorgt sein. Ich werde das Geld eh nicht mehr brauchen, und Tim kriegt genug.«

»Du darfst mich jetzt nicht verlassen.«

»Ich habe keine Chance mehr, Maricel. Und selbst wenn ich überlebe, werde ich kein schönes Leben mehr haben.«

»Du wirst mich haben. Du wirst wieder nach Hause kommen, ich werde für dich da sein. Selbst wenn du Tag und Nacht Krämpfe und Schmerzen hast, ich werde da sein, und du wirst dich daran gewöhnen.«


Als ich eines Morgens im Rollstuhl zum Bestrahlungstermin geschoben wurde, sah ich, dass ich eine Zimmernachbarin gehabt hatte. Sie war letzte Nacht während der Knochenmarktransplantation verstorben. Es war ein ganz besonderes Erlebnis, das Isolierzimmer zu verlassen. Ich staunte, dass es außerhalb meines Krankenzimmers noch eine Welt gab. Sie schoben mich in die unterirdischen Stockwerke, dort, wo auch Steven Jobs auf seine Bestrahlung gewartet hatte, während die Welt über sein iPhone 3 sprach. Ich musste warten, ich war nicht der Einzige. Ein Mann in meinem Alter saß ebenfalls im Rollstuhl. Wir warfen uns einen kurzen Blick zu und nickten, wir wussten Bescheid, das machte uns irgendwie zu Verbündeten. Dann schaute ich ihn nochmals an. Auch er drehte sich erneut nach mir um.

»Marcel?«, fragte ich ungläubig.

»Sammy?« Es war kaum zu fassen, aber der Mann im Rollstuhl war mein Jugendfreund Marcel!

»In welchem Zimmer liegst du?«

»Isolierstation, Zimmer 577.«

»Dann sind wir praktisch Nachbarn. Wie ist es dir so ergangen all die Jahre?«

»Das spielt jetzt keine Rolle mehr, Sammy. Wir sind am Ende des Weges angelangt. War eigentlich recht kurz, dieses Leben.«

Ich lachte kurz und musste heftig husten. Als ich in das Bestrahlungszimmer geschoben wurde, streckte ich meine Hand nach Marcel aus.

Er streifte sie: »Machs gut, Sammy«, sagte er »ich werde drüben auf dich warten. Wir haben uns eine Menge zu erzählen.«

»Gib nicht auf, Marcel!«, rief ich ihm nach. »Wie lange geben sie dir noch?«

»Drei Wochen vielleicht.«

»Hast du noch einen Wunsch?«, fragte ich leise.

»Ja«, sagte Marcel, »ich möchte nochmals die Abenteuer von Sigurd und Laban lesen.«

Ich starrte meinen Bildschirm an. Nach einer Weile realisierte ich, dass ich keine Zeile geschrieben hatte. Ich hatte geschrieben, ohne zu tippen. Eintreffende Mails hatten mich wachgeklingelt. Spam. Nichts als Spam. Doch plötzlich sah ich einen Absender mit Namen Lourgien. Es war Sariani, sie hatte wieder mal ihren Namen gewechselt. Sie schrieb, was geschehen sei, tue ihr leid, sorry Joe, sie habe sich richtig fies benommen, aber wir müssten jetzt zusammenhalten! Ken sei entführt worden. Sie brauche Geld, sofort, am besten gleich via Western Union. Eine Million Philippine Pesos würden wahrscheinlich genügen, um das Leben ihres kleinen Jungen zu retten. Das sei ja für mich nicht viel, 20 000 Dollar, Peanuts.

Ich schrieb ihr zurück, dass ich leider auch entführt worden sei, ich würde in Nordkorea von Kim Jong-un in einem geheimen Palast festgehalten. Ich sei verurteilt worden, mit ihm Play Station zu spielen und ihn stets gewinnen zu lassen. Ich müsse dabei den ganzen Tag Britney Spears hören und den legendären Strohhut seines Großvaters tragen. »Es ist hart«, schrieb ich Sariani, ich müsse mir auch immer die US-Basketball-Spiele ansehen und anschließend einen Jackie-Chan-Film. Kim Jong-un wolle Drehbuchautor werden, und ich würde erst freigelassen, wenn er sein erstes Drehbuch verkauft habe. »Weißt Du, Sariani«, schrieb ich abschließend, »ich denke, das ist der wahre Grund, weshalb Nordkorea an der Atombombe bastelt. Es geht um Hollywood.«

Ich schickte die Mail ab, blockierte Lourgien und schleppte mich ins Bett zurück. Ich kontrollierte nicht einmal mehr die Aktienkurse. Ob die stiegen oder sanken, ich war im freien Fall. Die Knochenschmerzen wurden von Nacht zu Nacht heftiger. Ich erhielt Morphium und begann es zu lieben, damit einzuschlafen. Als ich eines Nachts aufwachte, schnaufte ich wie ein Pferd. Ich brauchte mehr Luft. Ich durfte nicht vergessen zu atmen. Ich wurde ein letztes Mal in die Aplasie geführt. Mein Blut war erneut vollständig zerstört. Wenn man Leukämiezellen töten will, muss man alles zerstören, erst dann ist der Körper bereit für das letzte Gefecht, für die allogene Stammzellentransplantation. Bazooka. Pearl Harbour. Massaker. Hiroshima.

Ich lag schwer keuchend vor dem *Joe Bananas* in der Script Avenue. Ich kroch die Stufen hinauf und schleppte mich hinein. Tim half mir auf die Beine. »Wieso ist dein linkes Bein plötzlich in Ordnung?«, fragte ich ihn verblüfft.

»Ich lasse mir Botox spritzen«, sagte er, »einige Muskeln werden dabei gelähmt. Dadurch können die nicht entwickelten Muskeln an Volumen gewinnen und das Defizit ausgleichen. Aber trink jetzt etwas, es ist der Calvados aus deinem Vatikan-Thriller. Erinnerst du dich?«

Ich lehnte an den Bartresen und genoss diesen wunderbaren Calvados. Wenn man in der Script Avenue säuft, wird man nicht wirklich betrunken und schont die Leber. Aber man kann trotzdem den Rausch genießen. Ich wenigstens. Auf dem Tresen stand ein Schaf mit einer gelben Marke im linken Ohr. Die Kellnerin kam mir bekannt vor. Sie umfasste die Zitzen und spritzte eine milchige Flüssigkeit in ein Glas. »Pernod, Pastis, Ricard, wir haben für jeden Brand eine Zitze«, sagte Chanel. Sie trug ein durchsichtiges, ärmelloses Hemd und ein kurzes Kleid. Hinter ihr an der Wand hingen zahlreiche alte Blechschilder – Chocolat Suchard, Mobil Oil, Nestlé und Pin-up-Girls. Auf einem stand: *If you want breakfast in bed, sleep in the kitchen.*

»Ein Schaf hat nur zwei Zitzen«, entgegnete ich Chanel und nippte an meinem Glas.

»Dieses hat drei«, sagte Chanel, »das kommt vor, meistens ist die dritte Zitze trocken, aber bei diesem Schaf sind alle drei nass.«

Das Schaf begann kläglich zu blöken und legte sich auf den Tresen nieder, ein Schwall Fruchtwasser platzte aus seiner Scheide. Chanel fing das Fruchtwasser auf und rieb ihren Körper damit ein. »So stelle ich sicher, dass es mich als Mutter annimmt.«

Jetzt schmeckte auch der Absinth nicht mehr, und ich fühlte, dass meine Blase gleich platzen würde. »Ich muss dringend pinkeln«, seufzte ich gequält, »gleich platzt meine Blase.«

»Dann musst du aufwachen«, sagte Chanel.

Als ich die Augen öffnete, saß jemand an meinem Bett. Schwer zu sagen, wer es war. Sie trugen ja alle diesen Mundschutz.

»Wir machen gerade die Transplantation«, sagte sie leise, »wir sind mittendrin.«

Ihre Stimme klang so geheimnisvoll, als sei sie im Begriff, einen sakralen Akt zu begehen. Ich empfing die Blutstammzellen eines fremden Menschen, sie sollten mein verseuchtes Knochenmark ersetzen. Ich hatte unterschrieben, dass ich mir bewusst war, dass die Transplantation tödlich verlaufen könne. Ich überlegte fieberhaft einen letzten Wunsch. Nach einer Weile fragte ich die Krankenschwester: »Könnten Sie für einige Sekunden Ihren Mundschutz abnehmen. Sie kümmern sich schon seit sechs Monaten um mich, und ich habe noch nie Ihr Gesicht gesehen.«

»Ich darf nicht«, sagte sie.

»Bitte, nur ganz kurz, ich werde eh sterben. Ich möchte sehen, wer mich all die Monate gepflegt hat.«

Sie zögerte. Dann stand sie auf, wich einige Schritte zurück und nahm den Mundschutz ab. Sie lächelte matt. Ich hatte sie mir ganz anders vorgestellt. Sie lächelte, als wolle sie sagen, ja, das ist mein Gesicht. Nach wenigen Sekunden hatte sie den Mundschutz wieder auf. Ich spürte, wie mich die Flüssigkeit, die in meinen Körper drang, schläfrig machte, ich fühlte eine tiefe Verbundenheit mit dem anonymen Spender, der viele Strapazen auf sich genommen hatte, um das Leben eines fremden Menschen zu retten. Ich hätte gern meine Dankbarkeit ausgedrückt, ich hätte ihn wirklich gern kennen gelernt und ihm gedankt. In Gedanken war er bei mir und sprach mir Mut zu. Er war mein Held.

## So Tired

Es wurde heiß, unerträglich heiß. Ich spürte, wie ich von innen austrocknete. Die Script Avenue verglühte unter der prallen Sonne. Selbst die streunenden Hunde hechelten nicht mehr. Sie lagen wie weggeschmissen unter den Gehsteigen. Nur Ozzy Osbourne schien die Hitze nichts auszumachen. Er schleppte sich in seinem langen schwarzen Mantel über die Script Avenue und sang *So Tired*. Ich wollte zu Francis und ihm sagen, er solle in seiner Buchhandlung Sonnencreme und Eistee anbieten, Panamahüte. Doch die Sonne blendete mich so stark, dass ich nichts mehr sehen konnte. Ich sank zu Boden und legte mich hin. Ozzy kniete neben mir nieder, er sang *Mama, I'm Coming Home* und drückte mir eine gefrorene Fledermaus in die Hand.

Als ich wieder aufwachte, spürte ich eine Hand. Sie streichelte meinen Arm. Ich erinnerte mich daran, dass Sterbende oft zärtlich berührt werden. Ja, sie fuhr mir tatsächlich immer wieder über den Arm, es hatte etwas Versöhnliches. Ich konnte mich nicht erinnern, warum ich glaubte, dass man Sterbenden über den Arm streicht, aber ich war mir sicher, dass es so war.

»Ist das Fieber wieder gestiegen?«, fragte eine Stimme, die mir sehr wohl vertraut war.

»42,3 Grad«, sagte die Schwester.

Dann müsste ich ja längst tot sein, fuhr es mir durch den Kopf. Aber auch ein Hypochonder weiß nicht alles.

»Wir können jetzt nichts mehr tun«, sagte die Schwester und nabelte die Infusionsflaschen ab. Ich hörte Maricel weinen. Das tat mir unendlich leid. Sie wirkte so hilflos. Ich wollte sie berühren, aber mir fehlte die Kraft, mein Körper stand in Flammen, Augen und Schleimhäute waren ausgetrocknet, die Atmung fiel schwer, ich spürte, dass mein Kopf ausbrannte, die Flammen bereits aus den Augenhöhlen züngelten. Gleich würden Krämpfe einsetzen und der Kreislauf zusammenbrechen.

Die Script Avenue stand in Flammen, ich rannte um mein Leben, ich folgte den Schafen. Sie hetzten den Hügel hinauf. Hier hatten sich alle Schafe und streunenden Hunde versammelt. Inmitten der Herde saß ein Hirte. Ich sah ihn nur von hinten, hochgekrempelter Kragen, breiter Hut und Hirtenstab; er rauchte eine Pfeife. Ich dachte, vielleicht würde ich jetzt Gott begegnen, dem Hirten, aber war das plausibel? Rauchte Gott Pfeife? Ich ging auf den Hirten zu. Er rauchte keine Pfeife, er rauchte eine Havanna. Der Hirte war nicht Gott, sondern

Professor Henri Dupont. Er saß auf zwei Holzkisten Opus One, ein guter Rotwein aus Kalifornien. Doch als ich seinen Namen rief, schreckte er auf. Das wiederum schreckte die Schafe, sie wichen zurück.

»Hast du mich doch noch aufgespürt«, sagte er mit melancholischer Stimme und blickte sich nervös um. »Ist dir jemand gefolgt?« Er gab mir ein Glas Opus One. »Ein guter Jahrgang«, sagte er, »man sollte ihn mit Freunden trinken. Aber ich habe nicht mehr so viele Freunde. ›Das Glück ist fort, der Beutel leer und hab auch keine Freunde mehr‹. Heine.«

Ich setzte mich auf einen Strohballen. Die Schafe kamen näher, umringten mich und drückten ihre Köpfe gegen meine Beine.

»Such dir eine nette Chinesin«, sagte Henri und ließ seinen Blick über die brennenden Häuserzeilen der Script Avenue schweifen. »Nun ja, die sind sexuell eher konservativ, besonders in Hongkong. Selbst mit dreißig sind noch viele Jungfrau, das kommt von den extrem engen Lebensverhältnissen und dem häufigen Zusammenwohnen mehrerer Generationen unter einem Dach. Aber gib acht! Chinesinnen sind ...«

»Ich bin nicht hier, um mich über Frauen zu unterhalten«, sagte ich leise, »ich wollte dir sagen, dass ich Andrea nicht mehr böse ...«

Henri nickte abwesend: »Du weißt doch, dass ich über gewisse Dinge nicht sprechen kann. Also erwähne sie nicht. Lass mich über Asien sprechen. Das kann ich gut. Aber deine Frau ... Ich hab sie ja nicht gekannt.«

»Ich glaube, es stirbt sich leichter, wenn man eine verhasste Welt verlässt, deshalb hat sie versucht, uns alle zu hassen.«

Henri hielt sich beide Ohren zu: »Kein Wort über deine verstorbene Frau! Wir hatten eine klare Vereinbarung!«

Er trank einen Schluck Opus One und begann, ein Schaf zu kraulen.

»Schau mal dort drüben, da kommt tatsächlich ein Apache. Ich glaube, es ist Geronimo. Was zum Teufel sucht ein Apache in der Script Avenue? Ich dachte, Apachen essen Bisonfleisch. Seit wann fressen sie Schafe?«

»Es ist nicht Geronimo, Henri, es ist Tim, er ist jetzt der Anwalt der Apachen.«

Henri zeigte auf eine Gestalt, die sich von den Schafen löste. »Und ich dachte immer, Tim könne nicht laufen, aber schau doch, er läuft zwischen den Schafen, und kein Schaf wirft ihn um.«

Tim blieb stehen und winkte mir zu. Er schien sich zu verabschieden. Er schien zu sagen, ich kann meinen Weg jetzt allein machen. Jetzt kannst du loslassen.

»Loslassen«, flüsterte Henri.

»Ich bin hier, um mich zu verabschieden, Henri. Ich wollte mich bedanken. Du hast mich von der Trauer befreit, ohne auch nur ein einziges Wort über Andrea zu sprechen. Du warst ein guter Freund. Du hast mich vom Leid erlöst und mir eine neue Welt eröffnet. Das war sehr clever von dir.«

»Dafür sind gute Freunde da«, murmelte Henri, »aber wieso willst du dich verabschieden? Bleib doch noch ein bisschen. Auf ein Glas. Mir gefällt es in deiner Script Avenue. Jeder Mensch hat seine Script Avenue. Wir rudern alle in imaginären Galeeren. In meiner Script Avenue sind die Bullen los, die Börse boomt, und alle Welt will meine Aktien kaufen, dabei habe ich nur eine Website und ein paar Schauspieler, die ab und zu Kulissen schieben.«

»Und unser Vertrag, nichts als Papier?«

»Nein, nein, Sammy, das Geld wirst du schon kriegen, aber wo der Kurs steht, wenn die Sperrfrist abgelaufen ist, das wissen nicht mal deine Schafe. Aber *Goldfinger* habe ich bereits für fünfzig Millionen aktiviert und neue Aktien gedruckt. Damit kann ich wieder zehn Jahre herumbumsen.«

»Ich weiß«, murmelte ich, »du bist der Baron von Münchhausen, ich habe es von Anfang an geahnt, Henri, aber ich habe dich trotzdem sehr gemocht.«

»Wirklich?«

»Ja, aber ich muss jetzt gehen, Henri, ich habe mich verliebt.«

»Oh«, lachte Henri, »das ist doch kein Grund, sich zu verabschieden. »Die Liebe währt nicht lange. Was bleibt, sind die Freunde. Du und ich. Und der Opus One.«

»Ja, Henri, diese Liebe wird nicht lange währen, ich habe Leukämie, ich werde sterben.«

»Oh«, machte Henri, und der Wein schwappte über den Rand seines Bordeauxglases.

»Lass mich noch ein bisschen erzählen, Sammy, Indonesien, Malaysia, wir sind noch lange nicht durch, und ich habe sie alle geliebt. Auf meine Art. Denkst du, ich war ein *sugar daddy* oder bloß ein *dirty old man?*«

Sein Mobile klingelte. Er ließ es klingeln. Willie Nelson sang:

*To all the girls who cared for me*
*Who filled my nights with ecstasy*
*They live within my heart*
*I'll always be a part*
*Of all the girls I've loved before*

Henri wirkte zunehmend deprimiert. Er schaute wehmütig zu mir hoch.

»Es geht jetzt alles sehr schnell«, sagte ich und berührte seine Schulter, als wolle ich ihn trösten, »ich gehe jetzt. Mein Schicksal liegt nicht mehr in meiner Hand. Ich bin nicht länger Herr der Script Avenue. Ich habe die Kontrolle verloren.«

»Nimmst du die Schafe mit?« Henri schaute etwas verloren zu mir hoch: »Oh, was ist mit dir los, Sammy! Du löst dich auf. Deine Konturen verwischen wie Rauchfäden. Sammy! Du wirst nirgendwo hingehen, bloß nicht die Augen öffnen. Solange du in der Script Avenue bist, bist du sicher. Wenn du die Augen öffnest, bist du tot.«

Ich bekam keine Luft mehr und rang nach Atem. Jemand drückte mir eine Sauerstoffmaske aufs Gesicht. Ich lag auf einem rollenden weißen Bett, an dem allerlei Infusionen befestigt waren. Vermummte Menschen stießen mich herum. Sie trugen alle Handschuhe, Kopfbedeckungen und diesen übergroßen Mundschutz. Sie rannten wie die Teufel und stießen mein Bett zum Fluss hinunter. Wie wollten sie jemals das rasende Bett wieder zum Stehen bringen? Mir wurde kotzübel, als ich aus dem Bett geschleudert wurde. Ich fiel in eine große Kiste, lag inmitten von Schrauben. Ich sah Tims Gesicht über dem Rand der Kiste. Er schaute auf mich herunter. Er sagte mir, das sei die Holzkiste, in der ich den Château La Conseillante gelagert habe, es sei jetzt Zeit, den Spitzenwein zu trinken. Dann hörte ich eine klägliche Stimme. »Oh, Lord«, sagte sie, »nimm ihn mir nicht weg. Bitte. Nimm mein Leben, aber nicht seins.«

Maricel lehnte sich über den Rand der Kiste und streckte ihren Arm nach mir aus. »Geh nicht!«, rief sie.

»Du musst noch nicht gehen«, sagte Tim. »Noch bist du der Gott der Script Avenue – niemand muss gehen, wenn du es nicht willst. Bleib einfach hier und sage, dass du der Gott der Script Avenue bist. Die müssen dir glauben.«

In der Ferne hörte ich *Albatross* von Fleetwood Mac, und ich wusste, das war jetzt endgültig das Ende.

»Das Fieber sinkt wieder«, sagte Maricel, als ich die Augen öffnete. Sie hatte mir eiskalte Wickel um die Waden geschlungen.

»Wie spät ist es?«, fragte ich.

»Vier Uhr morgens.«

»Und du bist noch hier?«

»Ich versuche, deinen Körper zu kühlen. Du hast nur noch vierzig Grad Fieber«, lächelte sie. »Ich wusste, dass du bei uns bleibst. Für Tim, und auch ein bisschen für mich. Wir bringen dich wieder nach Hause, Sammy, und dann wirst du diese *Script Avenue* zu Ende schreiben. Solange du schreibst, wirst du leben.«

»Ich kann nicht mehr. Wer kann schon ewig schreiben?«, dachte ich.

Zu meinem Erstaunen hörte Maricel, was ich dachte. »Niemand kann ewig schreiben, weil niemand ewig leben kann. Aber wenn man die Hoffnung aufgibt, stirbt man.«

»Wie viel soll ich noch schreiben?«, fragte ich sie. »700 Seiten? Oder 2000? Ich könnte auch 10 000 Seiten schreiben, ich habe immer geschrieben, schau meine Hände an! Die Venen drücken durch die Haut, wie die Wurzeln eines alten Baumes. Ich habe kein Gefühl mehr in den Fingerspitzen, die Nerven sind kaputt; die Fingernägel werden nach und nach abgestoßen. Überall quillt Blut und Eiter unter den Nägeln hervor.«

»Frauen gebären unter Schmerzen, du wirst unter Schmerzen deine *Script Avenue* gebären! Es ist besser, unter Schmerzen zu schreiben, als tot zu sein. Willst du nicht noch erleben, wie die *Script Avenue* erscheint?«

»Nein«, sagte ich, »Bücher haben keine wirkliche Bedeutung. Manchmal sind sie ein bisschen weise, wenn man ohne Zorn zurückblickt und versteht, wie die *Script Avenue* entstanden ist. Aber letztlich zählt nur, was du in deinem Leben für andere Menschen getan hast. Ich möchte jetzt Tim sehen.«

»Ich bin hier«, hörte ich Tims Stimme, »Maricel ist auch hier.«

»Ich werde jetzt immer bei dir sein«, sagte Maricel. »In unserer Kultur laufen die Frauen nicht davon. *Utang na loob.* Erinnerst du dich?« Nach einer Weile sagte sie: »Ich werde dir helfen, es durchzustehen. Ihr Europäer unterschätzt uns, weil wir so zierlich sind und gebrechlich wirken. Für euch sehen wir wie Kinder aus. Aber wir sind zäh, wir haben die Kraft der Tropenwälder, der Meere, die Kraft unserer Ahnen. Also, Sammy, wir werden jetzt aufstehen, du wirst dich an deinen Computer setzen und die *Script Avenue* schreiben.«

»Habe ich dir davon erzählt?«, fragte ich und versuchte, mich zu erinnern.

»Du sprachst im Fieber von nichts anderem, ich kenne jeden Winkel deiner Script Avenue, ich kenne all die Menschen, die dort verkehren. Dieses Buch wirst du jetzt schreiben.«

»Da es mein letztes Buch sein wird, soll es mein bestes werden. Es soll ein ehrliches Buch werden. Authentisch. Nicht alle werden es mögen. Denn es wird wahrhaftig sein. Dieses Buch werde ich noch schreiben, denn wenn ich schreibe, denke ich nicht an den Tod. Wir tun alle irgendetwas, um zu vergessen, dass mit unserer Geburt unser Schicksal bereits besiegelt ist: Wir alle müssen sterben. Ich werde schreiben, dass man bei der Geburt unverständliches Zeug brabbelt und dass man auch im Sterben unverständliches Zeug brabbelt. Und eigentlich auch dazwischen. Ich werde über ängstliche Kinder schreiben, über onanierende Jugendliche, über Diebe und Lügner, Sieger und Verlierer, über Alte und Kranke, Krebskranke und Sterbende, denn eines Tages werden wir all das gewesen sein. Hemingway sagte: ›Schreib als ersten Satz einen wahren Satz.‹ Ich werde gleich ein ganzes Buch von wahren Sätzen schreiben. Es geht um einen Jungen, der in einer Schraubenkiste aufwächst. Die Script Avenue war sein Leben.«

# Die Fortsetzung

**Claude Cueni**
**Pacific Avenue**
Roman

464 Seiten, gebunden
mit Schutzumschlag
13,5 × 21,2 cm
Print ISBN 978-3-03763-060-0
E-Book ISBN 978-3-03763-582-7
www.woerterseh.ch

Nach dem autobiografischen Bestseller *Script Avenue* erzählt Claude Cueni in seinem neuen Buch *Pacific Avenue* nicht nur die Fortsetzung seiner Lebensgeschichte, sondern auch von einer fantastischen Reise, die ihn auf die Philippinen führt. Dort will er einerseits die Familie seiner Frau kennen lernen und andererseits für einen weiteren historischen Roman recherchieren: die erste Weltumsegelung des portugiesischen Seefahrers Ferdinand Magellan. Ein neues Medikament, das er zur Linderung der Folgen seiner Knochenmarktransplantation bekommt, beginnt dabei aber seine Wahrnehmung zu verändern, und so entführt uns der Autor auf eine zusätzliche, sehr kafkaeske Reise zu den Schaltstellen unseres Gehirns, in die Finsternis unserer Träume – geradewegs zu den Quellen menschlicher Kreativität. *Pacific Avenue* wird so zu einer unvergesslichen Gratwanderung zwischen Poesie und Neurologie und einer großartigen Hymne an das Leben und die Kraft der Fantasie.

# Amelie Fried

## Das persönlichste Buch von Amelie Fried erstmals im Taschenbuch

Über die Nazi-Zeit und die Judenverfolgung wurde in der Familie Fried wenig gesprochen. Bis Amelie Fried durch Zufall herausfindet, dass auch Verwandte von ihr ermordet wurden. Dass ihr Großvater, der Eigentümer des Schuhhauses Pallas in Ulm, schlimmsten Repressalien ausgesetzt war. Dass ihr Vater im KZ war. Schockiert über das Entdeckte, recherchiert sie die eigene Familiengeschichte und schreibt sie auf.

»Amelie Fried erzählt eine im Wortsinn tragische, erschütternde, bittere Familiengeschichte.«
*Die Welt*

978-3-453-40663-6

Leseprobe unter: **www.heyne.de**